版权声明

Authorized translation from the English language edition, entitled *Fundamentals of Philosophy*, 8th Edition by David Stewart, H. Gene Blocker, James Petrik, published by Pearson Education, Inc., Copyright © 2013 by Pearson Education, Inc.

All rights reserved. No part of this book may be reproduced or transmitted in any form or by any means, electronic or mechanical, including photocopying, recording or by any information storage retrieval system, without permission from Pearson Education, Inc.

Chinese Simplified Language edition published by China Light Industry Press, Copyright © 2020.

本书原书由美国培生教育出版集团于2013年出版，中文简体字版由中国轻工业出版社翻译出版。

保留所有权利。非经中国轻工业出版社"万千教育"书面授权，任何人不得以任何方式（包括但不限于电子、机械、手工或其他尚未被发明或应用的技术手段）复印、拍照、扫描、录音、朗读、存储、发表本书中任何部分或本书全部内容。中国轻工业出版社"万千教育"未授权任何机构提供源自本书内容的电子文件阅览、收听或下载服务。如有此类非法行为，查实必究。

FUNDAMENTALS OF PHILOSOPHY

（8th Edition）

哲学基础

（原著第八版）

〔美〕David Stewart，H. Gene Blocker，James Petrik 著

张云涛　胡宗超　译

中国轻工业出版社

图书在版编目（CIP）数据

哲学基础／（美）戴维·斯图尔特（David Stewart），（美）H.吉恩·布洛克尔（H. Gene Blocker），（美）詹姆斯·彼得里克（James Petrik）著；张云涛，胡宗超译. —北京：中国轻工业出版社，2020.11
　　ISBN 978-7-5184-3148-9

　Ⅰ.①哲… Ⅱ.①戴… ②H… ③詹… ④张… ⑤胡… Ⅲ.①哲学—高等学校—教材 Ⅳ.①B

中国版本图书馆CIP数据核字（2020）第165575号

总 策 划：石　铁
策划编辑：孔胜楠　　　　责任终审：杜文勇
责任编辑：孔胜楠　　　　责任监印：刘志颖

出版发行：中国轻工业出版社（北京东长安街6号，邮编：100740）
印　　刷：三河市鑫金马印装有限公司
经　　销：各地新华书店
版　　次：2020年11月第1版第1次印刷
开　　本：850×1092　1/16　印张：32.00
字　　数：510千字
书　　号：ISBN 978-7-5184-3148-9　定价：98.00元
读者热线：010-65181109，65262933
发行电话：010-85119832　传真：010-85113293
网　　址：http://www.chlip.com.cn　http://www.wqedu.com
电子信箱：1012305542@qq.com
如发现图书残缺请与我社联系调换
180637Y1X101ZYW

前　言

从我们多年教授哲学导论的经验，我们得出结论，这样一门课程应该做两件事：第一，向学生介绍哲学传统的主要论题和思想家；第二，展示如何将学生在伟大思想家部分所遭遇的问题应用于他们在其生活经验中所遭遇的诸多关切的事情。但是，一门初阶的哲学课程可能尝试做得过多，由此导致所取得的成就却极少。不过，我们认为，一门导论性的哲学课程应该通过帮助学生发展讨论重要的思想和社会问题所需的概念框架和词汇来促进他们的通识教育。

当人们对一场有争议的艺术展感到不安时，或者当一些团体抱怨那些在评论家看来侮辱了一个宗教或种族的艺术品时，哲学有话要说。当人们被似是而非的论证和错误的推理误导时，哲学有话要说。哲学也会有助于我们理解不从表面上看有关绝对知识的主张以及公共政策讨论中涉及的令人困惑的问题，比如，有关维护少数族裔群体或其生活方式的争论。读者可能第一次以哲学的方式思考伦理学和宗教问题，然而，当他们在自己的思考中遭遇这些问题时，他们可能并没有完全察觉到他们正在做哲学。并且，随着对不同国家和文化的了解越来越多，今天的读者需要去理解不同文化的思想体系。

同时，我们并不打算使这本书只是有关哲学的，即间接复述哲学立场。我们相信，读者需要直接接触伟大的思想家。因此，我们在此提供了有特色的读本和说明性文本。阅读材料本身经过了挑选，呈现了种类繁多的哲学风格和气质：从康德、贝克莱、休谟和笛卡尔到托尔斯泰、孟子、维特根斯坦和肯尼斯·克拉克（Kenneth Clark）。阅读材料并非只言片语，而是选自相对独立单元的完整材料，篇幅在5~10页。

本书分为九个部分，共四十二章。在每个部分中，使用者都可以选择某些阅读材料而忽略其他的，这并不会影响教学效果。鉴于本书包含的材料多于一个学期所能涵盖的，使用者可以挑选最符合自己需要的那些章节。它也提供了出自古典哲学家和当代哲学家之手的各种各样的选文，以便读者可以将哲学理解为一门活生生的学科，即它是借鉴它的过去来处理当代问题的。

我们在修订第八版时关注的重点是，进一步强调该书的持久承诺：提供对构成哲学史核心的一些传统问题的易于理解的讨论。在坚持做到这一点时，我们的注意力主要集中在扩充本书所覆盖的形而上学、认识论和伦理学中的传统问题的范围。

在第一部分"何谓哲学？"，有关"哲学和流行文化"的一章已经被删除。尽管我们仍然认为流行文化是说明永恒哲学问题的一个高效工具,不过,我们在这一版中将有关哲学和流行文化的讨论限制在它与不同章节具体问题的关联上。

在第三部分"实在是什么?",第九章扩展了对柏拉图的形而上学的讨论,包含了柏拉图对人性的讨论,并且为了支持这种讨论,编选了柏拉图《斐多篇》(Phaedo)有关灵魂的非物质性的论述。

在第四部分"我们如何认知?",读者可以看到其中有三章出现了重要的变化。首先,第十五章"勒内·笛卡尔:寻求确定性"现在包含了对笛卡尔认识论的有神论基础的扩展性讨论。除了说明笛卡尔的上帝存在的证明和真实性在他的认识论中所发挥的作用之外,该章现在包含了来自第三个沉思的重要选文。第十六章"大卫·休谟:信赖你的感官"也做了重要扩展,以至它现在包含了对休谟有关知觉的分类及其摹本原则(copy principle)的说明。此外,还有他的《人类理智研究》(An Enquiry Concerning Human Understanding)第一章第二节的选文。在那里,休谟发展并且捍卫了他认识论的关键部分。最后,第十七章"伊曼努尔·康德:一种折中方案"对康德认识论的介绍现在拓展了对康德有关判断的分类及其认识论中的哥白尼式革命的讨论。除此之外,扩充了来自康德《纯粹理性批判》(Critique of Pure Reason)序言的选文,收录了康德讨论先天综合判断在数学、自然科学和传统形而上学中的地位的段落。

在第五部分"我们应该做什么?",考察人们为何应该有道德的部分是从第十九章"伦理推理导论"中移出来的。该材料的一些内容包括对尼采的讨论在内被移到了有关道德怀疑主义的一个新章节中。这一章(第二十章"道德怀疑主义")考察了两位哲学家:怀疑传统道德的核心以及其他东西的弗里德里希·尼采(Friedrich Nietzsche),怀疑客观的道德事实存在的 J. L. 麦凯(J. L. Mackie)。它包含了来自麦凯《伦理学:发明对与错》(Ethics: Inventing Right and Wrong)的选文以及对麦凯来自相对性证明的重构和评价。第二十章是对元伦理学的继续讨论。第二十一章"道德与形而上学"是本书的另一个全新添加。在该章中,我们分析了人们对客观的道德事实存在的普遍信念,并且在这个过程中考察了非自然主义、直觉主义和神命论。这一章的核心是马修·凯里·乔丹(Matthew Carey Jordan)的一篇考察道德是否取决于存在着上帝的文章。

在这本书所添加的系列材料中,我们不能归功于自己的是"我的搜索实验室"的链接(My SearchLab links)以及每章中与它们相关的学习问题。这些链接将学生与不同媒介(印刷品、音频和视频)连接起来,有助于给这本书所讨论的哲学问题带来生机。它们完全是培生的编辑和制作团队创造和艰苦劳作的结果。[1]

我们想感谢那些对以前版本给予评论并帮助了我们修订的读者。我们感谢培生教育出版集团的全体编辑和制作人员,并且希望表达我们对玛吉·巴比里(Maggie Barbieri)、卡莉·切奇(Carly

---

[1] 虽然此部分很重要,但是因为进入链接需要购买外文原版书、获得密码,所以一般读者都无法使用这些资源。有鉴于此,本译本删除了全书中的相关链接。——译者注

Czech）、阿什利·道奇（Ashley Dodge）、考特尼·埃莱佐维奇（Courtney Elezovic）、凯特·费尔南德斯（Kate Fernandes）、萨拉斯沃蒂·慕拉里德哈（Saraswathi Muralidhar）以及乔·斯科达托（Joe Scordato）的特别谢意，感谢他们对这本书做出的宝贵贡献。

戴维·斯图尔特

H. 吉恩·布洛克尔

詹姆斯·彼得里克

目 录

第一部分　何谓哲学？

第一章　哲学的活动 / 3
　　理性的反思：深思熟虑 / 3
　　哲学的规范性功能 / 4
　　哲学的主题 / 5
　　建构的或分析的？ / 7

第二章　哲学的历史 / 9
　　早期希腊哲学 / 9
　　中世纪哲学 / 12
　　近现代哲学 / 13
　　20 世纪哲学 / 14
　　哲学的未来 / 14

第三章　哲学与经过审察的生活 / 17
　　苏格拉底的申辩 / 18

第二部分　关于思想的思考

第四章　理性的生活 / 29
　　诉诸理性 / 29
　　理性与哲学 / 30
　　理性的优势 / 31

第五章　论证形式 / 35
　　有关思想的思考 / 35
　　一些基本术语 / 35
　　真与有效性 / 36
　　论证形式 / 38
　　四种标准的论证形式 / 39
　　肯定前件式 / 39
　　否定后件式 / 41
　　假言三段论 / 42
　　选言三段论 / 42
　　有效的论证形式小结 / 43

第六章　归纳与科学哲学 / 47
　　归纳法与科学推理 / 48
　　非形式推理 / 50
　　其他归纳论证 / 50
　　因果论证 / 52

科学哲学 / 53

第七章　哲学论证的诸种策略 / 57
　　充分必要条件 / 59
　　间接证明 / 60
　　辩证推理 / 61
　　两难困境 / 62
　　定义 / 63
　　哲学分析 / 65
　　发现谬误 / 66

第三部分　实在是什么？

第八章　形而上学导论 / 75
　　现象与实在 / 75
　　实在的标准 / 76
　　心灵与实在 / 78
　　形而上学的任务 / 80
　　形而上学与日常经验 / 81
　　形而上学的价值 / 83

第九章　二元论 / 85
　　形而上学二元论 / 87
　　实在的等级 / 89
　　知识是关于理念的知识 / 96
　　洞穴寓言 / 96
　　善的理念 / 97

第十章　唯物论 / 99
　　唯物论与观念论 / 99
　　唯物论与科学 / 100
　　二元论与身心问题 / 101
　　唯物论与宗教信仰 / 102
　　古代唯物论：原子论 / 103
　　原子论与自由 / 104
　　原子论与精神现象 / 105
　　唯物论与新科学 / 111
　　调和唯物论与宗教 / 112

第十一章　观念论 / 115
　　贝克莱的主观观念论 / 115
　　对贝克莱观点的挑战 / 125

第十二章　身心问题与人格同一性 / 127
　　身心问题 / 128
　　身心二元论 / 128
　　相互作用的难题 / 129
　　同一论 / 130
　　同一论的抗辩 / 131
　　二元论的辩护 / 132
　　该争论的重要性 / 133
　　人格同一性问题 / 134

第十三章　自由与决定论：人的能动性的形而上学 / 147
　　关于人的行动的理论 / 147
　　争论的内容 / 148
　　可避免性与责任：相容论的一个问题 / 149

随机的、偶发的与责任：自由意志论的一个问题 / 150

我们是自由的吗？ / 152

第四部分　我们如何认知？

第十四章　认识论导论 / 161
 知识、意见与信念 / 161
 知识与确定性 / 162
 认识论与心理学 / 162
 知识的来源 / 163

第十五章　勒内·笛卡尔：寻求确定性 / 167
 寻找方法 / 167
 对基础的怀疑 / 169
 我思故我在 / 171

第十六章　大卫·休谟：信赖你的感官 / 181
 对简单性的追寻 / 181
 关于理智的科学 / 182
 观念的关系与实际的事情 / 185
 原因与结果 / 187

 归纳难题 / 188

第十七章　伊曼努尔·康德：一种折中方案 / 193
 知识与经验 / 195
 先天知识与后天知识 / 195
 分析判断与综合判断 / 196
 康德对判断的四分 / 197
 先天综合判断 / 198
 康德认识论中的哥白尼式革命 / 199
 认识论中的哥白尼式革命的代价 / 200

第十八章　知识与人的实践：实用主义传统 / 207
 表象主义的失败 / 207
 古典实用主义的起源 / 209
 古典实用主义的遗产 / 212
 过去与现在：哲学及其历史 / 213

第五部分　我们应该做什么？

第十九章　伦理推理导论 / 229
 规范伦理学与价值的多样 / 230
 人类与功能善 / 231
 道义论观点 / 232

第二十章　道德怀疑主义 / 235
 日常道德的倒置 / 235

 道德形而上学 / 238

第二十一章　道德与形而上学 / 249
 乔治·爱德华·摩尔与未决问题论证 / 249
 非自然主义与直觉主义 / 251
 道德事实的更深层基础 / 251

第二十二章　幸福主义：自我实现的道德 / 263
　　道德与人的本性 / 263
　　道德与理性 / 264
　　理智德性与道德德性 / 265
　　幸福与快乐 / 265

第二十三章　功利主义：道德取决于结果 / 273
　　约翰·斯图尔特·密尔与理想的功利主义 / 274
　　质的差别 / 275
　　规则功利主义与行为功利主义 / 276
　　功利主义的更大困难 / 277

第二十四章　道义论：道德取决于动机 / 283
　　善良意志 / 283
　　出于义务而行动 / 284
　　假言命令与定言命令 / 285

第六部分　宗教哲学

第二十五章　宗教哲学导论 / 299
　　宗教中的哲学问题 / 299
　　定义上的尝试 / 301
　　内在标准与外在标准 / 302

第二十六章　宗教与生命的意义 / 305
　　荒诞主义者的回答 / 305
　　托尔斯泰的回答 / 306

第二十七章　上帝存在的先天证明 / 313
　　理性与宗教 / 313
　　本体论证明 / 314
　　晚近的本体论证明 / 317
　　存在不是一种性质 / 318
　　本体论证明的持续意义 / 319
　　偶然存在与必然存在 / 320
　　斯宾诺莎与上帝不存在的不可解释性 / 322
　　无限完满的存在观念的融贯性 / 324
　　上帝的本性 / 327

第二十八章　上帝存在的后天证明：阿奎那的五路证明 / 329
　　自然：有序的系统，而不是无序的混沌 / 329
　　问题争辩 / 330
　　从变化出发的证明 / 333
　　从动力因出发的证明 / 334
　　从可能性与必然性出发的证明 / 336
　　从存在的等级出发的证明 / 337
　　从设计出发的证明 / 338

第二十九章　恶的难题 / 341
　　自由意志辩护 / 341
　　道德与精神品质的培养 / 342
　　不可理解的恶的难题 / 344

第七部分　艺术哲学

第三十章　艺术哲学导论 / 361
　　美学问题 / 361
　　审美经验的作用 / 362

第三十一章　艺术的价值 / 369

第三十二章　艺术作为理想 / 377

第三十三章　美学与意识形态 / 387

第八部分　社会政治哲学

第三十四章　社会政治哲学导论 / 401
　　平等与人权 / 402
　　何谓正义？/ 405
　　当代现实 / 405

第三十五章　自由世俗的国家 / 407

第三十六章　个人与国家 / 417

第三十七章　人权 / 425

第三十八章　个人幸福与社会责任 / 435

第九部分　东方的思想

第三十九章　东方哲学与西方哲学 / 447
　　哲学的多重含义 / 447
　　哲学与宗教 / 449

第四十章　儒家的人性理论 / 453
　　人的先天秉性与后天培育 / 453
　　"应当"蕴涵"能够" / 454
　　强的断言与弱的断言 / 454
　　儒家的三种人性理论 / 455
　　孟子论人性 / 456
　　荀子论人性 / 459
　　董仲舒论人性 / 461
　　中国的其他人性理论 / 463

第四十一章　印度教有关一元论的论争 / 465

第四十二章　佛教的空论 / 473

术语表 / 485
译后记 / 495

第一部分

何谓哲学？

第一章　哲学的活动

第二章　哲学的历史

第三章　哲学与经过审察的生活

第一章　哲学的活动

难于准确地界定哲学，并且这样做的尝试形成了哲学本身的一个有趣且重要的部分。尽管我们不应期待一个合适的定义，但是界定哲学的一种方法是去看看哲学家所做的事情。

人们有时用"哲学"一词来泛指一个人的整体理论或世界观。例如，你们可能将某个人对做生意的态度叫作"生意哲学"或者将一个人的总的世界观叫作那个人的"生命哲学"。最近一个广告说："我的哲学是，诚实是最好的政策。"以这种方式使用的哲学这个术语是世界观或总的观点的同义词。你们有时会发现哲学家在这样一般的意义上使用这个术语，但是这个术语的含义不止于此。

在其他人心中，"成为哲学的"意味着拥有一种消极态度，即听天由命。对这些人而言，"成为哲学的"就是接受事物，不担忧它们。古代的斯多葛学派（Stoics）相信所有事物最终都是理性的和有序的，为一种有点类似的观点辩护，但是并非所有哲学家都采取一种呼吁平静地接受生活的困难的消极态度。

如果查词典，你们将会发现哲学这个术语派生自两个希腊词，其意思是"爱智慧"。于是，哲学是与智慧有关的东西，但是智慧也是许多人在使用却并不准确地知道其含义的一个术语。当古希腊思想家提及智慧时，他们通常意指有关基本原则和法则的知识，对与那些短暂的、变化的东西对立的基本的、不变的东西的觉察。从那之后，哲学这个术语已经有了这个意义，并且指涉严肃的思想家试图通达事物的基础的尝试。不是表面的、微不足道的细节，而是深层的基本原则；不是有多少化学元素，而是物质一般是什么；不是如何区分巴洛克音乐和浪漫主义音乐，而是艺术一般是什么。与专攻诸如南美洲部落的成年礼之类的一个小领域的社会科学家不同，传统意义上的哲学寻求构成整个艺术、道德、宗教或现实的基础的原则。将这些意义合在一起，于是产生了有关哲学的一个更令人满意的定义：试图为自身提供一种建立在对广泛的、基本的原则发现之上的生命观的尝试。

理性的反思：深思熟虑

首先，哲学被界定为试图发现最一般的、基本的、潜在的原则的尝试。但是，哲学在它的方法上也是不同的。这种方法可以被描述为理性的反思。正如一位当代哲学家对于哲学所说的那样，哲学与那种对事物深思熟虑的行为并没有太大的差异。与科学不同，哲学家并不发现新的经验事实，相反，他们反思我们已经熟悉的事实，或者经验科学给予我们的那些事实，以便明白它们会导致什么以及它们如何前后一致。你们可以看到与有关哲学的第一个要点——哲学试图发现最基本的、潜在的原则——的关联。

在开始学习哲学之前，我们所有人已经从自己有关科学的知识和日常经验中获得了诸如世界像什么以及我们如何知道它之类的大量的观念和意见。在大学的第一次哲学课之前，我们也拥有了有关我们应该如何生活的一些意见。但是，通过理性地反思对事物的这种前反思的理解，我们在哲学中尝试深化这种理解，考虑它隐含着什么，它累加起来意味着什么，总之，以一种更大的视角去理解它。

通过理性的反思，哲学提供了获得对人类、世界以及我们在世界之中的责任的理解的一种手段。一些最早的哲学家考察了实在的本质，或者自然哲学。他们的许多研究构成了自然科学的基础，但是总是存在着一些关注的东西不能被自然科学探究。譬如，什么是终极实在？它只是持续运动的物质，还是实在最终更类似于精神或心理过程？自然只是一个盲目的、无目的的系统，还是它展示了目的？这些以及相似的问题构成了一种被叫作形而上学的研究的基础。

形而上学的问题直接导致了有关知识的问题。我们如何拥有知识？这只能通过五官吗，还是感官必须被推理和判断纠正？感官或理性，哪个更可靠？这些是知识的理论或认识论的关注对象之一。与认识论紧密相连的，是对正确的思考的研究，它被叫作逻辑学。逻辑学处理有效的与无效的论证的区分，如何识别谬误推理，以及如何进行推理以便一个论证的结论获得前提的辩护。

哲学的另一个持续的关注对象是伦理学，或对行为的原则的分析。什么使得一个行动是对的或错的？我对我自己以及他人的责任是什么？并且，什么行动原则与我对人类的本质的理解一致？医学的进步提出了伦理问题，我们对于堕胎、安乐死、器官移植和基因操纵的道德性面临着艰难抉择，在一个人对这些问题做出决定之前，他必须理解这些问题以及其他相关问题。当伦理学问题被扩展到包含整个社会时，人们关注社会政治哲学以及对生活在一个井然有序的社会的渴求所产生的问题。

总之，哲学家接受的训练是理性地反思这些基本问题与人的所有活动的关系。稍后，我们将会看到这些相同的哲学方法如何可以被应用到诸如艺术、历史、教育、科学和宗教之类的具体活动中。

哲学的规范性功能

迄今为止，我们已经提到了哲学将理性反思的方法应用于它试图发现在一切东西背后的最一般的原则的尝试。现在我们增加第二个描述。哲学被界定为对在其他学科中发现的规范性问题的更深入的关注。因此之故，哲学可以被视作一门规范性学科。对于规范性，我们理解为哲学经常试图以非常宽泛的方式区分实然与应然。为了确立规范，哲学经常诉诸事物的本性或本质。譬如，当一位哲学家说人本质上是理性的，那不是对人实际存在的方式的描述（因为他们经常以非理性的方式行动），而是对他们应该如何存在的方式的描述。这位哲学家正在说的是，只有人的理性部分使得他配被叫作人，因为理性部分使得人类与动物区分开来。并且，当然，这个规范性的定义隐含着规范性的行为模式。换句话说，依据有关人的含义的这种观念，某些种类的活动应该被鼓励，而其他种类的活动应该被劝阻。

哲学的规范性功能也与哲学家对触及事物的核心，揭露最一般的、基本的原则的最重要关注重合。当我们在最宽泛的意义上问一个东西总的来说是什么时，我们正在问的是一个像定义的东西，而定义通常是规范性的。如果我们问"什么是教育？"或者"什么是爱？"，我们问的是有关处于其理想状态的事物的定义，并且正是依据这个理想的概念，我们判断事物实际存在的方式。譬如，如果我们将教育界定为学会以最具创造性的方式使用自己的精神，那么，我们可以使用那个概念来批判现实中存在的一些"教育"机构强调死记硬背和墨守成规的做法。我们会说："哎呀，这根本不是教育，只是在模仿教育。"类似地，如果我们将爱界定为人与人之间的相互关注和关爱，那么，我们会批判某些人称之为爱但是并不满足那个定义的那些活动，并且我们会表扬那些满足那个定义的活动。

在这里，哲学再次与自然科学和社会科学截然不同。后者有意避免任何价值判断。心理学家或社会学家描述人们断言知道的东西。与他们不同，认识论者（人们把对知识理论感兴趣的哲学家叫作认识论者）试图找出辨别真伪知识主张的一般依据。并且，逻辑学家并不像心理学家那样描述人实际上是如何推导的，而是试图找到辨别正确的推理与错误的推理的准则。同样，在伦理学中，道德哲学家并不像心理学家那样如实地描述道德态度和信念，而是试图区分正确的道德思考和行为与错误的道德思考和行为。

总之，我们可以将哲学的规范性功能描述为关注在哲学的每个主要领域确立识别正确的与错误的思考和行动方式的准则或标准：有关实在、知识、道德、美、正义等的正确抉择的准则。对哲学而言，对这些规范性的标准的寻求与它对于一般原则的寻求是同等重要的。并且，在完成这两项任务时，理性和逻辑在引导哲学。下图总结了迄今为止讨论的哲学的孪生功能：

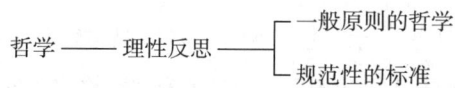

为了知晓何谓哲学，我们必须开始观察哲学家在考察具体的问题时所做的实际工作，这是我们接下来的章节将要做的。不过，在这个导论部分，我们提供一些通用的准则，引导你们进阶到本书的其他部分。

哲学的主题

我们已经将哲学界定为试图使用理性、反思的方法来获得最一般的、基本的原则并且发现规范性标准的尝试。不过，哲学的主题是什么呢？原则上说，人关注的任何领域都可以变成哲学感兴趣的话题。譬如说，与会计学不一样，哲学并没有狭义的主题。

起初，哲学家对一切都感兴趣，古希腊哲学家所关注的很多东西现在被分类为物理学、植物学、心理学、人类学、政治科学、文学批评和数学。此外，古代哲学家对发现推理的规则、艺术之美的本质、支配人的行为的原则、区分正义与不正义社会的标准，甚至是实在本身的本质都感兴趣。

于是，哲学包括很多东西。其中，哪些是最重要的，这取决于你碰巧问谁。如果你问一位关注那些应该支配人的行动的原则的哲学家，他会告诉你，伦理学是哲学的核心。着迷于语言的本质和功能的哲学家可能会告诉你，哲学的最重要的任务是语言分析，消除潜伏在我们日常的语词用法中的歧义和混乱。政治哲学家可能会坚持认为，哲学的真正重要的任务是发现社会正义的原则。我们稍后将会回到为何不同的哲学家强调哲学的不同方面这个问题。

但是，请注意，哲学中的情况与物理学中的情况没有太大的不同。物理学家研究许多不同的领域。有些关注理解原子和亚原子的实在。其他人则把注意力放在了探索太空上，并且他们坚持天体物理学才是物理学的真正主题。不过，物理学的另一个领域是物理化学。而物理化学又与物理学家感兴趣的那种探索宇宙起源的各种理论的活动大不相同。这种活动被叫作宇宙学，在过去曾吸引了哲学的大量注意力。

设想你问一位物理学家，这些不同的关注对象，哪个才真正是物理学的。答案可能是，它们都是物理学的关注对象，并且，在我们称之为物理学的整体活动中，每一个都有它的位置。在不同的时代，物理学的某个特殊领域可能比其他的更流行。物理学存在着很多潮流。哲学也同样如此。

以更加肯定的方式陈述这最后一点，每一代思想家提出了他们自己的问题，而这些问题可能部分因为其他事件而浮出水面。一次政治动荡可能推动对社会政治哲学的基本问题的讨论。科学的重大胜利会导致对知识和实在的严肃的再审视。

譬如，在我们的时代，医疗技术的进步已经迫使哲学家处理一连串的生物伦理学问题。

集会或市场是雅典人进行集体活动的地方，审判苏格拉底这样的事件也发生于此。今天，赫菲斯托斯（Hephaestus）神殿仍然在俯瞰着集会。它现在是一处考古遗址，非常受雅典游客的欢迎。图片由戴维·斯图尔特拍摄。

对于哲学家关注的诸多问题，很难说任何一个问题都是哲学的真正任务，或今天的哲学家所处理的不同问题中的任何一个都是最重要的。对你而言是最重要的，可能对其他人而言不是同等重要的。一代人认为具有重大哲学意义的，对下一代人而言可能完全是微不足道的。这部分解释了对哲学给出一个所有哲学家都认为是完全充分的单纯定义为何如此之难。

建构的或分析的？

当哲学总是将理性反思作为它的方法来完成它发现一般原则和规范性标准的任务时，它似乎会面临起初看起来非常不同的两种处理方式。我们将第一种称之为建构的（constructive），将第二种称之为分析的（analytical）。

整体而论，尽管哲学并不主要是一套理论或信念，但是大多数哲学确实试图发现生活中基本的、重要的问题的答案。我们将这叫作哲学的建构任务。哲学家一般相信，日常的空间－时间的物理世界只是终极的、基本的实在的显现，而哲学是一种发现这种终极的、基本的实在的（与宗教的启示方法相对立）系统的、理性的方法。当哲学发挥建构作用时，它引导自己发展出一种全面的世界观。对于强调这类活动的哲学家而言，哲学变成了一种超级科学。它试图回答一切东西的最基本的、基础的、重要的问题：一个人格（person）是什么？世界的本质是什么？我们为何在这里？有些哲学家甚至已经背叛了传统哲学尝试回答这些问题所使用的严格理性的、逻辑的方法，相反选择了一种更加个人化和情感化的方式。既然我们是情感和意志的受造物，那么，任何哲学除了关注理性的用途之外，还必须包含人的处境的那些方面。

主张哲学是分析的这种观点为哲学活动提供了一种非常不同的方法，不过，它并不与哲学的建构作用对立，相反可以被视作起到了辅助作用。以"人是什么？"这个重要问题为例，有关人的这个概念或观念似乎是非常简单的，这个问题从一方面看似乎是极其愚蠢可笑的。每个人都知道人是什么。既然哲学的全部工作是去界定一个人人都已经知道的术语，那么，问题是什么？大多数人确实可以分辨出人与蔬菜或家具。但是，一个在母亲子宫中的四个月大的胎儿是人吗？虽然这个胎儿在明显意义上属于人类（与牛或其他动物属相反），但是这个胎儿是否应该被视为一个人？除了其他问题之外，这里利害攸关的关键问题是，堕胎是否应该被视作一种谋杀行为。

对于这个问题，我们如何决定？肯定不是通过观察生物学的事实，因为无论是反对堕胎的人，还是支持堕胎的人都同意这些事实：胎儿由受精卵逐步发育为婴儿；如果将它移出母亲的子宫，它会死亡；如果将它留在那里，它可能会活下来。尽管都认同这些事实，但是我们仍然需要面对如何去描述堕胎这个难题，将它描述为一种谋杀行为，或者只是将它描述为去除女性身体中的一个不被需要的有机体？

我们会看到对一个概念的分析如何迅速地导致对另一个概念，即"谋杀"概念的分析。尽管对于谋杀，存在着公众接受的含义，但是这种含义不是一个准确的意义。这个概念的核心可能是固定的，但是它的边界被模糊地划定，因而可以进行论争。如果我们将谋杀定义为"有意杀死另一个人的行为"，对于一名士兵在战场上故意杀害另一名士兵的行为，我们会说什么？或者执行死刑者执行的一次死刑？有意炸死非战斗人员的平民？在自卫行为中夺取了一条生命？协助身患绝症的病人带着他自己选择的尊严死去？当我们分析这些概念中的每一个时，我们正在做哲学，尽管有时候我们可能并不清楚谋杀与协助自杀的区别。哲学家战斗在日常概念的这些模糊边界上。当你们密切关注前面的讨论时，你们对自己说："堕胎当然是谋杀，但是在战时杀人并不是谋杀，因为两者是完全不同的。"那么，作为哲学家，你必须说说它们不同在哪儿，以及所提出的问题：为何"谋杀"概念可以应用于前者，而不能应用于后者。

因此，哲学可能被描述为对我们日常经验和信念的最基本要素的理性考察或批判。这有助于我们理解哲学作为分析与哲学作为建构是如何相互交织在一起的。因为这个世界如我们察觉到的那样在本质上至少是部分概念式的（一个包含谋杀、堕胎和暴力的世界），分析我们关于"谋杀""堕胎"和"暴力"概念意味着分析我们的世界。如果哲学以它建构的模式寻求发展一种世界观，那么，分析概念对那个任务而言是不可或缺的。

鉴于哲学强调理性地考察我们的经验和信念的最基本要素，由此可知没有东西逃脱哲学的批判之光，甚至哲学家自身的假设也不例外。因此之故，哲学并不存在绝对的起点，并且哲学是对其他哲学家以及它自己过往的观点的持续考察。这是对哲学本质的理解为何也必须包含有关哲学历史的一些知识的原因，那是这个部分下一章的话题。

供讨论的问题

1. 你可以用你自己的话陈述哲学是什么吗？你仍然对哲学的哪些方面感到困惑不解？
2. 有些哲学家断言每个人都做哲学或者拥有一种哲学。你认为这是真的吗？
3. 在你自己的脑海里澄清哲学的规范性功能，举例说明对诸如"诚实"或"忠诚"之类（或者你自己选择的一个）话题的描述性处理与规范性处理的区别。
4. 哲学是"爱智慧"这个定义的含义是什么？
5. 你认为有些哲学活动比其他哲学活动重要吗？请给予说明。

第二章 哲学的历史

因为哲学的本质是不轻信任何东西，将之视作理所当然的，所以，哲学家认为哲学的历史对于理解他们前辈们的成功和失败是重要的。尽管每一代人都会询问他们自己的问题，但仍然存在着似乎重现的一些永恒问题：我们应该做什么？（伦理学）什么是实在？（形而上学）我们如何认知事物？（认识论）正确的推理的本质是什么？（逻辑学）艺术是什么？（美学）。过去的哲学家对这些问题给出的一些回答陷入了绝境。其他的回答似乎是片面的和不完善的。对于有些问题，甚至过去的和现在的哲学家尽最大的努力都未能充分完整地给予回答。

学习哲学的一种方法是选取一个问题，看看过去的哲学家如何解决它，它如何被当代的哲学家处理。这可以被叫作哲学的问题路径。另一种学习哲学的方法是去理解每个时代如何界定重要的问题及其对它们的回应。这是历史路径。对于初次接触哲学的读者而言，前者可能是掌握哲学推理本质的最好方法。因此，在随后的章节中，我们将自由地讨论不同的问题，考察不同的历史时期和地区对它们的回应。不过，重要的是对从古希腊开始的哲学及其问题的发展有一个概观。我们也应该说明下面的总结是对西方哲学的总结。在本书的最后一个部分，我们将审视东方的诸种思想模式，讨论这个艰难的且重要的哲学问题：哲学这个术语是否可以被应用于它们，或者，那个头衔是否最好留给西方或欧洲某些观念的历史。不过，目前，我们将悬置这个问题，审视亚里士多德所说的开始于惊异的那种寻求的起始阶段。

早期希腊哲学

西方哲学于公元前 6 世纪出现于希腊，作为对自然世界提供一种完全世俗的、理性的解释的最早尝试。人们当然总是尝试去解释世界，但是他们以前用宗教的、神话的或魔法的术语表达他们的理论，主要倚靠神秘的和魔法的支持性根据。最早的一批哲学家被叫作前苏格拉底时期的米利都人（pre-Socratic Milesians）。他们将对世界的解释限制在诸如气、水、热和冷凝之类的自然要素上，并且将他们的解释和辩护模式限制在分析性的理性和逻辑上。

主宰这个早期阶段的问题是：构成这个世界的基础的基本实在，构成所有事物的不变的材料是什么？这个问题产生于一种悲观主义的变化观。依据该观点，一切都是暂时的，没有东西似乎是永恒的。早期哲学家感到必须存在某种构成了世界的基础的"永恒、不灭"的实在，如我们所知道的那样，永恒的、不变的东西，一切其他东西都派生于它。泰勒斯（Thales，前 624—前 546）说这种实在是水。阿那克西曼德（Anaximander，前 610—前 546）反对说，如果一切东西必须来自一种基本材料（stuff），这个第一实体应该在性质上是"无限的"或不确定的。阿纳克西美尼（Anaximenes，前585—前528）回应说，一切东西都可以从一个确定的要素中产生出来，他认为这个要素是气，气会因为被他叫作气的稀疏和凝聚的对立原则而分化为不同形式。他们已经击中了西方哲学的两个重要主题：关注作为底层基质的实在以及"一和多"的问题——如何在一个不变的实体的基础上说明日常经验世界中的诸多不同的对象。

这种追求的影响逐渐变得清晰。基本实在必须是永恒的、不变的、无区分的。对实在的这个定义自此以后主宰了哲学，并且在哲学发展的早期历史上导致了两种非常不同的思想流派：爱利亚学派（Eleatics）——巴门尼德（Parmenides，生于约前515）和芝诺（Zeno，前490—前430）；原子论者（Atomists）——德谟克利特（Democritus，前460—前370）和留基波（Leucippus，鼎盛时期在约前440）。甚至在当下，他们的思想还未绝迹。

爱利亚学派（以巴门尼德的故乡爱利亚命名）宣称，一个不变的、永恒的实在不能被等同于为日常经验所知的任何一种要素，而必须只是被界定为逻辑思考的适当对象（无论那结果是什么）。换句话说，具有讽刺意味的是，真正回答实在标准的唯一事物是我们所思想的东西。像桌子、树这样的日常事物不是不变的，所以也不是真实的。真实的东西是一种在理性的思想方面被界定的特殊对象。当你以逻辑的方式思考时，你必须思考某个东西，并且那个东西是真实的，尽管它不是你可以看见、触摸或者在时空中定位的那类事物。

正在逐渐出现的东西尽管直到很久之后才会变得清晰，但是它不是那种被叫作观念论（idealism，除了被思想的东西，没有什么东西存在；"存在就是被感知"）或者被叫作**理性主义**（rationalism，"凡是现实的就是理性的，凡是理性的就是现实的"）的哲学领域。在分析米利都学派对第一实体的要求时，巴门尼德发现，它的主要要素是不矛盾性（它不能自相矛盾）。既然不矛盾性是思想的基本要求，那么实在必须被界定为可以被一致地思想的东西。这不是物理世界中的东西，那么一定有特别适合理性的其他种类对象。当我们以逻辑的方式思考时，我们所思考的正是理性。这是一个例子，展示了什么东西可以被叫作作为实在原则的理性的对象化。

支持这种朝向观念论和理性主义的早期倾向的是毕达哥拉斯学派［毕达哥拉斯（Pythagoras，前572—前497）］。他们坚持世界的基本物质由数学实体——数、关系、几何图形等——构成。这听起来很奇怪，但是依据理性的对象化并不难理解。我们依据数学来表述我们对事物的诸多解释。这尤其适用于毕达哥拉斯学派。他们是最早发展数学的人。我们今天仍然将数学理解为在一个假设-演绎系统中从起始定理逻辑地派生出诸命题的集合。毕达哥拉斯学派也看到，尽管数学处理纯粹抽象的实体（数、三角形等），但是它可以被用来解释感官经验的日常世界。这使他们认为世界的基本实在是数学的、观念的。该观点在科学家和科学哲学家中仍然很流行。

譬如，毕达哥拉斯学派发现，音乐中的三和弦（主和弦）建立在3∶4∶6的关系上。这适用于这样的所有乐声，因而似乎是潜藏在它们全体背后的一个原则。无论你将水装进水壶还是切竹锣，只要比例是3∶4∶6，那么所产生的声音将总是三和弦的声音。这种和弦背后的实在似乎是数学关系。如果这种解释是关系性的，那么，实在也必须是关系性的。我们今天可以做出一个类似的假设，当我们说科学家发现了自然的"规律"，好像在世界中存在着与科学家在他们的解释中所使用的数学公式相符的一个理性的关系系统一样。因此，米利都学派考察世界的一个基本实体所导致的一个主要进展是这种观点：基本实在由思想的抽象的观念性对象构成。从一开始，哲学家对这个世界的关注就是理性的、概念性的。

另一方面，原子论者认为，在一个物理自然中存在着许多不变的、永恒的、自洽的存在者，他们将之称为"原子"。他们说，除了这些原子和虚空，现实中并不存在任何东西，一切其他东西都可以被解释为原子的不同安排。因为更强调物质要素，而不是对它们的安排，原子论者确立了他们作为现代唯物论的先驱的地位。当然，毕达哥拉斯会争辩说，原子的非物质性的安排在解释事物为何是如此的时候更重要，并且这是观念论者与唯物论者之间漫长争论的开端。

接下来哲学的一次大发展是柏拉图（Plato，前427—前347）及其模范学生亚里士多德（Aristotle，前384—前322）带来的进展。他们一起确立了对前苏格拉底时期思想的强有力的综合，以过去两千年几乎没有发生改变的那种清晰的、令人信服的方式阐述了这种综合。苏格拉底（Socrates，前469—前399）是西方文明中最有趣的人物之一，其生命和学说启发了柏拉图。苏格拉底并没有撰写任何东西，而是将他的大部分时间投入到以辩证的方式挑战那些踌躇满志、自鸣得意的权威人士。他因为这些行为而受审，并被判死刑。苏格拉底主要对正义、敬虔等道德问题感兴趣，这给柏拉图留下了深刻的印象。

柏拉图将毕达哥拉斯学派和爱利亚学派的实在观与苏格拉底对道德的关注结合起来，并且在永恒的、不变的、观念的实体的基础上解释日常的物理世界的多样性。柏拉图认为，除了毕达哥拉斯学派的数学实体外，正义也是一种观念性的实体，并且这些观念性的实体是这个世界唯一真正实在的东西。像爱利亚学派和毕达哥拉斯学派一样，柏拉图注意到我们的观念与那些观念所指涉的世界中的事物之间的不一致。譬如，我们谈论正义、平等、善和美，但是很难在世界中发现与这些观念精确相符的任何东西。例如，没有任何一个美的例子可以被等同于美本身，因为它只是诸多美的事物之一，因为它并不是完善的美。因此，柏拉图推断，当我们谈论美时，我们必须谈论某个其他东西，某种理想性、观念性的美，感官经验的日常世界中的美的一般例子只是它的一种模糊的反映。既然柏拉图发现这样的物理对象牵涉到爱利亚学派所指责的同样的矛盾，他大胆地断言：理想性、观念性的实体[他称之为相（Forms）]比我们在日常生活中所遭遇的它们的日常对应物要更真实。

但是，与毕达哥拉斯学派或爱利亚学派不同，柏拉图继续尝试在一般的共相（universal Forms）的基础上解释感性的具体事物组成的日常世界。爱利亚学派认为，只有那个底层的基质是真实的。但是，日常的物理世界中的所有其他事物呢？爱利亚学派并没有严肃地尝试解释这些。他们只是说，倘若你应用实在的逻辑原则（一个事物不能同时既是存在的又是不存在的），那么，你会发现这些事物不是实在的。但是，这令人非常不满意。如果它们不是实在的，那么，它们是什么？柏拉图说，我们必须以某种方式说明这些现象。

柏拉图的解决方案是将爱利亚学派与唯物论混合起来。他得出结论：存在着一种基本的物质"材料"。它不是完全实在的，但是它也并非是虚无。神像陶工一样将这种材料做成与构成实在的理想的共相、理念（Forms）相似的不同形状（forms），由此他创造了桌子、椅子、树、动物和人组成的日常的物理世界。这些事物"分有"（participate）或者分享实在，并且或多或少地与它相似，但是它们并不与它相同。柏拉图以这种方式表达此前得出的那个要点，即世界和我们有关它的经验是有概念承载（concept-laden）的。不过，柏拉图此时也正在将这些概念客观化为共相、理念。当我们考察正义时，我们不是在询问一种特殊的法律、国家或人，我们正在尝试界定这个实在的共相、理念，即正义的本质性特征，我们称之为"正义"的所有其他事物或多或少地与它相似。于是，柏拉图呈现了一种偏袒前苏格拉底时期思想的观念论方面的折中方案。

亚里士多德有时被叫作拥有常识的哲学家，他反对柏拉图的一些推理。他宣称，尽管实在确实是概念的、观念的、一体的、不变的等，但是这些观念性的实体确实不能独立存在。共相、理念只能在具体的物理事物中存在，而正是由质料和形式（form）构成的这些日常对象才构成了真实世界中的东西。不过，亚里士多德确实承认，有关这些具体事物的最实在的东西是它们的形式，并且，一个事物拥有的形式越多，它就有更多的实在性。因此，他的立场与柏拉图的立场确实没有太大的区别。

中世纪哲学

中世纪哲学的一项重要成就是将哲学与扩张的基督宗教的要求结合起来。这种神学综合的实现是通过将上帝界定为柏拉图-亚里士多德意义上的最实在的存在（即纯粹的共相、理念），通过将希腊的共相、理念视作上帝的精神中的观念。除此之外，希腊哲学在过渡中完好无损地幸存下来，有关共相、理念的实在性的论争在继续。实在论者（Realists），例如，托马斯·阿奎那（Thomas Aquinas, 1225—1274）和邓斯·司各脱（Duns Scotus, 1266—1308），与亚里士多德主义者一样主张，共相、理念是实在的，但是只在具体事物中。唯名论者（Nominalists），例如，奥卡姆的威廉（William of Ockham, 1300—1350）则与早期原子论者一样主张，共相、理念只是名称，在现实中并没有与它们相符的抽象实体。奥卡姆认为，基本的实在是具体事物，但是为了谈论具体事物，我们必须将一般术语以及关系引入我们的语言。并不能仅仅依据存在着一个言说一个东西［例如正义（justice）］的词语而推导出存在着与它相符的一个真实对象［正义（Justice）这个共相、理念］。

在文艺复兴晚期（16世纪末17世纪初），随着新科学的兴起，哲学发生了新的转向，被称为现代哲学的时期（从17世纪一直到20世纪）开始了。如果说在以前的时期，或者古典时期，哲学被描述为对实在的本质的过度关注（见第一章"哲学的活动"），那么，主宰现代哲学的是对知识的关注。这是一个振奋人心的时期。此时，欧洲人觉得他们自己处在对世界的精确的科学理解取得重大突破的边缘，他们想要从一个良好的起点开始。因此，主要目标是发现对我们有关外在世界的知识而言是可能的最牢靠的基础。

近现代哲学

勒内·笛卡尔（René Descartes，1596—1650）是近现代时期的第一位代表人物。他主张，知识必须建立在一个拥有确定性的牢靠基础之上。没有完全的确定性的东西是行不通的。不过，尽管目的是确保我们有关物理世界的科学知识，但是具有讽刺意味的是，这个最初的起点的逻辑蕴涵导向了主观观念论（subjective idealism）。这种主观观念论主张，我们最确信的是我们自己的思想，正如更早时期人们主张回答实在标准的是可以被思想的东西一样。一个人可以说："我可能不知道事情的真相，但是我至少知道我有关于它们的思想。"向外凝视物理世界于是内转为凝视自我，而笛卡尔的"我思故我在"变成了近现代哲学此后直至20世纪早期所有发展的基础。

这种观念论的倾向采取了两种形式：强调理性在知识获取中的重要性的大陆理性主义者〔包括笛卡尔、斯宾诺莎（Spinoza，1632—1677）和莱布尼茨（Leibniz，1646—1716）〕以及强调感觉和观察作用的英国经验主义者〔霍布斯（Hobbes，1588—1679）、洛克（Locke，1632—1704）、贝克莱（Berkeley，1685—1753）和休谟（Hume，1711—1776）〕。理性主义者主要将柏拉图作为他们灵感的来源，而经验主义者诉诸亚里士多德和原子论者的权威。两组人的基本共识是，我们有关外在世界的知识必须从主观的确定性中建构起来，不管它们是派生自我们的推理能力还是我们的感觉能力。经验主义者以霍布斯和洛克的唯物主义观点开始：我们的身体与物理世界的相互作用导致了我们感受的产生。但是，随着贝克莱和休谟逐渐意识到这只是一个我们一点也不确信的假设，经验主义发展成一种被叫作现象主义（phenomenalism）的观念论。

理性主义者和经验主义者之间的很多论争集中于先天知识（*a priori* knowledge）的可能性。是像经验主义者所断言的那样所有知识都来自感觉，还是像理性主义者所坚持的那样全部知识或某些知识是与生俱来的，存在于人心中，凭借纯粹理性就可以获得？理性主义者自然强调逻辑的和数学的知识是知识的基础，强调有关物理世界的意见的不确定性，而经验主义者强调知觉知识，以唯名论的方式将逻辑的和数学的确定性解释为只是因定义而为真的。

正如柏拉图针对他的前辈们的相互竞争的观念制定了一个持久调和的方案一样，18世纪的德国哲学家伊曼努尔·康德（Immanuel Kant，1724—1804）想出了一个巧妙调和理性主义与经验主义的方案，该方案几个世纪以来一直将它们结合在一起，并且直到今天仍然非常重要。康德借用了柏拉图的质料与形式的区分，并且主张，我们知识的材料来自感觉（向经验主义者让步），而我们知识的形式来自理性和其他认知能力（他用来指理性主义者所意指的东西）。康德是最早发现我们对世界的日常经验是有概念承载的人之一。我们不能知觉，更别说思考原始的感性印象；我们只能吸收已经被我们自己的知觉形式和理性"安排"的信息。正如亚里士多德曾说过的，质料和形式都不能独自存在，事物只能作为质料与形式的混合物而存在，康德认为，我们的经验对象既不能是纯粹的感觉（质料），也不能是纯粹的思想（形式），而必须总是二者的结合。

但是，这场古老论争的根源扎得太深。在19世纪，沿着英吉利海峡逐渐重新拉开古老的战线，一方是新康德式的"绝对观念论者"黑格尔（Hegel，1770—1831）、费希特（Fichte，1762—1814）和谢林（Schelling，1775—1854），另一方是像约翰·斯图尔特·密尔（John Stuart Mill，1806—1873）一样的自由主义者，并且在20世纪以一种不同的形式出现，即当代盎格鲁-美利坚的"分析"哲学家与欧洲的"现象学家"[（phenomenologists，不要与现象主义者（phenomenalists）混淆）]之间的分裂。

20世纪哲学

20世纪的特点是针对过去发起革命。那个世纪的哲学家的主流心态是，指责以前的所有哲学是一个巨大错误，并且开始重新审视哲学自身的本质以及对它基础的重建。这场革命的更正面、积极的品质可以被描述为，与发现世界的真实本质这个形而上学的梦想决裂，并且提出了将哲学的作用视作分析意义的新观念（尽管并不像其中的许多哲学家所认为的那样新）。对于包括路德维希·维特根斯坦（Ludwig Wittgenstein，1889—1951）、吉尔伯特·赖尔（Gilbert Ryle，1900—1976）、约翰·L.奥斯汀（John L. Austin，1911—1960）、彼得·F.斯特劳森（Peter F. Strawson，1919—2006）在内的分析哲学家而言，这意味着分析词和概念。而对于像埃德蒙德·胡塞尔（Edmund Husserl，1859—1938）、让-保罗·萨特（Jean-Paul Sartre，1905—1980）、莫里斯·梅洛-庞蒂（Maurice Merleau-Ponty，1908—1961）这样的现象学家而言，那是我们经验的最一般结构的分析和意义。

回顾过去，研究哲学的这些路径之间的差异似乎并不那么彻底，尽管不得不调和它们。不过，像保罗·利科（Paul Ricoeur，1913—2005）、理查德·罗蒂（Richard Rorty，1931—2007）、托马斯·内格尔（Thomas Nagel）、罗伯特·布兰登（Robert Brandom）这样的一些当代哲学家似乎惬意地游走于两种传统之间。这两种重要的哲学运动的许多差异来自历史背景和风格的差异，而不是实质的差异。分析哲学家骄傲于他们坚忍不拔的严谨。他们靠逻辑兴盛起来并且避免讨论诸如性、死亡和焦虑之类的东西。现象学家倾向于陶醉于更敏感的、情感性的、有重大意义的问题，他们有时以文学的风格处理这些问题。现象学家抱怨分析哲学家太机械、太冷漠、太琐碎、太不切题。分析哲学家回应说，现象学家模糊不清、支离破碎、过于诗意。

哲学的未来

未来会怎么样呢？可能会调和哲学的过去与现在、英国的与欧陆的、分析的与现象学的。不过，毋庸置疑的是，当我们的世界在我们眼前变小时，西方哲学家开始吸收他们自己传统之外的非洲、中东尤其是远东的思潮。这会采取何种确切的方向将取决于我们这代哲学家的工作。

本书将向你们介绍哲学，并且我们希望激发你们更多的兴趣。以下各章提供了哲学持久关注的一些主要问题的更详细的样本。在我们一同前进的过程中，你们无疑会提出自己的思考。由你们自己以理性的方式来检测正在阅读的哲学家所提出的主张。在完善你们的观点时，你们将同时强化自己的心灵反思习惯。最后，请记住，正如苏格拉底告知我们的，每个人必须是他自己的哲学家。并且，正如我们在第三章的选文中将要看到的，对苏格拉底而言，哲学既是一种思想习惯，也是一种生活方式。

供讨论的问题

1. 思考为何哲学的历史对于哲学家而言，要比，譬如说，物理学的历史对于物理学家而言更重要？
2. 你认为古希腊哲学家提出的哪个问题是最"现代的"？为什么？
3. 近现代哲学显现出来的着重点如何反映了它那个时代的科学的新发现？
4. 说明分析哲学家与现象学家之间的差异如何反映了第一章所讨论的哲学的建构作用与分析作用之间的区别。
5. 你是否认为哲学家应该忽略他们的历史，每代人都另起炉灶，重新开始？请给出支持或反对的理由。

第三章　哲学与经过审察的生活

在第一章，我们提到了哲学的分析的和建构的功能。在这一章中，我们看看古希腊哲学家苏格拉底对他自己的哲学活动的描述。尽管苏格拉底呈现了哲学的两项任务，接下来的阅读材料显示他更关注哲学的分析任务。的确，苏格拉底说，实际上正是哲学的这项功能激起了如此多的论争。

苏格拉底是第一位使用哲学的分析方法的哲学家，以后没人像苏格拉底那样持续地使用该方法，该方法已经被叫作"苏格拉底式方法"（Socratic method）。苏格拉底将他的大部分生命花在与人在大街上谈论哲学。他试图找到雅典城被认为是某个领域专家的某个人，向此人学习他可以从这个假定的权威那里学到的东西。不过，在苏格拉底探究质疑的过程中，总是被证明的是，此人并不真正知道他所谈论的东西，并且经过审察，此人的观点最终被证明是充满矛盾和不一致的。这种方法并没有使苏格拉底变得受人欢迎，正如我们将要看到的。

不过，苏格拉底的目的确实是建构的。人们将如何学习真理？在柏拉图记述的苏格拉底的另一场谈话中，苏格拉底讲述他年轻时高度期望发现一种万无一失的哲学方法，凭借该方法，他可以怀着绝对的确定性和信念在每一个问题上获得绝对的真理。不过，苏格拉底说，他后来怀疑这种探究问题的方法。有太多的权威断言拥有这样的绝对知识，但是每一个人却拥有不同的甚至是矛盾的信息！于是，苏格拉底得出结论，他必须选择一种更现实的折中方案：考量现有的所有真理竞争者，使每一个都遭受严格的审察，并且尝试至少暂时拥护被证明是最强的竞争者。

让我们再次看看哲学的这个功能。哲学任务的这个方面最好被叫作谬论检测器（nonsense detector）的发展。哲学寻找有意义的东西，而不是无意义的东西。它关注的是，发现人们什么时候在胡说八道，并且帮助我们避免将我们的时间浪费在无意义的胡言乱语上。当我们回头看过去的一些伟大哲学家时，我们发现他们花费大量的时间指出别人的错误。这种活动并没有使人们特别喜欢哲学家，并且也导致了这种观点：哲学是完全消极的、否定性的。尽管哲学的这种功能表面上看是消极的、否定的，但是它确实带来了积极的、肯定的作用，因为如果你发现其他人已犯的错误，你自己或许可以避免这些错误。

对苏格拉底而言，哲学是一种彻底的生活方式，每个人必须以个人的方式做哲学。苏格拉底曾经说："如果你病了，你必须看医生，正如你们在法律上遇到麻烦，你们必须雇用合格的律师一样，但是每个人必须是他自己的哲学家。"这是值得强调的一个要点。尽管哲学通常看似拥有技术性的本质，但是哲学实际上是人最自然的活动，并且，从某种意义上说，每个人都参与其中。换句话说，我们都已经决定了（无论我们是否已经清楚地觉察到）我们的行为标准是什么，我们将我们的推理建立在何种原则之上，以及我们将何种重要性赋予我们的人性。但是，并非每个人都以批判的方式审视这些观点。而学习哲学提供了这种批判性的审视。正如西方哲学之父苏格拉底所说的，"未经审察的生活是不值得过的。"就像你们在下面的阅读材料中会看到的，苏格拉底所说的正是他心中的意思。

苏格拉底的申辩

申辩（apology）一词来自希腊词"辩护"（defense），在接下来的选文中，苏格拉底确实在法庭上为自己辩护。官方对他的指控是，他教导人不要信仰诸神，并且他要为败坏雅典的年轻人，使他们批判权威这件事负责。

苏格拉底大约生于公元前469年，逝于公元前399年。尽管他是西方哲学史上最伟大的人物之一，但是他没有撰写任何东西，没有建立任何学派。他的整个生命都花在了质疑他的伙伴，寻求发现真理

上。为何这个看似无危害的活动导致了这样一种反应，对苏格拉底的这种反应如此之强烈以至他受到决定其生死的审判？这个问题是许多历史猜想的主题。一种理论认为，苏格拉底与刚被废的旧政权紧密相关。而另一种理论则认为，苏格拉底只是被视作麻烦制造者，他的指控者并不想杀他，而只是想迫使他放弃煽动每个人。可能两种观点都有道理。在接下来的阅读材料中，我们看到，苏格拉底显然意识到，如果他承诺停止他的哲学追求，那么对他的指控会被撤销。但是，这样放弃他的原则对他来说是不可能的："只要我一息尚存，还有力量，我不会放弃哲学，并且还会劝说你们，将真理宣告给我所碰见的你们中的每一位。"

无论苏格拉底受审的真正原因是什么，最终判决是，苏格拉底犯了危害城邦罪，他被判死刑。柏拉图在另一篇对话《斐多篇》中记述了死亡的场景，描述了苏格拉底与他的朋友们在一起的最后时间，以及按照法律规定的执行死刑的方法，苏格拉底饮用毒芹汁而死。

苏格拉底：为哲学辩护 [1]

可能你们中的一些人会回应说："但是，苏格拉底，你遇到什么麻烦了？什么导致这些针对你的偏见？你必然做了不寻常的事。若你所做的并非与其他人不同，那么，有关你的所有这些谣言和报道绝不会产生。告诉我们那是什么事？这样我们就不会任意地给出我们的判决。"我想那是一个好问题，我将尝试向你们解释什么导致这些针对我的偏见，给予我这样的名声。那么，听着。你们中的一些人可能会认为我正在开玩笑，但是我要使你们确信，我将告诉你们全部真理。雅典人啊，我已经获得了这个名声，只

---

[1] F. J. 丘奇（F. J. Church），《柏拉图：〈游叙弗伦篇〉〈申辩篇〉〈克里托篇〉》（*Plato: Euthyphro, Apology, Crito*，Upper Saddle River, NJ：Pearson Education, Inc.，1956）。

第三章 哲学与经过审察的生活

苏格拉底（Socrates，前469—前399）希腊哲学家，因其哲学活动被他的雅典同胞判处死刑。虽然苏格拉底没有撰写任何东西，但是我们通过他的学生柏拉图的著作知道了他的生平和思想。图片来自美国国会图书馆（The Library of Congress）。

是因为某一种智慧。但是是因为何种智慧呢？只是因为那种可能是人的智慧的智慧。也许我是真的聪明。但是我刚才所说的人，必须有比人的智慧更大的智慧，否则我不能描述它。因为对于它我自己确实一无所知，如果任何人说我知道，那他在撒谎，用言语引发对我的偏见。雅典人啊，不要用喊叫打断我，哪怕你们认为我正在吹牛。我将要说的不是我自己的主张。我将告诉你们谁说了它，并且他值得你们尊敬。我将德尔斐神殿的神作为我的智慧的证人，如果我的智慧是智慧，并且具有智慧的本质。你们记得凯勒丰（Chaerephon）。从年轻时起，他就是我的同伴，并且是你们的民主制度的强烈支持者，与你们最近一起遭流放[1]并且一同归来。你们也记得凯勒丰的性格，他多

么冲动草率地做他手头的任何事情。他曾经到德尔斐神殿，冒险地向神谕提出了这个问题——我再次请求你们，我的朋友们不要用你们的喊叫打断我——他问是否有人比我聪明。女祭司回答说无人。凯勒丰本人已经去世，但是他的兄弟将在这里为我所说的话作证。

现在来看我为何要告诉你们这些。我将要向你们解释针对我的偏见是如何产生的。当我听说了这个神谕，我开始反思：神用这个谜语表达什么意思呢？我很清楚我并不聪明，哪怕是在最狭隘的意义上。那么，神说我是人中最聪明的，他的意思是什么呢？他肯定不会说错，因为他是神，不会撒谎。很长一段时间，我不明白他的意思。于是，我非常不情愿地转而以这样的方式研究它：我去一个以智慧而闻名的人那里，想着如果还有可去的地方的话，那么我将在那里证明这个答案是错误的，并且打算向神谕指出它的错误。我想着："你说我是所有人中最聪明的，但是这个人比我聪明。"于是，我考验那个人——我不需要告诉你们他的名字，他是一位政治家——但是雅典人啊，结果是这样的。当我与他谈话时，我明白了，尽管很多人认为他是聪明的，并且最重要的是，他也自认为是聪明的，然而他并不聪明。于是，我试图向他证明他并不聪明，尽管他自以为聪明。因为这样做，我令他和许多旁观者愤愤不平。因此，当我离开时，我自认为我比此人聪明：虽然我们俩谁也不知道真正值得知道的事，但是他认为他拥有知识，实际上他并没有，而我没有知识，不过我认为我确实没有。我似乎好歹在"我不认为我知道我所不知道的"这一点上比他聪明一点。接下来，我去找另一个被认为比上一个人更聪明的人，然而获得了完全相同的结果。在那里，我再次

---

[1] 发生在三十僭主统治期间。该政权掌权了八个月（公元前404年），比这次审判早五年。——编者注

使他和许多其他人愤愤不平。

　　随后，我继续一个人接着一个人问，发现我每天都会引起人的愤慨，这使我很痛苦和焦虑。不过，我认为我必须将神的命令置于一切之上。因此，我不得不来到似乎拥有知识的每个人那里，考察这个神谕的意义。雅典人啊，我必须告诉你们真相。我发誓，这是我在神的命令下做出的考察结果：我发现以智慧著称于世的那些人几乎最缺乏智慧，而那些被视作普通人的其他人要聪明得多。现在我必须向你们描述我为证明神谕是无可辩驳的而进行的游历，如同大力神赫拉克勒斯的劳作一样。拜访政治家之后，我来到了悲剧诗人、酒神颂诗人以及其他人那里，认为在那里我应该清楚地发现我自己比他们无知。于是，我拿起我认为他们花费了很多心血的诗，向他们询问它们的意思，希望同时能在他们那里学到一些东西。我的朋友们啊，我羞于告诉你们真相，但是我必须将它说出来。几乎任何一个旁观者都比这些诗人本人更好地讨论他们的作品。因此，我很快发现诗人创作他们的作品所凭借的不是智慧，而是某种直觉性的灵感，像占卜者和先知一样，他们说了许多好东西，但是完全不明白他们所说的。在我看来，诗人似乎处在类似的处境中。并且同时，我意识到，他们因为他们的诗歌而认为他们在其他事情上也是众人中最聪明的，然而他们并非如此。因此，我再次走开，认为我胜过诗人，一如我胜过政治家。

　　最后，我来到工匠那里，因为我非常清楚我并不拥有值得谈论的知识，并且我确信我应该会发现他们知道许多好的东西。我没有弄错，因为他们知道我所不知道的，就此而言他们确实比我聪明。但是，雅典人啊，在我看来，这些技术娴熟的工匠与诗人一样拥有相同的缺点。他们每个人相信自己在最重要的事情上是极其聪明的，因为他们精于自己的技艺，他们的这种妄自尊大掩盖了他们的真正智慧。因此，我代表神谕问我自己，我是否愿意保持原样，要么没有他们的智慧，要么没有他们的无知，还是像他们一样，同时拥有他们的智慧和无知。我回应我自己和神谕，说，对我而言，保持原样更好。

　　雅典人啊，这些考察导致了很多极其强烈的愤慨，结果，产生了许多有关我的偏见。人们说，我是"一个聪明人"。因为旁观者总是认为我在驳斥别人的任何事情上都是明智的。但是，绅士们啊，我相信神是真正聪明的，并且他的神谕的意思是，人的智慧是渺小的，或者微不足道的。我认为他的意思不是说苏格拉底是聪明的。他只是使用我的名字，将我作为一个例子，好像他对众人说："在你们众人中间，像苏格拉底那样知道其智慧真的是微不足道的人是最聪明的。"因此，我仍然四处走动，像神要求我的那样，测试和考察每一个我认为是聪明的人，不管他是城邦的公民还是外来人。无论何时，当我发现他并不聪明时，我代表神，向他指出他并不聪明。我如此忙于这种工作以至我根本没有闲暇去参与值得提及的任何公共事务或照料我的个人事务。因为我侍奉神，我一贫如洗。

　　除此之外，年轻人跟随我，他们是富人的儿子，拥有最多的闲暇时间，他们乐于听到这些人被盘诘。他们经常在自己的圈子里模仿我，然后他们尝试盘诘他人。我想，他们发现很多人自认为自己知晓很多，但是事实上所知甚少，或者一无所知。于是，被盘诘的那些人生我的气，而不是他们自己的气，并且说苏格拉底痛恨和败坏青年。如果人们问他们："为什么？他做了什么？他教导了什么？"他们不知道说什么。为了不显得茫然不知所措，他们重复着对所有哲学家的那些指责，并且宣称他研究天上地下的事情，他教导人们不要相信诸神,并且要使糟糕的论点显得更有力。我猜,因为他们不喜欢承认这个真相:他们表现为并不拥有知识却假装拥有知识的无知之徒,所以他们长时间在你们耳边灌输他们的恶毒偏见,因为他们雄心壮志、精力充沛、数量众多,他们强烈地、巧舌如簧地反对我。依托于此,梅勒特斯(Meletus)、安利特斯(Anytus)、莱肯(Lycon)攻击我。他们三人分别代表诗人、工匠与政治家以及演说家对我表示愤慨。就像我刚开始说的,如果我能在很短的时间内为自己辩护,消除你们心中已经变得如此强烈的偏见,我将感到惊讶。雅典人啊,我告诉你们的是事实:我既不隐瞒也不封锁任何琐碎的或重要的事情。不过,我知道,正是这种直言不讳激起了人们的愤怒。但那只能证明我的话是真的,而我所说的是对我的偏见以及产生这种偏见的根源。无论你们现在还是以后调查它们,你们会发现它们就是这样的。雅典人啊,我相信这是事实。一个人处在任意一个位置上,无论他是出于自己的意愿选择了它,还是被他的指挥官安置在那里,他都有责任留在那里,面对危险,丝毫不考虑死亡或任何其他事情,除了耻辱之外。

在德尔斐神殿这里,苏格拉底被神谕宣告为世界上最聪明的人。"认识你自己"这句话就在这个屁护所的入口处,它体现了苏格拉底对真理的个人追求。图片来自戴维·斯图尔特。

雅典人啊,在波提狄亚(Potidaea)之战、安菲波利斯(Amphipolis)之战和德利昂(Delium)之战中,当你们选出来指挥我的将军们给我指派岗位时,我坚守他们指派给我的岗位,经历了死亡的危险,像其他人一样。神要求我终生寻求智慧,审察自己和别人,我坚信他确实是如此要求我的。倘若我现在因为害怕死亡或任何其他事而放弃我的岗位,那么,从我的角度看,那是一个非常奇怪的行为。那的确是一件非常奇怪的事情。于是,我肯定会受到公正的审判,因为不信仰诸神,因为我正在违背神谕,害怕死亡,并且在我并不聪明时自以为聪明。因为，我的朋友们啊，害怕死亡只不过是认为我们自己聪明但事实上并不聪明的另一种方式，因为这是认为我们知道我们并不知道的事情。因为没有人知道死亡是不是在人身上发生的最大的善事。但是人害怕它，好像他们确实知道它是最大的恶事一样。除了那种认为我们知道我们不知道的东西的可耻的无知之外，这又是什么呢？在这件事上，我的朋友们啊，也许我与众不同。如果我声称自己比别人更聪明，那是因为，既然我对另一个世界不太了解，我就不会认为我知道它。不过，我深知，做不公的事，不听从我的上级，无论他是人还是神，都是邪恶的和可耻的。我绝不会做我知道是恶的事情，也不惧怕我不知道是善还是恶的事。即使你们现在宣告我无罪，也不听安利特斯的论证：如果我被宣告无罪，我根本就不应该受到审判，而且，事实上，你们一定会处死我，因为正如他所说的，如果我逃跑了，你们的所有儿子都会因为实践苏格拉底的教诲而彻底败坏。因此，如果你们对我说："苏格拉底，这一次我们不会听安利特斯的话。我们会放你走，但是条件是，你放弃对你自己以及哲学的研究。如果你再次被发现继续这种追求，你会死的。"我说，如果你们依据这些条款让我走，我会回答说："雅典人啊，我对你们怀有最高的尊敬和热情，但是我将被神而不是你们劝服。只要我一息尚存，还有力量，我不会放弃哲学，并且还会劝说你们，将真理宣告给我所碰见的你们中的每一位，如同我所习惯的那样说：'我的好友啊，你是非常伟大且因其智慧和力量而闻名的雅典公民，若你并不思考或关注智慧和真理以及你的灵魂的改善，却如此关注赚钱以及名声和地位，你就不感到羞耻吗？'"如果他质疑我的话，说他确实关注这些东西，我不会立刻放开他，离开。我会质问他，盘问他和考

验他。如果我认为他尚未达到卓越，尽管他说他达到了，我会责备他低估了最有价值的东西，高估了价值更少的那些东西。我将对我遇见的每个人，不分老幼，公民还是外来人——尤其是公民，既然他们更紧密地与我相关——做这样的事情。你们必须承认，这是神命令我做的。并且，我认为在这个城邦里，再没有比我对神的侍奉更大的善事发生在你们中间。因为我一生都在奔走，劝说你们所有人将你们第一位的、最大的关注放在你们的灵魂的改善上，直到你们那样做了之后，才想起你们的身体和你们的财富。并且，我将告诉你们，财富并不带来卓越，但是财富，以及人们所拥有的每一种其他的善事，无论是公共的，还是私人的，都来自卓越。于是，如果我用这样的教导腐化青年，那么，这些东西必然是有害的。但是，如果任何人说我教导任何其他东西，那么，他所说的没有一句实话。因此，雅典人啊，我说无论你们是否被安利特斯说服，无论你们是否判我无罪，我将不会改变我的生活方式，不，不会，哪怕我不得不因此死很多次。

雅典人啊，不要用你们的喊叫打断我。请记住我对你们的请求，不要打断我的话。我认为你们听到这些话会受益的。我正打算向你们说更多的话。对此，你们可能倾向于抗议，但是请不要那样做。要确信这一点：若你们杀我，就是我已经告诉你们我所是的那个我，那么，你们伤害更多的是你们自己，而不是我。梅勒特斯与安利特斯不能伤害我：那是不可能的，因为我确信好人被坏人伤害是不被允许的。坏人的确可以杀害我，或者流放我，或者剥夺我的公民权利。梅勒特斯和其他人认为那些事是大恶。但是，我并不这样认为。我认为去做他现在正在做的事情，试图以不公正的方式判处一个人死刑是更大的恶。并且，现在，雅典人啊，我根本没有像你们所期待的那样去为我自

己辩护,而是为你们辩护,以便你们不会因为谴责我而在神赐予你们的礼物上犯错误。因为如果你们判我死刑,你们不会轻易地发现另一个人——如果我可以使用一个可笑的比喻的话——他依附在城邦上,如同牛虻依附在马上,马虽然很大,并且是良种的,但是因为其体型而行动相当迟缓,以至它需要被牛虻唤醒。在我看来,神似乎像那一样使我依附在这个城邦上,因为我持续地降落在你们中,终日到处唤醒,劝说和责备你们中的每一个人。我的朋友们啊,你们不会轻易地找到任何其他东西填补我的位置。并且,如果你们被我劝服,你们将饶我一命。你们是愤慨的,正如昏昏欲睡的人被唤醒时那样。当然,如果你们被安利特斯劝服,你们可以轻易地一下子杀死我,然后你们的余生将会不受打扰地继续昏睡,除非神出于他对你们的关怀差遣另一个人来唤醒你们……

供讨论的问题

1. 《申辩篇》选文的哪些部分显示苏格拉底关注哲学的建构功能?哪些部分又显示他关注哲学的分析功能?
2. 苏格拉底声称,发现你自己的无知是迈向知识之路的重要一步。你同意吗?无论同意与否,请给出理由。
3. 你可以想出最近哲学家激起公众敌视的一些例子吗?对于哲学的现状,这告诉了你什么?
4. 苏格拉底说:"害怕死亡只不过是认为我们自己聪明但事实上并不聪明的另一种形式。"你是否同意苏格拉底的观点?你的理由是什么?
5. 如果我们接受苏格拉底的主张,即社会需要哲学家,那么,若哲学家要对社会有益,他们如今应该提出何种问题?

哲学的近期发展

如果人们要求一位欧洲哲学家描述今天北美哲学的本质,那么,他的回答是,它的特征是种类繁多。将教育系统或多或少地集中控制的国家发展出了哲学的民族风格。譬如,人们可以说法国哲学、英国哲学或德国哲学。不过,就北美的哲学实践而言,这样的事情是不可能的。

曾经有段时间,威廉·詹姆斯(William James, 1842—1910)、查尔斯·皮尔士(Charles Peirce, 1839—1914)、约翰·杜威(John Dewey, 1859—1952)这些实用主义者以及哲学家-社会学家乔治·赫伯特·米德(George Herbert Mead, 1863—1931)代表美国哲学,但是那样的日子已经过去了。美国和加拿大现在所实践的哲学是极其多样的。对诸如非洲、中国、日本和印度哲学之类的各种非西方哲学的兴趣,以及对将这些非西方的思想系统叫作"哲学"有何意义这样的相关问题的兴趣使得多样性日益增长。用其他名称给它们命名,将哲学这个术语留给西方的独特思想模式，这是否更好？

不过，在这种多样性中，可以谈谈做哲学的不同风格或方法。笼统地说，这些区分反映了在社会科学中已经发生了的相同的差异。社会科学家分为使用数据和数学的分析技术的社会科学家，以及偏爱更散漫的甚至叙述性风格的社会科学家。对历史的学术研究长期以来被描述为人文学科，不过，它在数据分析和量化研究那里获得了支持。被称作历史计量学（cliometrics）的这类历史研究不同于传统的、叙述风格的历史研究，如同数学不同于诗学。

在哲学中，在使用派生自形式逻辑的分析技术的那些哲学家与其分析更少形式化、与传统哲学家的著作更相似的那些哲学家之间存在着类似的、然而并不相同的区分。人们可以不严谨地将这两种方法叫作哲学的分析风格和大陆风格。像这样的所有标签一样，这些区分会走极端。有些分析哲学家使用那种为哲学的更传统的散漫风格保留了足够空间的分析，而有些大陆哲学家在研究传统的哲学问题时使用了形式化的技术。正如在第一章"哲学的活动"中所讨论的，这两种哲学方法并不是对立的，尽管有时同一个学术部门的哲学家可能会表现得好像是对立的。不过，纵观目前出现在期刊和学术专著中的哲学文献，哲学家们都借鉴了这两种哲学风格。

哲学最近的其他发展超出了方法问题。一个日益重要的论题是**女性主义**（feminism）哲学，它质问男性的偏见和利益是否歪曲了哲学的一些传统问题和传统答案。尤其是在伦理学中，女性主义哲学家宣称，提出伦理问题的一些方式更多地被性别而不是被理性所影响。女性主义思想家提出了关怀伦理学，替代以规则为主宰的道德分析。他们认为关怀伦理学是对在伦理问题分析中过分强调逻辑的一项重要订正。

哲学家给予大量关注的另一个领域是科学哲学以及与之相伴随的问题，例如人工智能和发现的逻辑。在某些方式上，这根本不是新产生的问题，因为哲学家从哲学发端起已经展示了对将有关事物的本质问题纳入到他们关注范围之内的兴趣。古罗马哲学家卢克莱修（Lucretius，约前99—前55）一本著作的名字就叫"物性论"（*De Rerum Natura*）。

有关今天哲学的另一个重要的事实是，哲学家主要是哲学教师。不像以前的时代，哲学家可能是教会的领袖 [安瑟尔谟（Anselm，1033—1109）、乔治·贝克莱（George Berkeley，1685—1753）、威廉·佩利（William Paley，1743—1805）]、修士 [（托马斯·阿奎那、彼得·阿伯拉尔（Peter Abelard，1079—1142）]、图书馆员（大卫·休谟）、工匠（斯宾诺莎）、小说家 [列夫·托尔斯泰（Leo Tolstoy，1828—1910）、费奥多尔·陀思妥耶夫斯基（Fyodor Dostoevsky，1821—1881）]，今天的哲学家，除了极少数例外，都是哲学教授，并且在学院和大学工作。这种境况导致了哲学的职业化，大多数的实践者都加入了美国哲学学会（American Philosophical Association，简称 APA）。该学会在美国不同地区召开的年会为全北美的哲学家提供了相聚在一起讨论共同感兴趣的思想问题的机会。美国哲学学会占据主导地位的一个副作用是，该学会在论文和会议记录中处理哲学问题的方式限定了这些问题当前的地位。

在许多学院和大学的哲学系里，学习哲学充当了该机构的一般教学要求的基石。因此，哲学家关注将哲学的永恒问题教授给下一代学生。这是通过学习哲学史以及从古至今的思想家所研究的话题而实现的。既然哲通常没有找到它进入到高中课程的方法，一些哲学家将他们的注意力转向了为那里的学生甚至是更低年级的学生发展出导论性材料。这些材料以批判性思维技能以及道德推理能力的发展为特色。不过，大部分努力面临着更大的麻烦，因为公立学校受到了预算问题以及"回归基础"（back to basics）运动的压力，发现他们没有资源和时间开设这样的创新课程。

许多学院和大学的哲学系都扩大了课程范围，将哲学的各个应用领域包括在内，譬如，应用伦理学（商业伦理学、医学伦理学、环境伦理学、新闻伦理学、计算机伦理学）、批判性思维和写作课程以及诸如体育哲学、性哲学、生态哲学之类将哲学分析应用到非传统领域的课程。在这样的所有探究领域中，哲学家识别了重要的问题，帮助学生发展工具来评价参与这些领域的学习活动时所提出的问题的可能答案。

与学院的总课程扩大了应用哲学的课程类似，人们也试图为哲学寻找除了学院的本科生之外的听众。这样的一项成果是，处理时下的电影和电视剧所提出的哲学问题丛书[1]。并不是所有哲学家都为这样的丛书喝彩。有些人指责它将哲学简单化。而其他人则指出，它与苏拉底在雅典市场上与普通人讨论哲学时所做的没有什么不同。

实践哲学的另一个竞技场是一种被叫作哲学咨询的新创造的活动。尽管它仍然处于起步阶段，并且忍受与任何新尝试紧密相连的成长的痛苦，但是它提供了一种替代传统心理咨询的方案。用《纽约时报》记者的话说，"哲学咨询采纳了这个前提：我们的许多问题源自对生命意义的不确定和错误的逻辑。"[2]而将这结合在一起的是出版了大量的证明哲学可以提供改变生命经验的书籍。"哲学如何改变你的生命"是哲学咨询的一位实践者娄·马里诺夫（Lou Marinoff）所撰写的一本书的副标题。阿兰·德波顿（Alain de Botton）撰写的《哲学的慰藉》（The Consolations of Philosophy）是英国的一本畅销书。甚至还有一档模仿美国国家公共广播电台"汽车秀"的脱口秀节目被叫作"哲学秀"（"Philosophy Talk"）[3]。并且，在英国出版且在北美发行的《哲学家杂志》（The Philosopher's Magazine）提供了为受过教育的一般读者撰写的有关不同哲学家和哲学主题的文章[4]。另一个英国舶来品《今日哲学》（Philosophy Now）形容自己是"一本面向所有对观念感兴趣的人的报摊杂志"。

互联网的到来又为哲学观念的传播和哲学主题的讨论提供了另一个平台。使用手头可用的任何搜索引擎检索"哲学"这个术语，你会找到成千上万的网址链接。在此，最好的建议是：要当心。有些网址是暂时的，而其他的则更多是传播作者自己的观念。哲学文献中心网站是一个好的起点。

哲学的世界在持续变化，然而它的核心仍然是从它诞生起主宰着对智慧追求的那些本质性问题。对哲学当

---

[1] 该系列丛书由敞院出版公司（Open Court Publishing Company）出版。该系列的编者是位于宾夕法尼亚州威尔克斯-巴里市（Wilkes-Barre）国王学院（King's College）的威廉·欧文（William Irwin）。

[2] 丹尼尔·杜安（Daniel Duane），《苏格拉底式心理学家》（"The Socratic Shrink"），《纽约时报杂志》，2004年3月21日。

[3] 来自丹尼尔·杜安在上一篇文章中的报道。播报这个节目的电台在旧金山。

[4] 可从哲学文献中心（The Philosophy Documentation Center, P.O. Box 7147, Charlottesville, VA 22906）获取。

前范围的总结，我们找不到比苏格拉底的命题"未经审察的生活是不值得过的"更好的总结了，它使自我审察成为哲学的核心任务。尽管有对它的方法论的论争以及未被解决的问题，哲学当前的使命仍然是准确地进行自我审察。

进一步阅读建议

1. 西蒙·布莱克本（Simon Blackburn），《思想：哲学基础导论》（*Think: A Compelling Introduction to Philosophy*，Oxford：Oxford University Press，1999）。这本书讨论了哲学的"大"问题：知识、意识、命运、上帝、真理、善、正义。

2. 阿兰·德波顿（Alain de Botton），《哲学的慰藉》（*The Consolations of Philosophy*，New York：Pantheon Books，2000）。德波顿所写的这本英国畅销书由六个篇章组成，展示了哲学如何能够帮助人处理从没有足够的钱到一颗破碎的心之类的一切问题。

3. 克里斯托弗·菲利普斯（Christopher Phillips），《苏格拉底咖啡馆》（*Socrates Café*，New York：W. W. Norton & Co.，2001）。这本书讲述了一位哲学家通过吸引人们在咖啡馆和其他公共场所进行对话尝试重建苏格拉底的教学场景。

4. 罗伯特·C.所罗门（Robert C. Solomon），《哲学的快乐》（*The Joy of Philosophy*，New York：Oxford University Press，1999）。这本书处理了哲学的永恒问题，并且展示了哲学如何帮助我们理解我们是谁。

5. 乔治·扬西（George Yancy）编，《哲学的我：从哲学上反思自我生活》（*The Philosophical I: Personal Reflections on Life in Philosophy*，New York：Rowman & Littlefield，2002）。这是一本诸多哲学家的论文集，详细描述了何者吸引他们从事哲学以及他们为何认为哲学是有趣的。

第二部分

关于思想的思考

第四章　理性的生活

第五章　论证形式

第六章　归纳与科学哲学

第七章　哲学论证的诸种策略

第四章　理性的生活

现在我们已经简略地观察了哲学家通常所做的工作，你们可能会对他们如何做这种工作感到惊奇。哲学家如何得出他们的结论，并且更重要的是，他们如何为那些结论辩护或者证实其合理性？请注意，尽管每门学科必须拥有一些手段来为它的断言辩护和在冲突的断言之间做出选择，但是不同学科存在着不同的手段。一个领域可接受的标准可能在另一个领域中是不被接受的，于是问题产生了：一般的最佳、万能程序是什么呢？

在西方文化中，大约在公元前 6 世纪至公元前 5 世纪，在人们认为何者是真和假的可接受的标准上发生了一次重要的转变。这主要因为西方哲学的诞生，它开始远离神话标准，并且倾向于诉诸理性。这次重心的转变自此之后主宰了西方文化，不仅是在哲学的兴起中，而且在科学、法律、神学和历史方面。从苏格拉底开始，主流的氛围已经是诉诸理性来解决真和假的问题。

诉诸理性

当我们说诉诸理性时，我们的意思是什么？首先，我们可以说说不诉诸理性是什么意思。它不是诉诸任何超越个体和在个体之上的权威。它不是诉诸任何类型的权威，无论它是团体中最年长的权威、受到最多神圣启示的权威、最受尊敬的权威还是过去的权威。于是，诉诸理性首先是诉诸正在思考一个问题的个体。如果你正诧异于是否接受某种理论，或者在两个竞争的断言之间做出取舍时，如果所诉诸的是理性，那么，你不能将事情交给另一个学识更渊博的人，换句话说，交给一位权威。你所诉诸的是你的理性。

不过，与此同时，诉诸理性不是诉诸你在任何特定的时刻在你当时的情绪状态下所碰巧思考的东西。它也不是诉诸你的激情或情感。它是诉诸你的那个部分，那个可以使你摆脱盛怒、平和冷静地反思处境并做出决定的部分。这赋予理性一种普遍性（universality）。

有关诉诸理性的奇怪之处是，尽管它是诉诸你的理性，它同时也诉诸任何人在一种冷静和反思的时刻所思考的东西。它是诉诸作为一个理性的人的你。通过抽象掉个体的特殊情绪和自身利益，诉诸理性是普遍的，对以这种理性的方式思考问题的每一个人而言，它是正确的。如果我询问一群人他们对当前的政治情景感受如何，我可以预料不同的个体给出迥异的答案，但是如果我问某人他是否同意 5+7=12 时，我可以预料拥有常规理智的任何人在花时间思考后都会同意。并非每个人实际上都对理性的原则持相同的看法，但这是所要诉诸的东西，这是期待。

理性的决定或者理性的人是什么？简言之，理性是什么？在盛怒之下做出的重要决定往往是巨大的错误。为什么？首先，你倾向于混淆不同的问题，因为你接受这件事，然而实际上相信另外一件完全不同的事。如果一个人被指控在你的社区残忍地谋杀了一个小孩，你可以立刻认为他应该直接被处死，无论有没有经过审判。但是，后来，在冷静的时刻，在花时间反思了这种境况之后，你可能开始意识到你的决定建立在混淆两个或更多相当不同的问题之上：小孩之死是不幸的，谋杀是一种滔天罪行，被指控者是不是谋杀者，包括这个被指控的谋杀者在内的被指控的谋杀者是否都应该经过公平的审判，被判有罪的杀人犯是否应该被判处死刑。对一个问题的肯定回答并不必然是对其他问题的肯定回答。经过反思，你可能会决定，尽管你认为谋杀一般——尤其是在谋杀小孩的案件中——是应受到谴责的，不过你也相信被指控者有权获得公平的审判。你并不知道被指控者是否犯了罪，也不确定你对死刑的一般感受。

情绪性或谩骂性判断的另一个惯常的不足是，在做出这些判断时，人们不能思考与对一个具体问题做出决定相关的所有问题。在上面的例子中，对审判被指控的谋杀者的陪审团成员而言，必须思考很多问题，例如，证人的报告，证人的可靠性，动机，法律，有关被告的过去的记录等。

于是，可以将使用推理来做出决定的过程描述为，每个人作为反思者在心中必须考虑诸般事项，聚精会神地区分不同的问题，思考包括后果在内的所有相关要点。但是，推理的最重要特征是我们尚未考虑的那个东西：看见所有相关问题的关联和关系。某些思考如何与某些其他思考相矛盾？案例中的一些事实如何增强一个结论而削弱另一个结论？给定一组信念或事实，可以从中推断出什么？通过将注意力集中到与一个具体决定相关的所有思考上，我们意识到我们为何要做某些事，这是合理性所意指的东西的关键部分。一个合理的人是这样一个人，他询问原因，寻找做某件事或相信某件事的好理由，当他被质问时，他愿意给出理由来解释自己为何如此。一件事是真的，因为其他事是真的。有些事变成了我们为何相信其他事的理由。譬如，我并非只是认为被指控者是无辜的，我有我为什么这样想的理由，这些理由将我对所有相关问题的理解与一个单一的令人信服的结论关联起来。

理性与哲学

研究这样的关联就是研究逻辑，逻辑与反思的结合是哲学的主要研究工具。科学也基于诉诸理性，但是与哲学家不同，科学家也可以诉诸经验事实。一个科学假说基于推理。如果这个假说是真的，如果我们进行一项基于它的实验，那么，我们就会以经验的方式观察到某个结果。但是，提供了这个论证或推理之后，科学家必须接着进入实验室，做实验，观察结果。此任务的这个部分牵涉到哲学所没有的技术性技艺和经验事实成分。

哲学家的推理也必须与我们的经验事实相关，但是以一种不同的方式，我们在第一章中将它简称为反思。哲学家试图明晰地表达和强化我们有关世界的日常信念、态度和假设，并且接着试图通过使用理性来理解那些信念的预设、它们在逻辑上连在一起的方式以及它们在逻辑上所导致的结果。因此，哲学家更关注发现一种合乎事实并且展示了它们之间相互关系的理论，而不是发现新事实。既然所诉诸的事实是人们完全知晓的，哲学就与生物学、植物学、地质学或化学不同，它不是一门经验科学。

于是，哲学家的主要工具是理性。正如我们已经指出的，理性也是日常生活的一个重要部分，尤其是在西方文化传统中。在本章的剩余部分，我们首先看看理性在日常生活中的用途，然后考察推理在哲学研究中的用途。

自苏格拉底时代以来，我们被鼓励按照理性来生活，变成合理的或者理性的。对历史有所了解的人都明白，整体而言，西方文明并不是特别合理的，肯定并不比其他文明更合理。不过，我们被强烈要求采取理性的生活，至少将它作为一个理想。在说"未经审察的生活是不值得过的"时，苏格拉底断言，不符合理性的生活是无价值的。为什么？准确地说，这种理想的理性生活是什么？它的优势是什么？

首先，让我们将理性生活的理想与人们经常混淆的其他观点区分开来。与理性生活的理想经常混淆的一种立场是这种观点，它认为，既然理性据推测是所有人共有的，那么理性是人性的本质和人的存在的最重要部分。但是，这并不与理性生活的理想相同，后者断言，按照理性的命令生活是最好的生活方式。很有可能是这样的：我们人的爱或同情的能力是人性最独特、高尚的方面，然而也有可能是真的是，建立在理性之上的生活要比建立在情感之上的生活好。

经常与理性的理想混淆的另一种观点是这种立场：世界本身必定是理性的，或者，尤其是人，他基本上是合理的。但是，理性的理想对于事物在世界中的真实存在方式或人的真实行为方式并没有说什么。它只是断言信念和行动的最佳实践向导是理性的原则。诉诸理性经常基于这个事实：人们基本上或通常是不合理的，更频繁发生的是他们的激情与疯狂的非理性爆发。当然，鉴于更强调主宰人性的非理性力量的达尔文、马克思和弗洛伊德的研究成果，我们不能忽视非理性因素在人的存在中的重要性，但是，支持过自己的生活，将抉择建立在无意识的和非理性的恐惧之上是另外一回事。

理性的优势

既然我们已经将诉诸理性限制为这种观点：理性的方针是在重要的问题上做出决定的最好方法，那么，这种观点的优势是什么，我们为什么要采纳它呢？首先，理性的理想帮助解决和协调重要的非理性的情感和直觉。为何不简单地依据我们最强烈的情感和直觉做出决定呢？为什么不做此刻似乎是最好的事呢？原则上，这种方法没有本质上的错误。事实上，我们称之为情感或直觉的东西经常只是我们不再察觉到的理性思考的最终产物。

譬如，决定终结一种关系似乎是一时的冲动，但是，事实上，它是对在很长一段时间有关不同的利益、相互冲突的趣味、对立的生活目标等诸多不同又相互关联的考虑所做的大量冷静反思的最终产物。理性的作用不是取代这种自然的抉择机制。的确，对我们绝大多数生命而言，这是我们必须使用的方法。我们根本没有时间去有意识地思考影响我们生活的每一个决定。想想如果我们不得不通过推理得出是否在红灯亮时停车，是否现在打开邮箱，是否开始晚餐等，那是多么令人困惑、混乱和往往行不通的啊！我们的大多数决定必须快速、自动地做出。

不过，做出决定的这种方法的问题是，它不会一直起作用。理性的工作不是去取代它，而是补充它,尤其是当不得不做出重要的、长远的决定时,当我们的直觉彼此冲突时。直觉很好地发挥作用,直到冲突产生。你今晚想去听音乐会,但是你也想按时完成你的英语作业。既然你的情感处于冲突之中,那么,通过咨询你的情感来做出决定不会有所助益。正是它们的冲突导致了这个问题。现在所需要的是一种估算所有赞成和反对理由的更自觉的、慎重的、有条不紊的方法,仔细权衡它们并且在那个基础上做出决定。

请注意,在解决诸多直觉和情感之间的冲突时,我们不是试图取代它们,而只是协调它们——发现一种使得我们的诸多需求、欲望和目标可以全部和睦共处的方法。(牵涉到职业、生活方式、婚姻、生小孩等)决定越重要,所需要的协调范围越大。这是审察生活的含义之一,分配优先级,确定目的与目标之间的关系。

采用理性的理想的第二个益处是,它是一种处理不同人群之间意见冲突的更人道的方法。倘若相同社会的每个人在一切事情上持相同的意见,那么,寻求理由可能是不必要的。在这样一个社会中,我们的信念只是所有人共有的本能,因而并不需要辩护。但是,这并不是我们实际生活于其中的那个世界。在现实世界中,人们持不同的意见,这会导致冲突和紧张局势。我们所面临的的问题是如何最佳地处理冲突的意见,这是人的社会存在的一个重大的、严峻的问题。一方面,我们每个人是不同的、独特的个体,拥有不同的信念、态度和好恶。另一方面,我们被迫生活在一个共同的社会世界中。倘若产生于差异的冲突不能被解决,这就是不可能实现的。既然对于影响不止一个人的事情,人们有不同的意见,那么,每个社会必须拥有某种方法来调和这些不同的意见。

请考虑一些替代方案。一种方案是古老的备用方案"强权即公理"。只有那些处在权威地位的人(可能依据他们作为权力精英视之为符合自身利益的东西)决定何者对于其他人而言是对的和错的,并且遵循这种约定俗成的立场来解决任何争端。这将导致社会统治精英的强制性的教条主义。在这样一个社会里,人们没有权利得出自己的结论,更别说公开表达自己的结论了。

因此,一个更可接受的方法是拒绝独断论,支持意见的完全相对主义。换句话说,我们可以赞成"待人宽容如待己""各得其所"或"萝卜青菜,各有所爱"。我们可以采用这种方法:既然每个人有权拥有他自己的观点,那么,不应该有任何仲裁分歧的方法。我们可以通过忽略它而避免冲突。"你走你的阳关道,我过我的独木桥。"

这种方法的问题是,某些冲突不能避免,譬如边界之争,或者,一般而言,无论何时,当两个群体需要相同的东西时。这里的问题是,这种方法自动地关闭了群体之间的所有交流。人们会认为:"我只与我碰巧认同的人交流。其他人永远在交流的范围之外。"因此,对于生活在社会中的每个人而言,生活在一个共同的、共享的世界之中是不可能的,哪怕是作为一个理想。

最后,存在着诉诸理性的方法。诉诸理性推动了群体之间的交流,并支持以下观点:尽管我们存在着差异和不同,但是我们生活在一个共同的世界中,在那里,可能达成某种共识。当两个群体论争他们的不同时,他们看似彼此疏远,但是事实上他们至少试图发现某个调和他们之间的差异和不同的共同基础。一场真正的论争预设了双方相信他们生活在一个共同的世界中，他们对于一个共同的现实持不同的意见，他们的不同可以通过耐心地诉诸理性来解决。在两个个体之间的争论中，一个人提供了坚持一种观点的理由（而不是独断地坚持它），他所想出的理由将使得另一个人从不同的角度来看这件事。但是，另一个人同样有权陈述他的理由，尝试说服第一个人。他们的目标不是保留他们的不同，而是发现某个共同的基础。

这种方法有两方面的益处：首先，它促进了交流；其次，它支持个体的自主性和尊严。通过避免独断论和完全的相对主义这两种极端立场，诉诸理性促成了这种可能性：在不同的个体之间建立一个难以实现的沟通的共同世界，然而并不牺牲个体追求个性的权利。在一场理性的争论中，每一方都有权拥有他的意见。在这种意义上是理性的意味着，我必须倾听你，尝试理解你为何这样想，并且试图向你解释我自己的想法。这种立场基于对拥有不同视角的不同个体试图达成一个共同观点却并不篡改这个世界或剥夺他人权利这个问题的现实主义的评价。

正如柏拉图在《理想国》（*The Republic*）中指出的，将你的意见建立在理性之上的另一个益处是，这些意见要比那些没有被理性支持的意见更稳定持久。柏拉图说，没有被理性支持的意见像古代雕刻家代达罗斯（Daedalus）的雕像。据说它们是如此栩栩如生，以至它们只能在夜间脱身。尚未被批判地审察的信念更可能被他人的观点取代，然而，那些依据理性的论证而得出的信念可以更好地抵御攻击，不会在夜间离开我们。

此外，理性的生活的理性理想是最有可能获得有关世界的准确的、可靠的知识的手段。鉴于我们共有的人类状态及其对于我们认知能力的限制，以及我们自身影响我们所有知觉的个体偏见和成见，通过让每个人都有他的发言权，审察所有观点，并且在现有的证据方面权衡其中的每一种意见，我们更可能获得真理。我们知道，那种方法，即我们按照我们思维中现有的最好的证据来源而不是基于偏见和有限的经验做出决定，是最有助于发现真理的。当然，这并不意味着我们总是正确的，不过它确实意味着，鉴于我们人的有限理解能力和世界的复杂性，我们已经竭尽所能。

譬如，在规划职业时，理性的方法是仔细权衡有关你的生命所渴求的东西，你在不同领域的成功机会、你在未来五到十年在那些领域可能拥有的工作前景等所有相关信息。然而，在做了那个抉择之后，结果总是可能完全出人意料——你将不会像你原先所想的那样享受你选择的职业，你付出的代价超出了你所预计的，或者，当你做出抉择时，所有经济指标都非常好，但是当你毕业并准备开始你的职业生涯时，却没有工作机会提供给你。但是，那是因为有关未来的哪怕是最佳的知识的不可靠性，而不是你方法的缺陷。这不是一个选择永远必然正确的知识的标准问题，那是不可能的，而是选择具有最佳整体记录的问题。归根到底，观点是，如果你倾听每一种意见，无论它那时听起来多么疯狂，并且如果你尽可能仔细地审视所有证据，那么，你往往是对的，而不是错的，并且你会以更人道的方式对待人。

供讨论的问题

1. 为什么我们在任一学科都需要决策程序?
2. 诉诸理性作为一种决策程序有何好处?你认为其他程序如何?你认为它有任何短处吗?
3. "成为合理的"是什么意思?
4. 你认为理性与情感冲突吗?
5. 请评论"爱是你所需要的全部"。

第五章 论证形式

几乎人的所有活动都可以通过努力工作而改善。如果你打网球并没有像你所想要的那样好,你可以从网球专业人士那里学到如何提高你的网球成绩。这同样适用高尔夫、游泳或者几乎任何其他体育运动。对于这种情况,没有任何令人奇怪的地方。我们自然地假设,与已经研习了某种具体活动的人一起工作会改善我们在这种活动中的表现。

不过,有些活动是如此自然以至在新手看来,寻求专家的建议来改善他在活动中的表现是不必要的。以跑步为例。还有什么比跑步更自然的呢?但是,如果你想擅长这种运动,参加奥林匹克比赛,并且可能夺金,你将不得不接受已经研究过这种形式的体育运动要点的人的训练。并且你会惊奇地发现,改进你的跑步需要你自己熟知生理和营养事项以及你绝对不会与跑步联系在一起的许多其他学科。

有关思想的思考

所有这一切正导致对思想的思考。还有什么比思想更自然的呢?我们都在思想。思想甚至似乎不需要任何特殊的训练。或者,事实果真如此吗?我们都知道有些人似乎不能回应逻辑分析和论证。我们说:"服从理性。"通过诉诸像这样的东西,我们要求某人接受用来支持我们正在推荐的观点的逻辑论证。并且,可能对你们是显而易见的是,有些人要比其他人善于解决问题,似乎他们在思想上天生更有逻辑。因为推理在哲学中是如此重要,所以我们需要特别关注区分正确与不正确的推理的方法和技术。尽管推理和论证是我们所有人每天都在从事的活动,不过因为它在哲学中的特殊重要性,哲学家长期以来已经把正确的推理原则锤炼成一门被叫作逻辑学的学科。通过反思我们对好的和坏的论证的日常的、直观的感受,并且尝试陈述它们为何是好的或坏的,哲学家已经加深了对潜藏在可靠的推理背后的原则的理解并且使它们更加明确。

如果我们明白心理学和哲学处理思想的方式的不同,那么,我们可能会将逻辑的目的阐述为一种哲学活动。心理学所关注的是描述人的精神实际运作的方式以及看似参与到做出决定的程序的不同因素。于是,我们可以说,心理学对思想的兴趣是描述性的。与此相对,哲学寻求区分正确的和错误的思想方式。它所关注的是规定性的,一个我们在第一部分"何谓哲学?"中讨论的哲学的功能,是对规范性标准的寻求。在第二部分,我们将看看逻辑学所做出的一些重要区分并且考察在哲学文献中发现的一些主要论证形式。

一些基本术语

你们需要熟悉的第一个术语是**论证**(argument)。哲学意义上的一个论证几乎与人们的共识或分歧无关。当一组被叫作**前提**（premise）的命题导致另一个被叫作结论（conclusion）的命题时，一个论证出现了。虽然可以以不同的方式描述前提与结论之间的关系，不过，我们通常说，前提支持结论的真，在理想的情况下（在演绎论证中）蕴涵或必然得出结论，或者（在归纳论证中）至少展示结论最可能为真。

哲学逻辑的一个目的是通过考察论证逻辑形式的正确性来考察论证的优点和缺点。当我们考察了一些更寻常的论证形式之后，对于为何这是一种有价值的方法的原因将会了解得更清楚。论证可以采用多种形式，对逻辑的具体研究使得人们可以分析主要的论证形式。不过，既然这一章只是逻辑学导论，甚至不是有关该话题的一个简短课程，我们将只提及一些论证形式，以便说明人们为了识别正确的和错误的推理而必须掌握的那类哲学区分。

请思考一下来自日常生活的一个例子。如果我宣称，无论何时，一旦下雨，街道变得潮湿，并且，既然街道事实上是潮湿的，那么，一定下过雨，这怎么样？我的论证是好的吗？是否可以由街道是潮湿的，并且在雨后总是潮湿的这个原因而必然得出昨晚下雨了？并不必然如此。可能昨夜下雪了，因为路面上的盐而融化。或者，街上的清扫工可能在昨夜洒水了。或者，水龙头坏了，等等。显然，这些理由并不支持这个结论。它们并不是应该劝服我们接受这个结论的理由。如果我们把注意力放在这个论证为何是一个拙劣的论证上，那么，我们或许能够提取一个有用的原则或规则。我们的论证看起来是这样的：

如果下雨，那么街道变得潮湿。

街道是潮湿的。

所以，一定下过雨。

你能看出这个论证的模式吗？这里只使用了两个基本命题。让我们将它们叫作 P 和 Q，以如下方式安排它们：

如果 P，那么 Q。

Q。

所以，P。

这个论证的问题是，第一个命题（如果 P，那么 Q）并没有断言 P 是得到 Q 的唯一方法。它只是说，它是一种方法。那就是为何 Q 发生这个事实并不必然意味着 P 发生的原因。不过，我们现在明白了为何这种形式的任何论证是一种坏的论证，并且这现在可以作为逻辑学的一条原则加以使用。无论何时，当我们发现这种形式的一个论证时，我们知道它不是一个好的论证。

请注意我们已做的事。通过反思我们对好的推理的常识理解，我们已经提出了一条明晰的逻辑原则。自从公元前 4 世纪的亚里士多德以来，哲学家通过继续这个过程发展了一个精细的逻辑系统。既然它与我们对日常生活中的推理的一般感受紧密相连，那么，不仅哲学家可以使用逻辑，而且我们所有人都可以用它来改善我们的理性思考能力。

真与有效性

当哲学家开始考察逻辑思想的过程时，对于论证，他们起初所发现的第一件事是，论证可能是错的，并导致我们以两种方式犯错。第一种方式是，当论证中的命题是假的时；第二种方式是，当前提与结论之间的关系是这样的，即前提并不蕴涵结论。当结论并不由前提得出时，我们说，这个论证是无效的。当我们可以展示前提确实导致结论，我们说这个论证是有效的。正如逻辑学家对这个术语所说的，论证只可以是有效的或无效的。为了展示这种区分，让我们来看看更多的例子。

假设你穿过大学绿地去上课，有人将一个小册子递给你，其中包含一个论证，旨在说服你，因为堕胎是谋杀，所以堕胎是错误的。思考如下的论证：

> 堕胎是对胎儿的毁灭，而毁灭胎儿是夺取一条人命。所以，如果夺取一条人命是谋杀，那么，堕胎是谋杀。

你阅读了这个论证，但是出于某个理由，你不想接受堕胎是谋杀这个结论。不过，这个论证似乎是有道理的。你如何回应这个论证呢？

或者，假设你周六下午坐在你的房间安静地学习。此时，一个售卖宗教书籍的人敲门。你们讨论了上帝的存在，你的客人试图说服你相信上帝存在。你问这个人为何你应该相信上帝存在，他回答说上帝存在，因为《圣经》是这样说的，而《圣经》是真的，因为它是上帝的话语。你同意他的结论，然而他的推理似乎有些错误。似乎并不能由它推导出来结论。

在提及的第一个论证中，作者提出了一个有效的论证。简单地说，这意味着他使用了良好的推理。但是这并不意味着结论必然是真的。情况可能是，尽管论证的作者使用了良好的推理，结论是假

的。这是怎么回事？一个论证可以是有效的，然而包含虚假的命题，正如下面的例子：

> 所有蜘蛛都有六条腿。
> 所有有六条腿的受造物都有翅膀。
> 所以，所有蜘蛛都有翅膀。

显然，所有蜘蛛并没有翅膀。不过，这个论证是有效的，因为如果前提为真，那么结论可以推导出来。因此，我们可以将下面的条件增加到我们有关**有效性**（validity）的定义中。一个有效的论证是这样一个论证，如果前提为真，那么结论必然为真。

于是，让我们再次思考有关堕胎的论证。这个论证是有效的，因为如果前提为真，那么，结论为真。夺取一条人命是谋杀，毁灭胎儿是夺取一条人命，而堕胎是毁灭胎儿。如果这一切确实为真，那么，堕胎是谋杀这个结论是不可避免的。如果这些前提为真，那么结论根本不可能为假。这个结论不可能为假，如果前提是真的，因为结论已经隐含地被包含在前提中。接受一个有效的论证的前提然而却否定结论是自相矛盾的。于是，如果你宣称结论为假，堕胎不是谋杀，那么你不会说作者使用了一个坏的推理。相反你会展示其中的一个前提，可能是断言毁灭胎儿是夺取一条人命这个前提为假。

有关上帝存在的第二个论证呢？在此你最可能感受到使用的这个推理的某个错误。这是一个无效的论证的例子。尽管这个结论可能确实为真，然而用来支持这个论证的推理为假。它是一个有时被叫作循环论证（circular argument）的论证的例子。它假设它试图证明的东西为真。事实上，这个论证的

所有命题，譬如上帝存在、《圣经》为真等可能都是真的，然而这些命题并没有被安排去组成一个有效的论证。

让我们总结一下。如果一个论证的结论被前提证明或支持（那就是说，如果结论可以由前提得出），那么该论证是有效的。如果前提并没有为结论提供证明或支持，那么该论证就是无效的。有效性或无效性只被归给论证，而不会归给一个论证的命题。

现在让我们转向真和假的问题。一个论证的命题可以是真的或者假的。如何确定它们是真的还是假的是另一个问题，那不是逻辑学关注的问题。逻辑学家对真和假持有这种令人奇怪的态度的原因是，逻辑学家只关注论证的形式，而不是它的内容。并且，逻辑学家可以忽视一个论证命题的真或假问题的原因是，一个论证可以是有效的，尽管它的一个或多个前提是假的。反过来说，一个论证可以是无效的，尽管它的所有命题为真。争论假的事情并不是愚蠢的，因为这是解决未经试验的可能性后果的最好方法。如果我从五楼的窗户跳下去，会发生什么？我会受伤。我并没有真的跳下去，我并没有受伤，这是因为我的这个推理是对的：如果我跳下去，我会受伤。或者，思考一下另外一个例子，如果我是一名律师，我会富有。事实上，我既不是律师，也不富有。不过，这类推理可以说服我去成为一名律师。

发现真与有效性的区分是人的思想研究向前迈出的重要一步。据我们所知，亚里士多德是第一位明确地做出了这个区分的西方思想家，并且这可能也是他对逻辑学发展做出的最重要的贡献。不过，令人奇怪的是，在亚里士多德的时代过去两千年之后，仍然有很多人在理解这个区分上有困难。

下图可能会有所帮助。既然我们可以依据论证前提的真或假以及它推导的有效性或无效性来谈论它，那么，任何一个论证就都拥有四种可能性：

前提	论证	
假	无效	
真	无效	
假	有效	
真	有效	该论证是可靠的。

当然，我们想要的是有效的且其前提为真的论证。逻辑学家将这样的论证称之为可靠的（sound）。不可靠的论证可能是包含了虚假前提的无效的或有效的论证。

论证形式

说出一个论证是有效的或无效的并非总是容易的。当我们试图分析诸如英语之类的自然语言书写的论证时尤其如此。为了帮助分析论证的结构，逻辑学家在使用代数计数法做逻辑分析时发现了一个强有力的工具，自从它在20世纪初被引入到逻辑学后开始，该方法已经获得了逻辑学家的广泛支持。要明白为何使用符号对逻辑分析具有这样的辅助作用，请注意将下面的数字加起来是多么困难：四千六百六十七加两千八百二十九。尝试不用数字符号来解决这个问题。接着，注意当你使用数字符号时，这个问题变得多么容易：

$$4,667$$
$$+\,2,829$$

在这一部分的前面，我们在讨论真与有效性的区分时引入了论证形式的概念。现在让我们进一步观察一些更一般的论证形式，它们在有限的程度上使用了代数计数法——这已经变成了对逻辑分析来说如此重要的工具。既然这只是逻辑分析的导论部分，我们将简化这种计数法。为了演示的目的，我们将考量下面的论证。该论证有两个前提，它们断言为结论提供了支持：

前提：
如果我在夏威夷拥有一个旅馆，那么我是富有的。
我在夏威夷拥有一个旅馆。

结论：所以，我是富有的。

当然，令我们感到困惑的大多数论证不是这样简单，不过，最好首先选取一个简单的例子以便确信，我们理解在继续考量更复杂的论证之前必须做出的区分。为了更好地理解这个论证的逻辑形式，我们可以使用符号表示法，让 P 代表指涉夏威夷旅馆所有权的那个命题，让 Q 代表富有的那个品质。（为了逻辑分析的目的，你可以隐藏这些命题的所有时态和情绪。）箭头"→"表示 P 与 Q 的关系是"如果，那么"类型的关系。$P \to Q$ 将这个论证的第一个命题符号化。符号"∴"意指"所以"。

$$P \to Q$$
$$P$$
$$\therefore Q$$

但是，这是一个有效的论证形式吗？请记住有效性这个术语的含义是什么。它的意思是，如果前提为真，那么结论也必然为真（并且根本不可能为假）。这揭示了我们可以以何种方式确定这种论证形式是有效的或无效的。在那种形式的论证中，是否可以前提为真而结论为假呢？如果确实为真的是，拥有夏威夷旅馆的任何人都是富有的，并且我实际上拥有一个这样的旅馆，那么，是否有任何东西可以阻止我成为富有的呢？没有，鉴于这些前提，我必然是富有的。因此，这是一个有效的论证形式。

四种标准的论证形式

评价演绎论证有效性的关键是这一事实：这些论证的有效性完全取决于它们的形式，而不是它们中的命题的真值。刚刚给出的那个论证的形式非常简单，然而我们可以在许多不同的论证中发现同样的形式，尽管其中有些论证非常复杂。因为它们频繁出现在论证中，所以，人们给普遍的论证形式取了标准化的名字（其中有些可追溯到中世纪）。刚刚引用的论证形式被叫作**肯定前件式**（*modus ponens*，简称 MP，肯定式）。让我们进一步考察一下它。

肯定前件式

我们可以在许多不同的论证中发现肯定前件式（此后简称 MP）。既然已经识别它为一种有效的论证形式，我们就有了测试其他论证有效性的快捷简便的方法。测试很简单。倘若该论证展示了那种模式（或拥有那种形式），那么它就是有效的。不过，既然这不是唯一有效的形式，一个论证没有展示 MP 形式这个事实并不证明它是无效的，因为它可能展示了另一种有效的论证形式。因此，如果我们在阅读时发现了如下论证，我们明白它既然拥有同样的 MP 形式，所以是有效的：

> 无论何时，当主要的商业指标显示出连续两个月的跌落时，我们就处于经济衰退中。既然它们已经跌落两个月，我们可以得出结论：我们现在处于经济衰退中。

不过，论证形式并不总是像这个论证一样容易被发现，读者必须经常对句子进行重新释义和重构（当然要保持它们的原意），以便发现它们是否适合这种模式。譬如，MP 的一个更早的例子是：

> 我今天不会把这辆车开出去，它被磨损的光滑轮胎不适应湿漉漉的街道。昨晚你没听气象预报员的报道吗？

在这里，第一个前提（如果下雨，那么街道将是湿的。）只是被设想，并没有被说明。众所周知并且显然为真的是，它并不需要被说明。结论首先而不是最后被说明，与（有关天气预报员的）论证不相关的其他材料也是临在的（present）。不过，这段话确实展示了 MP 的形式，尽管是以一种伪装的方式。下面是另一个以伪装的方式展示 MP 的论证：

> 我想他在路上滑倒了。那晚肯定下着雨。
> 瞧，我告诉过你下雨不要来。你知道下雨时那些路根本不可能通行。

人们有时认为他们在用 MP 推理，然而他们实际上并没有这样做。MP 可以被描述为肯定前件（在 $P \to Q$ 中，P 是前件，Q 是后件）。但是，如果人们肯定后件，那么，一种错误的论证形式产生了。再看看我们早先思考的那个论证：

> 如果下雨，街道将会是湿的，而街道是湿的。
> 所以，一定下过雨了。

这里的论证形式是什么？

$$P \to Q$$
$$\underline{Q}$$
$$\therefore P$$

该论证不同于 MP，因为第二个前提是 Q，而不是 P，并且结论是 P，而不是 Q。但是，现在你自己问自己，假设前提为真，这个结论是否必然为真。假设无论何时，一旦下雨，街道变得湿这个前提是真的，并且进一步假设街道确实是湿的，那是否证明下过雨呢？当然不是。正如前面已经指出的，街上的清扫工可能冲刷过街道，或者水管破裂等，根本没有下过雨。既然当前提为真时，这个结论可能是假的，那么，（依据有效性的定义）这个论证是无效的。这揭示了一种通过构建一个拥有相同形式但却是明显无效的反例（在该反例中，前提显然为真，然而结论显然为假）来展示一个论证是无效的重要方法。如果一个论证形式是有效的，那么，不可能找到拥有相同形式的任何一个论证，其前提为真，然而结论为假。因此，当你发现这样一个论证时,你知道那个论证形式是无效的。在这种情况下,我们可以轻易地发现这样的反例。

> 如果我去欧洲旅行,我会破产。我破产了。所以,我去欧洲旅行了。

依据我们对论证形式的讨论,如果这个论证是无效的,那么拥有同样模式的任何一个其他论证都是无效的。无论何时,一旦你发现一个论证拥有这种形式(无论是明确的还是伪装的),

$$P \to Q$$
$$\underline{Q}$$
$$\therefore P$$

你知道它是无效的,因为它犯了肯定后件的错误。

否定后件式

另一种普遍的有效论证形式是**否定后件式**(*modus tollens*,简称 MT),它是由否定后件而得出的推论。让我们回到刚刚提及的那个相同的论证表达式:

> 如果下雨,那么,街道将变湿。
> 街道并没有变湿。
> 所以,没有下过雨。

你可以看出这个论证的模式吗?用 P 和 Q 代表这个论证的两个项,一个字母前的波浪线意指否定,我们可以明白它拥有如下形式:

$$P \to Q$$
$$\underline{\sim Q}$$
$$\therefore \sim P$$

在下面的图表中,MT 和 MP 的有效形式和无效形式之间的对比是显而易见的。

有效的形式(MP)	无效的形式(肯定后件)
$P \to Q$ $\underline{P}$ $\therefore Q$	$P \to Q$ $\underline{Q}$ $\therefore P$
如果我拥有一个旅馆,那么我是富有的。 我拥有一个旅馆。 所以,我是富有的。	如果我拥有一个旅馆,那么我是富有的。 我是富有的。 所以,我拥有一个旅馆。
有效的形式(MT)	无效的形式(否定前件)
$P \to Q$ $\underline{\sim Q}$ $\therefore \sim P$	$P \to Q$ $\underline{\sim P}$ $\therefore \sim Q$
如果我拥有一个旅馆,那么我是富有的。 我不是富有的。 所以,我没有一个旅馆。	如果我拥有一个旅馆,那么我是富有的。 我没有一个旅馆。 所以,我不是富有的。

先前给出的无效论证为何是错误的原因起初可能并不明显，但是请以这种方式思考它。假设你并不拥有一个旅馆但是因为其他原因（你拥有一个金矿）而富有。无效形式的所有前提都为真，然而结论为假。请记住，在一个有效的演绎论证中，如果前提为真，那么结论也必然为真。既然被推荐的解释的前提为真而结论为假，所以该论证被证明为无效的。

在前面的那个去欧洲旅行的例子中，我们采用的发现无效论证的一种有用方法是去想出一个反例，它拥有相同的形式，然而其前提为真而结论为假。下面是这样一个论证的例子，该论证是无效的，因为它是否定前件的：

如果这是一本心理学教科书，那么大学课堂将会使用它。
这不是一本心理学教科书。
所以，大学课堂不会使用它。

不过，虽然这是哲学教科书，但是大学课堂仍会使用它。

假言三段论

另一种经常被使用的论证形式由一组"如果－那么"命题组成。譬如，看看下面的论证。

如果我期中考试获得 A，那么我将高分通过这门课的考试。并且，如果我高分通过这门课的考试，那么，我将以 4.0 的平均绩点毕业。

这个论证是不是有效的？它可以被符号化为如下形式：

$$P \rightarrow Q$$
$$Q \rightarrow R$$
$$\therefore P \rightarrow R$$

这种有效的论证形式被叫作假言三段论（hypothetical syllogism，简称 HS）。它是一种通常在追踪因果链（像多米诺骨牌理论）时使用的论证形式。三段论是一种拥有两个前提和一个结论的演绎论证。先前的例子包含假言（有时也被叫作条件）命题，因而被叫作假言三段论。

选言三段论

另一种一般的论证形式涉及使用牵涉到一种非此即彼选择的命题，用符号"v"表示这种选择，例如，$P \vee Q$，其意思是"P 或 Q，或二者兼而有之"。（"或"在这里的意思是包含一切的，意指二选一或者二者兼而有之。）思考下面的论证：

要么麦克白疯了，要么他的妻子疯了。既然麦克白太太显然没有疯，那么，麦克白必然疯了。

我们可以将这个论证形式符号化为如下：

$$P \vee Q$$
$$\sim Q$$
$$\therefore P$$

非此即彼类的命题被叫作选言命题，这种论证形式被叫作选言三段论（disjunctive syllogism，简称 DS）。否定析取的任何一项（即，否定 P 或者 Q）使得人们肯定另一项。不过，该论证也存在一种无效形式。

要么麦克白疯了，要么他的妻子疯了。他的妻子显然疯了，所以麦克白没有疯。

$$P \vee Q$$
$$\underline{Q}$$
$$\therefore \sim P$$

有效的论证形式小结

我们已经考察了四种有效的论证形式。这些并不是唯一有效的论证形式，而只是那些在哲学论证中被大量使用的有效论证形式。下面我们可以使用符号表示法来陈述它们：

1. MP： $P \to Q$
   $\underline{P}$
   $\therefore Q$

2. MT： $P \to Q$
   $\underline{\sim Q}$
   $\therefore \sim P$

3. HS： $P \to Q$
   $\underline{Q \to R}$
   $\therefore P \to R$

4. DS： $P \vee Q$ 或者 $P \vee Q$
   $\underline{\sim P}$ $\underline{\sim Q}$
   $\therefore Q$ $\therefore P$

人们在哲学论证和其他种类的论证中常常发现的是这些基本的有效论证形式的组合。譬如，思考下面的论证：

每个社会都受它自己的行为规范的支配。（N）但是，如果是这样的（那就是说，如果 N），那么与那些规范相符的行为将总是被奖励，而越轨行为将总是被惩罚（B）。由这（即由 B）可得出，每个社会将产生尖锐的阶级分化，它由那些更愿意和更能遵守规范的被偏爱的个体以及那些不愿意或不能坚持那个社会规范的被排斥、被鄙视的个体组成（C）。因此，阶级区分是每个社会必要的、不可避免的部分。

如果我们用前面介绍的方法将这个论证符号化，那么，它的结构是一目了然的：

1. N
2. $N \to B$
3. $\underline{B \to C}$
$\therefore C$

这里，我们发现一些论证形式组成了一个复杂的论证。依据 HS，第二步和第三步导致结论 $N \to C$，并且依据 MP，该结论与第一步一起导致这个论证的结论 C。因此，实际上，我们在一个论证中拥有两个论证：

$N \to B$
$\underline{B \to C}$ HS
$\therefore N \to C$

和

$$N \rightarrow C$$
$$\underline{N} \quad \text{MP}$$
$$\therefore C$$

或者，我们可以将这个论证分析为一些 MP 的组合，第一步和第二步导致 B，而 B 与第三步导致 C。依据该论证的这种结构，两个合成的论证是：

$$N \rightarrow B$$
$$\underline{N} \quad \text{MP}$$
$$\therefore B$$

和

$$B \rightarrow C$$
$$\underline{B} \quad \text{MP}$$
$$\therefore C$$

现在，想象一个对前面这个论证的反驳：

> 是的，如果每个社会被其自身的规范支配，那么行为当然相应地被奖赏和惩罚。并且，如果那是真的，那么的确可推导出，两个不同的阶级会出现。但是，如果我们看看事实，我们会发现这个（C）并没有发生。因此，并非每个社会被其自身的规范支配。

在这里，我们的论证要么在一种解释中由一个 HS 和一个 MT 组成，要么在另一种解释中由两个 MT 组成。这个反驳可以被符号化为如下形式：

$$N \rightarrow B$$
$$B \rightarrow C$$
$$\underline{\sim C}$$
$$\therefore \sim N$$

它可以被符号化为，要么

$$N \rightarrow B$$
$$\underline{B \rightarrow C} \quad \text{HS}$$
$$\therefore N \rightarrow C$$

和

$$N \rightarrow C$$
$$\underline{\sim C} \quad \text{MT}$$
$$\therefore \sim N$$

要么

$$B \rightarrow C$$
$$\underline{\sim C} \quad \text{MT}$$
$$\therefore \sim B$$

和

$$N \rightarrow B$$
$$\underline{\sim B} \quad \text{MT}$$
$$\therefore \sim N$$

其他组合包括 MT，HS，MP 与 DS 的混合。这些基本论证形式的几乎任何集合都可以在哲学文献和其他著作中找到。你可能喜欢尝试分析这些其他可能性中的一个：

$$P \to Q$$
$$Q \to R$$
$$P \vee S$$
$$\sim S$$
$$\therefore R$$

供讨论的问题

1. 论证是什么？
2. 真、有效的与可靠的之间的区分是什么？
3. 通过识别如下例子中隐含的基本论证形式确定这些例子的有效性或无效性。

   （1）"既然测试证明在奥斯瓦尔德（Oswald）的步枪上操作螺栓至少需要 2.3 秒，奥斯瓦尔德显然不能在 5.6 秒甚至更短的时间内三次开火——两次击中肯尼迪（Kennedy），一次袭击康纳利（Connally）。"［《时代》周刊（*Time Magazine*）］

   （2）"巴里·戈德华特（Barry Goldwater）则相反，捍卫自由或美德，或认为无论任何东西的极端主义总是一种恶，因为极端主义不过是狂热主义的另一个名称，狂热主义依据定义是一种恶。"［欧文·克里斯托（Irving Kristol），《环境运动》（"The Environmental Crusade"），载于《华尔街日报》（*The Wall Street Journal*）］

   （3）"我已经说过，他一定是去了王国的派兰德（Pyland）或卡普莱顿（Capleton）。他不在王国的派兰德，所以，他在卡普莱顿。"［A. 柯南·道尔（A. Conan Doyle），《银色白额马》（*Silver Blaze*）］

   （4）"如果那样，既然人们都同意，事物要么是巧合的结果，要么是为了一个目的，而这些不能是巧合或自然发生的结果，那么，由此可得出它们必定是为了一个目的。"（亚里士多德，《物理学》）

   （5）"要么财富是一种恶，要么财富是一种善，但是财富不是一种恶，所以，财富是一种善。"［塞克斯都·恩披里克（Sextus Empiricus），《反逻辑学家》（*Against the Logicians*）］

   （6）"从那时起，与邻国作战是一种罪恶，而与底比斯人（Thebans）作战就是与邻国作战，那么，显然，与底比斯人作战是一种恶。"（亚里士多德，《前分析篇》）

   （7）"并且，单纯的东西不能与它自身分离。灵魂是单纯的，所以它不能与它自身分离。"［邓斯·司各脱，《对彼得·伦巴德〈四部语录〉的牛津评论》（*Oxford Commentary on the Sentences of Peter Lombard*）］

第六章 归纳与科学哲学

论证的相对强度大不相同。有些论证是如此之强以至如果前提本身确实是真的，那么结论完全不可能是假的。这些论证被叫作**演绎论证**（deductive argument），它们确凿无疑地证明了结论。一个有效的演绎论证是这样一个论证，如果前提为真，那么结论必定为真。

不过，演绎论证有一个大缺点。你可能已经发现了：你从结论中获得的不能比在前提中呈现的多，并且，当我们需要扩充我们有关世界的知识时，尤其是当我们如同自然科学家所做的那样进行经验研究时，演绎推理是不充分的，因为我们需要超出我们由之开始的前提。在自然科学和诸如心理学、地理学、历史学、语言学和人类学之类的社会科学的绝大多数论证中，人们发现，理由可以使结论具有说服力，然而并没有确凿无疑地证明这些结论为真。这些论证被叫作归纳论证（inductive argument），一种对哲学家来说是巨大困惑来源的推理类型。归纳论证是这样一种论证：前提如果为真，前提会使结论成为可能的，或者可能为真，因而使得接受这个结论是合理的。

不过，归纳论证既不是有效的，也不是无效的，因为它们既没有绝对地证明也没有绝对地没有证明它们的结论。在评价一个论证的优点时，我们必须首先确定它是何种论证，而不是像把自己的猫送来参加狗展的人那样依据演绎的标准判断归纳论证。一个好的归纳论证是这样一个论证，如果它的前提为真，那么这些前提使得这个结论比它的竞争对手更可能为真，并且至少在那个时刻是可接受的最合理论证。

归纳论证本身依据所提供的理由的强度，即依据结论所展示出来的概率的不同而各不相同。譬如，在一起谋杀案件中，嫌疑犯拥有一支与杀害受害人的枪口径相同的枪这个事实几乎没有进一步证明嫌疑犯是谋杀者这个结论。如果可以证明杀死受害人的子弹是从嫌疑犯自己的枪里射出来的，检察官的这个案件将会被大大加强。不过，这也几乎不能令人信服，如果没有进一步的证据，譬如，嫌疑犯有杀害死者的动机，他威胁过受害人，目击证人在致命的枪击发生前后的瞬间看见他在谋杀现场周围。尽管积累了这么多证据，针对嫌疑犯的这个论证仍然不是确凿无疑的，因为尽管所有这一切都可能是真的，即使受害人被试图陷害嫌疑犯的人枪杀。

总而言之，归纳的本质是，一个归纳论证的结论决不会被绝对证明，我们只是在一定的概率程度上接受它。我们不能说归纳论证是有效的还是无效的，而只能说它是更好的还是更糟的。我们也没有像演绎论证那样拥有精准的测试来确定一个归纳论证的可靠性。下表给出了对这两种类型推理的一些不同之处的总结。

演绎论证与归纳论证	
演绎论证	归纳论证
每个哺乳动物都有一颗心脏。所有马都是哺乳动物。∴人们观察到的每匹马都有一颗心脏。	被观察到的每匹马都有一颗心脏。∴每匹马都有一颗心脏。
1. 如果在一个有效的论证中所有前提都为真,那么结论必定为真。	1. 在一个好的归纳论证中,如果所有前提都为真,那么结论可能为真。
2. 结论中的所有信息或事实性内容都已经至少含蓄地包含在前提中。	2. 结论包含了并没有出现在甚至也没有隐含在前提中的信息。
3. 演绎推理要么是有效的,要么是无效的。	3. 归纳论证要么更好,要么更糟。
4. 前提与结论的对立面放在一起意味着矛盾。	4. 前提与结论的对立面放在一起并不意味着矛盾。

归纳法与科学推理

在学校的某些时候,我们可能被告知,科学理论产生于从特殊的例子进行归纳概括的过程。"这只天鹅是白色的,那只天鹅也是白色的,以此类推,所以,所有天鹅都是白色的。"不过,倘若没有要解决的具体难题或要回答的问题,归纳概括就是盲目的。世界上的对象之间的许多可观察的相似性可以激发归纳概括,但是它们中的大多数并不重要。譬如,石头通常躺在地上,而桃子则长在树的高处,中间有昆虫,但是那又怎么样呢?只有某些特殊的关注才会使得这样的归纳概括值得注意。理论化必须有方向,而问题或难题恰恰提供了方向。

假设我们只使用归纳概括,那么,归纳概括作为一种推理形式是非常弱的。假设我注意到,我的农场的所有动物都是白色的(白狗、白马、一些白羊,诸如此类)。我是否可以合理地得出所有动物都是白色的结论呢?当然不是。甚至所有天鹅都是白色的这个归纳概括因为在澳大利亚发现了一群黑天鹅而遭到反驳。这种推理形式的弱点是,它总是由某个 A 是 B 这个事实而得出所有 A 都是 B 这个结论,这显然是无效的(即前提为真而结论为假总是可能的)。只有得到大量更隐含的信息补充时,这种归纳法才是有用的。譬如,如果我们知道鸟蛋的颜色是特定种类的鸟独有的,那么,由某些野鸭蛋是绿色的这个事实,我们可以推导出所有野鸭蛋都是绿色的。因为我们已经接受了有关一般的鸟蛋的理论,我们并不需要更多的绿色野鸭蛋来支持我们的论证。

当然,在提出科学理论时,诉诸经验事实是重要的。问题是,它如何重要?经验事实并不是像鸟蛋那样被简单地收集。它们被用来检测已经提出来的解决具体问题的假说,并且这个过程牵涉到一定数量的演绎推理。假设我们注意到被隔得很远的两群人 A 和 C 说着相似的语言。这是令人困惑的。我们原先认为群体在时空中隔得越远,他们之间的语言差异越大。我们可以如何解释这种有疑问的现象呢?我们从一个问题——需要解释的某个事实出发。接着,我们必须提出一个或多个可能的解决方案或假说。既然对任何东西而言,总是存在不止一种可能的解释,这要求相当多的想象。我们肯定不能希望只是通过观察所有事实而回答我们的问题。研究无论是不是科学的,都要求一种创造性的努力。可能 A 和 C 起初是一个民族，它们在历史上的某个遥远时期因为外族 B 的入侵而被分开，现在 B 分隔了他们。在提出这个假说时，我们将我们有疑问的事实视作一个演绎论证的结论，我们为该论证构建了一个假设的前提。我们在问一个假设性问题本质上是什么："发生了何事才能解释我们所知道的事实？我们可以想出何种假设，它在逻辑上蕴涵着 A 和 C 说相似的语言？"

有时，科学家构建高阶的假说来解释的不是像我们当下这个例子中的具体事件，而是其他假说。在这里，科学家的方法更加类似于柏拉图在《理想国》中概述的辩证法的哲学任务。这些高阶假说的价值和对它们的可信性的测试取决于它们解释（即在逻辑上隐含）其他假说，将许多孤立的假说置于一把大伞之下的能力。牛顿的成功，部分在于他能够从他的一般法则推断出他的先驱约翰尼斯·开普勒（Johannes Kepler）和伽利略的几乎所有重要的假说。对爱因斯坦的相对论的接受，在很大程度上应归功于爱因斯坦不仅在他的理论中成功地接纳了牛顿的工作，于是该理论作为一种高阶理论取代了它，而且也接纳了他那个时代有关电磁、辐射和亚原子粒子的众说纷纭的理论。

不过，假说一般被提出来说明（或暗示）需要被解释的某个更具体的事件，例如，这样一个假设：如果它为真，那么它解释了在我们的例子中的这个事实，即 A 和 C 说相似的语言。于是，我们的假言推理是：

  如果 A 和 C 被 B 分开，那么 A 和 C 今天会说相似的语言（他们今天确实说相似的语言）。

但是，我们并不知道 B 使他们分开。这只是被设想为一种可能的解决方案。我们如何可以确定这的确是正确的答案？我们有何种权利必须设想这比某个其他可能性提供了更好的答案？正是在这一点上，经验的检测变得很重要。我们现在必须尝试从我们的假设推导出某个新的、在经验上可观察的现象，于是我们可以进行测试。我们赌我们的假说的真，换句话说，在一个可以在经验上以一种方式或另一种方式来决定的预测上。在我们推理的早期阶段，在提出我们的假说时，我们以辩证的方式由结论来言说前提（由 A 和 C 因为一个假设的原因 B 而被分开这个事实出发）。为了检测我们的假说，我们由前提"自下而上"推导出结论，那就是说，由我们的假说推导出某个在经验上可观察的新事件。譬如，我们进行推理：如果 A 和 C 已经被 B 的类似战争的活动分隔（即如果我们的假说为真），那么，A 和 C 应该会讲述有关残酷的 B 群体的类似的故事，并且 B 会讲述一个不同的故事：有关 B 最初来到这片土地时，他们的祖先驱散他们的敌人的英勇事迹。把我们的主张押在可观察到的事实上后，我们可以开始测试我们的假说。我们记录了 A，B 和 C 的故事，并且如果它们并不像预测的那样，那么我们就推翻了我们的假说，不得不重新开始。但是，如果事情如我们所预料的那样，那么，我们证实并且支持了我们的假说，尽管我们尚未证明它。我们的测试程序建立在这个推理之上：

  如果 P，那么 Q。
  Q。
  所以，P。

以这种形式建立我们的论证，我们得出：

> 如果 A 和 C 起初是一个群体，那么他们将拥有相似的神话传说。
> 他们确实拥有相似的神话传说。
> 所以，他们起初是一个群体。

不过，经过仔细审查，我们发现，这不是一个有效的论证。事实上，它是此前讨论的一种肯定后件的谬误形式，一种肯定前件（MP）的虚假形式。具有讽刺意味的是，我们可以支持和加强科学的假说，但是我们决不能最后证明它们为真。于是，我们发现，推翻一个理论要比证明它容易，因为可以提出一个有效的论证来证明一个理论的虚假性。

> 如果 P，那么 Q。
> 非 Q。
> 所以，非 P。

这是我们前面识别为否定后件式（MT）的那种有效的论证形式。

非形式推理

这种推理形式并没有任何神秘之处。准确地说，它是我们平常在解决出现在正常事件之中的问题时所做的事。假设在这个学期末你决定拜访一位大学的朋友约翰，并且发现他不在。他会去哪里呢？你假设：他的考试可能结束了，他已经回家休假了。但是，你如何能确信呢？好的，如果他已经回家，那么，他的车会开走，你可以对此进行检查。如果他的车不在车库里，你可以合理地确信他已经离开一周了。但是，如果你发现车在车库里，那么，你必须开始考虑另一种假说。他可能在玛丽家，你可以检测一下，亲自跑到那里看看。

你的推理形式确实是科学家的那种推理形式。你从一个令人困惑的事实（约翰不在）开始。你建构了一个假说（他已经回家休假了）。如果这是真的，就可以解释这个未被解释的事实。由这个假说你推导出一个新的可检测的结果（他的车库是空的），你接着核查该结果。由这一切，你得出结论：他可能已经回家休假了。

其他归纳论证

正确地预测以前未知的东西是非常有说服力的，不过，归纳论证不是一个完备的证明。最好不要将归纳法视作"由特殊到一般"的，而要视作其前提支持但并不必然证明结论的那些所有论证形式。你可以认为，既然归纳论证不是有效的，它们是错误的或谬误的。不过，在许多例子中，它们支撑或支持结论，是一个合理的证据来源。唯一的错误是假装归纳论证是演绎论证。

譬如，是否可以这样推导：因为大多数 25 岁以下的司机都有保险风险，并且，正因为你在 25 岁以下，所以你有保险风险？这个结论并不由前提逻辑地或必然地得出，但是保险公司这样假设是正确的，即它关于司机的数据信息支持这样一种断言——在其他条件相同的情况下，你可能不是像你母亲那样的一位安全的司机。如果你怀疑这个断言，你可以使用同样形式的另一个论证。你可能说："但是瞧瞧，我从未出过事故，我在警局没有犯罪记录，我没有过量用药或饮酒。"这可能有一些分量。你正在假设，既然大多数没有出过事故、在警局没有犯罪记录等的人更少出事故,那么,你是一名安全的司机。但是,这与你将要投保的保险公司的那个论证一样都不能由前提得出。(不要担心。你的论证更好,因为它包含了对你自己的更完整的描述。)

另一种被哲学家频繁使用的归纳论证是类比论证(argument from analogy)。正如这个名字所暗示的,这种论证基于由 A 和 B 的关系与 C 和 X 的关系做出的类比,在那里,A,B,C 是已知量,而 X 是未知量。这类推理依靠这个断言:如果两个事物在某个方面彼此相似,那么,它们在另一个方面也可能彼此相似,这正是该论证寻求确立的。譬如,证明上帝存在的一个论证就是这样的。世界像钟表一样组织良好。既然钟表只可能是一名精湛的工匠制造的,那么世界必定是一名神圣的工匠创造的。我们正在使用我们有关三个术语(钟表、钟表匠和自然世界)的知识来推导出有关正在被讨论的第四个术语(上帝)的认识。该论证依赖"产品"(钟表和世界)的相似性,并且与钟表和世界的相似度一样强。这个世界是不是一个钟表?它们有多么相似?在某些哲学家看来,它们根本不相似。在《自然宗教对话录》(*Dialogues Concerning Natural Religion*)中,18 世纪苏格兰哲学家大卫·休谟宣称,这个世界与钟表相似,同样也与植物(它不是"被制造的")相似,由此他得出结论:假设世界由一个理智行动者创造的根据并不比假设它长得像杂草的根据强。

我们先前说过,归纳概括只有当它被大量隐含的背景信息补充时才是有用的。如果我们已经知道一类鸟的所有成员有相同颜色的蛋,那么我们可以由这 10 个野鸭蛋是浅绿色的这个事实推导出所有野鸭蛋都是浅绿色的,根本不需要观察它们。不过,即使有了这一切附加的信息,该论证仍然不是结论性的。我们如何知道每种鸟有一样的蛋?这本身基于经验的概括:一个物种的成员共享许多属性。当然,一个物种的成员并不共享所有属性(有些狗是黑色的,其他狗是白色的,然而它们都属于同一个种类),于是,我们如何知道哪些属性是共享的,哪些可能不是?我们有关野鸭蛋的论证所展示的只是,其他野鸭蛋也可能是浅绿色的。

我们的例子中的论证形式是假言推理。如果动物属于一个类是真的,如果一个类的成员分享共同的属性是真的,如果这些共同属性中的一个是它们的蛋的颜色(当它们产蛋时)是真的,并且如果有些野鸭蛋是浅绿色的是真的,那么,所有野鸭蛋是浅绿色的有可能为真。但是,所有这一切是真的吗?它目前似乎在经验上获得了支持,但是未来的某个时候,新的信息可能推翻这些经验观察。

这类推理也是类比的。我们在推导:因为野鸭分享了许多其他共同的特征,所以它们分享了这种共同的特征。那就是说,因为所有小野鸭长得相似,所有成年母野鸭长得相似,所有成年公野鸭长得相似,并且都拥有相同的摄食和迁徙习惯,所以,它们都将产下相同颜色的蛋。

在这个论证背后的是前面提及的更一般的类比假设:因为一类动物分享了颜色、交配习惯和蛋的颜色的共同特征,所以,这一类(野鸭)的成员也都将产相同颜色的蛋。

我们有关事物的日常推理很多都是这种意义上的类比推理。

我推断,一部以我最喜欢的明星为主角的新电影是好的,因为这个人主演的其他电影都是好的。

我相信，我的新车是可信赖的，因为这款车在过去已经被证明是可信赖的。换句话说，我正在宣称，因为这部新电影在某些方面与其他电影相似［譬如，马特·达蒙（Matt Damon）主演］，所以它在这个新的方面（是好的）与其他电影相似。除了更一般之外，这种论证背后的假设有相同的形式。因为演员在他们生产好电影的能力上通常是稳定的（汽车制造商在他们制造汽车的方法上通常是一致的），同样的演员出演的新电影可以被期望与老电影分享许多属性（这个公司的新车将分享老款车的许多属性）。没有这些更一般的背景信息，类比推理显然会走入歧途。

于是，归纳概括不是科学推理的主要功能，甚至在它们确实发生的地方，它们也不基于这个简单化的规则：因为有些东西拥有某种属性，所以它们这类东西都有这种属性。在评价这类推理时，我们必须考虑样品的广度以及被比较的项目彼此相似的方面的数量。如果我们只看了喜欢的演员主演的一部电影，我们没有什么根据去对这名演员的新电影做出预测。如果这部新电影也与其他电影分享了相同的合作演员、导演等，那么我们的预测将会得到强化。另一个重要标准是被比较的因素的相关性，并且只可以根据所有这样的推理中被预设的一般的背景信息对此进行评价。通常而言，电影明星和汽车制造商的表现是稳定的，这是否确实为真？如果不是，那么，辩称因为旧款式是可靠的，所以这辆新车是可靠的，其实是不相关的。

因果论证

大量归纳推理和科学推理关注因果性。我们经常想要知道什么导致了什么。这里有一种疾病：什么导致了它？显然，如果我们知道原因，我们可以更容易地治疗疾病，通过阻止或停止原因。在1920年之前，许多生活在热带地区的人死于疟疾。什么导致了它？既然来自北美和欧洲的人并没有患上疟疾，直到他们开始生活在热带地区，并且既然他们一旦搬迁到热带地区，几乎都会患上疟疾，那么，原因似乎与生活在炎热潮湿的气候中有关。起初，人们认为疟疾与低洼地带的炎热、潮湿的滞气有关，而治疗方法是搬迁到更高的、有风的、干燥的地方。

第一个问题是，疟疾的发生与生活在空气炎热、潮湿、停滞的地区是否存在着任何关联。假设我们观察生活在西非的欧洲早期传教士，比较那些沿着低洼的森林海岸定居下来的人与那些住在更高的内陆的人。在疟疾的发生上是否存在着任何显著的区别？有些疟疾患者一旦搬到高海拔地区，他们的病情可能确实有所改善，不过，无论怎样，他们不搬到山上也可能活下来。只有仔细检查经验的、统计性的数据，我们才可以说出更高、更干燥的气候到底有什么不同。

19世纪晚期，法国的牛群爆发了严重的炭疽疫情。法国微生物学家巴斯德（Pasteur）听说一名法国兽医通过使用他自己发展的一种非同寻常的治疗方法治愈了成百上千头奶牛：他强力摩擦病牛的皮肤，然后割开其皮肤，将松节油和热醋灌到里面来提高这些病牛的体温。当然，可怜的牛会痛得吼叫起来。但是，在很多情况下，奶牛完全康复。不过，在巴斯德看来，问题是，接受了这种痛苦的、不寻常治疗的奶牛的康复率是否比没有接受此治疗的奶牛的康复率高。与许多疾病一样，并非所有患炭疽病的奶牛都死了。有些被感染的动物死了，有些活着。巴斯德做了一项实验：在一定数量的感染了炭疽病的奶牛中，一半实施了这位兽医的治疗方法，另一半则不进行这种治疗。实验的结果证明，两组的结果是相同的！每组都有一半活下来，一半死去。结论是显而易见的：在接受了这种治疗之后康复的奶牛并非被这种治疗方法治愈，而是在任何情况下都会变好。这种治疗对奶牛并没有任何益处。

自然，巴斯德的发现引起了巨大的震动。许多智慧之人也会进行错误和糟糕的推理，犯所谓的"虚假原因"谬误。仅仅因为一件事在另一件事之前发生并不能证明前者是后者的原因。伯特兰·罗素（Bertrand Russell）讲了这样一个公鸡的故事：一只公鸡总是在日出前起来，然后跳上栅栏开始打鸣，直到太阳升起。日复一日，公鸡开始认为是它的鸣叫导致了太阳的升起。故事的结局很悲伤，农夫的妻子拧断了公鸡的脖子，把它做成了周末的晚餐，而第二天太阳还是像之前一样升起。

另一方面，在疟疾的例子中，结果证明，一个人是生活在低洼、潮湿的地区，还是生活在更高、更干燥的地方，确实是有区别的。疟疾更多发生在低洼、潮湿的地方。因此，与治疗病牛的假药案例不同，这里有统计上的相关性。不过，仍然不清楚这是否解释了是什么导致了疟疾。尽管有这种相关性，但是并不清楚疟疾是不是潮湿的滞气造成的。尽管搬到山上有益，但是在更高纬度、更干燥的地区的人们仍然会患上疟疾并且因此丧命。所以，尽管有相关性，疟疾的原因并没有被发现。但是，我们究竟在寻找什么？因果关系究竟指什么？我们根本不清楚因果关系意指什么。它应该是一种**必要条件**（necessary conditions），还是充分条件，亦或是充分必要条件？或者因果关系是一种弱得多的东西，换句话说，只是造成结果的诸多条件中的一个？

科学家艾克曼（Eijkman）在给小鸡喂白精米后发现它们全部患上了多发性神经炎并且死去。接着，他给另一组小鸡喂糙米，它们都没有感染这种疾病。最后，他给受到感染的第三组小鸡喂制成精米后的废弃稻壳，这些小鸡全都迅速康复。这里的证据是压倒性的：缺乏稻壳导致多发性神经炎。没有它，所有小鸡都患了这种病而死去。有了它，它们没有患这种病，并且，如果给患病的小鸡喂稻壳，它们就会康复。由此，缺乏棕色的稻壳显然是患上多发性神经炎的一个充分必要条件，并且这是最强的、最明显意义上的因果关系。但是，并非所有因果关系的案例都是如此清晰。

设想一下，在先前的那个例子中，我们像1920年之前所发现的那样发现生活在潮湿、热带地区的人比生活在更高、更干燥的热带地区的人患上疟疾的频率更高。这是否证明呼吸潮湿、温暖的空气会引起甚至导致疟疾？不，我们现在知道疟疾是通过蚊子的叮咬而进入到血液中的细菌导致的。那么，温暖、潮湿的滞气与疟疾之间的相关性是什么呢？只有间接的相关性：蚊子在这样的条件下肆意繁殖。如果我们可以消灭蚊子，或者防止蚊子叮咬我们，那么我们不会有患疟疾的危险，哪怕我们生活在空气停滞、缓慢移动的温暖潮湿的地方。于是，存在着统计学上的相关性这个事实本身并没有证明因果关系。

科学哲学

因为（来自我们五官的）经验证据、归纳论

证和科学的紧密联系，归纳法已经变成哲学的一个被叫作"科学哲学"的重要分支。正如在第一部分"何谓哲学？"中已经指出的，哲学可以被理解为对诸如艺术哲学、历史哲学、法哲学之类的其他"第一层次"的研究所做的"第二层次"的反思。类似地，科学哲学是对包括经验的、归纳的论证的科学用途在内的科学和科学思维本质的哲学反思。

传统上，归纳法被指派了两种作用，一个"在理论前面"，另一个"在理论后面"。第一个是这种观念，即科学家使用归纳概括来创造科学理论。第二个是这种观念，即科学家使用对归纳概率的总结来支持和证明已经存在的理论。尽管 19 世纪的约翰·斯图尔特·密尔支持归纳法，但是正如我们已经看到的，归纳法作为一种发现的方法是非常弱的，因而近年来已经失宠。但是，作为一种证明合理性的方法，归纳法仍然引起科学哲学家的兴趣。作为证明方法的归纳法的最流行版本是卡尔·波普尔（Karl Popper）的**假说–演绎**模型 [hypothetico-deductive model，出自《科学发现的逻辑》（*The Logic of Scientific Discovery*）]。依据该模型，我们由科学理论推演出经验上可观察到的预测。这是我们先前从人类学中选取的例子所使用的那类理论。若我们不能观察到这种理论所预测的东西，那么这种理论就被证伪（MT 的一种形式，正如先前已经指出的，一种有效的演绎论证）。但是，依据波普尔的理论，观察到这个理论所预测的东西并不能证实该理论（既然这等于"肯定后件"的演绎谬误），而只是"支持"它（即我们只是保留这种理论直到它被证伪）。

最近以来，韦斯利·萨尔蒙 [Wesley Salmon，在《科学解释与世界的因果结构》（*Scientific Explanation and the Causal Structure of the World*）中] 坚决主张经验证实与证伪在科学理论的归纳证明中同样重要。萨尔蒙宣称，因为拒绝所有归纳证实，波普尔没法解释我们如何去选择未来可以依靠的未被证伪的（"被支持"的）理论，或者我们为何认为某种被支持然而未被证伪的理论比其他理论好。

科学哲学的另一位早期哲学家鲁道夫·卡尔纳普 [Rudolf Carnap，在《世界的逻辑结构和哲学中的假问题》（*The Logical Structure of the World and Pseudoproblems in Philosophy*）] 也只支持科学理论必须在经验上可检测的观点。他说，要不然，它们并没有真正解释任何东西，作为科学没有任何价值。卡尔纳普特别担心 19 世纪 30 年代的目的论生物学理论。如果我们断言植物根细胞存在着"驱动"或"引诱"它们总是向下生长的东西，那么，除了我们已经知道的根向下生长这个事实，这告诉了我们什么呢？这真的"解释"了任何东西吗？

我们自然指望科学来解释事物，但是科学理论如何解释？在这种语境下，我们所说的"解释"的意思是什么？卡尔·亨普尔 [Carl Hempel，在《自然科学的哲学》（*The Philosophy of Natural Science*）中] 主张实际上至少存在着两种不同的科学解释——有些理论解释经验事实，而其他理论"解释"（即说明、组织或统一）其他科学理论。在第二种解释中，牛顿的工作被认为是重要的，因为它可以"解释"开普勒和其他人的更早的工作。而爱因斯坦的相对论在那种意义上被认为是解释了牛顿的机械理论。

在 20 世纪初，科学的经验主义的取向导致了所谓的"实证主义的"（positivist）意义理论 [A. J. 艾耶尔（A. J. Ayer），《语言、真理与逻辑》

(*Language, Truth, and Logic*)]。如果一个命题不能在经验上被证实或证伪,依据这种实证主义的理解,它并没有真正解释任何东西,并且它事实上并没有真正意指任何东西。这样极端的实证主义的观点现在基本上被抛弃了,但是科学的经验主义的取向导致了有关这个世界上何物真正存在的实证主义的理论。依据格罗弗·麦克斯韦尔[Grover Maxwell,《电磁学通论》(*A Treatise on Electricity and Magnetism*)]的观点,尽管许多科学理论假设了因为过小或过大而不能用五官观察到的实体(譬如,原子和亚原子粒子)的存在,但是我们并没有好的理由去相信这些实体实际上存在——我们假设它们只是为了解释我们在经验上可以观察到的东西。另一方面,另一位科学哲学家巴斯·范·弗拉森(Bas van Fraasen)主张,我们可以(譬如凭借电子显微镜)"间接地"看到原子和其他极其微小或庞大的实体,因而我们应该承认它们真实存在。

一个有趣的发现是,尽管物理科学赢得了巨大的可信度,但是近年来科学哲学的最重要的发展实际上使人对科学的绝对权威性产生了怀疑。托马斯·库恩(Thomas Kuhn)表达了这种类型的最流行的断言[在《科学革命的结构》(*The Structure of Scientific Revolutions*)中],他将科学思想中的变化解释为"**范式转换**"(paradigm shift)的结果。传统上,哲学家主张,科学是理性的、客观的,因而与非理性的非科学式的考量不同。相反,库恩主张,理解科学理论中的主要变化(范式转换)的最好方式是将它们看作嵌入到心理学、社会学、历史学和政治学的各种各样非科学的、非理性的因素中的。于是,库恩拒绝那种认为科学理论总是必然向"真理"前进的流传广泛的观点。相反,他赞成相对主义的真理观。

在更早的时候,W. V. 奎因(W. V. Quine)在他的著名文章《经验主义的两个教条》("Two Dogmas of Empiricism")中已经提倡另一个怀疑主义和相对主义的论证。在奎因看来,科学理论决不能被完全证实或证伪(并且在那种意义上据说是"未被确定的"),尤其是当我们反思"以整体的方式"帮助塑造了任何科学理论的历史学的和社会学的因素时。有些例子(尽管不是奎因的)可能是:为什么我们倾向于认为现代医学比非洲的传统疗法更好?因为它基于现代的科学方法。但是,什么使得我们如此确信这些方法比非洲的传统方法更好呢?只是因为它们是我们的?

不过,在更广阔的语境中,库恩和奎因的立场恰恰再次提出了这个更大的问题:科学主张和非科学主张的区别是什么?如果两种理论是相对于社会、政治、经济的语境而言的,为何我们应该要更相信科学而不是其他理论?进化论比创世(智慧设计)论更客观有效吗?

供讨论的问题

1. 归纳论证和演绎论证的区别是什么?
2. 所有科学推理都是由特殊进行的归纳概括吗?如果不是,那么,还有什么呢?
3. 假说的提出和检测是如何与 MT 相似的?

4. 评价下面论证的优缺点：

(1) "在尝试理解合成精神现象的诸要素时，最重要的是要记住，从原始动物到人，没有任何地方在结构上或在行为上存在着鸿沟。由这个事实，很可能推断出，也没有任何地方存在心灵的鸿沟。" [伯特兰·罗素，《心的分析》(The Analysis of Mind)]

(2) "事实上，既然诸行星在离地球的不同距离被观测到，那么，地球的中心肯定不是它们的轨道的中心。" [尼古拉·哥白尼 (Nicolaus Copernicus)，《天体运行论》(On the Revolutions of the Heavenly Spheres)]

(3) "假设某人告诉我，他没有麻醉就被拔掉了一颗牙，我表达了我的同情，并且假设我被问道：'你如何知道这伤害了他？'我会理性地回答：'好的，我知道这会伤害我。我曾经看过牙医，知道没有麻醉就镶牙是多么痛苦，更别说拔牙了。并且，他与我拥有同种类的神经系统。因此，我推断在这些条件下，他感到非常痛苦，就像我自己会感受到的那样。'" [A.J.艾耶尔，《知识问题》(The Problem of Knowledge)]

(4) "既然金星旋转得如此慢，那么，我们可能想得出结论：金星像水星一样总是使一面朝向太阳。如果这个假说是对的，那么我们会期待暗的那面是非常寒冷的。佩迪特 (Pettit) 和尼克尔森 (Nicholson) 已经测量出金星暗面的温度。他们发现，温度并不低……这颗行星必须相当频繁地旋转以免暗面过度冷却。" [弗雷德·L.惠普尔 (Fred L. Whipple)，《地球、月球和诸行星》(Earth, Moon and Planets)]

5. 当科学家批判他们自己的方法时，他们可以取得何种优势？

第七章　哲学论证的诸种策略

我们正在考察的有效论证形式，如果单独使用或者组合起来使用，可以用作任何话语领域建构论证的样板。不过，既然推理是哲学家的主要工具，这样的论证形式在哲学写作中就尤为突出。这里是哲学家基于那些基本的有效论证形式而提出的一些真实论证的例子。

怜悯似乎不能被归给上帝。因为怜悯是一种悲痛，正像大马士革人所说的那样。但是上帝那里不存在悲痛，所以他那里不存在怜悯。[托马斯·阿奎那，《神学大全》(Summa Theologica)]

M：怜悯被归给上帝。
S：悲痛被归给上帝。

$$M \to S$$
$$\underline{\sim S} \quad \text{MT}$$
$$\therefore \sim M$$

酷热不是任何其他东西，而是一种特别的痛苦感受，而痛苦不能存在，除非在一个感知的存在者之中。由此可得出，酷热根本不能存在于一个不感知的有形实体中。[乔治·贝克莱，《海拉斯与斐洛诺斯对话三篇》(Three Dialogues Between Hylas and Philonous)]

H：某个东西是热的。
S：某个东西是感受。
P：某个东西不能存在于一个不感知的存在者中。

$$H \to S$$
$$\underline{S \to P} \quad \text{HS}$$
$$\therefore H \to P$$

我们的观念只触及我们的经验。而我们没有有关神圣属性和作为的经验。我不需要给出我的这个三段论的结论。你自己可以做出推断。(大卫·休谟，《自然宗教对话录》)

E：我们没有经验到神圣属性。
I：我们没有有关神圣属性的观念。

$$E \to I$$
$$\underline{E} \quad \text{MP}$$
$$\therefore I$$

如果那样，人们普遍认为，事物要么是巧合的产物，要么为了一个目的，并且，这些东西不能是巧合或自然发生的产物，由此可见，它们必定是为了一个目的。(亚里士多德，《物理学》)

C：事物是巧合的产物。
E：事物是为了一个目的。

$$C \vee E$$
$$\underline{\sim C} \quad \text{DS}$$
$$\therefore E$$

下面的这些论证展示了不止一种有效的基本论证形式。

无论何时，当一个人转让或者放弃他的权利时，他要么考虑到某项权利会反过来转让给他自己，要么是为了他盼望得到的某种其他好处。因为这是一个自愿的行动，而每个人的自愿的行动的目的都是为了他自己的好处。因此，存在着一些权利，无论凭借何种言语或符号都不能认为任何人已经放弃或者转让它们。首先，当有些人攻击一个人，要夺走他的性命时，这个人有权反抗。这个人不能放弃这项反抗的权利，因为不能理解为放弃这项权利是为了他自己的任何好处。[霍布斯,《利维坦》(The Leviathan)]

T：一个人转让或放弃他的权利。
V：一个人自愿地行动。
G：一个人的目的是为了他自己的好处。
R：一个人放弃他的自我保护的权利。

$$T \rightarrow V$$
$$\underline{V \rightarrow G} \quad \text{HS}$$
$$\therefore T \rightarrow G$$

$$R \rightarrow T$$
$$\underline{T \rightarrow G} \quad \text{HS}$$
$$\therefore R \rightarrow G$$

$$R \rightarrow G$$
$$\underline{\sim G} \quad \text{MT}$$
$$\therefore \sim R$$

任何人都不可能是一名不理解诗人意思的史诗吟诵者。因为史诗吟诵者应该向他的听众解释诗人的思想，但是如果他不知道他的意思，那么，他如何能够很好地解释他呢？[柏拉图,《伊安篇》(Ion)]

R：一个人是一位真正的史诗吟诵者。
I：一个人解释史诗诗人。
M：一个人知道这位史诗诗人的意思。

$$R \rightarrow I$$
$$\underline{I \rightarrow M} \quad \text{HS}$$
$$\therefore R \rightarrow M$$

$$R \rightarrow M$$
$$\underline{\sim M} \quad \text{MT}$$
$$\therefore \sim R$$

下面是另外一些使用否定后件式（MT）的例子。看看你能不能把每一个都描述成否定后件式（MT）。

我确实知道这支铅笔存在，但是，如果休谟的两个原则为真，我就不能知道这一点。因此，休谟的两个原则，其中的一个或两个都为假。［G. E. 摩尔（G. E. Moore），《哲学的一些主要问题》（*Some Main Problems of Philosophy*）］

如果数字是一个观念，那么，算术将会是心理学。但是算术与——比方说——天文学一样都不是心理学。天文学并不关注行星的观念，而是行星本身，由此类推，算术的对象也不是观念。［戈特洛布·弗雷格（Gottlob Frege），《算术的基础》（*The Foundations of Arithmetic*），经西北大学出版社授权使用］

如果错误是积极的东西，那么上帝是它的原因，并且他会持续地生产它（依据第十二条命题）。但是这是荒谬的（依据第十三条命题）。因此，错误不是积极的东西。［巴鲁赫·斯宾诺莎（Baruch Spinoza），《用几何方法证明的哲学原理》（*The Principles of Philosophy Demonstrated by the Method of Geometry*），经卡洛斯出版公司（Carus Publishing）的子公司敞院出版公司授权使用］

充分必要条件

除了建构使用有效的基本论证形式的论证之外，读者想要熟悉的另一个重要的哲学活动是，尝试通过明确说明被叫作"充分必要条件"的东西来对重要的哲学概念进行定义或"分析"。依据我们对条件句（$P \rightarrow Q$）及其在肯定前件式（MP）和否定后件式（MT）中的作用的讨论，我们很容易理解这一点。

一个条件句（$P \rightarrow Q$）所说的是，P 是 Q 的充分但不必要条件，而 Q 对于 P 而言是必要但不充分条件。我们这里所说的充分和必要的含义是什么呢？如果 P 是 Q 发生所需要的全部条件，那么，P 对于 Q 而言是充分的。于是，下雨是让街道变湿所需要的全部条件。但是，P 对于 Q 而言并不是必要的，意思是 P 不是 Q 发生的唯一方法。尽管下雨对于使街道变湿而言是充分的，但是没有下雨，还有其他方式可以使街道变湿。这是肯定前件式（MP）实际上所说的一切。它表明，既然 P 对于 Q 而言是充分的（即 P 是显示 Q 所需的全部条件）并且 P 实际上发生，那就是我们为了知道 Q 也发生所需的全部条件。换句话说，肯定前件式成立，因为 P 是 Q 的充分条件。并且，以此类推，肯定后件的谬误基于 Q 不是 P 的充分条件这个观念。只是因为街道是湿的并不足以使我们知道下过雨，因为存在着使街道变湿的其他方法。

另一方面，Q 是 P 的必要但不充分条件，意思是，尽管没下雨，但是街道是湿的也是可能的，但是街道没有变湿，然而却下过雨是不可能的。因此，下雨的必要条件是街道变湿。这正是条件句（$P \rightarrow Q$）所表达的。所以，如果 Q 是 P 发生绝对必需的，那么，我们知道没有 Q，P 不能发生。并且，这正是否定后件式（MT）所断言的。如果 Q 对于 P 而言是必要的（$P \rightarrow Q$），那么，没有 Q，P 不能发生。因此，$\sim Q \rightarrow \sim P$。以此类推，否定前件的谬误基于 P 对于 Q 而言不是必要的这个事实。为了使街道变湿，是否必须下雨？不是。于是，仅有没有下过雨这个事实并不能保证街道不是湿的这个事实。

对重要的概念做哲学分析的一种常用方法是尝

试表述它的充分必要条件。以知识这个概念为例。许多哲学家相信，如果我们可以表述知道一个东西的充分必要条件，那么，我们将成功地充分解释什么是知识。柏拉图在《泰阿泰德篇》(*Theaetetus*)中提供了这种尝试的一个例子。知道一个东西的一个必要条件是相信它（你不能知道某个东西却不相信它），但是那显然是不充分的。为什么不充分呢？对这个问题的回答向我们揭示了另一个必要条件。相信对于知识而言是不充分的原因在于，你可以相信某个并不为真的东西。于是，真是知识的第二个必要条件。你不能知道某个东西，除非你相信它并且它为真。但是，这是充分的吗？一个人是否可以相信为真的某个东西然而却不知道它？如果可以的话，为什么不知道它呢？（回答再次给我们提供了第三个条件。）如果一个人相信一场地震将于3月14日在南加州爆发，并且，它的的确确发生了，会怎么样？看起来他似乎知道它会发生。但是如果我们问他为什么，而他回答说他通过求助茶叶而做出了这个发现，那会怎么样？现在我们会说什么？他是否知道将会有一场地震？如果他不知道，为什么不知道呢？我们许多人会说他并不知道那里有一场地震，因为他并没有相信它的任何好理由。于是，我们有了添加给其他两个条件的第三个条件。为了知道某个东西，一个人必须相信为真的东西，并且拥有为何相信这为真的好理由。但是，这足够了吗？柏拉图和许多当代哲学家认为足够了，然后其他人却不同意。不过，如果是这样的，那么，通过添加我们的必要条件的清单，直到整个清单也是充分的，我们就成功地充分解释了什么是知识。

间接证明

传统上，哲学家花费很大的气力，试图发现其他人论证的缺点。这并不像听起来那样消极，因为发现错误是找到真理的一个步骤。苏格拉底一再断言，直到我们知道我们的观点是错的，我们才有能力寻求真理。因此，苏格拉底的大部分哲学生命花费在批判他同时代的人，尤其是自称是某个特殊领域的权威的那些人的观点。他问他们是否知道某个紧迫的问题（正义是什么？宗教敬虔是什么？知识是什么？）的答案。他的朋友们尽其所能回答。接着，苏格拉底考察每种观点，看看它在逻辑上所隐含的东西，如果它蕴涵了明显是错误的、荒谬的或自相矛盾的东西，那么，那个人将不得不承认，他原先的立场是不可靠的。这种策略的基本形式被叫作间接证明（indirect proof），与否定后件式（MT）相似，在那里，被批判的原初立场是 P，而荒谬的结论是 Q。

$$P \to Q$$
$$\sim Q$$
$$\therefore \sim P$$

间接证明是哲学推理的最普通的形式之一，尽管有些使用这种方法的人甚至没有意识到他们正在做这样的推理。除了将间接证明理解为否定后件式（MT）的一种形式，你可以以如下方式思考它们。假设你在一场哲学论争中的一个对手坚持一种你认为是不明事理的立场。为了使你的朋友相信这一点，你可以做如下的事：

1. 暂时接受你的对手的观点。
2. 展示依据你的对手的前提会如何导致荒谬的结果。
3. 得出结论：既然你的对手的观点导致荒谬，那么，他的立场必定是错误的，因而你的观点作为其反面是正确的。

在哲学史上，古希腊哲学家芝诺（Zeno）非常成功地使用了间接证明，促进了这种证明方法的发展。芝诺是巴门尼德（Parmenides）的学生。巴门尼德主张没有任何东西可以变化的观点。事物看似变化了，但是巴门尼德坚持它们并没有真正地变化，变化本身只是一种幻象。为了捍卫他的老师的立场，芝诺采纳了他的对手的观点，并且证明，认为事物确实变化的这个假设会导致令人吃惊的并且在他看来是荒谬的结果。

我们可以图解间接证明如下：

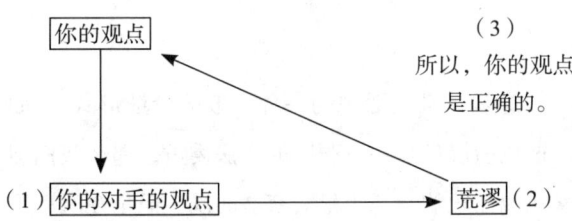

芝诺坚决主张，基于普遍接受的空间观，一个人不可能跑过相当于足球场的地方！他的论证是这样的。比如说，一名橄榄球运动员在端区拿到开球，并且决定跑完全场。在他到达相反的目标线时，他必须穿过50码（45.72米）线，并且在他穿过50码线之前，他必须穿过25码（22.86米）线，并且，在他穿过25码线之前，他必须穿过12码（约10.97米）线，6码（约5.49米）线，依据空间可以无限分割的一般观念，以此类推，以至无限。因此，无论他多么努力地跑，他决不能跑完，尽管他非常棒，并且视野清晰。这个论证的要点不是证明一个人不能跑完一个球场的长度。这是荒谬的。我们都知道他可以跑完。关键是，我们的一般观点似乎隐含着一个荒谬的结论。于是，日常概念必定有问题，存在着某种直到检测时仍然未知的不确定性。在这个案例中，芝诺的论证表明，我们的日常概念是矛盾的。一旦我们明白这个论证，这一点就显而易见了，不过，正是芝诺令人震惊的策略才使这一点变得清晰。

辩证推理

苏格拉底去世后，柏拉图将苏格拉底的批判方法发展成一种被叫作**辩证法**（dialectic）的更加结构化的哲学方法。辩证法主要是一种试图发现有关事物真理的尝试，它使用批判推理来解决一系列片面的真理，抛弃那些不能经受考验的真理，直到你获得你所寻求的洞见。在辩证论证的过程中，正如柏拉图所理解的那样，人们从一种片面的甚至可能是不准确的理解开始。通过审察和批判的考察过程，人们看到了这个起点的不足，重新尝试阐述一个被发现的新洞见，换句话说，一整个系列的间接证明，由此逐渐接近一个可接受的立场。

柏拉图认为，辩证推理过程的关键是愿意使每种观念经受严谨考察和辩论的测试。结果，柏拉图像苏格拉底一样认为哲学研究最好发生在对话中，在那里，两个或更多的人辩论所提议的定义或观念的优点。我们可以以如下方式图解辩证的过程：

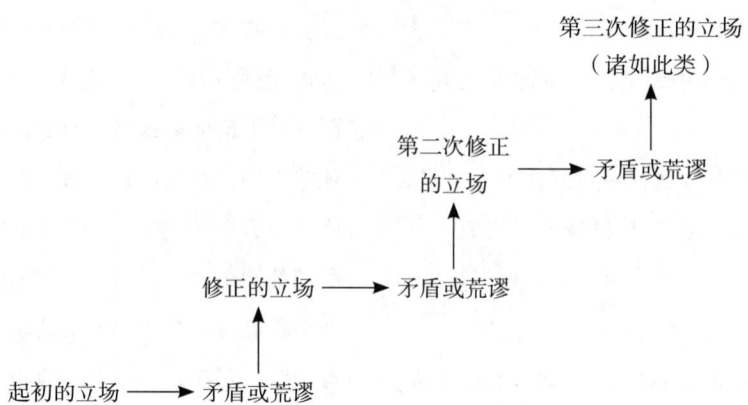

这是柏拉图早期对话中的苏格拉底式的方法。在这些对话中，苏格拉底考察了"知识渊博的"人的某个一般的信念，看看它的逻辑推论是什么。通常，这些结果显示出某种不一致性，以及因此之故，起初的信念的不可接受性。因此，这个程序的形式是假设的。"假设 P 为真。如果是这样的，那么 Q。但是如果 Q，那么 R，但是 R 显然是不可接受的，所以我们终究不能接受 P。"这是间接证明的一个例子，假设前提为真以便通过它的荒谬的结果显示它的虚假性。

在《理想国》中，苏格拉底问："正义是什么？"对此，受人尊敬的商人克法洛斯（Cephalus）回答说，正义是说真话，还债。苏格拉底的回应是，看看这种观点会导向哪里，更确切地说，确定它的结果是否可以接受。

假设一位朋友在他精神正常时将武器交给我保存，当他精神不正常时索要它们。我是否应该将它们归还给他？没有人会说……我在这样做时是正确的，如同他们不会说我应该总是向处于这种状态的那个人说实话一样。（柏拉图，《理想国》）

于是，克法洛斯的定义是不可接受的，接着另一个建议被提出来，不过，它也因为不一致而失败。这个对话的第一部分的很大一部分都是这样进行的。被叫作间接证明的这个否定的论证形式可以被视为否定后件式（MT）的一种形式：

$$P \rightarrow Q$$
$$\sim Q$$
$$\therefore \sim P$$

这是日常生活中的一种一般的论证形式："如果这位参议员是一位聪明的立法委员，那么我们国家在他任职的十二年里会获益匪浅，但是在所有重要的方面，我们国家的财富在过去的这十二年里减少了。因此，我得出结论：这位参议员不是一位聪明的立法委员。"

两难困境

最后，哲学家中间流行的一种论证是**两难困境**（dilemma）。在形式上，它看起来像这样：

$$P \vee R$$
$$P \to Q$$
$$\underline{R \to S}$$
$$\therefore Q \vee S$$

你的对手被迫接受两种可能性中的一个（P 或者 R），它们每个都会导致不可接受的结果（Q 或者 S）。要么你偷了一些钱，要么你记账错误。但是无论哪种情况，你都不适合做会计。要么你知道你的下属犯法了，要么你不知道，但是无论哪种方式，你的工作都是失败的。这种痛苦的选择被生动地描述为"进退维谷，左右为难"。下面的一个两难困境的例子出自威廉·詹姆斯的演讲。

> 这种决定论的两难困境是，其左角是悲观主义，其右角是主观主义。换句话说，如果决定论要逃避悲观主义，它必须停止以一种完全客观的方式观察生命的善和恶，并且将它们本身视作无关紧要的，是生产我们的科学意识和伦理意识的材料。[威廉·詹姆斯，《决定论的两难困境》（"The Dilemma of Determinism"）]

在前面的例子中，两难困境被明确地标记为这样的。其他两难困境可能无法像这些例子一样清楚地表现出来，不过仍然像柏拉图的下面两段话那样出现：

> 一个人不能询问他知道的，也不能询问他不知道的。因为如果他知道，他不需要询问，而如果他不知道，他不能询问，因为他不知道他要询问的对象。（柏拉图，《美诺篇》）

> 并且，在我这个年纪，我应该过什么生活呢？从一个城市游荡到另一个城市，频繁变更我的流放之地，总是被驱逐出去！因为我相当确信，无论我到哪里，那里如同这里一样，年轻人将成群地向我涌来，如果我赶走他们，他们的长辈会应他们的要求把我驱逐出去，如果我让他们过来，他们的父亲和朋友会为了他们的缘故把我驱逐出去。（柏拉图，《申辩篇》）

一旦你发展了识别两难困境的能力，你会发现它们比你所预料的多得多。

这个部分给出的论证策略只是哲学分析和论证中发现的少数类型。不过，它们非常普遍，你会在这些例子以及本书的阅读材料所使用的其他例子中发现它们。

定义

从柏拉图到当代哲学家约翰·罗尔斯（John Rawls），哲学的很多工作所关注的是成功地界定重要的词语，例如，正义、艺术、宗教和知识，这里仅提到了四个。为什么存在这样的问题？为什么不在词典中查查这个词呢？在第一部分"何谓哲学？"中，我们谈论了哲学如何反思常识的、直观的、日常的前哲学的观念，然而有关正义、艺术、宗教和知识的哲学理论绝不只是简单地陈述人们所思想的东西。这些日常的、直观的、前哲学的观念一般是模糊不清的，甚至是矛盾的。这部分原因是因为自然语言（英语、法语、中文、德语）中的这些词有一个意义缓慢进化和变化的漫长历史。

譬如，艺术（art）起初意指人造的任何东西，正像人工制品（artifact）这个词一样，它与熟练的手艺——一种将知识巧妙地应用于某种被欲求的目的的活动——意思相同。后来，这个词开始只意指好的艺术，并且由此造成了创作诗歌、音乐、雕塑与制造啤酒桶、马具和蜡烛之间的区分。然后，艺术开始与杰出个体的重要观念相关，这些个体能够通过好的艺术作品表达这些观念。最后，艺术开始与这种观念相关：在艺术中表达的这些观念必须是高度新颖的、创新的、独出心裁的、有创意的，绝不只是做得好或漂亮。

在语言的逐渐进化中，古老的意思并不是完全看不见了。它们只是被新的意思掩盖了，结果是，所有这些不同的意思并存在一起，不过是处在一种易变的、不稳定的混合状态。通过反思这些歧义、混乱和不确定性，哲学家不仅要关注这些问题，而且还要处理它们，而那通常意味着提出更一致的定义。这些定义虽然与日常的直观观念一致，但是它们通过强调日常观念的某些特征，忽略其他特征来使这些日常观念更加一致。譬如，艺术可以依据艺术家所表达的创新的观念来界定，因而低调处理创造艺术品所需要的技能。如果哲学家成功地使我们接受这个新定义，那么，它将拥有改变我们的观念和我们对被界定者的研究的效果。在前面的案例中，通过从创新的观念的角度（而不是从巧妙创造艺术品的角度）来界定艺术，我们比过去更可能将"现成品"作为艺术。举例来说，马塞尔·杜尚（Marcel Duchamp）将一个普通的帽架展示为艺术品。

因为哲学是反思的，这些定义的成败取决于它们与日常用法相契合的能力。如果新提出的定义离日常用法太远，批评者会挑战新定义，呼吁关注它偏离通常意义的确切地方。在前面的例子中，批评者会争辩说，机器造的对象不能是艺术品，因为艺术品必须是人造的，因为那是"艺术"一词的意义的一个部分，而新定义遗漏了这一点。当然，提出了新定义的哲学可以回应说，在一种意义上，杜尚确实"制造"（make）了现成的对象。换句话说，通过将它展示为艺术品，他在很大程度上改进了这个对象。在艺术的新定义中，注意力从"艺术"一词转到"制造"一词。

另一个通常使用的词是政治理论家经常谈及的一个术语：人权。但是，权利准确地说是什么呢？直到我们对权利是什么有清晰的理解（或定义），我们才可能回答相关的问题。譬如，人类真的拥有不可剥夺的、上帝赐予的人权吗？动物拥有权利吗？人的未来后代拥有权利吗？千亩湿地有权利吗？如果我们像一些哲学家所做的那样将权利界定为利益，那么，我们会轻易地宣称，景观或环境没有权利，因为它们既然是无生命的，就不能拥有利益。不过，动物拥有利益吗？那取决于一个受造物是否必须觉察到利益，以便拥有它们。现在，哲学论争可以转移到"拥有利益"的意思上来。如果拥有利益要求想要某个东西，那么，那似乎将湿地排除在外，但是可以包含动物。至少可以提出一个案例：动物确实想要某些东西，于是在这种意义上拥有利益，因而动物确实有权利。

自柏拉图的时代以来，哲学讨论中的另一个重要术语是正义（justice）。通常，哲学家同意"正义"一词与平等有关。同等的人应该被平等对待。但是这并没有告诉我们同等的人是什么以及不是什么。有些哲学家将正义界定为同工同酬，商品的不平等分配基于不平等的功绩或才能（即有些人得到的应该比其他人多，因为他们更聪明或者工作更努力）。相反，其他哲学家将正义界定为商品的平等分配：全部商品平等地分配给所有人。倘若你想要支持不平等的分配（即医生比快餐店的服务员赚得多并不是不正义的），那么，你将要依据人们应得的来界定正义。不过，如果正义被界定为人们所应得的，那将提出一个附加的问题：说一个人应得某种东西的意思是什么。你是否应得你凭借有钱或有势的父母（或者只是很幸运）而领受的好处？你是否应得你因为聪明或者吸引人的外表（或者，再一次，只是因为幸运）而领受的好处？你是否应得因为比任何其他人更勤奋工作（或者，你只是幸运地天生拥有能够使你勤奋工作的好基因）而领受的好处？如果没有人应得这些优点中的任何一个带来的成果，那么，正义可能最好被界定为等额分配，所有人都一样，既然确实没有人比任何其他人应得的更多。如果你主张正义是不平等的分配，那么，你要依据功劳界定正义，并且将功劳界定为天赋的才能。如果你主张正义是平等分配，你将要挑战功劳的观念并且声称没有人应得任何东西，因而没有人应该比任何其他人获得的更多。

哲学分析

与定义紧密相连的是哲学家试图分析一个词的意义以便证明这些意义中的某些意义，同时抛弃其他意义。再次思考"艺术"一词，美学家或艺术哲学家试图界定它，以便提供一种艺术理论。20世纪初的哲学家R. G. 科林伍德（R. G. Collingwood）区分了作为技术的艺术与真正的艺术。科林伍德很清楚"艺术"一词在过去几个世纪已经发生了巨大的变化，并且正如我们早先已经指出的，因为新的意义依附在旧的意义上，所以旧的意义继续存在。科林伍德知道这导致了我们在理解艺术时的诸难题。

在过去，艺术（art）可以意指完成一个预期任务的技法，医术（medical arts）这个短语就是如此。大学包含技艺（arts）学院和科学学院，并且在这里，技艺并不包含绘画、雕塑和舞蹈，相反包含为实现一定的目的而对知识进行的应用。在这种意义上，尽管医学基于科学，它仍然是一种技艺（art），而不是一门科学。因为正如科林伍德察觉到的，这种意义的艺术倾向于与艺术的观念脱节，但是他始终担心有关艺术作为技术（technology）的一些古老观念仍然以隐蔽的方式存在，与我们有关艺术的当代观念混淆。具体而言，他担心因为有关艺术是技术的古老观念，许多人继续认为艺术旨在完成特殊的任务，譬如，导致一个准宗教的、神秘的国家，使我们快乐，或者使我们感到爱国。这恰好是科林伍德强烈反对的那种有关艺术的观点。于是，他的哲学方法尽可能明确地将艺术的这些意义区分开来，这使得他论证其中的一些意义的相关性，反对其他的意义。

类似地，一位主张惩罚的定义是报复（retribution，以眼还眼，以牙还牙）的哲学家想将报复的观念与复仇（vengeance）的相关观念区分开来，因为报复往往会被拒绝接受，如果它在人们的头脑中与复仇恶意的、负面的含义联在一起。另一方面，一位主张惩罚是一种威慑力量的哲学家想将报复等同于扯平，因为那就是它的运作方式。如果罪犯偏要犯罪，那么溺爱他们有什么用呢？监狱应该是令人不快的，所以罪犯想避免去那里。不过，其他哲学家可能承认"惩罚"这个词确实隐含报复、扯平的想法，但是宣称，这是一个原始的、野蛮的观念，我们应该避免它，同时，前进到更进步的观念，例如修复（rehabilitation）。

正如在前面的例子中那样，哲学分析可以意指将一个复杂的问题分解成更易操作的部分。思考堕胎的问题。这个问题如此难以处理的一个原因是，它包含如此众多不同的问题。存在着宗教问题，它认为胎儿拥有不朽的灵魂，因而完全是一个人。这使得堕胎是一种谋杀行为。存在着如何执法的法律问题，既然堕胎在某些场合是合法的。存在着言论自由的问题，依据言论自由，反堕胎的支持者争辩说他们应该自由地在堕胎诊所抗议。存在着公民不服从的问题，当抗议者堵住诊所的门，试图阻止其他人进入诊所时。存在着一名妇女按照她的选择使用她自己身体的权利的问题，这种权利也包括她不使用她的身体来怀一个她不想怀到足月的胎儿的权利。也存在着主张堕胎的支持者所认为的政治问题，他们争辩说，国家没有权利限制妇女的选择，哪怕她所决定的事可能在道德上是错误的。

支持堕胎的那些人要将这些问题分开，这样他们可以集中精力于政治问题，排除其他问题。他们说，是的，堕胎可能在道德上是错误的。这也可能与你最深信的宗教信仰背道而驰。不过，我们生活在一个多元主义的民主社会中，在那里，没有人有权将道德信念或宗教信念强加给他人。于是，我们虽然很不情愿，但是不得不允许人们自行决定，哪怕我们知道他们经常决定做错事。反堕胎的支持者不想将道德问题和宗教问题与政治问题孤立开来。他们争辩说，尽管一般而言，我们相互宽容，互不干扰，但是这一原则在谋杀无辜孩子方面达到了极限。他们说，在这里，我们不得不对我们同胞的行为施加限制。

发现谬误

批判他人论证的另一个重要的哲学策略是发现这些论证在推理上的常见错误，传统上称之为谬误（fallacy）。在日常语言中，"谬误"一词有许多不同的含义。不过，就我们的目的而言，我们将用这个术语来意指推理上的常见错误。该术语被频繁地用来意指并非直接明显的推理错误。换句话说，我们将"谬误"这个术语贴在乍看起来似乎令人信服，然而在仔细审察之后原来并非如此的论证上。

在第五章"论证形式"中，我们看到了演绎论证中的一些常见谬误。在这个部分，我们将关注非形式谬误，或者属于归纳论证的谬误。关注这些谬误是很重要的，因为它们发生在日常生活中。作者有时有目的地使用谬误，正如在广告中所做的那样，但是作者通常并没有意识到使用了谬误推理。在这个单元，我们将熟悉一些更普遍的谬误。一旦熟悉了某些谬误论证，你将具备以更加批判的态度进行阅读的条件，而不会被这些类型的论证误导。

诉诸恐吓

诉诸恐吓（*argumentum ad baculum*）谬误是诉诸强力，将之作为接受或拒绝一种观点的基础。无论何时，当一个命题因为有权力的人说它是真的而被说成是真的时，那就犯了诉诸恐吓谬误。它不仅明目张胆地出现，当有人给你提出"你不能拒绝的建议"时，也在更微妙的例子中出现，譬如，下面给国会议员的一封信中的话："国会议员，我提醒你，你投票反对反堕胎法案是不可接受的，并且你所在地区80%的选民是罗马天主教徒。"

人身攻击

当一位作者试图通过攻击另一位作者，而不是这个人的论证来驳斥此人的观点时，他就犯了人身攻击（ad hominem attack）谬误。换句话说，你不是试图反驳一位作者的论证，而是攻击这位作者。假设你正在阅读一篇宣扬黑人平权运动的文章，你说这个立场是错误的，因为它是一位黑人写的，而黑人自然赞成黑人平权运动。你正在攻击这位作者而不是他的论证。

诉诸无知论证

无论何时，如果有人认为，一个命题因为它尚未被证明是假的而为真，或者某个命题因为尚未被证明为真而为假，那么，他就犯了诉诸无知论证（argument from ignorance）谬误。这种谬误经常出现在支持或反对一种立场的证据稀少的场合。于是，如果你认为，没有死后的生命，因为尚未证明存在着死后的生命，或者你认为必定有飞碟，因为它们从未被反驳过，那么，你就犯了这种谬误。

诉诸怜悯

当一位作者诉诸怜悯（appeal to pity）以便获得一个被接受的职位时，诉诸怜悯谬误就发生了。这种谬误经常发生在法庭上，比如当辩护律师通过诉诸陪审员的同情请求无罪释放被告时。律师可能劝告陪审团不要判某名女子行窃，因为她未婚、失业，还有六个孩子。这与她有罪还是无辜无关，却用来引起陪审员的同情。

诉诸权威

诉诸权威（appeal to authority）比诉诸怜悯更狡猾。当一位作者在一位权威所擅长的领域之外的事情上诉诸这位权威的证言时，该谬误就发生了。诉诸权威通常可以加强一个论证，如果它诉诸的证言在这个权威所擅长的领域内。所以，这经常是一个程度的问题。如果网球明星认可某种网球鞋，那么，这一切都很好。但是，如果这位网球明星认同某种跑车，那么，这种诉诸就是谬误。毕竟，一名职业篮球运动员对谷类早餐食品了解多少？一位电影明星对长途电话公司了解多少？

轻率概括

当一位作者为了得出一个概括所有情况的一般观点而引用一个并不具有代表性的例子时，轻率概括（hasty generalization）就发生了。经常有人认为，大麻应该是合法的，因为在某些情况下它在治疗疾病上是有用的。如果你说因为你父亲是个酒鬼，所以酒是邪恶的，那么，你正在做轻率概括。

诉诸大众

这是宣传员和广告商喜好的一种手段。当一个人试图通过唤起大众的热情或诉诸爱国主义、母性或正派的情感问题，而不是诉诸事实来赢得大众对某一结论的赞同时，就产生了诉诸大众（argumentum ad populum）谬误。"难道我们要让这些新奇的观念令我们忘记使我们的国家伟大的这些价值：诚实、努力工作、公平竞争以及基本礼仪等德性吗？"

乞题

无论何时，当一个人假定了论证正试图证明的观点时，我们先前遭遇的乞题（begging the question）就产生了。例如，"允许完全的、无拘无束的言论自由对国家利益是有益的，因为它显然有助于团体让每个个体自由地表达他自己的观点。"乞题是最常犯的谬误之一。

复杂问句

复杂问句（complex question）是人们熟悉的双重的或含沙射影的问句，譬如，"你是否已经停止殴打你的妻子？"这里所说的问句预设了对一个未被询问的问句的肯定回答。更严重的形式出现在这样的宣传技巧中，它们假定而不是赢得我们对一些极具争议的问题的同意，如下例所示。"为什么私人控制的行业比像邮局一样的政府运营的公司要高效得多？"

歧义

无论何时，当一个论证在一个重要的词或短语的意义上开始关键的转变时，歧义（equivocation）谬误就产生了。G. E. 摩尔将一个著名的例子归给约翰·斯图尔特·密尔有关伦理功利主义的论证。在该论证中，密尔主张，有关有些东西是可欲求的唯一可能的证明是人们实际上欲求它。这个论证使"可欲求的"（desirable）这个词的含义变得极为含混不清。一方面，可欲求意指"能够被欲求的"，在那种意义上人们实际上的确欲求某个东西这个事实是它是可欲求的充分证据。但是，另一方面，当我们在伦理的语境中说某个东西是可欲求的，我们的意思是，它应该被欲求或者值得被欲求，而不只是它可以被欲求。在那种意义上，并不能只是因为人们实际上欲求某个东西而得出它是可欲求的。譬如，正在戒酒的酒鬼午餐喝一杯双份马提尼酒，这是不是可欲求的？

红鲱鱼谬误

红鲱鱼（red herring）是使对所思考的问题的论证转到对一个完全不同的问题的论证。通常，当讨论的核心问题是有问题的或可疑的，并且红鲱鱼的问题是一个被各方欣然同意的问题时，这个谬误就会发生。通过混淆核心问题与红鲱鱼问题，一种假象被创造：我们都同意红鲱鱼问题其实就是我们都同意有争议的核心问题。思考这个例子："应该为图书馆留更多的预算。瞧瞧书数百年来为人的生活带来的价值：只提及几个，纯粹的阅读乐趣、智力激发、有用的建议、信息储存。"我们都同意书是一个好东西，但是那并非被辩论的问题，即是否应该为图书馆留出更多的钱。

稻草人谬误

稻草人（straw man）谬误是一种用简单的夸张讽刺的描述代替你的对手观点的谬误。通过战胜夸张讽刺的描述（稻草人），创造出你已经战胜你对手的观点的虚假印象。譬如，"民主党不相信勤劳的美国公民最清楚如何花自己的钱"或"共和党愿意危害社会安全来给富人减税"。没有政党会接受归给它的这种立场。

供讨论的问题

1. 必要条件和充分条件的区分是什么？
2. 下面的论证是否定后件式（MT）、肯定前件式（MP）、选言三段论和两难困境的例子。对它们进行分析并且正确进行分类。

（1）"没有一个名字是成对出现的，但是所有谓项都是成对出现的。因此，没名字是谓项。"［彼得·吉奇（Peter Geach），《指称与普遍性》(Reference and Generality)］

（2）"可以用非常简洁的形式表述本题目的论证。要么联邦政府的组织方式会使它充分依赖人民，要么不是这样的。在第一个假定下，那种依赖会限制联邦政府制订不利于自己选民的计划。在另一个假定下，联邦政府得不到人民的信任，它的侵权计划很容易被人民支持的州政府击败。"［詹姆斯·麦迪逊（James Madison），《联邦党人文集》(The Federalist Papers)］

（3）"人往往比他的生活资料增长得快。因此，他偶尔会遭受激烈的生存斗争。"［查尔斯·达尔文（Charles Darwin），《人类的由来》(The Descent of Man)］

（4）"依据亚里士多德的观点，没有任何自然的产物是随机发生的。他的证明是这样的：随机发生的东西既不会持续地也不会频繁地重现，但是自然的所有产物要么持续地要么频繁地重现。"［摩西·迈蒙尼德（Moses Maimonides），《迷途指津》(The Guide for the Perplexed)］

（5）"我们似乎无法摆脱古老的两难困境。如果你所断言的是不同的东西，你把不是主词的东西归给它，而如果你所断言的不是不同的东西，你根本什么也没有说。"［F. H. 布拉德雷（F. H. Bradley），《现象与实在》(Appearance and Reality)］

（6）"逻辑之所以对人极为重要，正是因为它建立在经验中，并且应用于实验。"［约翰·杜威，《哲学的重建》(Reconstruction in Philosophy)］

（7）"后像（after-image）不在物理空间中，而大脑的过程在物理空间中。所以，后像不是大脑的过程。"［J. J. C. 斯玛特（J. J. C. Smart），《感觉和大脑过程》("Sensations and Brain Processes")，载于《哲学评论》(Philosophical Review)，1959］

（8）"如果精神状态是与物理状态同一的，那么，二者必须共享所有属性。但是，存在着空间可定位性这种不被共享的属性。因此，精神事件和状态不同于物理事件和状态。"［金在权（Jaegwon Kim），《论心身同一性理论》("On the Psycho–Physical Identity Theory")，载于《美国哲学季刊》(American Philosophical Quarterly)，1966］

（9）"法律并没有明确地允许自杀，它禁止它并没有明确允许的东西。"［亚里士多德，《尼各马可伦理学》(Nicomachean Ethics)］

（10）"既然道德对行动和情感有影响，由此可以得出，它们不能派生自理性，因为正如我们已经证明的，仅仅凭借理性决不能拥有任何这样的影响。"［大卫·休谟，《人性论》(A Treatise of Human Nature)］

（11）"如果错误是积极的东西，那么上帝是它的原因，并且他会持续地生产它。但是这是荒谬的。所以，错误不是积极的东西。"（巴鲁赫·斯宾诺莎，《用几何方法证明的哲学原理》)

（12）"要么财富是一种恶，要么财富是一种善，

但是财富不是一种恶,所以,财富是一种善。"(塞克斯都·恩披里克,《反逻辑学家》)

(13)"我们拥有一些无形体的知识。但是没有感官知识可以是无形体的,所以,我们没有感官知识。"(邓斯·司各脱,《对彼得·伦巴德〈四部语录〉的牛津评论》)

(14)"如果每个人都有一套管理他的生活的明确的行动准则,那么,他不过是一台机器。但是并不存在这样的准则,所以人不能是机器。"[A. M. 图灵(A. M. Turing),《计算机器与智能》("Computing Machinery and Intelligence"),载于《心灵》(Mind),1950。经牛津大学出版社授权使用。]

(15)"我们将形而上学的句子界定为这个句子,它声称表达了一个真命题,但是事实上的确既没有表达重言式,也没有表达经验性假说。并且,因为重言式和经验性假说构成了有意义的全部命题,所以,我们可以合理地得出结论:所有形而上学的断言都是无意义的。"(A. J. 艾耶尔,《语言、真理与逻辑》)

(16)"我是一名观念论者,因为我相信存在的一切东西都是精神性的。"[约翰·麦克塔格特(John McTaggart),《哲学研究》(Philosophical Studies)]

(17)"不存在这种情况:一个事物被发现是它自身的动力因,因为在这种情况下,它必须先于它自身,而这是不可能的。"(托马斯·阿奎那,《神学大全》)

(18)"灵魂在它所历经的所有生命中是不朽的,因为永远在运动的东西是不朽的。"[柏拉图,《菲德罗篇》(Phaedrus)]

逻辑学的近期发展

在谈及逻辑研究最近的发展之前,我们可以回顾一下历史。正如这个部分的材料所展示的,在正确思维的规则的意义上,逻辑研究始于亚里士多德。亚里士多德的逻辑学被中世纪的哲学家进一步改良,这就是20世纪初之前的逻辑。

两位英国哲学家伯特兰·罗素和阿尔弗雷德·诺斯·怀特海(Alfred North Whitehead, 1861—1947)合作撰写了一本书,该书是有关数学基础的论著。罗素是著名的哲学家和数学家,也以他政治激进主义和拥护流行的和不流行的各种事业的许多公开演讲而闻名。怀特海是数学家和科学哲学家,他在量子物理学领域奠定了构建一种新形而上学的基础。基于哲学家戈特弗里德·威廉·莱布尼茨(Wilhelm Gottfried Leibniz, 1646—1716)的研究,他在他主要的著作《过程与实在》(Process and Reality)中发展了一种全新的形而上学词汇。

罗素和怀特海预见他们的合著《数学原理》(Principia Mathematica,三卷本,1910—1913)将是对数学与逻辑之间关系的彻底重新思考。人们可能会指责他们有点傲慢,因为他们的标题模仿伟大的物理学家艾萨克·牛顿（Isaac Newton，1643—1727）的著作《自然哲学的数学原理》（*Philosophiae Naturalis Principia Mathematica*，1687）的标题。在他们的《数学原理》中，罗素和怀特海试图证明数学可以最终还原为逻辑原则。他们发展了诸多技术，譬如使用被叫作布尔记数法（Boolean notation）的代数记数系统来表达论证形式。这种代数记数法以它的发明者、英国数学家乔治·布尔（George Boole，1815—1864）的名字命名。罗素和怀特海希望布尔记数法可以将清晰性带给当时还只能以自然语言表达的逻辑学。他们在很多方面成功了，发展了一种被叫作符号逻辑（symbolic logic）的逻辑表达的新形式。

像往常的研究情况一样，他们没有得到他们想要的一切。他们试图证明数学可以还原为逻辑的尝试并没有完全成功，不过他们的著作也没有失败，因为它澄清了数学和逻辑的许多重要问题。它也提供了所有计算机代码所依赖的语言。尽管他们并不打算将逻辑记数法用作计算机代码，因为第一台计算机直到几十年之后才被发明出来，但是那正是发生的事。甚至在今天，许多人认为计算机是用数字计算（计算机，计算），但是情况并非如此。计算机是关于逻辑的，而计算机代码是一系列涉及逻辑关联的语句。

原因在此。符号逻辑是一种二值系统。语句要么为真，要么为假。不存在其他可能性。符号逻辑的这些部分被叫作真值函项演算（truth-functional calculus）。计算机的结构也基于二值，一种二进数制。在它之中，所有数字被诸多 0 和 1 表示。T（真）、F（假）、0（零）和 1（一）。现在你明白了所有计算机语言的基石。真值函项演算表达了语句的逻辑形式，而语句反过来转变成诸多 0 和 1。当然，计算机代码的编写是需要有关诸多事物知识的复杂工作。不过，从根本上讲，它需要逻辑的知识。倘若你曾经设置过电子表格或者甚至检索过计算机数据库，那么，你已经在使用逻辑记号。

自从符号逻辑出现以来，许多哲学家的梦想变成了用它来澄清令人困惑的哲学问题。现在可以理解的是，如同罗素和怀特海没能将数学还原为逻辑一样，将所有哲学问题还原为符号记法的尝试也失败了。符号分析可以澄清很多问题，但是有些则不行。有些哲学家已经禁不住宣称，不能被符号技术分析的问题是无意义的，不能作为严肃的问题。今天，很少有哲学家持这样极端的立场。不过，有些哲学家更感兴趣的是可以使用形式化技术来分析的问题，而不是那些不能进行这样分析的问题。他们发现很难认真对待使用其他技术的同事的工作。不过，今天的大多数哲学家认为哲学的范围足够大，能够包容二者。

逻辑学最近的发展集中在扩展逻辑的范围和技术，尤其是模态逻辑（modal logic）和多值逻辑（many-valued logic）的发展。正如我们已经看到的，逻辑学更多的是一种工具，而不是研究对象，并且像数学一样，它不仅对于哲学而言，而且对于许多其他领域的研究者而言都是重要的工具。数学、计算机科学、物理学和经济学只是那些领域中的一小部分。因为广泛应用逻辑，逻辑研究已经扩展成旨在为从事特殊研究计划的具体研究团体服务的新形式。这样的一种尝试是试图越过二值逻辑（真、假）到多值逻辑（真、假以及未确定的真值）。另一种发展是模态逻辑，它显示了"必然 p""事实上 p"以及"可能 p"的逻辑关系。有时被叫作模糊逻辑（fuzzy logic）或含混逻辑（vagueness logic）的时态逻辑（tense logic）在真值变得更加模糊不清时摆脱真值函项分析，发展了抉择程序。

许多学生今天在学习逻辑时并没有将它视作哲学的一个部分。有些逻辑学老师被哲学系以及像计算机科学或数学之类的另一个系双聘。

逻辑研究最近最具影响力的发展集中在分析的非形式性技术,例如确立非形式谬误的坚实基础。被称为"批判性推理"(critical reasoning)课程的目的是,帮助学生识别在公开声明、报纸社论、广告、民意调查报告、图形和图表中出现的错误推理。抨击政府政策的一本书引起了轰动。政府发言人将这位作者描绘成机会主义者,而不是真正的"圈中人",或者仅仅是一个不称职的人。认出这是一种典型的人身攻击的回应将有助于区分对该书的回应的相干方面与不相干方面。一篇论述家庭意外事故的报刊文章断言:"在梯子上受伤的人要多于在摩托车上受伤的人。"拥有梯子的人比拥有摩托车的人多这一点使得这个断言有些无用。识别错误推理是批判性思维课程的目的,正如它的目的也是发展个人在写作和言谈时避免谬误的表述能力一样。亚里士多德是作为一门哲学学科的逻辑学的创始人。他承认,无论何时,只要可能,精确思维是非常重要的,并且精确的程度会因为学科的不同而有所不同。在被频繁引证的一句话中,他评论道:"如果我们的讨论能像主题所承认的那样清楚,那就足够了。……因为一个受过教育的人的标志是,只要主题的性质允许,在每一类事物中寻找精确性……"(《尼各马可伦理学》,1094b,11—25)

进一步阅读建议

1. 尼尔·M..布朗(Neil M. Browne),斯图尔特·M.基利(Stuart M. Keeley),《学会提问》(*Asking the Right Questions: A Guide to Critical Thinking*, 7th ed., Upper Saddle River, NJ: Prentice Hall, 2003)。这本书提供了发展批判性思维技能的策略。

2. 约翰·查菲(John Chaffee),《批判性思维》(*Thinking Critically*, 7th ed., Boston: Houghton Mifflin, 2002)。这是一本很好的并且易读的批判性思维导论书。

3. 克拉克·格利莫尔(Glymour Clark),《科学哲学》(*Philosophy of Science*, Boulder: Westview Press, 1990)。这本书介绍了科学推理中的问题。

4. 小西奥多·席克(Theodore Schick, Jr.),刘易斯·沃恩(Lewis Vaughn),《怪诞现象学》(*How to Think about Weird Things*, 2nd ed., Mountain View, CA: Mayfield, 1998)。这本书通过讨论超常的断言深刻地介绍了批判性思维。

5. 迈克尔·舍默(Michael Shermer),《人们为什么会相信怪事》(*Why People Believe Weird Things: Pseudoscience, Superstition, and Other Confusions of Our Time*, W. H. Freeman & Co., 1998)。这本书广泛考察了信念以及逻辑学中用来支持它们的那些错误。

第三部分

实在是什么？

第八章　形而上学导论

第九章　二元论

第十章　唯物论

第十一章　观念论

第十二章　身心问题与人格同一性

第十三章　自由与决定论：人的能动性的形而上学

第八章　形而上学导论

形而上学是哲学的一个领域，它试图回答这样的问题：实在是什么？正如道德哲学试图去发现道德上的善的普遍标准，以及道德上的善与其他善的事物（如音乐、艺术）的区别，亦如认识论试图确定知识是什么，以及知识与意见的区别，形而上学想要找到实在的普遍标准，以及实在与那些看似实在但实际上并非实在的东西的区别。

现象与实在

当然，通过常识和日常语言，我们已经很熟悉现象与实在的区别。比如，我们知道当某些人说"这个建筑表面上结构完好，但实际上已经被白蚁严重蛀蚀了"时，他的意思到底是什么。而哲学家要试图解释这种区别，也就是去解释为什么有些东西被说成是真实的，或者被视作"实在"。用一句话说，就是要清楚说明"实在"的标准。

形而上学是迄今最古老的哲学分支，可以追溯到前苏格拉底时期米利都的自然哲学家（公元前6世纪）。这些哲学家们探究着多变的世俗世界之下"永恒的、不朽的"实质。有些人认为是水，有些人认为是气，还有些人认为存在多种基本元素，只有多种基本元素才能解释世界上的万千事物。几个世纪以来，这种探究始终是哲学的重心。形而上学最初被称为第一哲学，它被认为是其他所有哲学领域的必然起点和基础。例如，在道德哲学中，一个人在合理地说明价值是相对的还是绝对的之前，他必须首先弄清楚价值是不是一种独立于人类感知而存在的东西。如果是独立的，那价值就是绝对的；如果不是独立的，那价值就是相对的，它是与个人或者社会的观念相关的。同样，在一个人能够合理地说明死亡之后灵魂会有怎样的命运之前，他必须弄清楚是否存在着灵魂。就是在这种意义上，形而上学被视作哲学中最基础的部分，是哲学其他部分的前提。

"形而上学"（metaphysics）这个词虽然听起来玄奥神秘，但它实际却是由一位编撰者的误解而来的。亚里士多德曾写过一系列关于自然的著作，他称之为《物理学》（*Physics*）（源自希腊语 *physis*，表示"自然"的意思）。但亚里士多德认为，更根本的研究是关于终极实在的本质的研究，他将这种研究称为"第一哲学"。在亚里士多德去世数百年之后，当编撰者在整理亚里士多德的著作并给它们命名时，编撰者在"物理学"的后面发现了一批作品（顺便提一句，其中大部分可能是亚里士多德学生的课堂笔记）。编撰者并不知道该怎么称呼它们，因此他就发明了"物理学之后"（After Physics, Metaphysics 中的 "*meta*" 的意思是"after"，"*physica*" 的意思是"physics"）这个词。由此，对实在的本质的崇高探索就被称为形而上学（metaphysics）——这全是因为编撰上的错误。

在现代（始于17世纪的笛卡尔），哲学家们日益质疑形而上学的野心和其自命不凡的本性。他们认为，发现实在的终极本质可能超出了有限人类的能力。18世纪的大卫·休谟和20世纪的A. J. 艾耶尔都认为形而上学是完全没有意义的。根据这些"实证主义者"的观点，只存在两种有意义的陈述：一种是根据定义而为真的陈述（比如，"所有的单身汉都是未婚的"）；另外一种是其真假可以根据感觉经验加以证实的陈述。而形而上学的陈述不属于这两种陈述，因此是没有意义的。在今天，形而上学问题被重新加以检视，许多哲学家重新返回形而上学，并将此视作哲学当中不可缺少的一部分。

形而上学试图确定现象和实在之间的区别。但你可能会说，"这为什么会是一个哲学问题呢？什么是实在的，什么又不是实在的，难道不是很清楚吗？实在不就是那些人们能够触摸到、看到、闻到、尝到和听到的东西。"但是请注意，这种看法本身就是关于实在的一种定义和理论。它将能够通过人类的五种感官而感知作为实在的东西的标准，这种看法在哲学上被称为"**经验主义**"（empiricism）认识论。经验知识指的是那种来自感觉的知识，如果你同时认为感觉是知识的唯一来源，那你就是一个经验主义者，而你的这种观点就被叫作经验主义。

实在的标准

经验主义要想在哲学上受到尊重，那它就必须接受批判性的审视，以便确定它是否像乍看起来那么清楚明白。"实在就是那些能够被五种感官所感知的东西"这一观点包含着两层意思：第一，在经验上不能察探的东西不可能是实在的；第二，经验到的东西都是实在的。我们真的能接受其中这两个观点吗？如果不能，那么我们必须拒绝或者严肃地修正我们的形而上学观点。让我们先来考察第一个观点。

1. 万有引力定律
2. 你正在坐的椅子
3. 美国宪法第十四条修正案
4. 你对父母的爱
5. 上帝
6. 你此刻的思想
7. 这页纸上的词语的意义
8. 正义
9. 哈姆雷特

这个列表还可以继续往下列，但是请稍作停顿，反问一下自己：这其中有哪些是通过五种感官而被感知的？也许只有第二项吧。但是你会认为其他所有东西都不是实在的吗？你会认为哪一个是实在的？也许你会把哈姆雷特排除掉。如果你是一个愤世嫉俗的人，你可能会把正义排除掉；如果你是一个无神论者，你可能会把上帝排除掉。但是，如果你将这样一些东西，比如自然规律、词语的意义、法律、思想或者爱看作实在的，那么你就是承认了一些非经验性的东西也可能是实在的，由此你也就拒绝了经验主义，至少是拒绝了我们现在所讨论的那种比较简单和极端的经验主义。（你可能会通过引入第六种内在感官试图修正你的经验主义，通过这种内在感官，你可以意识到爱或者上帝等。但是，你实际上预设了一些很难证明的东西——第六种感官，而这也会严重地削弱你最初的立场。）

现在我们看看前面提到的第二个观点：难道经验到的东西都是实在的吗？你的感觉告诉你镜子后面还有空间，物体在黑暗中会失去颜色。有些时候，人们还会真诚地报告说看到过小绿人从飞碟里出来。但是我们相信这些都是真实发生的吗？如果不相信，我们又为什么不相信呢？好吧，也许一方面是因为小绿人是非常出乎意料和不寻常的，另一方面是因为他们没有被多人（超过一人）在同一时间观察到。"镜子后面还有空间"这样一种信念与我们确定的信念"镜子后面是一堵坚实的墙"相冲突。但我们现在引入的这些实在的标准，是与经验性标准相冲突的：

1. 可以被多人（超过一人）观察到（主体间可验证）
2. 符合正常的预想（与我们的其他信念一致）

在直觉上，这些标准同经验主义者的标准同样具有说服力。假设你认为你听到有人在敲门，然后你问我是否听到了什么。如果我的回答是否定的，那你就会认为"有人在敲门"只是你自己的想象。但是，如果我的回答是肯定的，那你就会起身去看看谁在敲门。此外，如果你相信生物学规律以及一些支配常识的普遍法则，那么即便你"亲眼目睹"，你也不会相信一棵树会走路，能说话。

因为存在一些其他的具有说服力的关于实在的标准，而这些标准又是与经验主义的标准相冲突的，所以"实在就是那些看得见、摸得着的东西"这样一种观点显然并不是清楚明白的。但我们也不能下定论说存在多个关于实在的标准，因为其中有些标准可能是冲突的——一个标准告诉我们什么样的东西是实在的，而另外一个标准又说这样的东西不是实在的。为了找到一个可靠的和可行的标准，我们必须调和这些标准之间的差异，并在这些标准之间建立起某种优先等级，而这些都需要哲学反思。常识的标准或者直觉上"清楚明白"的标准的问题在于，只要对之加以检验，它们往往被证明是不一致的。我们可能会发现，尽管这些标准个个在直觉上都显得"清楚明白"，但是它们又使我们的直觉相互冲突，因此在判定什么是实在的上起不到什么作用。

我们现在已经提到了一些关于实在的具有说服力的标准，但再想出一些其他标准来也不是什么难事。柴郡猫（Cheshire cat）或它的微笑，也就是物体和它的属性，哪一个更实在呢？如果你认为物体更实在，那你为什么这么认为呢？也许你认为物体更持久，更独立。属性可能发生变化（比如，猫开始皱眉），但物体会保持不变。没有了猫，微笑是不可能存在的，但是没有了微笑，猫依然能存在。从这种角度出发，有些人会认为构成物质世界的化学元素要比它们所构成的物体更为实在。木头被转化为纸，纸最终被烧掉，但是碳粒子会一直存在，游离于空气之中。有些人则更进一步得出结论说，由于化学元素是由更为简单的成分（原子和分子）构成的，所以这些实体比它们所构成的化学元素更为实在。人们甚至可以得出结论说，支配这些原子和化学成分的数学原理更为实在，因为即使化学物质不存在了，数学原理依然是有效的。这种观点认为，最实在的东西不是我们通过感官所知道的东西，而是那些我们通过理智所知道的东西，而这样的观点就导致了一种被称为"理性主义"（rationalism）的认识论。

心灵与实在

与将实在视作一种独立于其他事物的东西紧密相连的一种观念是,实在的东西必然独立于心灵。设想一下,你现在正躺在佛罗里达的海滩之上,而不是在做哲学作业。你当然没有真的在那里,但是为什么呢,在何种意义上,你并没有真的在那里呢?因为这只是你的想象。只有当你思考它时,这种令人愉悦的幻想才会存在。当你的心灵回归到哲学作业之中时,这种幻想就立马消失了。正是在这种意义上,我们觉得我们不能仅仅通过思考实在而控制它。不是你想象你的哲学作业不存在,它就不存在了,也不是你想象你的哲学作业已经完成了,它就完成了。在这种意义上,实在顽固地对抗着我们的心灵。如果我们想要准确、可靠地认识世界,我们就必须使我们的思想与实在相符合。总之,实在不依赖于我们的心灵。

现在,我们已经提及了关于实在的五个标准:

1. 经验上可观察
2. 主体间可验证
3. 与其他信念一致
4. 持久而又独立于其他物体
5. 独立于心灵

假设我们可以调和这样一些标准之间的差异,那形而上学家的第二个任务就是利用这些标准去判定世界中的哪些东西是符合这些标准的,也就是说,通过所建立的标准找出实在的东西。比如,如果我们认为实在就是看得见、摸得着的东西,那我们就会得出结论认为普通的物理对象是实在的,而原子、分子、思想、法律和规则都不是实在的。或者,如果我们将"持久而又独立于其他物体"作为实在的标准,那么物理对象就不如原子实在,而原子又不如物理法则和数学原理实在。按照这种思路,巴鲁赫·斯宾诺莎推导认为只有上帝是完全实在的,因为只有上帝才是完全独立的、不变的,而其他事物至少要依赖于上帝才得以存在。依照类似的方式,持有观念论的形而上学家们从经验主义的一般立场"物理对象之所以是实在的是因为它们可以看得见、摸得着"出发,走向了另外一个相反的极端。他们认为,因为我们最先意识到的是我们的感觉,而不是物理对象,物理对象只不过是从感觉之中推导出来的,因此,我们的感觉要比物理对象更为实在。

尽管形而上学的哲学式探究是一项专业性、技术性很强的学问,但是每个人身上都存在一种渴望认识实在的根本的和必然的动力,形而上学实际上不过是这种动力的延伸。我们每个人在生活中所面临的最重要的任务之一就是区分现象与实在、虚假与真实、假象与实质。事实上,每个人都能区分现象和实在,尽管这种区分通常不是以一种非常系统的方式进行的。我们对现象和实在的区分,大多是依赖于小时候父母和老师的教育——圣诞老人和邪恶的黄鼠狼不是实在的,但阿拉斯加、爱斯基摩人和蓝鲸是实在的。在你童年的游戏中,你并不是实实在在的医生、消防员或妈妈,但你却实实在在地打碎了你妈妈的一些精美的瓷器,你也必定为此受到了惩罚。在我们成长的过程中,我们常被教导要将小说与事实、电影戏剧与实在区分开来。回想一下类似这样的表达:"这只是假象。""这只是一部电影而已。""这不过就是一部戏。""他们只是在表演。"同样，我们大多数人很早也就知道了开玩笑与说谎的区别。此外，如果你被一棵愤怒的树追赶，但在最后一刻发现自己躺在家里的床上，那你就会意识到（在很小的时候就被教导过）这个"树怪"不是"实在的"，而"只是一个梦"。

随着年龄的增长，我们可能会开始修正我们之前被教导的关于何种东西是实在的或不实在的观念，我们会根据我们自己的经验和信念，得出关于实在的个人观点。我们可能开始相信魔鬼是实在的，尽管我们的父母曾告诉我们事实并非如此；或者我们开始认为美国梦只是一个虚构，尽管我们曾被教导说美国梦是实在的。对于每个人来说，判定什么是实在是十分重要的，而学会平衡实在与幻想、梦想、希望和期盼之间的关系也是十分重要的，但这里的前提是我们必须把实在与这些东西区分开来。评估一个人心理和情感健康的一个关键因素就是看他是否具有区分实在与幻想或一厢情愿的能力。许多公共辩论也会涉及实在与非实在的区分。比如，当1963年11月22日，约翰·F.肯尼迪（John F. Kennedy）在达拉斯市遇刺时，实际上究竟发生了什么？

一个很早期的电视节目《偷拍》（Candid Camera）就是基于我们对实在和现象的日常感知而制作的。在其中，有些人会遭遇一些极其出人意料的情况，而观众则可以观看这些人对这些奇怪情况的反应。在其中一期节目中，一个无人看管的热狗摊能与顾客交谈，接受他们的订单，询问他们更喜欢芥末还是酸菜，这对那些试图少付这台聪明的自动贩卖机钱的顾客提出了挑战。一些过路人接受了这种情况，就好像什么事也没有发生一样。但有些人对此感到十分震惊。假设这种情况发生在你身上，你会怎么想或怎么做呢？你会不会怀疑有人对你耍了什么花招，开始在下面或里面寻找隐藏的麦克风呢？或者你会认为自己在做梦，产生了幻觉，还是认为自己疯了？如果你的反应是这些当中的任何一种，那就清楚地表明你并不认为你面前的东西是实在的。"这不可能是真的。"为什么呢？"这是不可能的，机器不可能会说话。"为什么呢？因为我们知道它们是如何制造的，我们也知道言语与理智以及理智与生命之间的关系。换句话说，会说话的热狗摊与我们所坚信是实在的许多东西并不相符，也与我们所坚信的许多信念不一致。

这个例子揭示出了形而上学家们对实在的探究中的许多东西，如果我们从哲学的角度对之加以思考，我们可以从中学到很多。我们日常所说的实在只是我们全部经验中很小的一部分。我们在做白日梦、幻想、演戏、期盼、计划、想象时都经验到了一些东西，但这些东西通常被视作不实在的。为什么呢？因为它们并不符合我们对于实在的既定看法——这些看法在很大程度上紧密地联系在一起，构成了我们关于实在的整体图景。但是，要注意的是，一旦在某些实例中你觉得你所经验到的东西不是实在的，你就立刻觉得有必要解释它实际上是什么。如果热狗摊和你说话并不是真的，那么这实际上是怎么一回事？人的声音又是怎么从这个热狗摊里发出来的呢？不可否认，确实有些事情发生了，一个声音确实从热狗摊里发出来了。这里的问题在于，如何用你所接受的实在来解释这个不实在的东西。因此，形而上学家的一个重要的任务，就是用那些我们称之为实在的经验来解释我们称之为不实在的那部分经验。在热狗摊内部有一个电子音响设备，它与街对面的咖啡馆中的麦克风相连，这样我们就可以解释我们所经验到的事情了——一个热狗摊看起来会说话,实际上是因为街对面有个人通过麦克风向我们说话。一个会说话的热狗摊并不是实在的,它只是看起来会说话。现在我们如释重负了。起初,我们关于世界的大量日常信念似乎受到了威胁;也许我们在言语、理智和生命的关联上犯了错,而我们的其他思想是建立在这种关联之上的,因此也是错误的。但现在我们已经消除了这种威胁,并从日常的角度解释了这种奇怪的现象。

从这个角度看,形而上学家的任务,就是从我们所经验到的一切事物之中,选择出那些一致的事物整合成一个融贯的整体,并将之称为"实在"(reality)。那些不一致的事物将被称作"现象"(appearance)。这样,形而上学家们就可以尝试在"实在"的东西的基础上解释那些"现象"的东西了。

对我们来说,还有一点很重要,那就是要弄清楚说某物不实在与说某物根本不存在之间的区别。当唯物论哲学家(之后我们会对他们的观点有所讨论)声称心灵是不实在的时,他们并不是说没有思想、愿望或者理智。他们只是说思想、愿望和理智以及其他类似的东西都是物质的副产品,都可以通过物质加以解释,比如用人的身体,尤其是大脑和神经系统来加以解释。同样,当观念论哲学家(我们也会详细考察他们的观点)声称物质实体是不实在的时,他们并不是说岩石、树木或山脉这些东西是不存在的。他们只是说岩石、树木和山脉只是借着思维的心灵并作为其中一部分而存在的。岩石、树木和山脉是存在的,只不过它们存在于心灵之中。有一个关于塞缪尔·约翰逊博士(Dr. Samuel Johnson)的著名故事,这位18世纪著名的英国批评家,在听到乔治·贝克莱这个观念论者的形而上学体系后,就出去踢了一块石头并评论道:"我就是这样反驳贝克莱的。"但是,约翰逊未能理解贝克莱形而上学观点的根本所在。贝克莱并不否认石头的存在,他也不会否认脚踢石头会踢伤脚趾。他只是想用心灵和感觉来解释这一切。我们先是有关于石头的视觉,然后是踢石头的欲望,然后是踢石头的动觉,最后是踢完石头的剧痛——所有这些都是感觉!称某物是不实在的,就是把它归入到事物序列中不那么基本、那么重要的一类。如果你像唯物论者那样,用身体的功能来解释心灵,那么你就是在拔高物质,贬抑心灵;如果你像观念论者那样,以精神现象为基础来解释物质实体,那么你就是在拔高心灵,贬抑物质。

形而上学的任务

这些将事物划分为不同体系的分类有什么意义呢?我们为什么要像形而上学家那样,把世界分成实在和现象两个部分,并用实在来解释现象呢?从根本上来说,这是迄今为止,我们设计出的唯一一种能够帮助我们理解这个充满悖反和令人迷惑的世界的方法。我们经验了如此之多的事情,其中很多是混乱的、矛盾的和令人迷惑的,因此我们试图对之进行简化,把这些不融贯的部分转化到更为系统的秩序之中。但我们只能通过选择一些更为基本的经验来解释其他经验。而那些最终在解释其他经验上最有用的东西,则被认为是最实在的。

因此,我们世界观的简单性、可理解性、全面性和融贯性对于我们判定实在与不实在是至关重要的。在日常生活和形而上学中都是如此。但是,与哲学的其他领域一样,形而上学虽然产生于日常生活和常识，但它在追求完满的过程中往往又超越于常识。在我们的日常生活中，我们试图从现象与实在的角度来理解这个世界，我们试图通过简化使事物变得可理解，我们将众多的所谓现象的东西简化为较少的所谓实在的东西。而形而上学家则在这条路上走得更远，他们想用尽可能少的实在来解释其余的一切。因此，大多数形而上学的解释都试图把丰富的经验简化到一两个或者至多三个基本要素。正是这种将众多经验简化为一两个基本实在的倾向，使得形而上学家被指责为时常声称所有的实在只是这个或那个东西的还原论者（reductionist）（我们很快将考察这种指责）。

此外，形而上学家对实在的哲学解释也不同于日常普通人的解释，因为普通人在一些经验中选定出现象，而他们又倾向于从同类的经验中再选出一些东西作为实在，而形而上学家则倾向于将日常经验之外的东西称为实在。这种不同也需要做些解释。

初看起来，用形而上学的方法来解释事物，最明显的方法似乎是从日常经验之中，选择出一种共同的要素，将之作为"实在"，并以此来解释其他的一切。但相反的是，事实证明，最易理解的、最全面和最简单的形而上学体系倾向于使用我们在日常生活中无法经验到的东西来解释我们能够经验到的东西。让我们来看看为什么会这样。假如我们像第一个形而上学家泰勒斯所说的那样，认为一切事物都是水。也就是说，我们声称我们所经验到的一切可以被分为两类——水，我们称之为"实在"；其他一切事物，我们称之为"现象"。然后我们开始试图用水（实在）来解释其他一切事物（现象）。例如，云或冰看起来并不像水，但它们都可以用水来解释——当水蒸发时，它变成了云，当水凝结时，它变成了冰。那么，我们可以尝试更进一步，说所有那些依赖于水的东西以及那些我们已经知道其大部分都是由水构成的东西，实际上都是水。但是，即使我们成功了，为这些例子提供了有说服力的、令人信服的理由，那我们又能对岩石或者火说些什么呢？直觉上，这些东西是与水相反的东西，它们又怎么能用水来解释呢？问题就在于，水在日常生活中已经被理解为具有某些可以经验到的特性的东西，如湿润、透明的东西，而我们很难看出这些特性如何能够用于解释它们的对立面。正是由于这个原因，泰勒斯的后继者阿那克西曼德提出，解释其他一切事物的基本实在是一种完全不同的东西，而不可能是任何已知的要素。此后的大多数形而上学家都同意了阿那克西曼德的观点。如果你试图用一两个基本要素来解释其他一切事物，那么这个或这些要素肯定是与我们日常生活中所经验到的常见事物所不同的东西。

形而上学与日常经验

事实证明，在所有观点中，最简单、最易理解、最全面、最融贯的观点，往往是用我们无法直接经验的东西去解释我们能够经验的东西。为了说明这一点，我们先来看看两千多年前希腊哲学家所面临的一个问题。孩子们是如何靠着吃面包、奶酪、牛奶等长大的呢？他们所吃的食物并不是简单地堆积起或扩展了他们的身体，它们所增添的是人的骨肉和血液，而不是吃下的肉食和谷物。食物会以某种方式转化为骨肉，但这是如何转化的呢？人们给出了各种各样的答案，但最有趣的要数原子论。原子论者推论认为，如果食物、骨肉都是由相同的粒子构成的，那么就很容易解释食物是如何变成骨肉的了。当然，这种解释是与直接的经验观察相反的。不管你把面包掰得多么小，你都不能在里面找到任何细小的肉末或骨头渣。因此，他们推断，这些终极的粒子一定非常小，小到你看不见它们。原子论在解释许多其他事物上也被证明是很有用的，例如，事物是如何在没有可见的大片脱落的情况下而逐渐被磨损的。不过，这真是怪事。为了解释可观察到的现象（儿童靠吃食物长大的事实），原子论者不得不假定不可观察的实体（原子）的存在。其他大多数形而上学理论也是如此。早期的希腊哲学家们就尝试用水、气或者其他常见的、可观察到的要素来解释其他一切东西，但这是很困难的。水怎么能变成火或灰尘这些看起来与水完全不同的东西呢？因此，我们倾向于在可观察到的物质之外寻求一些不可观察的东西，这些东西并不具有那些与我们想要解释的东西的特性相冲突的经验特性。观念论者和唯物论者的形而上学理论亦是基于不可观察到的实体即心灵和物质的。的确，我们可以观察到由物质构成的东西，比如一本书或者一把椅子，但我们观察不到物质本身。同样，虽然我们可以经验到心灵之中的思想、观念、计划、欲望和幻想，但我们无法观察或经验到拥有这些思想、观念和欲望的心灵本身。

正是这种用不可观察的东西来解释可观察的东西的倾向，使得形而上学在那些脚踏实地、注重经验的哲学家心目中声名狼藉。如果我们不能直接看到或触摸到这些不可观察的实体，我们又如何知道它们是存在的呢？如果我们不能确定它们的存在，为什么还要去揣测它们呢？如果每一种形而上学理论都诉诸一种不同的不可观察的东西，我们又如何在相互竞争的形而上学理论之间做出决断呢？如果你说这张桌子是由原子构成的，我说它是由小精灵构成的，而原子和小精灵都是不可观察的，那谁能判定你我谁是正确的呢？当然，不同构成方式的结果都是可以观察到的，但是如果这些结果是相同的呢？你认为是原子赋予了桌子形状、颜色和纹理等，而我认为是小精灵赋予了桌子形状、颜色和纹理等。在直接可观察的层面上，这两种理论之间似乎毫无差别。如果是这样的话，那许多哲学家就会得出结论认为，这两者之间不存在实质性的争论，这是一种虚假的、无用的揣测，纯粹是浪费时间。

我们已经看到，形而上学家预设不可观察的实体的动机，不是要简单地凭空想象出无人能证实或否定的东西，而是想要尽可能地用最简单、最易理解、最全面、最融贯的方法去解释这个可观察的世界。不过，批评者也是有道理的。形而上学家之间几乎没有什么共识。其原因就在于对任何事情的解释方法都不止一种。但这并不是说所有的理论都是一样好的。任何好的形而上学理论都必须通过一些检验——好的形而上学理论必须是简单的、融贯的、可理解的和全面的（也就是说，它必须能够解释所有需要解释的东西）。但即便如此，仍有许多形而上学理论能够通过这些检验。由于我们没有其他独立的检验来在这些形而上学方案之间做出抉择，所以对于形而上学家之间的分歧，我们似乎束手无策了。每一门好的科学都应该在其内部建立一种程序，以此在相互竞争的理论中决断出哪一种理论是最好的、哪种理论该被抛弃。但是，形而上学之中似乎没有这样的决断程序，因此它也被攻击为一门伪科学。

例如，每个人都会做梦，但我们如何解释它

们呢？一种形而上学理论认为梦是不实在的，"只存在于心灵之中"。但其他理论看起来也似乎具有同样的说服力。如果我们认为存在物质实在和精神实在，那梦是精神实在的一种吗？如果我们更进一步，认为梦把我们同精神世界联系了起来，而精神世界是比物质世界更实在的，那又会怎样呢？在我们的梦里，我们可能会认为，祖先或神灵对我们说话，把我们带到一个遥远的、更高的精神世界。对于我们清醒时的经验而言，这个理论有多么可理解、融贯或者全面呢？也就是说，它可以解释其他的东西吗？当然可以。为什么会发生意外，人们死后会去哪里，为什么有些人突然疯掉，为什么有些人偶尔会恍惚出神，以一种他们后来记不得的、奇怪的方式跳舞或者说话？我们现在对这一切有了一个简单、融贯、可理解和全面的解释——这是物质对象内部的精神力量的结果。还有许多关于梦的形而上学解释，看看你能否想出几个来。

形而上学的价值

如果没有办法证实或否证形而上学的理论，那形而上学的思辨又有什么价值呢？即使形而上学不能成为一门最严格意义上的关于实在的科学，但它仍然提供了一种亟需的甚至必要的工具，以此我们可以将我们的经验组织成一个清楚明白的、可理解的和有意义的整体。正是在这种意义上，当代的哲学家们重新对形而上学产生了兴趣。对形而上学的这种解读最早是由 18 世纪的伊曼努尔·康德提出来的。在康德看来，形而上学与其说是一门研究世界的基本实在的科学，倒不如说是心灵理解世界所需要的一系列前提或预设。康德将这种对形而上学的解读称为第二次哥白尼式的革命，因为它彻底扭转了人们对形而上学的看法，形而上学不再被看作对世界的一种描述，而是被看作对人类要想理解世界必须具有的思维方式的一种描述。

举个例子，如果你不把你杂多的经验划分成相对稳定的、可以命名的实体，以此将它们归类（比如，狗、桌子、树木），你认为你可能具有一个融贯的世界观吗？例如，假如不把桌子的俯视图、侧视图、远眺图、黄昏时刻的视图等都看成是同一物体的部分，而把它们看成是一个个单独的实体。现在进一步考虑一下，如果你认为任何对实体的改变都不是对这个实体的修正，而是将这个实体转化为另一个不同的实体，那这将会发生什么情况？你不会是昨天的你，因为你瘦了 1 盎司（约 28.35 克），或者长了几根头发，或者被晒黑了。事实上，每一秒，每一毫秒，你都是不同的，直到最后你什么都没有留下。在这样一个世界里，你怎么称呼事物，你怎么认识它们，你怎么谈论它们？显然，我们想要将世界组织为有意义的单元，以此与他人交流的整个事业都将由此停滞下来。如果没有东西可供思考，那你还能思考吗？因此，要想思考或说话，我们就必须将我们繁杂的感知视作对某些同一的实体的感知，这些实体随着时间的推移是相对固定不变的。我们必须把世界看作由物质对象构成的，即使它不是！因此，根据这种观点，形而上学的价值就在于它给予我们一种可理解的世界观。具有讽刺意味的是，那些继续以之前那种积极性的和建设性的方式来进行形而上学研究的人，他们最终发现了宇宙最基本的结构，而他们主要是科学家，而非哲学家。

在接下来的章节中，我们将更详细地考察三种主要的形而上学理论（第九章"二元论"，第十章"唯物论",第十一章"观念论")以及两个特殊的问题(第十二章"身心问题与人格同一性",第十三章"自由与决定论:人的能动性的形而上学")。现在我们要尽可能清楚地认识形而上学的基本性质。可以看出,形而上学至少有两种基本类型或观点。第一种类型是富有野心的,它想要成为关于实在的科学。或者正如我们刚才所指出的,由于实在通常是一种无法经验的东西,我们可以把这种形而上学叫作一种有关超感官的东西的科学。正如物理学是一门关于可感的实在的科学,在这种观点看来,形而上学是一门关于超感官的实在的科学,即关于那些不可见的东西的科学。而形而上学的第二种类型则较为温和,它是要描述我们经验这个世界时的最基本的原则。正如前面所说,指责这两种类型的形而上学中的任何一种,并认为它们只是形而上学家单纯为了娱乐而建造的"空中楼阁",都是不公平的。在任一类型中,形而上学家们都是在试图理解日常的经验世界。而其中的不同就在于,形而上学家为了找到那些他们所认为的理解我们日常的感觉经验世界所必需的原则,准备在多大程度上脱离日常经验。第一种形而上学家准备广泛地并从根本上脱离日常经验来进行思辨,而第二种形而上学家则显得比较中庸,他们的观点与常识更接近。

供讨论的问题

1. 你是否能从你的经验中找出这样一个例子——在这个例子中,你起初认为某物是实在的,而之后又判定它不是实在的?在做出这个判定时,你使用了什么样的标准?
2. 概述康德是如何重新定义我们对形而上学本质的理解的。这种意义上的形而上学是如何与那种旧意义上的"对终极实在进行探究"的形而上学相联系的?
3. 在一些大型连锁书店中,都会有一些贴有"形而上学"标签的书籍。你会在那儿找到什么样的书?为什么这些书被称为是关于"形而上学"的?
4. 查看一下本章前面部分所列出的实在的候选列表。你认为其中哪些是不实在而应该被排除在外的?为什么?你想在这个列表中增添哪些实在的东西?
5. 给出学习形而上学为何有益的具体理由。

第九章　二元论

正如我们在第八章所看到的，判断一个事物是不是实在的标准之一就是它是不是"持久而又独立于其他物体"。有些东西，比如一片雪花，是非常短暂和不独立的。而另一些东西，比如一座山，或者一个分子，则是非常持久和独立的。但是，有什么东西是永久的和独立的吗？在这种意义上，有些哲学家，像斯宾诺莎，就认为只有上帝是完全实在的；而另一些人则认为原子是实在的；还有一些人，比如佛教思想家龙树（Nagarjuna），则认为"空"是实在的。

对于柏拉图来说，在这种意义上，只有"相"（Form）或"理念"（Idea）才是完全实在的。因为只有它们是永恒不变的，是独立于其他物体而不被任何其他的东西所引起的，它们就像纯粹理智直观所认识到的那样存在着。对于柏拉图来说，相（有时被翻译为"理念"）是理智和概念思维的对象。当我们思考数学实体（三角形、圆形、直线或数字）、物体的种类（一般的蛇、鸟）以及理念（完满的美、绝对的正义、真正的智慧）时，我们谈论和思维的到底是什么呢？我们当然不是在谈论和思考那些可以被我们的五种感官所感知、存在于时空之中的物质对象。我们可以在纸上画一个三角形，但是这个三角形的内角和并不等于180度（因为它的三条边并不是绝对的直线段，因为一条真正的直线段就是点到点，它是没有宽度的，所以是不可见的，因此你看到的所画的线并不是一条真正的直线段，而所画的"三角形"也不是真正的三角形！）。

如果我是一个研究眼镜蛇交配习性的科学家，我要书写的并不是某一条特定的蛇，不是我的宠物蛇玛莎和杰里米，而是一般的眼镜蛇，是眼镜蛇这个物种（眼镜蛇群体作为一个整体），它并不像玛莎或杰里米一样是存在于空间当中、可被五种感官感知的物质对象。此外，有些人的确比他人更美、更正义、更智慧，但没有一个人是绝对的、完满的、完全的美、正义或者智慧。所以当我谈论、思考或者书写美、正义或者智慧的时候，我并不是在谈论任何存在于空间之中，能被我们的眼睛看到、能被我们的耳朵听到、能被我们的手指触摸到或者能被我们的舌头品尝到的东西。

那么，如果这些理智的和概念思维的对象不是物质对象，它们又会是什么呢？如果这样的对象并不存在，那么我们关于数学、关于生物物种以及关于美和正义这样的抽象概念的思考、谈论和书写就是徒劳而毫无意义的。但这似乎很荒谬。也许这样的对象只存在于"心灵之中"，就像梦中的对象一样，当没有人思考它们的时候，它们就不存在了。但是，毫无疑问，三角形和眼镜蛇物种在人们发现它们并开始思考和谈论它们之前，就已经存在了。因此，柏拉图推理认为，这些概念思维的对象必定是非物质的，同时它们独立于人类思维而存在。它们既独立于物质世界,又独立于人类心灵。

此外,柏拉图认为,因为这些概念思维的对象是持久的、不变的,而物质对象是短暂的、多变的,所以这些概念思维的对象(三角形、蛇这一物种、完满的正义等)是完全"实在"的,而那些存在于时空之中、能够被五种感官感知到的物质对象并不是完全实在的。事实上,柏拉图认为,物质对象仅有的实在也是它们从其与理念的关系中反射而来的片面的实在。就普通的物质对象"分有"(participate in)、"摹仿"(imitate)和"接近"(approximate to)理念而言,它们享有有限的、相对的实在。正如柏拉图所说,它们"在存在与非存在之间翻滚",依赖于理念坚实的实在性。因此,对柏拉图来说,实在是有等级的。玛莎和杰里米"分有"了眼镜蛇这一物种,是这一物种的成员,因此它们没有眼镜蛇物种那么实在;我画在纸上的三角形只是"摹仿"了或"接近"于真正的三角形,所以它并不如真正的三角形实在(也就是说,画的三角形的三条边非常接近于直线段,而内角和也非常接近于180度);哲学课上的评分体系并不是绝对的公平,它只是人类能力所及范围内的公平或平等,因此只是"接近"或"摹仿"了真正的公平。

柏拉图认为抽象实体是有相和理念的,但是像位于德尔斐的雅典金库这样的建筑物是否有相和理念呢?此类问题将柏拉图的理念论推向了极端。图片来自戴维·斯图尔特。

形而上学二元论

尽管柏拉图认为物质对象的实在性低于理念，但他也认为物质对象确实具有某种程度的实在性，这使他的理论成为"形而上学二元论"的一种版本。形而上学**二元论**（dualism）认为，实在是由两种相互不可完全还原的东西组成的。这种观点与形而上学**一元论**（monism，源自希腊语"*monos*"，意为"一"或"单独"）形成了鲜明的对比。在接下来的两章，第十章（唯物论）和第十一章（观念论）中，我们将会看到形而上学一元论的最常见的两种形式。唯物论者认为一切实在的东西都可以用物质及其状态来解释，而观念论者则认为一切实在的东西都可以用非物质的心灵及其状态来解释。尽管这两种观点非常不同，但是它们有一个共同的特点，那就是它们都认为实在是可以用一种基本的东西来加以解释的。而形而上学二元论者，如柏拉图，则否认了这一点，他认为要想对实在进行完全的解释，则需要两种东西，而这两种东西之间既不能相互完全还原，也不能相互解释。

柏拉图形而上学二元论的一个重要后果是，他在心灵和身体之间划定了严格的界限，导致了通常所说的"身心二元论"，而这一后果也对西方思想和文化产生了巨大的影响。身心二元论认为，人是由非物质的心灵和物质的身体组成的，而心灵和身体是相互独立存在的。有趣的是，柏拉图相信身心二元论的一个原因是，它有利于解释人类如何获得关于理念（相）的知识。因为理念不是物质世界的一部分，它们不能被五种感官感知。那么，处于一个可感的、物质的世界之中的我们又是如何认识它们的呢？柏拉图的回答是，我们实际上在出生之前就获得了关于理念的知识！在出生之前，非物质的灵魂存在于我们的肉体之外。在这种脱离肉体的状态下，我们的心灵能够直接思考非物质的理念，从而获得现实背后不变之本质的知识。然而，在我们出生时，我们的灵魂被投置于身体之中，我们关于理念的知识由此被遗忘了，但并没有完全丧失。我们今生所谓的学习，只不过是一个记忆起我们在出生之前、灵魂存在于身体之外时，所获得的关于理念的知识的过程。因此，在柏拉图看来，我们今生所获得的关于理念的知识实际上是一种"回忆"。在千万年间，我们的心灵或灵魂历经了许多身体。当我们死亡之后，我们的心灵或灵魂继续存在，但与我们旧的身体渐行渐远。在接下来的章节中，我们会看到这种"身心二元论"是如何影响中世纪的观念——人死之后灵魂继续存在（而不是像柏拉图所说的那样，在人出生之前就存在），以及如何影响后来笛卡尔以及其他现代哲学家的身心二元论的。

柏拉图的形而上学二元论和身心二元论在他的对话《斐多篇》中体现得很明显。在此之中，柏拉图将实在分为有形的、物质的、可被感官所认识的东西和无形的、非物质的、可被理智所认识的东西。他接着论证说，人类的肉体属于物质的范畴，人类的灵魂属于非物质的范畴，以此证明死亡之后，即便身体腐朽了，灵魂也依然存在。

柏拉图：灵魂不朽 [1]

苏格拉底说，"好吧，我们难道不该反问一下自己这个问题吗？哪一类东西倾向于消散，而我们又害怕什么东西消散呢？之后我们必须看看灵魂是否属于那种东西，然后我们就可以知道我们相应地该对自己的灵魂充满信心还是充满恐惧了。

"这倒是的确该问一问。"他答道。

那么，难道合成的或复合的东西不是会自然地倾向于在它们的组合之处分裂吗？而任何非合成的、独个的东西则没有这种分裂的倾向，难道不是这样吗？

"我认为是这样的。"克贝说。

"我猜，那些始终保持一种状态不变的东西最有可能是非复合的，而那些多变的东西则最有可能是复合的，是这样吗？"

"是的，我想是的。"

他说，"现在让我们回到刚才的讨论上来。在我们的讨论中，实在，也就是我们所定义的绝对的存在，是始终保持同一状态吗，或者它会变化吗？绝对的相等、绝对的美和其他绝对的存在会接受任何变化吗？或者绝对存在在任何情况下都是同一的、不变的，都不允许任何变化吗？"

贝克说，"是的，苏格拉底，它必须保持同一、不变。"

"那美的具体实物，比如人、马或者衣服等，或者相等、美等理念的实例又是怎样的呢？它们是始终不变的，还是相反？简单地说，它们自身也好，相互之间也好，从不会保持不变吗？"

克贝说，"这些东西从来不会保持不变。"

"你可以触摸它们，观看它们，用其他感官感知它们，但你只能通过理智推理来把握不变的事物。后者是不可见的，是看不到的。不是吗？"

"没错。"

"如果你愿意的话，让我们假设有两种存在，一种是可见的，另一种是不可见的。"

"好的。"

"而不可见的是不变的，可见的则是多变的。"

"是的。"

"在这两种存在中，身体最像或者最接近哪一种呢？"

"显然是可见的。"贝克回应道。

"那灵魂呢？是可见的还是不可见的？"

"至少对于人来说是不可见的，苏格拉底。"贝克说。

"但我们所说的可见和不可见就是相对于人来说的，难道不是吗？"

"是的，我们是这个意思。"

"那我们所说的灵魂是可见的还是不可见的？"

"它不是可见的。"

"那它是不可见的吧？"

"是的。"

"那么，灵魂更像是不可见的东西，而身体更像是可见的东西。"

"必然如此，苏格拉底。"

"之前我们不是说，在探究之中，灵魂利用了身体，利用了身体的视觉、听觉以及其他感官，因为利

---

[1] 柏拉图，《斐多篇》，F. J. 丘奇（F. J. Church）译，1951（ISBN-10/13：0023224002/9780023224003）。

用身体就意味着利用感官。这样一来，灵魂就被身体拉进了多变的东西之中，在此之中盲目徘徊，晕头转向，就像喝醉酒的人一样，处理着不断变化的东西。是这样吗？"

"是的。"

"但当它独自探究任何问题时，它就会转向与其自身相接近的那种纯粹的、永恒的、不朽的、不变的东西，只要它是独立的，它就可以永远和这些东西在一起。由于它处理的是那些不变的东西，所以它可以在其中停止徘徊，驻留下来。难道灵魂的这种状态不就是所谓的智慧吗？"

"的确如此，苏格拉底，你说得很好，是真的。"他回答说。

"从我们之前和现在的论证看，你认为灵魂更像哪种存在？"

"苏格拉底，"他回答说，"我想，在经过这样的探究之后，再愚钝的人也会同意，灵魂与其说是多变的，不如说是不变的。"

"身体呢？"

"身体更像是多变的。"

实在的等级

也许比柏拉图形而上学二元论更引人注目的是，他认为实在是有等级的。在柏拉图看来，实在可以按照等级序列分类，从最低等级的实在，即影像，到较高等级的实在，即物理对象，再到最高等级的实在，即理念。这一奇怪的观点至少在两个方面是与常识相悖的。第一，我们倾向于在两种范畴内思考：一个东西要么是实在的，要么是不实在的，我们并不熟悉实在的等级这样的概念。第二，

"让我们再用另一种方式来考虑这件事。当灵魂和身体结合时，自然就注定了其中一个是奴仆，受统治；另一个是主人，去统治。那再告诉我一次，你认为其中哪一个更像神圣的部分，哪一个更像可朽的部分？难道你不认为神圣的东西天生就有统治和权威，而可朽的东西天生就被统治和奴役吗？"

"我认为是这样的。"

"那么，灵魂是什么样的呢？"

"很明显，苏格拉底。灵魂显然与神圣的东西相似，而身体与可朽的东西相似。"

"现在，克贝，让我们看看这是不是我们所说的结论，即灵魂与神圣的、不朽的、理智的、统一的、不可分解的、不变的东西最相似；而身体与属人的、可朽的、无理智的、不统一的、可分解的、多变的东西最相似。亲爱的克贝，我们还能提出其他的论证来反驳这一结论吗？"

"我们不能。"

"如果是这样，难道肉体的本性不就是很快会分解，灵魂的本性不就是完全或几乎是不可分解的吗？"

"确实如此。"

认为山脉、房子、树木和钻石这样的东西不如那些非物质的圆的理念或者正义的理念实在，这似乎很奇怪。但柏拉图的本领就在于，他能让我们发觉我们认为理所当然的信念可能并不是真的理所当然。关于第一个方面，我们大多数人的确认为实在就像是一个只有开和关的开关一样，一个东西要么是实在的，要么不是实在的，在此之间没有什么等级之分。但事实果真如此吗？我们难道不应该将梦中所反映的那个对象与梦中关于那个对象模模糊糊的影像区别开来吗？如果我梦到一辆新车，我们的确会

说梦中的车的影像与车本身相比并不那么实在。但是，我们也不想说所有的梦都是虚空，没有任何实在可言。对于第二个方面，柏拉图时代的普通人也会觉得荒谬，但是柏拉图迫使我们去质疑为什么车轮要比圆的几何理念实在。轮子最终会消亡，但定义圆的几何原理不会改变或消亡；因此，如果我们以独立性和持久性作为判断实在等级的标准——当我们认为物质对象比梦中的对象更真实时，我们就是这样做的——那么，也许我们应该效仿柏拉图，把非物质的理念看作更实在的。

在本章的前面，我们注意到，柏拉图引入理念的部分动机在于，他想要为那些确定不变的真理知识提供一个基础。因此，柏拉图认为知识也有等级便不足为奇了，知识的等级是与事物的实在等级直接相关的。所以，柏拉图认为最高等级的知识是关于最高等级的实在的知识，而最低等级的知识则是关于最低等级的实在的知识。由此，关于理念的知识构成了最高等级的知识，而关于幻觉的知识构成了最低等级的知识。就此，与我们许多人生活的只有两个维度的世界不同，柏拉图为我们提供了一个多层次的实在，而不同层次的实在又为我们提供了不同等级的知识。

在接下来的选文中，柏拉图描述了实在和知识的等级，在其中，他提出了"线寓"（the divided line）。柏拉图想做的——一个音乐上的类比，也许并不会让你惊奇。毕达哥拉斯学派（以他们的领袖毕达哥拉斯命名，著名的几何定理也以毕达哥拉斯命名）发现，音乐的原理依赖于数学比例。事实上，我们现在的许多音乐术语都要归功于它们：我们谈到四分之三、五分之三、三分之二等，都是在用数学比例来表达音乐的音调。如果我们将单弦或单管的乐器校准到440赫兹标准音，然后我们将手指正好置于其弦或管的中间，那我们得到的音调将高于440赫兹。而柏拉图提出的类比是现象和实在之间的双重划分，其中实在一方是具有较高层级的一方。

	对象		心灵状态
	善		
	理念	D	理性（*noesis*, intelligence）或知识（*episteme*）
可知世界			
	数学对象	C	理智（*dianoia*, reason）
	可见事物	B	信念（*pistis*）
现象世界			
	影像	A	想象（*eikasia*）

对于每一等级的实在及其相应等级的知识，柏拉图都给予了相应的术语。上面的图表展示了柏拉图所使用的希腊语术语及其通常的翻译。对于每一种等级的实在，都有相应类型的知识以及相应的认识途径。感官引导我们进入现象世界，而理性则引导我们超出现象世界进入理念领域：纯粹的理念不掺杂任何现象世界的不确定性。

在这一点上，待会我们还是看柏拉图自己怎么说的吧。而现在，我们先来谈谈《理想国》及其结构。《理想国》内容广泛，几乎涉及柏拉图哲学的方方面面。它也可以被解读为一部关于人类社会的理想政治组织（就像一个乌托邦）的作品。这部作品是以苏格拉底和格劳孔（Glaucon）之间的对话形式呈现的，格劳孔实际上是柏拉图的哥哥，尽管他在其中被描绘成一个年轻人。对话是柏拉图最喜欢的写作形式，但是这里的对话是由苏格拉底回忆而来的，所以我们看到的实际上是对对话的回忆。

我们从苏格拉底和格劳孔开始谈论理想国统治者的教育的地方切入他们的对话（或者说进入苏格拉底对对话的回忆）。苏格拉底在论证的观点是有关统治者（这里称为护国者）的教育应该是哲学教育。简而言之，统治者应该是哲学家，因为哲学家对那些可能使他们堕落的短暂事物不感兴趣，他们关注的是事物永恒的原则，他们关注的是具有完满的正义和理想的国家的人类社会的理想模式。在说明统治者为何应该是哲学家时，苏格拉底也向我们揭露了很多柏拉图关于实在和知识的理论。《理想国》所记录的对话从未发生过，在这部引人入胜的哲学著作中，柏拉图只是借用了他的老师苏格拉底和他的哥哥作为剧中人。其中有些观点可能是苏格拉底曾经教给柏拉图的，但主要的观点应该是柏拉图自己的。

柏拉图：线寓[1]

我接着说了，"正如我曾说过的，请你务必设想存在两种力量，一种统治着可知世界，一种统治着可见世界——我不说物质世界，以免你认为我只是在玩弄文字。无论如何，你现在明白可见的和可知的这两种东西了吗？"

"是的，明白了。"

"好，假设你有一条线段，它被分成了两个不相等的部分，然后再把这两个部分以相同的比例再分开，用以代表可见的和可知的东西。这样，根据它们的清晰或模糊程度，在可见的部分，就有一段代表着影像：我所谓的影像首先指的是阴影，其次指的是水面上或者其他坚固光滑的表面上反射出来的东西，或者其他类似的东西，你理解吗？"

"我理解了。"

"那我们再来说余下的第二段，这一段代表那些作为影像的来源的事物，比如我们周边的动物、所有的

---

[1] 柏拉图，《理想国》，德斯蒙德·李（Desmond Lee）英译（Penguin Classics, 1955, Copyright © HDP Lee, 1953, 1974, 1987, 2002）。

植物以及所有的人造物。"

"好的。"

"你愿意承认说,这两段的不同在于一个是真实的,一个不是真实的吗?而且影像与实物的比例和意见领域与知识领域之比例是一样的吗?"

"我当然愿意承认。"

"那我们考虑一下如何划分可知世界这条线段吧。"

"怎么划分?"

"在其中一段,心灵将可见世界当中的实物作为影像,通过假设来进行探究,从中得到一个结论,而不是一条第一原则;而在另外一段,心灵使用的是理念,而不是第一段之中的影像,它只通过理念来进行探究,从而得到一条不掺杂任何假设的第一原则。"

"我不是太理解。"

"我再试一次,我先说点其他的来帮助你理解。我想你知道研究几何和算术的人一开始都假设存在奇数和偶数、各种几何图形和三种角以及其他类似的东西吧;他们把这些东西视作已知的,把它们当作无须向自己或其他人加以解释的基本的假设提出来,因为它们对每个人都是显而易见的。从它们出发,经过一系列的推理,就得到了他们想要的答案。"

"是的,我当然知道。"

"你也知道他们在利用和讨论各种可见的图形时,他们思考的并不是这些可见的图形,而是在思考与之相似的原型。他们讨论的不是他们所画的正方形或对角线,而是正方形本身或对角线本身等。他们所画或摹画的图形在水中也会投下影子或影像,但是现在他们只是把这些图形当作影像,而他们所研究的真正对象只有用理智之眼才能看得到。"

"这倒是真的。"

"我把这种类型的东西称为可知的,但心灵在研究

柏拉图(前 428/7—前 348/7)出生在雅典,后来成为苏格拉底的学生,《申辩篇》提到,苏格拉底受审时他也在场。苏格拉底死后,柏拉图走出希腊,出去游历,但最终返回雅典,于公元前 388 年或 387 年于雅典建立了柏拉图学园。这可以算作第一所大学,学园中进行哲学、数学和物理科学的相关研究。

它时被迫使用假设,不能脱离和超越它的假设而达到第一原则;同时在研究它们时还利用了等级处于它们之下的那些实物作为影像。与实物相比,它们只是因其本身更具清晰性而受到尊重和重视。"

"我明白。"他说,"你说的是几何学及其相关学科。"

"而我所说的可知世界的另一部分,你要知道我指的是通过辩证的力量论证而来的那种知识。它不把假设当作第一原则,而只是把假设当作假设,也就是说,假设只是被当作一个起点,一个要上升到不包含假设同时又作为一切东西的第一原则的起点。当它掌握了这一第一原则,它就可以把握由此第一原则而来的结果,最终下降到结论。在此整个过程中,不涉及任何

感性世界的东西，而只是从一个理念过渡到另一个理念，再最终归结到理念。"

"我明白，"他说，"虽然不完全明白，因为你所描述的听起来似乎并不简单。但是你是想要把辩证法所研究的可知的实在与所谓的'技术'所研究的对象区别开来，辩证法的研究比这些技术研究更具清晰性。技术研究将它们的假设作为第一原则，虽然它们在探究自身的主题时被迫使用了理智而不是感性，但因为它们的出发点是假设而又不上升到第一原则，所以它们并未在此基础上使理性得到锻炼，即便这些对象与第一原则联系起来时是可知的。我认为你把几何学家的思维习惯叫作理智而不是理性，也就是说理智是介于意见和理性之间的东西。"

"你很清楚我的意思了。"我说，"所以请承认，相应于这四段，有四种灵魂状态：最高的部分是理性，次之是理智，第三种是信念，第四种是想象。你可以把它们按比例排列一下，并认为它们的清晰程度与相应的实在等级相对应。"

"我明白。"他回答说，"我同意你所提的排列。"

"接下来，我们把有知之人或无知之人的区别描绘如下。想象在一个洞穴式的地下室之中，有一个长长的通道同洞穴一样宽，从中可以透过日光。在这个房间里有一些人，他们从小就被囚禁在这里，他们的腿和头颈都被绑得紧紧的，只能直视前方，而无法回头。在其背后的远处有火在燃烧。在火与这些囚禁者之间有一条道路，路上已筑起一段矮墙，这堵墙就像那些表演傀儡戏的人摆在观众面前的屏障，在此屏障之上，表演傀儡戏的人会举着木偶进行表演。"

"我明白了。"

"接下来，想象一下，在矮墙后面，有人携带各种器物将其投射出去，其中包括用木头、石料以及其他材料做成的假人和假动物，而正如你所料想的，其中有些人在说话，有些不说话。"

"真是一幅奇异的图景，一群奇怪的囚徒。"

"它们来源于生活。"我回答说，"告诉我，你认为我们的囚犯除了看到被火投射在对面洞壁上的影子之外，还能看到自己和同伴的什么东西呢？"

"如果一辈子都不让他们转头，他们怎么能看到别的东西呢？"

"除了看到那些被携带投射的器物外，他们还能看到其他东西吗？"

"当然不能。"

"那么，如果他们能够互相交谈，他们会不会认为他们看到的影子就是真实的东西呢？"

"必定会。"

"如果过路人发出声音，使得囚徒对面的洞壁产生了回音，你觉得他们会以为那个声音就是从他们面前走过的那个影子的声音吗？"

"他们肯定会这么想。"

"所以无论如何，他们都会相信那些影子就是全部的真相了。"

"是的，必定如此。"

"那么想象一下，假如他们从束缚中解脱出来，其错觉得以矫治，又会发生什么呢？假如他们之中有一人被释放了，被迫突然站起来，可以转过头看见火光。同时他在如此行动时会感到痛苦，会眼花缭乱，无法正确辨识之前只看见其影子的物体。如果他被告知他之前看到的都是虚空，而由于转向了更实在的物体，因此他现在看到的才更接近于实在，才看得更真切，你觉得他会说些什么呢？如果再有人把之前举过的器物指给他看，并追问他哪个是哪个时，他又会说些什么呢？难道你不觉得他会不知所措，会认为之前所看到的东西要比现在给他看的东西更实在吗？"

"是的，他会是这样的。"

"如果让他直视火光，那他的眼睛就会受伤，他就会回过头去看那些他能看得清楚的东西，那些他认为比眼前的东西更清晰的东西。"

"是的。"

"如果他被强行拉上陡峭崎岖的坡道，直到拖着他走到阳光之下，这个过程必将是痛苦的，他会很不情愿。当他被置于阳光之下时，他的眼睛会由此眼花缭乱，以至他看不到任何被告知是实在的东西。"

"一开始，肯定看不清。"他同意道。

"当然，因为在他能看到洞穴之外的世界中的东西之前，他需要慢慢地适应光线。一开始，他会觉得观察阴影是最容易的，其次是人的倒影和其他物体在水中的倒影，然后是物体本身。在此之后，他也会觉得与白天直视太阳和阳光相比，在夜间更容易看清天体和天空，更容易看清月亮和星光。"

"当然。"

"在经过这些后，他就能够直视太阳本身了，他就可以不借助水中倒影或者任何其他东西的反射而直接凝视太阳本身了。"

"必定要到最后阶段才能如此。"

"后来他会得出结论认为是太阳产生了季节更替和年份变化，是太阳控制着可见世界上的一切，从某种意义上说，他和他的囚徒朋友们过去所看到的一切都是由太阳造成的。"

"显然他会得出如此结论。"

"当他想到他最初所在的洞穴，想到那里的智慧水平，想到他的囚徒朋友们，难道你不觉得他会为自己的好运庆幸，为其囚徒朋友们感到悲哀吗？"

"很可能。"

"如果囚徒们曾对那些最能记住影子的先后次序，最能机敏地预测接下来的影子会是什么的人给予过奖励和荣誉，你认为这个被释放的囚徒还会再渴望这种奖励，还会再羡慕这种能力和尊荣吗？难道他不会像荷马所说的那样，宁愿做'一个贫穷之人的长工'或者其他任何东西，也不愿和那些囚徒们生活在一起并持有相同的意见吗？"

"是的。"他回答说，"只要不过那样的生活，他做什么都愿意。"

"那你认为如果他回到洞穴里，回到他原来的地方时，又会发生什么事呢？他突然离开阳光，走进黑暗，难道他的眼睛不会由此什么也看不见吗？"

"当然会。"

"如果视力还很模糊，眼睛还没习惯黑暗之时（这要花费一定的时间），他就得和其他囚徒较量着辨识影子，他会不会出丑呢？他们会说，他去上面的世界走了一遭后，视力被毁坏了，这一趟不值得！要是有人想要释放他们，领他们上去，那他们若捉住这个人，必定会杀了他。"

"他们肯定会。"

"现在，我亲爱的格劳孔，"我接着说，"这整个比喻必须与之前所说的联系起来看。可见的世界就是洞穴里的囚室，囚室里的火就是太阳的光。如果你把那囚徒上到洞穴之外的世界并看到那里的物体，和灵魂上升到可知世界联系起来，就对了。这就是我的解释，也是你们急着听到的解释。至于解释得对不对，这只有神知道。但在我看来，就其价值而言，在可知世界里看到的，也是最难看到的是善的理念。我们一旦看见它，就必然会得出结论认为它是任何事物中正确的、有价值的东西的原因，它是可见世界中的光源。在可知世界中，它是真理和理性的决定性源泉。任何在公共生活或私人生活中理性地行事的人，必定是看到了它。"

"我同意，我理解你所说的了。"他说。

"那么，你或许也会同意我的这个看法，那就是，那些达到如此高度的人，如果他们的灵魂停驻在那个领域，那他们就不愿理会人类的琐碎事务了。如果我们的比喻恰当，这一点没什么可奇怪的吧。"

"是的，这是意料之中的。"

……

"如果这是真的，"我接着说，"我们必须拒绝那些人所宣称的教育理论，他们宣称可以把灵魂之中从未存在过的知识灌输到灵魂之中，就好像他们能把视力放进盲人的眼睛里一样。"

"曾有过这种说法。"他说。

"但我们的论证表明，每个人的知识能力是与生俱来的，他用以学习的器官就像一只眼睛，除非全身转动，否则眼睛无法从黑暗转向光明；同样地，作为一个整体，我们的灵魂必须远离变化的世界，直到它的'眼睛'能够正视实在，正视所有实在中最光明的，我们称之为'善'的东西。不是这样吗？"

"是这样的。"

"那么，这种灵魂的转向本身可能有一些技巧，从而可以更容易、有效地完成转向。它不是要植入视力，而是要确保已经有视力的人不会转错方向或者看错方向。"

"很可能是这样。"

"因此，灵魂也许也有一些优点像身体的某些优点一样，并不是天生的，而是通过后天的教育和实践培养的。但是，知识似乎必定具有一种更神圣的性质，一种永远不会失去其力量的东西，因其所取的方向不同，它可能是有用的、有益的，也可能是无用的、有害的。你难道没有注意到，那些通常被称是机灵的坏蛋的人，他们的目光是多么敏锐吗？他们的灵魂是渺小的，但是他们的目光在他们所关心的事情上却是敏锐的。他们灵魂之渺小不是因为他们视力不好，而是因为其视力被迫为邪恶服务，所以他们的视力越敏锐，做恶事就越容易得逞。"

"确实如此。"

"但是，假设这样的性质从小被去除，因此释去重负——这种重负是这个多变的世界所有的，是由于放纵感性（如贪吃），以致灵魂之视力被扭曲，只顾盯着那些低级的事物而导致的。假设将此灵魂之重负释去，而转向真理，那它们看真理时就会具有同样敏锐的视力，如尚未转向之前的一样敏锐。"

"很有可能。"

"我们之前说过，社会既不可能由没有受过教育、不了解真理的人来管理，也不可能由那些终其一生都致力于纯粹知识研究的人来管理，不是这样吗？……我们的立法者的工作就是要让那些最优秀的心灵去获取所谓的最高形式的知识，上升并看到我们所说的善。当他们达到那个高度并看得足够清楚的时候，我们就不可再让他们做此刻我们让他们做的事了。"

"你这话是什么意思？"

"停留在上面的世界，不论甘苦有多大多小，都拒绝回到洞穴之中与囚徒们同甘共苦。"

"在他们能过一种更高级的生活时，我们迫使他们过一种较低级的生活，这不太公平。"他抗议说。

"我们立法的目的，"我再次提醒他，"不是为了我们社会中某一阶级的特殊福祉，而是为了整个社会的福祉。它运用说服或强制的方法把全体公民团结起来，使他们共同分享每个人可能为社会带来的福利。它培养这种态度的目的就是要使每个人都成为不可分割之整体中的一环，而不要每个人只顾取悦自己。"

知识是关于理念的知识

在推进我们的讨论之前,我们应该多思考一下相或理念。考虑一下正义的理念。正义是什么?这是一个重要而又困难的问题。因为柏拉图关于实在的理论和其认识论是交织在一起的,所以他在很多对话中都考虑过这个问题。除非我们知道正义是什么,否则我们又怎么能在人类事务中展现出正义呢?除非我们理解这些基本原则,否则我们永远无法在我们的城邦之中实现这些原则,即便是片面和有限的实现也是不可能的。同样地,这也适用于诸如卓越、美德或虔诚等理念。许多大学在他们的信笺上都会注明他们致力于教育之卓越,但是卓越到底是什么呢?柏拉图肯定会想,难道这些大学领导者在宣称他们致力于卓越之前,最起码不应该知道他们到底在说什么吗?

洞穴寓言

在"洞穴寓言"(the allegory of the cave)中,柏拉图描述了那些声称自己具有知识但实际上只知道感官经验中的特定事物的人与那些具有关于普遍原则的知识的人之间的区别。他所描述的情况是,一群囚徒坐在一个地下洞穴里,看着洞壁上的影子,这些影子是人们在火前举着的雕刻物的影子。囚徒们除了影像之外,什么都没有看到。但对他们来说,这就是实在。但是,其中一名囚徒被释放了

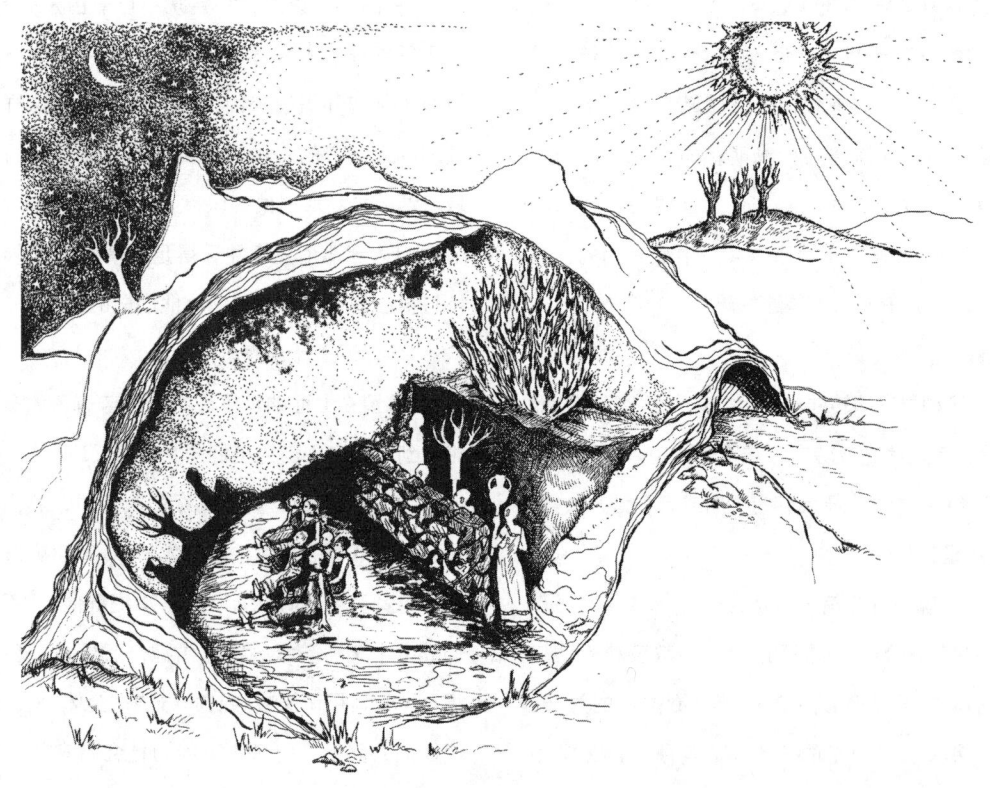

在洞穴寓言中,柏拉图把没有受到哲学教育的人比作被锁在洞穴里的人,这些人认为投射在洞壁上的影子就是实在。(图片来源:Candice Blocker,1987)

出来，踏上了通往外部世界的漫长而又曲折的道路。在那里，他的视力最初被阳光遮蔽，但当他的眼睛自我调整后，他看到了真实的物体，看到了那些他只在影像中经验过的实在。想想看，当他突然明白了现象与实在、影像与实物之间的区别时，他会是多么地震惊。然后他返回洞穴，把真相告诉他的同伴。但是，他们不愿意听到这人说他们自以为是实在的东西只不过是实在模糊的影子。所以，他们杀了传话的人，以便自己安于无知。

这个寓言有多层含义。在其中一个层面上，柏拉图是想用它来解释为什么雅典市民会处死苏格拉底。苏格拉底被控告说通过引导年轻人质疑权威和关于事物的既定解释来腐化年轻人。苏格拉底由此被视作麻烦。同时，柏拉图通过这个寓言也向我们展示了他对人类处境的描述。人们因无知而快乐。他们憎恨那些强迫他们承认自己无知的人。这就是人们之所以会以怀疑和不信任的眼光来看待哲学家的原因。我们常沉溺于自己的偏见之中，不希望它们被打破。

在另一个层面上，这个寓言刻画了柏拉图的哲学观。哲学是一种费时费力的生活方式（堪比走出洞穴的漫长和艰难）。我们怎么认识理念呢？认识理念并不容易，但却是可能的，柏拉图为我们描述了追求这类知识所要做的适当准备。年轻人不应该学习哲学，因为他们的兴趣被其他事情分散了。一个人只有到了中年，经过严格的数学学习之后，才能从事哲学研究。寻求理念知识的方法是辩证法（在第二部分"关于思想的思考"中有详细讨论）。例如，要发现正义的本质，就必须从对正义的暂时的和片面的理解开始。通过仔细的质询，这种暂时性的观点之局限性就会暴露出来，就此我们继续提

出更好的定义。我们要再次检视这个定义并揭露它的缺陷。这个过程要一遍又一遍地重复，以便我们越来越接近我们所要寻求的真理。

在另一个层面上，这个寓言还表达了柏拉图关于知识和实在的观点。事物的理念或普遍原则才是知识的恰当对象。哲学家与其他人不一样，哲学家的目光牢牢地盯着不变的理念，盯着事物恒真的原则，而不是瞬息万变的经验世界。因此，柏拉图认为一个社会的统治者应该接受哲学上的训练，这样他们才会追求社会的善，才不至被名利或财富所误导。

善的理念

本章的选文通篇都与善的理念（the Form of the Good）相关。善在柏拉图的认识论中显得很突出，但他从未真正告诉我们善是什么。他最接近于定义的一个比喻是：善之于认识，犹如太阳之于看见。柏拉图总是带着最大的敬畏去谈论善。善的知识是最高等级的知识，一种据说只有少数幸运的人才能获得的知识。这就很容易说明中世纪的基督教哲学家为何把善与上帝等同起来了。对他们来说，理性的力量来自上帝。我们每个人展示出的推理能力都是渗透于整个被造物序列之中的理性的一种反映。在希腊语中，逻各斯既可以指"言语"（word），也可以指"理性"。《约翰福音》第一章第一节中的经文："太初有言/道（Word）"，就验证了这种理解。

柏拉图死后，他的一些追随者强调他哲学思想中的这一面，而排斥其中辩证的和逻辑的方面。他们在一种神秘的体验中寻求善本身。这种哲学传统在以思想家普罗提诺（Plotinus）为代表的新柏拉图主义中达至顶峰。柏拉图的其他追随者则致力于柏

拉图著作中数学的和分析的方面。其中最著名的要数他的学生亚里士多德，亚里士多德接受了柏拉图的一些基本观点，并将其重塑成极有生命力的经典作品。我们将在第五部分"我们应该做什么？"中对亚里士多德的伦理学著作做一些考察。

供讨论的问题

1. 说明洞穴寓言是如何阐释柏拉图关于实在的理论以及他对哲学重要性的看法的。
2. 有什么可以支持或者反对柏拉图的理念论？你是支持还是反对呢？请给出理由。
3. 你认为为什么我们比较难以接受"实在的等级与知识的等级是相对应的"这样的观点？
4. 你认同"数学是可感世界和可知世界之间的桥梁"这种观点吗？为什么？
5. 请再读一遍柏拉图关于善的论述。你认为善是什么？请为你的回答提供辩护。

第十章 唯物论

在第九章，我们讨论了柏拉图的形而上学二元论。在本章以及接下来的第十一章，我们将考察形而上学一元论的两个重要版本：**唯物论**（materialism）和**观念论**（idealism）。虽然这两种理论都试图用一种基本的东西解释所有的实在，但在其他许多方面，这两者都是针锋相对的，它们常常处于相互竞争之中。观念论是这样一种观点，它认为只有心灵及其观念、思想才是实在的，物质则是无根无据的假象。相反，唯物论认为，只有物质及其物理属性才是实在的，而心灵、思想只不过是物质的反映。观念论试图将物质解释为心灵的副产品，而唯物论试图将心灵解释为物质的副产品。

唯物论与观念论

如前所述，唯物论是一种古老的哲学观。最早的一批哲学家，古希腊的米利都学派主要是从唯物论者的视角来看待这个世界的，他们总是在寻找宇宙的物质基质，无论寻找到的是水、气，还是这些类似要素的某种组合。我们之前提到的古希腊哲学中的原子论，就主要是一种唯物论。相反，观念论则是一种现代的哲学观点。现代观念论最早可以追溯到勒内·笛卡尔，虽然笛卡尔本人并不是唯物论者。我们将在第四部分"我们如何认知？"中详细地考察笛卡尔的观点，但现在我们先简要谈一下笛卡尔的名言"**我思故我在**"（cogito ergo sum）。

笛卡尔坚称他不能相信任何并非绝对确定的东西，由此他开始寻找那些不可怀疑的东西。笛卡尔认为，除了他在思考这个事实之外，其他一切都是可以怀疑的。我认为我在思考这一点怎么会错呢？即使我错了，我还是在错误地思考。对后来的哲学家而言，重要的是笛卡尔的论证，即有关"相比于某物的存在，我们更确定的是我们在思考某物的存在"这样的观点的论证。如果我相信我的车在车库里，那我可能会被证明是错的（我忘了我之前把它停在了路上）。但即便如此，我确实认为我的车在车库里。与说"我认为我的车在车库里"相比，说"我的车在车库里"更可能被证明是错误的。这就是为什么在日常的演讲中，每当我们不确定时，我们通常会退一步说一句"我认为是这样的"，以此来规避反驳。我们得到的结论似乎是，那些我们实际上最即时、最直接、最有把握知道的东西，并不是我们最初所认为的物质对象和事实，而是我们自己的思想和观念。因为当我们对物质对象做出论断时，我们时常要超越我们眼前的实际所见，要去解释、判断、评价我们所看见的东西，也正是在这种跳跃中，错误得以发生。

例如，在一桩谋杀案的审判中，控方的证人声称自己在听到枪声和受害者的呼救声后，看到被告琼斯仓皇从受害者家中跑出来。但是，现在辩护律师在盘问中要质询证人是如何确定那个人就是琼斯的。律师问,"你到底看到了什么?"证人这时变得有些谨慎了,他回答道,"我看到有人从房子里跑出来,而从那个人的穿着来看,像是琼斯。""你确定吗?"辩方律师继续施压,"难道不可能有人乔装成琼斯,而那个人根本就不是琼斯吗?"证人不得不承认说,"好吧,有这种可能。"当我们对物质世界中的对象做出论断时,我们断言我们对这个对象的观念是与对象本身相一致的。但是,由于对象本身与对象的观念可能会发生不一致,所以无论我们多么小心,它们两者之间总是会有一条缝隙,而错误则可能会蔓延其中。我们永远无法确定我们的思想和观念所指向的那些客观实体。但是,如果我们把我们的论断限制在观念本身的范围内,那么它们就没有可能再去与某种物质对象保持不一致了,也就不可能再出错了。因此,我说"那人看起来像琼斯"或"我认为那人是琼斯"时,我并没有对那人是否真的是琼斯下任何断言。我只是简单地描述了一下我当时的想法,对此我显然永远不会出错。在观念论者关于"只有心灵才是实在的东西"的论证中,这一步是至关重要的。观念论者认为只有自己的思想和观念是我们确定知道的。这些观念既可能对应也可能不对应某种非精神性的对象,但这一点我们是无法确定的。所以,为什么不去坚持你所知道的,而要揣测你所不知道的呢?

乍一看,试图否认世界中的物质实体似乎是极度疯狂的。如果我没有在思考你,你就不存在了吗?每一种形而上学的理论都要求全面性,因此观念论也要尽量避免那些与日常生活中的一般事实相违背的说法。观念论者会回应说,物质对象当然存在,只不过它们的存在是被感知到的。正如贝克莱所说,"存在就是被感知"(*esse is percipi*)。但我们的常识似乎坚持认为,在物质对象未被人们感知时,它们仍然存在。当深夜大家熟睡之后,难道桌子就不存在了?观念论者回应道,"不,还存在。但只是这种意义上的存在,即如果有人在那里感知桌子,那它就会被感知到。"贝克莱补充说,即便深夜大家熟睡了,上帝却始终在关注着万事万物,因此物质对象会始终存在,因为它们始终被上帝所感知。

在这里,我们发现了观念论和唯物论之间的最大区别。在日常生活中,我们通常没有意识到经验主义标准和"独立于心灵"标准之间的冲突。我们看到的桌子和椅子,它们是独立于我们的视觉和思考而存在的。但在观念论和唯物论的争论中,一种潜在的冲突浮现出来了。如果观念论者的论证是正确的,那经验主义标准就会退化为一种依赖于心灵的标准,这显然与独立于心灵的标准相矛盾。如果实在是我们通过感官经验所知道的,而我们通过感官经验所知道的仅仅是依赖于心灵的感觉,那么实在就是依赖于心灵的。所以,如果我们强调实在的经验主义标准,即实在的东西是那些直接可感知的东西,那么似乎观念论者就是对的,唯物论者就是错的。但是如果我们坚持"独立于心灵"这一标准,那么观念论者从一开始就是错的,唯物论者一开始就获胜了。

唯物论与科学

唯物论是支持常识和科学,同时又被常识和科学支持的形而上学体系。无论在证明心灵之外存在一个物质世界的过程中出现了什么样的问题,绝大多数人还是会相信心灵之外存在一个物质世界。没有比这更顽固的信念了。同时,因为自然科学家把注意力聚焦在世界的物质层面，而且他们在理论方面取得了极大的成就，所以似乎就有理由认为科学家们走在正确的形而上学道路上。我们仅仅以物质为基础就能够成功地构建起简单的、全面的和可理解的理论，如此看来，唯物论不正是当今最好的形而上学理论吗？

但它够全面吗？正如观念论难以解释一个未被感知的物质世界之存在一样，唯物论也难以解释心灵及其活动。思想真的只不过是大脑之中的电化学反应吗？思想似乎是非物质的。你不会因为学得多，就变胖，你也不会试图通过节食去忘掉某些东西。我们的颅骨或大脑的大小似乎对我们可以思考的东西没有任何限制。问自己的观念有多大，有多重，有多流畅，有多结实，似乎没有任何意义。物理学家无须担心这些问题，因为他们并没有断言一切都可以用物理方法加以解释（事实上，许多物理学家认为有些事情只能用宗教来解释）。只有形而上学家才会提出这种更宏大的主张，由此承担起用物质来解释心灵这样的大问题。

二元论与身心问题

现代许多哲学家，包括笛卡尔在内，通过所谓的二元论既规避了观念论解释物质的问题，又规避了唯物论解释心灵的问题。笛卡尔认为，人的身体是物质实体，而在其中又有一种完全不同的精神实体。但二元论自身也面临着极其严重的问题，尤其是在解释日常人类经验中身心之间明显存在的交互作用上。

当物质上的伤害引起精神上的痛苦时，身体似乎是在作用于心灵。当我们决定起身不再看这无聊的电影时，我们的心灵显然是在作用于我们的身体。我们说过，形而上学家的任务并不是去构造或者否定事物的一般存在方式，而是要用实在去解释现象。即便身心之间并不存在真正的交互作用，那它们之间为什么会看起来存在这种交互作用呢？如果身体和心灵是两种完全不同的东西，它们又如何能够交互作用呢？这样的问题在哲学中被称为相互作用的难题（problem of interaction，我们将在第十二章"身心问题与人格同一性"中对此进行更详细的探究）。

在近现代，继笛卡尔之后，唯物论和观念论兴起了规避这一问题的大潮。它们每一方都断言只要否认二元论中的其中"一元"，就可以消解身心问题。所以唯物论者会说，"当然可以解释身心如何交互的问题，因为压根就不存在心灵这样的东西。"而观念论者则是通过消解物质一方来解决身心问题的。然而，现代观念论之所以兴起，很大程度上是为了应对唯物论的某些负面因素。正如美国哲学家威廉·詹姆斯所指出的那样，哲学理论之区别不仅在于逻辑论证和结论的区别，还在于气质和生活方式等更为微妙的因素的区别。所以，唯物论更多的是詹姆斯所说的"刚硬的"（tough-minded）哲学，而观念论则更多是"柔软的"（tender-hearted）哲学。唯物论倾向于拥护一种决定论和机械论的世界观，而这种世界观似乎威胁着宗教和人文价值。唯物论者倾向于相信宇宙中所发生的一切，包括人类行为在内，都是支配着物体运动的严格因果律的产物。因此，当我决定起身不再看这无聊的电影时，我首先要做出决定，然后再移动我的身体。从常识的层面来看，决定是我做的，我不是被迫离开的。如果我愿意留下来，我就可以留下来，我之所以离开是因为我自己决定要离开。但大多数唯物论者认为，这只是一种错觉。事实上，你的身体移动离开是其他物理因素（比如，神经冲动）作用的结果，是这些物理原因的必然产物，因此，与表象相反，你实际上在这件事上没什么决定权。你除了站起来离开之外，别无选择。当然，唯物论承认这样一个事实：你想要离开的欲望影响了你的行为，但这种欲望本身又是由其他因素引起的，而这些因素又是被另外一些因素（比如你的生理结构、你早年的教育等）引起的，由之一直追溯到那些你完全不能控制的因素。但如果是这样，那人就没有自由了，如果没有自由，那他们就不用对自己的行为负责，我们也就没有理由对其行为进行批评、指责或赞赏了。对于我们所持有的"人类是能够掌控自己的生活并为其自身和行为负责的自主的行动者"这样的观点来说，这一切都是毁灭性的冲击。因为如果唯物论是正确的，那么决定论也是正确的，但如果决定论是正确的，那么我们整个道德和伦理架构就只是一种假象。因此，按照我们第五章所介绍的"假言三段论"，如果唯物论是正确的，那么道德就是虚假的东西。也正因为如此，唯物论常被视为道德的敌人。我们将在第十三章"自由与决定论：人的能动性的形而上学"中更深入地探讨决定论问题。

唯物论与宗教信仰

唯物论也被视作宗教信仰的一种威胁。如果世界只不过是一台巨大的机器，那么在这样一个体系中，就没有上帝和不朽的灵魂的位置，就没有上帝在宇宙中实现其计划的可能，我们也不可能自由地接受上帝的人类计划。但这并不意味着唯物论者就不能有道德理论，不能成为一个有道德的人，甚至不能有宗教信仰，不能成为某种意义上具有宗教信仰的人。事实上，有些唯物论者一直笃信宗教［比如法国科学家、数学家皮埃尔·伽桑狄（Pierre Gassendi，1592—1655）］。尽管如此，唯物论的要旨常常被认为是与道德和宗教的一些最基本原则背道而驰的。这种看法不无道理。在本章详细研讨唯物论时，我们会考察一下对有关唯物论的负面影响的回应。

观念论者还发现，唯物论与我们对世界最直接的经验是格格不入的。这一点就很讽刺，虽然唯物论乍看起来似乎与普通的常识信念非常一致，而观念论似乎与普通的常识信念完全矛盾，但在某些方面，真实情况却恰恰相反。观念论是建立在我们每个人最直接熟知的事物之上的，即建立在我们的思想、感觉、观念、信念以及我们自己思考这些思想、感受这些感觉时的经验之上的。相反，唯物论通常是建立在原子、分子、光波、光子、粒子等物质的基础之上的，而没有人能在对世界的直接经验中找到这些物质。这些东西也许有助于解释我们所经验到的东西，但它们本身并不像观念论所依据的精神现象那样，能够被直接经验到。因此，唯物论哲学家通常区分出物体的第一性质和第二性质。第一性质，如硬度、重量和坚固性，这些性质就像我们知觉到的那样，是确实存在于物体之中的。而第二性质，如颜色、口味和气味，这些性质就像我们知觉到的那样，是绝对不存在于物体之中的。事实上，这些性质只存在于知觉之中。苹果不是真的红，它只是具有一种性质，这种性质可以使人或动物的知觉产生红色的感觉。在这一点上，唯物论又一次与常识大相径庭。唯物论接近于常识的地方只是，它假设了一个未被感知的物质实体的存在，而观念论否认了这一点。

唯物论经常被它的反对者视作对宗教和人文价值的一大威胁，是对我们关于世界的直接经验的一种疏离。这种对唯物论的消极认识以及抵制唯物论的欲望为现代观念论的发展提供了主要动力。相反，唯物论的强大之处在于它与科学的结合。科学家们似乎已经使用唯物论的概念解释了除人生和思想的本质之外几乎所有的东西。对于人生和思想的本质，他们也声称自己越来越接近答案了。唯物论者会说，"为什么要认为存在某种永远无法用唯物论解释的东西，为什么要坚持这种陈词滥调呢？用纯粹的物质概念来解释一切只不过是时间问题。"因此，唯物论者把自己视作乐观地预见未来的"创见者"，把观念论者视作焦虑地死守陈规的"反动派"。唯物论者建议观念论者要"顺应潮流"。

最近的科学发展，特别是相对论和量子理论的发展，已经使得唯物论和观念论之间的冲突得以缓和。如今，科学家们所说的物质并不再那么地坚实和不变了，世界的决定论模型已经让位给一个更多地由偶然和统计概率控制的模型了。然而，唯物论和观念论的争论远未结束。我们现在必须自己着手考察它们的争论了。

古代唯物论：原子论

原子论（atomism）是唯物论最久远的一种形式。这种形而上学观点认为，实在只不过是由原子和虚空构成的。原子是物质的最小单位，其本身不可再分，不可毁灭。就像柏拉图的理念一样，它们也是永恒不变的。它们可以在虚空中移动，通过与其他原子的结合和分离，构成我们日常生活中所有的物质对象及其属性。当原子紧密地排列结合时，它们便构成了桌子、椅子这类坚实的物体；当原子疏散地排列结合时，就构成了液体，再疏散，就构成了我们所感知到的气体。由于原子不断地从物体中流射出来，它们与我们的身体，尤其是与我们的感觉器官之间进行相互作用，从而产生了我们所感知到的气味、颜色、声音等感觉。

原子论是最古老的哲学和科学理论之一，最早出现在前苏格拉底时期的希腊哲学家留基波和德谟克利特的著作中。由于他们的著作传世很少，所以我们也对这种早期形式的原子论知之甚少。原子论后来出现在追随柏拉图和亚里士多德的那些哲学家，尤其是伊壁鸠鲁（Epicurus）和他的罗马追随者卢克莱修的著作中。伊壁鸠鲁（前341—前270）是一位著名的享乐主义者，人们所熟知的伊壁鸠鲁主义（Epicureanism）这个术语就是从他那里衍生出来的。但是，正如时常发生的那样，在某一特定的哲学体系之中，不同的哲学分支，特别是形而上学、认识论、伦理学、宗教观往往紧密地交织在一起。它们之间的联系显而易见。一般来说，唯物论将有助于这样一种认识论观点，即所有的知识都来自感官经验。对于唯物论者来说，人只不过是一架复杂的物质机器，因此他们倾向于从身体与物质世界相互作用的角度，即从身体与外物刺激（比如，空气振动耳朵、光线传入眼睛等）而来的感觉经验的角度来理解知识。同样，由于唯物论强调身体，所以他们在讨论伦理道德时，往往会强调能使身体愉悦的生活就是善的生活。在讨论宗教问题时，唯物论者倾向于否认非物质的人类灵魂或神的存在。

伊壁鸠鲁也是如此。知识来自感觉印象，或者用他的术语说，来自"影像""散射"或"偶像"（idols）。他从快乐的角度来理解善（在这里必须声明，伊壁鸠鲁并非酒色之徒，他的品味相当高雅）。

与柏拉图和亚里士多德创立的、接近于我们现在的大学、致力于纯粹知识的研究和传播的学园不同，伊壁鸠鲁学园主要关心的是如何建立起令个人满足的生活方式，这更像是一种宗教的替代品。在伊壁鸠鲁死后，这个学园也延续了很久。

原子论与自由

虽然伊壁鸠鲁接受唯物论者关于善的生活以及我们如何认识事物的一般观点，但谈及唯物论对宗教和人类自由问题的影响时，他以一些非常有趣的方式偏离了唯物论的一般观点。一般来说，如我们所见，唯物论倾向于否定宗教。因为上帝、诸神和人的灵魂通常被视作非物质的对象，所以唯物论者不可能认为它们是实在的。由于上帝、诸神和灵魂的存在通常被认为是对人类的一种安慰，所以唯物论者的结论通常是悲观的。伊壁鸠鲁及其追随者卢克莱修则认为，否定那个比身体活得更长久的非物质的灵魂，是好事而非坏事。按照他们的观点，人类痛苦的最大原因就在于对死亡之后的恐惧，比如对"地狱之火和诅咒"的恐惧。有趣的是，伊壁鸠鲁和卢克莱修并不否认神或灵魂的存在，只是否认它们的非物质性。他们说，我们有灵魂，但灵魂和诸神一样都是由原子构成的物质实体。根据原子论者的观点，我们甚至在有生之年也不应该太惧怕诸神，因为自然事件在很大程度上都是由自然的、物质的力量控制的，而诸神在这些物质力量面前，实际上也是无能为力的。

最后，与大多数持有严格决定论观点的唯物论者不同，伊壁鸠鲁和卢克莱修认为，人类的自由和选择、自发性和偶然性的因素普遍存在于世界之中。在后面的选文中，我们将从伊壁鸠鲁写给希罗多德（Herodotus）的一封信中，看看他对原子偶然的"转向"所进行的有趣讨论。一般来说，所有的原子论者都认为世界上所有的东西都是物质原子在虚空之中直线运动造成的。我们世界上发生的一切都可以用原子的相互碰撞来解释，原子之间的碰撞会导致原子之间的结合或分离。由于原子被认为是以一种完全机械的方式运动的，所有发生的事情都是由之前的事件引起的，就像台球桌上的台球一样，某个台球之所以会滚动是因为它被另一个台球击中了，而这个台球又是被球杆击中的，总之，以一种完全确定的方式，排除了选择或自由行动的可能性。我如今所做的一切都是由几百万年前原子的运动引起的，现在我对此无能为力。虽然我可以想象，如果我选择合上书、打开电视，我是可以自由地这样做的；我也可以想象，如果我决定不看电视，那我就可以这样做，尽管我本可以不这样做。但这终究不过是一种幻想。

伊壁鸠鲁调和原子论和人类自由的方式是不寻常的。他用"转向"来解释原子之间的碰撞是如何开始的。他认为原子一开始是以直线平行的方式下落的，它们之间不会发生相互碰撞。但是，他认为偶尔的、自发的、无法解释的"转向"会导致原子之间发生碰撞，碰撞又会导致其他原子的"转向"。这显然是一个很弱的解释，并且暴露出伊壁鸠鲁理论体系中所存在的问题。每个哲学体系中都时常有一些东西是哲学家想说而又不能说的，或者说是与体系不融贯的，这时他们就会引入一些临时特设，以便使这些东西与体系得以融贯，但它们实际上并不起什么作用。在唯物论和机械论的解释之中，自发的运动是可能的。但如果自发的运动确实产生了，那也就暴露了唯物论在解释世界上的缺陷。

原子论与精神现象

伊壁鸠鲁和大多数唯物论者一样，也面临一个显著的问题，那就是如何解释精神现象，尤其是解释我们是如何形成事物的观念，又是如何思考它们，如何用语言描述它们的。感觉、观念和词语的意义——这些都是唯物论者难以解释的东西。伊壁鸠鲁认为，物体不断散发出微小的、纤细的、与物体相似的影像，当其中一些影像进入眼睛时，感知就发生了。但这种观点存在许多问题。首先，我们没有证据去证明这些影像是由物体产生的。这些影像被散发的时候，我们确实没看到它们。而伊壁鸠鲁认为这是因为影像移动得太快了，就像我们看不到原子是因为原子太小了一样。但这种解释似乎又是临时特设。其次，毫无疑问，这些影像也是由原子构成的，那它们又是如何穿过同样是由原子构成的眼睛的呢？我们推测这个过程定会遇到一些阻力，一些碰撞。为了解释这一点，伊壁鸠鲁认为影像是非常精细的，所以它们可以穿过固态物体，这听起来又像是一个临时特设的解释。最后，即使这些影像或"偶像"确实进入了我们的眼睛，那我们又是如何看到它们的呢？当一张照片被放到栅栏边的信箱里时，感知就会发生吗？物体的一幅照片和实际地看到这幅照片还是不一样的，解释照片如何被看到与解释物体如何被看到，是一样困难的（只不过要解释的是照片而已！）。

然而，在其他一些方面，伊壁鸠鲁似乎是一些现代极具说服力的观点的先驱。比如，他认为错

希腊原子论者相信，原子的漩涡运动是宇宙形成的原因，如果他们能看到涡状星系的话，这种理论可能会得到支持。（图片来源：Jason Ware/Photo Researchers, Inc., Hansen Planetarium Publications, Salt Lake City, Utah。）

误是超出了感官实际所给予的东西造成的（我在人群中看到一个人，却错误地判断她是我的朋友梅布尔），这很像近2000年后笛卡尔等人的观点。

伊壁鸠鲁也是现代身心问题的先驱。他认为，谈论没有感觉的无形灵魂是没有意义的。但他并没有简单地断言非物质的灵魂是不存在的。就像当代哲学家安东尼·弗卢（Antony Flew）所说的那样，伊壁鸠鲁的意思是说，连想象一个非物质的灵魂也是没有意义的。为什么呢？根据伊壁鸠鲁（以及弗卢）的观点，我们只有通过我们的心灵与身体的交互（感受寒冷，接受颜色、声音等感觉），才能真正理解我们的心灵或灵魂。一个非物质的灵魂，从定义上来看，是不可能与身体联系和交互的，因此也是不可设想的。

伊壁鸠鲁：唯物论的第一原则[1]

现在……我们必须要考虑一下那些不能被感觉到的东西了。其第一原则就是无中不能生有。否则的话，任何事物就都可以自己产生，而不需要什么种子了。同时，所有的东西都会消亡，如果所有消亡的东西都最终化为虚无的话，那也就没有什么东西存在了。可见，宇宙从古至今都是一样的，将来也同样会是一样的，因为它不能变化成什么另外的东西，也没有什么宇宙之外的东西进入到宇宙之中并使之发生变化。

此外，宇宙由物体和虚空构成。物体之存在是可以通过感觉得以显明的。正如我前面所言，理性要根据感觉来推断那些不可感知的东西。如果我们说"虚空""空间"和"不可触的东西"是不存在的，那物体的粒子将无处可存在，也无处可移动，但物体显然是可以移动的。

我们在心灵之中，无论是通过概念还是通过概念类比所能把握的真正实在的东西，只有这两者。我所说的真正实在的东西并不是那些只能作为物体或虚空的属性或偶性的东西。

在物体之中，有些是复合物，有些则是构成复合物的基本粒子。这些基本的粒子是不可分的，是不变的。正因为如此，万物才最终不会化为虚无，在物体毁灭之时，必定有一些实在的东西留存下来，而不能被其他任何东西毁坏。因此，万物的起源必定是这些不可分割的粒子。

再者，宇宙整体是无限的，因为任何有限的东西的外层都有一个边界限制它，而边界是通过与边界之

伊壁鸠鲁（前341—前270）出生于萨摩斯岛，他在雅典建立了一个对所有人开放的哲学派别，这一学派十分重视德谟克利特的原子论。根据所有的实在都是物质这一观点，他得出快乐是人生目标的结论。在持有这种享乐主义观点的基础上，他对快乐进行了理性评估，最终得出理智上的快乐要优于身体上的快乐。伊壁鸠鲁学派认为，灵魂并不是独立存在的实体，灵魂脱离肉体之后也就无法继续存在了。（图片来源：© INTERFOTO/Alamy）

外的东西相比较而显现的。因为宇宙没有边界，所以它就没有限制。因为宇宙没有限制，所以它就是无限的。而宇宙是无限的指的是宇宙的原子数量无限多，宇宙的虚空无限广。一方面，如果空间是无限的，物质是有限的，那么原子就不会停留在任何地方，而是会被带走，会散乱在无限的虚空中。因为没有来自外

---

[1] 引自：拉塞尔·格里尔（Russell Greer），《伊壁鸠鲁：信件、主要学说和梵蒂冈馆藏格言集》（*Epicurus: Letters, Principal Doctrines and Vatican Sayings*, Uppers Saddle River, NJ: Pearson Education, Inc., 1964）。

部的原子来支撑它们,也就没有原子之间的碰撞来将原子聚集在一起。另一方面,如果虚空是有限的,那么就没有那么多的虚空去容纳无限多的原子。

此外,复合物由之构成并最终分解成为的不可分的坚实粒子,以各种不同的形状存在着,它们的形状之丰富是我们无可把握的。因为如果这些粒子的形状是有限的,那么由它们构成的物体就不可能在形状上和性质上如此广泛。总之,每一种形状的原子数量是无限的,但原子的形状却不是无限的,而只是多得数不清。

原子是在不停运动的。它们有的直线下落,有的偏离轨道,有的由于碰撞而向前或向后移动。这些运动最终构成了我们感官所能辨识的物体。碰撞后的原子有的彼此分开,有的相互纠缠或者再与其他已被纠缠的原子搅在一起。造成这种持续的纠缠的原因有两个。一方面是将原子相互分隔的虚空的本性使然,因为虚空不能提供任何阻挡。另一方面是原子的弹性,原子的这种性质使其在相互碰撞后会产生回弹。原子之间的纠缠的强弱决定了碰撞后的回弹的大小。原子的运动是没有开端的,虚空是始终存在的。

如果将这个简短的陈述铭记在心,那它就能为我们理解存在的事物的本质提供一个充分的概述。

最后,世界的数量也是无限的,其中有些与我们的世界相似,有些则不相似。这是因为原子的数量是无限的,同时它们也能移动到最遥远的地方。由此,使得世界得以创造和维系的原子,并没有在形成某一个或某一些世界时耗尽,不论这些世界与我们的世界是相似的还是不相似的。因此,没什么能够阻挡无限数量的世界的存在。

而且还有很多影像,这些影像与它们所来自的坚实物体相似,只不过它们比那些可感知的东西更精细而已。这些散射出来的东西围绕着物体,它们可能在散射出来时还保持着自己之前在坚实物体表面上的原有位置和秩序,形成了一层纤细、稀薄的结构。这样的影像我们称之为"偶像"。

我们在自然界中所看到的一切,没有什么能够妨碍我们相信"偶像"具有无比精细的结构。因此,"偶像"的速度也是无与伦比的,因为它们总能找到一条适当的通道,而且它们也很少遭遇碰撞,即便遭遇碰撞,也难以阻碍其运动。相反,一个由无数的原子构成的物体一旦开始运动,就会遭受许多碰撞。

此外,也没有什么可以妨碍我们相信"偶像"的形成像思想一样迅速。它们不断地从物体表面流射出来,但这并不会造成物体大小的显著变化,因为其他原子也正不断地涌向物体表面。在大多数时间里,这些"偶像"的原子保持着它们之前在物体表面所占据的相对位置和秩序,尽管有时也会是混乱的……

我们也一定要相信,当某物表面的东西进入我们时,我们便看到或者想到了它们的外部形状……

同时,当我们有意地使用我们的心灵或者感官时,我们就会接收到关于物体的形状以及相关性质的影像。这些影像是真实的,因为这是由"偶像"的持续作用和影响而来的。任何错误都是因为将意见加之于尚未确定的或者显得不太矛盾的东西之上造成的,而感觉经验的进一步证据则证明这些东西并非如此确定或者没有矛盾。我们接受到的这些影像,无论是在睡眠中接受到的,还是有意使用心灵或其他判断工具接受到的,都与真实存在的东西是相似的。这需要相应的流出物实际上与我们的感官相接触,否则,这种相似就不会出现。同时如果我们不允许其他与影像的认识相似而又不同的活动在我们自身产生的话,那么错误就不会发生。那些其他活动的结论如果未得到进一步确

在位于雅典的门廊里,伊壁鸠鲁学派和斯多葛学派曾就实在的本质展开争论。斯多葛学派之所以得名,是因为他们经常在门廊(stoa)聚集。在雅典,该门廊已经使用一些古代材料得以重建。图片来自戴维·斯图尔特。

证,或者是矛盾的,错误就产生了;如果其结论得到了确证,或者是不矛盾的,那它们就是正确的……

另外,当从说话的人或者其他可以发出声响刺激我们听觉的物体中涌出一股流,进入到我们的耳朵时,我们就听到了声音……

我们还必须假定,就像听觉一样,如果物体中具有某种性质的粒子不去刺激嗅觉器官的话,我们就产生不了任何嗅觉,无论是混杂的、令人不快的嗅觉,还是温和的、令人愉快的嗅觉。

我们还必须假定原子除了形状、质量和大小以及必然伴随着形状的一些东西以外,不具有可见物体的任何性质。因为每一种性质都在变化,而原子是不会变化的。原子之所以是不会变化的,是因为在复合物分解的过程中,必然有某种坚实的、不可分解的东西留存了下来,只有这样,变化才成为可能。变化并不是要归于虚无,或者从虚无中产生,而只是原子位置的改变或原子数量的增减。原子在移动改变位置时,必定仍是不可分解的,它们并不分有可见物体多变的性质,相反,它们具有自己独特的形状和性质,而这些都是不会变化的。甚至在可感事物中,我们也可以看到,物质减少时,它们仍保持着某种形状,而其他的性质则从中消失了,而那些依然留存的性质足以导致复合物之间的差异,因为这些东西必然留存而完全不会被毁灭。

接着,我们不能设想在一个有限的物体中存在着无限数量的部分,不论这些部分是多么微小。因此,我们不仅要拒绝这样的观点,即物体可以被无限分割,以至最终实在的物体化为虚无;同时,我们还要拒绝这样的观点,即有限的物体会转化为越来越小的部分。因为我们无法设想有限的物体中存在着无限多的部分。一个大小有限的物体怎么会有数量无限多的部分呢?显然,如果部分的数量是无限多的,那么无论每一部分多么微小,其组合成的整体也是无限大的……

此外,当原子在虚空中运动并且没有任何东西与之碰撞时,它们必定具有相同的速度。在没有任何东西阻挡的情况下,重的原子不会比轻的原子移动得快,小的原子也不会比大的原子移动得快,因为它们都能找到适合自己的通道,只要小的原子不被阻挡,那它们的速度与大的原子也不差什么。原子由于碰撞而向上或向侧面运动,以及由于自身重量而向下运动时,速度也是一样的。只要这两种运动中有一种在进行,也就是说,不因某种外力或自身重量抵消掉先前的碰撞力,原子就会一直以像思想般的速度在虚空中运动。此外,由于在虚空中的运动没有受到碰撞中的粒子的干扰,所以任何可以想象的距离都是在不可想象的短时间内完成的。因为只有碰撞的发生或不发生决定着原子运动的减速和加速……

再者,我们要将感觉作为信念最确定的基础。同时我们也应看到,一般而言,灵魂是一种精细的、物质的东西。它分散在整个原子聚合而成的物体之中,就像混合着热的气,有时像气,有时像热。在此之外,灵魂中还有更精细的一部分。由此,灵魂才得以与身体的感觉相通。所有这一切,都通过灵魂的能力,也就是它的感觉能力、它的理性能力、活动的敏捷性以及我们死亡时失去的东西显明出来。

接下来,我们必须得出这样的结论:感觉的首要原因在于灵魂。然而,如果灵魂没有以某种方式被身体的其他部分所包围,它就不会获得感觉。但是身体的其他部分,在给予灵魂以经验感觉的适当环境之后,自身也从灵魂那里分享了部分相应的能力。然而,它并没有完全分享这种能力,因此当灵魂离开时,身体也就不再具有感觉……因此,即使身体的其他部分被破坏,只要灵魂还在,感觉就永远不会消失。即使灵魂的一部分随着包裹它的全部或部分身体一同消失了,但只要灵魂的任何一部分幸存下来,它就仍然能体验到感觉……然而,如果整个身体都被摧毁了,灵魂就会消散,不再具有这样的能力和运动了,因此也就不再拥有感觉了。当灵魂所存在的身体不再能限制和容纳它时,我们就不能认为灵魂还具有感觉了,因为它不在恰当的环境之中,不能再进行相应的运动了。

此外,我们还必须清楚地注意到,"无形的"这个词通常只适用于那些被认为是独立存在的事物。现在除了虚空之外,只有物质的东西才被认为是独立存在的。而虚空既不能作用也不能被作用,它只能给有形的东西提供一个移动的空间。因此,那些说灵魂是无形的人都是在胡说八道,因为如果是这样,那灵魂就不能作用或者被作用了。但事实是,我们清楚地看到,灵魂能够作用和被作用……

再者,形状、颜色、大小、质量和所有其他被认为是属于一个物体的东西,必须被认为是一般物体的或者能被感知的物体的属性。我们不能把这些性质视作独立存在的,因为我们不能把它们与其相应的物体分开来考虑。但它们也不是完全的非存在。它们不是附在物体之上的某种非物质性的东西,也不是物体的某些部分,但正是由于它们的结合,使得物体成为一个具有稳定性质的整体……

除了我们前面所说的以外,我们还必须相信,诸多世界以及每一个与我们可见世界中的事物具有相似性的有限的复合物都是从无限中产生的。它们中的每一个,无论大小,都是自己分离出来的。我们还必须相信，这些东西会再次分离，有的速度快一些，有的速度慢一些，有的由于这样一些原因，有的由于那样一些原因。

我们要认为所有的世界不必完全相同，也不必完全不同……此外，我们还要相信像动植物以及我们所能看到的其他东西，在所有的世界里都是存在的。因为没有人能证明，我们所看到的动物、植物和其他事物的种子，存在于一个世界，就不可能存在于另一个世界。

此外，我们还可以认定，人类被周围的环境教育和塑造，以至我们本能上可以做许多种类的事情。但是后来，理性对本能的东西加以评估，进而引入了新的创造。由此，人类在一些方面取得了较大的进展，在另一些方面则进展不大。在有些时代，理性更能将人类从恐惧中释放出来。

同时我们也可以相信，在起初的时候，我们并未有意赋予词语以固定的意义。不同部落的人生存于不同的环境，具有不同的经验和印象，以至这些具有自然属性的人吐气发音也不一样。但后来，在每个部族中，人们都一致认为，要给特定的声音赋予固定的意义，这样他们对彼此说的话就不会那么含混不清，意思会变得更清楚。当认识某些东西的人将之介绍给一些从未见过这些东西的人时，他们会给这些东西命名，有些时候他们是本能地使用某些词，但有些人则会按照一般的方法推理选择某些发音，以便使它们的意义更加明晰。

同时，对于天体现象来说，我们不能认为它们的运动、周期、圆缺、升落等都是某个神圣的东西作用的结果。并没有一个神圣的东西掌控、维系着或者将要维系这些现象。同时也没有神圣的东西具有完全的幸福和不朽——因为积极、焦虑、愤怒和友好与幸福生活并不协调，反而在有懦弱、恐惧以及有求于邻人的地方才常会有这些东西。我们也不能相信，天体具有幸福，并且它们自主地承担起这样的运动，它们都只不过是聚集的火。当我们用某些词语去表示幸福这种概念时，我们必须对之保持应有的尊敬，以免将不敬的话语用到了如此尊敬的幸福身上。否则，这将在我们的灵魂之中引入最大的混乱。因此，我们必须相信，当创世之初，物体成形之时，其相应的运动法则也同时产生了……

除了这些一般的问题之外，我们还必须注意到，人们心灵中的混乱主要是三方面原因造成的。首先，他们认为天体具有幸福，是永恒的，但它们的动力、行为和目的又与神性极不一致。其次，他们猜测并相信着神话中所描写的各种永恒的痛苦，甚至害怕死后会丧失知觉，好像这与他们相关似的。最后，他们所受的纷扰不是由于合理的推测，而是由于某种不合理的想象造成的。正是由于这种想象，他们才会被置于无尽的纷扰之中，他们才会被巨大的苦难所包围，就好像他们的恐惧有着更合理、更好的依据一样。但是，只有平静的心灵才能把握整个信念体系的基本原则。因此，我们必须把我们的心灵转向直接的感觉，重视那些相同的感觉，关注每一个判断的直接证据。如果我们这样做，我们就能正确地找出不安和恐惧的根源，同时，当我们知道了天象和其他偶然事件的真正原因时，那么对于他人最恐惧的东西，我们便不再恐惧了。

唯物论与新科学

希腊罗马时期之后,直到 16 世纪近现代科学的兴起,唯物论才得以再次复兴。实际上,"新科学"时期的原子论概念与古代自然哲学家的原子论概念是一样的,其区别仅在于:希腊人和罗马人仅仅是在推测原子,而近现代物理学家,比如伽利略、开普勒等人则是用确凿的经验证据对原子加以证明。

16、17 世纪复兴的原子论与基督教明显冲突,而与笛卡尔同时代的皮埃尔·伽桑狄投入了大量精力著书立说以缓和这种冲突。

公元 4 世纪罗马帝国灭亡之后,哲学在欧洲几近被遗忘,直到穆斯林阿拉伯语翻译的柏拉图、亚里士多德著作和其他一些在穆斯林征服中东世界大片地区时所发现的希腊和罗马哲学著作被重新引入后,哲学才再次被记起。起初,宗教领导者并不确定是否要接受这种"异端"思想,特别是那些似乎与《圣经》和《古兰经》中的某些内容相冲突的思想。例如,大多数希腊罗马哲学家都认为,物质世界不是在某个时间点上被凭空创造出来的,所谓的创造只不过是对之前已经存在的物质所进行的排列或重新排列。这就与宗教上上帝从无中创世的观点直接冲突。而穆斯林最终认为,试图将宗教与新发现的希腊罗马哲学和科学相结合的做法是不明智的,因此他们最终拒绝了这些作品。但是,基督徒们则采取了另一种做法,对于这些前基督教时期的思想,那些与基督教教会教义相冲突的部分被拒绝了,而那些与基督教教义并不直接冲突的部分则被保留了下来。

一般说来,这种希腊自然哲学与基督教信仰的调和在 13 世纪末就完成了。但是,现代科学的兴起又一次提出了相似的问题,伽桑狄是那些继续努力将希腊思想与犹太-基督教传统相融合的代表人物之一。我们在第六部分"宗教哲学"将会看到,直到今天,这种调和仍在继续。

皮埃尔·伽桑狄(1592—1655),法国著名牧师、哲学家、数学家。他试图调和唯物论和基督教教义,他认为只有唯物论形而上学才可以与新科学相提并论。他既反对笛卡尔的哲学,又反对亚里士多德的哲学。他以重述伊壁鸠鲁的形而上学和伦理学观点而出名。图片来自美国国会图书馆。

调和唯物论与宗教

像伊壁鸠鲁这样的古代唯物论者都认为原子是永恒的,但从晚近的圣经知识的角度看来,这种观点必须加以驳斥和纠正。在纠正他们有限的见解时,伽桑狄认为,我们不必拒绝他们关于原子所说的一切。我们需要补充的就是,上帝是从无中生有而创造世界的,是上帝创造了原子。我们还必须纠正希腊人认为原子是自发运动的观点,因为这似乎也有损于上帝在创造中所发挥的积极作用。因此,我们还必须补充一点,即像原子这样的物质,是没有运动本性的,它们本质上是没有生命的,它们只能在一些非物质的灵魂或精神(如上帝)的作用下才能运动。因此,在创造世界的过程中,上帝不仅创造了原子,还推动它们得以运动。而在此之后,每个原子的未来走向都是被自然决定的,其速度、质量、碰撞角度、形状等都是由物理原理决定的,就像伊壁鸠鲁所说的那样。一旦上帝创造了原子并使它们运动起来后,上帝就可以置之不顾,让原子自行运转了。后来,这种立场被称为自然神论(Deism)。但如你所见,它与基督教的和解只是保留了宗教思想的其中一部分。在自然神论中,上帝的存在和他所创造的世界被保留了下来,但圣经中上帝不断对世界的介入却消失了。在自然神论者的日常生活中,上帝并不重要。你不会向上帝祈求任何东西,因为在创造了世界之后,上帝便撒手不管了。

伽桑狄将唯物论与基督教信仰调和起来的尝试是很有趣的,因为唯物论历来都是用来削弱那些信仰非物质的上帝的人的主张的。有人可能会认为伽桑狄并不是一个真正的唯物论者,因为他相信至少有一个非物质的灵魂或精神(上帝)存在。也许他应该被归为二元论者。但伽桑狄声称自己是唯物论者,并认为唯物论立场与基督教信仰并不相悖。伽桑狄自己就是一位法国天主教神父,他也从未放弃过自己的基督教信仰。

今天,我们可能会觉得唯物论和观念论都不会必然地导致对上帝的信仰。这在一定程度上是因为我们不再像伊壁鸠鲁和伽桑狄所持有的那种唯物论观点一样,把物质看作漂浮在虚空中的微小"材料"了。

伽桑狄:上帝与唯物论

如果"世界的物质及其所包含的一切都是由原子构成的"这种观点之中没有什么错误的地方,那我们就没有理由不去捍卫它。因此,为了使这一理论更能被接受,我们首先要说明的是,"原子是永恒的,不是被创造出来的"以及"原子数量是无限的,是以各种形状存在的"这样的观点都是应该加以拒绝的。一旦我们拒绝了这样的观点,我们就可以承认原子是物质的基本构成,而原子是由上帝创造的。

接下来,我们要声明,"原子自身具有动力,或其具有自行运动的能力"的观点也是不可接受的。

> 我们可以承认，原子是运动的，是活跃的，但这只是因为上帝在创造原子时就给它们注入了运动和移动的能力。原子的运动能力是在上帝的许可下起作用的，因为正如上帝保护着一切一样，他也掌控着一切。

我们对物质实体的观点是由本世纪以及之前的物理学突破所塑造的，这些物理学上的突破使我们认识到物质可以转化为能量，而能量是原子的组成部分。我们再次发现，科学知识并不能回答终极实在的问题，也不能回答为什么这些问题本质上并不是物理问题，而是形而上学问题。

供讨论的问题

1. 古代唯物论者一致认为唯物论可以消除对死亡的恐惧。因为当身体停止运作时，所有意识都停止了，所以死后就没有什么可害怕的了。你认为唯物论的这种观点使死亡变得不再可怕了吗？为什么？
2. 那种认为心灵只不过是一种按照机械的法则运作的高度复杂的机制的观点，是否会对思想的独立性和合理性构成威胁？请解释一下。
3. 你认为唯物论的形而上学观是会被当代自然科学支持还是威胁的观点呢？请为你的回答提供理由。
4. 一些唯物论者声称，如果我们的知识是无限的，那未来所有的事件都是可以预测的。这种观点有什么证据吗？正确吗？
5. 你认为唯物论是一种有说服力的观点吗？为什么是或者为什么不是？

第十一章 观念论

我们在前面已经看到唯物论对道德、人文和宗教价值产生的消极影响，以及针对这些消极影响的各种回应。在乔治·贝克莱主教看来，要想解决唯物论的困难，唯一的办法就是将唯物论完全抛弃，转而支持它的对立面，即观念论。

贝克莱的主观观念论

现代观念论有两种类型：主观观念论（subjective idealism）和绝对观念论（absolute idealism）。以乔治·贝克莱为代表的主观观念论者认为，只有心灵及其思想和感觉是实在的。绝对观念论是在19世纪由主观观念论发展而来的，尤其是从黑格尔哲学发展而来的，它将贝克莱的精神实体扩展到包括整个世界，将主观观念论的个体心灵统一为一个单一的无所不包的世界灵魂或心灵。主观观念论者把世界看作心灵及其观念的集合，而绝对观念论者把世界上的万物看作一个无所不包的宇宙心灵的一部分。

乔治·贝克莱是一位爱尔兰籍神职人员，他觉察到当时日益流行的科学的唯物论中存在的危险，并试图解决这一危险。这种唯物论最初由英国的托马斯·霍布斯（Thomas Hobbes）提出，后来通过艾萨克·牛顿爵士的科学理论得以普及。贝克莱的主要论证是，我们所能直接知道的只有我们自己的观念。因为我们没有直接经验到任何潜在的物质基质，所以我们没有理由相信这种东西真的存在。贝克莱认为，引入未被感知到的物质基质的假设的唯一原因在于，它能为物质对象的多样属性提供某种统一的基础。正如我们在前面第八章"形而上学导论"有关康德和哥白尼式革命的讨论中所看到的那样，将红色的、酸的、圆润的、有光泽的等各种属性（如番茄的各种属性）归于同一个实体，这种做法虽不必要，却有用。但是，是什么将这些不同的性质结合在一起的呢？唯物论者的答案是，因为这些性质是物质的"材料"和"基质"所固有的。但贝克莱认为，这种假设并不必要，因为我们还有更好的选择。我看到了红色，我尝到了酸味，我感觉到了圆润，因此这些感觉在我的心灵中被整合在一起。正如很早之前，英国哲学家约翰·洛克（John Locke）所主张的那样，心灵本身就会将红色的、酸的等"简单"观念和番茄这样的"复杂"观念相联系或结合。贝克莱将对属性的感知分析为对感觉的感知，因此他发现将属性（即感觉）视作一个未被感知的物质实体所固有的东西的观点，不仅无法验证，而且是自相矛盾的。如果属性（比如红色的）是感觉，那么说存在一些没有被感知到的感觉是没有意义的，这样说就像是在说存在没有被任何人感觉到的痛苦一样。

根据贝克莱的分析，看见一个物体（比如番茄），与具有某种类型的感觉是一样的。如果我们允许贝克莱在它们之间画等号，那我们似乎就承认了观念论。由此看来，如果我们关于世界的所有知识和知觉都仅仅是感觉（根据定义，感觉是依赖于心灵的），那么我们所认识和知觉到的世界上的一切也就都是依赖于心灵的，这样我们便得到了观念论。让我们来仔细看看贝克莱的论证。

我们能认识和感知什么呢？常识的回答是：物理对象、人、数学定律等。但是，贝克莱认为，我们只能认识观念。为什么呢？贝克莱给出的一个回答是：当我们看到番茄这个所谓的物理对象时，我们只是具有了"红色的""圆润的"等感觉。而感觉是只存在于心灵之中的观念，因此我们所看到的东西也必定只是存在于心灵之中的观念。但这个推理本身存在着一个问题。虽然在看到番茄的时候，我们确实具有某些感觉，没有这些感觉我们就看不到番茄，但这并不意味着看到番茄就等同于具有某些感觉。感觉可能是我们认识世界的一个必要条件，但这并不意味着它是一个充分条件。如果看到一个物体和具有感觉不是等同的，那么贝克莱就得不出"我们所看到的东西（感知的对象）只是观念"这样的结论。

上面的论证显然不是决定性的，但贝克莱又提出了其他一些论证来反对外部物质世界的存在。我们在贝克莱的著作《海拉斯与斐洛诺斯对话三篇》中就可以发现部分论证。斐洛诺斯（Philonous），是希腊语的"爱"（philo）和"心灵"（nous）的组合，他是观念论的代言人。海拉斯（Hylas），来源

乔治·贝克莱（1685—1753），爱尔兰哲学家和圣公会主教。贝克莱认为，承认物质的存在会导致无神论。在《人类知识原理》(*A Treatise Concerning the Principles of Human Knowledge*)和《海拉斯与斐洛诺斯对话三篇》这两部主要著作中，贝克莱阐述了自己的观念论。图片来自美国国会图书馆。

于希腊语，意为"物质"（hyle），他为这样一种观点代言，即物质是独立于心灵及其观念而存在的。按照柏拉图对话的传统，贝克莱让斐洛诺斯缓慢而有条理地论证观念论，使海拉斯从一点点共识出发最终走向了观念论。其中的论证是精妙而细微的。当你阅读以下选文时，请问自己两个问题：（1）在海拉斯所同意的观点中，是否有一些是你想拒绝的；（2）在斐洛诺斯推理的预设中，是否有一些预设是可质疑的。

乔治·贝克莱：《海拉斯与斐洛诺斯对话三篇》

反对怀疑论者和无神论者

第一个对话

海拉斯：在昨晚的交谈中，大家认为你相信的观点是人类心灵之中最荒谬的观点，也就是说，你相信世界上不存在物质实体这类东西。

斐洛诺斯：哲学家们所说的"物质实体"的确是不存在的，我对此深信不疑。如若我看到这观点有什么荒谬的或者可怀疑的地方，我也会就此抛弃这种观点，如同我抛弃与之相反的观点一样。

海拉斯：什么！还有什么是比相信物质不存在更荒谬、更违背常识的吗？或者是更像怀疑论调的吗？

斐洛诺斯：别激动，亲爱的海拉斯。如果我能证明你所持的观点，即存在物质实体，比我所持的观点更可疑，更违背常识，那会怎样？

海拉斯：为了避免荒谬和怀疑论，我会放弃自己的观点。但恐怕你说服我的难度不亚于说服我相信"部分大于整体"的难度。

斐洛诺斯：好的，如果有一种意见，经过考察后，发现它既符合常识，又不会陷入怀疑论，那你愿意相信这个意见为真吗？

海拉斯：当然愿意。既然你想就自然中最明显的事实争论一番，那我倒要看看你能说些什么。

斐洛诺斯：海拉斯，你说的"怀疑论者"是什么意思？……

海拉斯：我所说的"怀疑论者"与大家所说的是一个意思，就是指的那些怀疑一切的人……但补充一句：那些否认事物的实在和真相的人也算是"怀疑论者"。

斐洛诺斯：什么事物？你说的是科学原理和定理吗？但你也知道，这些都是普遍的理智上的观念，因此是独立于物质之外的。否认物质并不是要否认它们。

海拉斯：我同意。难道没有别的东西了吗？你怎么看待那些不相信感官，否认有可感物真实存在，或者自称对它们一无所知的人呢？难道他们还不算怀疑论者？

斐洛诺斯：那么，我们是否应该考察一下，究竟我们之中是谁否认了可感物的实在性，或者自称自己对它们一无所知？究竟谁才是你所说的最大的怀疑论者？

海拉斯：我也是这么想的。

……

斐洛诺斯：你所说的"可感物"是什么意思？

海拉斯：那些被感官感知的事物。难道我还会有其他意思吗？

斐洛诺斯：海拉斯，不好意思，我只是想弄清楚你所使用的概念，这样我们将节省不少考察时间。所以请允许我再问你一个问题。只有那些能被直接感知的东西，才算是能被感官感知的东西吗？那些被间接感知或者说需要其他东西介入才能被感知的东西能算作"可感物"吗？

海拉斯：我不太理解。

斐洛诺斯：比如，阅读一本书时，我直接感知到的是字母，但通过这些字母我间接认识到上帝、美德和真理等观念。现在，这些字母是被感官感知到的，毫无疑问，它们是可感物。但我想知道的是，这些字母所代表的那些观念是否也是可感物？

海拉斯：不，当然不是。相信上帝或美德是可感物真是荒谬，尽管它们可以通过与可感的标志物的偶然联系得以显示或被指示出来。

斐洛诺斯：这样看来，你所谓的"可感物"似乎仅仅指的是那些可以直接被感官感知到的东西。

海拉斯：是的。

斐洛诺斯：那由此是不是说，即便我看到天空的一半是红色的，一半是蓝色的，同时我的理性也可以肯定这些颜色背后必定有一个原因，但我还是不能说这个原因是可以被视觉感知的可感物？

海拉斯：是这样的。

斐洛诺斯：同样地，虽然我听到了各种各样的声音，但还是不能说我听到了这些声音的原因。

海拉斯：是的，你不能。

斐洛诺斯：当我触摸到一个又热又重的东西时，我说我也感觉到了它的热量或重量的原因，就是不恰当的，是不正确的。

海拉斯：为了避免再有这样的问题，我可以干脆地告诉你，我所说的"可感物"指的只是那些能被感官感知的东西。同时，除了那些能直接感知到的东西之外，感官不能再感知到任何其他东西了，因为感官是不会做推理的。只有理性才会从结果和现象中推出原因和起因来。

斐洛诺斯：好，这一点是我们之间的共识：可感物只是感官直接感知到的东西。此外，请你告诉我，我们的视觉是否能直接看到除了光、颜色和形状以外的其他东西？我们的听觉是否能直接听到除了声音以外的其他东西？我们的味觉是否能直接尝到除了味道以外的其他东西？我们的嗅觉是否能直接闻到除了气味以外的其他东西？我们的触觉是否能直接触摸到除了触感之外的其他东西？

海拉斯：都不能。

斐洛诺斯：这样看来，如果把一切可感性质都去掉，那就没有什么可感的东西了。

海拉斯：我同意。

斐洛诺斯：因此，可感物无非是诸多可感性质或者这些可感性质的组合？

海拉斯：是这样的。

斐洛诺斯：那么，热是可感物吗？

海拉斯：当然是。

斐洛诺斯：可感物的实在性难道不是存在于被感知之中吗？难道它们与它们的被感知还有区别吗？难道它们和心灵无关吗？

海拉斯：存在是一回事，被感知是另一回事。

斐洛诺斯：就可感物来说，我要问的是，你所谓的这些事物的"真实存在"是否指的是外在于心灵、区别于它们的被感知的一种存在？

海拉斯：我所说的是一种真正的绝对的存在，与对它们的感知没有任何关系。

斐洛诺斯：因此，如果热是一个真实的存在，那它就必须在心灵之外存在吗？

海拉斯：必定如此。

斐洛诺斯：请告诉我，海拉斯，我们所感知到的任何程度的热都是真实的存在吗？或者我是否有理由说某些程度的热是真实存在的，而另外一些程度的热不是真实存在的？如果可以这样说，请你告诉我理由。

海拉斯：无论我们凭感觉感知到的热的程度如何，我们都可以确定，同等程度的热量必定存在于产生这些热的物体之中。

斐洛诺斯：什么！最大等级的热和最小等级的热，都是如此吗？

海拉斯：我告诉你，这两者在这一点上是相同的，其原因就在于：它们都是被感官感知的。只不过，越热越容易被感官感知到。因此，如果非要说程度高的热和程度低的热有什么区别，那只能说我们更能确定程度高的热是真实存在的。

斐洛诺斯：但是，酷热难道不会带来极大的痛苦吗？

海拉斯：是的，无人否认这一点。

斐洛诺斯：那没有感知能力的东西是否能感到痛苦或快乐呢？

海拉斯：肯定不能。

斐洛诺斯：你所谓的物质实体是一种无感知的存在物，还是一种有感知的存在物呢？

海拉斯：毫无疑问是无感知的。

斐洛诺斯：因此，它不能成为感知痛苦的主体吗？

海拉斯：绝对不能。

斐洛诺斯：因此，既然你承认酷热是不小的痛苦，那么，物质实体也就不能成为感官所感知到的最高程度的热的感知主体了吧？

海拉斯：我同意。

斐洛诺斯：那么，对于你所谓的外在对象，我们该怎么说呢？

海拉斯：它是一种物质实体，其中具有可感性质。

斐洛诺斯：既然你认为高程度的热不存在于物质实体之中，那它为什么是外在的对象呢？我希望你能说明这一点。

海拉斯：慢着，斐洛诺斯。我看我刚才说酷热是痛苦这一点，恐怕是错误的。痛苦和热好像是不同的东西，痛苦只是热的结果或效力。

斐洛诺斯：当你把手放在火旁时，你感知到的是单一的一种感觉还是两种截然不同的感觉呢？

海拉斯：只有一种单一的感觉。

斐洛诺斯：难道热不是被直接感知到的？

海拉斯：它是直接感知到的。

斐洛诺斯：痛苦呢？

海拉斯：也是直接感知到的。

斐洛诺斯：那就是说热和痛苦是同时被直接感知到的。同时，火又只能使你感知到一种单一的感觉，因此，感知到的酷热和痛苦就是这同一种简单观念。所以说直接感知到的酷热与痛苦并没有什么区别。

海拉斯：似乎如此。

斐洛诺斯：海拉斯，试试看你能否想象出一种无关痛苦或快乐的强烈感觉？

海拉斯：我不能。

斐洛诺斯：或者你能从热、冷、味道、气味等特定的观念中，分离并构造出痛苦和快乐的观念吗？

海拉斯：我觉得不能。

斐洛诺斯：难道这不意味着，可感的痛苦与这些强烈的感觉或观念别无二致吗？

海拉斯：这是不可否认的，说实话，我开始怀疑酷热是否真的可以独立于心灵的感知之外而独立存在了……

斐洛诺斯：现在假设你的一只手是热乎的，另一只手是冰冷的，然后把它们同时置于盛满适宜温度的水的容器之中。难道不是一只手觉得水热，一只手觉得水冷吗？

海拉斯：是的。

斐洛诺斯：根据你的原则，难道我们不应该就此得出这样的结论，即水同时是热的又是冷的吗？按照你的看法，这种观点难道还不荒谬吗？

海拉斯：我承认这似乎是荒谬的。

斐洛诺斯：因此，你的原则本身就是错误的，因为你也承认，正确的原则不会导致荒谬。

海拉斯：但是，毕竟，还有什么比"火中无热"更荒谬的吗？

斐洛诺斯：为了更清楚地说明这一点，请告诉我，在两种完全相同的情况下，我们是否应该做出同样的判断？

海拉斯：我们应该。

斐洛诺斯：当用针扎你的指头时，它岂能不割裂你的肉纤维？

海拉斯：它确实会割裂。

斐洛诺斯：当煤炭烧掉你的手指时，它还能更进一步吗？

海拉斯：它不能。

斐洛诺斯：因此，既然你不能判断针所引起的感觉以及类似的感觉是否存在于针之内，那按你刚才所说的，你也不能判断火所引起的感觉以及类似的感觉是否存在于火之内。

海拉斯：必定如此，我承认热和冷只是存在于我们心灵之中的感觉。但是仍然有许多的性质足以保证外部事物的实在性。

斐洛诺斯：但是，海拉斯，如果这些其他性质也如热和冷这些可感性质一样，只是存在于我们心灵之中呢？

海拉斯：如果果真如此，那你就达到目的了。不过，要想证明这个，我觉得没什么希望。

斐洛诺斯：那让我们依次考察吧。你觉得味道是否存在于心灵之外？

海拉斯：一个人会在感觉上怀疑糖是甜的，蒿草是苦的吗？

斐洛诺斯：请告诉我，海拉斯。甜的味道是不是一种愉快或快乐的感觉呢？

海拉斯：它是。

斐洛诺斯：苦的味道难道不是一种不舒服或痛苦的感觉吗？

海拉斯：我认为它是。

斐洛诺斯：因此，如果糖和蒿草是存在于心灵之外的不能思想的有形实体，那么甜和苦，即快乐和痛苦，怎么能与它们相对应呢？……

因此，我们是否可以得出这样的结论，即气味，就像前面提到的其他性质一样，只存在于能感知的实体或心灵之中呢？

海拉斯：我想是的。

斐洛诺斯：那么对于声音，我们又该怎么看待它们，它们真的是外部事物固有的吗？

海拉斯：声音并不存在于发声的物体之中，因为在真空之中打铃并不会有声音。因此空气一定是声音的主体。

斐洛诺斯：海拉斯，这是为什么呢？

海拉斯：因为当空气产生振动时，振动的幅度决定了声音的大小，如若空气没有发生任何振动，那我们就听不到任何声音。

斐洛诺斯：即便我们承认只有在空气振动时，我们才能听到声音，但我还是不明白你怎么能由此推断出声音本身存在于空气之中的。

海拉斯：正是外部空气中的振动使我们在心灵之中产生了声音的感觉。因为，这种振动引发耳朵鼓膜的振动，而听觉神经又将此传入大脑，由此我们的灵魂便感受到所谓的"声音"的感觉。

斐洛诺斯：什么？这么说，声音也是一种感觉？

海拉斯：我告诉你，声音只是我们心灵感知到的一种特殊感觉。

斐洛诺斯：没有心灵，感觉能存在吗？

海拉斯：当然不能。

斐洛诺斯：那么声音，作为一种感觉，怎么可能存在于空气之中呢？……

海拉斯：坦率地讲，我不想这么说。既然我已做过多次让步，那我不妨也相信声音不能离开心灵而实际存在吧。

斐洛诺斯：对于颜色，我希望你也一样轻松地承认这一点吧。

海拉斯：不好意思，颜色的情况很不一样。难道还有比"颜色是存在于物体之中的"这一点更显而易见的吗？

斐洛诺斯：你所说的物体，指的是存在于心灵之外的有形实体吧？

海拉斯：是的。

斐洛诺斯：物体之内存在有真正实在的颜色吗？

海拉斯：对于每一个可见物而言，我们看到它们是什么颜色，在它们之内就存在有什么颜色。

斐洛诺斯：除了我们所看见的那些东西以外，我们的视觉还能看见什么吗？

海拉斯：没有了。

斐洛诺斯：什么！那么，我们在云彩上看到的鲜亮的红色和紫色，果真存在于云层之中吗？或者你认为它们除了只是一种灰蒙蒙的雾或蒸气之外，还有其他形式吗？

海拉斯：斐洛诺斯，我必须承认，那些颜色并不是如我们远观那样真的存在于云彩之中的，它们只是表象的颜色。

斐洛诺斯：你称它们是"表象"？那我们如何区分表象的颜色和实在的颜色呢？

海拉斯：很容易。那些被认为是表象的东西，只可远观，一走近便会消失。

斐洛诺斯：那么，我猜那些经过最切近和最精确的考察的颜色，就是实在的颜色吧？

海拉斯：是的。

斐洛诺斯：最切近和最精确的考察是用显微镜考察还是用肉眼考察？

海拉斯：当然是通过显微镜考察。

斐洛诺斯：但是通过显微镜，我们经常发现物体的颜色与裸眼所观察到的颜色并不一样。如果我们有可以随意放大的显微镜，那可以肯定的是，通过显微镜看到的任何物体的颜色都不会与裸眼看到的颜色相同。

海拉斯：你说的有道理。

斐洛诺斯：此外，有些动物的眼睛生来就能感知到那些因其微小而被我们的视觉所忽略掉的东西，这一点不仅是可能的而且是实际证明的事实。对于那些显微镜下才能看到的微小生物，你有什么想法呢？它们都是瞎的吗？或者如果它们也有视觉，那它们的视觉也同其他动物的视觉一样能使自己免遭侵害吗？如果它们有视觉，它们难道不是只能看见比它们身体小的微粒吗，它们所看到的样子与我们所看到的样子难道不是大相径庭吗？甚至是我们自己的眼睛，也并不总是以同样的方式呈现物体。一个人得了黄疸病，那他看所有的东西都似乎是黄色的。因此，如果那些身体中富含各种不同汁液的生物的视觉组织与我们的不同，那么它们看到的物体颜色，难道不是很可能与我们看到的颜色不一样吗？由此，难道我们不可以得出结论认为所有的颜色都是表象，不可以得出结论说我们所感知到的所有颜色都不是外部事物固有的吗？

海拉斯：可以得出。

斐洛诺斯：如果你认为颜色是存在于外部事物的实在属性，那么存在于事物之中的颜色就不会发生变化。但是根据前面所说的，当我们使用显微镜时，或者构成身体的汁液发生变化时，或者距离发生变化时，事物本身虽然并没有什么变化，但事物的颜色却会发生变化或者随之消失，难道这一点还不够清楚吗？不仅如此，其他情况保持不变，只要事物的位置发生变化，那它们在眼前就会呈现出不同的颜色。当我们在不同亮度的光线下观察同一物体时，同样的事情也会发生。同一物体，在烛光和日光之下所呈现出的颜色不也是很不一样吗？除此之外，还有一种三棱镜实验可以说明这一点。三棱镜可以将混杂的光线分离开来，从而改变任何物体的颜色，以至用裸眼看是最白的颜色却呈现出深蓝色或深红色。现在，请你告诉我，你是否还相信每一物体之内都具有自己真正实在的颜色呢？假如你认为具有，我还想让你告诉我，使用具有何种组织和形式的眼睛，在什么光线下、在什么距离和位置上才能从表象的颜色中辨识出实在的颜色来……

海拉斯：斐洛诺斯，坦白说，我知道再坚持也是无济于事。总而言之，颜色、声音、味道，以及所有所谓的"第二性质"，都不可能独立于心灵而存在。但即便我承认了这一点，它也不会贬损物质或外部事物的实在性。没几个哲学家持有你这样的观点，而且他们离否认物质还差得远。为了更清楚地理解这一点，你必须知道哲学家们把可感性质分为第一性质和第二性质。前者包括广延、形状、不可入性（solidity）、重力、运动和静止等。后者就是前面我们所探讨的那些性质，也就是除了第一性质之外的所有可感性质，它们被认为是只存在于心灵之中的感觉和观念。不过，这些你肯定知道。就我而言，我早就知道哲学家们中有这种流行观点，但直到现在，我才完全相信这种观点是正确的。

斐洛诺斯：那么，你仍然认为外延和形状存在于无思想的外部实体之中吗？

海拉斯：是的。

斐洛诺斯：但是，如果我们用以反驳第二性质的论证也同样可以反驳这些第一性质呢？

海拉斯：那我就相信它们也是只存在于心灵之中的……

斐洛诺斯：因为同一物体，用一只眼睛看，是渺小的、光滑的、圆润的；而用另一只眼睛看，则是巨大的、不均匀的、有棱角的。难道这不能同样推理得出并没有外延或形状存在于物体之中吗？

海拉斯：可以。但这种情况真的发生过吗？

斐洛诺斯：在任何时候你都可以做这个实验。你一边用裸眼看，一边通过显微镜看同一物体不就行了。

海拉斯：我不知道怎么为"广延"辩护，但我也不愿就此抛弃"广延"。因为一旦我做出这样的让步，那很多奇论就随之而来了。

斐洛诺斯：那么，谈谈不可入性吧。你如果认为不可入性不是一种可感性质，那我们就不考察它了；相反，如果你认为它是可感性质，那不可入性一定指的是坚硬性或者阻力。但这两者显然都与我们的感官有关：很明显，在一种动物看来坚硬的东西，对于另一种四肢坚实有力的动物来说，可能是柔软的。同样，我所感觉到的阻力也不存在于物体之中。

海拉斯：我直接感受到的阻力的确不在物体之中，但是这种阻力的原因确实是在物体之中的。

斐洛诺斯：但是，我们感觉的原因并不是直接感知到的东西，因此也就不是可感的。这一点是我们早已确定的……

海拉斯：斐洛诺斯，我承认，在对我心灵之中的东西进行仔细考察之后，我发现其中除了我是一个能够感受各种感觉的有思想的存在物之外，别无他物。我也不能想象出一种感觉是如何存在于无感知能力的实体之中的。但是，当我从另一种观点去看待可感物时，把它们当作情状（modes）和性质来考虑时，我发现必须要假定一种物质基质（material substratum）的存在，没有这种物质基质，我们就不能设想它们的存在。

斐洛诺斯：你称它为"物质基质"？请问，你是通过什么感官认识到它的呢？

海拉斯：物质基质本身并不是可感的。只有它的情状和性质才可以被感官感知到。

斐洛诺斯：我想这是你经过反思和推理得出的结论吧？

海拉斯：我并不敢妄称自己的这种观点就是正确的。我之所以肯定物质基质的存在，是因为性质不可能被设想为毫无支撑的存在……

说实话，斐洛诺斯，我认为有两种对象：一种是直接感知到的对象，也叫"观念"；一种是实在的东西或者外部对象，它们是通过观念作为中介而被感知到的，而观念就是它们的影像（image）或者表象（representation）。现在我承认观念不能独立于心灵而存在，而后一种对象则是独立于心灵存在的。很抱歉之前我没想到这个区别，如若我做了这个区别，那你就可以少费些口舌了。

斐洛诺斯：那这些外部对象是通过感觉感知到的，还是通过其他官能知道的？

海拉斯：它们是通过感觉感知到的。

斐洛诺斯：啊！有什么东西是不被直接感知到，但又被感官感知到的吗？

海拉斯：是的，斐洛诺斯，在某种意义上是有的。例如，当我看到尤利乌斯·恺撒（Julius Caesar）的画像或雕像时，在这种意义上我可以说，我通过感官感知到了他（虽然不是直接感知到的）。

斐洛诺斯：你好像是认为只有我们的观念是被直接感知到的，而与此同时，我们的感官也感知到了外部对象，因为观念是外部对象的影像，它们与观念是一致的或相似的。是这样吗？

海拉斯：是这个意思。

斐洛诺斯：虽然尤利乌斯·恺撒本人是不可见的，但他仍然可以被视觉感知到。同样地，虽然实在的东西本身是不能被感知到的，但它们仍然也是可被感官感知的。

海拉斯：是这样的。

斐洛诺斯：海拉斯，请告诉我，当你看到尤利乌斯·恺撒的画像时，你的眼睛看到除了具有一定的体系、组织的颜色和形象之外的其他东西了吗？

海拉斯：没有其他什么东西。

斐洛诺斯：一个对尤利乌斯·恺撒一无所知的人，所看到的不就是这些吗？

海拉斯：他确实只能看到这些。

斐洛诺斯：那他的视觉及其功用与你的视觉及其功用是一样好的吧？

海拉斯：是一样好的。

斐洛诺斯：那为什么你的思想想到了罗马皇帝，而他的思想却没有？这肯定不是来自你所感知到的感觉或感官观念吧？因为你已经承认自己的感觉和感官观念并不优于他。那这似乎是因为理性和记忆，难道不是吗？

海拉斯：应该是。

斐洛诺斯：因此，从这个例子中我们不能得出这样的结论：存在一些东西是不被直接感知到，但被感官感知到的。我承认，在一定意义上，我们通过感官间接地感知可感物，也就是说，我们常常感知到事物之间的联系，因此当我们的感官直接感知到某些观念时，这种直接感知可能会向我们的心灵暗示出一些与它们相联系的或者属于另一种感官的观念。例如，当我听到一辆马车沿着街道行驶时，我直接感知到的只有声音。但根据经验，这样的声音是与马车有关的，因此我说我听到了马车。然而，严格地说，除了声音之外，我实际上并没有听到其他任何东西，马车不是凭感官感知到的，而是由经验暗示来的。我们看见一根烧红的铁棍时，情况也是一样的。铁的不可入性和热度都不是视觉的对象，而是通过感官感知到的颜色和形状暗示给我们的想象的结果。简而言之，只有那些初次呈现于我们面前，而被感官感知到的东西才真正严格地算是感官感知到的东西。至于其他东西，很明显，它们只是由基于之前的感知之上的经验暗示给心灵的。但是，回到你刚才说的恺撒画像的比喻上，很明显，如果你坚持之前说的，你就必须坚持认为实在的东西或者我们观念的原型并不是被感官感知到的，而是由灵魂的一些内在官能（比如理性和记忆）而来的。因此，我很想知道，对于你所谓的"实在的东西"或者"物质对象"的存在，你能从理性中得出什么证据？或者你是否记得之前所见的"物质对象"本身？或者你是否听说过或读到过别人见过"物质对象"本身？

海拉斯：斐洛诺斯，我知道你总爱讥笑人，但这也说服不了我呀。

斐洛诺斯：我的目的只是想从你那里知道，如何获得关于物质存在物的知识。我们所知觉到的东西，要么是通过感官直接感知到的，要么是通过理性和反思间接知觉到的。但现在你把感官排除掉了，那请你告诉我，你有什么理由相信它们的存在，或者你通过何种媒介能够证明它们的存在，以使自己或我得以理解呢？

海拉斯：坦率地说，斐洛诺斯，对于这个问题，我还给不出什么理由。但有一点似乎很明显，那就是这种东西至少是有可能存在的。只要这种假设不荒谬，我就决心像以前一样相信它，除非你能拿出充分的理由反驳它。

斐洛诺斯：什么！难道你只是相信物质实体的存在，而且你的这种信念只是建立在它是可能为真的？你竟然让我提出反对的理由！按理说，相信这种观点的人应该先给出证据吧。

……那么，稍纵即逝、变化无常的观念，怎么能成为恒常不变的事物的摹本（copy）和影像呢？或者，换句话说，因为所有的可感性质，比如大小、形状、颜色等，也就是我们的观念，是随着距离、媒介或感觉工具的变化而变化的——这些东西怎么能表象或摹写与之相异的物质对象呢？或者，要是你说物质对象只是与某个观念相类似，那么我们怎么区分真正的摹本和错误的摹本呢？

海拉斯：斐洛诺斯，我承认我有点茫然无措了。我不知道该说什么好。

斐洛诺斯：不止于此。物质对象本身是可感知的，还是不可感知的呢？

海拉斯：能够直接感知的只有观念。因此，所有物质对象本身都是不可感知的，只有通过它们的观念才能被感知到。

斐洛诺斯：那么，观念是可感的，而它们的原型或起源是不可感的？

海拉斯：是的。

斐洛诺斯：但可感的东西怎么能类似于不可感的东西呢？本身看不到或听不见的实在的东西，能与颜色或声音类似吗？总之，除了感觉或观念能与其他的感觉或观念类似外，它还能与其他东西类似吗？

海拉斯：我必须承认，我认为不能……

对贝克莱观点的挑战

撇开那些对选文中的某个论证的反驳不谈,贝克莱的观念论至少面临两个重大挑战。首先是任何观念论者都会遇到的问题,即如何解释我们关于物质对象的日常信念。其次,它面临一个更出人意料、令人惊讶的困难,即如何解释我们关于心灵的知识。下面我们将依次考察这些挑战。

没有一个哲学家想要展示出与常识直接冲突的姿态,贝克莱努力想要证明的是,他并没有否认关于物质对象的常识观点。当一个人在街上说存在一个番茄时,他想说的除了他看到了它,品尝了它(或者可以品尝它,感受它)之外,还有什么其他意思吗?贝克莱认为仅此而已。但他的批评者一直坚称,贝克莱除了否认常识的观点之外,还否认了一些东西。但贝克莱错失掉了什么呢?也许这就是塞缪尔·约翰逊在踢石头时想要表达的意思——尽管难以说清楚,但还是有一种顽固的信念,这种信念认为一种完全独立于人的心灵的、不可感知的物质实体是存在的。我们的确觉得,物体在没有被感知的时候仍然是存在的。正如我们在前一章中所指出的那样,贝克莱为了解决这一问题,引入上帝所具有的永远在感知的心灵。

在贝克莱的哲学中,上帝的心灵与物质世界的实在性之间的关系,可以用英国作家罗纳德·诺克斯(Ronald Knox)这段打油诗很好地加以阐释。

> 有个年轻人曾说,上帝
> 一定会非常奇怪
> 如果他发现这棵树
> 无人之时
> 依然在庭院
> 存在如故。
>
> 答
>
> 亲爱的先生:
> 你的惊讶真奇怪
> 我总是在那庭院里
> 这就是为何那棵树
> 存在如故
> 因为注视它的是
> 你忠实的,上帝。

尽管有些人对贝克莱在应对这一挑战时诉诸上帝的做法并不满意,但贝克莱作为一个有神论者,他对上帝深信不疑。而第二个挑战更加令人烦恼,因为我们并不清楚诉诸上帝是否能解决这个问题。要理解"我们是如何认识自己的心灵的"这一挑战的重要性,我们必须记住贝克莱曾明确声称我们只能感知到我们的观念。因此,我们所感知的东西都是我们的观念,而不是具有这些观念的精神实体。由此我们也可以得出,我们也不能认识心灵这一精神实体。这与贝克莱用以反对物质实体的论证如出一辙。正如大卫·休谟后来谈论贝克莱时所说的那样,这样的论证对精神实体和物理实体同样有效。(因此,在休谟的形而上学体系中,仅有观念,而无任何类型的实体!)贝克莱曾试图解决这一难题,他认为我们的确并没有关于心灵的观念(idea),但我们有关于心灵的"概念"(notion)。他说这话时一定有点难为情。

尽管存在这些挑战，但18世纪以来，人们对观念论的兴趣依然不减。直到20世纪初，在一种不太关注传统形而上学问题、想要运用分析方法来解决自然科学所衍生的问题的哲学取代观念论之前，观念论一直在欧洲大学中占据至高地位。

供讨论的问题

1. 当被问及如何去反驳贝克莱时，塞缪尔·约翰逊曾踢着一块石头说："我就是这样反驳贝克莱的。"这真的是对贝克莱的反驳吗？为什么？
2. 请确保你理解了贝克莱的观念论与伊壁鸠鲁的唯物论之间的区别。假设你必须选择其中的一种形而上学观，你会选择哪一种？为什么？
3. 你会如何批判贝克莱的观点"我们所知道的只是观念"？请为你的回答提供辩护。
4. 贝克莱论证的关键在于打破第一性质和第二性质之间的区别。你认为他关于这一点的论证有说服力吗？为什么？
5. 你认为贝克莱的观念论会受到当代自然科学发现的支持还是威胁？请为你的回答提供辩护。

第十二章　身心问题与人格同一性

在前面三章，我们考察了关于实在之本质的三种主要理论。在第九章"二元论"中，我们看到柏拉图将实在划分为两种截然不同的存在。在第十章"唯物论"中，我们考察了某些形式的唯物论，这些理论认为，宇宙和宇宙中的一切最终都是由物质构成的。最后，在第十一章"观念论"中，我们考察了贝克莱对观念论的辩护，他认为只有心灵及其观念是真实存在的。通过学习前面几章的理论和论证，有些人可能会对形而上学有这样的印象，即形而上学只想对实在的本质做出宏大而全面的解读。当然，这是一种错误的印象。除此之外，形而上学还考虑那些与判定具体种类的事物的实在性和本质相关的特殊问题。因此，形而上学问题也会蕴藏在哲学的各个子领域。在数学哲学中，哲学家们要去考察数字和几何图形是不是独立于物质世界和人类心灵而存在的。在物理哲学中，哲学家们会去争论亚原子粒子究竟是真实存在的，还是仅仅是解释性的假设。在语言哲学中，哲学家们会去讨论命题的意义是不是独立于人类表达、交流这些命题时的习惯而存在的。

虽然这些特定的形而上学论题看起来晦涩难懂，因此最好留给专家们研究，但也有一些特别的形而上学问题，对所有具有反思能力的人来说，都是有直接意义的。在第十三章"自由与决定论：人的能动性的形而上学"中，我们将考察人类自由的问题，要去探究人类是不是自由的以及如果人类是自由的，那他们的自由包含什么。在本章，我们主要考察两个问题，这两个问题对于理解我们作为具有理性和自我意识的存在本身是至关重要的。第一个问题，一般叫作"身心问题"，这个问题要探讨人类心灵的本质以及人类心灵到底是物质的还是非物质的。第二个问题，叫作"人格同一性问题"，这个问题要探讨作为一个人究竟意味着什么以及一个人要在时间推移过程中保持同一，需要什么东西。

大多数人在人生的不同阶段都会有一种与世界格格不入的感觉——一种不确定自己归属于何方，不知道自己何为，在生活中不安的感觉。哲学家们通过不同的方式表达了这种感觉。奥古斯丁认为，这是人类不得安息的心；马克思将此描述为人类的异化；克尔凯郭尔（Kierkegaard）指出，这是人生中之绝望；加缪（Camus）则断然宣称，生活本身就是荒谬的。正如你将在第二十六章"宗教与生命的意义"中看到的，不同的哲学家对于如何才能最好地处理人生意义问题给出了不同的答案。尽管如此，大多数哲学家的共识是，对本章和下一章的问题加以探究，是解决人生意义问题至关重要的第一步。作为一个人，要想破解人生意义之谜，首先最重要的就是弄清楚"我们是自由的还是完全被决定的"，"什么构成了我们的心灵"，以及"我们究竟是谁"这三大问题。

身心问题

人类普遍感到不安的一个可能原因是，人类似乎具有两种不同的本性。一方面，人类是具体的存在物，其中的构成物质与构成石头、海洋或金星的物质没什么差别。另一方面，我们又是理性的、具有自我意识的存在物，因此人类似乎是所有具体存在物中最特殊的一种。此外，至少从表面上看，物质宇宙的终极成分——处于运动中的无生命粒子——似乎不太可能解释我们的理性和自我意识。因此，我们的困境就在于，我们的具体存在似乎告诉我们，我们是属于物质世界；但是我们是理性的、具有自我意识的事实似乎告诉我们，我们最重要的特征不可能是完全从属于物质世界的。

这种对人类本性的双重划分，除了能部分地解释我们在世界中的不安之外，也促使许多哲学家认为唯物论和观念论都不是充分的形而上学理论。唯物论和观念论两者，都有各自的优点，同时也都有致命的问题，而它们最明显的问题就是身心问题。具体地说，你本身就是一个同时具有心灵和身体的实在。因此，我们所谈论的身心问题并不是什么高度抽象的、纯粹理论上的问题，它关乎具体的个人，关乎实实在在的人。我们日常的言说方式实际上也指向了两种不同的实在：当我们谈论我们的心灵时，我们把它视作与我们的身体一样的实在；当我们谈论我们的身体时，我们把它视作我们生活的可见世界的一部分。

身心二元论

以上我们日常的言说方式体现出的就是一种所谓的"身心二元论"（mind-body dualism），"二元"（dual）的意思就是有心灵和物质两种东西。在第九章，我们看到了柏拉图所支持的一般的形而上学二元论，但在本章，我们将转向近现代（从16世纪到19世纪）最著名的二元论：17世纪的法国哲学家和数学家笛卡尔（参见第十五章"勒内·笛卡尔：寻求确定性"）所支持的二元论。严格地说，笛卡尔认为有三种实体，一种是自因的实体（上帝），另外两种是被创造的实体（心灵和物质）。但是当他解释自然、"被创造"的实体或者世界时，他至少是持有一种二元论立场的。笛卡尔认为心灵和物质这两种实体是完全不同的，物质有广延，心灵有思维。心灵不占空间，物质不能思维。心灵不可分，物质可分割。因此，心灵和物质不仅是不同的，而且是完全不同的东西。

笛卡尔的二元论

我必须先考察一下身体和心灵之间的巨大差异。从其本质上来讲，身体是可分的，而心灵是完全不可分的。当我考察我的心灵时——也就是说，把自己仅仅当作一个在思维的存在时——我不能从我自己身上区分出什么部分来，我只是把自己看作一个单一而完整的东西。虽然整个心灵似乎是与整

> 身体结合在一起的，但是当一只脚或一只手臂或者身体的其他部分被砍掉时，我并不觉得我的心灵减损了什么。意愿、感觉和理解等官能也不是心灵的一部分，因为是一整个心灵在意愿，在感觉，在理解。相反，在我看来，物质的、有广延的东西都能被加以切分，因此是可分的。仅此一点就足以说明心灵和身体是完全不同的东西，即便我之前尚未充分地了解到这一点。
>
> ——笛卡尔，《第一哲学沉思集》(Meditations on First Philosophy)

古希腊哲学家柏拉图曾对人的本性提出了一种理解，在这种理解中，灵魂与身体是截然不同的东西。灵魂属于永恒的、理智的、不变的理念领域，而身体则属于多变的、混乱的、矛盾的物质现象世界。同笛卡尔类似，柏拉图也认为人类是两种截然不同的东西，即灵魂和身体的短暂结合物。在柏拉图看来，灵魂就像笼中鸟一样，被困于身体的牢笼之中，期待着被释放。

二元论的优势在于，它能够哲学地表达一些难以被唯物论或观念论表达的日常经验事实，也由此在许多方面更接近于我们的常识和日常经验，从而更好地解释我们的日常经验。相反，二元论的问题在于，如何准确地解释心灵和身体的结合。这两种本质上不同的东西如何可能结合在一起？这种结合似乎是不可能的。我们当然知道心灵和身体是相互影响的，因为我们每日的经验都会告诉我们千百次。比如，我要想在课上回答问题，那我就会举起手。在其中，我的心灵指导和掌控着我的身体。又如，当我患着重感冒去完成自己的期末论文时，我可以清楚地知道我的身体是如何影响我的心灵的。心灵和身体当然是相互影响的，但问题是如此不同的二者是如何可能相互影响的呢？当我举起手时，我不得不去移动某部分骨头，为了使骨头移动，我不得不去调动某部分肌肉，为了调动某部分肌肉，我不得不将某些电化学反应传递给肌肉。但是非物质的、不存在于空间中的心灵又是如何完成这一切的呢？同样，发高烧、肌肉僵硬又怎么会影响到非物质的、不占据空间的、精神性的心灵呢？

相互作用的难题

相互作用的难题指的是，如果心灵和身体是如此不同的东西，那它们又怎么可能交互影响呢？这是一个典型的哲学问题。当我们既想去相信，同时也具有充分的理由去相信两种相矛盾的观点时，一个哲学问题就产生了。在这里，我们既想去相信，同时也具有充分的理由去相信这样两种观点：心灵和物质对象是根本不同的；心灵和物质对象可以交互作用。这里的问题就是，这两种观点如何可能同时为真。如果心灵和身体是如此地不同，那它们就不可能交互作用；如果心灵和身体可以交互作用，那它们就不可能如此地不同。解决哲学问题就是要找到解决这些困难的途径。也许心灵和身体实际上并没有交互作用，而只是看起来是交互作用的。这种观点就是所谓的"平行论"（parallelism），这种理论认为，精神事件发生在一个领域，物理事件发生在另外一个领域，两种领域之间没有任何联系。当然，这种立场也存在一些问题，但是至少它是解决身心问题的一条可能途径。或者我们可以认为，身心问题是我们错误的和混乱的因果概念造成的，这种错误和混乱致使不同类别的事物之间的交互作用显得异常困难，因此我们可以通过不同的因果概念来构建一套更为精致的交互理论，以解决身心问题。

同一论

解决身心问题的一种方法就是接受我们之前提到的两种一元论（唯物论和观念论）中的一种。唯物论的一种晚近形式叫作"同一论"（identity thesis），这种理论认为，"心灵"和"身体"这两个词语所指称的是同一的东西，即物质实体。一元论是如何"解决"身心问题的呢？

唯物论者的回答是，你关于心灵所说的一切实际上都是关于身体的，因为身体是物质的，而只有物质是实在的。相反，观念论者则认为，关于身体的任何陈述实际上都是关于心灵和观念的陈述，因为只有心灵及其观念是实在的。如果你认为既有心灵，又有身体，那你就是一个二元论者，你就会被二元论所具有的问题所困扰。20世纪美国哲学家理查德·泰勒（Richard Taylor）首先解释了二元论面临的问题是什么，接着他对那些为了规避二元论的问题而发展出的主流理论进行了梳理，这些理论包括平行论、偶因论（occasionalism）、交感论（interactionism）、预定和谐论（pre-established harmony）等。

我们可以使用在第二部分"关于思想的思考"中学到的逻辑知识来分析泰勒对唯物论的反驳。泰勒指出，唯物论的一个核心困难是：如果心灵和身体是同一的，那么如若我们能对其中一个说些什么，我们也必然能够对另外一个说些什么。例如，如果我们说"我的心灵有一个意愿"，那我们也必然能够说"我的身体有一个意愿"，但这听起来很奇怪。或者如果我们说"我是虔诚的"，那也就同时意味着"我的身体是虔诚的"，但这句话没什么意义。很明显，我们这里有一个基于否定后件式（MT）的间接论证。MT论证的形式如下：

$$P \rightarrow Q$$
$$\sim Q$$
$$\therefore \sim P$$

泰勒对唯物论的反驳（二元论将会接受这一论证）可以转化为MT形式：

如果心灵和身体是同一的（P），那么"我是虔诚的"就意味着"我的身体是虔诚的"（Q）。

"我是虔诚的"意味着"我的身体是虔诚的"这一点是荒谬的（$\sim Q$）。

因此，我的心灵和身体不可能是同一的（$\sim P$）。

在此，泰勒既不接受唯物论，也不接受二元论。他在这里只是将唯物论面临的问题呈现出来，他所呈现的是一个两难困境的问题：如果心灵和身体是同一的，那么精神属性也必然适用于身体。但这迫使唯物论进入两难困境：要么（1）去接受荒谬的结论，要么（2）放弃唯物论，转而支持二元论。

泰勒如何看待二元论呢？关于二元论，他谈的不多。但他确实指出，我们时常像说自己拥有一双鞋子一样，说"我的身体"或"我拥有一个身体"，他这样说似乎支持了二元论的观点，即我们（我们的心灵）是与我们的身体相区别的。但泰勒认为，我们自己或我们的心灵与我们的身体之间的关系还没有亲密到一个从属于另一个的地步。二元论最大的困难在于，它会导致一个极大的困难，即要去说明如果心灵和身体是不同的，那它们又是如何发生联系的。泰勒认为，二元论为了回答身心问题而发展出的每一种理论都是如此地怪异，这使得许多哲学家完全抛弃了二元论。

同一论的抗辩

在离开这一论题之前，我们先简单考察一下以 J. J. C. 斯玛特为代表的当代哲学家为同一论提出的抗辩。虽然泰勒和其他一些人的论证确实表明，至少存在两种不同的语言，但是斯玛特认为，他们的论证也同时表明，至多存在两种不同的语言。我们具有两种言说方式的事实并不能证明有两种不同的东西被指称。斯玛特沿用了早在50年前就因德国哲学家戈特洛布·弗雷格的使用而广为人知的例子，即"晨星"和"暮星"的例子。千百年来，暮星一直指的是在夜晚出现的第一颗星，而晨星是最后一颗在早晨消失不见的星。19世纪的天文学家发现，晨星和暮星实际上是同一颗星，也就是金星。在这个典型例子中，同一对象通过不同的方式被描述，而这两种描述具有两种非常不同的意义。"暮星"这个词的意义与"晨星"这个词的意义显然是不同的。"暮星"的意义是"在夜晚出现的第一颗星"（这就是为什么它会被称作"暮星"），而"晨星"的意义是"最后一颗在早晨消失不见的星"（因此它被叫作"晨星"）。尽管两者具有不同的意义，但这并不能证明它们一定指称两个不同的东西。另一个著名的例子是有关"威佛利"（Waverley）系列小说的作者沃尔特·司各特爵士（Sir Walter Scott）的例子。想象一个在上大一英语文学课的学生，而且他并不知道"威佛利"系列小说的作者是司各特爵士。"司各特爵士"这个词意指司各特爵士这个人的某些东西。这个学生可能会认为这个词指的是一个在19世纪的苏格兰生活和写作的人，这个人曾被英国王室封为爵士，这个人很可能是写《艾凡赫》（Ivanhoe）的那个人。同时，这个学生也理解"'威佛利'系列小说的作者"这一表达的意义，"'威佛利'系列小说的作者"指称的就是那个写作所谓的"威佛利"系列小说的人。但是，当我们在英语文学期末考试中，问及这个学生"'威佛利'系列小说的作者是谁"时，他可能会回答说是坦尼森（Tennyson）。现在的他，很像19世纪那些知道"晨星"和"暮星"的意义，但还是错误地以为这两者指称的是两颗不同的星的人。就像那些后来知道"晨星"和"暮星"虽然意义不同但指称同一颗星的人一样，这个可怜的大一新生通过考试，最终也会发现"司各特爵士"和"'威佛利'系列小说的作者"实际上指称的是同一个人。

但是，假如我们同意斯玛特的观点，认为心理概念和物理概念所具有的意义在根本上是不同的，即便两者是两种完全不同的语言，这一点也不能证明它们指称的对象是不同的。具有不同意义的两种不同的概念，也有可能指称同一个对象。即便我们同意了斯玛特的观点，那我们就能得出"只有物质存在"的结论吗？并不能。我们在本书中说过很多次了，驳斥对方的论证，并不代表你的观点就是正确的。如果斯玛特的论证是可靠的，那它只能表明：泰勒和其他一些人，通过我们有关心灵和身体的言说和思考方式是不同的这一事实，去证明心灵和身体是截然不同的实体的做法，是错误的。即便斯玛特是正确的，心灵和身体仍然有可能是不同的实体，只不过它们是不同实体的原因并非泰勒所提供的那个原因罢了。同时，即便二元论被打败了，也并不能得出结论说所有一切都是物质。正如斯玛特想让我们相信心灵是物质的一个层面一样，我们照样有理由相信物质只是心灵的一个层面，而这正是观念论者所认为的。同时，心灵和身体还有可能是第三种实体的两种不同层面！17世纪的哲学家斯宾诺莎、20世纪初的哲学家胡塞尔以及20世纪的哲学家彼得·F. 斯特劳森就持有这种"两面论"（dual-aspect）立场。尽管如此，时至今日，同一论仍然是哲学家争论不休的主题。

二元论的辩护

同一论实际上只是唯物论的一个更精致的现代版本，这种观点认为，我们的心灵和身体实际上是同一的。泰勒所提供的关于心灵和身体的同一性的反驳是最具说服力的反驳之一，他论证说，我们所使用的心理概念的意义不能还原为我们所使用的物理概念的意义，它们两者在根本上是不同的。

我们语言中的二元论

无论心灵和身体是否真的是同一的，我们总是不能以同样的方式去谈论或思考它们。我们至少有两种完全不同的语言，一种是我们用以描述心灵的心理语言（比如，他是聪明的、理智的、易怒的、固执的、喜怒无常的），另一种是我们用以描述物理对象的语言（比如，它很重、很大、很坚硬）。当然，我们可以使用其中任一种方式去描述人类，因为人类既具有心灵，又具有身体。

在各种形而上学体系中，人们总是想用诸多实体中的一种去解释许多东西，同时人们也会尝试用其他具有不同意义的东西去解释一个具有自己独特意义的东西。例如，原子论者会尝试用原子去解释桌子，而桌子的意义与原子的意义是相当不同的。我们将餐桌理解成一种人造的家具，它可以供人们吃饭使用，会在家具店出售，通常是用木头制成的等。"餐桌"的意义中所包含的概念，没有一个是蕴涵在"原子"这个词的意义之中的。"原子"的意义仅仅是"物质中最小的不可分的单位"。当观念论者试图用某些观念或者感觉来解释"餐桌"时，他们也会遇到同样的问题。"观念"这个词的意义与"桌子"这个词的意义是相当不同的，当我们听到贝克莱说桌子只不过是观念时，我们就像听到伊壁鸠鲁说桌子只不过是原子的聚合时一样，也会感到惊讶。

尽管如此，二元论认为，尝试用一种东西去解释另一种东西的做法，与同一论者用纯粹的物理概念去解释心灵的做法，还是有很大区别的。在前一种情况中，尽管我们一开始会惊讶于将"桌子"转化为原子或观念的做法，但是过一段时间后，我们就会去考虑为什么我们可以用其中一种东西去解释另一种东西，或者说，会去考虑我们如何从一种东西中得到另外一种东西。比如，从飞机上看，由一棵棵独立的树组成的森林像是一个坚实的对象。如果我们能看到桌子的"细节"，也许我们就会发现桌子也是不同的独立对象的聚合。虽然我们可以不同意原子论，但至少我们可以看到这种解释是如何进行的，如何可能为真的。观念论亦是如此。人们都会做梦，梦中的对象看起来似乎是完全实在的，它们也能被触摸、被品尝、被听到，但当我们清醒过来时，我们又会意识到所有这一切都只存在于我们的心灵之中。这难道不可能发生在我们清醒的生活中吗？同样，虽然我们可以不接受观念论，但至少我们可以理解物质世界是如何可以用心灵和感觉来加以解释的。从这种意义上讲，要想用 B 来解释 A，我们必须能看到 A 是如何被经验为 B 的。但是，二元论者坚称，我们不可能用无生命的物质去解释生命或心灵。我们从无生命的物质开始，最终得到一个有生命的、在思维的人，你能看出前者是如何变成后者的吗？如果我们不能理解其中的过程，那我们就不能看出物质如何转化为心灵，因此，按照前面那种意义上的"解释"，我们就不能用物质去解释心灵，或者用心灵去解释物质，我们必须将两者都保留下来。

该争论的重要性

在考察了身心问题以及由此引发的漫长争论之后，你肯定很想知道谁最终会在这场争论中胜出吧。将心灵和身体相区分会产生问题，将心灵和身体相同一亦会产生问题。到最后，谁会真的在乎它们是不同的还是同一的呢？

由身心问题衍生出来的一个重要问题是死亡之后的人生问题。乍看起来，二元论似乎是那些相信来世的人唯一可行的选项。如果心灵只不过是身体，那么我还有什么希望能在身体毁灭后继续存在呢？相反，如果心灵是一种独立于身体而存在的非物质实体，那相信人有来世似乎就没什么问题了。

在期许来生的可能性上，二元论似乎处于更有利的地位。但正如哲学中的许多问题一样，事情并非一眼望去那么简单。

有些问题并非看起来那么简单，其中最明显的一个例子就是基督教传统中有关身体复活的教义。这种教义更符合圣经关于非物质灵魂的解释，而不是柏拉图式的解释。它可能会为唯物论提供一些解释来生的资源。唯物论者可能会认为，尽管倾城倾国之力都不能使身体复活，但全能的上帝甚至可以将归于尘土的身体复活。虽然唯物论者的这种回应方式很吸引人，但它一样会遇到挑战。其中最需要担心的一种挑战是认为复活的身体只不过是尘世身体的完美复制品。我们可以称之为"复制品反驳"（replica objection）。我们可以用彼得·范·因瓦根（Peter van Inwagen）的一个例子来构建一个类似版本的反驳。

想象一下，你3岁的儿子用积木搭了一座塔。在他熟睡的时候，你一不小心将这座塔撞翻了。然而，你想到你的儿子可能会在他妈妈下班时向她展示这座塔，于是你按照原来积木的位置精确地安排着现在零散的积木，小心翼翼地重搭了一座一模一样的塔。现在，假设你成功了，那么问题是，这座重搭的塔还是你儿子所搭的那座塔吗？虽然，大多数人愿意承认重搭的塔是原来的塔的完美重建或复制。但我们更倾向于认为，这座塔与原来你儿子搭的塔并非完全等同。但是，如果我们在这个积木塔的例子中得出的结论是这样的，难道我们不会在身体复活的例子中得到类似的结论吗？也许复活的身体只是尘世身体的完美复制品，它们不能完全等同。因此，你想通过复活身体而在死后存在，就像你想通过一个从未谋面的孪生兄弟而存在一样。也许对于这个孪生兄弟来说,这是件好事,但是对你自己来说,并不是什么好事。

现在如果你被"复制品反驳"说服了,那你很可能会认为身体复活并没有提供一个很好的理由去质疑那个最初的判断,即"唯物论比二元论更难解释来生"。然而,我们要再次说这一结论下得太快了。其原因首先在于"复制品反驳"本身也有批评者,也是有争议的。此外,还有一个更深层次的原因。即便我们全然接受了"复制品反驳",但上述有关这个反驳的讨论也会使我们意识到这个更深层的原因,即问题可能并非看起来那么简单,它要比之更具争议性。为什么呢?因为有些唯物论者可能会接受"复活的身体与尘世的身体并非完全等同"这种观点,但他们依然可以给出以下回应:

> 即使"复制品反驳"确实表明了复活的身体与尘世的身体并非完全等同,但是来生的这个人的人格(person)依然可能等同于现世存在的这个人的人格。为了说明这一点如何可能,我们需要先认识到,一个人的人格保持同一的条件并不同于身体保持同一或者身体能思考的部分保持同一的条件。成为一个人与具有人之人格是密切相关的,具有人格就意味着具有一系列的信念、记忆和心理特征。也就是说,具有一定的心理历程和心理结构。这就是我们为什么倾向于认为阿尔茨海默病的晚期患者不再是曾经他所是的那个人的原因。即便他还拥有同样的大脑,但是其大脑不再具有它曾经有过的心理历程和特征了。相反,想象一下,如果我们所爱的人从阿尔茨海默病中戏剧性地康复了,我们会对他说些什么?我们会

说,"你回来真好!"这里的"你"指的只能是他的人格,因为他的身体和大脑从未消失过。所有这一切难道不足以说明人格同一性更多是与个人心理历程之留存相关,而不是与能思考的身体器官之留存相关吗?只要一个人的记忆和品质特征被留存下来,我们就可以像康德那样去想象,想象个人的独特意识从一个在思维的东西身上转移到另一个在思维的东西身上,就像运动从一个台球上传递到另一个台球上一样。正如台球之间的运动传递只关乎物质及其状态一样,人的人格在不同的身体之间传递也只关乎物质及其状态。我的朋友,这就是为什么一个唯物论者在相信复活的身体与现世的身体不是同一身体的同时,还能相信来世的这个人与现世的这个人是同一的原因。此外,如果人们关于形成同一的人格的那些东西的一般观点是正确的,那么我们就有了一个更深层的理由去质疑"唯物论比二元论更难解释来生"这种观点了。如果在思维的东西的同一性并不是人格同一性的必要或充分条件,那这就意味着,在解释个人来生的可能性上,二元论并不比唯物论有什么明显的优势。即便人类身体毁灭之后,有一个非物质的灵魂继续存在,但这并没有告诉我们身体死亡之后,人格是否继续存在。

人格同一性问题

我们在前一部分所介绍的唯物论的论证,除了向我们展示了"在解释来生上,究竟是唯物论还是观念论更具优势"这个问题的复杂性之外,还将

我们引入到本章要讨论的第二个特殊的形而上学问题：人格同一性问题。人格同一性问题关心的是，是什么使得一个人成为他现在所是的这个人以及是什么使得一个人随着时间推移而保持是同一个人的问题。尽管这个问题与身心问题有关，但我们所设想的唯物论的论证表明，这两个问题还是有区别的，关于"心灵是什么"这个问题的回答与关于"一个人是什么"这个问题的回答可能是不同的。唯物论者曾经采纳的一种人格同一性理论，与17世纪英国哲学家约翰·洛克最为相关。洛克认为，意识对于人是至关重要的，个人意识的留存对于人在时间中保持人格同一是至关重要的。

在下面这篇有趣的文章中，阿尔弗雷德·C.伦特（Alfred C. Lent）从文学、哲学史、流行文化、神经科学和当代分析哲学方面旁征博引，对有关人格同一性的哲学理论进行了梳理，并对德里克·帕菲特（Derek Parfit）所提出的极具影响的当代版本的洛克理论进行了评价。除了对人格同一性这一哲学问题进行了精彩的介绍以外，伦特还引用各种资源提醒我们，人类具有一种对自己的生活产生好奇并在其中发现自我的能力，而哲学问题正是这种能力的自然产物。

阿尔弗雷德·伦特：在一具不同的身体中存活[1]

导言：身体交换的直觉

20世纪60年代初期，有一部很短命的情景喜剧想要我们相信：主人公死去的母亲不知何故化身成了一辆1928年的波特（Porter）汽车。其母亲通过无线电扬声器说话，最终说服迷糊的男主角相信这辆车就是他的母亲，由此，他的母亲作为一辆汽车重新归来。这部剧的剧名很恰当，叫作"我的母亲是辆车"（*My Mother the Car*）。而这部剧讲述的故事很难让人有代入感，所以仅播出一季就被砍掉了。

一个人在死后可以以一辆古董车的形式归来，这是一个荒谬的假设，甚至用到情景喜剧之中也一样如此。它是如此荒谬以至难以成为一个哲学观点。但它与某些哲学观点的差距也没那么大。

关于是什么使得一个人在时间流变中保持同一的问题，主要有三种观点。第一种是二元论观点，根据这种观点，一种简单的非物质实体的持续存在使得人得以在时间流变中保持同一，这种实体通常被叫作"灵魂"[2]。第二种是身体观，即认为保持人在时间流变

---

[1] 经作者授权使用。
[2] 关于当代二元论，请参见约瑟夫·巴特勒（Joseph Butler）的《论人格同一性》（"On Personal Identity"）和托马斯·里德（Thomas Reid）的《论洛克先生对我们人格同一性的解释》（"On Mr. Locke's Account of our Personal Identity"），两篇文章全部收录于约翰·佩里（John Perry）主编的《人格同一性》（*Personal Identity*，Berkeley：University of California Press，1975）一书中。当代二元论者对人格同一性的研究还可以参见：罗德里克·齐硕姆（Roderick Chisholm）的《人与物》（*Person and Object*，La Salle，Illinois：Open Court，1976）第三章以及理查德·斯温伯恩（Richard Swinburne）的《人格同一性》（*Personal Identity*，Oxford：Basil Blackwell，1984）。

中的同一就在于保持同一个活生生的身体。[1] 第三种观点是心理观,这种观点认为是心理事件(比如,关于某一事件的经验以及有关这种经验的后续记忆,或者想要做某种行动的意愿以及行动产生的后续意愿)之间的关系使得一个人在时间流变中保持同一。[2]

约翰·洛克是第一个为第三种观点辩护的哲学家。[3] 洛克认为,人格同一性仅在于意识之同一,而不在于其他任何实体的同一,无论是灵魂这样的非物质实体,还是身体这样的物质实体。有关洛克观点的传统解读认为,如果意识可以从一具身体转移到另一具身体,那么同一个人格就可以在另一具身体中存活,即使原有的实体并没有保留下来。

在 20 世纪有关人格同一性问题的讨论中,最具影响力的作品是德里克·帕菲特[4]的作品。帕菲特的理论是洛克式观点的延续。尽管帕菲特并没有要求我们去想象一个人格可以存活于一辆古董车之中这样荒谬的事情,但他在为自己的观点辩护时,确实使用了许多虚构的例子,这些例子有些非常可信,有些则难以置信以至到了荒谬的地步。

帕菲特的理论从一种寻常的但并不荒谬的主张开始。这个主张认为,如果一个人的灵魂或者大脑可以与另外一具身体关联起来,那么一个人就可以存活于不同的身体之中。我们将"一个人可以在一具不同的身体中存活"这种主张叫作"简单的身体交换的直觉"(The Simple Body-Swap Intuition)。关于这种观点的辩护常常建基于一个看起来不太荒谬的假想之上:想象有一个人的大脑被成功地移植到另一具不同的身体之中。其中,这个人的意识,比如他的信念、欲望、意图、记忆等,都被完整地保留了下来,并且与另一具身体联结起来。我并不确定一个人的意识是否真的能在大脑移植过程中完整保留下来,但在我看来,这似乎并不荒谬。但是,帕菲特的理论又是以一个极其惊人的主张结束的,这个主张建基于一些被认为是荒谬的例子之上。[5] 帕菲特让我们想象这样一台机器,这台

---

[1] 身体观包括:悉尼·舒梅克(Sydney Shoemaker)的早期作品《自我认识与自我同一性》(*Self-Knowledge and Self-Identity*,Ithica, N.Y.:Cornell University Press, 1963),尽管舒梅克后来接受了心理观。伯纳德·威廉斯(Bernard Williams)在《人格是身体吗》("Are Persons Bodies")一篇文章中捍卫身体观,这篇文章收录于《自我问题》(*Problems of the Self*,Cambridge:Cambridge University Press, 1973)第五章。身体观的晚近发展请参见埃里克·T. 奥尔森(Eric T. Olsen)的《人类动物:无心理的人格同一性》(*The Human Animal: Personal Identity Without Psychology*,Oxford:Oxford University Press, 1997)。

[2] 当代心理观包括:H.P. 格赖斯(H.P. Grice)的《人格同一性》("Personal Identity")和安东尼·昆顿(Anthony Quinton)的《心灵》("The Soul")。两篇文章都被收录在约翰·佩里主编的《人格同一性》(1975)一书中。约翰·佩里的《同一的重要性》("The Importance of Being Identical")和戴维·刘易斯(David Lewis)的《生存与同一性》("Survival and Identity")都被收录在阿梅莉·罗蒂(Amelie Rorty)主编的《人格同一性》(*The Identities of Persons*,Berkeley:University of California Press, 1976)一书中。悉尼·舒梅克的观点体现在他与理查德·斯温伯恩的辩论中,收录在理查德·斯温伯恩的《人格同一性》(1984)一书中。

[3] 见他的《人类理解论》(*An Essay Concerning Human Understanding*),彼得·H. 尼迪奇(Peter H. Nidditch)编(Oxford:Oxford University Press, 1975),第 2 卷,第 27 章。

[4] 对帕菲特的引用都来自他的《理与人》(*Reasons and Persons*,Oxford:Oxford University Press, 1984)。

[5] 最著名的可参见凯瑟琳·威尔克斯(Kathleen Wilkes)的《真正的人:无思想实验的人格同一性》(*Real People: Personal Identity without Thought Experiments*,Oxford:Clarendon Press, 1988)第一章。

机器可以扫描并摧毁大脑和身体，并能用不同的物质制造出具有和原来一样心理结构的复制品。帕菲特假设认为复制品与原件无法区分，甚至这机器自己也无法区分。他用这个例子来论证，即便构成这个人的原初物质都没被保留下来，只要真正影响一个人存在的那些东西被保留下来了，这个人就可以继续存在。这种主张可以称作"无条件的身体交换的直觉"（The Unqualified Body-Swap Intuition）。

人们倾向于否认上述那些假想案例可以为一个哲学立场提供有说服力的证据。在第一部分，我会考察两个与人格问题相关的基本问题，并解释为什么这些假想案例，也就是通常所说的思想实验，用于解决这些问题非常适合。在第二部分，我将转向考察帕菲特对以上两个流行的假想案例的独特使用并解释帕菲特关于"简单的身体交换的直觉"和"无条件的身体交换的直觉"的论证。[1] 之后我会考察帕菲特的观点是否易受到这种观点的攻击，即帕菲特的论证是建立在错误的方法论基础之上的。在第三部分，我认为帕菲特观点的问题根源在于他在"简单的身体交换的直觉"中对身体的哲学忽视。而帕菲特正是在这种忽视之中开始自己的推理的。

思想实验

关于人格有两个核心问题。第一个问题是，是什么使得某些东西成为一个人，而不仅仅是一个有感知能力的生物。如果人存在的话，那正常的成年人是人，而兔子不是人。有哪些东西是正常的成年人具有而兔子不具有的东西，也就是什么东西使得正常的成年人成为人，兔子成不了人？因此，第一个问题要回答的是："作为一个人究竟是什么？"第二个问题是我在上面就开始考察的问题：一个人在不同时间中的同一性问题。人们很自然地认为，昨天之我和今天之我，是同一个我，尽管我在此过程中会失去一些东西，获得一些东西。一个人能历经多少变化并保持同一呢？剪指甲是一种可以容忍的变化；失去四肢中的一两个或者失去一个肾、一个肺，也是一个人可以容忍的变化。一个人在有轻微的记忆丧失时，仍然是同一个人。尽管如此，如果我们设想这些变化的程度会越来越深，直到一定的程度，我们就会断定同一个人不再存在了。

这两个问题都要求我们使用想象力去设计思想实验，以便通过思想实验将一个或一些特征从实际的特征中分离出来。我们可以通过以下例子感知一下思想实验的必要性。

正常的成年人是人，这是毫无异议的，但有异议的是，胎儿或持续处于植物人状态的人是否还是人。那么，我们必须要问一下，什么东西是正常的成年人所具有而胎儿和植物人所缺乏的东西呢？也许有很多东西。比如，一个正常的成年人具有发展完善的生殖系统，而胎儿则没有，植物人可能会具有。如果作为一个人就意味着拥有发展完善的生殖系统，那胎儿就不是人。但是，真的是发展完善的生殖系统使得一个正常的成年人成为人的吗？为什么不是一个正常运转的大脑，至少胎儿和植物人都缺乏正常运转的大脑？

因此，我们有必要去问一下，有哪些正常的成年人所具有的特征是与成为"人"相关的。通常的方法就是用思想实验，设想一些并非事实而认其为事实的假想案例来分离出这些特征。

我们先来考虑第一个问题：作为一个人，一个

---

[1] 我之所以称之为"无条件的身体交换的直觉"，是因为这里并不需要任何一般的物质。

具有道德权利的生物究竟是什么？玛丽·安·沃伦（Marry Ann Warren）通过以下这个思想实验来回答这个问题。她让我们想象一个宇航员降落在了一个未知的星球之上，并且遇到了一些外星人，而这些外星人并不具有人类基因。她说道：

> 如果他想对这些外星人做出道德上的行为，他就必须想办法确定他们是不是人，是否具有充分的道德权利或者他们是不是一些可以任意对待而不必有羞愧感的东西，比如只是一种食物。[1]

这个例子让我们做了一个与事实相反的假设。从来没有一个宇航员处于这样的境地，在可预见的未来，这事似乎也不太可能发生。但我们依然可以想象，如果这些外星人具有理智、自我意识和语言等特征，我们也会将他们视作人。

关于第二个问题，也有一些思想实验。洛克曾用以下这个经典的思想实验去回答"是什么使得一个人在时间流变中保持同一"的问题。他说道：

> 一个王子的灵魂，带着王子过去生活的意识，当一个鞋匠的灵魂刚一离开其身体时，王子的灵魂便进入占据了鞋匠的身体。每个人都会明白，这个人的人格与之前王子的人格是同一的，他要为王子的行为负责。[2]

这个思想实验背后的核心思想是，如果一个人的心理结构可以被转移到另一具身体里，那结合而来的人就是具有其心理结构的那个人，而不是具有其原来身体的那个人。

思想实验的方法非常适用于解决这两个关于人格的问题，因为它使得我们可以分辨出那些被自然所遮蔽的区别。

但是，人们也可以从方法论的角度去反驳其中一些案例。也就是说，在某种意义上，这些思想实验是不可能发生的，因此有人可以据此认为我们也没有充分的理由去接受由这些实验而来的结论。比如，"我的母亲是辆车"这个例子是荒谬的，因此有人就很容易拒绝基于这样的假设而获得的有关人格同一性的观点。

考虑一下唯物论者会对洛克的鞋匠/王子假想案例说些什么。唯物论者相信存在的一切终究都是物质的，不存在灵魂或精神这样的非物质实体。按照这种观点，唯物论者可能会拒绝承认鞋匠/王子案例，因为这样一个案例建基于这样的前提之上，即灵魂与身体之间只具有偶然的联系，而这种前提本身就是唯物论者所反对的观点。除非这个案例可以用一些唯物论承认的概念加以重构，否则这个案例对于唯物论者就没有什么说服力。

但是，鞋匠/王子案例可以很容易地用一些唯物论承认的概念加以重构：设想一个鞋匠的大脑被移除之后，将一个存有王子过去生活意识的大脑移植进去。这个案例与洛克的案例没太大区别，只是我们在设想

---

[1] 引自：玛丽·安·沃伦，《堕胎的道德地位和法律地位》（"On the Moral and Legal Status of Abortion"），收录于罗伯特·M. 贝尔德（Robert M. Baird）和斯图尔特·罗森鲍姆（Stuart Rosenbaum）主编的《堕胎的伦理学》（*The Ethics of Abortion*，Buffalo, N.Y.：Prometheus, 1989），第 77 页。

[2] 约翰·洛克，《人类理解论》，彼得·H. 尼迪奇编（1975），第 2、15、27 章。

这个案例时不再以相信非物质实体之存在为前提了。无论是对于相信还是不相信灵魂的人来说，这个案例都不荒谬。

在这两个有关人格的问题上，存在一些共识。如果某物具有某种方式的意识，那它就是一个人；如果这个人具有连续的心理，那他就是同一个人。有些哲学家，比如洛克，就提出了一个较强的主张：意识对于人格来说是必要而充分的。而有些哲学家，比如约瑟夫·巴特勒（Joseph Butler），则提出了一个较弱的主张：意识是人格同一的特征，因为意识是非物质的灵魂存在的最佳证据。[1] 根据这些公认的观点（无论强弱），大脑移植可以保存意识，因此也能保证人格同一。

从方法论的角度看，大脑移植的思想实验被认为存在的问题最少。大脑移植真的可能吗？如果不可能，那我们又如何从这种假想中得出有说服力的结论呢？在下一部分，我们将看到，虽然帕菲特是从这种不存在太大问题的大脑移植案例开始的，但随着他越来越接近自己的结论，他所使用的案例也越来越难以设想。正因为帕菲特"无条件的身体交换的直觉"所依赖的案例极其荒谬，所以这种观点也变得不可接受。

帕菲特的论证

正如我前面所言，帕菲特要为"无条件的身体交换的直觉"辩护，这种观点认为，即便构成人的原始物质都没有留存下来，那些使得人在时间流变中保持同一的东西也依然可以留存下来。帕菲特对这种极端立场的辩护分为三个阶段。第一个阶段，他让我们想象一个人的大脑被移植到另一具身体之中。那些关于人格的两个问题的共识在这里也依然适用。我们知道大脑是精神生活的载体，因此如果一个大脑被成功地移植到另一具身体之中，那么我们似乎有理由相信最终得到的这个人将会获得与大脑的捐献者同样的信念、记忆等。这也就意味着最终得到的那个"人"是一个人（有关第一个问题的共识），而且他还与大脑捐赠者是同一个人（有关第二个问题的共识）。

鉴于以上共识，帕菲特论证的第一阶段似乎没什么可争议的。那剩下的问题就是考虑这种案例是不是可能的，或者如果是不可能的，那这种不可能是不是重要的。而大多数人会同意，这种案例是可能的，由此我们可以得到一个继续存活于另一具身体的人的例子。

在第二个阶段，帕菲特利用了一些有争议的结论。这些结论来自一个有关联合手术患者的实验。这些患者都通过手术切除了胼胝体——联络左右大脑半球的纤维束板。在20世纪40年代，为了减轻癫痫病的影响，曾对严重癫痫患者进行了联合切除手术。[2] 起初，除了癫痫得到改善以外，这些患者的行为并没有什么明显的变化。然而，病人偶尔会表现出异常的行为，比如用一只手系外套，而用另一只手解外套。一个男

---

[1] 约瑟夫·巴特勒，《论人格同一性》，收录于约翰·佩里主编的《人格同一性》（1975）一书，第99页之后；也可参见托马斯·里德的《论洛克先生对我们人格同一性的解释》一文，同样收录于约翰·佩里主编的《人格同一性》（1975）一书。

[2] 关于"裂脑"（Split Brain）的讨论请参见：托马斯·内格尔（Thomas Nagel）的《大脑的对切与意识的统一》（"Brain Bisection and the Unity of Consciousness"），收录于约翰·佩里主编的《人格同一性》（1975）一书。更详细的考察参见丹尼尔·丹尼特（Daniel Dennett）的《意识的解释》（*Consciousness Explained*，1992）第十三章以及凯瑟琳·威尔克斯的《真正的人》（1988）第一章。

人用一只手拥抱他妻子的同时，另一只手又试图将她推开。

在20世纪60年代初期进行的一系列著名实验中，斯佩里（Sperry）和迈尔斯（Myers）曾将感觉输入大脑的某一半球。其中一组实验是将一系列图像闪现到两个视觉区域中。当图像闪现到右侧的视觉区域，实验对象就能够说出所看到的东西，因为右侧的视觉区域和言语是受大脑左半球控制的。如果一幅"帽子"图像闪现在左侧的视觉区域，被试就会说什么也没看见，而同时左手又会从一组物体中挑选出一顶帽子。

这些实验结果向帕菲特等人表明，大脑的左右半球都有各自的意识流。帕菲特将这一研究结果用到了他所谓的"我的分裂"（"My Division"）的思想实验中。这个思想实验是为了得出"人格同一性并不重要"这样的结论而构造的：

> 我的身体以及我的两个兄弟的大脑都遭受了致命伤害。我的大脑被分开成两半，一半移植到一个兄弟身体里，另一半移植到另一个兄弟身体里，移植都很成功。作为结果的两个人中的每一个都相信他就是我，他好像记得我之前的生活，具有我的性格，并且在其他每一个方面，他们也都与我有心理上的连续。同时他也拥有与我的身体非常相似的身体。（第253—255页）

帕菲特接着指出，人们普遍相信，成功的大脑移植将保留同一的人格。我将人们这种普遍的信念称为"简单的身体交换的直觉"。然后他引用了斯佩里－迈尔斯的研究，帕菲特将该研究的结论解读为大脑每个半球都有自己的意识流。接着，他声称，如果大脑的每个半球都有自己的意识流，那么只要其中任何一个半球被成功移植，这个人就可以作为同一个人存活下来。我们的确听说过一些人因为疾病或意外丧失了一个大脑半球但仍存活下来的案例。因此，如果就像"简单的身体交换的直觉"所说的那样，大脑移植可以保持人格同一性，那么，"半脑"移植也同样可以保持人格同一性，因为一个大脑半球就足以提供意识。所以，我们似乎应该承认半脑移植的受体将会具有与供体一样的人格。当然，我们也必须承认，如果被移植走的是这一半球，那另一半球也足以保证供体会作为同一个人存活下来。

然而，如果大脑的两个半球被移植到了不同的身体之中，那我们就不能说原来的人与两个幸存者是同一的（如果"同一"指的是量上的同一）。其原因就在于，同一是可传递的：如果A与B同一，B与C同一，那么A就与C同一。在这里，原来的人A既不与B同一，也不与C同一，因为B和C是不同的，它们彼此并不同一。

帕菲特由此得出结论认为，人格同一并不重要，因为对人格同一重要的东西被保留了下来，即便它被保留了两次。帕菲特煞有介事地问，"两半大脑都被成功移植了，我又怎么会不存活下来呢？"（第256页）对此的另一种说法是，我们有一个幸存者的事实只是偶然的事实，虽然这种事情常有发生，但也有可能不发生。

凯萨琳·威尔克斯（Kathleen Wilkes）从方法论上反驳了帕菲特第二阶段的论证。[1] 她认为，有很多证据表明，移植大脑半球不会达到帕菲特设想的结果。她

---

[1] 参见凯瑟琳·威尔克斯《真正的人》（1988）第一章。

引用的经验证据表明,脑干在意识中扮演着重要的角色,大脑虽有左右两个半球,却只有一个脑干。如果重要的东西(脑干)是不可分割的,那么帕菲特就不能得出人格同一性不重要的结论。

在第三阶段,帕菲特认为,对于在时间流变中保持人格同一性真正重要的东西只是心理上的连续,而与产生意识的因果机制无关。帕菲特的论证集中在我们精神生活的一般原因上,也就是集中在正常运转的大脑上。一般来说,大脑是心理连续性的原因。但是,难道心理连续性不能通过其他方式实现吗?帕菲特认为,真正重要的是心理连续性,而不是它的一般原因。

这个关于一般原因不重要的论证,将心理连续性的一般原因与视觉的一般原因做了类比。假设一个人视力丧失了,因此装上了人造眼,人造眼带来的视觉经验与自然眼带来的视觉经验在质上是一样的。帕菲特问道,我们是否应该说这个人能够看见。他回答说:

> 如果我们坚持认为看见必须包括其一般的原因,那我们会回答说他不能看见。虽然这个人不能看见,但他就像能看见一样,他既能知道视野之内的东西,也可以拥有视觉的快感。如果我们接受心理标准,我们也会做出同样的主张。如果心理连续性并不出自其一般的原因,那它就不可能提供人格同一性。但即便如此,我们仍可以说,它所提供的就像人格同一性一样。(第209页)

他的要点是,如果(1)人造眼的视觉经验与自然眼的视觉经验在质上是一样的,同时(2)如果人造眼提供的经验与自然眼提供的经验是一样的,那么人造眼之于"看见"的重要性就如自然眼之于"看见"的重要性,因为它们提供的经验都是一样的,这些经验与世界之间的关系也是一样的。

帕菲特认为,有关心理连续性的原因的情况与这种情况是类似的。心理连续性的人为原因与一般原因是一样好的,即便前者并不能提供人格同一性。如果心理连续性的一般原因不重要,那大脑的连续性也就不重要了。

如果帕菲特是对的,那我们应该说下面的例子抓住了所有重要的东西,即使它没有将人格同一性保留下来。帕菲特让我们想象一个人镇定地走进一台机器,这台机器将:

> 摧毁我的大脑和身体,同时记录我所有细胞的精确状态。然后它会通过无线电传输这些信息。信息会以光速传递,它会在3分钟后到达火星上的复制器。然后复制器将通过新的物质创造出与我之前的大脑和身体高度一致的大脑和身体。(第199页)

帕菲特认为,走进这台机器的人的前景就像乘坐宇宙飞船去火星旅行一样美好,即使机器发生了故障,使得出现了两个人(没有被摧毁的我和我的复制品)(第201页)。

基于经验,这个例子荒谬吗?有些人认为这个例子是荒谬的。假如这个例子是荒谬的,那么帕菲特就得不到他想要的结论。如果我们不能合理地设想一般因果链条的中断,那一般原因就是重要的。这也将有效地挫败第三阶段的论证。

从方法论上讲,帕菲特第二阶段和第三阶段的论证都十分脆弱。如果他的设想是不可能的,那他第二阶段和第三阶段的论证也就是不可靠的。当然,无论是在第二阶段还是在第三阶段打断帕菲特的推理,都足以阻止他得出那个极端结论。可是，即便我们目前最好的经验证据可以表明帕菲特的设想是不可能的，我们依然至少可以从两方面不满足于这种策略。

首先，在现在看来物理上不可能的事情可能只是因为我们现有技术的局限性导致的。也许威尔克斯在这一点上是对的：仅仅移植大脑半球并不能获得帕菲特所设想的结果，因为脑干在支持意识方面起着至关重要的作用。虽然脑干没有界限清晰的部分，但是我们也很难肯定就没有办法分出相关的部分来。也许我们在物理上认为是不可能的事情，只是技术上的不可能。如果我们基于现在不具有这样的技术或者不能设想未来技术什么样，而声称技术上不可能，那么这种声称就很无趣，这种声称也与哲学的重要性不符。因为仅仅几代人过去，我们便创造了惊人的技术进步。30吨重的埃尼阿克（ENIAC）计算机面世时的那代人可能会认为，造出与埃尼阿克计算机同样强大但又可以放在衬衫口袋中的计算机，在技术上是不可能的。但他们已然是错的。

其次，我认为这种策略并没有抓住问题的核心，即普遍存在的"简单的身体交换的直觉"。在下一部分，我将仔细地考察"简单的身体交换的直觉"，并找出它的问题所在。

忽视身体

正如我在上一节所说，帕菲特的观点很容易受到攻击，因为他使用的案例在某种意义上是荒谬的。但他的这种弱点只存在于后两个阶段的论证中。而我认为，很少人会认为第一阶段也存在这样的问题。在本部分，我将解释"简单的身体交换的直觉"的错误之处。

芭芭拉·哈里斯（Barbara Harris）的小说《朱莉娅是谁？》（*Who Is Juila?*）用整本书的思想实验来证明我的观点。故事围绕一位身材高挑、美丽优雅的金发女子朱莉娅·诺思（Julia North）和一位相貌平平、头脑简单的黑发女子玛丽·弗朗西丝·博丁（Mary Frances Beaudine）展开。当茱莉娅去救在有轨电车前奔跑的博比（Bobby）时，她被电车轧成了两半，而鲍比是玛丽·弗朗西丝的儿子。玛丽·弗朗西丝在案发现场中风，不久后被宣布死亡。一组医生准备进行大脑移植手术。在小说中，这种手术被描述为一种实验性的手术，一种从未进行过的手术。医生和医院管理人员在与这两位妇女的丈夫对谈时，就为我所说的"简单的身体交换的直觉"做了辩护。

为了获得玛丽·弗朗西丝的丈夫杰克·博丁（Jack Beaudine）的许可，医院的管理人员告诉他：

> 我们这里有一组外科医生，他们准备进行大脑移植手术。也就是说，如果你同意，他们会将一个健康的大脑移植到你妻子的身体内。然而，你也要明白，这样就意味着你要放弃你妻子的身体。她其实是一个捐献者。在将另一个女人的大脑移植进她的身体后，她将不再是你的妻子。手术的恢复期会很长，但是如果手术成功了，恢复期结束了，那么大脑处于你妻子身体里的这个女人只是看起来像是你的妻子。她的记忆、教育、情感以及人格都会和她以前的身体里存在的记忆、教育、情感以及人格一样。（第9页）

起初，杰克很生气，不允许这样做。但当他得知大脑的捐献者和身体的接受者正是救他儿子的那个人时，他极不情愿地屈服了。

茱莉娅的丈夫唐·诺思（Don North）事后得知了

手术的消息。医生将事情的经过告诉了唐：

> 我们无法挽救你的妻子为了救一个孩子而牺牲掉的身体。而那个孩子的母亲死于脑溢血，你的妻子也受到了伤害。同时我们也无法恢复那个年轻女人的大脑。所以，我们只有一条路可走，而我们就选择走了。我们摘除了你妻子的大脑，把它和另一个女人的身体重新联结起来。（第41页）

他一开始也很生气，后来他又怀疑起来，问茱莉娅的身体都死了怎么可能还活着。这个医生为"简单的身体交换的直觉"做了标准的辩护，以使唐安心。他说，"如果我们能像我们设想的那样取得成功，那你妻子的精神官能——她的人格——将会是完整的。她还会活着，还可以与你谈天说地，陪你天荒地老……她还活着，唐。她的身体虽然不同，但其他的一切都和以前一样。"（第42页）

在整个故事中，两位丈夫都面临着茱莉娅－大脑／玛丽·弗朗西丝－身体这个组合人与之前自己的妻子有什么相同和不同的问题。唐望着躺在医院病床上仍然处于昏迷状态的那个人，想"这个平凡普通的女人不是，也不可能是朱莉娅"（第60页）。他回忆起她那可爱而有教养的声音，不知道以后这个女人的声音听起来会不会是一样的。当他慢慢靠近时，"他闻到她的皮肤和头发散发出的清新洁净的味道，总感觉怪怪的"（第178页）。唐震惊于茱莉娅和茱莉娅／玛丽·弗朗西丝组合之间的不同之处。

而杰克震惊于他所认识的玛丽·弗朗西丝和茱莉娅／玛丽·弗朗西丝组合之间的相同之处。当杰克看到玛丽·弗朗西丝躺在病床上自主呼吸时，他确信她还活着，没有什么论证能让他相信她已经死了。当她醒来时，杰克更加确信这就是他曾经爱过并娶过的女人。毕竟，他所爱的很多东西都还在眼前。从她嘴里发出的声音，虽然用词有些奇怪，但终究听起来像玛丽·弗朗西丝的声音，因为这种声音是由同样的声带和嘴巴发出的。他曾深爱的脸庞以及曾经深情凝视过他的眼睛，还是那个玛丽·弗朗西丝的脸庞和眼睛。再者，她的身体还是曾经生过他们儿子的身体！

后来，杰克不顾朱莉娅／玛丽·弗朗西丝的抵抗，带着她出逃了。之后又不顾她的抵抗，与她发生了性关系。如果这次性行为导致了受孕和生育，那么这个孩子将是杰克和玛丽·弗朗西丝的儿子博比的兄弟姐妹，而不仅仅是同父异母的兄弟姐妹。

"简单的身体交换的直觉"会使我们将这些东西视为与人格无关的东西而加以忽视。它还会使我们忽视朱莉娅和朱莉娅／玛丽·弗朗西丝组合之间的不同之处和相同之处。这些不同和相同之处肯定会被视为与人格无关的东西而被置之不理。但我认为，这是很成问题的。

这些问题被朱莉娅的心灵得以保存的事实掩盖了。大脑移植思想实验的部分设想是，一个心灵（由同一个大脑的持续存在而得以保存）在一个时间与一个身体相关联，在另一个时间又与另一个身体相关联。这个设想的前提（出于论证需要，我同意这个前提）是，保存一个正常运转的大脑可以保存心灵。当茱莉娅／玛丽·弗朗西丝组合体苏醒时，她会拥有朱莉娅的记忆等。

然而，我们正在考虑的结论，并不是同一个心灵是否被保存了下来，而是存活下来的拥有同一个心灵的那个人是否还跟原来是同一个人。朱莉娅／玛丽·弗朗西丝组合体和朱莉娅是同一个人吗？说完"是"，然后不再理会这个问题,将会产生一种误导。为了说明朱莉娅/玛丽·弗朗西丝组合体和朱莉娅是同一个人,我们必须将朱莉娅/玛丽·弗朗西丝组合体和玛丽·弗朗西丝之间的相同之处视为对人格不重要的东西而加以忽视。

在这种情况下,我认为正确的回答应该是,最后的组合体是一个怪物,是两个人留存下来的东西的奇异组合。这个案例之所以是骇人的,是因为存在着两种对立的个人关切:对朱莉娅留存下来的东西的关切与对玛丽·弗朗西丝留存下来的东西的关切。通常,这两种关切都与一个人的存活有关,它们都有一定的分量,尽管我们倾向于将对心灵的关切看得更重。

一般的情况并不像这个例子这么骇人。人类所经历的一般的衰老过程在许多方面都是相似的。我们都经历着软骨组织的衰老、头发的稀疏和变白、耐力的丧失、力量的衰退。一开始,我们的健忘情况可能会很轻微,之后情况会越来越严重。并不是所有人都要经历这些损失,但至少我们的终点都是一样的。

事故或疾病可能会更突然地造成这种损失。人在失去四肢或某些器官的情况下,仍然可以作为同一个人存活。同时,他们还可能会经历记忆、欲望、美德或其他心理特征的丧失。

想想阿尔茨海默病带来的衰减性心理变化。毫无疑问,当一个人的记忆开始衰减时,他会继续作为同一个人存活。但是,随着疾病的发展,最终只剩下一个没有记忆的茫然无知的人,这时我们可能就会怀疑,留下来的是否还是同一个人。

这种情况是可悲的,甚至是悲剧性的,但并不可怕,因为没有任何对立面去替补这些恶化导致的空缺。在一般情况下,变化不会停止,变化会直到我们所谓的人的生命结束的时候。即使是在阿尔茨海默病的病例中,这些变化也不骇人,因为没有其他对立关切的干扰。一个人逐渐消失或死亡是一回事,这是终会降临在我们每个人头上的悲剧,但有些人在这个过程中突然消失或突然出现则是另一回事。另一人的突然闯入使得大脑移植变得很骇人,大脑移植不是使一个单独的人存活,而是使两个人的部分存活。

在一般情况下,一个人的存活,无论是精神上的存活还是身体上的存活,都包括成长和衰退的转折点。把身体特征和精神特征都囊括在内的原因与某些历史性事实的价值有关。

罗伯特·诺齐克(Robert Nozick)认为,我们的许多准则都植根于历史性事实之中。比如,正义是历史性的,因此正义是取决于曾经实际所做的事情的。[1] 骄傲与羞愧,如同奖赏与赔偿,都是面向过去的。这些规范都以人的持续存在和历史性实体的存在为前提。

在诺齐克看来,许多规范都是历史性的,爱也是历史性的。爱之所以是历史性的,是因为:

> 它取决于实际发生了什么。一个成年人可能会因某个人的某些品质而爱上这个人。但是,他所爱的是这个人,而不是这些品质。这种爱也不会转移到另一个具有同样品质的人身上,甚至不会转移到那些更具这些品质的人身上。即便引起

---

[1] 罗伯特·诺齐克,《无政府、国家与乌托邦》(*Anarchy, State, and Utopia*, New York: Basic Books, 1974),第149—157页、第161—163页、第167—169页。

爱的那些品质发生变化，这种爱也要保持不变。[1]

帕菲特也认为爱是历史性的。他说，"爱一个人是一个过程，而不是一个固定的状态。相互的爱是包含着共同的历史。"（第 295 页）

但是，如果爱是历史性的这种说法是正确的，那么身体就不能被视为对于我们的存在不太重要的特征。一般的对象可以通过其历史获得意义。我在向妻子立婚誓时戴在她手指上的戒指就很有价值，这个戒指有价值不仅是因为它是金子做的，还因为它是那个在我立婚誓时戴在妻子手指上的戒指。其他戒指就不会具有这样的价值。如果我戴在妻子手指上的戒指因其历史而具有价值，那同样地，她被戴戒指的手指也一定具有价值。

结论

因此，有两种考量可以表明，如果我们没有将身体看作处于历史中的对象，那么我们就会忽视对于人很重要的东西。第一种是伯纳德·威廉斯（Bernard Williams）所说的我们实际上所处的基于身体的深层状况。[2] 第二种是我们实际上所处的深层的历史性状况。

我们对人的兴趣是一种复杂的现象：我们感兴趣的不仅仅是一个单一的东西，比如灵魂，也不是某个单一的器官，比如大脑。我们对人的兴趣如同支配人的那些道德和审慎准则一样复杂。关爱自己——审慎的首要原则——要求我照顾好自己的身体，认识到它的生长和衰退的可能性，并恰当地对待它。仁慈，被大多数道德理论视为一种责任，它要求人们像对待自己一样对待他人。促进他人的利益，在某种程度上要求我们知道什么是对他人有利的。当然，身体健康对于人来说就是有利的。

"简单的身体交换的直觉"的错误，不在于它是不正确的，而在于它具有误导性。我们实际上所处的以身体为基的深层状况，以及爱的历史性质所表明的作为历史性对象的身体，都是我们对人的关切中的重要组成部分。我们实际所处的以身体为基的深层状况和我们实际所处的深层历史性状况都要求我们意识到某些作为损失的变化。它提醒我们失去一条腿、失去眼睛、失去记忆，所失去的都是我们的部分。有些人可能会相信一个人可以在不同的身体里作为同一个人而存在。但是，我们也必须相信，任何人格同一性的保存，如果不伴随着身体的保存，那就是在吹嘘。以这种方式而来的存活是骇人的，因为这个人几乎丧失了那些对于人格同一性最重要的东西。

---

[1] 罗伯特·诺齐克，《无政府、国家与乌托邦》（1974），第 168 页。
[2] 这一表达出自伯纳德·威廉斯《人格是身体吗》一文，收录于《自我问题》（1973）第五章。威廉斯是晚近身体观的优秀辩护者之一。

供讨论的问题

1. 在什么意义上,同一论是唯物论者的一个困难?它是否也是观念论者的一个困难?请解释。
2. 泰勒认为人不可能"以他拥有任何其他东西的方式来拥有一个身体"。你认同这种观点吗?
3. 在你看来,在二元论的困难中,最严重的困难是什么?
4. 你认为一个人对身心问题的看法会如何影响他的医学实践或心理治疗?
5. 思考一下人们关于身心问题的看法会影响到哪些人类活动领域。可以先从这两个领域开始:刑罚制度,我们对药物滥用的回应。请讨论人们关于身心问题的看法是如何影响这两个领域的,并探讨一下其他可能受影响的领域。
6. 为什么伦特会得出这样的结论:"身体不能被视为是对我们的存在不重要的特征"?
7. 伦特认为,将一个人的心理历史加以转移将导致一种"骇人"的情况。你认为他说的是什么意思?你同意他的观点吗?

第十三章　自由与决定论：人的能动性的形而上学

1494年6月14日，圣马丁·德隆（St. Martin de Laon）市市长宣布，对致使婴儿毁容并窒息死亡的罪魁祸首处以绞刑。这一罪行是如此骇人听闻，所以这个15世纪的法国法院判决凶手死刑也不足为奇。但这个案件值得注意的地方在于，被告是谁？或者更恰当地说，被告是什么？被告是一只幼年小猪，人们发现这只小猪杀害了一个婴儿。[1] 当然，选择处死危险的动物，也没什么大不了的。但是，让我们奇怪的是，这个案件被视为刑事案件，这只动物（而不是它的主人）成了被告！同样让人奇怪的是，处死这只动物的手段通常被视作一种刑罚。这头闯祸的猪并没有被带回去直接打死。相反，它要被监禁一段时间后，才被当众处以绞刑，以示惩罚。

我们通常认为追究一个无生命的东西（比如火山）的责任是荒谬的，因为我们倾向于认为在所有自然物之中，只有人类是负有道德责任的行动者，只有人类应该对其所做的事情负道德责任。而我们之所以会对以上那个动物审判感到如此奇怪，其原因也是如此。我们倾向于认为人类有些时候能够以一种特殊的方式行事，这种方式是我们独有的，也正是这种方式，为我们进行道德归责提供了辩护。

这种特殊的行事方式，也就是我们所说的"自由"。而关于人类自由的哲学讨论通常就是要判定人类是否真的是自由的以及自由包括什么。

关于人的行动的理论

如前所述，虽然我们可以轻松地将有关人的自由的形而上学问题挑明出来，但是哲学家们在这个问题上所给出的理论回答却是复杂多样而又极其细致的。尽管如此，它们大概可以分为以下三种类型：

1. **强决定论**（hard determinism）：认为人的所有行动都是被因果决定的，因此人的任何行动都是不自由的。
2. **自由意志论**（libertarianism）：认为人的有些行动是自由的，因此并非所有行动都是被因果决定的。
3. **相容论（弱决定论）**（compatibilism/soft determinism）：认为尽管人的所有行动都是被因果决定的，但人的有些行动依然是自由的。

"相容论"名称的由来在于，这种理论认为自

---

[1] 关于本案可以参看E. P. 埃文（E. P. Evan）的著作《犯罪起诉与动物死刑：被遗忘的欧洲动物实验史》（*The Criminal Prosecution and Capital Punishment of Animals: The Lost History of Europe's Animal Trials*, London: Farber & Farber, 1988），第306—307页。

由与彻底的因果决定论是相容的。按照相容论者的观点，自由的确要求人们具有根据自己的欲望、情感和信念行事的能力，但它并没有要求这些心理状态本身是不被原因引起的。相反，强决定论者和自由意志论者有时被称为"**不相容论者**"（incompatibilists），因为他们都认为自由和因果决定论是互斥的，是不相容的。自由意志论者坚信存在人的一些自由行动，因此决定论是错误的。而强决定论者则坚信所有的行动都是被因果决定的，因此不存在自由的行动。

要想理解有关人的能动性的各种理论，先了解一下哲学家们所说的"因果决定论"是很有必要的。就像其他哲学问题一样，对因果决定论下一个全面而又准确的定义是十分困难的。即便如此，我们可以将因果决定论视作这样一种理论：宇宙现在某个时刻发生的事情，一定是受宇宙过去某个时刻发生的事情决定的。同时，在人类存在之前，宇宙就已经以某种方式存在了。因此，对于人类来说，决定论就意味着：所有人类，包括其感觉、欲望、选择和行动都是被人类存在之前发生的事情决定的。在关于宇宙的因果决定论视角下，水星当前的运转轨道、宇宙中星系的数量、海尔－波普彗星的化学成分和你再吃一份山药的决定，都是一样的，都是被宇宙初始阶段发生的事情决定的。

在详细探讨各种理论之间的争辩之前，我们还需要对"自由意志论"这一概念做一些澄清。本章所使用的"自由意志论"指的是一种有关人类选择的形而上学解释。因此，我们有必要将它与政治哲学当中使用的同名概念"**自由至上主义**"（libertarianism）区分开来。作为一种政治理论，自由至上主义认为人的自由是一种基本善，在限制自由上，政府应该极其谨慎。一个形而上学上的自由意志论者，既可能是也可能不是政治上的自由至上主义者。同样，一个政治上的自由至上主义者，既可能是也可能不是形而上学上的自由意志论者。重要的是要记住，我们接下来讨论的是形而上学上的自由意志论。

争论的内容

对于有关自由的哲学讨论来说，有两个问题是至关重要的。第一个问题是，人类是否像其他自然物一样是被因果决定的。强决定论者和相容论者认为是，而自由意志论者认为不是。第二个问题是，一个行动是自由的，到底是什么意思。对于这个问题，强决定论者和自由意志论者观点一致，他们都认为一个行动是自由的意味着做出这个行动的人不是被因果决定的，是本可以做其他行动的。（当然，强决定论者认为这种事永远都不会发生，根本就没有自由的行动。尽管如此，强决定论者还是认为，如果存在自由的行动，那自由的行动就需要这样一个条件。）相反，相容论者则认为，一个行动是自由的意味着这个行动是由个人选择的，而不是由外部的约束或强制产生的。

第一个问题是事实问题。因此，我们很自然地会去寻求科学的回答。但是，如果你以为科学能够给这个问题提供一个确定的回答，那你就错了，你之所以出错的原因主要有两个。第一个原因很简单，也就是说，科学，起码现在的科学还不能给"是否所有的事件都是因果决定的"这个问题提供一个确定的答案。过去几个世纪的物理学，尤其是量子力学的发展似乎告诉我们：自然界中存在着某种程度的不确定性。但是，这还远不是确定的答案。[要想了解科学在自由和决定论问题上能告诉我们什么,约翰·厄尔曼(John Earman)的《决定论入门》(A Primer on Determinism)这本著作是个不错的选择。]第二个原因在于,即便科学最后站在了绝对的因果决定论一方,但要想从这种结论推导出人类所有行动都是因果决定的观点,我们还需要对科学有一种实在论式的理解,即要相信科学能够揭示经验世界背后的实在的真正本质。然而,许多哲学家和科学家都认为这是对科学的一种误解。这些哲学家或科学家中的一部分人被称为"工具主义者"(instrumentalist),他们认为科学仅仅是一种可以用来预测经验世界的工具,科学并没有揭示出更深层次的或更加真实的实在。因此,如果科学的确支持了绝对的决定论,那也只能说明决定论被认为是最有效的预测工具。但这并不意味着人类所有行动都是由背后的原因决定的。

前面提到的第二个问题,实际是有关"自由"的准确定义的争论,因为"自由"这一术语常被用于人类行动。在参与争论的大多数哲学家看来,解决问题的关键在于弄清楚自由和道德责任这两个概念之间的紧密联系。争论的各方都认为,一个恰当的自由理论要能够解释"我们相信人们对其自由行动负有道德责任"的现实。之后,各方在道德责任的条件上都诉诸强烈的直觉,以显示其观点的优越性。不相容论者认为,使得一个人要为其行动负责的一个条件是,这个人本可以做其他行动——只有当决定论是错误的时,这个条件才能被满足。在这一点上,强决定论者与自由意志论者分道扬镳了,强决定论者坚称决定论是真的,不存在什么道德责任。而自由意志论者则认为有时人们是要负责任的,因此决定论是假的。另一方面,相容论者强调在追溯行动的因果时,我们可以将行动者本身视作行动的原因。只要导致行动的选择是出自行动者自身的因素而来的,那行动者就要为行动负责。不相容论者强调的条件是行动者必须能够避免去做他实际所做的那种行动,而相容论者强调的要求是行动者必须是行动的来源。在下面两部分,我们将依次考察对这两者的挑战。

可避免性与责任:相容论的一个问题

普遍接受的一个支配道德责任的原则是,一个人不应该对某些行动或事态负责,除非这个人本可以避免去做这些行动或者避免这些事态的发生。

想象一下,在一个十字路口处,一个汽车司机试图在火车到达前穿越铁轨。但他的车突然抛锚了,而此时火车距他仅有 100 英尺(30.48 米),并且还在正常地行驶着。在这种情境下,当火车撞毁汽车后,我们并不会追究列车长的责任。其原因很简单,就因为在这个时候,列车长本来就不可以将火车停下来。相反,如果火车距离汽车还足够远,还有足够的时间去停车,但是列车长非常厌烦那些乱穿道口栏杆的司机,于是他没有停车,反而加速,就是想好好给这个乱穿栏杆的司机上一课。这时,我们就会认为列车长应该对此负责任,因为他本可以避免接下来的撞车。

这个似乎是显而易见的道德责任的条件——也可以称为"可避免性条件"(avoidability condition)——这一条件对于有关自由的哲学讨论是很有意义的,其意义就在于它通常会成为自由意志论者和决定论者反驳相容论者的最重要的理由。为什么呢?我们肯定还记得相容论者是承认因果决定论的,由此他们也相信人类所有的行动都是因果决定的，而这也就意味着一个人是不可避免地去做那些他实际所做的行动的。如果把可避免性条件加进来，那么我们就可以从相容论中的决定论部分推出所有人都不必为其行动负责。当然，这也就意味着关于自由行动的相容论在任何恰当的自由理论不该失败的地方失败了：它们不能解释"我们相信人们对其自由行动负有道德责任"这一事实。

相容论者对这一反驳的一般回应是认为，如果一个人已经选择去做了其他行动，那关于道德责任的可避免性条件只要求他本可以做其他行动就够了。沿用前面所提到的两个列车长的例子，一个相容论者会认为，对于第二个列车长来说，如果他已经选择去做了其他行动，那他就是本可以做其他行动的，因此他应该负道德责任；而对于第一个列车长来说，他选择做其他行动并不会对最终的结果产生什么影响。因此，按照相容论的这种回应，我们可以将这两种情况区分开来，而无须要求第二个列车长实际选择去做其他行动。相容论者认为，所要求的只是，如果他已经选择去做了其他行动，那事情就会变得不同。然而，这一回应在很大程度上未能说服相容论的反对者，这些反对者认为我们没有充分的理由相信，一个人是否可以避免去做那些他实际所做的行动竟然在道德上并不重要。仅仅去问如果一个人已经选择去做其他行动，那将会发生什么，是不够的。因为我们还必须问一问这个人是否真的本可以选择去做其他行动。想象这样一个例子，一个人的所有选择完全是被他的性格决定的，而他的性格是由其小时候遭受的虐待塑造而成的。在这样一个例子中，我们并不想说这个人的行动应该完全由他自己负责，因为他并不能避免去做那些他实际做出的选择。如果这是正确的，那为什么我们不能对相容论者的选择下同样的结论呢？一个人不能选择，无论是虐待造成的，还是其他一般的原因造成的，其结果都是一样的：这个人本不可以选择做其他行动，因此他不用负责。

当然，相容论者也采用了各种策略来应对这种反驳。尽管如此，关于相容论者对自由的解释是否可以使道德责任具有意义的争论，在今天依旧很激烈。鉴于相容论者解释自由时所产生的困难，我们会倾向于得出结论说，相信自由的人应该去走自由意志论的路线。问题是否真的如此简单，请听下一部分的分解。

随机的、偶发的与责任：自由意志论的一个问题

从常识的角度来看，我们会很自然地认为决定论是自由的敌人。(的确，当学生第一次学习相容论时，他们常常会感到困惑，他们紧锁的眉头传达出他们羞于表达的东西："我一定是错过了什么东西。相容论肯定不是这样的。")就像从常识的角度去认为决定论是自由的敌人是很自然的事情一样，认为非决定论是自由的朋友也是很自然的。但是，这些结论下得太快了，有些"朋友"可能是假朋友。正如相容论者乐于指出的那样，我们不加批判所接受的"非决定论是自由的朋友"的观点，很可能是错的。

当人们意识到这一点——仅当一个人感觉到他是选择去做某种行动的原因时，这个人才按照因果关系，为选择去做这个行动负责的时候，非决定论与自由之间的问题才浮现出来。如果这个人，在某种意义上，不是这个选择的原因，那我们还能基于什么理由让这个人对这个选择负道德责任呢？但

是,要想成为选择的原因,就必须具有一种感觉,要感觉到人引起了选择——也就是说,要感觉到这种选择是出自人的信念、欲望、情感和性格特征(我们通常用来定义"人"的东西)的。

如果一个人具有复仇的欲望和报复性的性格,而这些构成人格的要素是他选择去诽谤助理的原因,那很清楚的是,我们可以追究那个做出这一行动的人,找到那个该为这一行动负责的人。但如果这个人是因为一些与性格无关的神经因素,而将咖啡洒在助理的衬衫上的,那同样清楚的是,即便这个人的身体造成了这一行动,但这个人并不是这一行动的原因,因此不用对此负责。然而,自由意志论者坚决否认,自由的选择是由个人之前的性格或内在事件决定的。因此,相容论者认为,自由意志论者所做的所有选择似乎都是由像刚才所描述的那种神经因素引起的。但是,如若这样,这似乎意味着,我们不可能在任何一种意义上说某人是选择的原因,我们也没有任何实在的基础去让这个人为其选择负责。

这种对自由意志论的批判在18世纪英国经验主义哲学家大卫·休谟那里得到了极具说服力的表达,休谟在《人类理智研究》(*An Enquiry Concerning Human Understanding*)中写道:

> 行动在本质上是暂时的、易逝的;同时,如果行动不是由行动者的性格或品性之中的一些原因引起的,那么,即便行动是善的,那也不能归结成行动者的荣誉,即便行动是恶的,那也不能归结成行动者的耻辱。行动本身也许是可以被谴责的,因为它们本身可能是与道德和宗教的规范相冲突的。但是,行动者却可以不对它们负责,因为这些行动既不是由行动者自身中的一些恒常不变的东西而来的,同时行动之后也不留下什么恒常不变的东西,所以行动者不能因为这些行动而成为受惩罚或者报复的对象。因此,按照那个否认必然性并由此否认原因的原则,一个人在犯下了最骇人的罪行之后,还是和刚出生之时一样纯洁无瑕。他的品性也与他的行动没有任何关系,因为他的行动不是由他的品性而来的。同时,行动之恶劣也不能成为其品性堕落的证据。[1]

一些自由意志论者用以解决这一问题的策略是采纳了所谓的"行动者"(agent)因果理论,这种理论有时也称作"内在"(immanent)因果理论。这些自由意志论者承认,一个人的选择并不是由这个人之前的事件或者品性引起的;但这并不意味着这个选择是没有原因的,是与这个人无关的,因为这个人——而非这个人之前的事件或品性——就是选择的原因。这个选择是自由的,因为没有什么其他原因决定了这个人所做的行动,而是这个人自己决定这么做,所以这就满足了要求——仅当某人是选择的原因时,他才应该为其选择负责。事实上,这个人是在一种很不同的意义上被叫作选择的原因,因为这里所说的选择被认为是直接从这个人那里来的,而不是从这个人的心理事件或状态而来的。尽管"行动者因果"或"内在因果"是哲学家们的行话——它们有点像哲学的诡计,因此很可

---

[1] 大卫·休谟,《人类理智研究》,查尔斯·W. 亨德尔(Charles W. Hendel)编(Indianapolis: The Library of Liberal Arts, 1955)。

疑——但值得注意的是，行动者因果与我们谈论人以及决定时的自然方式还是很符合的。毕竟，我们确实认为做决定的只是人。我们不愿意说选择是由个人的信念或欲望产生的。也许这些选择真的是由这些因素产生的，但最终使它们产生的还是个人，而不是这些因素。事实上，这才是我们谈论我们的选择时的自然方式。我选择了果酱甜甜圈，而不是油炸甜甜圈或者枫糖甜甜圈，同时因为"我当时想要一个树莓口味的甜甜圈"，所以我也就实际这么做了。但我并没有经验到：我对树莓的欲望引起我做出了当时的选择。对于为什么我们会选择按照我们对树莓口味的欲望行事，我们给出的最终解释可能是"我就是这样选择的"。相反，如果我说"我选择树莓味甜甜圈是由我对树莓味的欲望决定的，因此我不能不这么选"，这听起来会很奇怪。

但是，行动者因果的问题在于，它并没有带着自由意志论者走到他们需要走到的地方。虽然行动者因果可以为"个人是选择的原因"这种观点提供一个基础，但是，它是否能为"个人是选择的原因"提供一个道德意义上的基础，这一点并不十分清楚。如果选择来自个人，但又与个人的其他东西没有任何因果联系，那行动者因果对于个人来说似乎只是一台随机选择生成器。如果个人做出选择只是一个随机事件，那我们就很难看出为何个人要对这些相关的选择负责，因为我们并不想让某些人对随机事件负责。20世纪著名的**逻辑实证主义者**（logical positivist）A. J. 艾耶尔曾这么说道：

> 我选择做某种行动，要么是偶然的，要么不是偶然的。如果它是偶然的，那它就仅仅是随机事件，我只是随机地做了某种选择而没有做其他选择，因此要我对此负责就是不合理的。如果它不是偶然的，我选择做了这种行动，而不是其他行动，那我的选择似乎就有了一些因果性的解释：在这种情况下，我们又回到了决定论。[1]

正如相容论者提出了各种策略去应对"相容论可能会使所有的人类行动都成为不可避免的行动"这一担忧，自由意志论者也提出了各种策略去应对"自由意志论可能会使所有的人类行动都成为随机的行动"这一担忧。在对这些回应做更详细的考察之前，我们先考察一下有关自由的各种理解是否都是合理的。说不定最合理的选择是抛弃"人类是自由的"这种观点呢！除非我们有很充分的理由去相信我们是自由的，否则，我们最好加入强决定论的行列，认为不存在自由。在接下来的部分，我们将考察那些相信人类具有自由的自由支持者们所提出的最有力的理由。

我们是自由的吗？

想为自由找到一个完全令人满意的解释是如此困难，但为什么那么多哲学家还是夜以继日地投入大量的精力去寻找呢？对许多哲学家来说，他们之所以这样做是出于对道德实践的敬重。因为道德实践需要自由，所以人类自由是必定存在的。这种论证有时被称为"自由的道德证明"（moral argument for freedom）。这个论证可以表述得很简单，就像托

---

[1] A. J. 艾耶尔，《哲学论文》（*Philosophical Essays*, New York: Macmillan, 1954），第 275 页。引用获得了原出版社的许可。

马斯·阿奎那在《神学大全》中所表述的:"人类具有自由意志;否则的话,劝告、鼓励、命令、禁止、奖赏与惩罚,都将是无用的了"(《神学大全》,第1卷,第83题,第1节,正解)。而更详细的"自由的道德证明"可参考以下彼得·范·因瓦根《论自由意志》(*An Essay on Free Will*)的选文。

彼得·范·因瓦根:自由的道德证明[1]

几乎没有人会相信:当我们对我们所做的行动没有选择时,我们还要对此负道德责任。但是,如果道德责任的实在性蕴涵着自由意志存在,那我认为我们就有了一个最好的理由去相信自由意志。因为我们的确不能怀疑道德责任的实在性。

也许有的人不仅怀疑而且拒绝承认他们是要负道德责任的行动者。(我指的是精神病人。我说"也许"是因为我并不清楚一个奸杀小女孩而又毫无悔意的男人的心里到底是怎么想的。)但是,大多数人对人们有意做出的伤害行为的反应,与对闪电大风折断树枝带来的同样的伤害行为的反应,是不同的。当有人要伤害我们时——或者至少我们相信他知道他正在做什么或者他知道他本可以帮助做什么时——我们的反应会带有"人"的特征:我们会责备,我们会抗议,我们会仇恨,我们会对无意义的仇恨加以反思,我们会计划报复,我们会提醒自己复仇的欲望是违背神的意志的。我们之所以会如此反应,部分是我们的法规和教育作用的结果。但我们如此反应又不仅仅是因为我们是理性的存在,更因为我们是"人"。相比于任何其他的高谈阔论,这种反应方式更能证明我们是相信道德责任的。

我也知道那些否认道德责任存在的哲学家们是怎么说的,但我觉得他们的讨论并不严肃。我认识一位哲学家,他曾在一篇论文中否认道德责任的实在性。而当他的著作被剽窃时,他又说,"这真是卑鄙的行为!"但是没有一个人能够融贯地一边说某一行为是卑鄙的行为,又一边说人们不用为其行动负责;反而,我们应该为那些不能对其行动负道德责任的人感到遗憾,当然,他们也不应该受到我们的谴责。

……

我们的言辞之中就包含着对道德责任的信念,我们不可能不这么做。不相信存在道德责任是十分困难的一件事。请你想象一下,如若一个人从不做"他的行为是如此卑鄙",或者"我对我所做的一切感到厌恶"这样的判断,那会是怎样一种情形。试着想象一下,你就能明白我的体会了。我发现,当放弃做出这样的判断时,会有一种困难,这种困难就像是我放弃做出"那辆汽车因为刹车不灵而是危险的""那棵大树下生长的蘑菇是有毒的"这样的判断时所遇到的困难一样。这种困难源自两个事实:第一,这种判断通常是正确的;第二,这种判断对于我们与世界的相处是极其重要的。想象一下,你看到了一些行为,而这些行为真的是你所谓的"完全卑鄙的"行为。当你这么说时,你难道不是在描述这种行为吗?难道这种描述

---

[1] 彼得·范·因瓦根,《论自由意志》(*An Essay on Free Will*, Oxford: Clarendon Press, 1983),第206—209页。

不是一种"客观的"描述？不如"危险的"或"有毒的"这样的描述"客观"吗？

我猜许多哲学家也会使用这样的词去描述某些人的行为，但是他们又认为这么说时并没有要求这些人对其行为承担道德责任。在我看来，这是错误的。设想有个人做了一件事，而我们对此评价说，"他做这件事是极其卑鄙的。"但是，我们后来发现，他是在不知情的情况下服用了一种能够以激烈和不可预测的方式改变人类行为的药物之后，才做了这件事的。假设这一发现使得我们认为，在这种情况下，"他不用对其所做的事情负责"。但此时，我们似乎也不能再说"他做这件事是极其卑鄙的"了，即便我们对此补充一句说，"他不用对其所做的事情负责"。事实上，在我看来，这一补充条件与我们最初的断言并不融贯（也许，除非"他做这件事是极其卑鄙的"被理解为"一般来说，他所做的这件事，如果别人做的话，则会是一件极其卑鄙的事"，但这种理解并不是我们正在考虑的情况）。原因很简单。当我们称某一行动是"卑鄙的"时，我们是在谴责做出这种行动的行动者，而当我们说一个行动者不用为其所做的事情负责时，我们是在原谅他。而一个人是不可能同时被原谅和谴责的。

因此，我们都相信人们有时是要对自己的行动负道德责任的。我们都相信责任是存在的。同时我认为，如果我们真诚地、严肃地、仔细地检查这些信念的话，我们会发现这些信念并非是人类的本性或者人类社会生活的本性强加给我们的，这与一种缺乏审思的生活的不可能性迫使我们的行为表现得赞成"人类具有自由意志"不同。我认为我们会发现，我们不能不把我们关于道德责任的信念视作一种得到辩护的信念，一种不会受到合理质疑的信念。我本人会有更进一步的结论：在我看来，我们都知道"我们对我们所做的事情负有道德责任"这一主张是真的。

当然，我们相信自己知道某个东西，并不意味着我们确实知道它或者知道它是真的。但是，我们确实具有道德责任，难道不是吗？我们确实知道它是真的，难道不是吗？

如果我们确实知道道德责任的存在，那我们就不应该对我们是否具有合理的理由去相信我们具有自由意志这一点有所怀疑。我认为，正是存在道德责任这一点，也仅有这一点，为我们相信自由意志提供了一个理由。但具有讽刺意味的是，我们之所以相信我们是自由的，是因为我们毫无选择地要相信这一点（这是因为一个人经过审思，必定会相信他自己具有自由意志）。但这一事实并不能成为所有人都相信自由意志的理由：这最多能成为一个人在被指责说相信自由意志却没有任何理由支撑这一信念时，所能给出的理由。当一个人被要求为自由意志辩护时，他就不能再回应说，他或其他人毫无选择地要相信自由意志了。但是，这确实是对自由意志理论的充分辩护，许多哲学家也是这样辩护的，他们说，"没有自由意志，我们就不应该对任何事负有道德责任。但有时我们确实对某些事负有道德责任。"

供讨论的问题

1. 相容论者在诠释道德责任上存在哪些困难?
2. 自由意志论者在诠释道德责任上存在哪些困难?
3. 自由意志论者或相容论者在诠释道德责任上更加困难吗?请为你的回答辩护。
4. 哲学家常常把描述事实是怎样的描述性主张和规范人们应该怎样的规范性主张区分开来。"自由的道德证明"从一个规范性主张"人们应该为其行动负道德责任"出发,得出一个描述性主张"人类的有些行为是自由的"。从规范性的前提论证得出一个描述性的结论,这合理吗?如果是合理的,那你能举出一些类似的例子吗?

形而上学的近期发展

在这个科技时代,形而上学似乎代表了哲学最糟糕的一面——对潜藏于感官经验和物理时空背后的、被称作"实在"的神秘事物的武断的、任意的、无法证实的揣测。从实践的意义上讲,如果哲学不想被高等教育剔除出去(使所有的哲学教师全部失业!),那它就必须在我们生活的世界之中表现得更加有用。这就意味着,哲学要抛弃一些带有揣测性的部分,而更加关注于实用性的部分。简而言之,要抛弃形而上学,发展出更多的应用哲学。

一些哲学家,如逻辑实证主义者,认为形而上学是一种需要改掉的坏习惯,它是一种语言上的误用。只要我们能恰当地使用语言,这种误用就会消失。相反,新康德主义则提出了一种描述性的形而上学,这种形而上学想要探索的是,通过人类的分类,事物究竟变成了什么样。例如,因为我们人类将我们所经验到的东西归于诸如谋杀、艺术、白种人、黑种人和黄种人这样的概念范畴,我们的世界才有了谋杀、艺术和人类种族。同样地,现象学家想要分析人类经验的基本层面,例如,我们是如何将某些东西经验为艺术作品,而不是宗教偶像、实用工具或者自然事物的。这种形而上学关注的是事物是"什么"——这个事物是什么,我们把它叫作什么,我们把它视作什么,把它归类为什么,以及它在我们的经验中扮演的角色是什么。

在第八章"形而上学导论"中,我们曾提到了两种类型的形而上学。第一种,更古老也更具野心,这种形而上学想要发展出一种关于实在的科学。它提出了一套用以区分现象和实在的术语,并尝试对事物最基本的结构进行融贯的解释。第二种,在近些年更流行也更为中庸,这种形而上学只想对我们感知和描述的世界的最基本原则进行解释。

虽然形而上学在今天不太流行,但它并没有消失。20世纪的哲学家阿尔弗雷德·诺斯·怀特海曾提出了一种新的形而上学术语,以使之与量子力学出现后的物理学发展相一致。按照这种新的物理学的看法,旧有的实在模型——即实在是由在空间中运动的微小粒子（原子）构成的——是不充分的。相反，实在必须要被设想成某种具有不确定性的能量束（伊壁鸠鲁所说的"转向"？）。怀特海用一种新的术语来表达"实在"，这种新术语既不是唯物论的，也不是观念论的。他认为"实在"不应该被视作不变的、独立的物质对象的集合，而应该被理解成一种相互依赖的动态实体［他称之为"现实实有"（actual entities）］的网络。椅子、桌子、石头和树木都是现实实有。正是因为量子物理学，我们才知道了实在是动态事件的集合：电子四处乱转，亚原子粒子被抛，在动态张力中能量单位结合在一起。因此，实在应该被理解成一个动态的世界过程。这是怀特海的代表作《过程与实在》的主要观点。在量子物理学的世界中，一张桌子是由细胞构成的，细胞是由分子构成的，分子是由原子构成的，原子是由粒子构成的，所有这些都处于运动之中，处在与其他一切事物的动态张力之中。怀特海对实在加以重新理解，不仅提出了"现实实有"，还提出了"创造性"（creativity）和"永恒客体"（eternal object）的范畴。其中，"创造性"让实在具有了新的可能性，而"永恒客体"是渗透于实在之中的模式和结构。如果你认为这里有一些柏拉图的味道，那没错，是这样的。最后，还有一个上帝，怀特海称之为永恒的现实实有。因此，实在既非由物质构成，也非由观念构成，实在是一个过程（process）。也就是说，实在是不断变化、不断获得新的可能性的。

这种过程思维更容易被神学家而不是哲学家所接受。按照所谓的"过程神学"（process theology）的观点，上帝是现实世界和未来的推力，现实世界和未来是实现上帝之目的的舞台。过程思维对于恶有这样一种解释：当上帝的目的完全实现时，世界将不再是它原来要成为的样子。因此，人类对此应该协同上帝一起减少世界中的恶，增加世界中的善。怀特海的形而上学思想通过查尔斯·哈特肖恩（Charles Hartshorne，1897—2000）的著作《作为社会过程的实在》（*Reality as Social Process*）以及追随者的相关著作得以在宗教思想上加以应用。这种思想不仅解释了恶的难题，而且解释了这样一种观点，即上帝是终极的善，而不必然是终极的存在。

如今最流行的形而上学是第二种类型的形而上学：对我们经验的和描述的世界最基本原则的分析。在这里，我们必须提醒大家，这种形而上学已经高度技术化，它将符号逻辑作为其分析的工具。这种形而上学研究不适合初学者，那些初学哲学的人常常会被这种形而上学的复杂性搞得迷惑不解。但是，我们至少可以简要说明一下这种形而上学的研究范围。

我们可以考虑一下非物质对象的指称问题。通常，当我们谈论日常事物时，我们似乎会指称一些在时空中不存在的非物质实体，而这些非物质实体对于我们理解世界似乎又是必要的。比如，当我们谈论句子时，我们指称的是它们的命题内容。所以，句子之外有命题，词语之外有意义。我们在这里到底谈论的是什么？同时，当我们谈论数学结构、自然法则、社会阶级、种族或国家时，这些实体究竟是什么？我们要想解释它们，就必须要先理解它们在言谈和思考中的作用。

哲学家索尔·克里普克［Saul Kripke，1940—，代表作《命名与必然性》（*Naming and Necessity*）］就是以其对逻辑和语言的研究而出名的。他曾使用了**"可能世界"**（possible worlds）的分析方法。所谓"可能世界"指的是在某种程度上不同于我们的现实世界的世界。克里普克运用模态逻辑尝试更好地理解必然真理的意义，在他看来，必然真理就是那种在所有可能世界都为真的陈述。克里普克的分析使得先天和必然区分开来。过去，哲学家们曾认为必然陈述（2加2等于4）都是先天的，也就是与经验无关的。偶然陈述（外面正在下雨）并非必然的，同时是后天的，也就是基于经验的。克里普克认为，在可能世界中，有些必然真理可能是后天的，而有些偶然真理可能是先天的。同时，真正的必然陈述指的是那些在所有可能世界中都为真的陈述。

英国哲学家彼得·F.斯特劳森［代表作《个体》(*Individuals*)］可以算作康德形而上学观的追随者。他同康德一样，认为形而上学是对我们用以理解实在的概念的描述，而不是要为实在本身提供一种解释。他的分析基础是物质对象和具有物质身体的人的基本地位。从这两种殊相出发，我们将我们的概念加以外推，使之包含其他东西，比如"事件"（event）。他反对二元论，认为个人既不是存在于身体之中的心灵，也不是具有精神属性的身体，而是一种心理存在物。从这种意义上讲，人因同时具有物理属性和心理属性而占据独特地位。

随着形而上学研究的持续发展，它与研究人工智能的心灵哲学相遇并与之进行了颇有成效的对话。康德曾将形而上学的探究归结为三个主题：关于上帝的问题、关于世界的问题以及关于人类灵魂和心灵的问题。无论形而上学探究所使用的方法如何变换，这三大问题依然是形而上学所关注的主要问题。

进一步阅读建议

1. 布鲁斯·昂（Bruce Aune），《形而上学是什么》(*Metaphysics: The Elements.*, Minneapolis：University of Minnesota Press, 1985)。这是一部非常清晰的著作，是专为大学生而写的，展示了昂教授过去几年形而上学思考的发展。

2. 罗德里克·M.齐硕姆（Roderick M. Chisolm），《论形而上学》(*On Metaphysics*, Minneapolis：University of Minnesota Press, 1989)。这是美国一位著名哲学家所写的简明导论。

3. 约翰·厄尔曼（John Earman），《决定论入门》(*A Primer on Determinism.* Dordrecht, The Netherlands：D. Reidel Publishing Company, 1986)。

4. 乔奇·J. E.加西亚（Jorge J. E. Garcia），《形而上学及其任务：寻找知识的绝对基础》(*Metaphysics and Its Task.: The Search for the Categorical Foundation of Knowledge*, Albany：State University of New York Press, 1999)。这本书对形而上学这门学科做了系统的概括，并说明了它是如何应对有关批评的。

5. D. W.哈姆林（D. W. Hamlyn），《形而上学》(*Metaphysics*, Cambridge：Cambridge University Press, 1984)。这本书为一种亚里士多德式的"形而上学"（哈姆林称为"本体论"）做了辩护。

6. 罗伯特·凯恩（Robert Kane），《自由意志牛津手册》(*The Oxford Handbook of Free Will*, New York：Oxford University Press, 2005)。

7. 斯蒂芬·科默（Stephan Körner），《形而上学的结构与功能》(*Metaphysics: Its Structure and Function*, Cambridge：Cambridge University

Press, 1984)。这本书基于康德的观点为形而上学辩护，认为形而上学对于大多数思想领域都是必要的。

8. 索尔·克里普克（Saul Kripke），《命名与必然性》(*Naming and Necessity*, Cambridge, Mass: Harvard University Press, 1980)。

9. 彼得·F. 斯特劳森（Peter F. Strawson），《个体》(*Individuals*, London: Methuen, 1959)。

10. 埃尔默·斯普拉格（Elmer Sprague），《形而上学思考》(*Metaphysical Thinking*, New York: Oxford University Press, 1978)。这是一部简洁明了的形而上学导论。

第四部分

我们如何认知？

第十四章　认识论导论

第十五章　勒内·笛卡尔：寻求确定性

第十六章　大卫·休谟：信赖你的感官

第十七章　伊曼努尔·康德：一种折中方案

第十八章　知识与人的实践：实用主义传统

第十四章　认识论导论

关于知识的理论，也就是通常所谓的"**认识论**"（epistemology），是哲学的一个分支。它所探究的是人类知识的本质、界限和特性。什么是知识？它范围多大？它有何用？就像形而上学想要探究什么是实在的以及实在与现象的区别一样，认识论想要去探究的是知识（knowledge）是什么以及它与意见（opinion）的区别。也就是说，认识论试图建立关于一个东西何以能成为知识的规范性标准。知识在人类生活中是如此重要，因此，认识论显然也是一个重要的主题。在不同的主题上，人类能够持有和表达各种各样的意见。虽然在其中一些主题之上，我们可能拥有一些真正的知识，但是还有很多主题，我们并不知道什么，而只是以为自己知道些什么。自己真的知道与以为自己知道这两者之间存在的明显区别清楚地表明了为什么知识是如此重要。

知识、意见与信念

当你知道些什么时，意味着你拥有一个意见，同时这个意见是真的，也就是说，它与现实相符。如果你仅仅是相信某些东西，而不是知道某些东西，那么你所相信的东西就可能是假的，它可能仅仅存在于你的头脑中。这意味着，当我们只是以为事情是如何如何的，而不是知道它如何如何时，我们很可能会出错。这就是知识在实践中的重要性。

我们思考的全部意义在于正确地校正我们的信念（belief），使其与处于世界之中的事物的实际相吻合。起码我们要能够在大多数情况下做到这一点，因为这对于我们的生存是至关重要的。所以这就清楚地说明了为什么知识比意见更好。"知识"这个词本身就有一种可敬的品质，它包含着一种积极的价值。简而言之，与信念和意见相比，知识是更可靠的行动指南。

现在我们明白了哲学家的问题"知识和意见的区别是什么？"的重要意义了。因为知识在人类事务中是如此重要，如此值得欲求，如果我们能以一种可靠的方式将它从诸多信念之中挑选出来，那是再好不过的了。

然而，我们将会看到，这会是一件很困难的事。让我们研究一下解决这个困难究竟涉及哪些问题。乍一看，我们似乎可以说，我们所知道的一切都是我们所相信的，但我们所相信的一切并不是我们都知道的。为什么？区别是什么？

在第二部分"关于思想的思考"中，我们提到了依据充分条件和必要条件对知识所进行的传统分析。在其中，我们发现，有一点很符合直觉：当我们相信一些我们所不知道的东西时，这里的信念有可能是假的，而当我们真正知道一个东西时，其中的信念不可能是假的。在这里，我们看到了知识问题与真假考量之间的密切联系。一个人可能相信假的东西吗?当然可能。但一个人所知道的能是假的东西吗?现在我们回到"知识"这个词的可敬或可赞的品质。当你说某人知道些什么时,你是在赞扬他,赞扬他所相信的是真的。但是,如果我们后来发现,我们之前认为这个人所知道的最终被证明是假的呢?我们就会收回之前的"某人知道些什么"的观点,而代之以评价上更为中立的观点,说"某人只是相信些什么,或者只是以为什么为真"。

知识与确定性

　　知识这个词所具有的这种称赞的意味,部分来自这样一种事实,即那些知道些什么的人对于他们的信念为真并作为可靠的行动指南,有一种正当的确定的信心。知识蕴涵着确定性。如果你对某个东西并不确定,那你会说你知道它吗?如果你说"我知道他会在这儿,但我不确定",这就显得很奇怪。但是,如果你只是说你相信某些东西但又不确定,比如,"我相信如此,但是我不确定",那这就没什么问题。这难道不是我们正在寻求的标准吗?但这样的标准也有问题。如果我只是相信某个东西,我就会有些犹豫,有些怀疑,但如果我声称我知道某个东西,那我对此会更加确定和自信。但是,这个标准是否总是奏效呢?人们对某些东西有信心,就是真的知道这些东西吗?不。我们判定为狂热者的人,恰恰是那些拥有极少的信息,但又极度确信的人。的确,我总是能说出我对某一特定观点的感觉有多确定,但这对我的知识没什么好处,除非这种确定感与真正知识的"真实性"紧密相连。然而,不幸的是,事实并非如此。不过,我们这里先考察一下最后一个区分知识和信念的可能标准,稍后我们再回来讨论知识与确定性的关系。

　　我们对自己所知道的东西的真实性的极大信心,部分来自我们有更好的理由去支撑我们相信自己的信息是真实的。我们在关于推理的第五章中简要地讨论了这种立场。有时我们否认一个人知道某些东西(即便事实证明他所相信的是真的),可能仅仅是因为这个人为其相信所提供的理由不够好。换句话说,我们称赞某人知道某事的一部分原因是,这个人有充分的理由相信它的真实性。我们将看到,这一标准虽然可能并不完美,但确实比真实性或确定性提供了更好的实践指导。其他标准并没有真正告诉我们该做什么,这一个标准告诉我们了。关于知识,人类的困境是,区分什么是真的与什么是我们信以为真的。对于我们来说,这并不容易,因此我们不能对自己的确定感过于自信。我们能做的就是让自己处于一个可能的最佳位置——权衡所有的证据,审查所有的论证,正反两方面的证据和论证都不要落下。尽管这样做并不能必然地或绝对地获得真理,但这是最有可能获取真理的方式。除非我们变成神,否则,这也许是我们人类所能做到的一切。

认识论与心理学

　　如果我们把认识论与心理学的目标和关注点加以对比,我们可能会更清楚地了解认识论的目标和关注点。认识论和心理学都关注人的意识。乍看起来,认识论跟心理学做的是同样的事情,而且心理学做得更好。但是,二者在方法上存在根本性的差别。心理学试图描述人类思维的实际运作方式,而认识论则想要去建立我们应当如何思考的规范标准。在其实验中,心理学侧重于探究大脑认知过程的生理层面,比如刺激–反应机制、神经系统等。

作为一项描述性的事业，心理学并不将深入研究意见与知识、信念与意见之间的复杂关系作为它的目的。认识论者关注的是判断信念的可接受性标准，而心理学家则主要关注人类思维是如何运作的。

简而言之，认识论意图发现真理的可靠指南。但什么是真理？这是一个古老的问题，彼拉多（Pilate）就曾经问过耶稣这个问题。而哲学家们给出的答案倾向于三种主要理论：（1）**符合论**（correspondence theory）真理观，（2）**融贯论**（coherence theory）真理观，（3）实用主义真理观（pragmatic test of truth）。它们的基本区别是：符合论认为，仅当我们的思想和现实相符合时，它才是真的。如果你持有这样一种认识论（就像英国经验主义者那样）——我们的思想和观念是感官对物理对象的反映，那这种真理观会很有效。当你面对物理对象时，符合论似乎很奏效，但当你面对的是情绪、情感、希望、志向、恐惧、道德真理、数学等这些非物理对象时，情况似乎就不那么妙了。相比于符合论，融贯论则认为，只要一个陈述与我们已经接受的信念和知识相融贯，我们就可以认为它是真的。例如，天文学家在能用望远镜看到冥王星之前，就相信它的存在。他们看到其他行星的运行轨迹是倾斜的，就像存在第九颗行星一样，由此他们就推测说冥王星是存在的。此外，相信另一颗行星的存在对于现有的关于太阳系的观点并没有什么威胁。因此，认为还存在一颗行星与我们已经确立的信念是融贯的，而且它对这些信念的改变也最小。（然而，最近冥王星被降级为"矮行星"，因为它不符合行星的定义。）假设我们没有经验证据来证明一个新观点的真实性，但它与我们其他已确立的信念是融贯的，那我们如何决定是接受它还是拒绝它呢？对此，有的哲学家提出了一种判断是否应该接受某一假设的"实用主义"测试。如果有两个假设，我们没有方法来确定它们的真假，那就问问自己：如果接受其中一个而拒绝另一个，会给你的实践带来什么差别。如果你没有其他的标准来做决定是否接受某一假设，那就根据这种实践上的差别来做出你的选择吧。如果它们之间没有实践上的差别，那么真相就真的岌岌可危了。没有区别的区别，就是根本没有区别。

持有其中任一种真理观的哲学家在为自己的观点辩护时，常常是片面的。符合论的辩护者想要你去相信所有的真理都必然是如此判定的。融贯论的辩护者同样想说服你认同融贯"测试"是解决困惑的唯一令人满意的方式。实际上，我们在判断一个观点是不是真的时，可能这三种理论都用上了。在我们所接受的观点中，我们之所以接受它们，有些是因为它们与我们的经验相符合，有些是因为它们与我们已确立的观点很一致，而另外一些则取决于我们接受或拒绝这些观点或信念会带来什么样的实践后果。

认识论在哲学中很重要，这是因为它是通向其他哲学议题的一架桥梁。如果我们想知道实在，我们必须问"什么是实在的"（形而上学）。一种对如何判断命题真假的考虑直接引导我们进入对推理规则的考虑中（逻辑学）。当我们把信念、知识同我们的行为选择联系起来时，我们立即就进入到一种关于"什么样的原则应当指导我们的行动"的讨论中（伦理学）。

知识的来源

了解了认识论的一般领域之后，在本章接下

来的部分，我们将详细地考察认识论中极其重要的一个问题——知识的来源问题。知识是像理性主义者所说的那样，完全建基于理性，还是像经验主义者所说的那样，完全建基于直接的感觉经验呢？或者，知识也许是两者的结合？

理性主义的核心信念是：一种关于实在的**先天的**（*a priori*）知识是可能的，而且这种先天知识为我们提供了关于存在物本质的最深层洞见。先天知识是一种在根本上并不建基于或者来自感觉经验的知识。经验主义的核心信念是：关于实在的知识全部或者主要是**后天的**（*a posteriori*）。而后天知识是一种在根本上建基于或者来自感觉经验的知识。理性主义和经验主义都是认识论上的古老传统。理性主义可以追溯到柏拉图（前427—前347），而经验主义可以追溯到柏拉图的伟大学生亚里士多德（前384—前322）。

柏拉图认为，在我们所知道的真理中，有些真理是确定的、不变的。在柏拉图看来，任何时候，任何人都应当接受这些真理，比如，数学真理（如2+3=5）和道德真理（如"为了个人微利而诋毁朋友是错误的"）。我们不必担心这类真理在某一天会不再"真"了。当然，有些人可能会否认它们，但这并不意味着这些真理发生了改变，而只意味着这些人相信了错误的东西。关于这种真理的知识是关于那种确定的、不变的东西的知识，因此，柏拉图认为这种知识不可能来源于感觉经验。因为感官所呈现的无非是不断变化的感觉经验，它们不可能是这种确定的、不变的知识的来源。相反，柏拉图认为，这类知识最终是使用一种先天的理性获得的。回想一下第九章，我们知道，柏拉图是如此地钟情于确定的和不变的知识，他的形而上学中的很多部分都是要为这种知识提供一个令人满意的基础。他相信，这种知识的基础不可能是呈现于我们感官的不断变化的物质世界。为了给确定的、不变的真理提供基础，柏拉图认为存在着"相"（Forms）。这种完美的、非物质的、不变的原型与世界之中的物质对象和感觉对象并不是完全一样的。当然，在提出这些"相"之后，柏拉图还需要去解释我们是怎么通过它们获得知识的。毕竟，我们发现我们自己处在一个感觉的、物质的世界，而不是处在一个充满完美的、不变的原型的非物质领域。为了解决这一问题，柏拉图认为，人类灵魂在之前是独立于身体的，它能够通过直接观照"相"而获得全部的知识。然而，当灵魂进入身体之后，它就受到伤害，并且忘记（至少暂时忘记）了它曾经获得的知识。在柏拉图看来，现世之中的学习就是一个用理性去回忆起灵魂在没有与身体发生联结之前所曾获得过的关于"相"的知识的过程。这种关于现世之中的学习的解释就是柏拉图的回忆说（theory of recollection）。

关于柏拉图为了解释我们拥有确定不变的真理所构建的认识论，我们还有很多可说的。即便柏拉图的解释并没有被全部接受——比如回忆说——但还是有许多自称柏拉图主义者的哲学家相信先天知识的可能性和重要性。尽管如此，在许多哲学家看来，柏拉图的理性主义还是太异想天开了。这些哲学家会认为说，柏拉图的认识论使事情过于复杂了。如果我们必须先从我们最先、最直接知道的东西开始，难道我们不是应该先注意到我们存在于一个物质世界中，我们的感官为我们提供了这样一个世界的信息吗？尽管我们的感官会犯错，会给我们提供大量易变的感觉经验，但是我们也不能就此绝望，觉得它们并不能成为关于实在的知识的来源。

我们可以通过检查、反思我们的感觉经验以辨识出其中的模式，从而获得关于物质世界的知识。亚里士多德就是这种想法。与他的老师柏拉图不同，他的认识论强调关于世界的后天知识的重要性，也因此被许多经验主义者接受。亚里士多德的许多著作都致力于通过对感觉经验所提供的信息进行批判性反思，获取关于自然世界的知识。的确，许多当代自然科学，比如物理学和生物学，都能从亚里士多德所写的相关著作中找到源头。就像柏拉图的理性主义一样，亚里士多德的经验主义认识论在今天也不乏支持者。

在接下来两章，我们将详细考察这两种认识论传统的两大最具影响的支持者，以便进一步了解经验主义和理性主义。首先，在第十五章，我们将考察理性主义的支持者，17世纪法国哲学家勒内·笛卡尔。然后，在第十六章，我们将考察经验主义的支持者，18世纪苏格兰哲学家大卫·休谟。在深入了解现代以来的理性主义和经验主义之后，在第十七章，我们将考察18世纪德国哲学家伊曼努尔·康德的观点，他尝试将理性主义和经验主义两大传统调和起来。最后，在第十八章，我们将考虑另外一种认识论传统，它采用了与笛卡尔、休谟或康德截然不同的方法来解决认识论问题。尽管笛卡尔、休谟、康德在我们如何准确获得关于实在的知识上持有不同的观点，但三人都认为，知识的根本在于准确表达实在的本质。然而，实用主义者持有一种非常不同的看法。在他们看来，知识的根本目的是促进有效的行动。因此，我们的信念对实在的本质的把握有多真实的问题，是从属于信念能否促进实践上的成功这一问题的。

供讨论的问题

1. 如果让你刻画你自己的认识论观点，你是接受符合论、融贯论，还是实用主义呢？为什么？
2. 用你自己的话去说明知识、信念和意见三者之间的不同。
3. 从你的自身经验中，举一个例子说明你关于某一个议题的想法是怎么从错误走向真理的。是什么促成了这种转变？你能准确地说明它们吗？
4. 将感觉视为知识中最重要的角色，这种想法有什么吸引力？它的局限性是什么？
5. 将理性视为知识中最重要的角色，这种想法有什么吸引力？它的优点和缺点是什么？

第十五章　勒内·笛卡尔：寻求确定性

获取确定性是勒内·笛卡尔主要的哲学关切。在 17 世纪，人们会发现哲学家们都在为某一些观点做着辩护，他们都相信自己的观点是正确的，即便其他哲学家可能也在为完全相反的观点做论证。哲学陷入了怀疑的恶名，相反，数学似乎是优雅和确定的典范。数学家的证明可以被其他数学家检验，他们之间可以达成普遍一致的结论。哲学就不是这种状况了。哲学之中的混乱似乎无处不在，哲学家们在各种问题上意见不一，尤其是在"什么才是寻求知识时所应当采取的恰当方法"这一问题上。在笛卡尔看来，通过模仿数学的方法，哲学有可能得以在一种更好的基础上重建，进而找到曾被证明是如此难以捉摸的那种确定性。

寻找方法

笛卡尔并不是第一个被数学之严谨所吸引并将此作为哲学探究模型的哲学家。在古希腊，柏拉图甚至曾为那些想要从事哲学研究的学生制订了一个严格的数学学习计划，以此作为学习哲学的预备。继笛卡尔之后，荷兰哲学家斯宾诺莎和德国哲学家莱布尼茨都曾试图将哲学数学化。在 20 世纪，埃德蒙德·胡塞尔和伯特兰·罗素也都被数学吸引，把数学视作某种哲学研究的可能模型。但笛卡尔是近代第一个用数学的研究方法去探究认识论问题的哲学家。

数学方法是什么？拿几何学为例，在几何学中，你从**公理**（axiom）出发，再加上一些公设，然后你就可以通过这些基本原则，推导出你想要证明的所有定理。要注意的是，在数学这样的演绎系统中，结论的确定性是取决于初始假设的确定性的，而这就是几何学要从公理和公设出发的原因，因为这些公理和公设在某种意义上可以说是自明的。就像"两点之间直线段最短"，这样的公理不可能真正地被证明。如若没有自明的东西，那么毫

勒内·笛卡尔（1596—1650），法国哲学家、数学家。许多人认为他是标志着中世纪哲学终结和现代哲学兴起的思想家。他最有名的两大哲学著作是《谈谈方法》(*Discourse on Method*) 和《第一哲学沉思集》(*Meditations on First Philosophy*)。图片来自美国国会图书馆。

无疑问，也就不可能有几何学这样的演绎科学。笛卡尔认为，我们在哲学中所需要的也是某种类似的自明的公理，我们以此可以建立或者更好地重建整个哲学大厦。这样一个公理式的出发点将会是自明的，至少在这种意义上，它是不可怀疑的。

这样一个自明的出发点是可能的吗？笛卡尔认为，研究一下那些不确定的出发点是非常重要的，尤其要关注那些作为哲学之敌的怀疑主义的攻击。在法国哲学家、散文家米歇尔·德·蒙田（Michel de Montaigne，1533—1592）的大量著作的推动下，怀疑主义在16世纪末17世纪初的法国获得了一次复兴。但这正是笛卡尔所真正担忧的。在深入洞察问题的本质后，笛卡尔决定使用怀疑主义作为一种手段去克服怀疑主义。就像哲学之敌一样，笛卡尔也开始怀疑。他对自己所曾相信过的一切进行怀疑，直至（他希望）找到一些不可怀疑的东西。因此，笛卡尔的方法常常被称为系统的怀疑方法。这种方法之所以是一种怀疑的方法，是因为只有当他找到没有理由怀疑的信念时，他才停止怀疑。这种方法之所以是一种系统的方法，是因为他要怀疑他之前接受的信念的基础。但是，笛卡尔也没有必要逐个地找理由去怀疑他的每一个信念。如果建筑监理员检查了建筑物的地基，发现地基严重不稳定，那他不需要再做其他任何检查，就可以知道地基之上的所有楼层也同样不稳定。同样，笛卡尔从怀疑他之前信念的基础入手。如果他能找到一个理由来怀疑这些信念的基础，那他就不必挨个考察它们，看自己是否有理由质疑每一个信念了。

蒙田论怀疑论

哲学家中间无穷无尽的分歧，对于认识论的永无休止的普遍争论，我们暂且不谈。因为这样一个假设是真的：人——我所指的是最有天分和学问的人——不可能在任何事上达成一致意见，甚至对我们头顶有天这件事也是如此。因为那些怀疑一切的人对这点是怀疑的，那些否认我们能够认识事物的人也会说，我们并不能认识天是不是在我们的头顶。持这两种观点的人在数量上无疑是最多的。

除了这种无尽的分歧和异议之外，还有我们的判断对我们造成的迷惑，我们每个人对自己都如此地不确定，没有什么准确的把握。我们对事物的判断有多么不同？我们有多少次出尔反尔？我今天持有和相信的东西，确是我全心持有和相信的。我全身心地拥护这样的看法，我永远支持它们。我对任何真理的拥抱和维护都不像这一次这么强烈。我对此真情实意。但是，我也曾不止一次，而是成百上千次，日复一日，如此这般地拥抱过那些如今我已判为错误的观点，难道不是吗？

——蒙田，《雷蒙·塞邦赞》（*Apology for Raimond Sebond*）

对基础的怀疑

笛卡尔在一系列被冠以"第一哲学沉思集"的文章中描述了他发现确定性基础的过程。在第一个沉思之中,笛卡尔怀疑了他之前信念的两个基础:感觉经验和理智直觉。他曾依靠感觉经验来获得关于外部物质世界的信念,依靠理智直觉(仅通过理性形成信念的行为)来获得逻辑和数学等学科中的信念。他接着探讨了对这些基础进行怀疑的各种可能。美国思想家查尔斯·皮尔士认为笛卡尔的方法是不合理的,因为他并没有真正怀疑他所提到的一切。但这种批评忽略了一点:笛卡尔只是将系统的怀疑方法作为一种克服怀疑的方式。他心里是否真的怀疑他所说的一切,是无关紧要的。他不能确定地接受任何事情,除非他消除了产生怀疑的一切基础。所以我们在他的第一次沉思中,以及第二次沉思的开头几页将会看到他所列出的对我们的感官证据进行怀疑的所有合理理由。

请注意,当你阅读笛卡尔的著作时,你会发现,他允许一些奇异的、极其牵强的可能性——在某种程度上,他称之为"夸张的"(hyperbolic)可能性——作为怀疑他之前信念的基础的正当理由。例如,他怀疑作为外部世界信息来源的感觉经验的可靠性时,所给出的主要理由是:所有这些经验都可能发生在一个精心设计的梦中。他在对数学真理进行怀疑时,甚至采用了比梦的假说更为奇异的假说,他认为可能会有骗人的上帝或恶魔使用它的力量对他进行欺骗,即使在 5+7=12 上也要欺骗他。因此,凭着这一个理由,笛卡尔就对数学真理进行了怀疑。这些当然是牵强的怀疑理由,然而,正是通过允许使用如此夸张的理由去怀疑,笛卡尔才将怀疑主义扭转到对自身的怀疑。如果笛卡尔能找到一种信念,而且这种信念毫不受如此奇异的怀疑理由之影响,那么他就会相信,这种信念将能承受未来所有的怀疑主义挑战。这样,他就可以有一个确定的基点来建构自己的哲学了。

下面,笛卡尔将开始自己所谓的对确定性的"艰巨"追寻了,请让他为自己"代言"。

第一个沉思——论可被怀疑的事物[1]

从早年起,我就常常把许多错误的意见当作真理来接受。我从如此不可靠的前提下得出的结论,不可能不令人高度怀疑,也不可能是确定的。当我知道这个事实那刻起,我就意识到,如果我想在科学上建立起任何确定的、经久不变的知识,我就必须彻底地将我在信念中所接受的一切见解都清除出去,然后重新开始……因此,我将认真地、不懈地对我之前的所有意见进行清算。但是,为了达到这一点,我也没必要去证明它们都是错误的,因为这是一个永远无法完成的任务。不过,理性已经说服了我,与那些我认为明

---

[1] 本章中此处以及其他地方的笛卡尔的选文均出自勒内·笛卡尔,《第一哲学沉思集》,劳伦斯·J. 拉弗勒(Laurence J. Lafleur)英译(Upper Saddle River, NJ: Pearson Education, Inc., 1961)。

显错误的东西一样,那些不完全确定的东西也不应该轻信。如果我能从中找到任何疑点,那么这就足以让我拒绝接受它们。这样一来,我也就不需要对它们进行挨个考察了,因为这将是无尽的工作。但是,由于地基的毁坏必然带来整个大厦的坍塌,因此我将首先攻击我之前的意见所赖以建立的原则。

迄今为止,被我视作完全真实可靠而又被我接受的东西,都是从感官中获得的,或者是通过感官获得的。但我从经验中学到,感官有时会误导我。而明智的做法是永远不要完全相信那些曾经欺骗过我们的东西。

可是,虽然感官偶尔会在难以觉察或者遥远的东西上欺骗我们,但是还有很多其他通过感官认识的东西是我们没有理由怀疑的。比如,我在这里,坐在火炉旁,穿着(冬季)室内长袍,把这页拿在手中,以及诸如此类的东西。我又怎么能否认这个手和这个身体是我的呢,除非我也和那些疯子一样,大脑被胆汁的黑气扰乱、遮蔽了,以至自己穷困潦倒却以为自己是国王,自己一丝不挂却常以为自己披金戴银,或者幻想自己脑袋是泥做的,或者自己是瓶罐,身体是玻璃?(但这荒谬极了。)这些人是蠢蛋,但如果我学着他们,我的蠢劲儿也不输他们。

尽管如此,我必须承认我是一个人,我会睡觉,而且在梦境之中我也会做出与那些蠢蛋醒着的时候所做的一样的事情,甚至有时比之更荒谬。有多少个静谧的夜里,虽然我一丝不挂地躺在床上,但我习惯性地做着这样的梦:我在这里,坐在火炉旁,穿着室内长袍。我在梦里确实以为我并不是闭着眼睛去看这张纸,我以为我摇晃着的脑袋并没有昏昏欲睡,我故意伸出手,我也能感觉到它。在梦中发生的情况虽然并不那么清楚、明白,但我也从未觉得自己受了假象的

误导呀!仔细想想,我清楚地觉得我们并没有什么可靠的迹象去区分自己是清醒状态的还是在睡梦之中。我对此十分吃惊,我的困惑在于这几乎可以说服我,让我相信自己现在正在睡梦之中。

那就假定我们现在都在睡梦之中吧,所有的细节,比如睁眼、摇头、伸手等,都只不过是一些假象。让我们设想我们的手和整个身体都与我们所看到的不同。尽管如此……即便这些东西,比如身体、眼睛、头、手等,都是想象出来的东西,那我们也得承认仍有一些更简单、更普遍的东西是真实的、存在的。由于这些东西的混合(就像真实的颜色之间的混合一样),这就形成了存在于我们思维之中的东西的形象,不管它们是真实的还是幻想虚构的。

一般的物体性质和广延,以及具有广延性的东西的形状、量、大小、数目,所处的位置、所占的时间等都属于这类东西。这就是为什么我们得出这样的结论也许是合理的:物理学、天文学、医学以及研究各种复合事物的科学都是可疑的、不确定的。而算术、几何学以及其他类似性质的科学,由于它们所处理的只是极简单和一般的东西,它们不大考虑这些东西是否存在于自然之中,因此这类科学具有某种确定无疑的要素。因为不论我在清醒之中还是睡梦之中,二加三总是等于五,正方形总是不多不少四条边。如此清晰明显的真理,似乎不会让人怀疑有什么错误或不确定性。

尽管如此,长久以来我都有这样一个想法:有一个全能的上帝,是他创造了我,使我成为这个样子的。但是,我怎么确定上帝没有这样做,即根本就没有天、地、带广延的物体,没有形状、大小、位置,但他却使我具有(使我还不得不这样设想)这一切东西的印象,就像我真的看到这些东西一样?还有,就像我时

常会判断说他人信以为真的东西实际上是犯了错，我又怎么能确定上帝没有有意让我犯错呢？我怎么确定上帝没有有意让我在计算二加三或者数正方形有多少条边上以及类似更简单的东西上每次都犯错呢？……

我终于不得不承认，在我以前信以为真的东西中，没有什么是我不能以某种方式加以怀疑的。这并不是由于考虑不周和轻率导致的，而是由于强有力和经过深思熟虑的理由导致的。因此，我认识到，如果我希望（在科学领域）找到任何确定无疑的知识，我就应该悬置我对这些问题的判断，就像我不应该相信那些明显的错误一样，对此我也不能轻信……

因此，我假定有一个恶魔，而不是（真正的）作为至上真理之源泉的上帝，具有强大的能力又兼具狡诈和欺骗性，他用尽一切办法欺骗我。假定天空、空气、大地、颜色、形状、声音以及（我们所看到的）所有其他客观事物，都只不过是他用来欺骗我的假象和幻影。我将自己假定为一个本来没有手、没有眼、没有肉、没有血、没有任何感官，但却以为自己拥有这一切东西的人。我将坚定地持有这个假设。如果我不能通过这种方法获得任何真理，那我至少有权中止我的判断。因此，我将非常谨慎，不容我信念中有任何错误，并且我要求自己在精神上做好充分准备去迎接这个大骗子的一切诡计。不管他多么强大和狡诈，他都无法在任何东西上误导我。

我思故我在

如果我们想获得确定性，那我们必须能够构建一些不可怀疑的东西。笛卡尔接着想到，怀疑这种行为自身为我们指明了道路。怀疑是一种精神活动，是一种思维活动。即使我们对我们是什么、我们在哪里，或者我们周围世界的本质感到困惑，我们也不可能去怀疑我们是一个思考、感觉、意欲、怀疑的存在。所有这些精神活动形式都是不可怀疑的。即便我们因为在睡梦之中，或者因为精神错乱，又或者因为一个具有强大能力的恶魔而被欺骗，但仍有一件事永远欺骗不到我，那就是有一个我，一个被欺骗的自我。因此，我在思考（广义上）是确定的，我不可能在这上面犯错。从我在思考这个事实出发，我可以得出结论：我存在。这是不可怀疑的公理："我思故我在"。"我思故我在"，这是一个不可否认的真理，每次我思考它时，它都是一样的真。

请注意，在努力探求一个可以作为他重建哲学基础的、不可怀疑的真理过程中，笛卡尔从未诉诸感官。感官经常欺骗我们。笛卡尔的证明标准是理性的和演绎的。只有当我们能够仅仅通过理性的力量就可以得出一个论证时，我们才能获得接受其他事物的基础。到目前为止，这种方法将笛卡尔引向了第一个真理——我思故我在。尽管这个真理可能是确定的，但它也是空洞的。就这一点而言，我们所能知道的就是思考自身的存在。我们不知道是否存在别的可供思考的东西——也不知道思考者是否就是身体或者与身体相关——因为我们认为感官是不可靠的，从而已经抛弃了感官的证明。也许思考者只不过是一个思考的非物质的心灵。不过，可以肯定的是，他至少是一个会思考的东西，因为这是被欺骗所必需的。在接下来的第二个沉思中，我们将会了解到笛卡尔这个著名论证的框架。

第二个沉思——论人的精神的本性以及精神比物体更容易认识

昨天的沉思使我的大脑里充满了如此多的怀疑，我再也不能将它们忘记了。我也不知道怎样才能解决这些问题。我觉得自己好像突然被扔进了深潭之中，惊慌失措以致既不能触到水底，也不能浮到水面。然而，我将尽一切努力，严格遵照昨天开始的计划，把我能想到的具有任何小的疑点的信念都排除掉，就像我知道它们是绝对错误的一样。我将以这种方式继续下去，直到找到某种确定的东西，或者至少要直到我确信这个世界上没有什么确定的东西为止。阿基米德只需要一个固定的支点，就可以撬动地球，将其挪动到另一个新的位置上。同样，哪怕我有幸找到一个确定的真理，那我就可以抱有远大的希望了。

因此，我假定我所看到的一切都是假的，我说服我自己把我那不靠谱的记忆所唤起的一切，都当作从来不存在的。我认为我没有感官，而物体、形状、广延、运动和位置只是我头脑的发明。那么，还有什么能被认为是真实的呢？除了世界上没有什么是确定的之外，也许没有别的了。

但是，也许还有一种实体，它具有与我刚才所认定的那些不确定的东西所不一样的性质，而它是不可怀疑的，我怎么知道没有这么一个实体呢？难道没有上帝或其他力量给我注入这些想法吗？但我不需要认为一定是这样，因为我自己就可能产生这些想法。那么至少，我自己不是一个实体吗？但我已经否认我有任何感官或身体。然而，在这一点上我犹豫了，因为接下来会发生什么呢？我是如此依赖身体和感官，以至不能没有它们吗？可是我已经说服自己相信世界上没有任何东西存在，没有天地，没有精神，没有物体，难道我没有因此说服自己相信自己并不存在吗？绝对没有，因为如果我被自己说服了相信了什么东西（或者我想过任何什么东西），那么毫无疑问，我就是存在的。即便会有一些强大而又狡诈的骗子用尽各种手段欺骗我，那也不会令我的存在有丝毫可疑，因为他欺骗了我。而且只要我想到我是一个什么东西，那他就总不能使我成为什么都不是。因此，在仔细思考，同时仔细考察一切事物之后，我必须最终得出并坚持这样的命题：有我，我存在。每当我在心里产生或思索这个命题时，它就必然是真的。

但我还不十分清楚，这个确实知道我存在的我到底是什么。因此，从今往后，我必须十分谨慎，免得一不小心把别的东西当作了我。同时也不要再在我认为比以前所有的知识都更确定、更明显的这个知识上犯错误了。这就是为什么在我进行之后的思考之前，必须要重新考虑一下我之前所认为的"我"是什么的原因。对于以前的意见，只要它们稍微被我刚才提出的理由冲击而变得可疑的，我就将之铲除出去，以便只保留其中完全确定无疑的部分。

那么，我以前认为"我"是什么呢？显然，我认为我是一个人。但人又是什么呢？……我想在这儿稍作停顿，考察一下之前每当我思考"我"是什么时，自然而然地出现在头脑中的观念。我首先想到我自己有脸、手、胳膊，以及所有这些由骨头、血肉等组成的一整套"机器"，就像从尸体上看到的一样，我把这架机器称为"身体"。此外，我还吃饭、走路、观察和思维，我把所有这些行为归因于灵魂……

但是，现在我假定有一个极其强大而且极其恶毒、狡诈的恶魔，它用尽力量和手段就是要去欺骗我，那"我"到底是什么呢？我能肯定我拥有刚才所说的属于身体属性的所有特征中的一小部分吗？我要仔细考虑一下这个问题。我在脑海里一遍又一遍地审查着这些东西——但也没有必要停下来花时间一一列举——我找不到任何一个东西可以作为我的一部分。那么吃饭和走路是我的属性吗？但我若没有身体，那也就没有吃饭、走路了，吃饭、走路可能只是凭空捏造而已。感觉是吗？但是，没有身体就没有感觉，除非我只是在梦里感觉，而我醒来才意识到根本就没有感觉。思维是吗？在这里我找到了答案。思维是属于我的一种属性，它与我的本性是分不开的。

有我，我存在——这是确定的，但我能存在多长时间呢？只要我还在思维，那我就存在。假如我停止思维，也许我就停止存在了。我现在对不是必然为真的东西一概不承认。因此准确地说，我只是一个在思维的东西，也就是说，一个心灵、一个理智或者一个理性存在，而这些名称的意义是我之前不知道的。

我是真实的，真实存在的某种东西，是一个什么东西呢？我已经给出了答案：一个在思维的东西。在思维的东西又是什么呢？那就是一个在怀疑、在领会、在构想、在肯定、在否定、在意愿、在拒绝、在想象、在感觉的东西……如果这一切都是我的本性，那也不少了。但为什么这些东西不属于我的本性呢？难道我不也是这样一种人吗？即几乎怀疑一切，之后了解、领会了某些东西，确认和肯定只有这些东西是真实的人；否定其他一切，意求认识得更多一些，拒绝错误的人；想象很多东西，有时背离意志的人；通过感官或身体的器官作为媒介来感知很多东西的人。尽管我总是睡觉，我总是被恶魔用尽手段欺骗，但难道其中这一切都没有一件是和"有我，我存在"是一样真实的吗？难道这些属性里面就没有一个同我的思维有分别，或者能同我自己分开的吗？因为是我在怀疑、在领会、在欲求，这里用不着再增加什么来解释它了。并且我当然有能力去想象，即便我所想象的可能并不是真的，但是想象的能力是真实的，它是我思维的一部分。最后，我也是在感觉的东西，也就是说，一个通过感官观察某种对象的人。因为我确实看到了光，听到了声音，感觉到了热。这些假象可能会被说是假的，而我是在睡觉？就算是这样吧。但我至少觉得自己看见了光，听见了声音，感觉到了热。这是错不了的，真正来说，这就是在我心中被叫作感觉的东西，更准确地说，这不过是在思维而已。

上帝作为确定性的保证

正如我们在选文中所看到的，在"第二个沉思"结束的时候，笛卡尔找到了一个不可怀疑的信念，从而击败了极端的怀疑主义。即便是最强有力的怀疑假设——也许存在一个欺骗人的上帝——也不能使得沉思者的信念，即"自身作为一个在思维的东西而存在"这一信念变得可疑。但是，如果所有的沉思者所能确切知道的只有这个，那么笛卡尔对怀疑主义的胜利不过是一场空洞的胜利。笛卡尔的目标是要在一个确定的基础之上，重新建构起哲学和科学的整个大厦。他肯定不想将自己的知识局限于一个沉思者的心灵上。在《第一哲学沉思集》中，我们也可以看到笛卡尔有意地要逃离这种局限。而他所面临的挑战是如何利用"自身作为一个在思维的东西而存在"这样一个信念，进入一个更广阔的认识世界。这是他在第三个沉思中所应对的挑战。

笛卡尔开始扩展他的知识，他的方式是先去追问是什么使得"他自身作为一个在思维的东西而存在"这一信念成为确定的。他最初的回答是：因为他清楚明白地理解了这个信念，也就是说，通过心灵之眼，通过我们的理性之光，他立即就把握到了它的真理性。他是通过一种直接的理智直观来理解它的。依照这个答案，他接下来考察，这是否能成为扩展知识的一个原则：

凡是能被清楚明白地理解的东西就是真的。

如果这条原则是可信的，那笛卡尔就能用之来扩展自己的知识，而不是仅仅知道自己的思维以及自己是作为一个在思维的东西而存在的。因为他可以将自己清楚明白地理解的东西，作为他所知道的东西。因此，这个原则就成为沉思者逃离自己的认知禁锢的一个关键。当然，假如这一原则是正确的，它也会成为笛卡尔建构自己的体系，并完全击败怀疑主义的一个强有力的工具。

然而，在将此原则加以应用之前，笛卡尔认识到还有一个问题需要解决。为了解决这一问题，我们先问这样一个问题：除了你自身作为一个在思维的东西而存在这个信念之外，还有什么信念可以说是清楚明白地理解的，也就是说还有什么信念是通过理智而不是通过感官所理解的，而且它们是如此地生动直接，以至你一旦理解了它们，你就无法否定它们。也许你会像笛卡尔一样，一开始想到的例子是数学原理，比如 5+7=12 或者三角形内角之和等于两个直角之和。但是，就此我们必须回想一下第一个沉思，笛卡尔认为这样的信念是可怀疑的。因为可能存在一个欺骗人的上帝，他可以让沉思者在其理智直觉的基本活动中产生一种系统性的错误。因此，笛卡尔推理认为，在他想相信这一原则为真，并以此作为标准去相信那些清楚明白的观念之前，他必须证明存在一个上帝，并且他不是一个骗子。这是以下"第三个沉思"的选文中所关注的焦点。但在开始阅读选文之前，了解一下这个论证的两点背景是十分重要的。

第一点背景是，同柏拉图一样，笛卡尔也相信实在性是有等级的。在笛卡尔看来，一个东西的实在性等级直接与其完满程度相关。也就是说，如果一个东西越完满，那它越实在。鉴于此，笛卡尔会认为一只狗比一块石头更实在，尽管它们都是实体，都是不依赖其样式（属性）而独立存在的实体，但狗具有生命上的完满性，而石头则没有。人类比其他任何东西都实在，因为人类除了生命之外还有理性。人类比狗和石头都有更高等级的完满性，而颜色与这三者相比，则更不实在，原因在于石头、狗、人类都是有限的实体，也就是不依赖于其他有限事物的属性而存在的东西。而笛卡尔将颜色称作"样式"（mode），这个概念适用于那种仅能作为某物的属性而存在的东西。比如，一个人不可能只看到红色，相反，一个人常常看到的是红色的东西，比如红色的球、红色的石头、红色的头发或者红色的油漆。因为颜色只是样式，它只能作为实体的属性而存在，它依附于有限的实体，所以更不完满。因此，它比石头、狗和人类更不实在，后三种东西是那种不需作为有限事物的属性而独立存在的东西，而这种形而上学上的独立性被笛卡尔视为一种重要的完满。

第二点与笛卡尔上帝存在的证明相关的背景是，他对客观实在性与形式实在性进行的区分。为了理解这一区分,你最好忘记,我们通常意义上的"客观"或者"形式",而要在笛卡尔的体系中去理解它们。笛卡尔所谓的客观实在性指的是某个东西由其表象的内容而获得的那种实在性,而形式实在性指的是某个东西自身具有的那种实在性。下面的这幅素描可能有助于我们理解这一区分。

海伦娜·彼得里克(Helena Petrik),《谁能使它挺直?》(*Who Can Straighten?*)。经詹姆斯·彼得里克/海伦娜·彼得里克授权使用。

假如我们问这幅素描的客观实在性是什么?答案是一朵花,这是这幅素描所表象的内容。但如果我们问这幅素描的形式实在性是什么?答案将会是墨和纸,这是这幅素描自身拥有的实在性,如果我们毁掉它,那我们毁掉的只不过是墨和纸,而不是一朵花。我们可以考虑一下另外一个例子,米开朗琪罗(Michelangelo)的雕塑"大卫"(David)。"大卫"的客观实在性是一个男人,而其形式实在性只不过是雕塑使用的大理石材料。通常来说,具有表象内容的东西,比如画作、雕塑、书籍和照片,既会有客观实在性,又会有形式实在性。

这一区分对笛卡尔的上帝存在的证明的重要意义在于,一个在思维的东西的观念是有表象内容的,因此有客观实在性和形式实在性之分。而笛卡尔又认为,实在性是具有等级的,因此这两个观点一结合,他就认为观念在其客观实在性上具有很大的不同。从形式实在性的角度来看,笛卡尔认为所有的观念只不过是思维的样式,它们都是在思维的东西所思维的,因此,从它们自身来看,它们具有同样等级的实在性。但是,从客观实在性的角度来看,从其所表象的东西来看,观念之间还是具有很大的不同的,因此也就具有不同等级的客观实在性。最后,假如我们考察一下关于颜色的观念与关于石头和关于狗的观念。笛卡尔会得出以下两个观点:(1)从它们的形式实在性上来看,它们都是观念,都是思维的样式,因此具有同样等级的实在性;(2)从其客观实在性上来看,它们具有不同等级的实在性。关于颜色的观念在客观实在性上等级最低,关于狗的观念等级最高,而关于石头的观念的等级则介于两者之间。

实在性具有等级这一信念以及客观实在性与形式实在性两者之间的区分,对于笛卡尔证明上帝存在来说是十分重要的。了解了这些之后，我们可以回到"第三个沉思"开始之前，这时候笛卡尔所能确定的只是他自己作为一个在思维的东西而存在。正如我们所提到的，他面临的挑战是去通过他作为一个在思维的东西而存在，以及"他作为一个在思维的东西而存在"这一观念出发去发现，除了在思维的东西及其观念之外，宇宙中还有其他东西存在。通过对观念的客观实在性和形式实在性进行区分，以及实在性具有等级这一事实，笛卡尔在观念领域引入了两种形而上学维度，以此去证明除了在思维的东西及其观念之外，还存在着一个不欺骗人的上帝。笛卡尔具体是怎么做到的呢？请参看下面的选文"第三个沉思"。

第三个沉思——论上帝及其存在

但是，还有另外一种途径可以用来考虑一下在我有其观念的那些东西中，是否有一些东西是在我自身以外的。如果把这些观念仅仅看作思维的特殊样式，那我就辨认不出它们之间的不同或不等了，它们似乎都是以同样的方式由我而起的。但是，如果把它们看作图像，其中一些表示某些东西，另外一些又表示另外一些东西，那么它们之间显然是有很大的不同的。因为表象实体的那些观念，毫无疑问地要比仅仅表象样式或偶性的那些观念要包含更多的客观实在性（或者说，通过表象而分享了更高等级的存在和完满性）。更进一步讲，我所设想的至上的、永恒的、无限的、不变的、全知全能的，作为他自身之外的所有事物的创造者的上帝的那个观念，肯定要比我那些表象有限实体的观念具有更多的客观实在性。

现在，根据自然之光，作为动力的原因至少要比它的结果具有更多的实在性。因为结果如果不从其原因里获得实在性，它又能从哪里获得呢？而这个原因如果本身没有实在性，那它怎么能把实在性传递给结果呢？

因此，不仅无中不能生有，而且较完满的、本身具有更多实在性的东西，也不可能是较不完满的东西的结果，或者依赖较不完满的东西。无论是对于具有哲学家们所谓的现实的或形式的实在性的结果来说，还是对于那些人们仅仅从中考虑客观的实在性的观念来说，这个真理都是清楚明白的。比如，尚未存在的石头，如果它不是被一个本身形式地或卓越地具有进入石头组织中的一切的东西，也就是本身包含着与石头同样的东西或者比之更优越的东西的东西所产生，那这个石头就不会开始存在。热如果不是被等级上、程度上或种类上至少和它一样完满的一个东西产生，它也不可能从一个之前没有热的物体之中产生。其他的东西也是如此。再者，对于热的观念和石头的观念，如果它们不是被一个本身至少具有像我在热或石头里所领会的同样多的实在性的什么原因放在我心中，它们也不可能出现在我心中。即便那个原因不能把它的现实的或形式的实在性中的任何东西传入我的观念里，我们也不应该想象那个原因不那么实在。但既然每个观念都是思维或精神的样式，只是思维的一种方式或方法，那么它的本性除了它从思维或精神那里所接受或拿来的那种形式实在性以外，自然不要求别的形式实在性。一个观念之所以包含这样一个而不是那样一个客观实在性，无疑是因为这样一种原因，即这种原因的形式实在性至少同这个观念所包含的客观实在性一样多。因为如果我们认为观念里有一些成分在其原因中是找不到的，那这些成分就是从无中产生的。可是，无论这种事物客观的存在及其概念有多么得不完满，我们仍可以肯定地说，这并不是虚无，观念也不可能从虚无中产生。

同时，我也不应该想象认为，既然我在我的观念里所考虑的实在性仅仅是客观的，那么这个实在性就不必然形式地或现实地存在于我的观念的原因之中，而只要它也是客观地存在于这些观念的原因之中就够了。因为，就像这种存在方式作为观念本性的一部分而属于观念一样，存在方式也由于观念的本性而形式地属于这些观念的原因，至少是属于观念的最初的、主要的原因。再者，虽然一个观念可能产生另一个观念，但是这也不可能是无穷无尽的。我们最终必然达到一个第一观念，这个观念的原因就像一个原型或源头一样，在这个原因之中就形式地、现实地包含着所有只是客观地或表象地存在于这个观念之中的实在性或完满性。因此，自然而然地，我清楚地意识到我的观念就像绘画或图片一样，它们真的很容易缺乏它们所依照的那个东西的完满性，而绝不可能增添什么更伟大或更完满的东西。我越是长时间地、仔细地考察这些论证，我越是清楚明白地觉得它们是真的。

那么，我要从中得到什么结论呢？很清楚的是，如果我意识到我的某个观念的客观实在性或完满性并不形式地或卓越地存在于我自身，我自身并不是其原因，那么这世界上就不止我一个人，而是还有什么别的东西存在，它才是这个观念的原因。另外，假如我自身中没有这样的观念，那我也就没有任何证据说服自己，我也不能确定除了我之外还是否有其他东西存在。因为我曾仔细地寻找过其他证据，但并没有找到。

在所有存在于我的观念之中，除了给我表象我自己的那个观念之外（这个观念是没有什么问题的），还有表象上帝的观念，另外还有表象物体性的、无生命的东西的观念，还有表象天使的观念，表象动物的观念，最后还有一些表象像我一样的人的观念。即便世界上根本没有他人、动物或天使，但我可以很容易想象到，表象他人、动物或者天使的那些观念，它们可以由我关于自身的观念、物体性的东西的观念和上帝的观念混合构成。对于那些物体性的东西的观念，我觉得它们之中没有什么伟大或者卓越的东西，以至它们不可能出自我。因为如果我对它们加以仔细考察的话，就像昨天考察蜡的观念一样，我发现其中只有很少的东西是我可以设想得清楚明白的。比如，像大小、长宽、厚度，以及对广延进行限制的形状，不同形状的东西之间相对的位置，位置变化而带来的运动，只有这些是清楚明白的。至于其他东西，像光、颜色、声音、气味、味道、热、冷以及其他与触觉相关的性质，它们在我们的思维之中是模糊混乱的，我甚至都不知道它们到底是真是假，是否只是假象。我也不确定关于这些性质的观念表象的是某种实在的东西，还是仅仅是幻想出来的、不存在的东西。因为，虽然我之前提到，只有在判断中才有真正的、形式的假，而在观念之中可能只有某种质料的假，即观念把什么都不是的东西表象为某种什么东西的时候所出现的"假"。比如，我对冷的观念和热的观念很不清楚明白，以至我都没办法分辨：到底冷仅仅是热的缺乏，还是热仅仅是冷的缺乏呢，或者它们都是实在的性质，还是都不是实在的性质呢？另外，因为观念就像图像一样，任何观念都似乎表象了某个对象。如果说冷真的不过是热的缺乏，那么冷的观念（将冷作为某种实在的、肯定的东西表象出来）就可以（不太恰当地）被叫作假的。其他类似的观念也是如此。

同时，我也没有必要将此类观念的来源归之于其他，这类观念的来源就是我自己。因为，如果它们是假的，也就是说它们表象了一些根本就不存在的东西，那么自然之光就会使我知道它们产生于无。这意味着，它们之所以在我心里，只是因为我的本性中欠缺什么东西，并不是非常的完满。再者，如果这些观念是真的，但它们向我表象的实在性是如此之少，以至我都不能清楚地将表象的东西从非存在之中分辨出来，那我也就搞不清楚为什么它们不能由我自己产生，为什么我不能成为它们的"作者"。

而我拥有的关于物体性的东西的清楚明白的观念，其中有些似乎也能从我自己的观念中得来，比如我关于实体、时间或数目以及类似东西的观念。因为，我认为石头是一个实体，是一种自身就有能力存在的东西，而我自己也是一个实体。尽管说我清楚地知道我是一个有思维而没有广延的存在，而石头是一个有广延而没有思维的存在，这两个概念之间存在明显的不同，但是两者都表象了实体，它们在这个事实上是一致的。同样，我想到我现在存在，我也记得我从前存在，我领会了多种多样的思想，也认识到了它们的数目，由此我获得了关于时间和数目的观念，自此之后我便能将这两种观念随心所欲地用之于其他东西。至于构成物质实体观念的其他性质，也就是广延、形状、位置、运动等，它们的确不是形式地存在于我的本性之中的，因为我只是一个在思维的存在。但是，由于这些仅仅是实体的特殊样式（或者说这就像衣服一样，物体性的实体套着这样的"衣服"呈现在我们面前），同时由于我也是一个实体，因此它们似乎也能够卓越地包含在我的本性之中。

因此，只剩下关于上帝的观念了。在这个观念中，我必须考虑一下是否有某些东西并不来自我自己。我所说的"上帝"指的是一个无限的实体，它是永恒的、不变的、自在的、全知全能的。假如真有什么东西存在，我自己和我之外的其他一切东西都由它而被创造和产生。这些属性是如此伟大，如此卓越，以至我越专心地思考它们，我就越不能说服自己说这些属性来自我自己的本性。到最后，综上所述，我不得不得出结论认为上帝存在。因为，虽然关于实体的观念存在于我之中是因为我也是一个实体，但我不过是一个有限的实体，我不可能拥有关于无限的实体的观念，除非有一个真正无限的实体将这个观念放在我心中。

同时，我也不能认可这一点，即我只不过是通过对有限的东西的否定来设想无限的（就像我通过否定运动和光明来理解停滞和黑暗）——无限的观念并不是一个真正的观念。相反，我明显地看到无限的实体比一个有限的实体具有更多的实在性，因此，我心里是先有无限的概念，再有有限的概念的，也就是说，上帝的概念先于我自己的概念。因为如果我不是先有一个关于比我自己的存在更完满的存在的观念，我又怎么可能去认识我的怀疑和我的欲求，也就是说我如何能认识到自己的欠缺和不完满呢？没有对比，我又怎么能认识自己本性的缺陷呢？

同时，我也不能说上帝的观念也许实质上是假的，我是从无之中得出它来的，换句话说，它只是我自身的缺乏，就像我之前提到的热和冷以及诸如此类东西的观念。相反，这个观念是如此清楚明白，因此它比其他任何观念都更具有客观实在性，它比任何其他观念都实在，它也不可能被怀疑为错的或假的。

我认为，这个关于至上完满的、无限的存在者的观念是完全真实的。因为，虽然某些人可能会设想这样一种存在者根本就是不存在的，但一个人不可能设想它的观念不给我们表象任何实在的东西，就像我之前提到的关于冷的观念一样。这个观念也是清楚明白的，因为凡是我的心灵设想为清楚明白的实在和真实的东西，都包含一些完满性，而这些完满性又完全包含在这个观念里面。即便我不能理解无限，无法把握上帝之中的无限，也许我的思维永远也达不到这种无限，这都不会让这个观念的真实性减少半分。我之所以不能理解它，只是因为我的本性是有限的。只要我理解了这个道理，并且认为我所能设想得清楚的东西以及其中我所知道或不知道的完满性，都形式地或卓越地存在于上帝之中就够了。同时要将关于上帝的观念视作我心灵中所有观念里最真实、最清楚、最明白的观念。

……

上帝在创造我的时候把这个观念放在了我的本性之中，就像一个工匠将他的标记刻在他的作品上一样，对此我们不必觉得奇怪。同时，这个标记也不一定要和这个作品本身不一样。从上帝创造我这一点来看，从某种意义上来说，他是按照他的形象创造的我，这一点是非常可信的。因此，当我设想这个形象（关于上帝的观念也包含其中）的时候，我是使用设想我自己的那些官能去设想这个形象的。换句话说，当我反思自己的时候，我不仅能知道我是一个不完满的存在，是一个不完全的、依存于其他东西而存在的东西，我这样一种存在倾向于并渴望着自己变成更好、更伟大的东西，与此同时，我也能知道我所依赖的那个东西本身就具有我所渴望的，以及我在自身的观念中所能找到的，所具有的一切伟大的品质。而且这些品质还不是不确定的、潜在的，而是实实在在的、无限的。而这样一种存在也就是上帝。我用来证明上帝存在的证明的全部力量基于这样一个事实，即我认识到，除非上帝真的存在，否则我的本性就不可能如此，就不可能会拥有关于上帝的观念。就是这个上帝，这个我对之拥有观念的上帝，这个具有最高的完满性的上帝，他的完满性是如此之高，以至我的心灵只能对这些完满性有些许的观念，而不能全部理解。这个上帝没有任何的缺陷，他的品质都是完满的。鉴于此，很显然，他不可能是一个骗子，因为"自然之光"告诉我们，欺骗必然来自某种缺陷。

供讨论的问题

1. 笛卡尔用于回击怀疑主义的基本方法是什么？你认为他能一贯地使用这个方法吗？
2. 你认为哲学可以或者应该使用数学的方法来进行重建吗？为什么？
3. 笛卡尔用于质疑数学真理的怀疑假设是什么？
4. 请在笛卡尔的哲学语境中解释一下"我思故我在"的意思。
5. 笛卡尔认为关于无限完满的存在者的观念是不可能通过否定我们有限的和不完满的观念而产生的。他是怎么辩护这一观点的，你认可他的辩护吗？为什么？
6. 在选文"第三个沉思"的末尾，笛卡尔解释了为什么上帝不可能是一个骗子。他的解释是什么？你被说服了吗？

第十六章　大卫·休谟：信赖你的感官

还有什么观点比"感觉是知识的唯一来源"更清楚明白的吗？我们常说"眼见为实"，如果你连自己的感觉经验都不相信，那你还能相信什么？

大卫·休谟就十分认同这种观点。休谟是18世纪的思想家，他既做过专业的图书馆员，也是令人着迷的哲学家。同18世纪的其他思想家一样，休谟对人类知识问题的关注也远超对其他哲学问题的关注。他对18世纪的认识论研究最具贡献的著作是《人类理智研究》（*An Enquiry Concerning Human Understanding*）。在此之前，休谟的《人性论》（*A Treatise of Human Nature*）处理的也是相似的问题。但就像许多人的处女作的命运一样，《人性论》也不怎么畅销。因此，休谟对《人性论》中的论证进行了改写，并加以简化，后来以《人类理智研究》为名重新出版。他认为，《人类理智研究》是《人性论》中最精致部分的剪辑。因为《人类理智研究》更简洁明了，所以我们本章的选文也都选自这本书。

对简单性的追寻

如果哲学带有某种国家气质，那休谟则代表了一种非常英国式的哲学研究态度。英国的哲学家们常常能够刺破迷雾，触及问题的核心。他们倾向于拒绝德国哲学家常具有的那种复杂的辩证推理，他们更专注于表达的清晰性和分析的简单性。英国的哲学家通常也是经验的、逻辑的，并且关注常识的。休谟根据洛克（我们将会在"社会政治哲学"部分再次谈到他）所谓的"历史的平易的方法"（historical plain method）对知识进行分析，从而奠定了其经验哲学的基础。洛克的"历史的平易的方法"是历史的，乃是因为他研究了知识的历史，研究了知识的源头，以及知识是如何以更为复杂的方式发展起来的。这种方法又是"平易的"，因为洛克拒绝欧陆哲学家的"学究式争论"，在分析中更加注重常识。

洛克认为，凡在理性之中的，无不先在感觉之中。感觉是我们获取知识的唯一途径。虽然他发现有时我们会有一个**天赋观念**（innate idea，比如上帝的观念，它被造物主植入我们的理解之中），但是其他所有的一切都是通过感觉而呈现在我们面前的。洛克认为，感觉是知识的"字母表"。就像我们有26个字母，然后将它们组合在一起，从而构成更复杂的单词、句子和段落一样，我们获取知识，也同样开始于简单的印象，然后再把它们组合得越来越复杂。我们通过记忆回想起之前的感觉，然后我们可以通过想象将这些感觉和我们的观念以一种奇特的方式加以组合，比如，长着翅膀的马、半人马之类的东西。休谟对这些观点非常认同。然而，他对这一哲学传统的贡献是从这些原则推出一些非常惊人的结果，而这些结果表明，经验主义本身往往会导致怀疑论。

关于理智的科学

大卫·休谟对人类理智进行探究的灵感，部分来源于17世纪牛顿在物理学上取得的巨大进步。我们知道，牛顿提出了万有引力理论，建构起一个统一的力学体系。也就是说，他提出了一套简单的原则（这是英国人喜欢简单性的又一明证），这套原则既可以解释天体（恒星、行星和彗星）的运动，也可以解释地球上（地球大气层中的物理对象，如箭和炮弹）的运动。也许，我们今天不再能感受到牛顿的成就对17世纪末18世纪初的知识氛围所造成的巨大影响了，但是亚历山大·蒲柏（Alexander Pope，1688—1744）写下的这两句话也许可以概括牛顿在18世纪欧洲文化中的重要地位：

自然和自然法则隐匿在黑暗之中；
上帝说：让牛顿来吧！一切遂臻光明！

休谟想对人类的感觉和认知官能做同样的事情，他想提供一个简单而又全面的原则，用之解释人类所有知识的来源和本质。就像许多科学家一样，休谟所做的第一步是对他的研究对象进行分类，也就是对人类心灵的内容进行一般的分类。

在对心灵的内容进行分类时，休谟先从最基础的东西开始，再转向更为复杂的东西。他首先从所谓的"知觉"开始。休谟所说的"知觉"指的是思想的一种非命题单位。在这里，我们用一个简短的解释帮助大家理解休谟的想法。命题是具有真假的句子，比如"马在草地上"。但是要注意的是，命题是由更小的意义单位构成的，这些更小的单位本身并不是命题。"马""草地""在"都有各自的意义。单独来看，这些思想之中的"非命题"单位本身是没有什么真与假的。比如，一匹马本身，既不会是真的也不会是假的。只有当"马"和其他的内容"草地""在"联系在一起构成一个陈述时，才会有真与假。

下面的选文出自休谟《人类理智研究》第一卷第一章第二节，在其中，休谟将这些知觉（思想中的非命题内容）分为两类：印象（impression）和观念（idea）。划分的依据在于它们的强烈和活跃程度。印象是非常强烈和生动活跃的，观念则是较弱的。而在其他方面，印象和观念在性质上都是相似的。休谟将实际的感觉、欲望和情感归于印象，而将回忆或想象到的感觉、欲望和情感归于观念。

为了理解休谟这里的想法，我们可以对比一下实际地观看日落和通过想象力回忆某一次日落。它们在许多方面都是相似的，对于二者而言，日落的颜色是大体相同的，颜色之间的比例调和也是大体相同的。然而，二者却有一个很明显的不同。什么不同呢？在休谟看来，这个不同就是，实际地观看日落的经验要比想象回忆日落的经验更生动、更强烈。例如，实际地观看日落的经验，比对那次经验的回忆，更有可能引起敬畏的反应（喘息或惊呼）。或者回想一下你最近一次做牙科手术。如果你注射了局部麻醉药奴佛卡因（Novocain），你在注射时感受到的疼痛就是印象的一个例子，而你现在对它的回忆就是观念的一个例子。同样，实际的痛苦和对痛苦的回忆是相似的，它们之间的关键区别在于，与回忆的痛苦相比，实际的痛苦更生动活泼、更强烈。

在对印象和观念进行了一番区分之后，休谟

用它来制定了一条规则，这条规则是他认识论的核心，也反映了他的经验主义态度。这条规则有时被称为"摹本原则"（copy principle），即：

> 我们所有的观念或者说较微弱的知觉都是我们的印象或者说较生动的知觉的摹本。

虽然休谟用他自己独特的术语表达了这条原则，但请注意，这一原则仅仅是说，我们心灵之中的所有非命题的内容首先都是通过我们所谓的经验而来的。要么通过视觉、味觉、触觉、听觉和嗅觉这五种外部感官，要么通过对欲望和情感等状态的内在感知。在陈述了这一原则之后，休谟对其又做了进一步的限定，他承认，可能会有一些更复杂的观念之前从未作为印象出现过，比如"金山"的观念。但是，他坚持认为，在这种情况下，复杂的观念是由一些简单的观念构成的，比如"金子"和"山"，而这些简单的观念在之前是作为印象出现过的。用我们更熟悉的术语来表达一下休谟的观点，他所说的不过是，心灵的所有内容要么是经验，要么是经验的摹本，要么是由经验的摹本构成的。请注意，这三种情况中的基本概念都是经验。因此，"摹本原则"展示了休谟坚定的经验主义信念，即我们思想的所有内容最终都来自经验。在下面休谟《人类理智研究》第二章的选文中，我们可以看到，休谟对知觉进行了分类，并以此来推进和解释他的摹本原则。当你阅读下面的选文时，请特别注意休谟为他的摹本原则所提供的辩护。

大卫·休谟：论观念的起源[1]

因此，在这里，我们可以把心灵中的所有知觉分为两类，这种区分是根据其强烈和活跃的程度而进行的区分。不那么强烈，不那么活跃的知觉，通常被叫作思想（thought）或观念（idea）。而另外一种知觉在我们的语言以及其他国家的语言中都缺乏相应的名称。我想这是因为只有在人们进行哲学思考时才需要给这样的知觉赋予一个名称，然后再对之进行排序，除此之外，就没有什么必要了。让我们稍微随意一点，就把它们称作印象（impression）吧。但是，这里使用的"印象"与我们通常意义上的"印象"有所不同。我所说的"印象"，指的是我们听、看、感觉、有所爱憎、有所意欲时的更为活跃的知觉。印象和观念不同，观念就是当我们反省上述任何一种感觉或运动时，我们所意识到的不那么活跃生动的知觉。

乍一看，没有什么能比人的思想更没有界限的了。人的思想不仅摆脱了人类自身的一切权力和权威，而且它甚至不受自然和实在的限制。我们把不相符合的各种形象和现象拼凑在一起，就构想出了妖怪，但这所耗费的想象力并不比构想最自然、最习以为常的东西耗费的想象力多。虽然我们的身体被限制在一个星球之上，并且在这个星球上痛苦而艰难地攀爬着，但是我们的思想却能瞬间将我们带到宇宙中最遥远的地

---

[1] 大卫·休谟，《人类理智研究》，第1卷，第1章，第2节。

方；甚至超越宇宙，到达那个没有界限的、本质上纷繁无序的混沌之中。即便有些东西未曾见过，未曾听过，我们也照样可以构想。凡是自身之内不含有绝对矛盾的东西，都是可以为我们所思想的。虽然我们的思想似乎具有无限的自由，但是我们仔细考察一番就会发现，它实际上是局限在很狭窄的范围之内的，我们思想的一切创造力都只不过是对感官和经验所提供的材料的混合、调换、增添或减少罢了。当我们想到一个金山时，我们只不过是将我们之前熟知的两个相符的观念，即金子和大山的观念结合起来。我们能构想一匹有德性的马，这是因为凭我们自己的感觉，我们可以构想德性，而我们又可以把这种德性结合在我们所熟悉的马的形象之上。简而言之，思想中的一切材料要么来自我们的外部感觉，要么来自我们的内部感觉：心灵和意志所能做的，只是将它们加以混合和调配。或者，用哲学的语言来说，我们的一切观念或较微弱的知觉都是印象或较活跃的知觉的摹本。

我觉得下面两个论证就足以证明这一点。第一，当我们对我们的思想或观念进行分析时，无论它们是多么复杂或崇高，我们总会发现它们能分解成简单的观念，而这些简单的观念是之前的感情或感觉的摹本。甚至有些观念，乍一看与其起源相去甚远，但仔细考察就会发现这些观念还是由这个起源而来。就像上帝的观念，虽然它是关于一个全知全善的存在的观念，但这个观念也是由于我们反省自己的心理作用，并对此无限地增加善良和智慧的品质而产生的。无论我们这种考察进行到何种程度，我们总会发现，我们所考察的观念都是从相似的印象摹写而来的。那些认为这个论断并不是普遍为真的人，要想反驳它只有这么一个简单的办法，那就是，找出一个在他们看来不由"印象"这个来源而来的观念。而我们要想坚持我们的学说，我们就必须要找出这个观念所对应的印象或活跃的知觉来。

第二，假如一个人因为感官缺陷而不能对任何东西有感觉，那我们也总会发现，他也不可能形成与此相应的任何观念。一个盲人不能构想颜色的观念，一个聋人也不能构想声音的观念。但是，如果他们所缺的那种感官得以恢复，给他们的感觉开了新的入口之后，那么他们的观念也就开了新的入口，他们也就不难构想这些观念了。同样，即便一个对象可以激起某种感觉，但只要它没有与感官接触过，那人也不能获得相应的感觉。一个拉普兰人（Laplander）……就对酒的味道没有什么观念。虽然在人的心灵之中很少有这样的缺陷，即一个人不可能从来没有感受过或者根本感受不到人类所共有的情感或激情，但类似的情况也是存在的，只不过更不明显而已。

一个温文尔雅的人不会有不可磨灭的报复或残忍的观念，一颗自私的心也不能轻易地对深情的友谊和宽容有什么观念，有些人具有一些我们对之没有任何概念的感觉，这没什么难以承认的。因为这些观念从未通过真实的感觉和情感这条唯一的途径进入到我们的心灵之中。

……

因此，这里就有一个命题，它不仅本身简单明了，而且如若我们运用得当，便可以使各种争论得以理解，并且驱散那些弥漫于哲学推论之中并使之蒙蔽的那些妄语。一切观念，特别是抽象的观念，本质上是模糊暧昧的。人的心灵对它们只有微弱的把握，它们很容易就和其他相似的观念混合在一起了。而且当我们经常使用一个术语后，即便它本身没有一个明确的含义，我们也往往会认为它的背后会附有一个确定的观念。相反，一切感觉，无论是内部的还是外部的，都是强烈的、活跃的。它们之间的界限非常明确，所以在这方面，我们也不容易犯错。因此，当我们怀疑一个哲学术语没有任何意义或其背后没有一个确定的观念时（这是时常发生的），我们只需想想"这个假设的观念是由什么印象而来的？"。如果我们找不到任何印象，那我们的怀疑便被证实了。通过将各种观念置于如此明白的考察之下，我们便可以合理地希望，人们关于观念的本性和实在方面的所有争论都可以得以消除。

我们可以注意到，休谟认为"摹本原则"在清理哲学方面起到了一个关键的作用。他认为形而上学尤其受到使用语言不严谨带来的困扰，在其中使用的许多术语背后并没有一个十分清楚的意义。当形而上学家谈论命运、宿命、不变的原型或者完满的非物质领域时，"摹本原则"立即可以提供一个理由对之进行反驳，认为这些语言是没有意义的，是应该加以清除的。因为这些术语并没有什么印象作为依据，所以根据"摹本原则"，它们必须被视作无意义的话语予以抛弃。

观念的关系与实际的事情

在对思想的基本要素进行分类之后，休谟将注意力转向人们在申明命题或做出判断时的更为复杂的心灵状态的分类。休谟把判断称为"理性的对象"，并指出它们可以分为两类。休谟宣称："人类理性的所有对象可以自然地分为两类……'观念的关系'（relations of ideas）和'实际的事情'（matters of fact）"。下面我们将依次讨论二者。

"观念的关系"是休谟用于所有被确定知道的判断的术语。表示观念的关系的判断有这样一些例子："每个三角形都有三个角""2+3=5""所有的单身汉都是未婚的""红球是有颜色的"。休谟认为，这些判断是先天的，我们知道它们为真不是通过感觉，而是通过考察观念之间的逻辑关系。因此，我们不必担心感觉经验证伪它们，也就是说，它们必然为真。关于观念的关系的判断所拥有的这种先天地位，乍看起来似乎与休谟的经验主义相冲突，但两个理由可以说明它们并不冲突。首先，尽管休谟认为表示观念关系的判断是先天的，但他坚持认为，这些判断并没有为我们提供任何关于存在物的实际知识。虽然"每个三角形都有三个角"可能是真的，但这并不能告诉我们现实中是否存在完美的几何三角形。同样，即便我们知道"所有的单身汉都是未婚的"是真的，但仍然不知道是否真的有单身汉存在。要知道单身汉是否存在，有多少单身汉存在，我们必须诉诸经验。可以注意到，这和笛卡尔的理性主义认识论是多么不同啊！在笛卡尔的认识论中，我们可以先天地就获得关于实在的知识，包括上帝的存在，灵魂可以脱离肉体而存在。第二个原因与他的"摹本原则"的范围有关。回想一下，这个原则只是关于我们观念的内容的原则，而不是关于判断的真假的原则。因此，尽管休谟认为，每一个判断都是由那些来源于经验的观念构成的，但他也同样可以认为有些判断之所以被相信为真仅仅是由于观念本身之间的关系，而不用诉诸观念所由之而来的那些经验。考虑一下上面的例子，"红球是有颜色的"。虽然"红球"和"颜色"这两个观念背后确实具有经验内容，但是要知道这个判断所说的那种关系，我们并不需要进一步诉诸经验。事实上，假如有人考察大量的红球看看它们是否有颜色，也就是以经验主义的方式来证明这个判断的真实性，我们反倒会觉得奇怪。我们可能会说，根本就不需要这样的考察，因为有颜色本身蕴涵在红色之中。我们不必担心哪一天会碰到一个没有颜色的红球。根据定义，或者就像休谟所说，因为它们只涉及观念的关系，所以"每一个红球都是有颜色的"是必然为真的。当然，每一个表示观念的关系的判断都是如此。它们都是真的，仅仅是因为它们所包含的观念的关系，因此，它们不能被经验证伪，而是先天为真的。根据休谟的观点，表达观念的关系的判断之所以为真，仅仅是因为其所涉及的术语的意义之间的关系。它符合这样一条重要的规则：否定表达观念的关系的判断将导致内部矛盾的陈述。我们将这条规则叫作"否定测试法"（negation test），这条规则在休谟的认识论中扮演着极其重要的角色。他认为，要想检验一个判断是否确实是关于观念的关系的判断，只需要否定这样一个判断，然后看它是否会产生出一个内部矛盾的陈述。如果产生了内部矛盾的陈述，那最初的判断就确实是一个表达观念的关系的判断，也因此具有先天的确定性。相反，如果没有产生内部矛盾的陈述，那最初的判断就不是一个关于观念的关系的判断，它是一个表达了实际的事情的判断。下面我们就转向休谟所说的这种判断。

表达实际的事情的判断是偶然的，它们有可能为真，也有可能为假，这没有什么矛盾，因此它们也不能被确定地知道。比如，"苹果是红色的""马在草地上""几秒前有闪电"和"明天早上太阳会升起"。这些陈述要么为真，要么为假，它们都可以被否定，而不会产生出具有内部矛盾的陈述。因此，它们之为真并不仅仅是由于其所蕴涵的意义。

你可能已经注意到，在描述实际的事情时，我们并没有说关于实际的事情的判断的真假，都是基于直接的经验。观念的关系是先天地被知道的，很自然地，我们会认为所有关于实际的事情的判断都是基于直接的观察。但是，在休谟看来，情况并没有这么简单。的确，我们自信地坚持的许多关于实际的事情的判断，都是根据直接经验而被认知的。考虑一下我们之前给出的例子，我们可能实际地看到苹果，然后知道"苹果是红色的"；我们看到草地，在草地上我们又看到马，由此我们知道"马在草地上"，这些判断都是基于直接的观察。但现在考察一下第三个例子，"几秒前有闪电"。也许我们这样断言是因为我们确实看到了闪电划过天空。但也有可能，我们之所以提出这一论断，只是因为我们听到了与闪电有关的特定的隆隆雷声，而实际上并没有看到闪电本身。在这种情况下，"几秒前有闪电"这个判断并不是基于直接的观察。最后，考察一下"明天早上太阳会升起"这个判断。这是一个关于未来的判断，它不可能建立在直接观察的基础之上，因为不可能通过感官去感知尚未发生的事情。因此，我们所自信地接受的关于实际的事情的判断，其中有些是基于直接的经验，有些则不是。但这就有一个问题，虽然相信以直接观察为基础而做出的那些判断似乎是合理的，但对于那些没有直接观察到的关于实际的事情的判断，我们又有什么理由去相信呢？表面上，这似乎不是什么大问题。但是，关于未来的判断可都是不基于直接观察的判断，如果我们反思一下这样的判断并且意识到我们对未来做出此般判断的频率有多高时，我们就会意识到这个问题的潜在意义有多大。事实上，在下一节，我们将看到休谟针对这个问题所给出的令人吃惊的回答。

原因与结果

休谟对这个问题的最初回答指出,因果关系是将我们对世界的直接经验与我们关于未直接观察到的实际的事情的论断联系起来的纽带。我们会认为,我们从未见过的草也是绿色的,这是因为使草变绿的东西在任何地方、任何时间都是一样的。当我们看到太阳早上从东方升起时,我们假定存在某种因果关系,这种关系不仅使得我们当前所经历的东西是真实的,而且对于未来也是真实的。我们是如何知道未来会和过去一样呢?我们知道明天 2+5=7 依然会是真的,那是因为它的真是基于这些术语本身的意义,是独立于感觉经验之外的。但关于实际的事情的判断之为真似乎取决于我们能否证明事情之间具有因果联系,难道不是吗?

这一追问让我们更接近于一个关键问题:我们接受因果关系的理由是什么?我们为何相信闪电引发打雷,或者地球使得一个没有支撑的石头会向下掉呢?在回答这个问题时,休谟首先指出,这种因果关系的判断与有关观念的关系的判断是不同的。要明白其中缘由,就请记住,关于一个判断是否表达了观念的关系的可靠检验是:对于表达了观念的关系的判断来说,否定该判断将会产生出一个内部矛盾的陈述。而否定一个有关因果关系的判断将不会产生这种矛盾。即使在地球大气层内,我们可能永远不会遇到丢下一块石头而石头不下落的情况,但设想这一情况,并不会产生什么矛盾。事实上,这是很容易设想的。我们甚至可以无矛盾地设想,一件事情发生了,却没有什么原因。因此可以说,每个事情都有其原因这个一般规则也不是先天的。

洛克论知识

所有的观念都来自感觉或者反思。我们假定我们的心灵就像一张白纸,上面没有任何标记,没有任何观念。那它如何又会有了观念呢?人所具有的繁复而又无限的想象既然能在心灵之中进行具有无限变化的描画,那它的材料又是从何而来呢?我们知识和理性方面的材料又是从何而来呢?我用一个词来回答这个问题,它们来自"经验"。一切知识都建基于经验,一切知识最终都导源于经验。我们所观察的事物,或者是外在的可感对象,或者是我们自己所感知和反省到的心理活动,都为我们的理解提供了思维的材料。这两个是知识的源泉,我们已有的或者自然要有的各种观念都发源于此。

感觉的对象是观念的来源之一。第一,我们的感官,在熟悉了特定的可感对象之后,能够根据这些对象刺激感官的不同方式,把各种事物的清晰的知觉传达于人心。因此我们得到了黄色、白色、热、冷、软、硬、苦、甜,以及各种我们称之为可感性质的观念。当我说感官将这些观念传达于人的心灵之中时,我也是在说,它们把能够产生知觉的那些东西传达于人的心灵。我将大部分观念的这个来源称之为"感觉",它依赖于感官,并由此进入理解。

心理活动是观念的另一个来源。第二,经验为理解提供观念的另外一个源泉是,我们关于自己心

> 理活动的知觉。我们的心灵在反省和考察这些心理活动时，便为理解提供了另一套观念，其中有知觉、思想、怀疑、相信、推论、知道、意欲，以及其他心灵的活动。我们意识到这些活动，并在我们自己身上观察它们，我们的理解由之获得那些清晰的观念，正如我们的理解能从影响感官的各种对象那里获得之前的那些观念一样……但之前的观念我称为"感觉"（sensation），而我把这种观念称为"反省"（reflection）。因为它所提供的观念只是心灵在反省自身的活动时才获得的。
>
> ——约翰·洛克，《人类理解论》，第2卷，第1章

那么，因果关系的基础是什么呢？按照休谟的说法，因果关系的基础来自经验。当我们所经验的两种事态——比如，在大气层内扔一块石头和这块石头下落这两个事态——经常结合在一起时，那我们就相信它们之间存在着因果关系，如若一个事态发生了，那紧接着另外一种事态就会发生。但是，请注意，这里有一些有趣的东西与因果关系有关，即在任何情况下，我们始终相信因果关系存在于这两种事态之间。比如，在说闪电会引发雷声时，我们是在说闪电出现之后，总是伴随有雷声的出现。这意味着，即使在我们尚未直接观察到这两个事态之间的相关性的情况下，因果关系也被认为是成立的。例如，我们相信，因果关系在未来依然奏效。但是，如果因果关系适用于没有直接观察到的实际的事情，而我们对因果关系的信念又是建立在对实际的事情之间的相关性的直接经验的基础上的，那么请考虑一下我们到底在做什么。我们是在用直接观察到的实际的事情来对没有直接观察到的实际的事情下结论。哲学家把这种从直接观察到的实际的事情出发，得出那些关于没有直接观察到的实际的事情的结论的推论方法，称为**归纳推理**（inductive inference）。但休谟接着问道，为什么我们应该相信这种推理是可靠的呢？归纳推理是否合理呢？诚然，我们一直在做这样的推论，但在构建一种关于思维活动的科学时，我们有必要问一问，我们在实践上所做出的归纳推理是否能够得到合理的辩护？休谟著名的出人意料的回答是，我们在实践中所做的归纳推理得不到合理的辩护。

归纳难题

现在我们把为归纳推理提供合理辩护的困难，叫作"**归纳难题**"（problem of induction）。这是休谟仔细构建的一个著名问题。其著名之处就在于，休谟认为我们不能合理地解决该问题。为了得出这个惊人的结论，休谟首先认为，所有关于归纳推理的辩护要么是先天的，要么是后天的。也就是说，归纳推理需要一些原则，而这些原则之所以为真，要么是因为它们是观念的关系，要么它们是基于直接的经验。然后，他继续考察了那些可能用来为归纳推理提供合理辩护的一般规则，并认为这些原则既不能先天地也不能后天地被合理辩护。为了把休谟的策略说清楚，我们可以考虑一下这个原则，即"每件事都有其原因"，假设它能为我们的归纳推理提供合理的辩护。如果因果关系是普遍有效的，那么"每件事都有其原因"这个原则就可以辩护我们的归纳实践。但是，这个原则是真的吗？这个原则

可以得到合理辩护吗？好，如果它能被辩护，那它的辩护必然要么是先天的，要么是基于直接经验的。让我们逐个考虑这两个选项。如果这个原则是先天的，那么否定它就会导致一个内部矛盾。但是，我们已经看到，情况并非如此，我们可以轻易地、无矛盾地想象一个没有原因的事件。也许，认为这个原则是后天的，会更有说服力。我们关于世界的过去的经验告诉我们，事件之间是有关联的，这的确不假。同时，这些关联也确实经受住了时间的考验。10年前观察到的关联，在5年前仍然存在，而5年前观察到的关联在今天仍然存在。由于我们直接观察到持续的关联，因此我们可以说，我们有了一个后天的证据来相信这些潜在的因果关系在未来依然会继续存在。这个完全经验主义的回答错在哪里了呢？根据休谟的观点，它的问题在于，它在进行归纳推理。也就是说，我们通过对过去的关联的直接观察得出结论认为，这些关联将继续存在于未来尚未直接观察到的例子之中。因此，我们是在使用归纳推理来为我们归纳推理的实践提供一个合理的辩护，所以，我们犯了循环论证的错误。

休谟认为，所有可能为归纳推理提供合理辩护的一般原则，都将遭遇与上述原则相同的命运。无论是先天的还是后天的，它们都不能得到合理的辩护。同时，由于这是仅有的两种合理辩护策略，因此，我们不得不得出结论：我们的归纳推理的实践得不到合理的辩护。

然而，在休谟看来，不能证明我们归纳推理的实践的可靠性并不意味着我们要放弃这种实践，也并不意味着这一在人类理智中起作用的基本原则不可能被合理地证明为真。我们仅仅是经验到事件B总是伴随着事件A，这就使我们最终认为它们之间存在着因果关系。有什么理由这样认为呢？我们为什么要构造这种关联，并由此在事件A出现时就去期望事件B的出现呢？休谟回答称，这是习惯这种非理性的原则所造成的结果。当我们经验过事件A和事件B的恒常结合之后，事件A一出现，我们就会期望事件B出现。就像巴甫洛夫的狗听到铃声就开始流口水并不依赖其理性一样，我们期望之前遇到的情形会重复出现，也没有什么理性依据。你能看出这种观点有多惊人吗？一个认为感觉经验是一切知识的基础的经验主义者，发现我们不能为认识世界所需要的最基本原则提供经验证明！因此，经验主义证明了其自身是没有证据的。也许更令人吃惊的是，自然科学的关键部分就是在做归纳推理。如果休谟是对的，他就证明了对自然科学至关重要的实践本身（归纳推理的实践）并不是基于理性的。相反，它是建立在习惯这一非理性的原则之上的。休谟的经验主义导致了一个惊人的怀疑主义结论。

然而，在这里，我们必须停下来强调一下，休谟对自然科学还是很崇敬的。毕竟，他对人类思维所做的事情是对标于牛顿为物理对象的运动所做的事情的。虽然他得出了自然科学并非最终建立在理性基础之上的结论，但他认为我们不应该停止对科学的追求，也不应该停止在日常生活中进行归纳推理。在他看来，我们应该继续相信我们的归纳实践和自然科学的成果。但是，如果我们决心寻求真理，并遵循由之得来的任何结论，我们也必须认识到一个有趣的事实，即我们不能合理地辩护我们所进行的归纳推理。我们对归纳推理实践的信心，归根结底是建立在习惯的基础之上的。

在下面休谟《人类理智研究》第一卷第一章第四节和第五节的选文中，休谟以典雅的文笔提出了归纳难题，并详细地解释了他是如何得出"归纳推理得不到合理辩护"这一结论的。在其中，他还论证了归纳推理是基于习惯这一非理性的原则的。

大卫·休谟：有关理智运作的怀疑主义的质疑[1]

人类理性或研究的所有对象可以自然地分为两类：观念的关系和实际的事情。像几何、代数这一类科学都属于第一类，简言之，凡具有直觉地或确证地确定性的论断都属于这一类。像"直角三角形斜边之平方等于其余两边的平方和"这类表示图形间关系的命题，或者"三与五的乘积等于三十的一半"这类表示数目间关系的命题，我们不必依据宇宙中任何地方的任何东西，只需凭借思想的作用，便可以发现它们。即便自然之中没有一个圆，没有一个三角形，欧几里得所论证出来的真理也永远会是确定的和明证的。

人类理性的第二个对象——实际的事情，并不像第一类对象那么确定，其证据无论如何也不会像第一类对象那么明确。对于各种实际的事情，其反面都是可能的，因为这之中并不蕴涵什么矛盾，而且心灵在构想其反面时所使用的是同样的官能，其反面也很清晰明白，就像其反面也符合于实际情形一样。"太阳明天不会升起"与"太阳明天会升起"这个断言一样是可理解的，一样不蕴涵矛盾。去证明这个命题的错误性是徒劳的。因为如果它被证明是错误的，那它就蕴涵着矛盾，也就根本不可能被心灵直接构想。

因此，我们最好充满好奇地去探索一下，除了感官当下以及记忆之中的证据之外，还有什么证据能够为真实的存在和实际的事情提供担保。可以看到的是，对于这部分哲学，古人和今人都没怎么发展。因此，

大卫·休谟（1711—1776），苏格兰哲学家和历史学家。休谟因其怀疑主义观点从未获得大学教职。他在《人性论》《人类理智研究》和《自然宗教对话录》中阐发了他的经验主义哲学。其中《自然宗教对话录》被认为是对宗教信仰的攻击，直到休谟去世后才得以出版。图片来自美国国会图书馆。

在进行如此重要的一项研究时，我们的怀疑和错误都更可以被谅解，因为我们所行走的艰难道路，是得不到一丝指导和指引的。这项探究也许是有用的，因为这会激起好奇心，会把有害于推理和自由探究的那种绝对的信念和保障给摧毁掉。如果在一般的哲学中存在一些缺点并且被发现，我们也不必沮丧，这恰恰常是一种激励，激励我们努力地去构建一种比之前所提出的理论更充分、更令人满意的理论。

关于实际的事情的一切推理似乎都建立在因果关系之上。仅凭这种关系，我们就可以超出我们的记忆

---

[1] 大卫·休谟，《人类理智研究》，第 1 卷，第 1 章，第 4、5 节。

和感官所提供的证据。你如果问一个人说,他为什么相信某种不在场的事情,比如,问他为什么相信他的朋友是在国外或者法国的,他便会给你一个理由,而这个理由又会是另外一些事实:比如,他收到他的朋友的一封来信,或者知道他朋友先前的打算和决定。一个人如果在荒岛上找到一块表或者其他任何机器,他便会得出结论认为该岛上一定有过人。关于实际的事情的一切推理都是这种性质的。在其中,我们总是假设,当前的事实和由此推导出的事实之间总是存在某种联系。如果没有什么东西把它们联系在一起,那这种推论就是极不稳固的。在黑暗中听到一些清晰的声音和有条理的谈话,我们会认为有人在。为什么?因为声音、谈话都是人类身体构造的结果,而且是与人本身紧密联系在一起的。如果我们分析一下这类推理,我们会发现,它们都是建立在因果关系之上的。

假设有这么一个人,他具有最强的理性和反思官能,他突然间就坠入这个世界之中。他一定会立即看到一长串对象连续不断,它们一个跟着一个,但除此之外,他发现不了什么了。一开始,他靠着推理,并不能得到什么因果观念。因为一切自然运作所凭借的那些特殊的力量并不曾呈现在他的感官之中。而且,我们也不能只因为在一种例子下见到某件事情先于另一件事情,就由此合理地得出结论说前一种就是原因,后一种就是结果。这种推论是任意的、偶然的。我们或许就没有什么理由根据这一件事情的出现去推断另一个事情的出现。总之,对于这样一个人来说,如果他没有更多的经验,他就不能对实际的事情运用他的推测和推理,除了直接呈现于他的感官和记忆之中的东西之外,他不能再确信任何别的东西了。

再假设说,这个人获得了更多的经验,在这个世界上生活了很长时间,以至经常观察到一些相似的对象和事件恒常地结合在一起,那么他的这些经验会产生什么样的后果呢?当他看到某一个对象出现时,他会立刻推论出另一个对象的存在,尽管他的经验之中并不曾对那个使某一个对象产生另一对象的神秘力量有任何观念和知识,而且他的这种推断实际上也没有什么推理过程。他觉得自己非如此推断不可,而且他虽然相信自己的理性并未参与其中,但他还是要这样思考。因为还有另外一种原则来促使他得出这个结论。

这个原则就是所谓的"习性"(custom)或"习惯"(habit)。因为任何特定行为或行动的重复出现都会产生出一种倾向,这种倾向常常使我们不经任何推理和理性思考,就去认为同样的行为、行动还会再次出现。我们常常把这种倾向看作习惯的结果。不过,虽然我们使用"习惯"这个词来说明这种倾向,但我们并不妄称自己已经给出了这种倾向的最终原因。我们只是指出了一条众所周知的、以其效果而为人所普遍知晓的人性原则。也许我们不能再推进我们的考察,或者再妄称给这个原因再找一个原因了,也许我们要安于这个原因,认为它是由经验而来的一切推理的最后原则。我们能够走到这一步就该满足了,不要抱怨我们官能之狭隘,因为它也拼尽全力了。当我们断言说,在看到两个对象,比如,热和火焰、重与坚硬恒常结合之后,我们仅被习惯决定,便由此一对象的出现去期待另一对象的出现了。我们下的这个断言,纵然可能不是真的,但至少我们提出了一种可理解的解释。这个假设似乎是唯一一个能够解释我们的困难的假设,只有它能够解释我们为何要从千百次例证中得出一个推论,而不是从一个单一的与之相同的例证中就得出这个推论。理性不能有任何如此的变化,理性考察一个个圆所得出的结论与它在考察宇宙中所有圆时得出的结论是一样的。但是,没有人在看到一个物体在被另一个物体推动发生移动后，就能推断出每一个物体在同样推动下都会发生移动。因此，从经验中得出的所有推论都是习惯的结果，而不是理性的结果。

因此，习惯是人类生活的伟大指南。只有这一原则才能使我们的经验对我们有用，并使我们期待今后会发生一系列与过去曾发生过的事件相类似的事件。没有了习惯的作用，我们就会对所有实际的事情一无所知，除了只知道那些直接呈现于当前的感官和记忆之中的东西。没有了习惯的作用，我们将永远不会知道如何调整手段以达到目的，或者如何运用我们的自然能力来产生任何结果。若如此，我们的大部分推测会立即结束，我们的一切的行动也会立刻停止。

那么，我们最终的结论是什么呢？只有一个很简单的结论，但这个结论与一般的哲学理论相去甚远。所有关于实际的事情或真实存在的信念，都只是由呈现于记忆或感官之中的某一对象，以及该对象与另一对象之间的恒常结合而产生的。或者，换句话说，如果我们已经发现，在许多情况下，某两种对象——火和热、雪和冷，总是恒常结合在一起，那么在火和雪重新呈现于我们的感官之前，我们的心灵会被习惯所决定，会去期待热和冷，并且相信热或冷确实是存在的，会去相信只要我们靠近一点就确实能感受到它们。这种信念是心灵处于那些情境之中所产生的必然结果，它是灵魂处于那种情势之下所必然产生的运作，正如我们获得利益时必然地感到喜爱，遭到不公时必然感到厌恶。所有这些运作都是一种自然的本能，它不是任何推理、思考、理解所能产生或阻止的。到这里，我们完全可以停止我们的哲学探究了。在许多问题上，我们永远无法再前进一步了。而且在所有问题上，我们在做了最躁动和最好奇的探寻之后，最终也必须止步于此。但是，如果我们的好奇心能使我们继续进行更深入的研究，使我们能更准确地考察这种信念的性质，以及这种信念所由此而生的习惯性的结合的本性，那我们的好奇心还是可以原谅的，也许是值得称赞的。通过这种方法，我们可以得到一些令人满意的解释和类推，至少可以令那些热爱抽象科学并对虽精确但又仍存一定程度的怀疑和不确定的思辨感兴趣的人满意。对于趣味不同的读者来说，这一节的余下部分并不是为他们而写的，即便他们略去此部分不读，也不会妨碍他们理解我们之后要探究的东西。

供讨论的问题

1. 休谟和笛卡尔都认为数学是一种重要的知识类型。但是他们对于数学的看法是相同的还是不同的？请解释。
2. 用你自己的话解释休谟对"实际的事情"和"观念的关系"的区分。你认为它们是不同的知识对象吗？为什么是或者为什么不是？
3. 解释一下为什么因果关系问题给休谟造成了困难。你认为因果关系会给任何经验主义者都带来同样的困难吗？请为你的回答提供辩护。
4. 休谟不相信因果关系，这样说对吗？如果对，为什么对？如果不对，为什么不对？
5. 你认为像休谟这样的经验主义者有什么办法避免怀疑主义吗？

第十七章　伊曼努尔·康德：一种折中方案

在这场认识论争论中，谁才是正确的：是那些强调感觉是我们关于世界的知识的唯一来源的经验主义者，还是那些坚持真理最终取决于理性的理性主义者呢？正如在哲学争论中经常出现的情况一样，有许多哲学家会在对立双方各自的极端立场之间找到一个处于中间地带的答案，伊曼努尔·康德（1724—1804）就是一个将理性主义和经验主义以一种可行的方式调和在一起的哲学家。

在18世纪的德国占据主导地位的理性主义哲学，其根源在于笛卡尔，但又深受伟大的德国哲学家莱布尼茨（1646—1716）的影响。与笛卡尔相比，莱布尼茨的认识论在某些方面对理性发现实在的最终真理的力量更有信心，并且乐观地相信理性能够发现完全的、确定的关于上帝本质的真理，关于人类灵魂的本质和命运的真理以及关于世界整体的真理。在世界究竟在时间上有开端还是无始无终的，灵魂本质上是一个不可分的单位（莱布尼茨的观点）还是不相关的灵魂实体的集合，以及关于上帝属性的论证等这些问题上，争论中的每一方都绝对地相信自己的论证是不可反驳的，自己的结论是不容置疑的。虽然争论的各方都以理性作为权威，但没有任何一方能够制定出普遍清楚的、可接受的标准，以便使所有人都认识到某一哲学争论找到了解决之道。理性主义者之间存在如此之大的分歧，以至引发了某些人的怀疑，他们怀疑先天的理性是否真的能推动如此深奥的哲学议题取得进展。尽管康德接受过这种理性主义传统的训练，并且在早年间他还是这种理性主义的践行者，但他最终还是对理性主义形而上学取得进步不抱任何希望。

与此同时，在英吉利海峡的另一边，经验主义者用通过他们的经验假设所得来的、通常有些激烈的结论来围攻理性的权威。正如我们所见，休谟就愿意接受这样的结论，即便这些结论最终会导致一种极端的怀疑主义。与理性主义者相比，虽然经验主义者一开始对知识的来源持有相反的假设，但他们最终所得出的结论，也像理性主义者嘈杂的论证一样，使得我们的认识能力处于危险之中。这种极端的经验主义所带来的后果，同当时理性主义形而上学家之间存在的分歧一起，都引起了康德的关注。因此，对于这个哥尼斯堡的聪明人来说，由理性主义转向经验主义也不是什么有诱惑力的选项。

康德思想上的两难困境是这样的：我们要面对**独断论**（dogmatism）的"斯库拉"（Scylla，康德对理性主义的称呼），还是怀疑论的"卡律布迪斯"

（Charybdis，康德对经验主义的同样带有贬损的称呼）[1]？康德认为，理性主义和经验主义就像希腊神话中的岩石和漩涡一样，对哲学这艘脆弱的小船构成了双重的威胁。独断论和怀疑论都给哲学带去了坏名声，因为它们使哲学呈现出一种只会进行毫无意义的争论，从不会产生任何长久结论的样子。相比之下，自然科学和数学的努力是富有成效的，并且对实在产生了新的洞见。能指望哲学也如此吗？康德认为，如果哲学能够检查自己的基础，并为未来的工作打下坚实的基础，那这个问题的回答将是肯定的。

形而上学是经验主义者和理性主义者争论不休的哲学研究领域。康德认为，"曾经有段时间，形而上学被称为所有一切科学的女王……如今，时代的时髦风气的变迁只给她带来了轻蔑；一个被遗弃的老妇……"康德接着说，"形而上学女王般的统治受到了双重威胁。最初，形而上学的统治在独断论者的管辖下是专制的。但由于这种立法仍带有古代野蛮的痕迹，所以她的帝国就由于内战逐渐沦为了无政府状态。而怀疑论者，就像一支游牧民族，他们蔑视所有固定的生活方式，时不时地分裂所有的市民联盟。"

康德坦率地承认，阅读大卫·休谟的著作，把他从"独断论的迷梦"中唤醒。休谟攻击了因果原则，他认为因果原则是建立在习惯之上，而不是理性之上的。如果这种观点成立，那它将会削弱自然科学的合法性，最终可能会摧毁人们对理性那种无所不能的能力的信心。另一方面，它还将进一步质疑哲学作为一种分析工具的合法性。正是带着这些类似的问题，康德写下了他的巨著《纯粹理性批判》（Critique of Pure Reason），下面的选文就是从这部著作中节选出来的。在转向选文提供的分析和论证之前，我们先来谈谈对康德的阅读。康德并不容易读懂，就连康德的一个朋友也把《纯粹理性批判》的副本退还给了他，其朋友担心把它完全读完可能会使自己发疯，从这件事中你多少可以得到一

伊曼努尔·康德（1724—1804），德国哲学家，因其"批判哲学"而具有重要地位，其哲学试图调和欧洲大陆的理性主义和英国的经验主义。康德最出名的著作包括《纯粹理性批判》、《道德形而上学奠基》（Foundations of the Metaphysics of Morals）和《判断力批判》（Critique of Judgment）。图片来自美国国会图书馆。

---

[1] 这里所说的"斯库拉"和"卡律布迪斯"是荷马史诗《奥德赛》中的两个女妖，分别居住在摩西拿（Messina）海峡的两岸。前者居住在靠近意大利一方的岩礁上。一旦有船只靠近，她就会吞食船上的人。后者居住在靠近西西里岛一方的一棵无花果树下。她每天吞吐海水，由此形成巨大的漩涡，过往船只很难幸免。因为两妖把守要道，所以过往船只陷入了两难境地：如果绕过岩洞，可能会陷进漩涡；反之，要避开漩涡，又可能会触礁，被吞食。后人用"在斯库拉和卡律布迪斯之间"这个短语比喻夹在两个危险的东西之间，腹背受敌、进退两难。——译者注

些抚慰。康德有时难以理解，其原因可能仅仅是他要解决的是难题。此外，当康德推动哲学分析超越当时哲学所取得的成就时，他引入了许多新的术语。尽管在今天我们已经很熟悉这些术语了，因为它们已经成为标准的哲学词汇了，但即便如此，如今人们还是会觉得有些术语是晦涩难懂的。虽然康德可能很难理解，但是他在哲学史上占据极其重要的地位，因为在过去200年里，哲学家们所讨论的许多问题都是由康德首次提出的。

知识与经验

经验主义者已经对知识的起源给予了适当的关注，但是他们有关认识过程的几个未经检验的假设是成问题的。第一个假设是，认知者的心灵纯粹是被动的，只是印象（休谟的术语）和感觉（洛克的术语）的容器。洛克曾明确地将认知的心灵描述为一块**白板**（*tabula rasa*），一块任感觉书画的白板。或者心灵只是一个空的储物柜，里面只装那些作为感觉的摹本的观念。第二个未经检验的假设是，心灵无法从它自己的内部运作（认识过程所必需的运作）中产生出任何东西。经验主义者出于某种原因认为——尽管他们从未真正解释过其中的原因——感觉印象转化为观念后，观念会相互联系在一起，形成越来越复杂的组合。康德对这两个假设提出了挑战。他认为，尽管"毫无疑问，我们的一切知识都是从经验开始的"，"但这并不能推出我们所有的知识都是发源于经验的"。经验主义者认为我们所有的知识都包含着对世界的经验，这种想法是正确的；但他们认为心灵只是纯粹被动的，对知识的内容毫无贡献，这一点却是错误的。康德把他的认识论观点与天文学中的**哥白尼革命**（Copernican revolution）相比。在哥白尼之前，人们相信地球是宇宙的中心，天体围绕地球旋转。现在我们知道太阳是我们太阳系的中心，地球是围绕太阳运行的行星之一。同样，在康德之前，经验主义者认为观念只是感官感知的对象的摹本。但康德的"革命"推翻了当时流行的认识论理论，提出了这样一种观点，即我们之所以能认识作为对象的事物，仅仅是因为心灵本身提供了重要的组织原则，使得我们对对象的认识成为可能。心灵不再只是消极的了，我们要注意心灵在塑造可被认知的"世界"中所起的积极作用。

但这有点超前了。思考一下是什么使得自然科学如此成功。正如我们在第二部分"关于思想的思考"中所指出的那样，对自然的真正洞见并不是收集大量感觉印象而来的结果。如果是这样，那自然科学早在它出现之前就已经发展起来了——因为毕竟只要一有人类，就会有关于世界的感性经验。根据康德对科学发展过程的描述，自然科学真正的发展始于人类开始将一种结构加于他们的科学研究之时。只有当我们知道要提出什么样的问题时，我们才能发现自然的秘密，而只有当我们根据一种研究计划（比如科学假说）来研究自然时，我们才能提出正确的问题。与之类似，我们要想认识"认识"，我们就需要以一定的计划去研究认识过程，而康德所提出的计划就是去质疑"心灵是被动的"这一流行假设，然后看看如果假设心灵在认识过程中起到积极作用，是否会让我们有所进步。

先天知识与后天知识

康德依照他的新假设，开始着手研究认识过程中的难题。对康德来说，我们首先要知道判断的类型。他区分了两种认识判断的方式。有些判断是完全先天地（独立于感觉）被认识的，而有些则是后天地（基于感觉经验）被认识的。在描述先天判断时，康德强调说，先天判断都是必然的，也就是说，它们不可能被感觉经验所证伪。按照康德的想法，一个先天判断的关键就在于它的真假并不基于经验。考虑一下"5+7=12"，这个判断就是先天的，因为没有什么感觉经验能够证伪它。虽然先天判断最明晰的例子出现在数学之中，但是有些非数学的判断也是先天的。为了认识这一点，我们有必要回想一下我们在讨论休谟对判断的分类时所给出的一个观点：可能存在一些其概念是来自经验的先天判断。再想一下"红球是有颜色的"这个陈述。虽然"红"和"颜色"都是经验性的概念，但是这个判断本身仍然是一个先天判断，因为这个判断是必然为真的，没有什么感觉经验可以使之为假。的确，设想一个没有颜色的红球是自相矛盾的。有时，康德在讨论"先天"时会把先天判断称为"纯粹的"，这也是康德常使用的一个术语。事实上，这也是他在其经典著作《纯粹理性批判》的标题中所使用的"纯粹"之意义。（您将在本章阅读这本书的选文。）

后天知识，或者康德通常所说的经验性知识，是在真假基于感觉经验的判断中发现的。这类判断在康德看来，总是偶然的，也就是说，它们可能是错误的，它们的真假基于感觉经验所提供的证据。我们很容易就可以给出一些例子："气温是华氏70度（约21℃）""天空是蓝色的""草坪需要修剪了"。这类判断既可能为真，也可能为假，它们的真假与感觉经验所呈现的东西有关。

康德对先天判断和后天判断的区分很可能会让你想起休谟对"观念的关系"和"实际的事情"的区分，它们之间肯定有某些相似之处。但尽管如此，康德对这一区分的理解跟休谟还是有很大的不同。事实上，康德认为休谟的区分有些草率，以至最终导致休谟走到了极端怀疑论的路线上。他认为，要想了解休谟错在哪里，其中很重要的一点是要认识到，我们还可以对判断做另外一种区分。在区分判断是先天的还是后天的过程中，我们所关注的是我们是以何种方式认识到它们为真或为假的。然而，我们也可以从它们所使用的概念是如何相互联系的角度来看待它们。康德认为，当我们这样做时，我们就会在这些判断之中做出综合判断和分析判断的区分。

分析判断与综合判断

康德所说的判断指的是包含有一个主词概念和一个谓词概念，同时又或为真或为假的陈述（今天，判断通常指的是命题）。考虑如下这些陈述：

1. 气温是华氏70度。
2. 所有的人都低于12英尺（约3.66米）。
3. 所有的单身汉都是男性。
4. 所有的物体都占据空间。
5. 所有的物体都有重量。
6. 所有的三角形都有三个角。

这些陈述并非都是同一类型。在有些陈述中，谓词概念扩展了你的知识，它增添了一些主词之中所未包含的东西。（康德认为，说这些判断是"扩展性的"，因为谓词概念"扩展"了或者增添了主词所表达的内容。）在其他一些陈述中，谓词不增添任何主词中尚未包含的内容。（康德认为，说这些判断是"解释性的",因为谓词概念仅仅是"解释"了或者分解了主词概念的意义。)康德称前一种陈述为"综合的"(synthetic),称后一种陈述为"分析的"(analytic)。因为分析判断的谓词并不给主词概念增添任何新的东西,所以分析判断是通过定义而为真的。否定这样的判断,将会导致矛盾,这一点与综合判断不同。

两者的区别在于:

> 综合的——谓词增添了一些未曾包含在主词之内的东西。
>
> 分析的——谓词并不增添任何未曾包含在主词之内的东西。

现在让我们回头看看上面那些陈述,看看哪些是综合的,哪些是分析的。如果你回答说陈述1、2、5是综合的,陈述3、4、6是分析的,那么你就回答正确了。

为了更清楚地了解这种区别,让我们更仔细地看看上面的例4和例5,它们表面上看起来似乎非常相似。在例4"所有的物体都占据空间"中,"占据空间"是"物体"意义中很重要的一部分。因此,将这个谓词添加到主词"物体"之上只是对主词所包含的意义的一个分解,而不会给主词增添什么东西。当我们转到例5"所有的物体都有重量",并询问重量这个特征是否已经成为"物体"本身意义的一部分时,我们知道答案是"不是"。"有重量"这个谓词为主词概念所包含的内容增添了新的内容。只有当物体受到其他物体的引力作用时,它们才具有重量,而"处于其他物体的引力作用之下"并不是"物体"本身的核心意义的一部分。也许说

明这一点的最具吸引力的方法是注意到,如果"有重量"是"物体"本身意义的一部分,那么在失重的环境中谈论物体就是矛盾的;然而,事实并非如此。毕竟,我们都看过宇航员在失重环境中飘浮起来的引人注目的视频!因此,判断5是综合的。

因此,康德引入了两种对判断进行区分的方法。一种区分是先天判断和后天判断的区分,另一种区分是分析判断和综合判断的区分。当然,我们可以同时将这两种区分应用于判断之上。而这也正是康德所做的,也是事情变得越来越有趣的地方。在康德看来,这也是休谟走上歧途的地方。

康德对判断的四分

当我们把康德的两种区分方式结合起来看时,我们就得到了以下四种判断:后天综合判断、先天分析判断、后天分析判断和先天综合判断。首先来看第一种,我们知道后天综合判断必须同时具有综合判断和后天判断的特征。具体地说,作为一种综合判断,这种判断的谓词概念的内容要不包含在主词概念之中,因此这种判断可以被否定,否定它并不会导致一个内部矛盾的陈述。同时,作为一种后天判断,这种判断是基于感觉经验而为人所认识的,并且如前所述,它们将会是偶然的,也就是说,感觉经验既可以证实它们,也可以证伪它们。后天综合判断的例子包括:

> 所有的人都低于12英尺。
> 所有的番茄都可以吃。
> 珠穆朗玛峰是地球上最高的山峰。

我们现在转向第二种判断,即先天分析判断。

这样一种判断将包含以下特征：(1) 这种判断是分析的，其谓词概念的意义包含在其主词概念的意义之中，同时否定它们将会导致内部矛盾；(2) 这种判断是先天的，我们是独立于感觉经验之外而认识到它们为真的，而且它们是必然为真的。先天分析判断的例子包括：

> 所有的单身汉都是男性。
> 所有的三角形都有三个角。
> 红球是有颜色的。

第三种，后天分析判断是这样一种判断，其谓词概念的意义包含在其主词概念的意义之中，同时我们又是基于感觉经验而认识到它们的。然而，康德指出，根本就不可能存在这种判断，根本就没有这类判断。要想了解其原因，我们必须回顾一下，否认分析判断总是导致内部矛盾的陈述。这意味着证伪分析判断在逻辑上是不可能的，而说一个分析判断在逻辑上是不可能为假的意思就是说，所有的分析判断都是必然为真的。然而，这种必然性与作为后天判断的本质特征之一的偶然性是直接矛盾的。所以，不可能存在后天分析判断。

一些读者很可能自己就想到了，按照这种推理，我们可以得出，所有的分析判断都是先天的，所有的后天判断都是综合的。但是，这并不意味着所有的综合判断都是后天的。事实上，康德也认为，并非所有的综合判断都是后天的。他不仅坚持认为存在先天综合判断，而且他还咬定说正是因为休谟未能认识到这种判断的可能性，才使他陷入怀疑论的漩涡之中的。因此，我们接下来将讨论这种至关重要的判断。

先天综合判断

关于第四种可能的判断，首先要指出的是，这种判断必须具有综合判断和先天判断的特征。作为一种综合判断，这种判断的谓词不会被包含在主词的内容中，因此，它的否定也就不会导致一种内部矛盾的陈述。而作为一种先天判断，它为真是独立于感觉经验之外的，因此，它是必然为真的。我们真的拥有这种判断吗？康德的回答是肯定的。在他看来，人们首先在数学当中发现了先天综合判断。具体地说，他相信算术和几何中的许多命题都既是综合的又是先天的。康德给出了两个例子：

> $7 + 5 = 12$
> 两点之间直线段最短。

第一个例子"$7 + 5 = 12$"是存在很大争议的，实际上，只有很少的哲学家被康德说服，认为这样的数学判断是综合的。康德所给出的辩护是，即便人们充分理解了"7""5"和"加"的概念，也依然不知道它们的组合就等于"12"，除非有人实际地做出计算。为了说明这一点，康德认为，我们应该考虑一些这样的等式，在这些等式中，我们将一些很大的数字进行相加，而且只有通过计算我们才能知道这些等式的真假。我们之所以错误地认为"$7 + 5 = 12$"是分析的，仅仅是因为我们曾经对此已经计算过太多遍了，以至不再需要通过计算过程我们便能给出答案。

第二个例子来自几何学，关于这个命题是综合的，则争议较小。康德对此的辩护是，这个命题中的主词概念"两点之间最短的距离"是一个数量概念，而谓词概念"直线段"是一个性质概念。谓词概念不可能包含在主词概念的意义之中，因为它们是两类非常不同的概念。然而，要说明这个命题是先天的，则有一些麻烦。康德去世后不久，非欧几何取得了突破性的进展。具体地说，黎曼（Riemann）等数学家发展出了一系列几何体系，在其中，欧几里得几何中的一个基本假设被否定了。在这些体系当中，康德曾经以为必然正确的某些欧几里得几何学主张都不再是正确的了，其中就包括上面的例子"两点之间直线段最短"。鉴于此，许多人认为欧几里得几何学的主张不是必然的，也因此不是先天的。

除了数学，康德还断言，自然科学的一些基础主张也是先天综合命题，其中包括：

> 物质的总量在一切变化中保持不变。
> 物体的速度保持不变，除非它受到外力的作用。
> 每件事都有其原因。

康德认为这些都是先天综合判断，请注意，如果康德是对的，那么上述第三个例子就为他提供了一条逃离休谟对归纳推理和因果关系所做出的怀疑论结论的可能途径。在此，我们必须回顾一下休谟的观点：每一个先天判断都是这样一种判断，即它的否定将导致内部矛盾的陈述。正是通过运用这一检验规则，休谟才得出结论说：诸如"每件事都有其原因"或者"未来将与过去相似"这样的判断并不是先天的。因为我们可以毫无矛盾地设想一件事发生但却没有任何原因，我们也可以毫无矛盾地设想未来并不与过去相似。所以，休谟认为，我们并不能为这些判断的先天性提供合理的辩护。但是，

如果康德对判断的分类是正确的，那么这一休谟式的论证方法就存在严重缺陷。因为对于这一类先天命题，即先天综合命题，休谟的否定检验不起作用。再者，如果康德所说的那些作为归纳推理的基础的判断——比如"每件事都有其原因"——是先天综合判断，那么康德就为归纳推理提供了一个先天的辩护，从而可以避免休谟的"怀疑论的解答"。

康德认为存在先天综合判断，他自己也意识到这一主张在很多读者看来会是很奇怪的。除了不矛盾律之外，一个判断又可以基于什么而被认为必然为真呢？康德认为，数学中的例子的确是先天综合判断，但他也知道他欠我们一个解释，他要解释我们怎么会有这样一种奇怪的判断。这其中蕴涵着康德构建其整个认识论所要面对的问题：先天综合判断如何可能？除非他能回答这一问题，否则，他对休谟的回应就只能是妄想。

康德认识论中的哥白尼式革命

康德将自己的认识论计划与哥白尼的天文学革命进行了类比，因此，他对先天综合判断如何可能这一问题的回答有时又被称作"认识论中的哥白尼式革命"。由于康德回答的全部细节和对此所做的辩护过于冗长，也太复杂——再加上康德的批评者所说的"太模糊"，所以我们对之只能给出最简单的描画。康德在认识论上的哥白尼式革命，大体上指的是感觉和知识的对象必须符合认知主体这样一种理论。也就是说，我们的经验世界很大程度上是我们感官和认知能力所建构的产物。

更具体地说，康德的观点是，人类对世界的所有认知都包含两种能力：感性和知性。感性是一种被动的能力，它接受感觉表象；而知性则是一种

主动的能力，它把这些表象结合起来以获取关于经验世界的知识。康德认为，这两种能力为关于世界的知识提供了先天因素。在感性中，借助于外感官（在其中，外部对象被给予），对象被表象于空间的必然形式之中；借助于内感官（在其中，我们自己的心理状态被给予），对象被表象于时间的必然形式之中。在知性中，康德认为有 12 个先天的概念，比如原因、实体，它们必然地对感觉表象进行组织。康德把这 12 个先天的概念称为"范畴"（categories）。他认为，一个主体要想意识到感觉表象，首先必须通过范畴对这些表象进行综合。需要注意的是，这种由感性和知性所做的调整和秩序的安排并不是我们有意为之。相反，在康德看来，只有感性和知性自始至终地将秩序强加于对象时，我们对自己和我们之外的经验世界的认识才有可能。

但这又如何回答康德认识论的关键问题：先天综合判断如何可能呢？这如何有助于建立先天综合判断的必然性呢？为了了解它是如何回答这个问题的，让我们考虑一个特定的先天综合判断，这个判断与康德想要对休谟进行的回应特别相关：

每一个事件都有其原因。

首先，请再次注意，"有原因"并不是主词"事件"这一概念的意义的一部分。虽然"有原因"是"结果"这个概念的意义的一部分，但"事件"只不过是发生在时间中的变化，因此它可以不通过使用"有原因"这样的概念而被定义。"每一个事件都有其原因"显然是一个综合的陈述。那它又怎么能被先天地知道呢？我们又是如何确定地知道这样一个原则绝不会被我们关于"一个不存在原因的事件"的经验所证伪呢？

康德的回答是（请再次记清楚，我们在这里只是触及了他完整回答的皮毛），我们关于任何事件的经验都只不过是一种经验。作为一种经验，我们关于一个事件的经验都受制于感性和知性强加的先天条件，它必然是通过范畴被加以综合的，其中最重要的范畴之一就是"原因"的范畴。因此，我们拥有关于某一事件的经验的一个必要条件就是，我们将这个事件经验为一个有原因的事件，也就是说，我们不可能经验到一个没有原因的事件。因此，我们也就不可能拥有证伪"每一个事件都有其原因"这一论断的经验，因为只有一个事件被先天的"原因"范畴综合起来时，我们才能经验到它。

认识论中的哥白尼式革命的代价

尽管再怎么夸赞康德在认识论上进行的革新都不为过，但康德也意识到自己对休谟的回应是要付出代价的。为了弄清楚康德所付出的代价，我们必须反思，在康德的认识论体系中，我们的心灵被强加了一个什么样的秩序。毫无疑问，基本的感觉表象——即显象（康德称之为"现象"）——是由对象刺激我们的感官而引起的。由于表象是由感性的形式和知性的范畴所规定的，同时通过这些表象所呈现的世界——经验世界，我们的先天知识才得以扩展。但我们的先天知识并不是要扩展到表象背后的自在之物〔康德称之为"物自体"（noumena）〕之上。事实上，康德不仅认为我们缺乏对自在之物的先天知识，而且还认为我们所有的知识都限制在现象之上，也就是经验对象之上，我们不可能知道关于物自体、关于自在之物的任何知识。因为我们只有通过感性才能接触到对象，只有通过将这些感觉表象加以秩序化和结构化,我们的先天概念和原则才能用之于这些对象,所以我们无法知道关于物自体的任何东西。

到目前为止,我们一直在强调康德的认识论可以视作对休谟的一种回应。然而,现在我们可以看到,为什么将康德的认识论视作对理性主义的无条件接受和对经验主义的彻底否定是错误的。像理性主义者一样,康德的确相信我们拥有关于世界的先天知识。然而,他也像经验主义者一样,相信如此这般的先天知识只能扩展到经验世界。比如,我们可以先天地知道,我们所经验到的每一个事件都有其原因,但我们不能利用这一先天知识来得出任何超出可能经验的结论。

传统的理性主义形而上学习惯于对先天的概念和原则进行超验的运用,去证明上帝存在、灵魂不朽或者宇宙整体必有一个原因。康德解释了我们获取先天知识的唯一方式,在这种解释的基础上,我们知道,传统形而上学滥用了先天的概念和原则。这些概念和原则之所以被运用,仅仅是因为它们必然包含于我们感觉表象的秩序化和结构化之中。正是因为它们在构建我们的经验中扮演了这种必然的角色,它们才适用于经验的对象。但是它们在包括上帝、整个宇宙和人类灵魂在内的自在之物的秩序化和结构化上,并不扮演类似的角色,所以它们不适用于物自体世界。在康德看来,传统形而上学家在将先天概念和原则扩展到经验之外时,受到了错误的鼓励,因为他们的结论不是关于经验的,因此经验永远没有机会反驳他们。但在这种鼓励下,他们屈从于一种幻象,而没有意识到他们的概念和原则不可能在理解自在之物上做出任何推进。为了表达传统理性主义形而上学家的这一错误,康德构造了一个美丽的比喻,在这个比喻中,他将这种形而上学家比作一只正在飞翔的鸽子。

> 轻灵的鸽子,在它自由的飞翔中,它分开空气并且感受到了空气的阻力。它也许会想象自己在真空之中飞起来会更容易一些。柏拉图就是这样抛弃了感官世界,他认为感官世界将知性限制得太狭窄了,于是他鼓起理念的翅膀,冒险超出了感性世界。但他没有注意到,他的全部努力带不来任何点滴的进展,因为在其中他根本没有遇到阻力,而阻力却是他得以立足的支点,他可以凭此支点发力而使知性活动起来。[本章引文出自康德的《纯粹理性批判》,诺曼·康蒲·斯密(Norman Kemp Smith)英译。]

康德在这个比喻中的观点是,理性主义形而上学家自认为他们可以通过将研究扩展到经验的限制之外,以使我们的知识取得不可思议的进步。但是,就像鸽子离开了空气阻力就不能飞翔一样,我们的知性离开了经验内容也不可能取得任何进步。

然而,重要的是要记住,康德这里的观点是关于我们能知道什么的。虽然他得出结论说,理性主义形而上学家关于上帝存在或灵魂不朽的断言是完全没有根据的,但如果就此认为康德反对相信上帝存在或人的不朽,那就错了。要明白这一点,我们必须注意到,证明上帝的存在以及将我们的知识扩展到超验领域的任何企图都是不合法的。因此,康德在说明了支持和反对传统形而上学主张的论证都是不合法的之后,他认为他为相信(而非知道)许多传统形而上学的主张提供了一种可能性。事实上，这也是康德既定目标的一部分。他在第二版《纯粹理性批判》的序言中写道："要悬置知识，以便为信仰腾出位置。"

如果康德是在今天写作，那他在描述认知过程时，可能会从计算机技术中找到一些隐喻。如今我们关于数据处理谈论了很多。经验主义者只关心输入的"数据"，而忽略了"处理"。理性主义者忽略了输入的"数据"，而只关心"处理"。康德将两者调和起来。如果我们想要获得知识，那我们就需要感官所提供的"数据"，但这些"数据"又需要由心灵自身运作提供的概念（比如原因和结果）来加以"处理"。感觉和思维都是重要的，没有了任何一方，知识都是不可能的。

以下选文出自康德《纯粹理性批判》第二版的序言。在其中，我们可以看到康德对判断的细致分类，以及他对自己的认识论的关键问题的表述：先天综合判断如何可能？

伊曼努尔·康德：知识的两个来源[1]

当伽利略把他自己选定的、具有某一重量的球从斜面上滚下时，或者，当托里拆利（Torricelli）让空气去托住一个他预先估算的、与他所知道的水柱的重量相等的重量时，或者在更晚近的时候，当施塔尔（Stahl）通过在其中抽出和放回某种东西而把金属转变为氧化物又把氧化物再转变为金属时，在所有这些自然的研究者面前就升起了一道光明。他们知道，理性只能洞察它自己根据自己的规划所产生的东西，它必须带着自己按照不变的法则进行判断的原则走在前面，强迫自然回答自己的问题，而不是让自然牵引着走。偶然的观察，如果不是按照预先考虑过的计划而做出的，就永远不可能服从于一个必然的法则，而这条法则却是理性所寻求的。理性必须一手执着于自己的原则（唯有按照这些原则，协调一致的现象才能被视作法则），而另一手则要执着于它按照这些原则所设想出来的实验，走向自然。虽然这样做是为了受教于自然，但并不是以小学生的姿态去听从老师所说的一切，而是以一个受任命的法官的身份迫使证人回答他所提出的问题。因此，甚至物理学也必须把它的思维方式的这场颇有益处的革命仅仅归功于这样一个闪念：依照理性自己放进自然中去的东西，到自然中去寻找，而不是替自然虚构出那些理性本身并不知晓而只能从自然中才能学习到的东西。自此，经过几个世纪漫无目的、毫无收获的摸索，关于自然的研究才走上了一条科学的可靠道路。

……

纯粹知识和经验知识的区别

毫无疑问，我们的一切知识都是从经验开始的。因为，如果没有对象激发我们的感官使它们产生表象或者使我们的知性活动运作起来去比对这些表象，并对之进行联结或者分离，把这些感性印象的原始素材加工成所谓的经验对象的知识，那我们的知识能力又如何唤起活动呢？因此，在时间序列上，我们所有

---

[1] 伊曼努尔·康德，《纯粹理性批判》，诺曼·康蒲·斯密英译（St. Martin's Press, 1933）。

的知识都不可能先行于经验，经验是我们一切知识的起点。

尽管我们所有的知识都是从经验开始的，但这并不能推出我们所有的知识都是发源于经验的。因为很可能，甚至我们的经验知识，也是由我们通过印象所接受的东西和我们固有的知识能力（感官印象只是诱因）自身所提供的东西的一个复合物。如果我们的知识能力做了这点增添，那只有经过长期的训练，我们才能注意到它并将它熟练地分离出来，进而才能将它与那些基本材料区分开来。

因此，我们至少还有一个需要仔细研究，而不能随意打发掉的问题：是否真的存在独立于经验，甚至独立于一切感官印象的知识。我们把这样的知识称为先天的，它与那些具有后天的来源，即在经验中有其来源的经验性知识是有区别的。

然而，"先天的"这个表述还不足以准确地表示上述问题的全部意义。因为有些出自经验来源的知识，我们也习惯地说我们可以先天地产生它们或者享有它们。因为这些知识不是我们直接地从经验中获得的，而是从一个普遍的规则中引申出来的，但是，这个规则自身又是从我们的经验之中来的。因此，我们会说一个在挖自己房子地基的人：他不必等到房子真的倒下来以获取经验，他就能先天地知道房子会倒。但是，他不可能完全先天地知道这一点。因为他之前总要从经验中学得物体具有重量，如若其支撑被抽去，那它们就会倒下。

因此，我们下面所说的先天知识，并不是那种不依赖于这个或那个经验的知识，而是那种完全不依赖于一切经验的知识。与之相对的是经验性知识，经验性知识是那种仅通过后天，也就是通过经验就可能的知识。只有当先天知识不掺杂任何经验性的因素时

候，它才被称为"纯粹的"。因此，"每一种变化都有其原因"这个命题虽然是一个先天命题，但它并不是纯粹的，因为"变化"这个概念只能来自经验。

分析判断和综合判断的区分

在一切判断之中，从其主词和谓词的关系方面考虑（在这里我只考虑肯定性判断，因为随后运用于否定性判断之上是很轻易的一件事），其谓词与主词的关系可能有两种。要么谓词 B 属于主词 A，B（隐蔽地）包含在 A 这个概念之中；要么 B 完全外在于概念 A，虽然它与概念 A 有联系。我把第一种判断叫作分析的……而把另一种称为综合的。因此，（肯定性的）分析判断之中的谓词和主词的联结是通过同一性而被思考的，而在综合判断中则不是。前者也可以称为解释性判断，因为前者通过谓词并没有给主词增添什么东西，而只不过是通过分析把主词概念分解为它自身包含的一些已经被想到过的（尽管是模糊地想到过的）"分概念"而已。而综合判断则又可以称为扩展性判断，因为它在主词概念上增添了一个谓词，而这个谓词又是在主词中从未被想到过的，是不可能从主词之中分析而来的。例如，我说，"一切物体都有广延"。这个判断就是一个分析判断。因为我不用在"物体"之外再去找什么广延，而只用分析"物体"这个概念，也就是说，只要意识到我时常思索这个概念时所想到的杂多，我就能在其中遇到"广延"这个谓词。鉴于此，这个判断是一个分析判断。相反，当我说，"一切物体都是有重量的"，"重量"这个谓词就与我从单纯的"物体"概念中所想到的东西完全不同，这个谓词是附加上去的，因此就产生了一个综合判断。

经验判断就其本身而言全部都是综合的。从经验中去构建一个分析判断是荒谬的。因为构建分析判断，

我只需我的概念就够了,而不需要任何经验的证据。"物体是有广延的",这是一个先天命题,而不是经验命题。因为,在诉诸经验之前,我已经在概念中拥有了我下这个判断的一切条件。我要做的只是从概念本身之中,依照矛盾律,将谓词抽取出来就行了。而与此同时,我也就能意识到这个判断的必然性了,这种必然性在经验中是永远学不到的。相反,尽管一般"物体"的概念中根本没有包含"重量"这个谓词,但是,"物体"这个概念毕竟通过经验的某一部分表示了一个经验对象,所以我可以在这个部分之上再加上经验的其他部分,将此一并作为隶属于"物体"这个概念的东西。起初,我通过"广延""不可入性"以及"形状"等这些在概念之中就能想到的标志来理解"物体"概念。但是现在,回顾一下我从"物体"概念中抽出的这些东西,我发现"重量"也一贯地与这些东西联结在一起,因此我将它作为一个谓词附加到"物体"概念之上,这是一种综合,由此我就扩展了我的知识。谓词"重量"和"物体"概念的综合是基于经验的。尽管这两个概念并不是一个包含于另一个的,但是它们仍是一个整体,即自然(作为直观的综合性结合的自然)的各个部分,它们相互隶属,尽管是以一种偶然的方式。

但是,在先天综合判断那里,完全不存在这种辅助:我在这里没有任何在经验领域进行找寻的优势。当我超出概念 A 之外去认识另一个与之结合的概念 B 时,我的依据是什么?这种综合又是通过什么成为可能的呢?我们可以看一下这个命题:一切发生的事件都有其原因。我虽然在发生的某事件这一概念之中想到了一种存在,这个存在还经历了一段时间等,并且我从中还可以引出分析判断来。但"原因"的概念是完全外在于另一个概念的,它表示出一种与"发生的

事件"不同的东西,因而是完全没有被包含在后一个的表象中的。那我是怎么将"原因"这一谓词用之于"发生的事件"之上的呢?又是怎么认识到尽管"原因"概念并不包含在"发生的事件"的概念之中,但又属于并且必然属于这个概念呢?……这不可能是经验,因为上述的"一切发生的事件都有其原因"这一原理不仅仅是以更大的普遍性而且也以一种必然性,因而也就是完全先天地并从单纯的概念出发,把后面这个表象加在前面那个表象上的。我们所有的先天的思辨知识都是建立在这样一些综合性的、亦即扩展性的原理之上的。而分析判断也是重要且必要的,但是它只是为了达到概念的清晰,而这种清晰对于作为真正增添当前知识的可靠的和广泛的综合来说,是必要的。

在理性的一切理论科学中都包含先天综合判断作为原则

1. 所有的数学判断,毫无例外,都是综合的。尽管这一事实具有无可反驳的确定性,并且具有极其重要的后果,但是这一事实迄今仍未被那些分析人类理性的研究者注意到,甚至他们的推测还与之相反。

之所以这样是因为,人们看到所有的数学推论全都是依照矛盾律进行的(这是一切无可反驳的确定性的本性所要求的),于是人们就认为数学上的基本原理,就其自身都可以出于矛盾律而被承认。这是一种错误的观点,因为虽然一个综合命题确实可以根据矛盾律来理解,但是只能这样理解,即还有另外一个综合命题被预设,它能从这个命题中推出来而被理解,它是不可能就其自身而被理解的。首先要注意的是,严格来说,数学命题是先天的,而不是经验的。因为它们所具有的必然性是不可能从经验中而来的。假如

有人不同意这一点，那我就将我的看法限制在纯粹数学之内，纯粹数学这一概念意味着它不包含任何经验，而只是一种纯粹的先天知识。的确，我们可能最初会认为"7+5=12"这一命题只是一个分析命题，它是从7加5之和的概念中，根据矛盾律推导出来的。但是仔细想想，我们就会发现，7加5之和只是包含着将两个数合为一个数的意思，除此之外再不包含什么东西了，在此之中并不包含两者结合而来的那个唯一的数到底是什么。也就是说，单单思考7加5之和，我并不能得到12这一概念，无论我对这样一个总和的概念怎么分析，我都不可能从中找到12。我们必须跳出这些概念，借助于7和5这两个概念所对应的直观，比如5根手指或者谢格奈（Segner）在其《算术》（*Arithmetic*）中所说的5个点，这样一个个地把直观所给予的5的这些单位加到7的概念之上去。因为我首先取的是7这个数，同时为了5这个概念，我求助于我的手指的直观，于是我就将我之前构成5这个数的那些单位凭借我手指的形象一个个地加到7这个数上去，这样我们就看到12这个数了。虽然我已经在7和5之和的概念中想到了5应该被加到7之上，但是我并没有想到这个和就等于数字12。因此，数学命题也依然是综合的。如果我们取一些更大的数字作例子，这一点会更清楚，这样我们会更清楚地看到，无论我们怎么颠来倒去，仅仅只去分析这些概念，而不借助于直观，我们就不可能发现这个总和。同样，纯粹几何学的任何一个原理也是如此。"两点之间直线段最短"，这是一个综合命题。因为"直"这个概念并不包含量上的什么东西，而只是一种质。所以，"最短"这个概念完全是附加上去的，它是不可能来自"直线段"概念的，也不可能通过分析而来。因此，这里必须引入直观（intuition），只有借助于直观，这种综合

才是可能的。我们在这里常常以为这种无可辩驳的判断的谓词已经包含于我们的概念之中了，并且认为这种判断是分析的，我们之所以会产生这种信念仅仅是因为概念使用的含混导致的。我们需要想想给一个给定的概念再加上什么谓词，这也是概念自身所要求的。但问题不在于我们应当想出什么来加在这个概念之上，而在于我们实际从中想到了什么，即便只是模糊地想到的。而这就表明，这谓词虽然必然地与这个概念相联系，但其联系并非来自概念本身，而是借助于某个必须附加在这概念上的直观。

作为几何学前提的一些基本命题的确是分析的，是建立在矛盾律的基础之上的。但是，就像同一性命题一样，它们只是作为方法的连接，而不能作为原理。比如，$a=a$，即整体与自身相等；或者$(a+b)>a$，即整体大于其部分。就这些命题而言，纯粹从概念上来看，它们都是有效的，但是它们之所以能在数学中被承认，则只是因为它们能体现于直观之中。

2. 自然科学（物理学）包含着作为原则的先天综合判断。我只需举出两个判断：第一，在物质世界中的一切变化中，物质的量是不变的；第二，在运动的传递中，作用和反作用是相等的。很显然，这两个命题不仅是必然的，由此在其来源上是先天的，而且还是综合的。因为在"物质"的概念中我并不能想到"不变"，我只能想到物质通过占据空间而在场。超出"物质"的概念之外，我先天地想到了一种从未在这个概念本身中就能想到的东西。因此，虽然这个命题是先天的，但是这个命题不是分析的，而是综合的。而自然科学中的那些纯粹部分的其他命题也是如此。

3. 对于形而上学，即便我们迄今仍把它仅仅看作一门所有尝试都失败了但又由于人类理性的本性而不可缺少的科学，也应当包含先天综合知识。因为它的

工作并不仅仅是去分析我们关于事物先天形成的概念，并由此分析地阐明它们，相反它的工作是要去扩展我们的先天知识。为了这一目的，我们必须运用这样一些原理，这些原理要在给定的概念之上增添一些它们概念自身所不包含的东西，并且通过先天的综合判断远远地超出给定的概念自身，以至经验也不能追随那么远。比如，"世界必然有一个最初的开端"这样的命题。因此，至少就其目的而言，形而上学纯粹是由先天综合命题构成的。

纯粹理性的总课题

如果我们能把大量的研究纳入到一个单一的课题之下，那我们会收获不小。因为这样，通过清楚的界定，我们不仅能减轻自己的任务，而且也便于其他人检查我们的结果，易于他们判断我们是否达到了既定目标。现在，纯粹理性的真正课题就包含在这样一个问题之中：先天综合判断如何可能？形而上学至今还处于不确定和矛盾的摇摆状态，之所以会这样只能归咎于这样一个原因，即人们根本就没有意识到"先天综合判断如何可能"的问题，甚至连分析判断和综合判断的区别都没有考虑过。是否能解决这一课题，或者是否能充分地证明它公开宣称想要知道的那种可能性实际上根本不存在，就决定了形而上学的成败。在哲学家当中，大卫·休谟最接近于这个课题，但他还远远没有足够精确地和普遍地思考它。他只是停留在结果和原因相联结的综合命题（因果律）之上，他相信自己已经证明了这样一种先天命题是完全不可能的。假如我们接受了他的结论，那所有我们称之为形而上学的东西都只不过是妄想，它们实际上只不过是从经验而来并通过习惯保留下来的一些必然性的幻象，我们竟以为自己对此具有理性的洞见。但如果休谟能对我们这一课题的普遍性加以注意，他就不会犯这样的错，去坚持这种摧毁一切纯粹哲学的主张了。因为如果他对我们这一课题的普遍性加以注意，那按照他的论证，他就会意识到，纯粹数学也会是不可能的了，因为纯粹数学毫无疑问也包含着先天综合命题。这样一来，他的健全知性也许就会出来保护他，以免受这种主张之害。

供讨论的问题

1. 请解释一下康德的"哥白尼式的革命"的革命性在哪里？
2. 如果康德对于分析判断和综合判断的区分与休谟对于"实际的事情"和"观念的关系"的区分存在某些相似之处，那它们的相似之处是什么？请解释。
3. 请再给出一些先天分析命题的例子。
4. 你认为存在先天综合命题吗？为什么存在或者不存在？（注意：康德认为我们能在数学和自然科学的基础中找到这样的命题，你同意吗？）
5. 请解释康德所说的"思维无内容则空，直观无概念则盲"。

第十八章　知识与人的实践：实用主义传统

从之前三章可以明显看出，笛卡尔、休谟和康德的认识论观点在许多方面都存在差异。笛卡尔试图在忠实地反映了事物（包括不是任何感觉经验对象的实体，比如上帝）的本质的先天概念和原则的基础上构建哲学和自然科学确定的基础。相反，休谟认为，先天的表象不能给予我们任何关于实在的知识，他坚称，我们关于实在的本质的任何有意义的判断都是建基于感觉经验的。康德不同意休谟的观点，他认为，先天判断也能给予人们关于实在的知识；然而，他也不同意笛卡尔的观点，他认为，先天概念和判断唯一合法适用的世界是经验世界。

前面几章我们已经强调了理性主义、经验主义和康德主义之间的不同之处，但这些不同之处可能掩盖了这些认识论之间的共识。其中最重要的一些共识是：（1）判断的功能是表象实在；（2）研究的目的是要准确地表象实在；（3）知识就是一个或一系列得到充分辩护的、被认为准确地表象了实在的信念。笛卡尔对这种"准确地表象实在"的知识所能够达到的范围持乐观态度，并相信自己提供了一种实现这一目标的方法。休谟对获得这样的知识的可能性持悲观态度，他认为，我们不能为关于实在的信念提供合理的辩护。康德既乐观又悲观，他乐观地认为我们能获得关于感觉经验世界的知识，他认为自己已经在经验领域给予休谟怀疑论论证以决定性的反驳。然而，他也是悲观的，因为他认为我们对感觉经验所呈现的世界的知识，并不构成并非如此呈现于我们面前的世界自身的知识。

表象主义的失败

虽然前面提到的几种认识论，如今仍不缺辩护者，但这几种认识论都被认为有严重的缺陷。对笛卡尔体系的批判集中在他诉诸上帝去辩护他用于理解实在的先天概念和原则的做法。其中最严重的指责就是他的辩护是循环的，因为他认为自明的真理——他所谓的"清楚明白的观念"——只有在一个人能够证明上帝的存在时才是可信的；然而，在证明上帝存在时，他又首先相信了清楚明白的观念。康德对笛卡尔认识论的这一问题提出了如下尖刻的评论，这也反映了许多笛卡尔主义批评者的心声："在确定我们的知识的起源和有效性上，求助于救急神（*deus ex machina*）是一个最大的荒谬。"[1] 救急神是古希腊戏剧的一种手段，通过该手段，主角被神从绝望的境地中解救出来，而神则是用一尊机械地从舞台上方落下或从下方升起的雕像来代表

---

[1] 伊曼努尔·康德，《给马库斯·赫尔兹的信》（"Letter to Marcus Herz"），1772年2月21日，出自《康德文选》（*Kant: Selections*），刘易斯·怀特·贝克（Lewis White Beck）编（Englewood Cliffs, NJ: Prentice Hall, 1988），第83页（Ak. X 131）。

的。康德认为,像笛卡尔这样的哲学家实际上意识到了自己的认识论处于绝望的困境之中,但他无法找到任何具有说服力的说法去解释先天的表象和它们所表象的实在之间的联系,所以他引入上帝,让上帝神奇地将他从困境之中解救出来。

另一方面,休谟的认识论也使许多哲学家困惑不解。因为这种认识论认为,对于那些几乎所有人都视为常识的信念来说,我们对之并没有任何理性根据。具体地说,休谟彻底的经验主义使他得出这样的结论:我们没有理性基础去相信始终存在于个人意识中的自我,或者物理对象之间的因果关系,甚至是物理对象的持续存在。

就康德而言,在没有诉诸上帝的情况下,他确实为先天判断和经验世界的联系提供了合理的辩护。就此,他也为那些常识性信念提供了合理的辩护,而提供这种辩护是休谟的理论早已放弃的。但是,在许多人看来,康德同样违背了常识,他对常识的违背虽然与休谟的违背不同,但其程度丝毫不亚于休谟。康德只有通过对常识的违背,才能达成上述目的。按照康德哥白尼革命式的认识论观点,自在之物(与它们呈现于人类经验中的样子不同)既没有空间,没有时间,也没有因果关系,因为所有由感知和认知主体所提供的、用于实在的东西,它们都没有。此外,一些批评者认为,康德的认识论过于复杂。如果笛卡尔的上帝是其认识论上的救急神,那么康德的"哥白尼式革命"可以说是认识论上的鲁布·戈德堡机械(Rube Goldberg device)。虽然它可以实现它的预期目的——鉴于康德论证的复杂性,我们也不一定有信心跟得上康德的思路——但小孩子也会明白,这样的做法似乎为信念提供了一个过于复杂的辩护。

鉴于理性主义、经验主义和康德主义所面临的种种困难,一些哲学家难免开始怀疑,是否这三者所持有的那种关于信念、研究和知识的共识是它

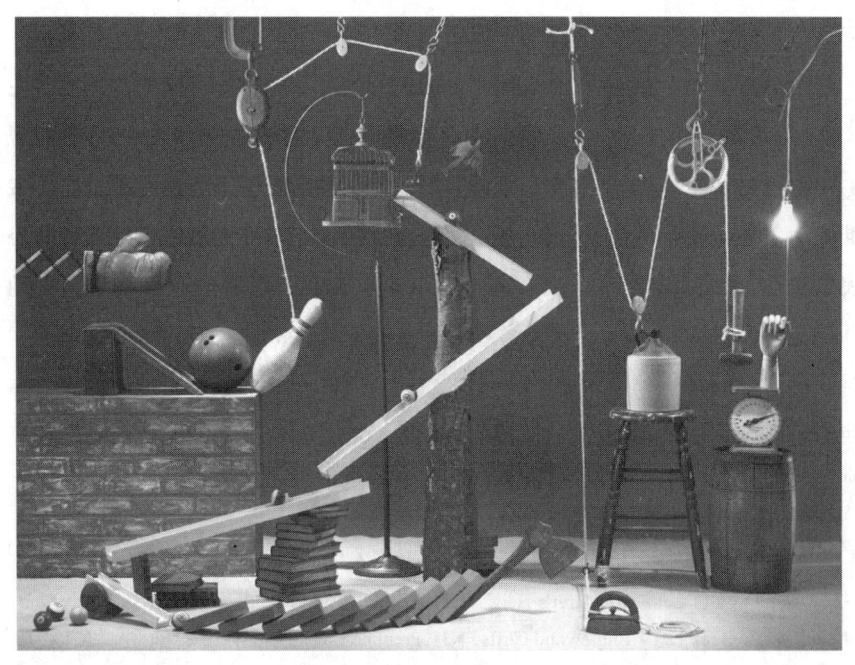

鲁布·戈德堡(Rube Goldberg,1883—1970)在加州大学伯克利分校接受过工程师培训,他最著名的作品是这样一系列漫画,这些漫画画了一些精巧得荒谬的机械,这些机械是由路西法·戈贡佐拉·巴茨教授(Professor Lucifer Gorgonzola Butts,戈德堡创作的一个人物)所设计的为了完成简单任务的机械。上面这幅精巧的电灯开关画作就很好地展示了鲁布·戈德堡异想天开地创造的各种装置。(图片来源:Jeffrey Coolidge/Stone/Getty Images)

们所遇到的困难的最终根源。也许正是"表象实在是认知活动的基本任务"这样的假设，使得认识论一开始就走上了错误的道路。虽然一开始我们很难说清楚如果认知活动的基本目标不是准确地表象实在，还会是什么，但是哲学家们中间还是出现了一种具有高度影响力的替代观点。这种观点由19世纪末20世纪初美国的一群哲学家提出，这些哲学家如今被称作"古典实用主义者"。以查尔斯·桑德斯·皮尔士、威廉·詹姆斯和约翰·杜威的著作为代表，古典实用主义拒绝接受"信念、研究和知识的首要目标是准确地表象实在"这一长久以来的认识论观点，他们认为有一个更基本的原则激励着人类对知识的探索。按照实用主义的观点，信念、研究和知识的最终目的和本质是促进有效的行动。在实用主义运动中，我们的信念是否忠实地表象实在的本质的问题，是服从于信念是否增强了我们在世界之中生活的能力这一实践意义的。

然而，以往的认识论的失败并非古典实用主义发展的全部动力。正如康德的认识论从哥白尼的天文学革命中汲取灵感一样，古典实用主义者也从另一种科学突破中汲取灵感，这一科学突破就是随着查尔斯·达尔文于1859年出版《物种起源》(*The Origin of Species*) 而日益在19世纪末盛行的进化论。

古典实用主义的起源

达尔文的进化论对古典实用主义的发展有两方面的影响。首先，进化论强调人类自身是自然选择的产物，因此，在某种意义上，人类与自然的其他部分是相互联系的，这种联系比当时所认识到的联系更紧密。其次，它引起了人们对一个似乎是所有生物的基本事实的关注——也就是说，生存适用性是驱动生物发展，驱动生物表现出某种特征的主要原则。带着这种观点来看人类理性研究的能力，古典实用主义者就认为，按照达尔文的观点，我们的认知能力也像我们的其他自然特性（比如，对向的拇指）一样，是自然选择的产物。此外，既然生存适应性是决定我们认知能力本质的原则，实用主义者自然推导说，认识论应该被重新塑造，以反映这一事实。也就是说，我们应该用"理性研究的最终目的是高效而有效的行动"这样的观点取代"理性研究的最终目的是准确地表象实在"这样的观点，以此来重新塑造认识论。

因此，对于古典实用主义者来说，研究的重点不是去建立一个其真假是根据是否表象事物的本来面目而判定的命题体系。对他们来说，研究的任务是去培育那些以有利于人类生存和繁荣的方式指导人类行动的信念。实用主义将我们作为世界旅行者的角色凌驾于我们作为世界的观察者的角色之上，它将任何对我们的生活和生活方式没有影响的形而上学争论或理论都视作毫无价值的，并加以拒绝。要想对古典实用主义者所怀疑的形而上学理论有所了解，我们可以回顾一下第十章"唯物论"和第十一章"观念论"所涉及的唯物论和观念论这样的形而上学理论。虽然从表面上看，这一争论似乎意义重大，因为这两种观点以根本不同的方式对我们周围的世界加以概念化，但是这两种体系的细节却使它们越来越接近，特别是在关于人类生活的解释上。贝克莱的观念论尤其能说明这一点。乍看起来，"只有心灵和观念是终极实在的"这样的观点很违反直觉，但是，你读贝克莱读得越多，你就越意识到他离我们的世界如此之远，以至他的理论不会对我们的行为和生活造成任何影响。(事实上,贝克莱本人也坚持认为,他的理论与人们对世界的常识性看法是一致的。)我们经验或行动的任何方式都不必做任何改变,就可以适应贝克莱的世界模型。具体地说,观念论者和唯物论者可以一起打网球,一起吃饭或者一起研究实验天文学,谁也不必改变自己所持有的基本的形而上学理论。然而,在表象主义关于研究的看法下,去考虑实在究竟是观念的还是物质的,是很有意义的。但对于实用主义者来说,这样的研究是空洞而无意义的。

下面的选文出自心理学家和哲学家威廉·詹姆斯的《实用主义意味着什么》("What Pragmatism Means")一文,他以优美动人的散文形式阐发了实用主义关于研究的概念。

威廉·詹姆斯(1842—1910),美国心理学家和哲学家,实用主义之父,小说家亨利·詹姆斯(Henry James)的哥哥。图片来自美国国会图书馆。

威廉·詹姆斯:实用主义意味着什么[1]

几年前,我在山里参加一个露营聚会。我独自漫步归来时,发现每个人都参与到了一场激烈的形而上学争论之中。争论的主题是一只松鼠——一只活的松鼠,假定它攀爬于树干的一面,而树的另一面站着一个人。这个人绕着树跑,想去看这只松鼠,但是无论他跑得有多快,松鼠总是以相同的速度移动到反面去,松鼠和那个人之间总是隔着一棵树,以至那个人总是一点也看不到松鼠。由此产生的形而上学问题是:这个人是不是在绕着松鼠转?他的确是绕着树转的,而松鼠又在树上,那这个人是在绕着松鼠转吗?在荒野之中,加上大把的时间,大家争来争去已无新的观点。他们各站一方,固执己见。双方人数均等,因此,我

---

[1] 威廉·詹姆斯,《实用主义意味着什么?》,出自《实用主义:一些旧思想方法的新名称》(*Pragmatism: A New Name for Some Old Ways of Thinking*, New York: Longmans, Green, and Co., 1907)。

一出现,他们都来争取我,以便能成为占据多数的一方。我想起经院哲学家有句箴言说,当你遇到矛盾时,一定要找出差别。于是,我立即就找到了一个差别,我说:"哪一方是对的,这取决于你们所说的'绕着松鼠转'的实际意义是什么。如果你的意思是从松鼠的北面到东面,然后到南面,再到西面,然后再回到它的北面,那很明显这个人是绕着松鼠转的,因为这人确实占据了这些连续的位置。但相反,如果你想说的是先在松鼠的前面,再到它的右面,再到它的身后,再到它的左面,之后再返回到它的前面,那么很显然这个人并没有绕着松鼠转。因为松鼠也在进行着相对的运动,它的肚子总是朝向这个人,而它的背朝向外面。一旦做了这种区分,便没有必要再争论了。你们都是对的,也都是不对的,这取决于你们对动词'绕着转'的实际理解。"

尽管有一两个争论激烈的人把我的说法看作和稀泥,他们说不想要什么无聊的或经院哲学式的咬文嚼字,他们只是在英国人最普通的意义上使用"绕着"这个词的。但是,大多数人似乎认为这一区分已经缓和了这场争论。

我之所以讲这个小故事,是因为它是一个特别简单的、可以用以说明我现在所说的实用主义方法的例子。实用主义方法主要是一种解决形而上学争论的方法,否则,这些争论可能会没完没了。世界是一还是多?是命定的还是自由的?是物质的还是精神的?这些成对概念中的任一方都可能适用于世界,而另一方都可能不适用于世界。关于这些概念的争论是无休止的。在这样的情况下,实用主义的方法就是试图通过探究其各自的实践后果来解释每一个概念。如果这个概念而不是那个概念是正确的,那在实践上,对任何人来说,这会造成什么区别呢?如果找不到什么实践上的区别,那两者实际上是一样的,所有的争论都是无意义的。所以无论什么时候,如果争论很激烈,那我们就应当可以找出某一方正确时所带来的实践上的区别。

回顾一下这个概念的历史,你会更清楚"实用主义"到底是什么意思。**实用主义**(pragmatism)这个词来源于希腊语单词 πράγμα(pragma),意思是行动,我们的单词"实践"(practice)和"实用"(practical)就是从这个词而来的。1878 年,查尔斯·皮尔士先生首次将其引入哲学当中。他在同年 1 月的《通俗科学月刊》(*Popular Science Monthly*)上发表的题为"如何让我们的观念变得清晰"("How to Make Our Ideas Clear")的文章[1]中指出,我们的信念实际上是行动的规则,之后他提出要弄清楚一种思想的意义,我们只需要确定它适用于产生何种行动就够了:对我们来说,这种行动本身就是这种思想唯一的意义。我们所有思想的差异,无论差异多么细微,其实质都是实践上的差异,而不是其他什么东西。因此,为了使我们对一个对象的思想达到完全清楚,我们只需要考虑这个对象可能涉及的实践上的后果——我们期望从它那里得到什么感觉,我们必须准备做什么反应。我们对于这些直接或间接的后果的概念,对于我们来说,就是我们对于这一对象的全部概念,就此这些概念具有积极的意义。

……

当你将哲学争论置于这个探究具体后果的简单测试之下时,你会惊讶地发现,有许多哲学争论瞬间变

---

[1] 译文载于《哲学评论》(*Revue Philosophique*),1879 年 1 月,卷 vii。

得无足轻重了。任何一个地方的差别都会导致其他地方的差别——所有抽象真理上的差别都会表现为具体事实中的差别,也会迫使某人于某时某地以某种方式表现出行动上的差别。哲学的全部功能就是应该去找出,如果这个世界是这样的或者是那样的,那么在我们生命的特定时刻,它将对你我产生出什么特定的差别。

……

因此,理论成为我们的工具,而不是谜语的答案,我们不能停下来休息,我们不可仰仗它们,我们要向前推进,有时借助于它们,我们重新改造自然。实用主义使我们所有的理论都变得不再僵硬,使每个理论都变得灵活起来,并使它们都能发挥作用。

古典实用主义的遗产

如果认为谈论古典实用主义的遗产就是在说皮尔士、詹姆斯和杜威的哲学不再被研究或不再被当作可行的理论而被研究,那就大错特错了。事实上,他们三人的体系在当代仍不乏支持者。尽管如此,虽然仍有人支持古典实用主义,但是它对当代认识论的更主要的影响是激发了一系列极具影响力的认识论,这些认识论涉及古典实用主义的广泛主题中的一些。具体来讲,20世纪下半叶,W. V. 奎因(W. V. Quine)、唐纳德·戴维森(Donald Davidson)、希拉里·普特南(Hilary Putnam)和理查德·罗蒂(Richard Rorty)都发展出了一些认识理论,这些理论至少有两点是与古典实用主义者所强调的观点相同的。第一,认识论应该是自然化的,也就是说,认识论应该被视作自然科学的延续。第二,他们都拒斥对意义和知识的表象主义(representationalist)解释,而选择了**语义整体主义**(semantic holism)和**认知整体主义**(epistemic holism)。语义整体主义否认单独的概念或陈述可以脱离其所在语言的其他部分而具有意义。认知整体主义认为,单个判断不能被表象它的经验或者它所使用的术语的意义直接证实或证伪。更确切地说,每一种主张都是通过经验整体和它所在的语言整体而被证实或证伪的。就此,这些新实用主义者拒绝这样的划分,即通常将判断划分为真值完全依赖于经验的判断(康德所谓的后天判断)和真值完全依赖于判断本身所使用的概念的判断(康德所谓的先天判断)。正如奎因所说,"说任一陈述的真理性之中都有一个语言成分和一个事实成分,乃是一种胡说,而且是许多胡说的根源。总的来说,科学对语言和经验有着双重的依赖,但这种双重性不是可以有意义地追溯到一个个科学陈述的。"[1] 鉴于任一命题的真值条件都对世界经验和语言具有"双重依赖",因此,在奎因看来,仅仅由于某些命题表象了一些世界之中的事实的本质就认定其为真的做法,是不合理的。下面的选文很好地阐释了奎因对表象主义(即认为关于事实的判断就是要准确表象实在的本质的观点)的拒绝。此外,奎因对什么使得一个判断成为好的判断的解释也带有明显的实用主义

---

[1] W. V. 奎因,《经验论的两个教条》("Two Dogmas of Empiricism"),出自《从逻辑的观点看》(*From a Logical Point of View: Nine Logico-Philosophical Essays*, 2nd ed., revised, Cambridge, MA: Harvard University Press, 2006),第43页。

色彩。

我继续把科学的概念体系看作一种工具，这种工具根本上是一种依据过去的经验来预测未来的工具。物理对象作为方便的中介被概念地引入其中——不是根据经验的定义，而只是作为一些在认识论上可同荷马史诗中的诸神相比的不可简约的设定物而被引入。就我而言，作为一个非专业的物理学家，我相信物理对象，而不相信荷马的诸神，同时我也认为如果我不这样相信，便是一种科学上的错误。但是，在认识论的角度看，物理对象和诸神只存在程度上的差异，而并非种类上的差异。这两种东西都是作为文化上的设定物而进入我们的概念的。物理对象的"神话"之所以在认识论上优于其他大多数神话，只是因为相比于其他神话，它作为一种将一种易处理的结构嵌入人的经验之流的手段，是更有效的。[1]

上面引文中特别值得注意的是，将奎因视作实用主义传统延续的原因是他所持有的这种论点：自然科学不应该被视作一种对事物真实的描述，而应该被视作一种"预测未来的工具"。对于奎因来说，持久的物理对象的概念的价值不在于它描述了实在的真正本质，相反，其价值在于它是一种能够在经验世界中对人类加以指导的有效方式。

过去与现在：哲学及其历史

正如本章前面所述，哲学家们在讲述自己学科的历史时，往往会强调新理论在某些方面对旧理论所造成的破坏性。当然，这是自然的，甚至是有益的，因为理解一下旧理论所具有的而新理论所试图修正的问题，有助于洞察后续理论的本质。然而，这种哲学史叙述方式存在着严重低估哲学史所具有的严肃性的风险。哲学不仅仅把它的历史看作一种对永久被取代的思想的记录——一个陈列过去的错误的博物馆。相反，哲学也会为了获得丰硕的知识而返回其历史。哲学史有时确实是关于错误的警示，它警示我们最好不要再犯这些错误，但它也常常是各种洞见、创新、澄清和挑战的源泉。也许，过去的人物，在哲学中，比在其他任何一个学科中都活跃。即便他们与今天的哲学家已相距数百年，甚至数千年，但他们依然能够积极地影响当代的思想潮流。

下面这篇纳撒尼尔·戈德堡（Nathaniel Goldberg）的文章很好地说明了哲学史对当代哲学的积极作用。在解释了奎因的整体主义和他对多种概念图式（conceptual schemes）的可能性的信奉之后，戈德堡阐释了唐纳德·戴维森的论证。戴维森的论证表明，概念图式的观念是不可理解的。在这些初步准备就绪之后，戈德堡接着指出，戴维森反对概念图式的可理解性的论证，可能会被推向康德式的方向。戈德堡并没有接受戴维森的论证（戴维森认为谈论概念图式是没有意义的），相反，他认为戴维森的论证也可以用以证明只存在一种概念图式。（回忆一下康德的观点，即感性的形式和知性的范畴是人类感知和理解世界的必要条件；因此，康德认为人类只有一种概念图式。）在对戴维森的

---

[1] W. V. 奎因，《经验论的两个教条》，出自《从逻辑的观点看》（2006），第 44 页。

论证做了这种新康德主义式的转向之后，戈德堡将这种可能性与奎因的整体主义结合起来，提出了他所谓的"单一图式的整体主义"（monoschematic holism）的新认识论。戈德堡通过与康德（1724—1804）、奎因（1908—2000）和戴维森（1917—2003）进行哲学对话，将表象主义传统与实用主义传统结合了起来，构建了一种哲学史上从未出现过的认识论理论。因此，戈德堡的文章不仅向我们展示了哲学史在当前哲学发展中所起的积极作用，而且其本身也成为了正在形成的哲学史当中的一部分。

纳撒尼尔·戈德堡：知识来自何处？奎因、戴维森和传统认识论[1]

我们各式各样的知识从何而来？笛卡尔、斯宾诺莎和莱布尼茨这些理性主义者会认为，所有实质性的知识都来自理性。洛克、贝克莱和休谟这些经验主义者则宣称，所有的知识都来自经验。而康德则认为，一些知识来自理性，比如数学和他所谓的"纯粹自然科学"，而另一些关于世界的知识则来自理性和经验的相互作用。

最近，两位美国哲学家对于"我们各式各样的知识从何而来"这一问题发起了挑战。奎因认为，单独地追问某一个知识主张的来源的做法是错误的。我们必须成为知识整体主义者，要去追问作为整体的知识的来源。如若如此，我们便可意识到，对于知识来说，人类之贡献（传统上所说的"理性"）和经验之贡献（"经验"）总是结合在一起的。奎因的学生戴维森提出的挑战则更为激烈。他不仅仅是一个知识整体主义者，同时他还认为知识的人类贡献和经验贡献这些概念本身就是不可理解的。虽然知识不从任何地方而来，但知识依然是关于包括我们在内的世界的知识。

在认识论上，理解奎因和戴维森的立场是至关重要的。如果其中有一人是正确的，那笛卡尔、斯宾诺莎、莱布尼茨、洛克、贝克莱、休谟和康德则都是错误的。但是，奎因和戴维森的影响比这还要深远。如果奎因是对的，那么知识必须被重新构想，因为我们所知道的一切在一定程度上都是基于经验的。算术和考古学都是经验性学科。如果戴维森是对的，那么知识论也必须被重新构想。如果知识没有来源——如果它只是关于世界的，与理性或经验没有任何关系——那么许多认识论的主题就消失了。

我们的目的是去考察奎因和戴维森的论证，去考察我们要"如何构想知识和认识论"这个悬而未决的问题。

奎因的论证

尽管奎因挑战了传统的经验主义、理性主义和康德主义，但他还是追随许多当代哲学家认为，"理性"并不是什么神秘的官能，"语言"是一种行为上可观察的现象。理性和经验变成了奎因所说的语言和经验。由此，奎因论证表明，传统的将句子本身作为知识来

---

[1] 使用获得了作者的许可。

源的主张都破产了。奎因最著名的论证涉及这样一种所谓的可以得到辩护的观点：某些句子纯粹基于语言而为真。奎因认为，根本就不存在这样的句子。[1] 但是，即便奎因是正确的，每一个句子的真值都取决于语言和经验，这也并不能证明，语言或经验不能单独地使得一个句子为真。换句话说，即便奎因的论证成功地反驳了"某些句子纯粹基于语言而为真"的观点，他仍然没有建立起认知整体主义。相反，整体主义本身就会使人拒绝承认纯粹基于语言而为真的句子的存在。所以，整体主义是一种更强的观点。奎因通过考察科学假说是如何得到检验的来为整体主义辩护。[2]

想象一下奎因会如何处理下面这个例子。假如我们想要检验这个假设，即物体下落地面时的加速度为 $9.8m/s^2$。我们爬到一栋20层的建筑之上，找到一扇窗户，从窗户中丢下一个物体，然后记录它下落到地面的时间。然后我们再测量一下物体中心到地面击中点的距离，用之除以它下落到地面的时间的平方。这样我们就可以得到物体的加速度了。假设我们得到的结果是 $9.0m/s^2$，而不是 $9.8m/s^2$。

这时我们该怎么办呢？奎因认为，原则上，我们可以用各种各样的方式去解释为什么我们的结果不准确。我们可以说，空气阻力或者温度降低了加速度；我们可以说，我们计算加速度的公式是不正确的；我们可以说，一个非物质的恶魔降低了加速度；我们可以说，我们用以计算的数学规则是不正确的；我们甚至可以说，$9.8m/s^2$ 和 $9.0m/s^2$ 是加速度的两个互斥的值，也就是说，我们认为 $9.8m/s^2$ 这个值或者有时出现的并非 $9.8m/s^2$ 的值都是加速度的值。而这将会违反一个逻辑法则，即不矛盾律。

我们当然更有可能将原因归之于空气阻力，而不是数学或逻辑规则。但奎因想说的是，当我们的观察与我们关于世界的整体理论不太相符时，我们可以修改整体理论中的任何一个部分，以使观察与之相符。奎因由此得出"具有经验意义的单位是整个科学"[3]。当我们评估任何关于世界的预测时，我们最终检验的是我们信以为真的所有主张，无论是逻辑、数学、物理理论还是观察方面的主张。甚至逻辑和数学也会受到经验的影响。

奎因总结说，所有知识的来源有两个：一个是渗透于我们语言之中的思维方式；另一个是我们经验到的感官刺激，我们使用语言将其构造成知识主张。因此，探寻语言和经验对单个句子的贡献的做法是错误的。

评估奎因的论证

奎因是正确的。逻辑和数学与物理理论和观察是相互依赖的，同时它们又依赖于语言和经验。此外，科学史本身也支持了这种观点。17世纪，牛顿是以欧几里得几何为基础来解释物理对象的运动的。（欧几里得几何是我们在中学时学习的几何，比如，欧几里得几何认为平行线不会相交。）20世纪，爱因斯坦是以黎曼几何为基础来解释物理对象的运动的。（黎曼几何与欧几里得几何不同，它认为"平行线"会相交。）关键在于，爱因斯坦比牛顿更好地解释了水星绕太阳旋

---

[1] 奎因最著名的论证请参见：W. V. 奎因，《经验论的两个教条》，出自《从逻辑的观点看》（2006），第20—46页。

[2] 同上，第42—46页。

[3] 同上，第34页。

转的观察,由此科学家们就拒绝了欧几里得几何,而使用黎曼几何来解释世界。可见,数学体系,甚至说平行线的性质,都会受到经验结果的影响。

奎因自己也给出了一个例子来说明经验是如何影响逻辑的。奎因认为,量子力学的某些结论似乎可以很好地说明这一点,比如一个光子同时既可以是一个粒子,也可以不是一个粒子。[1] 这类似于我们前面所说的科学家可以认为 $9.8m/s^2$ 和非 $9.8m/s^2$ 都是加速度的值。在这里,经验结果可能会促使科学家去修正逻辑本身。由此可见,逻辑命题的真假,就像不矛盾律一样,是取决于我们在世界之中所观察到的东西的。

因此,诸如此般的考察表明,讨论人类和经验对单个知识主张的贡献是没有意义的。对于数学、逻辑以及其他有关世界的所有理论中的部分理论来说,任何一部分理论都会影响到其他所有理论。现在,回想一下,戴维森的观点,即一开始就讨论某些东西对知识的贡献是没有意义的。接下来我们将考察戴维森的论证。

戴维森的论证[2]

戴维森将人类对知识的贡献称为"概念图式",而不是"理性"或"语言"。同时,他将经验对知识的贡献称为"经验内容"(empirical content),而不是"经验"(experience)。但是,戴维森是按照奎因式的思路,从语言学的角度理解概念图式的,"我们将概念图式视作语言……或者更进一步,多种语言可以表达同一种概念图式,也就是几套可互译的语言"[3]。因此,戴维森反对知识的来源的可理解性就是要反对将概念图式和经验内容加以区分的可理解性。为了说明图式–内容二元论是不可理解的,戴维森追问道:什么能算是这种二元论的证据呢?会是什么呢?

一个可能的回答是,不同的人在同样的经验背景下可能会得到大相径庭的知识主张。就此,我们会说,他们的知识主张之所以会产生分歧的根源在于,他们每个人都将自己的概念图式应用于相同的经验内容。但有什么证据能证明这一点呢?我们不可能读出他人的心灵。同时,我们也不能与他人交谈。因为通过分析我们对世界的描述,我们会发现,我们彼此之间的概念图式(如果有概念图式)是不同的。在这里,戴维森对概念图式的语言学理解派上了用场。如果你使用你的语言提出的主张与我使用我的语言提出的主张之间不能相互翻译,那就证明我们都有各自的概念图式,我们使用各自的概念图式将经验内容与我们自己设想世界的方式联系起来。因此,戴维森认为,要检验图式–内容二元论的可理解性就要去检验不可互译的语言的可能性。他的策略是要去证明这种不可互译是不可能的。

戴维森认为有两种不可互译:完全不可互译和部

---

[1] W. V. 奎因,《经验论的两个教条》,出自《从逻辑的观点看》(2006),第 43 页。光子既可以是粒子,又可以是波。

[2] 戴维森最著名的论证请参见:戴维森,《论概念图式这一观念》("On the Very Idea of a Conceptual Scheme"),出自《对真理和解释的探讨》(*Inquiries into Truth and Interpretation*,New York:Oxford University Press,2001),第 183—198 页。本部分以及下一部分的内容部分出自我的文章:《合众为一:反驳概念图式和经验内容的论证》("E Pluribus Unum:Arguments against Conceptual Schemes and Empirical Content"),《南部哲学杂志》(*The Southern Journal of Philosophy*),2004 年,第 42 期,第 411—438 页。

[3] 戴维森,《论概念图式这一观念》,出自《对真理和解释的探讨》(2001),第 185 页。

分不可互译。这里先说完全不可互译。戴维森认为，一般来说，有两种方式去解释图式与内容是如何相互作用的。一方面，图式作为语言，可以去组织（"分类""体系化"或者"划分"）经验内容。另一方面，图式可以去适合（"预测""解释"或者"面对"）经验内容。他认为，这两种方式都不能确立起完全不可互译的可能性。我们依次来考察这两种方式。

戴维森认为，语言只能"组织"某些已经包含了对象的东西。当一个人去"组织"一个衣橱时，他要"组织"鞋子、衬衫和各种匣子。组织的过程就要求被组织的东西要被个体化为各个部分。因此，如果一种语言能够组织经验内容，那么经验内容必定也是已经被个体化的。但是，个体化需要一个原则以便使各个部分得以分离出来，同时，这样一个原则将包含或者成为一个概念。事实上，戴维森指出，一个概念图式本身就意味着个体化的经验内容。所谓概念化就是将经验内容个体化的方法。但问题就在这里。将概念化理解为组织化，就预设了经验内容已经被个体化了，但是按照假设，只有概念化本身才能使经验内容个体化。因此，概念图式要去组织的经验内容既是已经个体化的，又是尚待个体化的——这里就存在一个逻辑矛盾。[1] 由此，戴维森得出结论说，将语言视作对经验内容的"组织"不能为完全不可互译的语言提供任何证据。

语言与经验内容相互作用的另外一种方式是，语言适合经验内容。这是什么意思呢？戴维森认为，仅当经验内容是真的时，一种语言才能适合该经验内容。

现在有许多理解真理的方式。戴维森诉诸一种争议最小的理论，即阿尔弗雷德·塔尔斯基（Alfred Tarski）的真理语义论（semantic theory of truth）[2]。塔尔斯基假定我们已经有了一种对翻译的前理论理解，然后他再用之定义真理。塔尔斯基认为，一个语言中的真理概念已经被该语言中的（T）语句详细陈述了。（T）语句具有以下形式：

（T）在一种语言中，s 是真的，当且仅当 p。

其中，s 代表被学习的某种语言中的一个句子，p 代表用来学习某种语言时所使用的语言对 s 这一句子的翻译。假设西班牙语是被学习的语言，汉语是用来学习西班牙语时所使用的语言。那么这就是一个（T）语句：

（T_1）在西班牙语中，"*La nieve es blanca*" 是真的，当且仅当"雪是白的"。

通过每一个翻译 p 来判定其对应的句子 s，这样一种语言中的所有（T）语句就刻画出这种语言中为真的语句了。它也就告诉我们这种语言中的真理是什么了。

诉诸塔尔斯基有什么用呢？请回想一下，概念图式"适合"经验内容的观念是为了解释不可互译的彻底失败。现在，按照戴维森的观点，因为"适合"最好被理解为蕴涵着真理，而真理本身又蕴涵着可翻译

---

[1] 我同奎因一样都假定我们至今还没有足够有说服力的理由去拒绝不矛盾律。
[2] 阿尔弗雷德·塔尔斯基，《真理的语义学概念和语义学基础》（"The Semantic Conception of Truth and the Foundations of Semantics"），《哲学与现象学研究》（*Philosophy and Phenomenological Research*），1944年，第4卷，第341—375页。

性，因此概念图式"适合"经验内容的主张并不能为完全不可互译的语言提供任何证据。总之，在这里，无论我们采用何种方式，都不能使图式－内容二元论具有可理解性。

戴维森对完全不可互译的可能性的反驳是存在争议的。稍后，我们将对之进行评估，同时也将一同评估戴维森对部分不可互译的可能性的反驳。在这里，我们先来考察一下戴维森对部分不可互译的可能性的反驳。戴维森先提出了这样一个问题：要想翻译一种我们对此一无所知的语言，我们需要什么？他回应说，我们需要能够认识到说这种语言的人所说的每一句话为真的条件。仅仅知道旧的真值条件是不够的。"雪是白的""纽约有摩天大厦""1+1=2"等任何一个为真时，"La nieve es blanca"在西班牙语中就可能是真的。但要想理解"La nieve es blanca"，我们不仅需要知道它在西班牙语中为真的条件，我们还需要知道那个说话者说出"La nieve es blanca"时，世界上正在发生的事情为真的条件。因为那个说话者有时会在白雪面前说"La nieve es blanca"，有时又不在白雪面前说"La nieve es blanca"。

更一般地讲，为了能够理解说话者的语言，我们必须假设，至少在有些时候，说话者是根据他所处的环境中所发生的事情来表达出某些话语的。其他时候，我们则会根据这些特殊的情况加以理解。[1] 戴维森指出，在我们处于这些特殊情况下时，我们就需要去分辨说话者表达某些话语时所对应的究竟是何种环境特征了。

戴维森的结论是，做出这种分辨的唯一一种途径是用宽容原则来约束我们的理解。我们必须假定说话者大致相信我们自己关于世界的信念。这将保证说话者会和我们一样感知并发现同样的环境特征，同时这也保证至少在有些时候，这个说话者在说自己的语言时，其话语所对应的是这些同样的环境特征。[2]

这又是如何确立起部分不可互译的不可能性的呢？戴维森推导说，因为宽容原则是理解的一个必要条件："鉴于这种理解的潜在方法论，我们无法去判别别人是否具有完全不同于我们的概念或信念。"[3] 如果我们不能知道别人是否具有完全不同于我们的概念和信念，那么我们也就不能判断其他人的语言中的哪些部分是不能与我们的语言相互翻译的。部分不可互译带来的巨大困难，比我们翻译任何说话者的话语时的困难都要大。戴维森总结道，事实上，每一种语言如果真的是一种语言，那它本质上必定是能与我们的语言相互翻译的。但是，这样一来，就永远没有证据去证明有些人是以他们自己的思维方式，而不是我们的思维方式去设想世界的。

戴维森认为，完全不可互译和部分不可互译的可能性都是不存在的，因此他声称我们永远不可能拥有证明图式－内容二元论的证据。由此，他认为，谈论人类和经验对知识的贡献本身就是不可理解的。难道戴维森认为我们没有任何知识吗？答案恰恰相反，知识虽然不来自任何地方，但它仍然是关于某些东西的知识。对于戴维森来说，知识是关于世界的知识，而

---

[1] 当说话者表达某些话语确实是在对环境中所发生的事情进行回应时，我们可以通过反复的检验以辨识出这些特殊情况。

[2] 见：纳撒尼尔·戈德堡，《宽容原则》（"The Principle of Charity"），出自《问答：加拿大哲学评论》（*Dialogue: Canadian Philosophical Review*），2004年，第43期，第671—683页。

[3] 戴维森，《论概念图式这一观念》，出自《对真理和解释的探讨》（2001），第197页。

我们人类只是其中的一部分。戴维森认为，一旦我们不再将自身视作知识的贡献因素，一旦我们从这种观念中摆脱出来，我们就会意识到我们是与世界直接进行认知联系的。既不用理性或经验，也不用理性或语言作为其中的中介。戴维森总结说："放弃二元论……并不意味着我们要放弃世界，而是要与人们所熟悉的对象重新建立起一种无中介的联系，是这些对象本身的行径使得我们的语句和意见为真或为假。"[1] 摆脱了图式-内容二元论，我们就有了直接实在论。我们所认识的是世界本身，而不再是我们关于世界的概念或经验。

评估戴维森的论证

戴维森的论证是有问题的。首先，我们先来考察一下反对完全不可互译的可能性的论证。即便戴维森将语言理解为组织或适合经验内容，认为这两者都没有提供完全不可互译的可能性的观点是正确的，那他并没有成功地说明图式和内容只能以这两种方式相互作用。虽然戴维森的确努力尝试将其他概念纳入到"组织"或者"适合"的概念中，但我们知道，他对其他概念的确有所忽视。因此，我们没有决定性的理由去接受他反对完全不可互译的可能性的论证。

但戴维森很幸运，他不需要这样的论证。因为当取消掉部分不可互译的可能性的时候，完全不可互译的可能性也就被取消掉了，尽管戴维森并没有意识到这一点。如果"两种语言的诸多部分是不可互译的"这一点不是真的，那"两种语言的全部是不可互译的"这一点也就不是真的。换句话说，如果我们不能判断别人是否具有与我们完全不同的概念或信念，那我们就不能判断别人使用的语言是否可以部分或完全地与我们的语言互译。因此，戴维森反对图式-内容二元论的论证就是建基于他反对部分不可互译的语言的可能性的论证之上的。

我们应该如何理解这个论证呢？假定我们永远不能判断别人是否具有与我们完全不同的概念或信念，语言似乎仍然对我们的知识有所贡献。比如，我们在教科书上读道："China has over one billion people."（中国拥有10亿多人口。）假如这本教科书是用美式英语写就的，它说因为在美式英语中"billion"的意思就是"one thousand million"（一千个百万），因此"China has over one thousand million people"（中国拥有10亿多人口）。这时，这本教材就说了一些正确的东西。假如这本教科书是用英式英语写就的，它说因为在英式英语中"billion"的意思就是"one million million"（一百万个百万），因此"China has over one million million people"。这时，这本教材就说了一些错误的东西。如果这本教材是用中文写就的，那"China has over one billion people"这句话就什么也没说。因为这在中文中就不是一个合法的句子。我们的知识主张的地位取决于我们表达它们时所使用的语言。因此，在考察知识时，对语言的考察似乎是最重要的。

当然，戴维森将回应说，"China has over one billion people"这句话可以从美式英语翻译成英式英语和中文。除了说不同语言的人表达同一个事物时所使用的词语不同之外，我们并没有证据去说明他们所构想的世界是不同的。但是，这又引发了另一种担忧。为什么戴维森证明得出的是我们没有图式，而不是我们有同一个图式呢？在之前我们问什么可以算作图式-

---

[1] 戴维森，《论概念图式这一观念》，出自《对真理和解释的探讨》（2001），第198页。

内容二元论的证据时，我们给出的回答是，不同人所获得的知识主张之间存在着巨大分歧，由此可以推出完全不可互译的语言或部分不可互译的语言。但是，如果概念图式是人类对知识的贡献，那么不可互译或可互译的语言就应该是概念图式的可理解性的充分证据。毕竟，是人类贡献了语言，不管这种语言是可互译的还是不可互译的。戴维森自己也声称："我们将概念图式视作语言……或者更进一步，多种语言可以表达同一种概念图式，也就是几套可互译的语言。"[1] 戴维森的确认为它已经证明所有的语言都是可互译的。为什么我们不相信他所说的呢？为什么他没有证明可能存在单一的概念图式呢？

戴维森回应了这种担忧：

> 如果我是对的，那么就永远不会有这样一种情况，在其中，我们可理解地比较或对比不同的图式。在这种情况下，我们最好不要说存在一种图式，就好像不要说存在多种图式一样。[2]

如果我们不知道不同的图式之间会有什么不同，那么我们再去说所有我们可以理解的语言都具有同一种图式就没有什么意义了。在只有一种图式的情况下，我们将没什么可做对比的。

然而，戴维森在这里的推理是错误的。考虑一下所有在逻辑上可能存在的世界——各种不同形式的实在。所有这些可能世界一起组成一个集合，即所有逻辑上可能世界的集合。即便不存在其他可能世界的集合，这依然是真的。现在考虑一下所有可互译的语言。如果戴维森是正确的，那么所有语言都是可互译的，所以所有可互译的语言的集合就是所有语言的集合。即便不存在其他语言的集合，这也是真的。此外，如果需要一个对比项才能将可互译的语言的集合辨识为一个集合，那么这个对比项不必是不可互译的语言的集合。如果所有的语言都是可互译的，那么所有的对比项中的语言也都是可互译的。非语言的"噪音"集合就可以与之形成对比，从而使我们能够识别出可互译的语言的集合。语言将会构成一个图式，而噪音则不会。最终，概念图式的观念是有意义的。

最后，由于图式的观念现在是可理解的，那么经验内容的观念也是可理解的。戴维森认为，我们拥有关于世界的知识。如果说我们的语言通过向我们提供概念来对知识做贡献是有意义的，那么说世界通过向我们提供经验来对知识做贡献也就是有意义的。图式–内容二元论得以恢复。

总结

我们应该如何看待奎因和戴维森的论证呢？让我先从中总结三点。首先，奎因是对的。谈论单个孤立的知识主张的来源是没有意义的。我们所有的知识在整体上取决于我们构想世界的方式，以及世界对这些概念的贡献方式。此外，正如我们在一开始看到的，这也意味着传统上被认为是非经验的学科，比如逻辑和数学，其真假也是取决于经验的。知识本身需要重新被构想。我们所知道的一切都与经验有关。

---

[1] 戴维森，《论概念图式这一观念》，出自《对真理和解释的探讨》（2001），第 185 页。
[2] 戴维森，《作为哲学的心理学与回应》（"Psychology as Philosophy and Replies"），出自《论行动与事件》（*Essays on Actions and Events*，New York: Oxford University Press, 2001），第 243 页。

其次，戴维森错了。谈论人类和经验对知识的贡献是有意义的。认识论或多或少地可以得以保留。此外，如果戴维森证明了什么，那就是我们永远无法找到证据去证明那些以完全不同于我们的方式去构想世界的人的方式与我们的方式之间究竟有何不同。但这并没有使图式–内容二元论变得不可理解，它只是使多图式形式的二元论变得不可理解。我们可以理解其他人对其知识所贡献的、与我们一样的基本"输入"究竟会是什么。不同的输入才是问题所在。

再次，不管戴维森是否正确，他的论证指出了一条通往某种认知立场的道路，这一立场与奎因和康德的观点具有某些重要的共同特征，但这种立场本身也很有趣。一方面，与康德不同，奎因认为知识是整体的。虽然戴维森声称反对奎因的语言和经验的二元论，但他支持奎因的整体主义。[1]另一方面，与奎因不同，康德认为所有人都有相同的概念图式。虽然戴维森反对这种概念图式的存在，但他的论证使得这种普遍单一的图式变得具有可理解性。戴维森留给我们的观点实际上是这样的：虽然我们不能探寻非经验和经验对孤立的知识主张的贡献，但是可以肯定的是，所有人类为我们的知识贡献了非经验的因素。尽管这种"整体主义的康德主义"（holistic Kantianism）或"单一图式的整体主义"未必正确，但就我所知，哲学史上还没有人阐明过这种立场。

供讨论的问题

1. 在讨论表象主义所面临的挑战时，有人指出，康德的认识论具有高度复杂的缺陷。高度复杂性总是一个理论的缺陷吗？如果是这样，为什么？如果不是，那在什么情况下我们会认为理论复杂性是一种缺陷，在什么情况下又不是？
2. 唯物论和观念论之间的争论被视作一个不会对人类生活产生任何影响的哲学争论。你同意这种观点吗？如果不同意，那你认为解决这一争论会产生什么实践上的影响呢？
3. 詹姆斯是如何回答"那人是不是绕着松鼠转"这一问题的？你接受他的观点吗？
4. 有人认为戴维森反对概念图式的可能性的论证可以被用来证明只存在一种概念图式，你认为戴维森会如何回应这种观点？为什么戈德堡认为戴维森的回应是没有说服力的？你认为在这一争论中谁是正确的？

---

[1] 戴维森，《真理融贯论与知识》("A Coherence Theory of Truth and Knowledge")，出自《主观性、主观间性与客观性》(*Subjective, Intersubjective, Objective*，New York：Oxford University Press，2001)，第144页。

认识论的近期发展

一般说来，当今认识论正处于一个怀疑的阶段。如今的哲学家远没有近现代（17—19世纪）的哲学家对我们探寻知识绝对确定的基础的能力有信心。回想一下，笛卡尔是如何找到作为知识的绝对确定的基础"在思维的自我，我思"的。再回想一下，经验主义者又是如何找到作为知识的绝对确定的基础"感觉"的。同样，20世纪的哲学家试图将知识建基于绝对确定的逻辑和数学之上。

今天，对许多人来说，这种对确定性的追寻已经成为一种逝去的梦想。今天的许多哲学家都是可错主义者（fallibilists）——也就是说，他们都反对知识可以建立在如此绝对确定的基础之上。但是，**可错主义**（fallibilism）并不是说知识就是不可能的，它也不会导致怀疑主义。如果我们将知识理解为某种不具有绝对确定性的东西，那知识的确是可能的。

然而，20世纪中叶，法国哲学家对知识持有一种更具怀疑性的态度，并由此形成了一种被称为后现代主义（postmodernism）的观点。如果说现代主义充斥着对知识的绝对基础的渴望和对确定性的寻求，那后现代主义则是在拒斥这两者。我们可以在雅克·德里达（Jacques Derrida）的著作《论文字学》（*Of Grammatology*）和米歇尔·福柯（Michel Foucault）的著作《知识考古学》（*The Archaeology of Knowledge*）中看到所谓的后现代主义观点。他们所采用的方法与英美传统格格不入，而英美哲学的主流思想对这种方法也非常拒绝。后现代主义者的观点本身是极具争议性的，同时，他们的写作风格也晦涩难懂，因此，不了解后现代主义术语的人很难理解他们究竟在说什么。尤其是在德里达的作品中，后现代主义对现代哲学和科学的基本认识论预设——发现事物真理的可能性，进行了挑战。后现代主义者声称，任何试图通过其对应的实在来证实一个主张的真理性的尝试都是一种不可实现的幻想。

后现代主义的挑战

传统上，大多数哲学家都认为关于知识的怀疑主义是不可接受的，他们寻求各种方法来规避怀疑主义。后现代主义之激进性和争议性就源自它欣然地接受了极端的、具有怀疑主义色彩的主观主义和相对主义，并试图帮助我们这些人一同进入这个"美丽新世界"。鉴于此，虽然后现代主义在文艺批评以及社会理论方面都取得了重大进展，但却很少被哲学家们广泛接受。后现代主义究竟是哲学史上一个重要的转折点，或者只是哲学史上一个周期性的怀疑节点，这还有待观察，虽然从其近期发展来看，它很可能属于后者。

要了解后现代主义的激进主张，我们可以先考察一下关于知识的传统观点。使得关于一个实在的对象或者事件的诸多理论和解读有意义的唯一一个假设（这个假设正是后现代主义所否认的）是，这些解读都是"关于"某些东西的解读，也就是说，它们或多或少真地或准确地描述着同一个实在的对象或事件。正是由于这种现代主义的假设，我们才会想象着将一种解读与实在做对比，以便看看它究竟有多准确或者不准确。

正是基于这种现代哲学的传统假设，即存在着许多或多或少准确地描述着同一对象的解读，我们由此假设存在着一个单一的实在,我们所有的解读都是关于它们的解读,我们所有的解读也都是以解读它们为目的的。想象一下许多人都朝着同一个靶子射击。当我们说这些人有的是"近距离"射击,有的是"远距离"射击时,我们预设认为他们都是瞄向了同一个靶心的。但是,如果语言并不能完全描述某个外部实在,那么去谈论独立于这个外部实在的特定解读(interpretations)或读解(readings)之外的外部对象,就没有任何意义了。在上面那个靶子类比中,如果向上、向下、向北、向南、向东和向西的射击都被认为是同样准确的,那我们就会开始怀疑是否真的存在一个靶子。

后现代主义试图通过"解构"语言来摧毁人们对独立的外部实在的信念。也就是说,后现代主义首先说明了文字和对象之间、语言和实在之间的鸿沟,同时指出所谓的实在只是由语言自身创造出来的。解构主义首先说明了语言是如何建构起我们所说的实在的,然后再对这些语言结构进行解构。当这些都成功了,那么这些伪装成实在的语言描述就成为了一种神话:一种与实在的观念相对应的真理神话,一种跨文化的普遍客观性的神话,一种价值中立的科学性探究的神话。

正如德里达以及其他解构主义者所言,被解构的是传统西方的二元价值:在场/非在、自然/文化、男性/女性、中心/边缘。在这每一对中,前一种价值都是高于第二种价值的,都是比第二种价值更被意愿的。解构主义者认为,这种承载价值、等级分明的二元结构构成了西方思想传统的基础。为了解决争议,我们必须在区分真假、区分正确与错误、区分真实与假象的标准上建立共识,而为了建立共识,我们必须诉诸一些不存在争议的东西。而这就是二元结构所能提供的东西,因为没有这种二分就不可能有基础。

对于德里达来说,在场[presence,以及其二元对立面"非在"(absence)]是西方文化的根本观念。知识开始于我们对"就在我们面前"(在场)的对象的观看,然后将对象的"表象"(也就是解读)与真正对我们"在场"的对象相对比。如果我说它是绿色的,你说它是红色的,我们只用看一看这个对象,如果看到它实际上是红色的,那你是对的,我是错的。没有在场就没有表象,没有表象就没有意义的稳定性——也就是说,没有办法确定一种正确的意义或解读,也就没有办法主体间性地确定任何事物最终和完全的真理。

然而,一个对象有许多可见的层面,所以我们必须区分哪些是中心的(例如其颜色和形状),哪些仅仅是边缘的(例如其美学属性)。如果不对"中心"给予优先性和倾向性,那么我们就会发现,之前被认为是"边缘"的东西也可以被视作与传统上"中心"的东西一样重要的,因为中心的东西与边缘的东西实际上并没有什么区别。然而,之前的二元结构将思想和语言约束和限制成一种假定的在场(supposed presence,也就是,思想和语言所不得不遵守的客观真理),而我们一旦拒绝了这种在场,思想和语言将会得以释放,思想和语言由此得以以"阅读"或"文本"解读进行"游戏"(play,德里达使用的术语)。也就是说,不被任何有关正确性或真理性的考虑所限制,而自由地解读对象或事件。

但是,正如后现代主义所声称的那样,如果没有一种理论或解读是比其他理论或解读更好的,那为什么在实际的历史中,有些理论和解读是成功的,而有些则是失败的呢?后现代主义认为,这是政治力量作用的结果。没有更真或更好的解读,只有更强、更有力的解读——也就是说,在特定的时间,对特定受众更具说服力的解读。但是，对某一群体具有说服力的解读一定是以另外一个群体为代价的。因此，过去官方承认的理论只是一种"广告推销说辞"，其目的是为了提升某一社会群体的权力（贵族、白人、欧洲男性），并压制其他社会群体（下层阶级、女性、非欧洲人）。一旦我们意识到这一点，我们就会意识到后现代主义具有革命性的一面，它鼓励所有被排除在外的、"边缘化"的群体去占据中心舞台。科学与大众、大与小、好与坏、既定与另类的区别都被扫除一空。

大多数哲学家会用柏拉图反驳智者的那种论证去反驳这种观点。如果理论变得重要仅仅是因为它们在政治上是更有力、更被接受的，那后现代主义之所以被接受也仅仅是因为它们在政治上是更有力、更被接受的。这样，后现代主义就会被攻击说"它将它所拒绝的观点置于边缘的地位"了，而这正是后现代主义所攻击的理论曾犯下的错误，是后现代主义谴责其他理论的地方。换句话说，后现代主义削弱了自身的基础。

寻求共同点

后现代主义既令人不安，又颇具吸引力。令人不安的是，它迫使我们抛弃正确与错误、好与坏、真与假、实在与幻象之间坚实而稳定的界限。其颇具吸引力的地方在于，它开始强调个人对一个对象或事件的"阅读"或解读的合法性，无论他的"阅读"或解读是多么地偏离"专家"的意见。它还为目前被"边缘化"的妇女、少数民族和被剥夺权利的群体（如印第安人、非裔美国人、拉美裔美国人和无家可归的街头流浪汉）提供了表达思想的机会。

正如新潮流在挑战旧潮流、占据自己的阵地时常发生的那样，新旧之间的战线常被定死，新旧之间的差异常被夸大。双方都把对方的观点描述成一种极端的、简单化的模样。就像在许多激烈的学术论辩中，有些学者认为将自己的立场极端化是将自己的立场与对立方的立场明确区分开来的最佳方式，但是这也造成了两种立场之间不可调和的鸿沟。

真相可能介于两种极端之间。那又怎样呢？当我们最终要对后现代主义进行评价时，我们发现，后现代主义与现代哲学的一些主流传统有很大的相似之处，当然也有一些重大的区别。后现代主义拒绝绝对性，但是这种倾向在现代哲学传统中也有所显现，从洛克对天赋观念的拒绝，到康德排除掉关于自在之物的知识的可能性，再到20世纪对知识的绝对的经验基础的拒绝，都显明了这一点，尽管这些观点并不被普遍接受。现代主义已经趋于这样一种观点：知识、实在和客观真理的绝对稳定和确定的基础是存在的，而这些基础是不受人类偏见影响的。这种观点已经成为西方认识论中根深蒂固的错觉。前面提到的可错主义观点则是对这种错觉的一种现代主义回应。

然而，后现代主义与现代哲学传统的主要区别就在于如何回应这种对绝对性的拒绝。后现代主义的回应是从一个极端走向了另一个极端。后现代主义的态度就像是"如果上帝死了，那一切皆有可能"。后现代主义的语言大多是极端的语言。用德里达的话说，如果没有绝对性真理，那么我们就可以自由地去"游戏"，去"转义"（trope），而不是去寻求知识，去对主体间的、客观的真理进行理性的探寻。再没有什么外在标准，甚至没有人际间与文化间相融贯一致的内在标准去限制我们了。因此，我们可以自由地去做眼前看来对我们有吸引力的事情，我们想说什么就可以自由地表达什么，以此获得心甘情愿的追随者。

相反，在近现代哲学传统中，人们试图恢复规范性、相对性和实用性的标准，以取代旧时的绝对性标准。即便不存在关于自在之物的知识，我们仍然可以尽可能多地认识事物所呈现出来的样子。即便我们的知识是带有个人兴趣倾向的，我们仍然可以认识事物相对于我们的兴趣较稳定的、能够在或长或短的时间内同其他人或多或少分享的部分。即便我们的知识、信念和意义都是建立在不断变化的社会习俗之上的，但这种习俗变化得足够缓慢，因此我们可以确立起在一定时期内可接受的、具有可行性的规则。即便没有明确无疑的经验，但我们仍然可以继续根据我们关于世界的经验去评估我们的理论。即便没有确定性，但至少有越来越高的可能性。即便分析陈述是相对于社会习俗而为真的，但在一定的时期内，我们仍然可能在习俗上达成高度普遍的社会共识。即便不存在本质，但至少有家族相似性。即便没有基本的事实，但在一定情况下也会有相对更为社会所接受的信念，这些信念就可以被视作相对于当时情况下的事实。即便我们不能认识终极实在，但至少我们可以认识实在的各个层面，可以继续有意义地谈论能够提升我们知性的规范性理念。

其他认识论观点

从后现代主义关于知识的怀疑中衍生出了一些观点，但这些观点并没有后现代主义那么极端，这就是各式各样的"社会认识论"（social epistemologies），其中就包括女性主义认识论（feminist epistemology）。后现代理论认为，知识不是一种独立个体的成就，一个脱离了认识主体或群体的经验和环境的人是不可能获得知识的。不同的社会群体在认识过程中使用的方法也可能不尽相同，有些群体喜欢直觉的方法，有些群体喜欢理性的方法。女性主义认识论者指出了一个不可否认的事实：大多数（如果不是全部）构建认识论的哲学家都是男性。这种情况导致了她们所说的"男性中心主义偏见"（androcentric biases）。女性对事物的经验、对世界的看法不同于富裕的白人男性，因此，女性的知识主张与男性的知识主张虽有不同，但同样有效。主流的男性主义认识论只关注理性，而女性主义认识论则更在乎认知者的具身（embodied）层面。女性的具身性（embodiment）不同于男性的具身性，因此她们对世界的经验是不同的。同时，女性主义认识论者并不认为性别是唯一应该考虑的变量，其他包括种族、民族、社会地位、年龄、阶级以及是否属于边缘群体等在内的变量也是应该考虑的。

另一种新的发展被称为**德性认识论**（virtue epistemology）。德性认识论特别关注认知者的某些品性，即那些可能导致真信念的品性。正如我们在第五部分的伦理学中将看到的那样，德性指的是一种稳定的、普遍有益的性格倾向。换句话说，德性就像是好习惯：它们定义了我们是谁，我们可能如何行动。同时，德性也帮助我们走上更美好、更幸福和更成功的生活。在许多方面，德性认识论只是对传统知识定义（即知识是得到充分理由辩护的真信念）中最主观的部分的一种新解释。与"充分理由辩护"相关的德性包括，乐于接受批评，乐于寻求理由，乐于听取对立的观点，乐于拒绝那些没有证据支持的信念。德性认识论认为，只有出自认知德性的真信念才配叫知识（也就是说，知识被定义为源自认知德性的真信念）。正如传统的关于知识的定义总是要将真信念与充分理由辩护结合起来一样，单单具有认知德性并不一定总是产生真信念，进而获得知识，但这可能是我们所能期盼的最好结果。让自己处于认知的最佳位置——检查各种证据，权衡各种事实，听取各方意见，仔细思考问题——相比于不这样做，更有可能获取知识。

与德性认识论密切联系的是各种形式的**可靠主义认识论**（reliablist epistemologies）。其主要观点是，如果一个信念是由可靠的过程得来的，那它就是得到辩护的。（比如，我们要将信念建基于统计概率之上，而不是几片算命的茶叶之上。）同时，虽然可靠的过程并不能保证一个人永远不犯错，但至少可以提高一个人得出正确结论的概率。

所有的社会认识论有一个共同的假设：即便知识可能总是片面的和不完全的，但它仍然是知识。如果我们不像笛卡尔那样去追求绝对的确定性的话，那么我们就既不用接受怀疑主义，认为知识是不可能的，也不用接受相对主义，认为所有的知识主张甚至是相互矛盾的主张都是同样正确的。

进一步阅读建议

1. 琳达·马丁·奥尔科夫（Linda Martin Alcoff），伊丽莎白·波特（Elizabeth Potter），《女性主义认识论》（*Feminist Epistemologies*, New York: Routledge, 1994）。这本书探讨了认知者的社会地位是如何影响知识获取的。

2. 玛丽·菲尔德·贝伦基（Mary Field Belenky），《女性认知的方式》（*Women's Ways of Knowing*, Basic Books, 1996）。这是一部来自不同背景的女性主义思想家的论文集。

3. 罗德里克·M. 齐硕姆（Roderick M. Chisholm），《知识论》（*The Foundations of Knowledge*, University of Minnesota Press, 1982）。这是一本基于齐硕姆改进的现象学视角所做的简明概要性著作。

4. 洛兰·科德（Lorraine Code），《她知道什么？：女性主义理论与知识建构》（*What Can She Know?: Feminist Theory and the Construction of Knowledge*, Cornell University Press, 1991）。这是女性主义认识论者中最多产的哲学家所写的著作，概述了女性主义认识论的基本观点。

5. 艾伦·戈德曼（Alan Goldman），《认识论与认知》（*Epistemology and Cognition*, Harvard University Press, 1988）。这本书认为认识论不能与心理学相分离，认知过程的研究对于理解我们如何形成信念和如何解决问题是很重要的。

6. 阿尔文·普兰丁格（Alvin Plantinga），《担保和恰当功能》（*Warrant and Proper Function*, Oxford University Press, 1993）。作者认为，"担保"（warrant）概念是我们多数人都会使用的概念，在这本书中，作者对"担保"概念进行了分析。

7. 迈克尔·威廉斯（Michael Williams），《知识的问题：认识论批判性导论》（*Problems of Knowledge: A Critical Introduction to Epistemology*, Oxford University Press, 2001）。这本书对分析的认识论进行了批判性概述。

第五部分

我们应该做什么？

第十九章　伦理推理导论

第二十章　道德怀疑主义

第二十一章　道德与形而上学

第二十二章　幸福主义：自我实现的道德

第二十三章　功利主义：道德取决于结果

第二十四章　道义论：道德取决于动机

第十九章 伦理推理导论

伦理学（ethics），有时称为道德哲学，探究的是运用善（好）、恶（坏）、对、错去评判人类行为的方法和原则。伦理学通常被划分为三个子领域：**规范伦理学**（normative ethics）、**元伦理学**（metaethics）和**应用伦理学**（applied ethics）。规范伦理学试图建构区分道德上允许和不允许行为的规则和价值体系。金规则——"你们愿意人怎样待你们，你们也要怎样待人"——就是一个规范性原则的例子。在人们决定如何行事时，它是一条可供参考的规则。在第二十二、二十三和二十四章，你将分别读到由亚里士多德（第二十二章"幸福主义：自我实现的道德"）、约翰·斯图尔特·密尔（第二十三章"功利主义：道德取决于结果"）和伊曼努尔·康德（第二十四章"道义论：道德取决于动机"）所提出的规范性道德体系。

元伦理学是关于道德推理本身的研究。元伦理学并不直接关涉特定行为规则的确认和辩护，它研究的恰恰是我们关于道德问题的推理基础。比如，它想要确定对、错、责任、义务、善、恶等基本道德概念的意义。它还关心"道德价值究竟是发明的还是发现的"这样的问题。就这个问题而言，元伦理学家们探究的是道德价值是否在某种意义上是客观的，是否可以以此解释"存在道德价值判断要遵循的道德事实"这一普遍信念。

最后，应用伦理学是规范性理论在特定领域的特定道德问题上的应用。尽管说元伦理学和规范伦理学仍然是哲学研究中的活跃领域，但是在过去的50年里，应用伦理学也取得了巨大而又持续的进展。事实上，哲学家们在生物医学伦理学方面的研究是当今伦理学中最集中深入进行的工作之一，从事这方面研究的哲学家们要与新医学技术所提出的棘手问题（其中包括干细胞研究、基因操控以及何时使用和终止人工延长生命的方法等方面的棘手问题）进行斗争。尽管生物伦理学是应用伦理学中最大、最出名的领域，但是人们也越来越关注包括工程伦理学、计算机伦理学、商业伦理学、法律伦理学和军事伦理学等在内的其他诸多应用伦理学领域的问题。

虽然伦理学的研究通常被分为这三支，但是必须指出的是，伦理学研究也是一个有机的整体，在这个整体中，这三个领域之间存在着显著的重叠和相互的影响。最明显的例子就是，一个人的规范性原则会影响他对应用伦理学中的各种问题的结论。不过，这种影响亦能反向发生。比如，一个人在应用伦理学中某一问题上的强烈直觉会最终塑造他的规范性理论。此外，一个人在元伦理学中的承诺也常常塑造其规范性承诺，或者被其规范性承诺所塑造。鉴于这三个伦理学分支之间的相互关系，在伦理学中，好的哲学推理常常应该是全局的，它既要考虑推理本身的基础，又要考虑道德关切所处的高度特殊的情境。虽然这三个伦理学领域所提出的问题看似非常不同，但是它们构成了一条统一的研究路径。元伦理学、规范伦理学和应用伦理学的共同目标都是要深入了解那些应当被告知于一个人生活的基本价值。

规范伦理学与价值的多样

伦理学是哲学的一个重要分支，因为它不仅把我们的注意力引向了人类的道德，而且指向了一般的价值。道德哲学常提出这样一些问题：存在应当规范全人类行为的标准吗？如果存在，我们怎么知道它们是什么？即便我们知道诸如此类的标准是存在的，但我们为什么要遵守它们呢？特别是当它们不符合我们的自身利益时，我们为什么还要遵守呢？一般来说，是什么使得某些东西成为善或者恶的？是否存在一个普遍的性质，比如，它既可以使一个巧克力蛋糕善，又可以使一个割草机善呢？或者说善只是一个人喜欢或者欲求某种东西时的一种感觉吗？是什么使得一个行为成为对的或错的？说谎的错和没能成功帮助朋友的错是同一个东西造成的吗？更一般地讲，人类行为和人类生活的善或恶的原因同一个巧克力蛋糕或割草机的善或恶的原因是一样的吗？

最后一个问题引出了"善"这个词的一个重要意义，它区分了规范伦理学理论的两种主要类型。亚里士多德很久之前就指出，当我们讨论一个东西是善还是恶时，我们通常指的是它是否满足了它被造的目的或功能。假如一个割草机能均匀、安静、高效地割草，那么它就是善的，因为它被设想如此。另外，一支好的铅笔是指那种书写平滑又干净整洁的铅笔。虽然就事物的一般功能性原因来讲，即从满足了其被设想的目的而言，所有善的事物都是相似的，但是根据各个事物本身目的和功能的不同，那使得各个事物善或恶的性质又千差万别。因此，如果我一般地问，什么使得一个 shagrink 成为善的 shagrink 时，那么，在我们知道 shagrink 是什么以及它的功能是什么之前，我们除了能说"它能做它被设想要做的事情"之外，我们不能再给出什么进一步的回答了。

要注意的是，尽管一个东西可能因为某些特殊的目的而是善的，但是目的本身又可能成为进一步目的的一个手段。比如，钉子在建房子方面是有用的，房子在提供庇护方面是有用的。沿着这条线推理，我们很快就能知道人类生活的一般目标、目的或者需求，进而获得一个关于什么是一般的善的理论。这种关于善的手段/目的式的分析被称为"**目的论的**"（teleological），该词源自希腊词"*telos*"，意思是目的（end）或意图（purpose）。

手段/目的的链条会永远持续下去吗？或者它会停止？假如它会停止，又会停在何处？比如，提供庇护的房子对什么而言是善的呢？健康和舒适。好吧，但是健康和舒适又对什么而言是善的呢？这里，我们似乎抵达了终点。毫无疑问，这条链条走到了尽头，所有这些东西都最终有益于我们的幸福和福祉。我们再去追问"幸福或者福祉又对什么而言是善的"，是毫无意义的。在这种意义上，幸福就是终极的、最一般的或者说最终的善。这种强调善的目的意义的伦理学方法常常会导出这样一个结论：善最终是人类的幸福或福祉。

当然，说幸福是人类最终的善是一回事，明确地说明幸福包含什么则又是另一回事。在将幸福等同于人类最终的善的目的论方法中，有两种关于幸福本质的解释：**幸福主义**（eudaemonism）和**享乐主义**（hedonism）。根据幸福主义，幸福就等同于人类的繁荣和人类重要能力的普遍实现。"eudaemonism"这个词源自古希腊，最初是一个宗教概念。在希腊，"eu"是"善"的词根，而"daemon"则是一种看护个人生活的守护神。其最初的含义就是，如果一个人生活过得好、过得兴旺，那么这个人就拥有一个正在做善事的守护神。然而，在幸福主义的道德理论中，这种宗教色彩逐渐消失了，这个概念通常指的是任何将人类个体繁荣视作最终的善的道德观点。也许最具影响力的幸福主义版本是由亚里士多德提出来的，他认为幸福的关键在于人之理性本性的实现，我们将在第二十二章重点关注这种幸福主义。

享乐主义源自希腊语中的快乐一词。根据享乐主义，人类最终的善就是快乐。因此，幸福就是快乐的最大化。按照这种理论，任何东西只要有助于人类的快乐，那它就是善的。另外，按照惯例，我们也有必要区分两种类型的享乐主义：利己享乐主义（egoistic hedonism）仅关注行动者个人的快乐；而功利主义则关注最大多数人的快乐。在这两种观点看来，如果欺骗造成的痛苦多于快乐，那它就是恶的，但是如果它创造的快乐多于痛苦，那它就是善的。除了这种将快乐认定为行动的最终目标和目的的目的论以外，并非所有的目的论都是享乐主义的。如果我们认为任何行动的最终目的和意图是权力或者财富，那么这种理论虽然是目的论的，但却并不是享乐主义的。以上谈到的两种形式的享乐主义都是后果主义目的论的范例。后果主义目的论区别于前面讨论的幸福主义，它根据某些状态的量化结果去界定行动和状态的善，而后者则认为人类生活的最终目的是不可能用一种量化的方式加以构想的。

人类与功能善

这种（目的论式的）分析方式对于人造物来说相当有效，但是对于自然物呢，更重要的是，对于人呢？以这种角度来看，什么使得一棵树是善的树，什么又使得一个人是善的人呢？类比我们对人造物的目的论态度，对于自然对象，我们可以考虑它们本身之外的一些东西。虽然我们没有制造树，但是我们可以将它看作一种可以满足我们需求和意图的对象，比如，它可以作树荫，可以作装饰，可以作壁炉炭木，也可以用来建造新谷仓。所以，一棵善的树要么是枝叶繁茂，要么看上去有吸引力，要么能够平缓燃烧，要么可塑性强又耐用。也许我们并没有权力让自然对象屈服于我们的意图——如果鲸鱼油脂对我们是有好处的，我们就有理由去利用如今现存的所有鲸鱼来满足这种需求吗？

假设我们能够为这种仅仅将自然世界视作供人所用的对象的看法提供辩护，那么基于这种类比，我们对于人的善与恶能说些什么呢？我们之所以知道一个善的割草机是善的，是因为我们知道它的目的，我们之所以知道它的目的，是因为是我们（共同地）制造了它。根据类比，一个善的人就是服务于他被"制造"的目的的人。但是，有这样一个目的吗？如果有，我们能知道它是什么吗？答案也许是肯定的，但也不是那么地明朗。

也许正如柏拉图和亚里士多德所认为的那样，人类的目的或功能是去实现那些人类能够做得最好的或者只有人类才能做的东西。在这种意义上，人类的目的就是去实现人类的本性或潜能。这些本性或潜能也许包括理性思考和艺术创作，这些活动听起来对人来说确实不错。但是，人们也具有进行残酷战争的独特能力。哪种活动才是我们真正潜能的一部分，哪种活动才是我们真正潜能的预示？

尽管存在这些问题，但是这种伦理学方法（将对人造物的功能性分析应用于分析人类的善之上）确实主导了之前提到的幸福主义伦理观。根据这种观点，一种善的生活就是充分发挥每个人内在能力的生活。比如，这种理论会规定，在其他条件均等的情况下，一个人如果拒绝人类经验的整全维度——如回避全面的创造性努力、领导能力、责任、关爱他人等，将会犯下一个大错。同时，这种理论也会坚持认为，任何企图通过外部控制（如奴隶制或者阶级、种族和性别限制）来限制这些能力充分发展的努力都必然是错误的。

道义论观点

尽管如此，许多哲学家仍然对我们以看待"牙签"的善的方式去看待人类的善表示不满。当我们思考将"善"这个词用于人类身上之时的模糊性时，这一点会被清晰地呈现出来。比如，想象一下，琼斯，一个专业杀手。琼斯是善的吗？在一种意义上是的，虽然在另外一种意义上他肯定不是。琼斯是一个"善"的杀手，擅长杀人，从不犯错，也不会杀错人，杀人干净利落，隐蔽而从不留下可能使雇主受到指控的线索。但是，在另外一种意义上，我们又确实感到琼斯是一个大恶人，在做恶事。为什么呢？难道是因为他没有某种功能，没能成功地服务于某种意图吗？也许吧。亚里士多德可能会认为这种行为与我们在德性生活中发现的理性本性的实现是相反的。另一方面，它之所以是恶的，也许还有另外一种根本不同的原因：它是一种内在恶，它就是不对。在别人从未发现但又能以某种方式有利于自己的时候，甚至也许它还有助于你参与一个慈善活动，从而能够使你和他人都受益的时候，欺骗他人是错误的吗？假如你觉得如果没人（包括你自己）受到伤害，它就是对的，那么你就使用了目的论的标准。但是，如果你觉得（至少部分觉得）即便没有人受到伤害（事实上有些人甚至从中受益），它也仍然是错误的，那么你就使用了另外不同的标准。

有一种伦理学观点坚称某些行为是内在的或者说是无条件错误的，这些行为之所以错误并非最终由其所达成的目的所决定。这种观点被称为**道义论**（deontological ethics，源于表示义务的希腊词），也可以简单地称为"义务论"（ethics of duty）。这个名字反映了这样一个事实：道义论认为，仅当行动者意识到进行某一行动是一个人的道德义务并被这一意识驱动时，该行动才具有真正的道德价值。

这种义务论常常跟康德哲学联系在一起，跟目的论，特别是以自我为中心的各种**"利己主义"**（egoism）类型的目的论形成了鲜明的对比。在伦理学中，有一些（虽然不是全部）目的论的立场是利己主义的，它们会从行动给行动者带来的利益或效用多少的角度来考察每一项行动。我能从中获得什么？对我有好处的行动就是善的。但义务论的观点则与之相反。当大部分人想象一个做"道德上正确的事"的人时，出现在脑海中的通常是一个出于对他人的关心或对原则的关切而行动，而不考虑行动是否符合个人利益的人。出于义务而行动，虽然义务可能与我们的直接利益相悖（我可以通过作弊提高成绩，通过撒谎避免尴尬，通过偷窃增加财富）。虽然出于义务而行动可能需要牺牲个人利益，但是这两者也并不总是或必然是不相容的——出于个人利益所做的行动也有可能碰巧与出于义务要做的行动相一致。

义务论通常与这样一种立场联系在一起，即伦理原则是普遍的、绝对的、不变的，是适用于每个人、适用于所有环境的。假如对于一个人来说，某事是对的，那么在同一种情况下，它对于所有人都是对的。这种观点与我们日常设想的道德十分相符。当我交税但听闻别人不交税时，我就会生气。当我们听到一个贫穷的黑人被判20年监禁，而同样的罪，一个中上阶层的白人却只被判6个月缓刑时，我们大多数人都会觉得不公。为什么同样的规则不应该适用于所有的情况？假如有好的道德上相关的理由，我们允许有例外，但是这些例外会构成一个新的普遍规则：每个所得超过X美元的人都要缴纳联邦所得税。但在缺少任何好的理由的情况下，我们就面临着义务和个人利益的冲突。

功利主义同义务论一样，也反对利己主义的自私立场，因为它们的目标是最大多数人的最大幸福。尽管在能够创造更多幸福的前提下，功利主义者可能会为撒谎、偷窃、破坏承诺等行为辩护，但是功利主义确实相信道德标准具有普遍性，任何人在任何情况下都要遵守去做那些促进最大多数人最大幸福的事。但是，义务论和功利主义在其他方面仍然有明显的不同。

义务论和功利主义的最大区别在于，二者看待人的方式的不同。根据义务论，不论一个目的多么有价值，一个人都不能仅仅被当作达成目的的手段。不论结果如何，如果某事是错误的，那么对于任何人、任何情况来说，它都是错误的。这就是当我们说人具有"某些不可剥夺的权利"时想要表达的意思。一项权利就是一个人在任何情况下都拥有而别人又有绝对的义务去尊重和保护的东西。比如，我们觉得每个人都有自由的权利。这并不是一个人靠努力才能挣得的一个礼物和特权，它是每个人作为人而与生俱来的不可侵犯的天赋权利。不管出于什么理由，它都不能被购买或交易，也不可能被合法地剥夺。

设想这样一种情况，在这种情况下，通过实行奴隶制可以增加多数人的幸福。这并不难想象。某些人并不像其他人那样对丧失自由感到不安（尽管没有人对此特别高兴）。如果我们选择那些似乎最不珍视自由的人做奴隶，也就是说，我们只选择社会中一小部分人来扮演这种屈从的角色，而且我们还向这一小部分人灌输他们成为奴隶是自然而又正确的，甚至能减少他们的痛苦。最后，我们会让他们做那些其他人不乐意做的、卑微但又必要的工作。现在，如果我们去测量在新奴隶制度实施前后的社会预期幸福总量（或平均幸福量）时，发现人们在新奴隶制度实施之后，总体上更幸福，那我们在道德上就有义务去实施新奴隶制度吗？不，我们的道德直觉告诉我们当然不要这样。但是，我们很难看出功利主义者怎么去为"我们不应该这样做"辩护，因为在这种情况下，按照功利主义的观点，实施新奴隶制度似乎是最好的选择。而义务论则更符合我们拒绝这样做的直觉。原则上讲，无论结果如何（即便那些人希望被奴役），奴役他人都是错误的。

在之后的章节中，我们会发现，义务论也存在一些问题。当你将康德义务论用于具体的情境时，就会出现一些困难。在实际生活的道德情境下，有时会涉及多个冲突的道德原则，而不是单一的道德原则，而这些冲突的道德原则又都是我们有义务去遵守的！坚持每一种道德义务的绝对性的康德式立场对我们做出这些痛苦的决定——遵守哪项道德原则而又打破哪项道德原则——并没有什么指导帮助作用。

在第二十二、二十三、二十四章，我们将分别考察以下三种规范伦理学：将人类自我实现作为生活的最终目的的幸福主义（亚里士多德），将快乐的最大化作为生活最终目的的功利主义式的**后果主义**（consequentialism）伦理学（约翰·斯图尔特·密尔）和将为义务而义务作为唯一无条件的善的道义论（伊曼努尔·康德）。

但在此之前，我们要先考察一下元伦理学中两个密切相关的话题。第一，在第二十章（"道德怀疑主义"），我们将考虑一种威胁到我们关于对与错、善与恶的传统推理核心的挑战。虽然道德怀疑主义有各种各样的变种，但是，它们共同的目标就是拒绝那些作为主要的传统规范伦理学所赖以建立的基础的最基本的价值和原则。在这种意义上，道德怀疑论者是在挑战我们的道德传统和我们对人类行为的道德立场所赖以建立的基本事实的地位。在这一章，我们会看到两种最重要的道德怀疑主义版本，我们也会考察基本道德理论的维护者会如何对此进行回应。第二，在第二十一章（"道德与形而上学"），我们会继续我们元伦理学的研究，我们会进一步探究我们关于道德事实存在的一般承诺，考察道德事实可能具有何种本体论地位以及是否有必要通过求助于一个掌控它们的上帝来为之提供一个基础。

供讨论的问题

1. 你相信一个生活中痛苦多于快乐的人还能过上完满的生活吗？善的、好的生活是怎样的？请对你的回答做出解释。

2. 请解释利己享乐主义与功利主义的不同。

3. 你认为对人类生活终极之善的目的论研究是否忽略了道义论对善的人类生活界定中的重要层面？请对你的回答做出解释。

第二十章　道德怀疑主义

正如前一章所提到的，在哲学史上占主导地位的三种规范性理论存在着一些重要的差异。在第二十二、二十三、二十四章，我们将有机会对这些不同的道德体系进行更深入的研究。但是，在这一章，我们首先从这些规范性体系的共同之处开始。第一，它们都努力去容纳、解释和辩护传统道德的许多方面。比如，它们都很重视正义、仁爱、勇气和诚信等传统概念。尽管它们可能以不同的方式为这些价值辩护或者以不同的方式对它们进行优先排序，但是，在这些不同的道德体系中，这些传统价值都占有十分重要的地位。第二个共同点是，这些主要的规范性理论都认为存在道德事实。也就是说，它们认为道德并不是由人类的选择、人类的一时兴起或者人类的欲望或信念所创造的，相反，有些行为在道德上就是正确的，有些行为在道德上就是错误的，人类有责任使自己的信念和行动符合这些事实。例如，为了迎合有权有势的人而诽谤朋友在道德上是错误的，任何认为这种行为不是错误的人都是相信了错误的东西，而不依此行事的人都是在做不道德的事情。

在这一章，我们将对那些反对这三种主要的规范性理论的共同部分的哲学家们进行考察。首先，我们将考察这样一些哲学家，他们接受前面提到的传统道德的核心组成部分的第二部分——即存在道德事实的信念——但他们拒绝接受对这些事实的传统理解，他们坚称，关于正义、仁爱、勇气和诚信的传统价值观念未能把握到真正在道德上正确的东西。对于这些哲学家来说，传统道德包含了对真正道德上不正确的东西的重视。其次，我们将考察那些完全否认存在道德事实的哲学家们，他们坚持认为我们对道德事实的信念就如同我们对牙仙或者对圣诞老人的信念一样。尽管以上两种立场在某些重要的方面存在差异，但是它们都是**道德怀疑主义**（moral skepticism），它们以不同的方式去质疑上面提及的传统道德的核心。我们将依次考察这两种道德怀疑主义，首先我们从那些断言道德事实存在，但否认传统道德准确把握到这些事实的观点开始。

日常道德的倒置

我们先讨论那些通过提出一些关键问题来挑战我们传统的正义观和价值的人。他们提出的关键问题是：为什么我们应该有道德？为什么我们不能仅仅追求个人利益并且让每个人也这样做？稍微思考一下，我们就明白这是多么的不可能。部分的困难在于，生活中存在利益的冲突。对我最有利的东西可能对你而言没什么好处。你设定的目标可能跟你邻人的目标直接冲突。同时，当你的个人利益和个人目标同你的邻人的冲突，并且他们还比你强的时候，又会发生什么呢？这个问题的明显答案是，一个社会中更强大的人或群体总是会占上风，如果你碰巧不在这个群体中,那么你就不能获得自己的利益了。

道德与强权

让我们尽力深入思考这样一个观点,看看它是否经得起推敲。我们将假设道德仅仅是社会中最强的人所意欲的东西。这种观点在实践上有一个问题:持有这种观点的人是否总有能力得逞。假如我们认为"道德"就是最强者所意欲的,那么就会有强者的道德和弱者的道德。做自己喜欢的事,同时强迫别人也做同样的事,符合强者的自身利益。另一方面,对于弱者而言,压抑自己的私欲,做别人让做的事也符合他们的利益。这可以被理解成一种理性自利(enlightened self-interest)。假如我是一个农民,把我每年收成的百分之六十交给国王并不符合我的利益,但是因为拒绝缴纳年税而被砍头更不符合我的利益。以这种方式来看,做正确的事情(也就是追求自身利益)就是去做那些强权者所认为的符合他们自身利益的事,以及他们命令我们要做的事。强权即公理。

对于这种奴役,弱者的另外一个选择就是通过相互同意而联合起来防止这种暴行。这是格劳孔在柏拉图的作品《理想国》中向苏格拉底提出的妥协形式,我们将在第八部分"社会政治哲学"中,从托马斯·霍布斯、约翰·洛克和让－雅克·卢梭(Jean-Jacques Rousseau)的社会契约论的角度进行更加详细的讨论。格劳孔认为,依道德行事是介于最好的情况和最坏的情况之间的一种折中方案。在最好的情况中,强者可以随心所欲地做他们想做的,得他们想得的;而在最坏的情况中,弱者必须服务于强者的利益。由于我们大多数人都担心自己可能不是那极少数的幸运的强者,所以我们决定服从某些规则和原则,这些规则和原则将限制一个人压制他人权利的暴政。

人们常说,就其本身而言,做不义之事是值得欲求的,而遭受不义则一点也不值得欲求。同时,遭受不义所得的伤害要超过干不义之事所得的利益。所以,当人们既遭受过不义之伤害,又获得过干不义之事之利益后,那些没有能力去获得利益和逃避伤害的人觉得他们最好能订立契约,他们既不做不义之事,但也不要遭受不义。于是,他们之间开始制定法律,订立契约,他们把法律所规定的称为法定的和正当的。这就是所谓的正义的本质和起源。它介于最好——做坏事不受惩罚与最坏——受害而不能报复之间。所以,作为一种折中方案,正义被人所接受和尊崇并非因为它本身就是善的,而是因为有人没有能力去做不义之事;一个男子汉,如果他真有能力去做不义之事,他就绝不会和他人订立这样一个契约,除非他疯了。

——格劳孔,《理想国》

这种观点的奇怪之处在于,它使日常道德听起来很糟糕——也就是说,这种观点使道德不值得欲

求，道德至多算是两种恶中较轻的一种。它将道德视作软弱的结果，是对强者的恐惧造成的结果，这也贬低了道德。正如尼采所说，这是一种"奴隶道德"。它的结果非常奇怪：最好的事情就是能够做错误的事，而最坏的事情就是不得不做正确的事。

尼采的新道德

哲学家弗里德里希·尼采认为，在一种全新的权利观念下，那些拒斥传统道德，做那些按照日常标准来说不道德的事的强者才是真正道德的人。

对于尼采而言，强者具有进行统治的自然权利。但是，尼采并不是要秉持这样一种愤世嫉俗的观点：我们称之为正义的所有东西实际上都取决于

弗里德里希·尼采（1844—1900），德国哲学家和社会历史学家，尼采24岁时就被任命为巴塞尔大学希腊语言学教授。他著有《查拉图斯特拉如是说》（*Thus Spoke Zarathustra*）、《论道德的谱系》（*On the Genealogy of Morals*）和《权力意志》（*The Will to Power*）等诸多作品。（图片来源：© DIZ Muenchen GmbH, Sueddeutsche Zeitung Photo/Alamy）

强大的个体。因为他清楚地知道弱者可以联合起来限制强者，不仅如此，他们也有能力给他们的软弱贴上"道德正确"的标签。一旦弱者联合起来限制恶霸和暴君，他们就会努力使一些新的准则看起来成为道德正确的行事方式，然后确保每个人都遵守新的准则。那些耐心等位、尊重他人权利、帮助他人的人并非仅仅是在以一种理性自利的方式去帮助自己，而是在做一个好人。事实上，我们大多数人所认为的犹太-基督教和自由主义思想的最高道德原则，都被尼采称为"奴隶道德"，它们不公正地剥夺了强者进行统治的自然权利。

但是，尼采观点中的有些地方很不清楚。首先，到底什么是"强"？想象一下有两个社会准备相互战争。一个社会是被尼采所谓的"奴隶道德"所规范的社会。也就是说，它受法律管辖，公民们相互合作，为着共同商定的目标而奋斗。而在另一个社会中，少数强者试图以牺牲他人的利益为代价，为自己攫取一切，他们投入了大量精力互相争斗，并时常对那些暗中鄙夷他们的可怜弱者的反抗进行镇压。你会赌哪个社会赢？对于一个社会而言，社会合作并不是一个弱点，而是其优势所在。甚至对于一个个体而言，它也不是一个弱点。

按照亚里士多德的观点，假如人类天生就是社会性的存在，那么那些不合作的、敌对的、自私的个体可能只是一个畸形的、病态的个体，他们是无法充分发挥人类的潜力的。即便按照尼采自己的解释，奴隶道德的优势也是毋庸置疑的。尼采承认，弱者通过联合可以战胜强者，而这也是让他如此愤怒的原因所在。谁才是真正的强者？在一个法治的民主国家，普通公民比残暴个体的力量大得多。如果强权就是公理，那么在某种意义上所谓更强大的

人又有什么权利来统治我们呢？还有，我们是在什么意义使用更强这个词的——是身体更强壮，拥有贵族的美德，更聪明，更有创造力，更能生存，还是个人、群体或者社会更能获得生存价值呢？尼采并没有真正阐释清楚关于"强"的意义的各种解释。然而，他确实也正视了他的观点在我们的道德用语中所引起的问题。他提出了他所谓的价值重估；也就是说，他想要改变"善"与"恶"的使用。自此以后，奴隶道德——善良、仁慈、相互合作——将被称为恶。主人道德——绝对自立、傲慢自大、自我–意志——将被称为善。

> 在迄今流行于或仍流行于地球之上的诸多高雅和粗俗的道德之间游历一番后，我发现某些相互联系的特征定期地反复出现，到最后，两种基本类型向我显现出来，一种根本区别也豁然可见。存在主人道德（master morality）和奴隶道德（slave-morality）。不过，我要立即补充的是，在所有较为高等的和混合的文明中，存在着调和这两种道德的努力，但是，更为常见的是两者的混淆和相互误解，有时它们更是纠缠不清的——甚至在同一个人身上，在同一个灵魂之中。这种道德价值的区别要么产生于统治阶层，他们愉快地意识到自己同被统治者的不同——要么产生于被统治阶层，即形形色色的奴隶和依附者。在前一种情况中，统治者决定了"善"这一概念，高贵而骄傲的个性被视作优越的特征，并且决定着等级次序。高贵的人将自己与那些具有与高贵、骄傲相反的个性的人区别开来：他鄙视这些人。这一点会立即被注意到：在第一种道德中，"善"与"恶"的对立实际上就是"高贵"与"卑鄙"的区分……然而，统治阶层的道德秉持这样一种原则，即只对与自己地位相当的人承担义务，对于地位较低的人，对于一切异己者，则可以任意或"随心所欲"地行事，在任何情况下可以"超越善恶"。由于该原则的严厉，统治阶层的道德与当代趣味最相抵触，最令当代趣味感到不适。
>
> ——尼采，《善恶的彼岸》（Beyond Good and Evil）

道德形而上学

在前一部分，我们看到了尼采对传统道德的挑战，他主张用一套完全不同的道德观念和原则来取代传统道德。从这个意义上讲，他对传统道德的主张持怀疑主义态度，并因此被主流的规范伦理学体系所重视。然而，要注意的是，他并没有否认存在人类应当遵守的道德原则和价值。在这一点上，他的道德怀疑主义仅局限于拒绝传统道德的主张。在这一部分，我们将考察一种更为彻底的道德怀疑主义，这种道德怀疑主义否认客观道德原则和价值的存在。

道德事实

在南美洲巴塔哥尼亚的冰原上，矗立着一块令人生畏的花岗岩尖顶，它叫托雷峰（Cerro Torre）。

第二十章 道德怀疑主义

尽管与地球上的其他山峰相比，它的海拔不算高，但它光滑的山体表面和山上恶劣的天气使它成为最难登顶的山峰之一。它也是一场登山运动的争议焦点。

1959年2月3日，一位名叫塞萨尔·马埃斯特里（Cesare Maestri）的意大利登山运动员被发现时，他筋疲力尽地倒在了山峰东坡的冰川上。他和他的同伴，著名的奥地利登山家托尼·艾格（Toni Egger），自6天前踏上登顶之旅后，便了无音讯。当他被发现时，马埃斯特里言谈之中悲喜交加。喜的是，三天前他和艾格完成了当时许多登山者认为几乎不可能完成的任务，他们登上了托雷峰的峰顶。[1] 悲的是，艾格在他们下山时被雪崩卷走致死。马埃斯特里报告说，艾格表现得非常英勇。由于近一段时间的恶劣天气，山上结了一层冰，艾格凭借高超的攀冰技巧，带领两人迅速上了4000英尺（1219.2米）高的东北侧。这是一项惊人的成就，回到意大利后，马埃斯特里也因此饱受赞扬。但这也是一项他本人没有确凿证据的成就。两人只携带了一台照相机，而这台照相机也同那个奥地利人艾格一同消失了。尽管如此，攀岩界还是在很大程度上相信了这位著名的攀岩者的话……至少在一段时间内。

在艾格－马埃斯特里登峰后的几年里，许多登山能手准备沿着他们的路线登顶，以复制他们的成就。但几十年来，没人能成功登顶；然而，有几个小组确实抵达了足够高的高度，从而有了两项发现，这两项发现让人们对马埃斯特里的说法产生了怀疑。首先，在最初的1000英尺（304.8米）的攀登中，他们发现了艾格和马埃斯特里留下的许多攀爬工具，但在这之后，他们再没有发现这样的工具。其次，这个最初的1000英尺的地形与马埃斯特里的描述大相径庭。即便如此，马埃斯特里仍坚称他和艾格在东北侧很高的地方放置了许多螺钉。他向登山团体保证，只要他们能抵达这个高度，他的说法就会被证实。对马埃斯特里来说，不幸的是，一个登山团队最终抵达了那个高度。2005年，罗兰多·加里波蒂（Rolando Garibotti）、埃尔曼诺·萨尔瓦特拉（Ermanno Salvaterra）和亚历山德罗·贝特拉米（Alessandro Beltrami）从东北侧成功登上了托雷峰顶峰，在此过程中，他们也在寻找能够证实马埃斯特里说法的证据。但他们并没有什么发现。他们再次发现实际地形与马埃斯特里所描述的地形大相径庭。加里波蒂、萨尔瓦特拉和贝特拉米的成功使人们对马埃斯特里所声称的从东北侧登上托雷峰的说法产生了前所未有的怀疑。

虽然登山界的许多人至今仍怀疑马埃斯特里的说法，但是要想证明这两个人没有站上山顶并非易事。一方面，山太大了。也许我们被攀登者对"线路"的描述的精确度误导了，我们期望随后的登山团队能够沿着同一条"线路"找到之前登山的证据。另一方面，一个人是在极度疲劳、寒冷和

---

[1] 关于托雷峰争议的描述主要基于以下两篇文章：凯利·科德斯（Kelly Cordes），《托雷峰的严酷攀登：一次大胆的攀登结束了托雷峰47年来的神秘并获得攀登最高奖》（"Cerro Torre's Cold Case: A bold Patagonian climb ends a 47-year mystery and bags one of alpine climbing's greatest prizes"），《国家地理探险》（*National Geographic Adenture*）；埃德·道格拉斯（Ed Douglas），《特别报道》（"Special Report"），《体育观察家月刊》（*Obserer Sport Monthly*），2006年5月7日，第51页。

脱水交迫的情况下登上这条线路的,他所描述的路线细节很少,也不够准确。尽管登山界似乎确实可以相当坚决地拒绝马埃斯特里的说法,但在这个问题上仍留有提出合理分歧的余地。然而,我们倾向于认为,有两点是不存在合理分歧的。第一点就是存在关于艾格和马埃斯特里是否在1959年1月登上托雷峰峰顶的事实。我们也许不能肯定地知道事情的真相,但事实是他们要么登上了,要么没登上。第二点是,如果马埃斯特里谎称自己登上了托雷峰——我们在这里暂停一下,强调一下是"如果"——那么他做了错事。这两点不存在合理分歧的地方是托雷峰争议引发我们元伦理学讨论的地方。它们表明,我们通常愿意把某一行动的道德价值视作一种与物质世界中的事实相等同的事实,就像两个人是否在某一特定时间站上某一特定顶峰这样的事实一样。

在对道德的日常理解中,我们似乎承认道德价值的客观性。我们的行事方式不像是把道德当作人类的欲望、选择、情感或信念所构建的东西。我们认为它们具有与流行或者偏好不同的地位,后者主要是一种个人趣味和选择。当我们考虑比登山成就中的不诚实更重要的事情时,它们独特的、客观的地位会被特别强调。比如,我们完全不倾向于将奴役、强奸或虐待儿童的不法行为仅仅看作人类的偏好。相反,实际上,我们认为我们必须使我们的信念和行为符合这些道德标准,以免我们相信错误的东西或者做了我们不应该做的事情。

要想阐明我们将道德视作客观的东西这一日常倾向的深度,一个方法就是使用我们在第十五章中所看到的笛卡尔的怀疑方法。为了对基于理智直觉的信念进行怀疑,在最开始的时候,笛卡尔诉诸他所认为的最有力的怀疑方法,也就是"骗人的上帝假说"(the deceiving God hypothesis)。他提出了这样一种可能性,即一个全能但邪恶的存在,它利用自己无限的力量持续地在我们的理智直觉上欺骗我们,例如在 2 + 3 = 5 这样基本的数学判断上欺骗我们。他最后得出结论说,只有上帝的善才能保证事实是不会这样的;但是,如果只考虑上帝的力量,那么就必须承认,一个全能者可能会在这些事情上欺骗我们。然而,笛卡尔对于骗人的上帝是如何做到这一点的,却保持着惊人的沉默。他满足于把所有的事情推到这个存在的全能上,甚至建议我们不要试图去理解一个全能的存在是如何做到这一点的,因为我们根本就无法理解。至于他为什么会提出这样的建议则很容易理解,因为对于这样的论断,即我们的基本数学"真理"可能实际上是错误的,我们甚至很难赋予这种论断更实质性的内容。虽然笛卡尔本人并没有试图怀疑基本的道德信念,但值得考虑的是,这些信念如何与骗人的上帝假说相抵触。为此,让我们考虑一下慢慢地把一个两岁小孩折磨致死的错误,并问一下,就我们持有的"这件事是错误的"这个信念而言,一个骗人的上帝是否会在这上面欺骗我们。尽管我们可能会很不情愿地承认全能者能这样做,但我们很可能无法解释骗人的上帝是如何做到这一点的,就像我们无法解释在基本数学"真理"的情况下,骗人的上帝是如何做到的一样。我们似乎无法对这个基本的道德信念可能是错误的这一点给出什么实质性的内容,就像我们无法对 2 加 3 不等于 5 给出实质性内容一样。如此可怕的行为在道德上是正确的,这意味着什么?因此,我们关于道德真理的理智直觉似乎并不比关于数学真理的理智直觉弱,因此,我们对某些道德价值的客观性的日常承诺确实是强有力的。

伦理主观主义

尽管我们对存在道德事实的日常承诺是强有力的，但是有些哲学家认为这种承诺是错误的，他们认为，事实上并不存在什么道德事实。这些哲学家虽然承认我们在日常生活中会倾向于相信存在道德事实，但他们最终指出我们有充分的哲学理由不去接受这种日常倾向。在考察这些质疑道德价值的客观性的哲学家们的主要论证之前，我们应该先停下来看看其他一些比较熟悉的案例，一些我们在其中由于审慎的理由而放弃了看似常识的观点的案例。

在16世纪末日心说兴起之前，人们普遍认为太阳绕着地球转。事实上，对于我们共同的经验来讲，它甚至可以说是显而易见的。将地球作为我们日常感知运动的主要参照点，我们会很自然地认为，太阳就是绕着地球转的，而不是地球绕着太阳转。然而，充分的天文学推理表明，事实并非如此。现在我们相信地球是绕着太阳转的，尽管在我们看来太阳似乎是在运动的，这一点在我们日常描述太阳相对于地球的位置时的方式中就有所体现。比如，我们说太阳每天从东方"升起"，在西方"落下"，从东方"运动"到西方。在傍晚，我们可能都懒得涂防晒霜，或者也许我们会去当个足球守门员，因为那时候的天空中的太阳已经"较低"了。然而，虽然明显的经验和习惯用语会使我们相信太阳绕着地球转，但是几个世纪以来，我们清楚地认识到，我们从这两者中自然而然得出的结论是错误的。事实是反过来的，地球是绕着太阳转的。

我们从这个简短的天文学案例中学到的是，一个信念即便反映了日常的经验和常识，它也不能免于反驳。虽然在那些反映了日常经验和常识的信念被证明是可疑的之前，我们正确的做法似乎是去承认这些信念没什么问题，但是这些信念依然可能会被一个相反的令人信服的论点所推翻。当然，对于我们相信存在道德事实的日常倾向而言，一些哲学家恰恰坚信他们有一些令人信服的理由去纠正这种倾向。在下一部分，我们就来看看那些认为我们对客观道德事实的常识性承诺是一种亟需纠正的信念的人所提出的最具影响力的论证。

一个说明不存在客观道德事实的论证

对于那些否认客观道德事实存在的人来说，他们一般的出发点是，道德信念和实践在不同文化之间甚至在同一文化中的个人之间所表现出来的显著差异。例如，在当代美国社会，妇女选举权是一项法定权利，但在沙特阿拉伯，情况却并非如此。另外，在意大利，死刑是被严格禁止的，但在美国的50个州中，有许多州是有死刑的。个人社会，包括当代美国社会，在道德议题上也存在类似的差异。事实上，应用伦理学中关于堕胎、死刑、正义战争、同性婚姻和安乐死的典型例子，就足以证明在我们的社会中，我们在道德议题上存在着巨大分歧。

在考察反对道德事实存在的论证之前，有一点需要指出的是，我们在道德问题上存在分歧这一事实并不能说明在道德问题上就没有客观事实，这一点也被反对道德事实存在的人所承认。为了弄清楚其中的原因，我们必须先弄清楚坚持在某些问题上存在客观事实到底包含什么意思。认为在某些问题上存在客观事实——无论是道德问题还是其他方面的问题——并不意味着所有人在这个问题上都没有异议。它所承诺的只是以下两点：(1)事物有其存在的方式；(2)这种方式不仅仅是人类主观状态（如信念、欲望、情感和选择）的产物。要注意的是，它并不需要所有人在这个问题都达成共识。事实上，它甚至不需要任何两个人的共识。曾经有一段时间，几乎所有人都相信地球绕着太阳转，但这并不意味着在这个问题上就没有客观事实。它只是表明，曾经在一段时间内，几乎所有人都对太阳系的性质抱有错误的信念。因此，对于客观性的所有承诺，都需要考虑到这个问题上的不同意见，这些不同意见来自那些与事物本身不一致的、错误的但又恰巧被信以为真的信念。在这一点上，关于客观道德事实存在的承诺与关于其他任何客观事实存在的承诺都是一样的。

然而，尽管单单依靠道德问题上存在不同意见并不能说明道德事实不存在，但它可以作为一个更复杂的论证的前提，这个论证声称，道德事实是虚构的。在接下来的选文中，一位极具影响力的道德怀疑主义者，20世纪的哲学家 J. L. 麦凯，将向我们展示这样一个论证。在阅读材料之前，值得注意的是，麦凯承认我们前面提到的观点。他指出，道德规范的差异"本身只是一个关于道德的描述性真理，一个既不需要一阶伦理观念也不需要二阶伦理观念的人类学事实"。麦凯所说的一阶伦理观念（first order ethical views）指的是个人用来规范自己生活的具体的规则和道德实践，而二阶伦理观念（second order ethical views）指的是我们所谓的元伦理学观念，也就是关于各种伦理学概念和原则的实质和基础的观点。因此，道德问题上的分歧本身并不包含任何二阶伦理观念。麦凯指出，伦理主观主义并不是直接从道德问题上的多样分歧得出的。然而，在阐述了这一点之后，他也认为，这种道德问题上的多样分歧可以与其他前提结合起来，构成反对道德价值客观性的有力论据。以下选文来自麦凯的作品《伦理学：发明对与错》，在其中，麦凯就得出了这样的结论。

J. L. 麦凯：来自相对性的证明[1]

来自相对性的证明把道德规范里一个广为人知的差异——社会与社会之间道德规范的差异、不同时期之间道德规范的差异，以及一个复杂的共同体中不同群体和阶层之间在道德信念上的差异——作为它的前提。这样的差异本身只是一个关于道德的描述性真理，一个既不需要一阶伦理观念也不需要二阶伦理观念的人类学事实。不过，它可以间接地支持二阶的主观主义：一阶道德判断之间存在的巨大差异使得我们很难把这些判断视作对客观真理的把握。但是，仅仅是出现了一些不同意见并不能对价值的客观性构成反驳。在历史学、生物学或宇宙学中，在诸多问题上也存在诸多分歧，但对这些领域的研究者们来说，这并不意味着他们的研究领域不存在客观事实。不过，这些科学上的分歧来源于在不充分的证据上所进行的理论推

---

[1] 选自：J. L. 麦凯，《伦理学：发明对与错》（London, England: Penguin Books, 1977）。

理或说明性假设,而以同样的方式来解释道德分歧则没有什么说服力。道德规范上的分歧似乎反映了人们对不同生活方式的坚持和参与。

因果似乎要倒过来看:人们赞成一夫一妻制是因为他们过着这种一夫一妻制的生活,而不是他们过着一夫一妻制的生活是因为他们赞成一夫一妻制。当然,标准可以是他们所成长于其中的生活方式的一种理想化:人们生活中的一夫一妻制和他们所赞成的一夫一妻制相比,可能不是那么完善和严格。但这并不是说道德判断纯粹是约定俗成的。当然过去曾经有、现在也有道德异端和道德革新者,他们会出于一些我们也认可的道德理由而反对他们自己共同体的既定规则和实践。不过,这通常可以理解为是他们对那些来自现存的生活方式而且已经在坚持的规则的延伸,这些延伸虽然是新的、非传统的,但对他们来说似乎也要求有连贯性。简言之,来自相对性的证明之所以具有某种说服力,仅仅是因为相比于"这些差异表达了人们对客观价值的知觉,而这些知觉中的大部分都是极不充分的,是被糟糕地歪曲了的"说法,道德规范中存在的实际差异更容易通过"这些差异反映了不同的生活方式"这种假说解释。

不过,来自相对性的证明存在着一个广为人知的反对意见,也就是说,首先诉求客观有效性的那些术语并不是特定的道德规则或规范,而是一些非常一般的基本原则,这些基本原则在所有社会中都至少在某种程度上隐然被意识到——诸如西季威克(Sidgwick)所谓的为伦理学的不同方法提供了基础的原则:可普遍化原则(universalizability);或者是"一个人应该遵从他参与其中的某种生活方式的特定规则,以此他能从中受益、有所依靠"这条原则;或者是某些功利主义原则:做那些趋于(或者似乎可能趋于)增进一般幸福的事。显而易见的是,这些一般原则与各种不同的具体情况、不同的现存社会模式或不同的偏好结合在一起,将产生不同的特殊的道德规则;由此产生的特殊规则在不同的共同体或者不同的群体之间将会存在差异。这种说法具有一定的说服力,这也与已被接受的规范中所存在的实际差异十分相符。

来自相对性的证明只能依此方式而被部分地反对。按照这种路线,道德客观主义者不得不说,只有在这些(一般)原则中,客观的道德特性才能立即与它描述的特定的基础或主题相联系;而其他的道德判断只不过是派生性地、偶然地才是客观有效的或者是真的——假如事情不是如此,那么相当不同类型的行为都将会是正确的了。尽管最近在伦理学中,普遍化原则、功利主义原则以及其他类似原则很流行,但这些远远不是日常道德思想中被确认为基本的东西的全部。这在很大程度上与黑尔(Hare)所谓的"理想"的,或者不那么友好地说,"狂热"的东西有关。也就是说,人们认为有些东西是善的或正确的,有些东西是恶的或错误的,不是因为或者无论如何不仅仅是因为它们例示了一些被要求普遍接受的一般原则,而是因为与之相关的一些东西直接激起了他们的某种反应,虽然这些事物在其他人那里可能会不可避免地引起大为不同的反应……

为了使道德价值问题上多样的分歧成为证明道德价值不是客观的一个前提,麦凯先从这样的论断开始,他认为只有两种方式解释某一问题上存在的

广泛分歧:要么是(1)在这个问题上缺乏足够的证据,要么是(2)这个问题不是客观的。要注意的是,这是一个可以用于存在广泛分歧的各类问题

之上的一般论断,而不仅仅是针对道德问题的。在将之用于道德分歧之前,我们先来看一些与道德无关的例子可能会更有助于我们搞清楚麦凯的论断。

首先,考虑一下宇宙中其他地方可能存在智慧生命的说法。天文学家、生物学家和概率论理论家在这个说法的真假上存在相当大的分歧;然而,这种分歧并不是问题的主观性造成的。宇宙中其他地方是否存在智慧生命,这是一个客观问题。因此,解释这个问题上的分歧的唯一可选方法是认为人们在这个问题上一定缺乏足够的证据。此外,经过反思,这似乎确实是对这个问题存在广泛分歧的一个非常合理的解释,宇宙如此之大,我们只能研究它的一小部分。关于宇宙其他地方是否存在智慧生命的重大分歧,向我们阐明了麦凯所说的用于解释某一问题上的广泛分歧的两种方式中的第一种。这种分歧是缺乏足够证据的结果。

其次,考虑一下当你问某一特定学院教室里的50名或更多的学生,巧克力味的冰激凌和香草味的冰激凌哪个更美味这个问题时你将会看到的巨大分歧。确实,他们会理直气壮地表达出各种不同的观点。我们再次有了一个存在广泛分歧的问题。我们知道麦凯的两种可能的解释之一在这里将会是适用的。但是,是哪一种解释呢?在这个例子中,分歧是由于缺乏足够的证据而导致的吗?这种解释方案似乎没有什么说服力。所有的(至少大多数)学生都尝过香草味和巧克力味的冰激凌,因此他们都接触到了相关的材料。对这种分歧的解释只能是这个问题不是客观的。经过再次的独立反思后,这确实是一个有说服力的解释。毕竟,对于食物味道的表达其实只是个人偏好的表达,我们也根本不会(至少在冷静的状态下,我们不会)倾向于去认为哪一种口味的冰激凌更美味是一种客观事实。

在断言一个问题上的广泛分歧只能用上述两种方式中的一种来解释之后,麦凯将这种看法应用到人们在道德问题上遇到的巨大分歧之上。这样做使他得出了以下结论:要么(1)在道德问题上缺乏足够的证据,要么(2)道德问题不是客观的问题。正如我们对前面提到的问题所做的分析一样,现在我们必须决定哪一种解释更可信。道德问题更像外星人问题还是冰激凌问题?对于麦凯来说,答案是显而易见的。他认为道德问题上的分歧不能够通过"缺乏足够的证据"来解释,这种解释方式是完全没有说服力的;因此,道德问题肯定不是客观的,他认为道德问题完全是由人类的选择、信念、情感和偏好等主观状态所衍生的。此外,按照麦凯的观点,独立的反思也会证实,对于人们在道德价值问题上的分歧的最好的解释是:一个生活成长于某一共同体之中的个体会倾向于将他所处的共同体的道德观念内化,并对此有一种缺乏反思的承认。他们之所以会这样,是因为他们所践行的就是被他们的共同体所认可的"生活形式"。因此,在关于广泛分歧的两种仅有的解释中,唯一能够合理地解释道德问题的广泛分歧的说法是道德问题不是客观的。

在我们评估麦凯的来自相对性的证明之前,我们最好根据之前在第五章中谈到的论证形式来回顾一下麦凯的论证结构。我们会发现,麦凯的论证有一个相当简单的结构,因为它可以被构造成一个演绎推理和一个选言推理的结合。

重构的麦凯来自相对性的证明如下:

A. 演绎推理部分

1. 如果在某一问题上存在广泛分歧,那么,要么（a）在该问题上缺乏足够的证据，要么（b）该问题不是客观的。
2. 在道德问题上存在广泛分歧。

因此，通过演绎推理：

3. 要么（a）在道德问题上缺乏足够的证据，要么（b）道德问题不是客观的。

B. 选言推理部分

4. 要么（a）在道德问题上缺乏足够的证据，要么（b）道德问题不是客观的。（演绎推理部分的结论）
5. 道德问题上的分歧不是缺乏足够证据的结果。

因此，通过选言推理：

6. 道德问题不是客观的。

来自相对性的证明有了这样一个清晰的结构之后，我们现在可以去评估麦凯的论证了。我们先来考察前提5。

虽然麦凯认为将道德分歧解释为缺乏足够证据的结果很没说服力，但是他并没有说明为什么这样的解释是没有说服力的。他确实指出了关于道德价值上的分歧的最好的解释是不同文化背景下的个体在成长过程中参与了不同的、特殊的生活形式；不过，他没有进一步为这一主张辩护。如果没有一个独立的论证去证明"（道德）分歧是缺乏足够证据的结果"这种解释是没有说服力的，那么我们就很难理解为什么麦凯的解释要优于道德客观主义者诉诸"缺乏足够证据"而对道德问题上的分歧所做的解释。

然而，我们可以推测，麦凯可能是这样想的。

例如，如果我们考虑到在"堕胎"这一道德问题上的分歧，我们可以发现辩论双方的许多人都充分了解所有相关的生物学事实。有支持堕胎的医生和人体解剖学博士，也有反对堕胎的医生和人体解剖学博士，但双方都同意关于胎儿发育的各种事实。鉴于此，如果说他们的分歧是由于缺乏证据造成的，那么这种说法就很没有说服力。相反，更有可能的难道不是因为这些持不同意见的群体来自重视不同价值和实践的家庭或（宗教的或世俗的）共同体吗？此外，类似的论证也可以用于安乐死和死刑等其他道德问题。因此，我们似乎可以通过归纳得出结论，即道德问题上的分歧不是缺乏充分证据的结果。让我们把这种对麦凯观点的可能辩护称为"无说服力论证"（Implausibility Argument）。

假设这就是麦凯对"道德上的分歧是缺乏足够证据的结果"之所以没说服力的辩护，一个道德客观主义者又该怎样回应呢？他可能会说在反对客观主义者时，麦凯的辩护犯了循环论证的错误。为什么呢？来看看"无说服力论证"的以下特征：为了说明在堕胎问题上的分歧并不是因为缺乏足够的证据造成的，"无说服力论证"强调说在堕胎的道德争论中的双方都同意生物学事实。但是，将观点建立在此基础上的问题是，许多道德客观主义者相信道德事实与自然科学所能把握到的事实是不同的。在第二十一章，我们将更详细地讨论为什么许多哲学家会认可这一点。然而，就目前而言，需要强调的一点是，只有假设在堕胎争论中没有可以作为证据的独特的道德事实，"无说服力论证"才能成立。但麦凯的论证要证明恰恰是没有道德事实；因此，"无说服力论证"中麦凯的一个关键前提其实是他想要证明的结论。[1]

但是,让我们把麦凯在讨论为什么"道德价值上的分歧是缺乏足够证据的结果"这一解释是没有说服力上的沉默放在一边,也把"无说服力论证"的循环放在一边。让我们与麦凯一起承认,在道德问题上的广泛分歧并非缺乏足够证据的结果。那么,我们是否必须接受"这种分歧是由于道德问题不是客观问题造成的"这一事实呢?或者,除了麦凯所说的两种解释之外,对于一个问题上的重大分歧是否至少还有另一种解释呢?另一种问法是,是否存在这样的情况,即在一个问题上存在广泛分歧,但是这个问题又是客观的,并且还有足够的证据?如果存在这样的情况,那么除了麦凯所说的两种可能的关于广泛分歧的解释外,当然还必须有另外一种对分歧的解释。当代分析哲学家迈克尔·雷恩(Michael Wreen)就认为存在这样的情况,因此麦凯的前提 1 至少忽略了一种对广泛分歧的可能解释。

我们来看看雷恩的想法,请考虑这样一个事实:许多人相信埃尔维斯·普雷斯利(Elvis Presley)还活着,尽管这个问题是客观的,而且证明埃尔维斯已死的证据是公开的、压倒性的。因此,这是一个客观问题,拥有足够的证据,同时人们在这个问题上有重大分歧;因此,对于这种分歧,除了麦凯所说的两种解释之外,肯定还有别的解释。一种表面上看似有说服力的解释是,那些坚持认为埃尔维斯还活着的人之所以这么做,是因为他们有强烈的情感需要去相信"猫王"还活着。也许他的音乐对他们来说是无比的力量,也许它帮助他们度过人生中最糟糕的时期,也许它在他们和其终生挚爱走到一起的过程中起到了至关重要的作用。一个人可能由于各种原因而对埃尔维斯·普雷斯利的生命和音乐有着深厚的情感依恋,因此觉得接受他的死亡会太过痛苦。[2]

当然,麦凯可能会通过这样的方式快速地修正他的来自相对性的证明,即考察第三种对分歧的可能解释,然后认为这不是对道德问题上的分歧的有说服力的解释。但是,这样一个快速的解决方案并不像乍看上去那么有希望,因为我们并不十分清楚关于道德问题上的分歧的第三种可能解释是否会有说服力。为什么呢?考虑一下在堕胎或死刑辩论中,对立双方的尖酸刻薄的程度。同时考虑一下,在这种辩论中,参与者最看重的可能还是他们自己用以指导自己生活的基本原则的价值。道德问题上的争论所引发的自我评价会让人不安。如果认为这种辩论所引发的强烈情绪会歪曲一个人的判断,以至使其判断与该问题上存在的充分证据不符,这种说法并非没有说服力。基于这些原因,我们在直觉

---

[1] 指出麦凯的论证是循环论证的另一篇文章请参见:迈克尔·雷恩(Michael Wreen),《麦凯论价值的客观性》("Mackie on the Objectivity of Values"),载于《论辩术:国际知识哲学期刊》(*Dialectica*: *International Journal of Philosophy of Knowledge*),1985 年,第 39 卷,第 147—156 页。雷恩在该文章中以一种稍微不同的、更微妙的方式说明麦凯的论证可能是循环论证。我们在后面会讨论雷恩对来自相对性的证明的另外一种反驳。但是,值得注意的是,他的这篇简明的论文对麦凯关于道德价值主观性的所有论证做了极好的概述和批判。本章所提供的从文化相对性的角度对麦凯的论证进行的概述和批判在很大程度上要归功于该文。

[2] 同上,第 150 页。雷恩用关于尼斯湖水怪的信念的例子阐明自己的观点。

上似乎有理由认为，道德问题上的分歧可能是由于强烈的情感需要（至少，有些争论者不得不持有一种特定的信念而不能去接受道德价值的主观性，他们有这种情感需要）造成的。为了避免可能的误解，我们必须在此暂停一下，要注意的是，该反驳所说的能够被强烈情感所塑造的是人类关于道德价值的信念，而不是道德价值本身。认为强烈情感能塑造道德价值本身是一种关于道德价值的主观主义解释，但认为强烈情感能够塑造人类关于道德价值的信念——这是反驳麦凯论证的关键——这种观点并不蕴涵关于道德价值的主观主义。

基于以上原因，麦凯的来自相对性的证明并没有提出一个支持道德价值的主观性的有说服力的论证。因此，我们的日常承诺，即关于存在道德事实的日常承诺，是可以承受这种挑战的。当然，这一承诺还可能面临其他挑战。其中一种挑战可能会通过我们很难观察到我们在日常思考和行动方式中所依据的道德事实来推进。人们可能会承认，我们以看似存在道德事实的方式思考、行动和说话，但我们仍然想知道这种思考、行动和说话的客观基础到底是什么。这是下一章"道德与形而上学"的主题。在其中，我们将考察那些使我们觉得在思想上和行为上有义务加以敬重的道德事实的真实基础究竟是什么。

供讨论的问题

1. 尼采认为传统道德是一种"奴隶道德"。他这样说是什么意思？你认为他说得对吗？
2. 列举一些对"道德上正确的事就是社会中的强者所欲求的事"这样的观点的挑战。
3. 作者认为，我们日常关于道德事态的思考方式预设了客观道德事实的存在。你认为这种观点有说服力吗？请为你的回答提供辩护。
4. 作者认为，给"一个基本的道德信念是错误的"这样的说法提供实质性内容就像给"一个基本的数学信念是错误的"这样的说法提供实质性内容一样困难。你认可这种说法吗？为什么认可或者为什么不认可？
5. 雷恩认为麦凯忽略了广泛分歧的可能来源。解释一下雷恩是什么想法？你认可他的指责吗？请为你的回答提供辩护。

第二十一章 道德与形而上学

正如我们在前一章所提到的,我们通常倾向于相信至少有一些道德主张是关于事实的断言。帮助危难之中的人、对伴侣忠诚是正确的,以折磨幼童为乐、为了个人私利背叛朋友是错误的,我们将此视作事实,这种事实的地位不亚于珠穆朗玛峰是地球上海拔最高的山峰这样的事实的地位。也就是说,我们并不倾向于相信各种行为的正确或错误是由一群人碰巧欲求、选择或者相信的东西所决定的。与人类的欲求、选择或信念构建起道德真理的观点大不相同,我们认为人类有责任将自己的欲求、选择和信念与道德真理所赖以建立的道德事实保持一致。事实上,即便大多数(甚至全部)的人都相信以折磨幼童为乐没问题,我们也依然倾向于认为它是错误的,只不过是大多数人在这个信念上犯了错而已。就这一点来说,我们关于道德事实的判断的态度与我们关于物理事实的判断(比如前面提到的山峰的海拔)的态度很相像。我们相信"以折磨幼童为乐是错误的"是一个事实,任何不相信"以折磨幼童为乐是错误的"人就是在犯错,就像我们相信"珠穆朗玛峰是地球上海拔最高的山峰"是一个事实而任何不相信这一信念的人就是在犯错一样。18世纪早期,人们还普遍相信地球上最高的山是南美洲的安第斯山,而奴隶制也被认为是道德上可接受的。我们现在会毫不犹豫地说这些曾被广泛接受的信念都是错误的,它们与事实并不相符。

但是,现在我们必须注意到所谓的道德事实判断与物理事实判断之间的重要区别。当我们问是什么基础决定了我们关于世界最高山峰的判断的对错时,这个基础很容易确定,那就是山本身。更具体地说,是它们本身的海拔。但是,当我们对关于道德事实的判断提出同样的问题时,我们并不十分清楚该怎么回答。比如,当我们说"为了个人私利而背叛朋友是错误的"时,我们在这个行为的物理性质中似乎不可能把握到这个行为的"错误"。关于行为的物理性质,我们可以说行为是由一个具有一定质量、在特定位置、在特定持续时间内进行一定范围运动的有机体完成的;但是,这些性质中似乎没有哪一个是行为的"错误"。事实上,许多哲学家认为,一个行为的正确或错误不可能完全建立在它的物理性质上,因此,他们的结论是,不可能对道德价值做出哲学家所谓的"自然主义的"(naturalistic)解释。这里的自然主义解释指的是只使用自然科学所公认的、所使用的原则和性质所进行的解释。在下一节中,我们将考察一个极具影响力的论证,该论证就认为对道德价值不可能有令人满意的自然主义解释。

乔治·爱德华·摩尔与未决问题论证

许多哲学家质疑对道德事实进行自然主义解释的可能性,其主要原因与自然真理和道德真理的一个关键区别有关。自然真理仅仅描述了情况是什么，因此可以说是"描述性的"（descriptive）。而道德真理则规定了情况应当怎么样，因此可以说是"**规范性的**"（prescriptive /normative）。基于这种原因，任何对道德价值进行完全的自然主义解释的尝试注定会是失败的。一个人可以极其详尽地列举出关于一个事态或行动的描述性的性质。但是，关于性质的描述性的清单仅仅能告诉我们情况是什么，而不能告诉我们应当怎么样。

我们可以从另外一个不同的角度来进一步阐明对道德价值的自然主义解释所面临的问题。想象一下你被指派了以下任务：你必须向一个从未尝过某道菜（比如说牛油鸡）的人充分传达它的味道，但是你被限制只能使用颜色概念来做到这一点。很明显，你所有的尝试都将会失败。实际上，味道概念和颜色概念是完全不同的东西，所以很难想象你会如何开始这样的任务。对于许多哲学家来说，想用自然性质来充分解释道德价值的尝试与这种想用一种完全不同种类的东西去解释另外一种东西的尝试一样，都会是徒劳的，它实际上就是想用关于情况是什么的描述性事实去对关于应当怎么样的规范性事实进行充分解释的一种尝试。通常来讲，一个人不可能用自然性质来充分解释道德价值的观点，时常被表达为以下这个一般原则：

你不可能从是推导出应当。

虽然以这种方式去挑战道德价值的自然主义解释的构想至少可以追溯到18世纪的大卫·休谟，但是其真正流行起来则是从20世纪初乔治·爱德华·摩尔（George Edward Moore）将这种推导原则的失败称作"**自然主义谬误**"（naturalistic fallacy）开始的。除了创造了这个术语之外，摩尔还想出了一个简单方法，用以证明所有关于道德价值的自然主义解释都注定会失败。摩尔指出，如果用自然属性来描述道德价值是正确的，那么具有某种自然属性的行为或事态是不是道德上善的就不再是一个未决问题。也就是说，如果一个人既了解道德价值，又了解等同于该道德价值的自然属性，那么他再去追问"具有这种自然属性的行为或事态是不是善的"这样的问题就是没有意义的。这个问题将会得到解决，一个人了解了道德价值和自然属性后就不会再去怀疑具有这种自然属性的行为是不是善的了，就好比一个人了解了正方形的概念和四条边的概念之后就不可能再去怀疑正方形是否有四条边一样。但是，摩尔声称，道德价值不可能等同于何种自然属性，因为去追问"具有某种自然属性的行为是否在道德上是善的"总是有意义的。正如摩尔所说，"一个具有某种自然属性的行为是善的吗"这一问题永远是一个"未决问题"（open question）。因此，道德价值不可能仅仅是某一种或某一组自然属性。

在这里，我们可以考虑一种在摩尔同时期很流行的关于道德价值的自然主义解释：享乐主义。根据享乐主义的一种版本，道德上的善就是使净快乐最大化的属性。根据摩尔的观点，我们知道这并不能充分解释道德善的本质。因为承认某些特定的行为能使快乐最大化是很容易理解的，但我们仍然会怀疑它是不是善的。事实上，许多哲学家——包括亚里士多德和伊曼努尔·康德——都能很好地理解这个问题，并对这个问题给予否定的回答。对他们来说，显而易见的是，即便一个行为能给所有相关的人带来极度的、最大程度上的快乐，它在道德上也仍然可能不是善的。因此，道德上的善不可能仅仅是快乐的最大化。根据**未决问题论证**（open question argument），道德价值肯定比自然属性多些什么。当然，这也提出了另一个问题：道德价值比自然属性"多"些什么呢？

非自然主义与直觉主义

如果关于道德事实的判断不是关于自然事实的，那么它实际上是关于什么的呢？当我们说珠穆朗玛峰是最高的山峰是事实时，很容易指出这个事实的客观依据是山。然而，当我们考察关于道德事实的判断时，特别是考虑到它们并不以任何自然属性为基础时，我们并不清楚它们的依据是什么。什么是道德之"山"？

摩尔回答了这个问题，他坚持认为，非自然的道德属性为我们客观的道德判断提供了最终的基础。他认为，道德属性是一种特殊的客观的属性，它既不等同于也不能被还原为任何非道德属性（包括自然属性在内）。摩尔明确指出，一个关于道德属性的非自然主义者，仍然可以认为道德属性与一些自然属性或一系列属性相关。（事实上，许多功利主义者所持有的正是这种观点。）一个人持有这种观点，同时又做一个非自然主义者，只要他不采取进一步的行动，即将道德属性等同于（或者还原为）与之相关的自然属性。与道德属性与自然属性之间是否存在联系无关，摩尔认为，关键点在于道德属性是现实中的一种独特的、不可还原的属性，它对我们的行为和判断的要求至少与自然属性的要求一样多。事实上，可以说，它们对我们的行为有更多的要求，因为自然属性本身并不为任何特定行为提供规范。

20世纪初，摩尔在伦理学上对自然主义的反驳和他所提出的非自然主义，对许多哲学家产生了巨大的影响，也激励许多哲学家走上非自然主义的道路。然而，等待这些哲学家的挑战是要去解释我们是如何认识非自然的道德事实的。关于外部世界中的特定事实，我们一般是通过感官获得的。此外，我们的感官似乎只能提供关于自然属性的信息，比如大小、位置和持续时间。我们没有关于事态或行为的"善"或"正当"的感觉；因此，我们并不清楚我们是如何获知客观世界中所谓的非自然属性的。当时，对这一挑战的一个非常流行的回答是**直觉主义**（intuitionism），直觉主义假设人类具有一种把握这些非自然属性的特殊能力。直觉主义的一些支持者认为，这种特殊的能力是一种与传统的五种感官能力所不同的感官能力，它能够察觉到情境中的道德。另一些人认为，这种特殊的能力是一种理智能力，能够在非推理性的、不证自明的道德原则的基础上，揭示与行为或事物状态相联系的道德价值。不管怎样，解释我们如何认识道德属性的问题是通过假设一种认知能力来解决的，通过这种认知能力，我们可以识别道德属性。这种策略有深刻的渊源，因为它可以追溯到柏拉图的回忆说（本书第九章中讨论过），回忆说就是一种不认为知识最终来源于感觉经验，而对人类如何能够拥有知识所做的一种解释。这也是许多当代元伦理学家不太愿意接受的策略。他们默许这种策略的原因留待下一部分讨论。

道德事实的更深层基础

许多哲学家对摩尔的回答并不满意。摩尔的回答似乎更像是一种投降，而不是对道德价值的本质所做的合理解释。摩尔的元伦理学以及其引发的各种非自然主义的和直觉主义的解释,好像只是临时求助于一些非自然属性的神秘领域,然后再临时求助于一种神秘的官能去把握这种非自然属性的神秘领域,并想以此来解释存在道德事实这一信念。这种策略还有许多需要进一步解释的问题。为什么某些价值会与某些自然属性相关联?这些属性的本体论地位是什么?它们是自然实体的属性吗?如果是,自然实体怎么会有非自然属性呢?或者它们是一种完全独立的、非自然的、幽灵般萦绕于自然世界而又无法根据自然世界得以解释的实体?

有些哲学家信服于摩尔关于道德价值不可能是自然属性的论证,但他们对这种非自然主义的扩张并不完全同意,他们反对日常的道德判断表现出的所谓的客观性。比如,一种常见的观点认为,道德"判断"实际上只是行动者主观状态的表达,而这些主观状态被误认为是对世界客观特征的报告。对于一些情感主义者而言,我们日常的道德话语仅仅表达了人们对事态的情感反应,并未描述与其相关的任何事实。另一些规定主义者(prescriptivists)认为,道德话语的作用仅仅是规定或向他人推荐某些行为或事态。然而,这两派都不承认道德判断的客观性。相反,道德判断的客观性被解释为语言混乱或认知错觉。

然而,对于其他一些哲学家来说,这种对道德判断的客观性的"解释",与摩尔非自然主义和直觉主义的解释相比,同样没有什么说服力。毕竟,显而易见的是,如果我们认识其他东西,我们也同样可以认识奴役和强奸的错误性。虽然一些哲学家承认了道德事实的存在,但他们也同样意识到了摩尔式的非自然主义的神秘和临时特设性(ad hoc)所可能面临的指责。虽然他们认为摩尔的观点"道德价值是非自然的"是正确的,但这些哲学家认为他们需要关于道德价值的起源和基础的进一步解释,才能合理地接受与之相关的信念。对于持有这种观点的有神论哲学家而言,一个非常流行的方法就是从一个超越的宇宙创造者中寻找道德价值的更深层次的基础和解释。在接下来的选文中,当代哲学家马修·凯里·乔丹(Matthew Carey Jordan)对这种可能性进行了深入的探究和论证。在仔细审视了人们所说的"道德依赖于上帝"这一观点的不同含义后,乔丹捍卫了这样一种观点,即道德事实存在的最可行基础在于上帝的命令。

马修·凯里·乔丹:上帝和道德

依赖说

许多人认为宗教——或者更具体地说是上帝——和道德之间存在着某种深层次的联系。法国著名哲学家让–保罗·萨特(Jean-Paul Sartre)的名言(他错误地将之归为陀思妥耶夫斯基)——"假如上帝不存在,那么一切都是被允许的"[1]——就被当作这种常识的一

---

[1] 让–保罗·萨特,《存在主义是一种人道主义》(L'Existentialisme est un Humanisme, Bussière à Saint-Amand, France: Gallimard, 1996),第 39 页。萨特说:"陀思妥耶夫斯基曾写道:'假如上帝不存在,那么一切都是被允许的。'这是存在主义的起点。"

种表达。仅当上帝存在时，道德才有意义。有些事确实是对的，而有些事确实是错的。假如上帝不存在，也就是说我们生活在一个**无神论**（atheism）的世界中，那么我们也就生活在一个没有道德的世界中。有神论者和无神论者常常都同意：假如不存在宇宙的立法者，那么也就没有什么道德法则。更通俗地讲，道德依赖于上帝。我在这篇论文里想要讨论的很简单：这是真的吗？道德依赖于上帝还是不依赖于上帝？

让我们把对这个问题持肯定观点的说法称作"依赖说"（the Dependency Thesis）。依赖说的回答是：是的，道德确实依赖于上帝。这样我们的问题就变为：依赖说是真的吗？为了回答这个问题，我们需要先定义一下我们的概念。到底谁才是通常所说的道德所依赖的"上帝"呢？毕竟关于上帝，有许多神圣的概念，而它们之间存在着巨大的分歧，甚至在信徒当中也存在这样的分歧。在这里，我把"上帝"理解为创造了物理宇宙并维持它的存在的、具有最高能力和智慧的仁爱实体。也许，关于上帝的概念还有其他有说服力的说法，但是我在这里并不是要对它们做出裁决。这个定义应该会被大多数的宗教信徒所接受，它也表达出了那些接受依赖说的人的头脑中的关于神圣存在者的概念。

对于关键术语"依赖"的定义就不那么容易了。道德依赖于上帝中的"依赖"，到底是什么意思？人们给出了许多种答案。一些人认为，我们是在一种纯粹的实践意义上来说道德依赖于上帝的。他们认为，只有信仰了上帝，人们才能被驱动去做道德上正确的事情。然而，这有些可疑。许多无神论者也很伟大，他们在慈善事业上也慷慨地奉献自己的时间和资源，他们对他人的幸福也是真正关心的。一个人是无神论者这一事实并不能保证他是一个好人，但是一个人信仰上帝这一事实也同样不能保证他是一个好人。事实上，许多非宗教国家（比如北欧国家）的暴力犯罪率要低于许多宗教国家（比如美国）[1]。当然，这对道德本身并不能说明什么，但是它使得有神论者所持有的"如果人们抛弃对上帝的信仰，社会就会崩溃"这样的观点，变得很没说服力。

与之相关的一个观点可能更具说服力。有些人说，道德依赖于上帝是这种意思，即无神论者在做道德上正确的事情时，他们实际上犯了实践上非理性（practical irrationality）的错误。（当我们考虑做什么的时候，实践理性就会发生作用。一个人犯了实践上非理性的错误就是指他在他的审思过程中犯了某种错误。）这种想法是这样的：道德有时会要求我们为了他人的利益而牺牲自己的幸福。比如，我们会把钱捐给慈善机构，而不是拿着钱去看电影，或者买一瓶好酒，因为我们认为这样做是正确的——即便我们预想到捐款并不会给我们带来任何好处而且我们也真的很想去看电影或者喝酒。在有神论者看来，这种牺牲是有意义的。如果我们相信上帝存在，那么我们可以期望我们的慷慨从长远来看将会使我们受益；如果不是在此时此地，那么上帝会让我们在来生获得它的价值。但是，无神论者就没有这样的希望了。在一个上帝缺席的世界，你送走的钱，走了就是走了。一个明知自己将要蒙受净损失的无神论者，还要把钱捐去做慈善，这就是实实在在的实践上非理性。道德依赖于上帝，

---

[1] 详见：沃尔特·辛诺特–阿姆斯特朗（Walter Sinnott-Armstrong），《没有上帝的道德？》（*Morality Without God?*，Oxford, 2009），第 3 章。

就是说，只有在上帝存在的情况下，做正确的事情才是审慎的。否则，去想想会是怎样的吧。

在我看来，这种"依赖"概念也是行不通的，它之所以行不通，至少有两个原因：首先，尽管有神论者（而不是无神论者）可能会相信美德终有一天会得到回报，但这似乎与我们通常所理解的道德没有太大关系。举例来说，想象两名销售人员阿尼（Arnie）和巴克斯特（Baxter）。他们都是做配件销售的，而且都非常诚信。每个人都知道去找阿尼买配件，你会得到公平的交易。阿尼永远不会试图欺骗你，他会永远诚实。简言之，阿尼是值得你完全信赖的。而巴克斯特也是同样如此。当你在市场上寻找新的配件时，两个人都会是你的不二人选。

但是，阿尼和巴克斯特之间有一个有趣的区别。虽然他们二者的行为没什么差别，但是他们表现为诚信的原因却不尽相同。阿尼之所以诚信是因为他重视真理，尊重他人，认为他应当以他想被如何对待的方式去对待他人。而巴克斯特并不怎么关心真理，他认为其他大多数人都是可以轻易被玩弄欺骗的，他追求的是那些能使他的财富最大化的东西。然而，他参加了一门在线商务课程，并了解到实证研究表明诚信实际上是最好的策略；从长远来看，与客户公平交易的销售人员会比不诚信的销售人员赚得多（即使他们偶尔会在短期内吃亏）。假如巴克斯特相信他可以通过不诚信的方式赚到更多的钱，那他就会对你撒谎，但他相信的却是欺骗永远是不可能赚到更多的钱。但阿尼不会在配件方面欺骗你，是因为他认为这样做是不对的。[1]

从道德的角度看，这两种行为是不能等同的。阿尼的行为是值得称赞的，而巴克斯特的行为并不值得称赞。准确地说，是因为阿尼在决定如何对待他人时，将自身的利益置之度外。从道德上讲，巴克斯特说真话可能要比撒谎好，但是他之所以在道德上不值得被称赞是因为他所关心的只有他自己。对于那些认为仅当我们能够期望在来世得到回报时做正确的事才是有意义的有神论者而言，这确实是一个问题。一个为慈善事业奉献、说真话、守诺言等的人——换句话说，一个如果只是因为期望自己的行为能得到回报才这样做的人，他所做的事情和巴克斯特所做的别无二致。这样的人似乎完全拒绝了我们所说的"道德观"。这种观点认为，道德行为只有在一个人期望其道德行为能得到回报（或不做出道德行为会受到惩罚）时才有意义，这从根本上来说是对道德的误解。对于指责无神论者实践上非理性的有神论者来说，这是一个严重的问题。

根据实践理性来理解依赖说的第二个问题与之密切相关：重视其他的东西（不属于个人幸福的东西）超过个人幸福，这不是什么内在的非理性。我们关于道德的根深蒂固的常识观点也认为一个道德的人本应该这么做。想想那些在1961年乘坐种族混合巴士进入阿拉巴马州和密西西比州的自由乘车者们，他们知道他们可能因此遭受巨大的痛苦，甚至可能被杀害。他们这样做是因为他们更关心正义而不是自己的生命。几乎每个人都承认这是一种崇高的道德英雄主义。我们中的许多人都会考虑，在面对严重的不公时，我们是否会有同样坚强的品质。但是，不可否认的是，甚

---

[1] 康德曾用类似的例子阐述了同样的观点。参见：康德，《道德形而上学奠基》（*Groundwork of the Metaphysics of Ethics*，1836），J. W. 森普尔（J. W. Semple）英译，第6—7页。

至于那些用钢管和棒球袭击自由乘车者的愤怒的种族主义者也不可否认的是，自由乘车者们的行为与他们所秉持的价值完全一致。同时也不能否认的是，一个无神论者也可能持有与之完全相同的价值观，更关心正义而不是自身的安全。

另外两种关于依赖说的解释也很成问题，我们很快地处理一下它们。一种观点认为，道德依赖于上帝是因为它们的语义（semantics）：也就是说，像"正确""错误""善"和"恶"这样的词的意义蕴涵着宗教观念。这种观点认为，说"强奸是错误的"就是在说强奸是被上帝所禁止的（或者类似于此）。然而，这显然是错误的。即便无神论者和不可知论者不相信上帝，他们也持有同样的道德信念，他们也可以与有神论者交流这些信念。如果关于依赖说的语义解释是正确的，那么这种情况似乎就是不可能的。

对于依赖说的认识论解释也存在同样的问题。该解释认为道德依赖于上帝的意思就是，只有当我们知道上帝说了什么时，我们才知道什么是正确的、什么是错误的。与刚才考察的语义解释一样，很难将这种说法与许多无神论者似乎也很清楚地知道"不应该偷盗"或"不应该攻击无辜路人"这一事实相调和。对于犹太-基督教传统中的有神论者来说，依赖说的认识论解释是一种特别尴尬的处境，因为他们似乎需要否定圣经文本。《阿摩司书》一章和《罗马书》一章都教导我们说，存在那些对希伯来上帝一无所知的人也能知晓的道德法则。

所以说，以实践依赖、实践理性、语义依赖或认识论依赖来理解依赖说的方式，在我看来，显然都是错误的。但是，还剩下一种解释道德依赖于上帝的方式，那就是形而上学的方式。也就是说，仅当上帝存在时，道德事实才存在。假如上帝不存在，那么道德就是一场闹剧。假如上帝不存在，那么道德可能就像迈克尔·鲁斯（Michael Ruse）和 E. O. 威尔逊（E. O. Wilson）所言，仅仅"是我们的基因为了使我们合作而欺骗我们的一种错觉"[1]。我认为，这种形而上学版本的依赖说是正确的。在一个不存在上帝的世界中，没有什么是真的正确或错误的。在我们结束之前，我会解释原因的。但是，为此我需要先定义一个关键术语，那就是"道德"这个易误导人的、普通的、常识性术语。

当人们说做某件事的"道德"理由时，他到底想的是什么？我们会说这样的话："我明白你为什么想要这样做，但是你不应该这样做，因为那样做是错误的。""我们中的富有者都有义务去帮助需要帮助的人。""你应当说出真相。"等等。但我们这么说是什么意思呢？这个问题看起来很简单，但实际上很难回答。我认为思考各种道德关切的具体情境，可能会有所帮助。例如，考虑以下三种情境。

借来的书：克里斯蒂（Christy）为她的哲学课订购了一本昂贵的教科书。不幸的是，出版商出了点问题，发货要延迟两周。克里斯蒂现在就需要这本书。于是，她与在大学书店工作的唐纳德（Donald）交涉，唐纳德同意先免费给她一本。唐纳德告诉她，"当你的书寄到的时候，你再把它拿给我们，我们就扯平了。"克里斯蒂对此表示同

---

[1] 参见：《伦理学的进化》（"The Evolution of Ethics"），《新科学家》（*New Scientist*），1985年10月，第108卷，第1478期，第50页。

意，并承诺只要她的书一到，她就会这么做。然而，唐纳德并没有对这笔交易做记录，也没有向书店其他员工提及此事。一周以后，他辞职了。当克里斯蒂的书最后送到的时候，她很想在网上把它卖了；这本书至少值50美元，她也确实可以支配这笔钱。

愚蠢的错误：埃里克（Eric）是个售货员。他最近犯了一个愚蠢的错误，致使公司失去了最重要的客户。埃里克估计他的上司弗雷德（Fred）知道这个错误后，他就会被解雇。令埃里克想不到的是，弗雷德错误地将责任归咎于另一位销售人员格雷琴（Gretchen）。弗雷德把准备解雇格雷琴的计划（及其原因）告诉了埃里克。埃里克在考虑他是否应该承认这个错误是他犯下的。

假浪漫：汉娜（Hannah）想加入她大学里的一个秘密精英社团。众所周知，成为该社团的成员是毕业后取得巨大成功的一种途径。"融入"这群人实际上就保证了一生的财富、权力和影响力。然而，当她得知要入会的成员必须让某个人爱上她，然后再伤透他的心时，她犹豫了。

在每一种情境中，我们发现一个人至少会意识到两种不同的行动理由。用前面提到的术语来说，有些理由是审慎（prudential）的理由。当某件事符合你的利益时，你有一个审慎的理由去做这件事。克里斯蒂有一个审慎的理由去卖掉她多余的教科书。埃里克有一个审慎的理由让格雷琴替他的错误承担责任。汉娜有一个审慎的理由去伤某人的心。然而，在这三种情境中，其中的行动者都没有发现他们应当做的事情才是他们审慎地要做的事情。他们都意识到——几乎每个人都意识到——有些行动理由超越了个人利益。单靠出售这本书是审慎的这一事实并不能解决克里斯蒂的问题；对于埃里克和汉娜来说，也是如此。在决定做什么时，除了能增进我们自身利益之外，还有很多东西需要考虑。考虑这些问题时，我们就进入了道德的领域。

因此，我们至少可以这样说：道德包含的行动理由在逻辑上是独立于行动者的个人利益的。我认为这是道德的核心。然而，这并不是道德的全部。毕竟，我们找到一些行动理由，它们符合这种描述，但并不是道德理由。如果你和我吃饭，我负责摆桌子，我有理由把我们的叉子放在盘子的左边。这样做是一种良好的礼仪，尽管这可能会使我这样的右撇子觉得不太方便。然而，尽管我这么做的理由在逻辑上与我的个人利益无关，但是如果说是道德要求我把叉子放在左边的，则是非常奇怪的。用更专业的术语来说，逻辑上独立于个人利益是某些东西成为道德理由的一个必要条件，但不是充分条件。关于什么是道德，我们还能说很多，必然还有其他的一些东西使得道德成为人类关注的一个独特领域。

这些其他的东西是什么呢？通过仔细思考之前讨论的三种情境——通过思考克里斯蒂、埃里克和汉娜所面临的选择是什么样子的，通过想象我们可以给他们什么样的建议，通过询问我们是否会赞成某些选择而不赞成其他选择——我们可以确定出道德领域的其他独特方面。考虑一下，比方说，如果汉娜就她是否要加入秘密社团来找我们咨询，我们该如何给她提供建议？我们可能会说："你不应该这么做。这样做的确对你的事业很有好处，但事业也不是唯一重要的事呀。他们想要你去做的事情是要把一个人仅仅当作物体，一个可以用来达成你的目的的东西。这是错误的。"

我们这样说，表示我们相信其他人值得受到某种对待。人不应仅仅被当作工具来使用。此外，我们预设了汉娜能够认识到这一事实，她应该能够看到有些东西具有一些独立于其有用性之外的重要价值。在某种程度上，这只是重申了之前已经提到的观点：道德考量在逻辑上是独立于对自我利益的考量的。但我们也表达了一些别的东西。事实上，通过假设其他人值得被尊重，我们似乎承认了哲学家所说的道德的客观性。这意味我们至少应该承认这两点：

- 道德在形而上学上是客观的：一般道德原则的正确性不取决于它是否被任何特定的人或群体所承认。
- 道德在认识论上是客观的：一个认知成熟的人可以被期望认识到了一般道德原则的正确性。

需要注意的是，我（还）没有尝试为这些观点辩护。我在这里所说的是我们讨论道德问题的一般方式似乎预设了道德在这些方面是客观的。难道我们不希望汉娜能看到人们确实值得受到不同于物一样的对待吗？我们当然希望。也许这样的假设在哲学审视下会站不住脚，但这不是这里所要讨论的问题。这里的问题关注的是我们在讨论道德本身时到底在讨论什么。我的观点是，我们使用道德术语的方式——道德话语在日常生活情境下实际起作用的方式——表明我们将道德视作某种客观的东西。我们对待道德考量就好像它们是我们人类同胞可以认识到的东西一样，我们并不认为它们的合法性来自我们对它们的接受。因此，让我们这样说，道德包含的行动理由是一种客观有效的并且可以被认知成熟的人所理解和赞赏的理由。

当我们反思一个行动者明知做某事是错误的但还是做了这件事的情境时，道德理由的第三个值得注意的特征就会明了起来。例如，考虑一下"借来的书"这个情境。假设克里斯蒂屈从于诱惑把书卖了，而不是还回书店。同时，她并不认为这样做在道德上是正确的；相反，她认为她有履行诺言的道德义务，而且她无权出售那本书（确切地说，那不是她的书）。但她还是卖了书。现在考虑一下克里斯蒂可能做出的两种反应。一种可能是她感到愧疚。她违背了诺言，赚了一笔不义之财，她对自己的所作所为感到后悔。（为了让事情尽可能简单，让我们假设克里斯蒂只是在心理上有一种正常程度的愧疚。）另一种可能是她感到高兴。她为自己赚了 50 美元而激动不已，根本不在乎自己做错了什么。

我们需要注意的是这些可能的反应和行为本身之间的关系。假设克里斯蒂所做的实际上是道德上错误的事情，那么她感到羞愧和内疚则是恰当的。它们在某种程度上"符合"她的过错，而那种兴高采烈和冷漠的感觉则不符合。一个明知自己做错了而不自责的人缺了些什么。在这里，我们可以这样说：道德包含的行为理由是一种如果其不被敬重，就会产生自责感的理由。

让我们再进一步考察一下道德理由的本质。我们认为，道德包含的行动理由是特别重要的。我的意思是，在我们的审思过程中，道德考量通常被认为是非常重要的。在决定做什么时，一个认真对待道德的人往往会把道德理由视为"实践上的王牌"；假如一件事在道德上是错误的，那么无论它能带来多大好处，我们都有一个不去这样做的压倒性理由。当然，这并不是说每个人都会认真地对待道德，也不是说我们这些关心道德的人总是会做我们认为正确的事情。而是说，道德理由本身就是极其重要的行动理由。在"愚蠢的错误"这一情境中，很容易想象埃里克会这样考虑:"我不想丢掉我的工作。我不知道如果我被开除了该怎么办。但是,让格雷琴因为我的错误而被开除,那是懦弱和不诚实的。我要告诉弗雷德真相,因为这才是正确的做法。"任何认为这种想法可以理解的人都必定同意道德理由确实是重要的理由。道德在某种意义上是重要的,而其他各种关切在这种意义上大多都不重要。

最后,我们终于得出了一个关于"道德"的定义。道德是实践上理性的,它关涉这样的行动理由,即那些在逻辑上独立于行动者自身利益的、重要的、客观有效的,如果不遵守这些理由,就会感到自责的行动理由。现在让我们回到断言道德依赖于上帝的依赖说。我已经论证过,对于依赖说的许多解释都是错误的。不管人们相不相信上帝,他们都可以做道德的事,关心道德,知道正确与错误的区别,理解道德语言。但我也要指出,依赖说至少在一种极为重要的意义上是正确的:道德因其存在而依赖于上帝。如果上帝不存在,那么我们关于正确与错误的所有讨论实际上根本就无关紧要。相反,如果上帝存在,那么道德也就是真实的。我们一直所讨论的那种行动理由也就存在了。我们现在的问题变成了:为什么人们会这么想?

有神论、无神论与道德的本质

考虑一下有神论的道德观会是什么样子的。许多有神论哲学家所接受的一种普遍观点被称为**神命论**(divine command theory,简称 DCT)。根据神命论,如果一种行为被上帝所禁止,那么它在道德上就是错误的;如果一种行为被上帝所要求,那么它在道德上就是一种义务;如果一种行为既不被上帝禁止也不被上帝要求,那么它在道德上就是可选择的。根据这个观点,道德是由神的命令构成的。

神命论的吸引力很大程度上源于它可以解释为什么道德具有它所具有的那些特性。思考一下:

- 神的命令是客观有效的。上帝是否发布命令并不取决于任何特定的人或群体是否同意这一命令。
- 神的命令给予我们行动的理由。如果上帝存在,那么他就是宇宙中最高的权威。宇宙和我们都是因着他、为着他而存在的。作为他的创造物,我们有理由去做他所命令的事。[1]
- 神的命令的内容在逻辑上是独立于任何特定行动者的利益的。[2]
- 如果上帝存在,那么他不仅是宇宙的创造者,而且是一个拥有最大力量和智慧的存在,他掌控着我们个人和集体的命运,至少根据许多宗教传统,他希望所有人都繁荣。因此,服从他的命令就是非常重要的事情。
- 违背神的命令就是对一个人格(person)的冒犯;有神论者认为,上帝是一个有思想的、关系性的存在,而不是非人格(impersonal)的宇宙力量。悔恨和愧疚是对冒犯人格的恰当回应。

---

[1] 这里要指出的是,虽然我认为这种说法基本正确,但是实际情况可能要比这种简单的说法复杂得多。神的命令构成了行动理由这种观点在罗伯特·亚当斯(Robert Adams)的著作《有限的善和无限的善》(Finite and Infinite Goods,Oxford,1999)一书特别是第 10—11 章以及约翰·黑尔(John Hare)的著作《上帝的呼召》(God's Call,Eerdmans,2001)一书中有详尽的辩护。

[2] 这一陈述假设了在神的命令中,至少有一些是一般的命令,它们不仅仅是针对特定的人或群体的命令。"特殊"命令不适合用于解释基本道德事实的本质。相关问题的详细讨论,请参见罗伯特·亚当斯的著作《有限的善和无限的善》第 13、15 章。

换句话说，如果存在一个上帝，并且上帝还发布命令，那么在现实中就有一些东西支持我们的道德实践。因为发布命令的上帝是存在的，那么一个纯粹的道德事实领域也是存在的。

无神论的问题在于，在一个纯粹的物理世界里，没有什么相应的事实可以支撑我们的道德实践，并解释为什么会有道德这种东西。从无神论的观点来看，似乎有三种可能的选项来解释什么是道德以及道德的来源。

- 选项 1：一般的道德原则是不可解释的（"基础的"）、必然的真理。它们是世界的一部分，既不拥有也不需要外在于自身的东西。
- 选项 2：一般道德原则是人类社会进化的产物。与只追求自身利益的动物相比，相互合作的动物在延续基因方面更能成功。具有"道德感"的动物——也就是说，那些知道有些事情"必须"做或"不能"做的动物，那些在违反基本道德原则方面会感到愧疚的动物——会因此在达尔文所描述的斗争中比纯粹自利的动物表现得更好。
- 选项 3：一般的道德原则是人类的发明。它们使我们能够以（几乎）适合于每个人的方式来组织我们的社会生活。

但这些可能的解释都不能令人满意。

用通俗的话讲，选项 1 的难点在于，这种观点使道德变得很奇怪。无神论在当代世界的吸引力在很大程度上来自自然科学在解释物理宇宙运行方式上不断增长的卓越能力。我们对自然世界了解得越多，就越能理解物理现实的每一个"层面"是如何依赖于某个更基本的层面而存在的。科学使我们对宇宙的发展和运行有了非凡的见解，坦率地说，它能够做到这样并没有求助于诸如上帝这样的超自然力量。理查德·道金斯（Richard Dawkins）有句名言："达尔文使人们有可能成为一个有理智的无神论者。"[1] 如今，许多无神论者很乐意将这句话中的"达尔文"换成更宽泛的"科学"。

然而，一般的道德原则在所谓的"科学世界图景"中没有一席之地，这至少有三个原因。首先，科学方法不能产生出关于一般道德真理的知识。经验研究可以告诉我们重力是如何起作用的，为什么板块构造会引起地震，光在真空中传播的速度有多快等。但它不能告诉我们，是否允许把人当作物品来使用，或者何时一个人违背诺言是可以得到辩护的，或者我们是否应当总是设法为最大多数人谋求最大的利益。原则上，一阶的道德问题跟科学研究方法没什么关系。

其次，至少在一个方面上，道德原则与关于物理宇宙和逻辑法则的事实是相当不同的，并且在这一点上，道德原则显得有点独特。[2] 道德原则是规范性的：它们声称要告诉我们应当做什么，并且做这些时不要受任何我们可能拥有的目标和欲望的影响。物理和化学定律不是这样的，它们只是描述性的。它们告诉我们宇宙是如何运行的，而不是它应当如何运行。有些人会说，逻辑法则也是规范性的，因为它们告诉我们

---

[1] 理查德·道金斯，《盲眼钟表匠》（*The Blind Watchmaker*，New York：Norton，1986），第 6 页。
[2] 为了论证，我在这里假设逻辑法则在"科学世界图景"中占有一席之地，因为即便它们不是那种可以通过经验调查而发现的真理，但是它们是科学运作的必要预设。道德法则不是这样的。

应该如何思考（而不是说，描述我们实际上是如何思考的），但这一观点似乎是错误的。如果我们关心如何进行好的推理，逻辑可以告诉我们如何推理，但它不会告诉我们应当热爱真理而不是错误。"真理是值得追求的"，这种观念是一种道德观念，而不是逻辑观念。

再次，也是最后一点，道德之所以与当代无神论世界观格格不入是因为我们没有充分的理由相信，通过纯粹的自然机制进化而来的智慧生物能够进化出正确辨别作为必然为真的、一般道德原则的内容的能力。在我们这个星球上已经进化出的一些生物，在很大程度上认为同情比赤裸裸的残忍更可取。不过，进化不必总是如此。如若你认为进化必定产生具有这种信念的生物，那你就是在断言像克林贡人［Klingons，《星际迷航》(Star Trek) 中以好战和重视荣誉而著称的外星种族］这样的外星人并不是通过自然过程进化而来的。但这似乎是很荒谬的。进化确实可能产生出另外一些智慧生物，它们的道德情感可能与我们的道德情感有本质区别。有了这种可能性，无神论者就没有理由相信我们的理智能够使我们获知必然的道德真理了。简而言之，选项 1 可能可以解决上帝缺席的世界中的道德问题（在不考虑为何当一个人违反道德规范时感到自责是恰当的这个问题的情况下），但在这样一个世界里，我们没有理由去认为选项 1 是正确的。

选项 2 呢？也许一般的道德原则只是生物进化的产物。[1] 我们已经看到了这个观点的一个问题：这种对道德来源的解释似乎让道德的内容变得任意到不可接受的程度。这里还有一个很严重的担忧：一个理性的人在接受了这种关于道德起源的解释后，怎么还会认真地对待道德呢？也就是说，如果我们的道德责任感仅仅是一种有用的社会生物适应方式，那么为什么出于对它的敬重而牺牲对其他方面的关切是重要的呢？用我们之前使用的术语来说，什么能解释道德考量的重要性呢？与 50 美元相比，克里斯蒂可能更看重信守承诺；埃里克可能认为懦弱和不诚实比失业更糟糕。但他们为什么应当这样做呢？在选项 2 的视角中，如果他们更喜欢自己的幸福而不是道德的命令，他们会错失什么呢？答案似乎是，他们不会错失什么。如果一个人接受了选项 2，那么他对道德的关切可能不是实践上非理性的；但问题是，他抛弃或忽视它也不是非理性的。如果我们接受选项 2 作为我们对道德的解释，那么我们似乎削弱了道德的客观性和重要性。

在我们讨论选项 3 之前，请注意一下，有人认为有神论关于道德的解释也面临解释道德客观性的问题。这种挑战至少可以追溯到古希腊柏拉图的对话《游叙弗伦篇》(Euthyphro)。很多人认为道德如果依赖于上帝，那么它显然就不是客观的。因为如果上帝会发布非常不同的命令，那么道德的内容也就会非常不同。例如，只要上帝命令我们变得残酷，他便可以让残酷成为道德上的义务。这种对有神论伦理学的反驳是错误的，主要是因为它没有意识到，在有神论看来，上帝具有一种形而上学上的必然性。他被认为是一个本质上仁慈的存在。因此，上帝的本质限制了上帝发布

---

[1] 这是一种非常流行的观点。有趣的是，在这篇文章完成之际，哈佛大学生物学家 E. O. 威尔逊因提出进化论不能解释利他主义的起源这一观点而引发争议。如果威尔逊是对的，那么他的观点就对选项 2 提出了另一个问题。

的命令的内容。[1,2] 神命论并不意味着道德是任意的，因为上帝不是那种发布反复无常的命令的存在。[3]

无神论的选项 3 的问题与选项 2 的问题类似，你可能已经料想到了问题是什么。如果道德是人类的发明，那么从定义上来看，它就不是客观的。任何特定道德原则的有效性将取决于它是否为人类所接受，而道德的内容将以人们的情感为转移。道德就不再是与可被评估的文化态度相斥的更深层次的关切，道德反而变成了这些态度本身的内容。南北战争前的南方奴隶主、20 世纪的德国纳粹和今天腐败的非洲独裁者关于如何对待他人并没有持有错误的信念，他们只是持有了不同的信念。此外，还不清楚的是，为什么那些接受了这种关于道德本质解释的人依然还认为道德要求是特别重要的或具有约束力的。当然，依道德行事会有很多好处；凭经验来讲，好的行为对我们是有利的。但也不乏通过做坏事而使自己获利的例子。再想想之前克里斯蒂、埃里克和汉娜的情境。在选项 3 的视角下，很难看出他们做（道德上）错误的事在哪里显得愚蠢了，也很难看出他们为什么会认为道德比自己的欲望更重要。如果我们所谓的"道德"仅仅是人类的一种发明，那么它不配这个名字。

简而言之，当我们问以下这个问题的时候，我们就能很好地看到我们为什么需要一个神圣的存在者来解释道德的存在：为了容纳客观的道德责任，这个世界该是什么样的呢？我前面所讨论的那种"道德"究竟从何而来呢？说它的存在不需要解释，应该会使无神论者感到非常不舒服，因为道德事实似乎与宇宙的其他基本事实完全不同。道德不符合科学的世界图景，但正是这种科学图景促进了当代无神论的发展。我们可以试着用一种生物学或社会学的解释来把道德融入到科学的世界图景中去，但这样做会剥夺它的特性；这样做会把道德变成一些人所谓的"shamorality"，这是关于我们应该如何生活的基本原则的"穷人"版本。[4] 有神论则相反，它有足够的资源来解释道德上的正确和错误到底指的是什么，从而能以一种令人满意的方式在融贯的世界观中安置它们。

我们走到哪一步了呢？我想我已经证明了，依赖说在某种重要的意义上是正确的。如果上帝存在，那么我们就可以理解为什么重要的、客观有效的同时又在逻辑上独立于行动者自身利益的、不遵守这些理由

---

[1] 关于这个反对意见（和其他反对意见）更详细的讨论请参阅我的论文：《有神论伦理学：并不像你想得那么坏》（"Theistic Ethics: Not as Bad as You Think"），《斐洛》（*Philo*）杂志，2009 年春 / 夏刊，第 12 卷，第 1 期，第 31—45 页。

[2] 目前的讨论预设了一个将道德事实建基于关于上帝的事实之上的有神论者会接受某种形式的神命论，但值得注意的是，有神论者还有可接受的选项——比如神的态度理论（divine attitude theory）和自然法理论（可能不是相互排斥的）。这些选项不是唯意志论的（voluntaristic）。因此，道德的实质内容并不依赖于神的意志，也不会产生对任意性的担忧。

[3] 持这种观点的犹太教、基督教和伊斯兰教神学家需要将这种观点与希伯来圣经中耶和华发布的明显不公正的命令调和起来。关于这个话题的一个极好的资源，请参看保罗·科潘（Paul Copan）的著作《上帝是一个道德怪兽吗？》（*Is God a Moral Monster?*, Baker, 2011）。

[4] "shamorality"一词是由西蒙·布莱克本（Simon Blackburn）在《错误与价值现象学》（"Errors and the Phenomenology of Value"）一文中生造出的一个概念，该文出自特德·杭德里克（Ted Honderich）主编的《道德与客观性》（*Morality and Objectivity*, Routledge, 1985）。值得注意的是，布莱克本自己并没有因为"shamorality"而感到沮丧，事实上，他认为，"适当的'shamorality'就是适当的'道德化'"（第 152 页）。我大致出于以上考虑而不同意他的观点。

还会导致自责的行动理由会存在了。在这样一种意义上,道德确实依赖于上帝。如果上帝不存在,那么如此这般的理由之存在似乎便是一种幻觉;道德就真的会看起来像是"我们的基因为了使我们合作而欺骗我们的一种错觉",而不是一套我们应该忠于的真正重要的考量。

那么,我们该怎么办呢?我们将何去何从?也许无神论者能够给出的最佳答案是,对诸如正当、正义之类的概念下比较温和的断言,认识到虽然我们不可能获得"真正的""严谨的"道德,但是我们可以想出一套对于大多数人或者许多人或者一些人有吸引力的指导我们生活的原则。对于有神论者来说,这些考虑可能会成为上帝存在的道德论证的材料:如果道德需要有神论,同时道德是真实的,那么上帝也就是真实的。哪一种答案是真的呢?是相信我们生活在一个不存在上帝的宇宙中,道德只是虚幻的,还是相信道德的重要性来自上帝本身,因此上帝是存在的?还有很多有趣而重要的问题,不过,它们要留待以后讨论了。

我们现在要结束关于元伦理学的讨论了。不过,之后你在阅读关于三种主流的传统规范伦理学的对应章节时,请将我们在导论中提到的一点牢记于心。那就是,伦理学的三个不同分支——元伦理学、规范伦理学和应用伦理学——构成了一条统一的研究路径,因此,任一子领域中的任何论证和立场都可能影响到其他领域中的论证和立场。当你阅读之后章节中的规范性理论时,你应该继续思考我们在第十九章、第二十章中讨论的问题,思考幸福主义、功利主义和义务论所给出的关于人类终极的善的解释是否会使你重新评估我们在元伦理学中讨论到的各种立场。

供讨论的问题

1. 在第十二章"身心问题与人格同一性"中,我们看到了理查德·泰勒对同一论的批判,以及斯玛特用意义和指称的区别来对此进行的回应。鉴于摩尔的未决问题论证使用了与泰勒类似的策略来证明道德性质不能与任何自然性质完全等同,那么摩尔的反对者是否可以使用斯玛特的策略来反驳未决问题论证呢?

2. 为什么马修·乔丹反对"无神论者在实践上是非理性的"这样的观点?你接受他的理由吗?为什么接受或者为什么不接受?

3. 在马修·乔丹的论文中,他捍卫的是哪种版本的"依赖说"?

4. 可以使用未决问题论证去反驳乔丹的"道德事实是基于上帝的命令的"这一论点吗?为什么可以或者为什么不可以?

5. 为什么马修·乔丹反对"我们的道德原则根本上是人类社会进化的产物"这一观点?你接受他的理由吗?为什么接受或者为什么不接受?

第二十二章　幸福主义：自我实现的道德

整个道德事业都预设了我们想要成为道德的人，尽管我们可能并不确定要遵循何种道德标准，也不确定如果它们确实存在，我们如何才能认识它们，以及如何在相互冲突的道德原则之间做出抉择。这一切都是在假设我想成为一个道德的人的背景下提出的。但是，说真的，我为什么要讲道德呢，尤其是它还经常限制我获取我所欲求的东西？

古希腊哲学家柏拉图和亚里士多德对该问题做出了回答，他们声称，有道德的人要比不道德的人更幸福。因为在他们看来，按照道德标准生活是人的本性的重要组成部分，而幸福的关键就在于依照人的本性生活。因此，为了达到幸福，一个人必须考虑人是什么、人的本性是什么。根据柏拉图和亚里士多德的观点，贪吃、好斗和权力欲这些都不是人的本性。

在这方面，柏拉图比亚里士多德更进了一步，他认为，有道德的人就是理性的人，人们之所以做错误的事仅仅是因为无知。所有人都以自己的善为目标，如果他们不以善为目标，那只能说明他们错误地理解了什么对他们来说是真正的善以及如何实现它。在柏拉图看来，铁石心肠的罪犯只是一个错误地认为犯罪会带来幸福的傻瓜。如果罪犯再聪明一点，他们就会意识到犯罪生活是一种充满恐惧不安、与社会疏离、使自己孤立的生活，因此这种生活不仅不道德，而且还是一种理智上的错误选择。

对柏拉图来说，道德就是理性。

亚里士多德没有柏拉图走得那么远，但他也认识到习惯和训练在道德中所起的重要作用。亚里士多德指出，人之所以能成为有道德的人，靠的并不仅仅是关于什么才是真正符合他们长远最佳利益的计算，而是通过实践和训练，以此养成了良好的终生习惯，养成了做正确事情的长久品质。同样，罪犯不仅是愚蠢的，同时也是不幸的，其不幸在于他们在青年时期缺乏道德训练而致使自身养成了一些坏习惯。尽管如此，亚里士多德还是认为罪犯本身应该对这些坏习惯负首要责任。

道德与人的本性

这种希腊式思维方式的根源在于它的目的论视角。离开了其本性所决定的特殊功能的实现，就谈不上什么善或恶。事物的善或恶依其种类而定。那使得螺丝刀成为善的特殊德性与使得粉笔成为善的特殊德性是不同的。要想知道什么使得一支粉笔成为善的（它的德性），我们就必须知道它是什么（它的本性），而其本性又能根据其功能加以定义。粉笔是在黑板上写字的工具。请注意一下我们在这里是如何通过说明其用途或功能（用于写字）来定义其本性的。因此，一支能书写得均匀、整洁和清晰的粉笔就是善的，一支写起来太硬或太软而不能胜任工作的粉笔就是恶的。也就是说，如果它实现了它的功能，它就是善的，如果它没有实现它的功能，它就是恶的。

在第十九章"伦理推理导论"中，我们曾提到过这样一种挑战，即将目的论模型应用于人造物之外时会面临的挑战。人造物的目的和功能是明确的，因为我们人类就是为了特定的目的才制造了它们。但对于自然物，比如树木、湖泊以及人类来说，目的论的模型是否还适用就不是很清楚了，因为树木、湖泊或人类的目的和功能是什么并不十分清楚。

回答这个问题的方法之一是去追问什么是人类所特有的、与众不同的东西。什么是人类能做的而宇宙中其他生物或物体所不能做的？以这种方式来看，几个世纪以来，大多哲学家给出的答案是，人类独特的理性能力。与动物不同的是，人类能够进行反思、计算、权衡利弊、追问原因、阐述解释、能为了长期的满足而放弃短暂的享受。因此，对柏拉图和亚里士多德来说，让激情、权力或快乐主宰一个人的生活是无法实现人类的全部潜力的。对希腊哲学家来说，这样的生活是畸形的和不幸福的生活。被理性统治，让理性合理地支配我们的生活、激情和欲望，让理性帮助我们在极端之间找到平衡，也就是找到所谓的"中道"，这样才能使人性、美德、精神健康和幸福都得以实现。

道德与理性

但这种方法存在一些问题，这又使我们回到了确定什么是人的本性的困难上来了。人类有许多独特的能力（例如，我们谋杀、参与战争的潜力，以及其他一些与道德无关的能力，如笑、好奇、制造工具等），但这些能力都不如理性与道德联系密切。

此外，单单靠理性是否就会导致道德这一点同样不是很清楚。在漫长的历史中，哲学家们用"理性"这个词来描述许多奇妙而美丽的人类能力。我们很快就会看到最有趣的一点是，康德以一种独特的方式将道德与理性结合在一起。就道德被理解为对平等适用于每个人的普遍标准的承诺而言，一个有道德的人本质上必须是一个理性的、逻辑一贯的人。

在亚里士多德看来，理性与道德在另一种意义上是一致的：理性是任何道德行为的必要组成部分。一个不理智的人，即便有最好的意图，也会做出错误的事情来。假设我们认为慷慨、勇气和谦虚是人类的重要美德。这是否就意味着，理想的慷慨之人就是把他当时拥有的所有钱财都送给任何想要这些钱财的人呢？如若这样，这个人的家人和债主会怎么想？这个人是善良的还是愚蠢的？同样，我们是否会称赞那些无论困难如何都要反击的"英勇无畏"的人呢？单枪匹马攻击疯狂暴徒的人是勇敢的还是鲁莽的？显然，一个有道德的人在执行道德原则时还必须运用常识和判断。不顾情境如何，不知权衡相冲突的规则，不考虑时机和程度而盲目地追求道德规则，这本身就是盲目的。

因此，按照亚里士多德的观点，对于节制、勇敢等道德德性来说，它们都需要理性的帮助，以便达到道德行为所要求的恰当平衡。所有的希腊哲学家都强调平衡和秩序是善的生活的关键要素，这一点在亚里士多德著名的"中道学说"（doctrine of the mean）中显得尤为重要。

在接下来的阅读材料中，亚里士多德认为德性总是极端之间的平衡，比如，勇敢既避免了危险一出现就逃跑的极端，也避免了在任何危险情况下都仓促行事的极端。勇敢的人知道什么时候该抵抗，什么时候该撤退，什么时候该保持不动，他会根据情况决定自己的行动。但正如亚里士多德所说，我们的行动中的"中道"并不总是要在极端之间找到精确的中间点，而是要在理性和习惯的指引下，找到适合于当前情况的恰当平衡。

亚里士多德称赞理性及其与道德的结合，还有另外一种意思：与柏拉图观点相似，他也认为人类的理想生活是一种追求智慧的生活。人类使用自己的理智是善的，这不仅是因为对别的什么东西是善的，而且是因为实现人类本性中最独特的一面（我们的理性思考能力）的完满自足本身就是善的。

理智德性与道德德性

这种理性生活的价值被亚里士多德称之为"理智德性"（intellectual virtues），这一概念与和"中道"相关的"道德德性"（moral virtues）相对。在道德德性中，理性对于实践活动的目的是有用的，而"理智德性"则代表了理性生活本身的内在价值。

你可能会认为亚里士多德作为一个哲学家夸大了理性活动本身的价值，但我们肯定会同意亚里士多德的这一观点，即对一个人来说，理性得不到发展可能是其所遭受的最大悲剧之一。因此，对亚里士多德来说，理性不仅是道德德性的必要组成部分，也是他所说的致力于理性生活的理智德性的关键。亚里士多德对于这一点说得很正确：某事物是达成某个目的的手段，但反过来该目的又成了达成其他目的的手段，后一目的又会再成为达成另外其他目的的手段，以此类推。这个过程要么永远继续下去，要么以一个目的而告终——所有的其他东西都是为了这个最终目的，同时这个最终目的又不是其他任何东西的手段。从目的论的角度看，亚里士多德认为这就是完全自足的至善（highest good）。对此，亚里士多德会问，这种至善不是理性生活，也就是理性沉思的智慧生活，还会是什么呢？

幸福与快乐

《尼各马可伦理学》中最有意思也最有价值的部分就是亚里士多德关于幸福（happiness）的解释以及对幸福与快乐（pleasure）的区分。乍看起来，幸福和快乐这两个概念是等同的，或者是非常相似

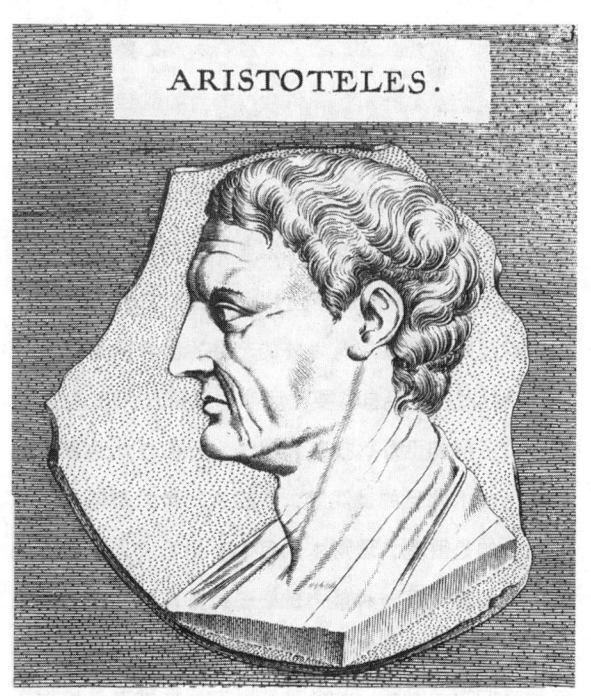

亚里士多德（前384—前322），希腊哲学家，生于色雷斯（Thrace）的斯塔基拉（Stagira）。他的父亲尼科马库斯（Nicomachus）是马其顿国王的御医。他把亚里士多德送至雅典，在那里，他与柏拉图取得联系并成为柏拉图学园的一名学员，在其间学习超过20年。柏拉图死后，亚里士多德担任马其顿国王腓力二世（Philip II）的儿子亚历山大（Alexander）的老师。亚历山大就是我们现在熟知的亚历山大大帝。公元前335年，亚里士多德回到雅典，建立了自己的学园，其成员边漫步边进行哲学讨论，由此被称为"逍遥学派"（the peripatetics）。图片来自美国国会图书馆。

的，约翰·斯图尔特·密尔（我们会在第二十三章读到他的作品）就认为幸福和快乐是等同的。但想想看：它们真的等同吗？亚里士多德指出，一方面，幸福比快乐更持久。另一方面，幸福（而不是快乐）包含了这样一种信念，即无论在生前还是死后，我们都实现了自己的目标，这些目标与我们对自己的最佳印象是一致的，并且是我们真正应该做的事情。鉴于这些原因，尽管我们可以很容易地判断自己是快乐的还是痛苦的，但我们有时却并不能确定自己是否幸福。要想知道你正在体验快乐，你只需反省一下你的感觉；但要想知道你是幸福的，就需要对你是谁、你最想要的是什么、你所做的是否最适合你自己有一个认知判断，而所有这些又都是很难认知的。正是在这种意义上，亚里士多德才能够说，幸福是人生的目的，而快乐并不是幸福生活中最重要的部分。

亚里士多德：尼各马可伦理学[1]

每一种技艺与研究都以某种善为目的，同样地，人的每一实践与抉择也以某种善为目的；基于这种原因，有人就认为所有事物都以善为目的。但是，目的与目的之间也是有所不同的，有些目的是活动本身，有些目的则是活动本身之外的产品。当目的是活动之外的产品时，产品自然要比活动本身更有价值。如今，有多种多样的活动、技艺和科学，目的自然也就多种多样；医术的目的是健康，造船术的目的是船舶，战术的目的是胜利，理财术的目的是财富。但是，有一些技艺是属于同一种能力的——比如，制作马勒以及其他相关马具的技艺都归属于骑术，骑术与每一军事行动又归属于战术，如此这般，有一些技艺是归属于另外一些技艺的。在这些技艺当中，与占从属地位的技艺的目的相比，占主导地位的技艺的目的则更被人所欲求。因为正是占主导地位的技艺的目的被人欲求的缘故，占从属地位的技艺的目的才会被人欲求。就这一点上，对于刚才提及的那些技艺来说，是活动本身作为目的，还是活动之外的什么东西作为目的，并没有多大差别。

如果在我们所做的事情当中有什么东西是我们因其自身就欲求的（其他别的东西都因它才会被欲求），而且我们并不总是因着别的事物才选择某一事物的（因为这样显然会陷入无穷，以至我们所有的欲求都会变成空洞的和徒劳的），那么这个东西就是善本身，就是至善。因此，关于这种善的知识难道不会对生活有重大影响？难道我们不会像有了靶子作为目标的射手一样，更可能命中正确的东西吗？如果真是这样，那我们就必须，至少大概地知道它是什么以及哪种学问或能力是以它作为对象的。这种至善看起来似乎是属于最具权威的技艺或最占主导地位的技艺的。而政治学似乎就是这种最具权威、最占主导地位的技艺。因为正是政治学规定了城邦应当研究何种学问，规定了哪个阶层的公民应当学习哪部分知识以及学到何种程度。同时，我们也可以看到，甚至诸如战术、理财术

---

[1] 亚里士多德，《尼各马可伦理学》，W. D. 罗斯（W. D. Ross）英译（Clarendon Press，1908）。

和修辞术等最受尊崇的能力也都归属于政治学。因为政治学使其他学科为其所用并且规定了人们该做什么和不该做什么，所以这门学科的目的就必然囊括了其他学科的目的，而它的目的也必然是属人的善。尽管这种作为目的的善对于个人或者对于城邦来说是同一的，但是获得和保持城邦的善似乎更重要、更完满。为一个人而获得这种善当然很值得，但是为了一个国家或城邦而获得这种善则更好、更神圣。讨论到这里，我们就知道我们要研究的东西在某种意义上就是政治学。

我们对政治学的讨论只要达到了它的题材所能允许达到的那种程度就够了，因为并不是所有的理论都能达到精确，就像并不是所有的手工制品都能达到同样精确一样。政治学探究的是高尚与公正，但关于这些概念有诸多差异和分歧，所以它们可能被认为是仅仅通过约定而不是出于自然而存在的。同时，善本身也常常是多变的，因为它们也会给许多人带去伤害。比如，在此之前就有人或因为富有或因为勇敢而覆灭。因此，当我们从如此这般的前提出发，去谈论如此这般的主题时，我们必须承认只能得到比较粗略的、大概的真理，当我们从基本为真的前提出发去谈论基本为真的题材时，我们得到的结论也不会好到哪里去。因此，本着同样的精神，我们应该接受每一种陈述；因为，一个有教养的人的标志就是，只在各种事物之间寻求题材的本性所允许达到的那种精确性。要求数学家只提供大致的推理，与要求修辞学家提供科学论证，显然是同样愚蠢的。

一个人如若可以在他所熟知的事物上做出好的判断，那在这些事情上他就是一个好的判断者。所以，一个在某一题材上受过教育的人才是关于这个题材的好的判断者，一个受过全面教育的人就在事物总体上是个好的判断者。因此，年轻人不适合听政治学方面的内容。因为生活中出现的行为是政治学的出发点和关注点，但年轻人恰恰对此缺乏经验。同时，由于年轻人易被情感左右，他对政治学的学习将会是徒劳而无收获的，因为政治学的目的不是知识而是行为。无论是年龄上"年轻"的人还是品质上"年轻"的人都不适合学习政治学。他们的缺点不在于没经历多少岁月，而在于他们在生活上、在追求各种对象方面都是以情感为导向的。知识对于他们来说，就像对不自制的人一样，并不能为其提供任何益处。但是，对于那些欲求和行为与理性原则保持一致的人来说，这方面的知识则能给他们带来极大的益处。

这些关于什么样的学生适合学政治学、政治学应该以何种方式研究，以及政治学的研究目的是什么的讨论，就当作我们的前言吧。

让我们再回头谈谈我们的探究吧。既然所有的知识和追求都以某种善作为目标，那么政治学的目标又是什么呢，实践能获得的至善又是什么呢？口头上大家有一个很一致的说法，无论是普罗大众还是出众精英都认为至善是幸福，并将生活优裕和行为良好视作幸福。但是，对于幸福到底是什么，他们就众口不一了，一般人的看法跟明智的人的看法就不一样了。前者将幸福等同于一些显而易见的东西，比如快乐、财富或者荣誉。但他们所说的又个个不同，即便是同一个人也常常把幸福等同于不同的东西，当他生病时，他将健康视作幸福，当他贫穷时，他又将财富视作幸福。但是，在自感无知时，他们又会对那些提出超出他们理解范围的宏论的人加以赞赏。有些思想家就认为，除了前面提到的各种善之外，还有另外一种自足的、作为其他各种善的原因的善。去考察这里所有的观点可能并不会有什么收获，只要去考察那些最流行的或者可能会有些争议的观点就够了……

我们再回到我们所寻求的善，看看它究竟会是什么。看起来，它在不同的活动和技艺当中是不同的。医术中的善与战术中的善以及其他技艺中的善都是不同的。那么，每种活动和技艺中的善是什么？它肯定是人们做每件事时所为的那个东西。它在医术中是健康，在战术中是胜利，在建筑术中是房屋，在其他领域又是其他东西，也就是每一活动和抉择中的那个目的，人们做的任何其他事都是为了它而做的。因此，如果我们所做的全部都为了一个目的，那么这就是我们的活动所能达成的一种善；如果我们所做的全部为了不止一个目的，那么这些就是我们的活动所能达成的多种善。

所以，我们不同的论证最终达成了同样的结论，但是，我们必须尝试将其说得更清楚一些。很显然的是，不止存在一个目的，并且我们由于他物之故选择了其中一些目的（比如财富、长笛以及一般的工具），所以并不是所有的善都是终极的善这一点是很清楚的。但是，至善显然是终极的。如果只有一种善是终极的，那这一种就是我们所要追寻的；如果不止有一种善是终极的，那其中最终极的那一种就是我们所要追寻的。现在，我们认为那些因自身而值得欲求的东西比那些因他物而值得欲求的东西更终极，那些从来不是因他物而被欲求的东西比那些既因自身又因他物而被欲求的东西更终极。因此，我们将那些始终只因自身、从来不因他物而被欲求的东西称为是最终极的。

相比于其他东西，幸福就是这个最终极的东西。因为我们在选择幸福时，永远只是因为幸福本身，而从来不因他物。像荣誉、快乐、理性以及其他德性，我们的确会因其自身（即便它们不能带来任何东西，我们仍然要选择它们）而选择它们，但是我们也因幸福之故而选择它们，把它们视作幸福的手段。然而，对于幸福，却没有一个人是因为他物之故，而不是因为幸福本身来选择它的。

从自足的角度思考，我们也会得到同样的结论。因为终极的善被认为是自足的。我们所说的自足不是对一个人而言的个人充足，不是说对于一个孤独生活的人是充足的，而是说对于父母、子女、妻子以及朋友、同邦人来说都是充足的，因为人天生具有社会性。但是，这里又必须做个限定，如果我们把要求扩展到我们的祖先和后代以及朋友的朋友，那就会是一个无穷的序列。然而，这个问题还是留待其他时候讨论吧。我们现在将自足的东西定义为其本身独自就可以使生活可欲并且没有缺憾的东西。因此，我们认为幸福便是如此。我们还认为幸福是所有事物之中最值得欲求的东西，是其他事物中的善所不可比拟的。如果它是这样的，那么显然再为其增添哪怕一丁点善，它就会变得更值得欲求。因为，增添的善会使它变得更善，而更善的东西往往是更值得欲求的。总之，幸福是某种终极和自足的东西，它是实践的目的。

不过，说幸福是至善似乎是老生常谈。同时，我们还需要更清楚地说明一下它到底是什么。如果我们能先确定人的"功能"是什么，我们似乎就能得到关于幸福是什么的答案了。比如说一个吹笛手、一个木匠或者一个匠师，总之他们都有一个功能或者活动。"善"或者"出色"都是归属于它的功能的，如若人也有某种功能，那"善"或者"出色"当然也是归属于其功能的。那么，我们能否认为木匠和鞋匠具有某种功能和活动，而人却没有呢？人天生就没有功能吗？或者，就像眼睛、手、足和身体的各个部分都有一个功能，难道人就没有区别于这些部分的功能之外的一种功能吗？这种功能会是什么呢？植物也有生命，我们要找的是人特有的功能。因此,让我们排除掉生命的营养和生长功能。下一个是感觉功能,但似乎马、牛等所有动物也都有感觉功能。剩下的就是那个具有理性部分的实践的生命活动了。在这种活动中,其中一部分是对理性的服从,另一部分则是对理性的持有和执行。但这种生命活动可以在两种含义上加以理解,我们在这里指的是自我实现的活动,这样理解似乎更合适。如果人的功能是一种遵循或者包含着理性的灵魂的活动,同时如果我们认为一个"怎么怎么样"的人的活动可以同一个"好得怎么怎么样"的人的活动归结为同类时,例如一个竖琴手与一个好的竖琴手的活动是同类的,在任何情况下都是同类的,那么我们就是在把"出色"的德性加到一般的功能之上(因为一个竖琴手的功能就是演奏竖琴,而好的竖琴手就是把竖琴演奏得更出色一点)。如果是这样,并且我们将人的功能视作一种生命活动,一种合乎理性原则的灵魂活动,那么一个好人就是出色地、高贵地完成这种活动的人。如果一种活动以一种合乎其特有德性的方式完成,就会被视作完成得好,那么人的好、人的善,就是灵魂合乎德性的活动,如果有许多德性,那么就是灵魂合乎最好、最完善的德性的活动。

但是,我们还必须加上"在整个一生中"这个要求。因为就像一只燕子,一日晴天,构不成春景,一个人仅有一日或短时之善,也并非拥有福祉和幸福……

有两种德性:理智德性和道德德性。理智德性主要是通过教化产生和发展的(基于这种原因,它需要经验和时间)。而道德德性则是习惯的结果,"道德"(*ethike*)这个词就是从"习惯"(*ethos*)这个词稍加改造演变而来的。因此,很明显的是,没有哪种道德德性会是天生的。因为自然不可能造就一个与其本性相违背的习惯。比如,石头在其本性上是朝下落的,它不可能被习惯改造成向上运动,即便有人把它向上抛个上万次;火焰也不可能由习惯改造成朝向下方。出于本性以某一种方式运动的任何东西都不可能被训练成以另一种方式运动。因此,我们身上产生的德性既不是出自自然的,也不是违背自然的。相反,我们从自然那里获得了接受它们的能力,又通过习惯加以完善。

另外,我们自然的、与生俱来的东西,起初都是潜能,之后我们才把它们展现在活动当中(这一点在感觉上是很明显的,我们并不是通过时常地看或听而获得相应的感官能力的,而是我们在感觉之前就有了感官能力,感官能力并不是我们在运用中获得的)。但是,德性却与之不同,我们需要先运用它们,才能实际获得德性,就像技艺的情形一样。对于那些在做之前需要先学习的事情,我们就是从"做"中"学"的。比如,人们在建筑过程中成为了建筑师,在弹竖琴的过程中成了竖琴手。所以,我们通过做公正的行为而变得公正,我们通过做节制的行为而变得节制,我们通过做勇敢的行为而变得勇敢……

然而,我们不仅要说明德性是一种品质,同时还要说明它是怎样的品质。我们可以认为,每种德性既使承载它的那个事物变得好,也会使该事物的工作完成得好。比如,眼睛的德性就既使得眼睛本身好,又使得眼睛的工作完成得好。因为好的视力可以让我们看得好。同样地,马的德性不仅使其本身好,同时也使它善于奔跑,可以让其骑手更稳当地冲锋陷阵。因此,如果所有的德性都是如此,那么作为人的一种品质的德性也既会使人本身好,又会使人的工作完成得好。

这一点我们之前已经说过了,但是,通过一些对德性的本质的说明将使这一点更加清晰。在每一种连续的和可分的事物当中，相对于事物本身或者相对于我们而言，都可以有多、少和相等。而相等处于过多和太少的中间。对于事物而言的中间，指的是与两个极端距离相等的地方。这种中间对于所有的人来说都是相同的。而对于我们而言的中间，指的是那种既不过度也非不及的适中。这种中间并不是唯一的，对于不同的人也不尽相同。比如，假如10是多，2是少，那么6就是所谓的相对于事物而言的中间。因为根据算术比例，6与10和2之间的距离是相等的。但是，相对于我们而言的中间就不是这样算来的。假如对于一个人的食量而言，10磅（约4.54千克）太多，2磅（约0.91千克）又太少，我们并不能就此认为教练将给他6磅（约2.72千克）。因为6磅对于一个人来说仍然可能过多或太少——对于米洛（Milo）来说太少，对于一个刚开始进行体育训练的人来说则过多。赛跑和摔跤也是一样的。因此，任何技艺的匠师都要避免过多和太少，而要寻求和选择这种相对于我们而不是相对于事物的中间……

因此，道德是一种关乎选择的品质，它是一种"中道"，其中道就是相对于我们而言的适中，是被一种理性原则所决定的适中，就像有实践智慧的人常做的那样。中道处于两种恶即过度和不及之间。德性之所以是中道，是因为在感情和实践中，恶要么超过了正确的度，要么达不到正确的度，而德性则找到并选择了那个中间的度。因此，就其实质和本质规定来说，德性是一种适中，但就其本身作为最好的和最正确的东西来说，它又是一种极端。

但是，并不是每一种行为和感情都有一种适中。有些行为或感情本身就意味着恶，比如，幸灾乐祸、不知羞耻、嫉妒等感情以及通奸、偷窃、谋杀等行为。这些类似的感情或行为之所以是恶的，不是因为过度或者不及，而是因为它们本身就是恶的。它们永远不可能是正确的，永远会是错误的。对于这些事情，它们的善恶不取决于是不是正确的人在适当的时间以适当的方式做了它们，而是只要做了它们就会陷入错误之中。而企图在不正义、懦弱或放纵的行为当中找到一个适中也是同样荒谬的。因为如果它们也可以找到适中，那就会有适中当中的过度和不及，以及一种过度之中的过度、不及之中的不及了。就像勇敢和节制不可能有过度与不及一样，因为适中也是一种意义上的极端。所以，我们所提及的行为也是没有适中、过度或者不及的，只要做了它们就会是错误的。因为一般而言，并不存在什么过度的适中或不及的适中，也不存在适中的过度或者适中的不及。

不过，我们不能仅仅对德性做一般的论述，我们还要将其运用到具体事实当中去。因为关于行为的论述越一般，则适用面越广，但是由于行为都是具体的，我们的论述必须与具体的事实相符，所以特殊的论述较一般的论述也会更确切。我们可以找这样一个例子。勇敢是恐惧和自信方面的适中。一个人在缺乏恐惧上的过度并没有什么名称（许多类似状态都没有名称），而在自信上的过度则被称为"鲁莽"，在恐惧上的过度、在自信上的不及都被称为"懦弱"。在快乐和痛苦方面（并不是所有的快乐和痛苦，特别是并不是所有的痛苦）的适中是"节制"，而此方面的过度则是"放纵"。在快乐上过少的人并不常见，所以这种人也没有什么名称，但让我们叫他们"冷漠"吧。

对于接受或付出钱财方面，其间的适中是"慷慨"。过度则是"挥霍"，不及则是"吝啬"。这两种人的过度和不及恰恰是反着的：挥霍的人在付出方面过度，在接受方面不及；而吝啬的人在接受方面过度，在付出方面不及。（至此，我们已经给出了一个框架或概要，对此我觉得够了。在之后我们可以做更详细的讨论。）在钱财方面还有其他一些品质，比如"大方"也是一种适中（大方与慷慨不同，前者与大量的钱财有关，而后者只与少量的钱财有关），过度了就是"无品味"或"粗俗"，而不及了就是"小气"。这与慷慨的情况不同，它们的区别我们将在后面讨论。对于荣誉和耻辱而言，"自重"是一种适中，过度了就是人们所说的"自夸"，不及了就是"自卑"。就像慷慨与大方的区别在于处理的钱财的大小上，也有一种品质与"自重"相区别，它们的区别也在于荣誉的大小上。对于小荣誉也可以有适中、过度或不及。过度地欲求小荣誉者就是爱慕虚荣的人，而在欲求小荣誉上不及的人就是无虚荣心者，而欲求适中的人则没有什么名称。

这些品质都是没什么名称的，除了爱慕虚荣的人常被称为"爱慕虚荣"外。结果，极端有时反倒占据了适中的位置，我们有时会把具有适中品质的人称为爱慕虚荣者或者无虚荣心者，有时我们称赞爱慕虚荣者，有时又称赞无虚荣心者。人们之所以会这么做的原因我们会在下面讨论，但是现在我们还是按照我们的理论谈谈其他德性。

对于愤怒而言，也存在过度、不及和适中。虽然它们几乎都没有名称，但是因为我们将愤怒适中的人称为温和的人，那么我们就把这种品质称为"温和"吧。处于两个极端的人——让我们把愤怒过多的人称为暴躁的人，他的恶就是"暴躁"；而愤怒太少的人是木讷的人，其品质就是"木讷"。

供讨论的问题

1. 你认为道德和幸福之间的关系是什么？道德的人总是幸福的吗？他们应该是幸福的吗？为什么？
2. 举出一个你自己的例子说明亚里士多德的观点：对于不同的人来说，一个行为的中道也是不尽相同的，因此在某种情境下适合一个人去做的事可能并不适合另外一个人。你接受亚里士多德的"中道是相对于个人的"这样的观点吗？为什么？
3. 你同意幸福和快乐之间存在着区别吗？假如存在，区别是什么？假如不存在，为什么不存在？
4. 亚里士多德认为，作为一种哲学研究的伦理学，伦理学研究并不是一门精确的研究，这意味着什么？
5. 亚里士多德说，"一只燕子，一日晴天，构不成春景。"这句话揭示了他的什么伦理学理论？

第二十三章　功利主义：道德取决于结果

与许多仅仅停留在理论而从未应用于现实世界接受严格考验的伦理学理论不同，功利主义一开始就是作为政治行动的一种规划出现的。功利主义运动的创始人是杰里米·边沁（Jeremy Bentham，1748—1832），立法者在考虑立法对福利的影响时，常将其著作《道德与立法原理导论》（*An Introduction to the Principles of Morals and Legislation*）当作一本指南。功利主义者在英国极具影响力，这些功利主义者对19世纪许多社会改革负有责任。边沁是詹姆斯·密尔（James Mill）的好朋友，后者的儿子约翰·斯图尔特·密尔可以说是功利主义最雄辩的代言人之一。因此，我们下面的阅读材料也是从密尔关于功利主义原则的描述中节选出来的。

约翰·斯图尔特·密尔关于功利主义基本原则的论述，我们最好全部引用过来：

> 将"功利"或者"最大幸福原则"视作道德之基础的信条宣称，行为的正确与错误，与它们促进幸福或者导致不幸的倾向成正比。幸福意味着快乐而没有痛苦，不幸福意味着痛苦而缺乏快乐。

这一观点似乎够直白了，并且它给道德所找的基础也似乎相当简单。因为功利主义所追求的善是快乐或幸福，所以功利主义算是享乐主义的一种。

对于边沁来说，快乐和痛苦是一个行为正确与否的两大标准，同时他也发现（当然，这也是其他严肃的享乐主义者的共识），要想使快乐最大化，我们有必要先去考虑一下所谓的"享乐主义的估算"（hedonistic calculus）。也就是说，你必须能够衡量出种种快乐的等级以及人们对它们的偏爱程度。边沁真的给"享乐主义的估算"制定了一些标准，但这些标准似乎都是定量的，而不是定性的。他曾说，与诗歌相比，如果推针游戏能带来同样多的快乐，那么"推针游戏和诗歌一样善"。（推针游戏是一种简单的儿童游戏。）边沁在其著作的第二版中写了几句打油诗，他认为这能很好地概括其功利主义的主要原则，诗文如下：

> 强烈、持久、确定、迅速、丰裕、纯粹——
> 要寻苦与乐，此记必在身。
> 若要为私利，遍寻此般乐；
> 若要为公益，广散此种乐。
> 凡被视作苦，便要常避之；
> 避之仍不及，防苦殃众人。

短短几行诗就概括了一个人的哲学思想，多好啊！
边沁版本的功利主义被称为享乐主义的功利主义（hedonistic utilitarianism，尽管他自己并不这么称呼它），这种功利主义引发了各方批评，其中最具打击性的是，边沁只强调快乐的数量，他的计算似乎排除掉了对可能"更高级"的快乐的计算——比如哲学推理、优美的音乐、一般的审美体验所带来的乐趣，以及其他智力上的快乐——这些快乐在质量上都优于较低级的、感官上的快乐。即便推针游戏和诗歌一样有趣，那它就真的和诗歌一样善吗？喝一加仑麝香葡萄酒就比喝一杯唐培里侬葡萄酒更好吗？身体上的快乐真的就和智力上的满足一样吗？不管它是否能带来快乐，难道追求知识不都是最重要的任务吗？简而言之，难道我们不应该在功利主义中引入某种"质"的区分吗？约翰·斯图尔特·密尔就认为应当如此，他打破了边沁对功利主义的解释，提出我们的"享乐主义的估算"不仅要有数量标准，还要有质量标准。虽然我们将会看到密尔的此种回应使其陷入了其他困境，但是这至少看似是对边沁狭隘观点的一种改进。在密尔比较著名的一段引文中，他无疑是在强调快乐的质量差别：

> 做一个不满足的人，胜过做一头满足的猪；做一个不满足的苏格拉底，好过做一个满足的白痴。白痴或猪，如若有不同的意见，那是因为他们只知道自己那一方面的问题。

约翰·斯图尔特·密尔与理想的功利主义

约翰·斯图尔特·密尔（1806—1873），有点神童气质，他似乎注定要成为19世纪最有影响力的英国哲学家之一。小约翰在家主要由其父亲教育，3岁就开始学习希腊语，8岁开始学习拉丁语。

除了关于功利主义的著作之外，约翰·斯图尔特·密尔还写了《论妇女的屈从地位》（*The Subjection of Women*，在这本书中，他反对妇女的屈从）和《论自由》（*On Liberty*，在这本书中，他赞成自由），以及逻辑学和经济学的相关著作。如上所述，密尔所提出的功利主义认为，快乐不仅有边沁所说的数量差别，同时还有质量上的差别。但他由此陷入了一个难题之中。我们如何在质量上分辨两种快乐中的哪一种更好？例如，我们如何在质量上说明喝唐培里侬葡萄酒所带来的快乐要优于喝麝香葡萄酒所带来的快乐？诗歌与推针游戏呢？听莫扎特与听米克·贾格尔（Mick Jagger）呢？学习哲学与玩填字游戏呢？密尔的回答似乎足够直截了当：去问那个同时体验过这两种快乐的人，因为这样的人能够分辨出两者之中哪一个是最好的。密尔是这样说的："在两种快乐中，如果其中有一种快乐是所有或几乎所有体验过这两种快乐的人都确定偏爱的，且这种偏爱又与任何道德义务感无关，那么这种快乐就是更值得欲求的快乐。"

边沁的享乐主义的估算

从一个人自身来考虑的话，一种快乐或痛苦的值，或多或少地取决于以下四种要素：

> 1. 它的强度。
> 2. 它的持续时间。
> 3. 它的确定性或不确定性。
> 4. 距离的远近。
>
> 这些都是在评估一种快乐或痛苦时所需要单独考虑的。但是，当我们从快乐或痛苦的行为趋向上考虑快乐或痛苦的值时，另外两种要素也需要考虑。这两种要素是：
>
> 5. 它的丰裕程度，或者说是它被同样的感觉，即快乐被快乐、痛苦被痛苦所伴随的概率。
> 6. 它的纯粹度，或者说是不被相反的感觉，即快乐被痛苦、痛苦被快乐所伴随的概率。
>
> 然而，后两者几乎不能严格地算是快乐或痛苦本身的属性。因此严格地说，在估算快乐或痛苦的值时，不必将此考虑进去。严格地说，它们只能被视为产生快乐或痛苦的行为或事件的属性，因此，仅当考虑此种行为或事件的趋向时，我们才把这两者计算进去。
>
> 这六个标准早先仅适用于个人快乐的计算。对于群体的快乐，就必须增加第七个标准——快乐的广度，即受影响的人数。边沁在列举了每一种痛苦和快乐的价值之后说："把这边的快乐的值加起来，把另一边的痛苦的值加起来。如果快乐方面的值比较大，那么这种行为就趋向于善……如果痛苦方面的值比较大，那么这种行为就趋向于恶。"

质的差别

密尔认为，经验过两种（或更多种）快乐的人自然地会更喜欢"更高级"的快乐。必然是这样吗？对于每一个曾读过或看过一些莎士比亚戏剧的人来说，如果某天晚上要在看《李尔王》（King Lear）和看电视侦探剧之间做出选择，我们公正的"裁判者"更有可能选择哪一个呢？

即便公正的"裁判者"确实一贯地偏爱更好的快乐，但这个理论仍然有一些非常奇怪的，甚至可能是矛盾的后果。我们一开始就说个人的快乐是我们行动的目标。但是，当我们把某些快乐视作在质量上优于其他快乐时，我们就引入了另外一个人，一个"专家"。由于其经验丰富，所以他能告诉我们，我们自以为能使我们快乐的东西并不是一种真正的好的快乐。记住，作为一种道德理论，功利主义要告诉我们应当做什么。功利主义的原则是我们应当做那些能带来最大快乐的事情。但是，现在我们被告知，别人比我们更能判断什么能让我们自己快乐。这样的结论似乎与功利主义的精神相矛盾，与杰里米·边沁最初的主张也相去甚远。

密尔所说的"做一个不满足的苏格拉底比做一个满足的白痴更好"中的"更好"到底是什么意思呢?"更好"意味着更善,而根据功利主义的观点,更善又意味着更令人快乐。但是,要想测量这种更好的快乐是更令人愉快的,我们就又回到了边沁的纯定量的测量。如果"更好"的意思是别的什么,那么我们似乎会将功利主义理论一并抛弃掉。这里有一个两难困境的例子,该例子我们在第二部分"关于思想的思考"中也讨论过。

$$P \lor R$$
$$P \to Q$$
$$R \to S$$
$$\therefore Q \lor S$$

P:更好意味着更多快乐。

R:更好意味着(更快乐之外的)某些东西。

Q:密尔的快乐的质量被还原为边沁的快乐的数量。

S:密尔抛弃了功利主义。

换句话说,似乎很难看出一个功利主义者如何能够合理一致地讨论高级的快乐和低级的快乐之间的质量差别。

你认为亚里士多德会如何解释这种直觉上的差异?为什么做一个不满足的人要比做一头满足的猪更好?亚里士多德肯定会说,这是因为我们是人,每种生物都必须忠于自己的本性。但密尔不可能在不放弃或不认真修改其功利主义立场的情况下接受这种论证。(想想亚里士多德对快乐和幸福的区分,而密尔似乎将二者等同了。)假设我给你一颗药,这颗药可以使你产生快乐的感觉,而这种快乐的感觉与你完成自己最想达成的目标(比如,写一部伟大的美国小说、登上山顶、环游世界或者当上美国总统)时的那种快乐是一样的,你不知道自己被骗了,并且相信这些事真的发生了。你会用这颗药去代替现实地达成目标吗?为什么会或者为什么不会?

规则功利主义与行为功利主义

我们已经讨论过**功利原则**(utility principle),或者密尔所说的最大幸福原则了。当我们说某些行为是正确的行为、它们能产生最大快乐时,我们接下来就会问,是谁的快乐?密尔自始至终都否认所追求的快乐或幸福只是个人的快乐或幸福——它应该是最大多数人的快乐或幸福。因此,"最大幸福原则"讲的是最大多数人的最大幸福。你的每一次行动都要考虑到最大多数人的福祉,这是一项重大的义务。每一次行动都必须经过最大幸福原则的检验,以确定它能产生更多的幸福,而不是更多的不幸。密尔之后的功利主义者又对功利主义做了区分,将此分为**行为功利主义**(act utilitarianism)和**规则功利主义**(rule utilitarianism)。这一区分虽然不是在密尔的时代所做出的,但这似乎是对功利主义做进一步的解释时所必须做的区分。行为功利主义是这样一种观点,即我们通过考察每一种行动是否趋向于为最大多数人带来最大幸福来评估每种行动的正确与否。规则功利主义则认为,我们使用最大幸福原则不是为了规范每一种行动,而是为了得到这样一个普遍的规则,即如果在整个社会中维持这个规则,这将会促进一般的福利,增加幸福的总量。来看一下这一区分的作用。假设你是一个行为功利主义者,想去撒一个谎。如果撒谎并没有减少别人的快乐，反而增加了你的快乐，那么根据行为功利主义原则，撒谎似乎是正确的。然而，规则功利主义者则认为，"说真话"的规则如果成为社会的普遍规则，将会促进总体的幸福，增加每个人的幸福的总量。因此，规则功利主义认为撒谎是错误的，因为"说真话"的规则才是建立在功利主义原则之上的。

功利主义的更大困难

功利主义作为一种认为行动的道德价值取决于其后果的道德理论，至今仍然存在着。然而，当代的辩护者也意识到，最原始的功利主义观点有一些比较根本性的困难。如果他们要想找到一种可行的功利主义版本，就必须先处理这些困难。这三种主要的困难如下。

公平与少数人的权利

如果我们所持有的只是最大幸福原则（"最大多数人的最大幸福"），那么，只要我们的行动对总的福祉有所贡献，我们就完全有理由依据功利主义原则剥夺少数人的基本权利。功利主义似乎没有强有力的论证去反对将奴隶制强加于小部分人而导致的对基本权利的极端否定。约翰·斯图尔特·密尔在其著作《论自由》当中强烈地反对任何对少数人的权利进行侵犯的行为。他的基本论证基于这样的观点，即如果社会的所有成员都能获得最大限度的自由，那么社会将更加和平，而一个更和谐的社会将会促进公共福利和幸福。一般来说，我们可能会同意密尔的原则。但是，假设我们可以证明如下这一点，即只有监禁了某一少数族群（例如，所有日裔），社会才能免受威胁，而且如果日裔美国人被迫以低于市场价值的价格出售其财产，社会甚至将大受其益。很难想象一个功利主义者，仅仅基于功利主义的理由，会反对这样的建议。（第二次世界大战期间，美国就或多或少地以上述理由监禁了日裔公民或居民。）我们大多数人可能都会认为说这种侵犯少数人的权利的行为在道德上是错误的，即便功利主义原则能为之提供辩护。因此，很明显，除了最大幸福原则之外，我们还需要其他一些原则，比如公平原则，或者一个承认某些行为不论带来多大幸福都仍是错误的原则。

规则冲突的问题

只要简单了解一下伦理学就可以知道，伦理学中真正困难的问题不是去制定规范行为的规则，而是去说明当各种规则相互冲突时该如何去做抉择。规则功利主义当然也不例外，当根据功利主义原则所得出的规则发生冲突时，我们需要一些方法来对这些规则进行排序，或者我们需要另一个规则来告诉我们如何选择一个规则而不是另一个规则。就像"不杀人"和"你应该保护你的祖国不受侵略"这样的规则显然会发生冲突，当它们发生冲突时，功利主义本身似乎无法告诉你如何在两者之间做出抉择。再增加新的规则来调控其他规则的应用是解决规则冲突所带来的困难的一种方法，而当代大多数功利主义版本都提供了某种为道德规则进行优先等级排序的体系。

功利主义的证明

最后，任何版本的功利主义都存在一个困难，那就是证明功利主义是正确的。在后面密尔的选文中，他在结论部分就谈及了关于证明的问题。他说:"能够证明一个物体是可见的唯一证据,是人们实际地看到了它。证明声音是可听见的唯一证据,就是人们实际地听到了它……而能够证明任一东西是值得欲求的唯一证据可能就是,人们实际地欲求它。"这说法听起来不错,对吧?也许吧,但就像密尔将质量区分引入享乐主义的估算一样,密尔这里的证明也产生了一些非常奇怪的后果。

正如我们在第二部分"关于思想的思考"中所指出的那样,按照摩尔所说,密尔的证明犯了歧义谬误。当我们说某物是可见的,意思是它能够被看见。通过类比,密尔认为,"可欲求的"意味着能够被欲求,从这个意义上说,能够被欲求的事物的充分证据就是人们实际地欲求它。但在道德语境中,这就是"可欲求的"含义吗?如果我说在骑自行车旅行中,10 速自行车是可欲求的,我的意思是在说这种自行车是能够被欲求的,还是在说它是一个人应当欲求的呢?当然是后者。如果密尔也是在第二种意义上说某物是"值得欲求"的,那么密尔就确实犯了歧义谬误。在此过程中,他忽视了心理学的事实性描述与道德哲学的规范性规定之间的重要区别。

请牢记这一点,密尔也同意这一点,即伦理学是规范性的:它告诉我们的是应当怎么做。功利主义原则告诉我们应当按照最大幸福原则行事。当密尔沿着这个思路得出合乎逻辑的结论时,最令人吃惊的事情发生了。我们可以通过罗列密尔论证中的各个步骤来更好地说明这一点:

1. 人们应当做那些促进最大多数人最大幸福的事(功利原则或最大幸福原则)。
2. 我们可以通过研究人们为获取幸福而实际所做的事来发现到底是什么产生了幸福。
3. 所以,人们应当做他们实际所做的事。

但是,道德义务的意义何在?假如我们应当做我们实际所做的事,那么道德哲学就没有提供任何东西,以要求我们以一种方式而不是另一种方式行事。无论我们做什么,都是我们应当做的。

尽管存在这些内在的困难,功利主义还是对 19 世纪英国的社会生活产生了深远的影响,并且至今仍为我们讨论道德问题提供了一个有趣的框架。各种试图修补这一理论内部困难的尝试,以及围绕功利主义原则而展开的持续争论,都表明密尔所阐明的以下观点仍然具有很强的生命力。

约翰·斯图尔特·密尔(1806—1873),英国哲学家、经济学家、社会评论家,功利主义社会运动领导者之一。密尔是个人自由和妇女平权的坚定拥护者。他的著作有《逻辑体系》(*A System of Logic*,两卷本)、《政治经济学原理》(*Principles of Political Economy*,两卷本)和《功利主义》(*Utilitarianism*)。图片来自美国国会图书馆。

约翰·斯图尔特·密尔：《功利主义》[1]

将"功利"或者"最大幸福原则"视作道德之基础的信条宣称，行为的正确与错误，与它们促进幸福或者导致不幸的倾向成正比。幸福意味着快乐而没有痛苦，不幸福意味着痛苦而缺乏快乐。为了搞清楚由这种理论所建立起来的道德标准，还需要说很多。其中，要特别说明的是，痛苦和快乐的观点中包含了哪些东西，以及在何种程度上这个问题是个尚未有定论的问题。但是，这些补充说明并不影响该道德理论所依据的那种人生理论，也就是，增进快乐和免除痛苦是唯一值得欲求的目的。所有值得欲求的东西（无论是在功利主义中还是在其他理论中，值得欲求的东西都有很多）之所以是值得欲求的，要么是因为它们中有内在的快乐，要么是因为它们是增进快乐或减少痛苦的手段。

许多人对这样的人生理论深恶痛绝，其中有些人还是怀着最可敬的情感和目的的，在这些人看来，认为生活（如这种人生理论所说）的最高目的只是快乐，快乐之外再没有什么更好的或者更高尚的对象值得去欲求和追求了，这是全然卑鄙的看法，一种只能配得上猪的学说。就像很早之前伊壁鸠鲁的追随者就被鄙视为猪一样，如今功利主义学说的支持者有时也会被德国、法国和英国的攻击者做如此不礼貌的类比。

当伊壁鸠鲁学派的人受到如此攻击时，他们总是说，把人性贬得如此低下的人，反而是那些责难他们的人，而不是他们自己。因为这些责难都预设：除了猪所能获得的那种快乐之外，人类不可能再获得其他种类的快乐了。如果这种预设是正确的，那么这种责难虽不能反驳，但也算不上一种责难了。因为如果对于人和猪而言，快乐的源泉都是一样的，那么对于一方来说是足够好的生活规则，对于另一方来说自然也是足够好的。人们之所以觉得将伊壁鸠鲁学派的生活视作一种禽兽的生活是一种贬低，那只是因为禽兽的快乐不足以说明人类的幸福概念。人类具有高于动物欲望的官能，一旦这些官能被人所意识到，那么未满足这种官能就不会被视作幸福的。事实上，我并不认为伊壁鸠鲁学派从功利主义原则所推出的理论是无可挑剔的。要达到这一点，许多斯多葛学派和基督教的成分也是需要的。但就目前所知，伊壁鸠鲁式的人生理论都认为理智的、情感的、想象的以及道德情感的快乐的价值要远高于单纯感官的快乐的价值。然而，不可否认的是，功利主义作家一般视心灵的快乐高于肉体的快乐，这主要是因为心灵的快乐更持久、更有保障、成本更小等——是因为它们所具有的外在优点而不是内在本性。在这些方面，功利主义者都进行了充分的证明，但是他们也可以采取一种更高层次的、更加融贯的观点。承认某种快乐要比其他快乐更值得欲求、更有价值，这与功利原则没什么不相容的地方。荒谬的倒是，人们在评估其他事物时都会考虑其质量和数量，而在评估快乐时却只考虑数量。

当我被问及我所说的快乐的质的差别到底指什么，或者就快乐本身而言，除了数量更大之外，是什么使得一种快乐比另一种快乐更有价值这样的问题时，我的答案只有一个。在两种快乐中，如果其中有一种快乐是所有或几乎所有体验过这两种快乐的人都确定偏

---

[1] 约翰·斯图尔特·密尔，《功利主义》，第2—4章。

爱的,且这种偏爱又与任何道德义务感无关,那么这种快乐就是更值得欲求的快乐。如果任何熟悉这两种快乐的人都偏爱其中一种远胜另一种,即便知道这一种快乐可能会带来大量的不满足也依然偏爱,也不会因为其他快乐数量巨大就抛弃这种快乐,那么我们就有理由认为这种被偏爱的快乐在质量上更占优势,在这种情况下,数量就变得相对不怎么重要了。

现在有一个不争的事实就是,对两种快乐都同样熟悉、欣赏和享受过的人往往偏爱那种运用他们的高级官能而产生的快乐。很少人会因为可以纵情享受动物性的快乐而同意自己变成低等的动物。没有哪个理智的人会同意变成白痴,没有哪个受过教育的人愿意变得无知,也没有哪个有情感和良心的人愿意变得自私和卑鄙,即便他们相信傻瓜、白痴或者无赖可能会对自己的命运更满足。他们不会为了最大程度地满足自己与傻瓜所共有的那些欲望,而抛弃自己所拥有而傻瓜所没有的东西。如果他们竟然幻想自己愿意这么做,那也只是因为他们是如此不幸,以至他们想和任何东西交换自己的命运以逃避这样的不幸,即便这些东西在他们看来一点也不值得欲求。与低等的存在物相比,拥有高等官能的存在物需要更多的东西以使自己幸福,这也意味着他们对不幸有更真切的体会,也可能在更多地方遭遇不幸。但尽管有这样一些不利,他也从来不会真正希望自己变成一种低等的存在。我们可以为这种不情愿提供自己喜欢的解释:我们可以将此归结为骄傲,但骄傲这个词被人们不加分辨地用于人类最可敬和最不可敬的情感之上;我们也可以将它归结为对自由和个人独立的热爱,这是斯多葛学派解释这种不情愿的最有效手段之一;我们也可以将此归结为对权力的热爱、对刺激的热爱,这两者也确实参与并助长了这种不情愿;不过这种不情愿的最合适

的名称是尊严感,人们拥有各种不同形式的尊严感,并且与其拥有的高级官能成比例,尽管这种比例可能并不是那么严格。同时,对于拥有较强的尊严感的人来说,尊严感成了幸福不可缺少的一部分,任何与之相冲突的事物都不可能成为或者只能短暂地成为他们所欲求的对象。任何人如若认为这种偏爱是以牺牲幸福为代价的,也就是说,在相同的环境下,高等存在者要比低等存在者不幸福,那他就是混淆了幸福和满足(content)这两个概念。毫无争议的是,存在者拥有的享乐能力越低,其享乐能力被满足的概率就越大。而一个拥有较高享乐能力的存在者则常常感觉到其所寻求到的幸福都是不完美的,就像这个世界的不完美一样。但是,如若这种不完美都是可以被忍受的,那他们会去学习忍受这种不完美,而且他们也不会嫉妒那些意识不到这种不完美的存在者,因为这些没能意识到这种不完美的存在者感觉不到这种不完美所代表的善。做一个不满足的人,胜过做一头满足的猪;做一个不满足的苏格拉底,好过做一个满足的白痴。白痴或猪,如若有不同的意见,那是因为他们只知道自己那一方面的问题。而另一方则知道双方的问题。

根据上面所解释的"最大幸福原则",终极目的——其他可欲求的东西都是为了这个目的,也正是因为这个目的,这些东西才成为值得欲求的(无论是我们考虑自己的善还是他人的善时)——就是尽量免除痛苦,并且尽量在数量和质量两方面上享有快乐。而关于快乐的质量的测定,以及有别于数量衡量的质量衡量规则,则全靠那些经验丰富的人的偏好,同时加上其自我意识和自我观察的习惯,并且最好辅以比较的方法。在功利主义者看来,人类行为的终极目的必然也是道德的标准。道德标准由此可以定义为它们是关于人类行为的规则和训诫。只要遵守这些行为规

则，那么在事物本性所允许的范围内，所有人类以及所有有感觉的生物都拥有最大可能过上以上所描述的那种生活。

论功利原则能够得到何种证明

前面我们提到，终极目的的问题是无法得到通常意义上的"证明"的。所有第一原则，即我们知识的最初前提以及我们行为的最初前提，都是无法得到推理性的证明的。但是，第一原则作为一种事实，是可以直接诉诸我们进行事实判断的官能的，也就是我们的感官和我们的内在意识。那么，在实践目的上，我们是否也能诉诸同样的官能呢？或者说，有什么其他的官能是可以认识它们的呢？

关于目的的问题，用其他话说，就是关于什么东西是值得欲求的问题。功利主义认为幸福是值得欲求的目的，而且是唯一值得欲求的目的；仅当其他事物是达成幸福的手段时，它们才值得欲求。那么，要使人们相信功利主义的这种观点，功利主义还应当具备哪些东西，应当满足哪些条件呢？

能够证明一个物体是可见的唯一证据，是人们实际地看到了它。证明声音是可听见的唯一证据，就是人们实际地听到了它。其他经验来源的证明也是如此。与此类似，我认为能够证明任一东西是值得欲求的唯一证据可能就是，人们实际地欲求它。如果功利主义自己所提出的那个目的，在理论和实践方面都不被认为是一个目的，那就不可能再用什么去说服人们相信它是一个目的了。除非每个人都相信幸福可以获得，都欲求他自己的幸福，否则我们没有什么理由去说幸福是值得欲求的。不过，我们有充分的证据、有能获得的所有可能的证据去证明幸福是一种善：个人的幸福对于个人来说是一种善，公众的幸福对于公众集体来说是一种善。幸福被视作行为的目的之一，因此它也是道德标准之一。

但是，单靠这个理由，幸福还不能证明自己就是唯一的道德标准。要证明这一点，根据同样的规则，似乎就必须说明，人们不仅欲求幸福，而且从不欲求其他任何东西。但是通俗地讲，很显然人们还欲求与幸福截然不同的东西。例如，人们对美德和免于罪恶的欲求，就丝毫不亚于对快乐和免除痛苦的欲求。对美德的欲求虽然不如对幸福的欲求那么普遍，但这也是一个不争的事实。因此，功利主义标准的反对者认为他们有权利推导认为，除了幸福之外，人类的行为还有一些其他目的，幸福并不是赞赏或者不赞赏的标准。

但是，功利主义否认人们欲求美德了吗？或者功利主义有说过美德不是值得欲求的东西吗？恰恰相反，功利主义不仅认为美德是值得欲求的，而且还认为美德本身就值得无私地去欲求。无论功利主义伦理学家对美德之为美德应该具备何种原始条件有何种见解，他们可能都认为（他们实际上也认为）有些行为和品质成为美德只是因为它们促进了美德之外的其他目的。然而，一旦接受了这种说法，并由此确定了什么是美德之后，他们就将终极美德列为终极目的的手段中的首要的善，而且他们还意识到一个心理事实，即人们很可能将美德视为一种只因自身、不因外在的其他目的而"善"的东西。他们还认为，人们要将美德本身作为一种值得欲求的东西加以热爱，即便美德在个别场合不会产生其他值得欲求的后果（它一般会产生这种后果，这种后果也是它之为美德的原因），我们也要热爱美德，只有这样，人们的心灵才是处于最正确、最符合功利、最有利于总体幸福的状态下的。这种观点丝毫没有背离功利原则。幸福的组成部分十分多样，它们作为整体是值得欲求的，但各组成部分自身也是值得欲求的。功利原则并不意味着，任何特定的快乐，如音乐，或者任何特定的痛苦免除，如健康，只有当其被视作某种幸福的集合体的手段时才是被人欲求的。它们本身就是被人欲求并且值得被欲求的。除了作为手段之外，它们本身也是目的的一部分。根据功利主义的说法，美德起初并不是目的的一部分，但它能够成为目的的一部分；在那些无私地热爱它的人中间，它已然变成了目的的一部分。在其中，它们不是作为幸福之手段，而是作为幸福之部分而被欲求和珍视的。

供讨论的问题

1. 你认为功利原则会成为一条对美国国会立法有用的指导原则吗？为什么会或者为什么不会？
2. 你认为享乐主义的估算是可能的吗？为什么是或者为什么不是？
3. 密尔认为有些快乐在质量上高于另一些快乐，对此你同意吗？或者你同意边沁所说的"推针游戏和诗歌是一样善的"吗？请为你的回答提供理由。
4. 用你自己的话解释行为功利主义和规则功利主义的区别。你更偏向于哪一种？为什么？
5. 在考察了功利主义的利弊后，你认为自己是一个功利主义者吗？请加以解释。

第二十四章　道义论：道德取决于动机

如若道德取决于结果，则至少面临两个主要问题：（1）我们并不是总能正确地预测我们行动的结果；（2）功利主义的道德标准可能会使一种基于最坏的理由而做的行动具有道德价值。有一种道德理论认为，一种行为的道德价值建基于行动者的动机之上，而不是行动结果之上，伊曼努尔·康德是这种道德理论的伟大拥护者。而我们日常的道德直觉也以一些明显的方式表明康德是正确的。

举例来说，考虑一种具有负面的道德结果的行为：开车撞死人。如果我们从结果上来评判这种行为的道德属性，我们不得不说，从法律和道德上讲，司机犯了谋杀罪。但是，如若我们把重点放在司机的动机上，那司机是不是故意杀害路人就变得至关重要了。我们对这一行为的道德评估也会有很大的不同，这主要取决于司机究竟是职业杀手，还是只是个普通公民，只不过他的车在转弯时右前轮爆胎，以致车撞向行人。在前一种情况下，我们会指控司机一级谋杀；但在第二种情况下，如若司机没有任何疏忽，那我们可能会认为这一行为在道德上没什么可谴责的。

在某些我们希望赋予其道德价值的积极行动中，如果忽视动机，我们同样有可能错过行动中的某些重要层面。让我们设想这样一种情况：有人向慈善机构捐了一大笔钱，但我们发现捐赠者通过送这份大礼实际上节省了所得税，而他对慈善实际上没有任何兴趣。相比于出于个人私利而送出的大礼，一个真正关心人类苦难减少的人所送出的小礼物似乎看起来更有道德意义。仅仅建基于结果的道德很难做出这种区分，而康德认为只有强调动机才能正确地理解道德。

善良意志

正如前面导论章节所提到的，有很多东西我们都想称之为善。但是康德坚称，只有一种善是无条件的善。此为何意？让我们一探究竟。许多善都可以用于有害的和不道德的目的。机智是一种善，但当它被一个骗子所拥有时，它会使罪犯的行为更具威胁性。财富是一种善，但是在坏人手中它可以用来威胁和毁坏。无论我们所思考的是何种善，除非它与善良意志（good will）相结合，否则它就有可能成为大恶的源头。康德说，只有一种东西是无条件的善，那就是善良意志。道德只存在于意图或动机的善之中。然而，康德所说的善良意志并不仅仅是一种渴求。如果你看到挨饿的人并对他说"我希望你能找到吃的"，这样的行为并不是出于善良意志。真正的善良意志会意愿自己竭尽全力去行动。如果你不按你的动机去行动，那你又怎么能说你的动机是善的呢？如果你努力按照你的善意行事，但你的善意却被挫败，被阻止而没能实现出来，尽管如此，你的行动仍可以说是合乎道德的。

还有一种方式来思考康德的主张,即善良意志是唯一无条件的善。对于其他所有善,都有一种可能的情况,在这种情况下,我们倾向于说:"从各方面考虑,如果不是那么善,情况会更好。"比如,一个人拥有巨大的财富、出色的智力或力量,但假设这个人只是利用这些天赋来剥削他人,那么在这种情况下,如果那个人不是那么有财富、智力或力量,情况会更好。然而,对于善良意志而言,不可能存在在某些情况下说"从各方面考虑,如果那个人不那么具有善良意志,情况会更好"是正确的。毫无疑问,康德也会承认,在某些情况下,人们可能会因为自己的善良意志而遭受可怕的不幸,也许会因为自己不屈服于周遭的邪恶而被迫害和排斥。虽然我们在这种情况下也可以合理地说,"从各方面考虑,如果一个具有善良意志的人不生活在这些堕落分子之中,或者是这些堕落分子没那么大能耐,或者他能够熟练地逃避他们的打击,情况都会更好",但是(如果康德是对的)我们在这种情况下说"从各方面考虑,如果他没有善良意志,情况会更好"却是不合理的。

出于义务而行动

按照康德所说的道德,一种真正的道德行为是一种出于义务的行为。但什么是义务呢?义务就是你意识到自己处于去做正确的事这样一种道德义务之下。一种康德式的说法是:义务出于对道德法则的敬重。但这里还有两个术语需要澄清:道德(moral)和法则(law)。让我们先谈谈法则这一概念。

通常我们认为道德行为是出于某种原则而不是出于一时的私利做出的。从这个意义上说,道德行为一般被认为是遵循普遍的规则或者法则的行为。但是,有些法则是别人强加给我们的,也有些法则是我们自己强加给自己的(如果嫌法则这一概念显得太"可怕",请用规则的概念代替)。如果我们是按照别人强加给我们的法则或规则行事的,那么我们就不可能是道德的。康德的这一观点与我们的道德直觉很相符。如果我们发现一个人被外部法则强迫或者被威胁以某种方式行事,那么他的行为的道德意义似乎就消失了。我们会同意康德的观点,即你不能强迫人们成为道德的。如果他们所依照的法则不是他们自愿接受的,那么他们行为的道德意义就消失了。康德把我们基于强加的法则而做出的行为称为"他律"(heteronomy)的行为。相反,真正的道德行为是一种"**自律**"(autonomy)的行为,"自律"的字面意思就是"自我立法"(self-legislated)。简言之,当我们按照我们自愿接受的并施加于自身的法则或规则行事时,我们就是在行道德之事。

到目前为止,我们可以看到,一种道德行为必须建立在一个自我施加的原则之上,并且我们也自愿地将其接受为行为的法则或规则。但是,我们怎么去发现这种规则?康德建议我们先问问自己,我们行为的准则(或者原则)是什么。也就是说,每当我们想要做什么事时,先陈述一下原则。他的例子是这样的,在一个人自己明知道还钱是不可能的时,还承诺会还钱。这里的准则(或者原则)似乎是,"在危难之时,我可以做虚假的承诺,而无意于遵守承诺"。康德之后说,一旦我们发现了我们的准则是什么,我们就应当问自己:是否可以使我们的准则成为一条适用于每个人的普遍法则。如果可以,那么我们的行为就是道德的;如果不可以,那么我们的行为就是不道德的。在那个对还钱做虚假承诺的例子中，如果每个人都按我们的准则行事，那么任何人想借钱就变成不可能的了。因为不可能会有人再去相信还钱的承诺了。假如当我们使我们的准则普遍化时，它被认为是自相矛盾的（也就是说，我之所以能对还钱做虚假承诺，仅仅是因为大多数人信守承诺），那么这种行为就是不道德的。

我们总结一下。康德建议进行自我分析，而这个自我分析分为两步：首先，你要发现你的行为的准则（或者原则）是什么；其次，你要问自己，你的准则是否能变成一条普遍法则。如果回答是否定的，那么这种行为就是不道德的。

假言命令与定言命令

康德把道德原则称为**定言命令**（categorical imperative）。我们可以比照**假言命令**（hypothetical imperative）这个概念来说明定言命令这个概念从何而来。这两个概念都来自康德时期的逻辑学。假言命题的形式是"如果……那么"。"如果"后面的语句是跟在"那么"之后的陈述为真所依赖的条件。"如果你想获得高分，那么你应该学习。""如果你想交到朋友，那么你应该友好些。"而"imperative"这个词的意思是"命令"（command），所以假言命令就是"如果，那么"形式的命令，这种命令基于对一个或一系列条件的认可。

按照康德的观点，功利主义就是基于这样一条假言命令的，即"如果你想给最大多数人带来最大幸福，那么……"。但是，鉴于之前我们看到的原因，康德认为道德不可以建基于对结果的评估之上。康德认为定言命令才是适用于道德的命令。

定言命令是无条件的（它不是"不确定的"），而且它自身就是道德义务的原则。一个定言命令将会这样说："不管结果如何，请说出真相。"

康德对定言命令的一般表述为："按照你同时能够意愿它成为一条普遍法则的准则行事。"这还是前面所提到的"两步走"。他还认为，定言命令是那种我们自愿施加于自身的原则，因此它是自律的。而他对定言命令的第三种定性方式与行为的目的有关。任一行为都指向某种目的（虽然对结果的计算不是道德的一部分）。如果我们能发现一些始终是道德目的的东西，我们也许能更好地看清楚何为定言命令。一种行为的最终道德目的不可能是我们自己的幸福，因为如果幸福是人生的目标，那么大强盗可能将会是最有道德的人。康德认为，有一个东西，而且仅有这一个东西，是行为的正当目的。那就是，将人（无论是自己还是他人）始终作为目的来对待。我们不应该仅仅把另一个人当作一种手段，而应该把每个人都当作值得尊重的。

虽然康德声称只有一种定言命令，但是他提出了这种定言命令的三个维度：

1. 一种行为是道德上允许的，当且仅当它所基于的准则可以被普遍化；
2. 一种行为是道德上允许的，当且仅当它是根据一个自愿施加的规则所进行的（自律）；
3. 一种行为是道德上允许的，当且仅当它将人自身作为目的来对待。

正如前面所说，康德的观点似乎很符合我们日常的道德直觉。但是，尽管如此，当我们尝试应用康德的原则时，还是会出现一些问题。例如，我们是否总是能够知道我们所遵循的准则是什么？如果我们这样做了，那么行动的结果在我们的道德考量中是否永远一文不值？为了救一条生命，我们能够撒谎吗？康德会说不能，但我们可能会认为，说谎话要比眼睁睁地看着生命逝去更可取。而且应用定言命令的抽象原则并不像康德说的那么简单。我们的道德抉择，尤其是那些困难的抉择，很少是那种善恶分明的抉择。相反，现实生活中的道德问题常常是好坏参半、善恶模棱两可的。

尽管康德伦理学有其局限性，但它毕竟为功利主义这种计算的伦理学提供了必要的修正。有些行为本身就是错误的，不管它能带来何种有益的结果。但另一方面，结果在某些时候也是重要的，在我们的道德考量中，我们不应该像康德所希望的那样去忽视它们。

伊曼努尔·康德：道德形而上学奠基[1]

在世界之中，甚至在世界之外，除了善良意志之外，根本不可能设想有任何东西可以被称作无条件的善。诸如机智、知性和判断力，以及其他精神上的才能，或者勇敢、果断、坚毅这样的气质上的属性。不管我们怎么称呼它们，毫无疑问，它们在许多方面是善的，是值得欲求的。但是，如果运用这些大自然的馈赠并由此构成自己性格的意志不是善，那么这些大自然的馈赠也可能变得极度恶，极其有害。对于那些由于幸运而得来的东西，情况也是如此。如果没有一个善良的意志去纠正它们对心灵的影响，并由此纠正行动的整个原则，以使之合于目的，那么像权力、富裕、荣誉甚至健康，以及个人生活的美满，也就是所谓的幸福也会使人骄傲，也常使人傲慢。一个无偏见的理性旁观者，看到一个没有一点纯粹的善良意志的人享受着无尽的荣华富贵，决不会感到高兴。因此，善良意志似乎是配享幸福的不可或缺的条件。

即便有些性质是有助于善良意志自身并对善良意志起促进作用的，它们也不拥有内在的无条件的价值。反而，它们总是以善良意志为前提，善良意志限制了我们对这些性质的高估，不允许人们把它们视作绝对的善。在感情和激情上的适度、自制以及冷静审慎不仅在许多方面是善的，而且它们似乎构成了人的内在价值的一部分。但是，即便它们被前人无条件地称赞，它们也远不是无条件的善。因为，如果没有了善良意志的诸多原理，它们可能会变成极度恶。一个坏蛋的冷静不仅会让他变得更危险，并且与不拥有这种品质相比，拥有这种品质会直接使他在我们眼中变得更为可憎。

善良意志之所以是善的，并不是因为它产生或者促成了什么东西，也不是因为它适合用于达成某个预期目的。它之所以是善的仅仅是因为其意愿。也就是说，它是自在的善，就其自身而言，它就被评价得比那些仅仅只能用来实现某种偏好或者全部偏好的东西要高得多。即便这个意志由于时运不济……而丧失了

---

[1] 伊曼努尔·康德，《道德形而上学奠基》，托马斯·金斯米尔·阿博特（Thomas Kingsmill Abbott）英译（Longmans, Green, and Co., 1900）。

实现其意图的能力，且它竭尽全力仍然一无所获，只剩下这个善良意志（当然不仅仅是希望，而是用尽了我们能力范围内的所有手段）：那它仍然会像一颗宝石闪闪发光，它自身内就拥有完全的价值。不管它是有用的还是无效的，这对它的价值既不能增一分，也不能减一分……

第二条命题是：一个出于义务的行动的道德价值，并不来源于其所要实现的某种意图，而在于它所被决定的准则。因此，也不取决于行动对象的实现，只仅仅取决于对象据以发生的意愿的原则，而这种原则与欲求的对象是无关的。很清楚的是，我们行动时可能具有的意图以及那些作为意志之目的和动机的结果，并不能赋予行动任何无条件的道德价值。如果道德价值不在意志所期望的结果以及相关的意志之中，那它能在什么地方呢？除了在那种不考虑行动所能达成的目的的意志的原则之中，它不可能在其他任何地方。因为意志本身处于形式性的先天原则和质料性的后天动机之间，就像站在一个十字路口一样。同时由于它终究需要被某种东西所规定，所以当一种出于义务的行动发生时，它必定被意志的形式原则所规定，而其中一切质料原则都被抽走了。

第三个命题是上面两个命题的结论，我将此表述为：义务是由敬重法则而产生的行动必然性。对于我所计划的行动的结果之客体，我虽对此有爱好，但不会对它有敬重，因为它仅仅是意志的结果而不是意志的动力。同样地，我也不会对我自己的或者他人的任何爱好表示敬重。对于我自己的爱好，我最多赞成。对于他人的爱好，如果这对我也有利，我有时可能会喜爱它。只有那种只作为原则、绝不会作为结果而与我的意志相关联的东西——它不服务于我的爱好，而是压倒我的爱好，至少把爱好从选择时的计算中排除——也就是法则本身，才能成为敬重的对象，进而成为诫命。因此，出于义务的行动必须完全排除爱好的影响，并连同排除意志的一切对象，从而只留下能够规定它的客观上的法则，以及主观上对这条实践法则的纯粹敬重。因此就有了这样一条准则（maxim）[1]：即便需要抑制我的全部爱好，我也要服从这一法则。

因此，一种行为的道德价值并不在于它的预期结果，也不在于任何需要从这种预期结果中寻求动机的行为原则。因为这些结果——使自己境况的满意，甚至改善他人的幸福——都可以从其他原因中产生，对此并不需要一个理性存在者的意志。但最高的、无条件的善只能在这种意志中找到。那种我们称之为"道德"的首要的善只能由法则的表象本身构成，而这法则的表象只有对于理性存在者才是可能的。正是这种表象，而不是预期结果规定了意志。这种善已经存在于根据法则行事的人格之中，我们不可首先在结果里期待它。

但是，何种法则，在不考虑任何可能由之产生的任何预期结果的情况下，其表象本身就可以规定意志，就可以使意志绝对地、无限制地被称为善呢？既然我已经从意志里去除了一切可能从遵循某一法则而使它产生的冲动，那么就只剩下一般行为的普遍合法则性了。只有这种普遍的合法则性才能作为意志的原则，也就是说，我绝不应当以其他方式行事，除非我能够意愿我的准则应当成为一条普遍的法则。在这里，如

---

[1] 准则是意愿的主观原则。客观原则（也就是说，在理性能够完全主宰欲求能力的前提下，也能在主观上当作一切理性存在者的实践原则的那种原则）是实践法则。

果义务不是一个空洞的幻想或者妄念，那么只有那不以用于某些行为的特殊法则为基础的、一般的合法则性，才能成为意志的原则，而且也必须成为意志的原则。而普通的人类理性在其实践判断中也完全与此一致，并且在任何时候都着眼于上面所提到的原则。比方说这样一个问题：当我处于危难之时，我可以做出一个不打算履行的承诺吗？我很容易就可以区分这个问题所可能具有的两种不同意义：做一个虚假的承诺是不是审慎的？或者说，这么做是不是正确的？我们常遇到第一种情况。但是，我很清楚地认识到，要摆脱当前的困境，仅仅依靠这种借口是不够的。我们还必须考虑的是，这种谎言可能会带来的后续的麻烦是否会比当前我要摆脱的这个麻烦更大。而且不管我多么精明，我也难以预见这些后果。但一旦我失去信誉，那可能会有更多的不利，这些不利可能要比我现在想要规避的所有的祸害大得多。我们要考虑的是，按照普遍的准则行事，并且养成除非有意遵守否则就绝不做承诺的习惯，是不是更审慎的选择？但是在我看来，很清楚的一点是，这样一个准则仍然只是基于对结果的担忧。而出于义务的真诚与这种出于对不利结果的担忧的真诚是截然不同的。因为在第一种情况下，行动的概念本身就已经包含了一种为我设立的法则；而在第二种情况下，我必须顾盼他处，看看它会带来怎样的对我有影响的结果。此外，如果我背离了义务的原则，那这毫无疑问是恶的；但如果我背离了审慎的准则，那这对我可能有好处，尽管遵守这一准则可能会更安全。为了更简洁明确地找到"做出一个虚假的承诺是否合乎义务"这个问题的答案，我就问我自己：你愿意你的准则（通过一个虚假承诺使自己摆脱困境）被视作一个对自己和他人都同样有效的普遍法则吗？我难道真的会对自己说，如果任何一个人处于无法以其他方式摆脱的困境之中时，他就可以做出虚假的诺言吗？在反问自己之后，我马上会意识到，虽然我可以意欲撒谎，但我绝不会意欲撒谎成为一条普遍的法则。因为依照这条法则，任何承诺都将不复存在。之所以会这样，是因为对于那些不再相信别人关于未来所做的虚假承诺的人来说，你再去虚假地对自己未来的行动做承诺就会是徒劳的了，即便他们轻信了，他们也会以同样的方式回敬你。因此，一旦我的准则变为一条普遍的法则，就必定会摧毁自身。

因此，不需要多大的远见卓识，我就可以认识我该做什么，以便使我的意志能够在道德上是善的。当不谙世事或无力应对突发事件时，我只需问自己：你愿意你的准则成为一条普遍的法则吗？如果不愿意，那就必须拒绝这条准则。这并不是因为它可能对自己或他人带来不利，而是因为它不能作为一条可能的普遍立法的原则。同时，理性要求我对这样的普遍立法给予直接的敬重。虽然我尚不清楚这种敬重的基础是什么（哲学家们可以来研究），但我至少这样理解：它是对这样一种东西的敬重，这种东西的价值远超一切由爱好而被称赞的东西的价值。同时，义务是由那出自对实践法则的纯粹敬重的行动的必然性所构成的，在义务面前所有其他的动机都要让步，因为它是一种自身就是善的意志的条件，而这种意志的价值超乎其他一切东西……

现在，命令要么是假言的，要么是定言的。前者将一个可能行动的实践必然性视作达成人们所欲求（或者至少可能欲求）的东西的手段。而后者则将一种行动视作自身就是客观必然的，与其他目的没什么关系的。

因为每一个实践法则都把某种可能的行动视作善的，因此对于一个在实践上被理性规定的主体来说，所有的命令就都是一种公式，一种必然地按照某种善良意志的原则来规定行为的公式。如果该行为仅作为他物的手段才是善的，那么这个命令式就是假言的；假如该行为自身被视作善的，同时作为自身就合乎理性的意志的原则，那么这个命令式就是定言的……

然而，还有一个目的，可以在所有理性存在者（就其作为有依赖性的存在者而言，命令式也适用于它们）那里被预设为现实的，由此，就有一个意图，这种意图不只是他们可能具有的，更是他们根据其自然必然性而全部都会具有的意图。这种意图就是对幸福的意图。那种把行动的实践必然性表象为增进幸福的手段的假言命令，是实然的。人们不应该把这种命令仅仅视作对某种不确定的、或然的意图来说是必然的，而应该同时把它视作对确定地和先天地在每个人那里都预设的意图来说也是必然的，因为这属于人的本质。在最狭隘的意义上，人们可以把在实现他自己最大福利的手段的选择上的那种熟巧称为"审慎"。因此，关于实现自己幸福手段的选择命令，也就是审慎的规范，就还是假言的。这种行动并不是出自绝对的命令，而只是作为达成其他意图的手段才被命令要求的……

最后，有一种命令，它不以其所能达成的任何意图为条件，而是直接命令某种行动。这种命令就是定言的。它不关心行动的质料以及行动的结果，它只关心行动自身的形式和原则。行动中的本质的善在于其心理意向，而结果与之并没有什么关系。这种命令可以叫道德的命令……

当我设想一个假言命令时，一般而言，在将条件给予我之前，我并不知道它将包含什么内容。但如果我设想一个定言命令，那么我立即就能知道它所包含的内容。因为定言命令除了包含法则之外，就只剩下符合这条法则的那个准则[1]的必然性了。但是，法则却不包含限制自身的条件。所以，除了行为准则所应与之符合的那个一般法则的普遍性之外，便什么也没有了。

因此，定言命令仅有一个，那就是：你要按照那种你同时也能意愿它成为一条普遍法则的准则去行动。

现在，如果将这条命令作为义务的所有命令的原则，并能从中推导出义务的所有命令，那么我们至少可以说明我们由义务这个概念想到了什么，以及这个概念意味着什么，尽管我们暂且还不能确定所谓的义务是否只是一个空洞的概念。

由于结果据以产生的法则的普遍性构成了最普遍意义上（按形式）被称作自然的东西，因此，就事物的存在是被普遍的法则所规定的这一点而言，义务的命令也可以这样表述：你要这样行动，就像你的行动准则应当通过你的意志成为一条普遍的自然法则一样。

现在我们将列举几种义务，同时按照通常的划分方式将它们划分成：对自己的义务和对他人的义务，完全的义务和不完全的义务。[2]

---

[1] 准则是行动的主观原则，实践法则是行动的客观原则，两者必须区别开来。前者包括被理性所规定，并与主体的条件（通常是主体的无知和爱好）相一致的实践原则。所以，它是主体据此行动的原则。而法则则是一种对于一切理性存在物都有效的客观原则，它是行为应当遵从的原则，也是一个命令。

[2] 这里必须要指出的是，对于义务的划分，我将它留到未来的《道德形而上学》，而此处我给出的划分只是一种随意的划分（只是为了安排我的例子）。另外，我所理解的完全的义务不允许有任何有利于爱好的例外。同时不仅有外在的完全的义务，还有内在的完全的义务。这种理解与学院中的理解正好相反。但在这里，我并不想为此辩护，因为人们赞同我的观点与否，对我的意图并没有什么影响。

1. 一个人，由于一连串的不幸而陷入绝望之中，感到生无可恋。但此时他还保有些许理性，他还能反问自己，结束自己的生命是否违背他对自己的义务。现在他要考察一下他的行动准则是否可能成为一条普遍的自然法则。他的准则是：如果漫长的生命只会带来痛苦，而不是满足，那我出于自爱可以把缩短自己的生命作为原则。现在要问的是，这条出于自爱的原则是否可以成为一条普遍的自然法则。此时我们可以立刻看出，一个自然系统，如果其法则是这样的，即出于一种本质上提升生命的情感来破坏生命，那么这条法则就是自相矛盾的，这样的自然系统也是不可能存在的。因此，这条准则不可能作为一条普遍的自然法则而存在，因此，它与义务的最高原则相冲突。

2. 另一个人，发现自己被迫无奈，不得不借钱。他知道自己将无法偿还这些钱，但他也知道，除非他承诺在一定期限内肯定还钱，否则他就什么也借不到。他想去做这个承诺，但他也良知未泯，他反问自己："以这样的方式摆脱困境是不被允许、违背义务的吗？"假设他最终还是决定这么做了，那么他的行动准则可以表述为：当我认为自己需要钱时，我会去借钱并承诺偿还，尽管我知道自己永远也不会偿还。这样一个自爱原则或者自利原则可能与我将来的全部福利相一致，但现在的问题是："这样做正确吗？"我立刻就知道这样一个原则不可能作为一条普遍的自然法则，它必定会自相矛盾。因为，如果它成为一条普遍法则，每个人在困难之中都去做一些不打算履行的承诺，那承诺自身就变得不可能了，人们在做承诺时想要达成的目的也因此变得不可能，因为没有人会相信他人所做的任何承诺了，他只会对这种徒劳的假装加以嘲笑。

3. 第三个人，他发现自己有一些天赋，只要稍加培养就能使自己成为在许多方面都有用的人才。但是，他发现自己所处环境舒适，自己并不愿意下功夫去扩展、提高自己幸运的自然禀赋，而只愿沉溺于享乐之中。然而，他问道：他的这种忽视自然天赋的准则，除了与他沉溺享乐的爱好相符合以外，是否还同所谓的义务相符合？他之后看到，虽然自然体系根据这条普遍法则照样能存在下去，哪怕人们（像南太平洋的岛民一样）荒废天赋，只想将生命用于游手好闲、寻欢作乐和种族繁衍，一句话来说，也就是用于享乐。但他并不想让此成为一条普遍的自然法则，或者将此像自然本能一样植入我们自身。因为，作为一个理性存在者，他必定意愿自身的能力得以发展，而之所以要这样是因为这些能力都是为了各种可能的意图而被赋予给他，为他服务的。

4. 第四个人，处境无忧，但他看到别人不得不克服艰难困苦，而自己又能帮他们一把时，他想："这跟我有什么关系？就让每个人听天由命，或者自我救赎吧；我不能从他那得到任何东西，我更不会嫉妒他，我根本不想为他的福利出一点力，也不想去为他的困苦提供一点帮助！"现在，如果这种想法成为一条普遍法则，毫无疑问，人类还是会很好地存活下去。甚至要比这样一种境况——每个人都奢谈同情和好意，甚至尽量将其付诸实践，但与此同时，只要可能，他们就欺骗人，就出卖他人的权利或者以其他方式侵犯别人的权利——要好一些。尽管根据那条准则而来的一条普遍的自然法则可能存在，但要意愿这一原则作为自然法则处处有效则是不可能的。

因为一个决心这样做的意志，会是自相矛盾的。其原因在于，在许多情况下，人还是需要他人的爱和同情的，但凭借这样一条出自他自己的意志的自然法则，他就将自己获得帮助的全部希望都剥夺了。

这是一些真实的义务，或者至少我们将此视作真实的义务。这些义务显然符合我们之前提到的两类划分原则。我们必须能够意愿我们行动的准则成为一条普遍法则。通常来讲，这就是对行动进行道德评价的标准。有一些行动具有这样的特征：它们的准则不可能被无矛盾地设想为普遍的自然法则，我们也就不可能意愿它们成为一条普遍的自然法则。在另外一些行动那里，就不存在这种内在的不可能性，但是我们仍然不能意愿它们的准则被提升到具有自然法则的普遍性，因为这样的意志将会自相矛盾。显而易见，前者违背了严格的或狭义的（不容动摇的）义务，而后者违背了较为宽泛意义上的（值得称赞的）义务。这样就完备地说明了从义务的本质上（而不是行动的客体）来说，全部的义务是如何依赖于同一个原则的。

供讨论的问题

1. 在关于行动的道德价值究竟是取决于动机还是结果的持续争论中，你站在哪一方呢？为什么？
2. 康德认为道德命令必须是定言命令，你认可这种观点吗？请为你的回答提供理由。
3. 康德声称唯一的无条件的善是善良意志，你认可吗？如果认可，请为你的回答提供辩护。
4. 你认为定言命令与耶稣的"金规则"是类似的吗？请解释。
5. 你认为康德伦理学主要的优点和缺点各是什么？

伦理学的近期发展

应用伦理学

在哲学的所有领域中，没有哪一个像伦理学这样正经历着如此的动荡。应用伦理学最初只包括商业伦理学和医学伦理学，而现在它已经扩展到各种领域，比如新闻伦理学、计算机伦理学和环境伦理学等。在这个世界里，哲学家仅仅聚集在学术院所之中，这些学院的生死取决于入学人数和学生学时的多少。有些人认为，应用哲学只是增加入学人数，是让哲学家们维持生计的一种方式。这种批评恰合康德的看法，即哲学的事业应该只是去发现和阐释基本的伦理原则。而这些原则的应用则不是哲学要做的工作，尽管康德也没说清楚这应该是谁的工作。

相反，应用哲学的支持者认为，自苏格拉底以来的很多哲学家都将哲学应用到广泛的话题之上（比如，在

"公民不服从"和"言论自由"这些话题上体现得最明显)。启蒙运动的哲学家如果不把哲学概念应用到现实问题中,那他们支持政府的社会契约论时,又是在做什么呢?哲学家们还认为,面对学生将在商业或者专业领域遇到的棘手的伦理问题,他们比任何学科都更有能力帮助学生处理这些问题。

德性伦理学的复兴

还有一个近期的发展就是,出现了几种新的伦理学理论,这些理论声称要取代或补充过去两百年来占主导地位的伦理学理论,即功利主义和康德的道义论。其中最重要的是**德性伦理学**(virtue ethics)。

德性伦理学是对西方哲学中最古老的伦理学理论的一种复兴。它在公元前 500 年到公元 500 年这一段古老的时期内尤为显眼,它从亚里士多德的幸福主义中汲取了许多灵感。20 世纪复兴德性伦理学的潮流主要是由阿拉斯戴尔·麦金太尔[Alasdair MacIntyre,代表作为《追寻美德:道德理论研究》(*After Virtue: A Study in Moral Theory*)]、G. E. M. 安斯康姆[G. E. M. Anscombe,代表作为《宗教、哲学与道德论文集》(*Essays on Religion, Philosophy and Ethics*)]和菲利帕·富特[Phillipa Foot,代表作为《美德与恶行》(*Virtues and Vices*)]所引领的。自 1500 年以来的大多数伦理学理论,主要是康德主义和功利主义,它们认为,伦理学的首要任务是为行为制定规则并为这些规则辩护。而德性伦理学则认为道德理论的作用在于完善人性,帮助个体成为健全发展的人。做正确的事和做一个好人,哪一个更重要?显然这两者是相关的,一个好人通常会做正确的事,而一个通常做正确的事的人会被认为是一个好人。但是,这里有一个显著的区别,一个好人会想去做正确的事,而不是勉强去做正确的事。这就是德性伦理学的立场。

德性是一种稳定的品性或倾向。比如,玻璃有易碎的倾向。这并不意味着玻璃会不断地、自发地破碎,而是说仅当它掉在一个坚硬的表面上时,它会被打碎。与此类似,一个诚实的人也不是说一天二十四小时时时刻刻都做诚实的事,而只是说他时常会做诚实的事。这当然需要常年的实践和规训。一个人不可能天生就有德性,德性是训练而来的。在这种意义上,一个有德性的人是这样一种人,他已将行为的规则和标准完全内化,以至他实际上想要去做正确的事。(孔子曾说过:"七十而从心所欲,不逾矩。")因此,德性伦理学更关心的是如何去培养能够引导善行的好习惯和好品性,而不是去寻找一套人人都要遵守的关于善的行为的规则。

德性伦理学与其他近现代伦理学理论的另一个大的区别在于,康德主义和功利主义讨论的是最一般的道德品质(善的、做正确的事),而德性伦理学则更偏向于讨论特殊的德性,比如,诚实、勇敢、勤劳、富有同情心等。当我们谈论德性时,我们通常要么是指某一特定事物的独特品质(比如,松节油的德性),要么指的是更特别的、人类所具有的某种特殊品质(不管这种品质到底是什么),要么指的是比之更特别的、被不同社会所接受的社会行为规范。在最后一种意义上,不同的文化和社会会有不同的德性。古希腊重视勇敢、节制、智慧、正义这些德性。在中世纪,基督徒又增添了爱和仁慈这样的德性。而古代中国则重视仁、义、礼、智。这些德性并不矛盾,它们只不过是由不同的社会文化生发出来的而已。

伦理学理论通常试图为善与恶、对与错建立一种普遍的、跨文化的标准,因此德性伦理学要试图证明特定社会之下的特殊德性实际上也是普遍的。也就是说,通过恰当地分析,就可以证明它们对于人类本性的发展都是必不可少的。比如，柏拉图曾试图证明为了获得成功和幸福，人类必须变得正义。因此，对于柏拉图来说，正义就不仅仅是偶然被希腊人所接受的行为规范，相反，它对于任何一个想要充分发展的人来说都是必要的。与之类似，中国早期儒家代表人物孟子认为人天生就有对仁、义、礼、智的欲求，因此这些德性也不是中国人独有的，它们是对我们全人类的本性的普遍表达。这些例子表明，德性伦理学不仅促使人们重新审视古希腊的伦理学理论，同时通过强调在这些主题上的共性，他们也发现了西方与非西方文化思想体系之间的关联之处。

女性主义关怀伦理学

最近，伦理学中存在另一种新思想，即女性主义关怀伦理学。每当一种新的理论，比如女性主义关怀伦理学，第一次出现在具有2000多年历史的哲学之中并成为其中一个分支时，我们都要问这样一个有趣且重要的问题：为什么现在才出现？为什么之前没有出现呢？之前从未出现过**女性主义伦理学**（feminist ethics）或者更一般的女性主义哲学的一个原因是，直到最近，才出现了一些女性哲学家！除了几个有名的例外之外，比如，亚历山大里亚的新柏拉图主义者希帕提亚（Hypatia），17世纪哲学家洛克的密友、与莱布尼茨保持哲学通信的达玛丽斯·马沙姆（Damaris Masham），公爵夫人索菲娅（Duchess Sophia），同样与莱布尼茨有过通信的西蒙尼的帕兰坦伯爵夫人（Countess Palatine of Simmern），《最古老和最现代的哲学原理》（*The Principles of the Most Ancient and Modern Philosophy*）的作者安妮·康韦（Anne Conway），18世纪末主张将"男性权利"的学说扩展到"女性权利"之上的女性主义者玛丽·沃斯通克拉夫特（Mary Wollstonecraft），直到最近，女性才能随意进入法律、医疗和学术领域。当女性真的成为专业哲学家之后，她们许多人发现，整个哲学史不仅是由男性写就的，而且是以一种男性视角写就的。这种男性主导造成的一个后果就是，女性主义视角从未被允许出现过。随着女性主义认识论、**女性主义神学**（feminist theology）和宗教哲学、女性主义美学、女性主义科学哲学以及女性主义伦理学的诸多书籍和期刊论文的出版，这种状况发生了改变。

这种发展引发了一个极具争议的问题：男性和女性在心理、个性和智力方面是否存在根本差异？如果存在，这些差异是由自然（遗传）还是后天培养（社会化）造成的呢？就这一问题，女性之间的意见也不统一。一百多年来，女性认为，提高女性权利的最佳方式是强调男性和女性在根本上是相同的，其言外之意是，在任何专业领域，女性都可以同男性做得一样好。因为所有生理上的差异与一个人在医生、教师、律师或经理岗位上的表现是无关的。然而，最近有一些女性开始认为，男女之间是存在天生的差异的，但这并意味着女性在基因上就处于劣势。相反，这种观点认为，总的来说，女性具有一些积极的、宝贵的、对社会有益的特征，而男性则通常缺乏这些特征。

女性主义视角下描画的那些特征主要是，与男性相比，女性更有爱心，更在意人际关系的建立和维持，直觉力更强。但当我们考察这些特征时，我们可能会认为这些差异大部分还是社会化的产物，是数万年来各地的女性主要承担家庭主妇和看护者的角色所造就的结果。如果这些差异是由于在传统上和历史中，人们于家庭和学校里对待女孩的方式造成的，那么我们可以期望，随着女性在社会中的传统角色的变化，这种情况也将得以改变，即使这种改变是很缓慢的。无论男女差异是先天的还是社会化的产物，女性主义视角都会在社会互动中占据一定地位。正如弗吉尼亚·赫尔德（Virginia Held）在《女性主义道德》（*Feminist Morality*）中所指出的那样，家庭私人领域的道德需要被添加到政治和工作场所等更为公共的领域之中。

从许多方面来讲，女性主义伦理学是从卡罗尔·吉利根（Carol Gilligan）的作品《不同的声音》（*In a Different Voice*）发展而来的。在吉利根还是一名心理学研究生时，她参与进行了由其老师劳伦斯·科尔伯格（Lawrence Kohlberg）[著有《儿童心理学和儿童教育》（*Child Psychology and Childhood Education*）]所设计的测试年轻人道德发展水平的实验。在让·皮亚杰（Jean Piaget）之后，科尔伯格提出了人类道德发展的层级结构。例如，比较低级的道德是一个人只会做习俗上正确的事情，以便获得奖励和避免惩罚。在更高的层次上，一个人会出于做一个有道德的人的内在愿望，以及对做正确的事情的坚定情感而做正确的事情。对科尔伯格来说，道德发展的最高水平类似于康德式的义务，就像我们说的"按原则"行事。

然而，吉利根发现，在这些测试中，男孩的得分通常会明显高于女孩。这没什么新鲜的。亚里士多德已经论证过女性通常不如男性，而弗洛伊德也提出过女性道德较低的类似看法。而这些测试似乎为此提供了确凿的经验证据。吉利根则开始为这些实验发现提供另一种解释。她认为，也许女性对世界有一种不同的道德取向，我们应该以一套不同于男性的标准或发展层级来评价她们。进一步的测验促使她认为，男性倾向于从正义的角度来看待道德，而女性则倾向于从关怀的角度来看待道德。

当我们想到正义时，我们常常会想到一个蒙着双眼、手持老式天平的希腊女神形象。她被蒙住双眼是为了提供公正，以便同样的法律和惩罚平等地适用于每个人，无论是对陌生人还是对家里人。这与康德所说的那种毫无例外地、平等地适用于每一个人和任一情况的普遍道德法则十分契合。而关怀伦理学则考虑不同情况下所存在的不尽相同的个人因素。例如，一个母亲因为同样的错误的行为而惩罚她的儿子和女儿，但她对儿子惩罚得要轻，她之所以这样是因为她觉得儿子有更多的困难，但他还是比他的妹妹更努力地去做事。

男性的正义强调一种合理性的普遍道德准则和独立自主的个人权利，而不考虑特定的情况（除非这些情况本身能够普遍化）。女性的关怀则强调我们的社会责任以及在特定情况下特定的人所应当承担的责任。如果那位希腊女神摘掉眼罩，看到犯罪的一方是她认识的一个人，这个人为了让他的家人活下去而去偷了食物，与此同时他也感到羞愧，那这个希腊女性会对此宽大处理。而如果她看到面前有一个人通过骗取政府的食品券而变得富有，她则会对他施以惩罚。

在吉利根看来，占主导地位的伦理观认为，伦理是独立自主的个体之间的自由契约。但她指出，母亲和新生儿之间的关系与她和年迈父母、公婆之间的关系是大不相同的。另一位女性主义伦理学家安妮特·拜尔（Annette Baier）[著有《道德偏见：伦理随笔》（*Moral Prejudices: Essays on Ethics*）]认为，伦理不仅要避免做不道德的事情，还需要积极介入那些不能独立的人的生活，比如年幼的和无法自理的人的生活。总之，我们可以得出这样的结论，女性主义的关怀伦理学不必被视作与康德主义和功利主义伦理学理论相矛盾的理论，而应该被看作对这些理论常忽视的义务的一种补充说明。

请看芭芭拉·麦金农（Barbara MacKinnon）在《伦理学：理论与当代问题》（*Ethics: Theory and*

Contemporary Issues）一书中对男性和女性取向的对比：

女性	男性
个人的	非个人的
偏袒的	中立的
私人的	公共的
自然的	契约的
感性的	理性的
富有同情心的	公正的
具体的	普遍的
义务	权利
关系	个人
抱团	自治

对动物的道德义务

动物权利理论的发展是伦理思想中最具争议的新思潮之一。彼得·辛格（Peter Singer）[著有《动物解放》（*Animal Liberation*）]就是这种观点的公开支持者。辛格并没有提出一种新的伦理学理论，他用功利主义的基本观点来为自己的主张辩护。他借鉴了功利主义理论家杰里米·边沁的观点。边沁认为，功利主义理论的基础在于这样一个经验事实，即我们都是在寻求快乐最大化，并规避痛苦。功利主义的基本观点是，将痛苦强加于他人在根本上是错误的。即使那个人智力要比我们低下，或者智力极度地有限，那个人也依然有权免于痛苦，而相应地，我们也有责任不给他们平添痛苦。尽管动物在智力和道德上与我们有许多不同之处，但它们也和我们一样，都希望规避痛苦。根据这些前提，辛格给出的结论是，我们应该避免对动物施加痛苦。

一些人认为，以道德的方式对待动物的意思就是，应当允许动物生活在人道的环境中，当人们需要的时候要无痛地杀死它们。但是辛格对此并不同意。他的立场很坚决：只因动物对我们有用并且我们有能力杀死它们，就杀死它们，这样做在道德上是不可接受的。动物和我们一样有在地球上生存的权利。我们不应该吃动物，也不应该杀死它们以获取毛皮或兽皮，或者使用它们测试美容产品和药物。我们应该让它们独处，我们要成为素食主义者。

假以时日，我们可能会看到，伦理学中所出现的这些新主题，其中一些会慢慢消亡，而另一些则会经久不衰。现在说哪个会消亡、哪个会经久不衰还为时过早。然而，可以肯定的是，伦理学研究从来没有像现在这样令人兴奋过。

进一步阅读建议

1. 西蒙·布莱克本（Simon Blackburn），《支配性的激情：一种实践推理理论》（*Ruling Passions: A Theory of Practical Reasoning*，Oxford：Clarendon Press，1998）。这本书说明了考察人性之于伦理学的重要性。

2. 斯蒂芬·达尔沃（Stephen Darwall），《第二人称观点：道德、尊重与责任》（*The Second-Person Standpoint: Morality, Respect, and Accountability*，Boston，MA：Harvard University Press，2006）。这本书是对"第二人

称视角对于一个完整、充分的道德理论是至关重要的"这种观点的进一步发展。

3. 卡罗尔·吉利根（Carol Gilligan），《不同的声音：心理学理论与妇女发展》（*In a Different Voice: Psychological Theory and Women's Development*，Cambridge，MA：Harvard University Press，1993）。这本书提供了有关性别在道德问题及其表达中的作用的诸多观点。

4. 戴维·迈克尔·莱文（David Michael Levin），《哲学家的凝视》（*The Philosopher's Gaze*，Berkeley：University of California Press，1999）。该书作者运用现象学的语言探讨了最近一个时期的道德品质和道德病症。

5. 阿拉斯戴尔·麦金太尔（Alasdair MacIntyre），《追寻美德：道德理论研究》（*After Virtue: A Study in Moral Theory*，South Bend，IN：University of Notre Dame Press，2nd ed.，1984）。这本书认为，加入一个道德共同体是伦理的要求。

6. 约翰·莱斯利·麦凯（John Leslie Mackie），《伦理学：发明对与错》（*Ethics: Inventing Right and Wrong*，London，England：Penguin Books，1977）。这是一本在元伦理学领域极具影响力的著作，它为道德价值的主观主义解释提供了持久的论证和细致的延伸。

7. 托马斯·迈克尔·斯坎伦（Thomas Michael Scanlon），《我们彼此负有什么义务》（*What We Owe to Each Other*，Cambridge，MA：The Belnap Press of Harvard University Press，1998）。这本书说明了道德推理所涉及的考量，以及为什么我们应该给予道德判断以优先性。

第六部分

宗教哲学

第二十五章　宗教哲学导论

第二十六章　宗教与生命的意义

第二十七章　上帝存在的先天证明

第二十八章　上帝存在的后天证明：阿奎那的五路证明

第二十九章　恶的难题

第二十五章　宗教哲学导论

请考虑以下这些活动：周三晚上的一场祷告，一群学生在研究星体投射，一位印度教圣人终日静坐冥想，一位信仰疗疾师（faith healer）让一个跛脚妇女抛下拐杖朝他走，犹太人在耶路撒冷哭墙进行祈祷，在庙宇里祭祀祖先，在危地马拉森林的一座祭坛上供奉老母鸡以驱赶邪灵，在圣帕特里克大教堂（St. Patrick's Cathedral）举行的弥撒，一位日本武士在砍下对手的头颅时，一心想与**佛陀**（Buddha）合二为一。

是什么使得这些活动被视为宗教活动？换句话说，"宗教"应该如何定义才能囊括如此广泛多样的人类活动？上面提到的宗教活动仅仅是沧海一粟，就宗教活动（activities）而言，我们还能列出许多。但是，宗教现象不只包括宗教活动，它还包括宗教信念（beliefs），以及由之而来的宗教态度（attitudes），因此，描述宗教现象的任务之艰巨可想而知。

"宗教是什么？"是宗教哲学要考虑的问题之一。哲学除了解决某些专属于哲学的议题之外，还会去探究其他活动和学科的基本原则和基本预设，因此就出现了关于某些活动和学科的哲学（比如科学哲学、教育哲学、艺术哲学，甚至运动哲学这些新的研究领域）。在这些研究中，哲学不必参与到这些活动中，它的任务只是去对这些活动进行分析和阐明。当然，我们也会使用哲学之外的许多方法去分析和阐明某些东西。对于宗教的研究亦是如此。宗教是一种极其丰富多样的现象，因此，对宗教的研究也必定是多样的。有些人会结合关于古代宗教中心的考古学研究，对古代文本和宗教历史进行学术研究；有些人，比如人类学家，会对原始民族的宗教实践进行研究，以便了解宗教在不同文化背景中的意义和作用；有些人，比如某一特定宗教的信徒，会发展出一套旨在统一教义和信仰的神学体系；而另外一些人则会去探讨宗教教义和当代议题的关联。

宗教中的哲学问题

宗教哲学的研究方法与这些方法有何不同？如你所料，正如其他类型的哲学研究一样，宗教哲学企图澄清基本的宗教观念（比如上帝的概念），试图消弭宗教信念之间的差异，探究宗教知识的基础，考察宗教语言的问题，寻求宗教的本质。有时我们很难把关于宗教的哲学研究与关于宗教的其他研究区分开来，但是下面几个简单的例子也许能很好地说明宗教哲学所关心的问题。

首先，上帝这个词到底是什么意思？在我们所说的上帝概念中，上帝最基本的属性是什么？上帝被认为是全知的、全能的、全善的，是爱，是造物主，是超越的灵。但是，我们并不总是清楚这些属性的含义，我们也不清楚它们彼此之间是不是一致的。比如，当我们说上帝是全能的时，我们究竟是什么意思？是上帝可以做任何事情吗？上帝能画一个圆的方吗？或者上帝能创造出自己都搬不动的石头吗？上帝能违背诺言或者撒谎吗？如果不能，那这是否意味着上帝不是全能的？作为哲学家，我们可以从精确解释上帝"可以做任何事情"开始。我们也许会像17世纪的德国哲学家莱布尼茨那样认为，上帝可以做任何可能的事情，任何上帝选择去做的可能的事情。这样我们就解决了画一个圆的方或者创造一块自己都搬不动的石头这样的问题。但是，上帝可以违背承诺或者撒谎吗？上帝不想做这些事情，但假设他想做呢？上帝可以想去作恶吗？换句话说，上帝的善与上帝的能力之间的关系是什么？上帝是善的是因为他选择行善，还是上帝行善是因为他本性是善的呢？这两者都有问题。如果上帝是善的是因为他选择行善，那么我们似乎就是在断言上帝有能力作恶，但这就与我们宗教上的预设相冲突了，因为我们认为一个全善的存在是不可能做任何恶事的。但是，如果我们采纳了第二种观点，认为上帝选择行善是因为他本性是善的，那我们似乎是在说上帝并不是真正自由地选择行善。但是，"是善的"似乎预设了要选择去行善。如果上帝并不是自由地选择行善，那上帝还能是善的吗？如果上帝不能作恶，那他还能自由地选择行善吗？

如果你能跟得上这种对上帝属性进行分析的"弯弯绕"，那你就会明白宗教哲学会多么迅速地陷入到极其复杂的问题之中，而这些问题又萦绕在一代又一代最优秀的哲学家的头脑中。也许你会认为上帝的善和上帝的全能实际上并不冲突，因为上帝的本性是全善的，所以如果上帝忠于其本性，那他肯定不会选择作恶。但当你刚觉得自己解决了这个问题时，你就会发现由此产生了新的问题。在这种情况下，将上帝的善和全能统一起来的困难将我们导向了"恶的难题"（problem of evil）。

"恶的难题"可以通过多种方式加以表述，但是下面这种表述也许是最简单、最直接的表述：如果上帝是全善的和全能的，那么世界上为什么会有恶存在？如果上帝是全善的和全能的，那么上帝就会想要去并且有能力成功地阻止恶。这三个命题——上帝是全善的，上帝是全能的和有恶存在——看起来在逻辑上是不一致的。只要有一个命题为假，那其余两个就可以为真，但它们不可能同时为真。比如，上帝可能是全善的，并且他想要去阻止恶，但是他不是全能的，所以没能阻止恶。或者上帝能够阻止恶，但他不想去阻止恶（也就是说，上帝是全能的，但不是全善的）。还有一种可能是，上帝是全善的和全能的，而世界上实际根本就不存在恶（虽然表面上看起来存在一些恶）。我们如何在哲学上调和这个内部矛盾，也就是说，我们如何分析这三个命题才能使它们不再冲突？我们也许会像莱布尼茨一样认为，上帝并不是在善与恶之间做选择，他只是要在所有可能世界中选择出最好的世界。我们可以设想一下上帝在考虑创造出以下两个可能世界中的哪一个。在其中一个可能世界里，不存在恶，也不可能存在恶。在这个世界里，人类只能被迫行善而不能选择作恶。因此，在这种意义上，人类并不是出于自己的自由意志真正地为善。还有一个可能世界，在其中人类能够在善与恶之间自由地选择，但是在这种情况下，他们也就可以自由地选择作恶，因此这个世界中就有恶存在。面对这两个选项，尽管两者都不完美，但上帝从中选择了较好的一个。上帝只能两害相权取其轻。为什么上帝不能创造一个人类既有自由，而恶又不能存在的世界呢？因为这样的世界是不可能的，即便是上帝也不能使不可能的事情发生。这是否意味着上帝不是全能的呢？走到这里，我们又被带回到之前对上帝概念的分析。

对宗教哲学中这两个问题（上帝的本质和恶的难题）的考察向我们展示了独立的问题是如何纠缠在一起的。我们对上帝的本质的考察会直接导向与宗教语言的本质相关的问题。我们一直都在用世俗的语言对上帝的本质进行哲学探究。但是，这样做合适吗？我们可以合理地使用日常语言去谈论完全超越于人类理解的实在（上帝）吗？

一方面，如果上帝超越了人类有限的理解，那么我们人类的语言和概念就不能把握上帝。但另一方面，我们又确实在描述上帝，而且我们描述上帝的方式与我们描述世界中其他事物的方式是相似的。我们说上帝是善的，是有知识的，是充满爱的，是一个父亲等。但是，如果我们是在日常意义上使用这些词的，那么我们似乎就抹杀了上帝和人类之间的差异。但是，如果我们强调上帝是与我们完全不同的，那我们又怎能对上帝有任何言说呢？解决这一难题的一个方法是——这个方法是13世纪的圣托马斯·阿奎那提出的——认为我们在言说上帝时使用的是**类比语言**（analogical language）。上帝并不是字面上所说的父亲，它类似于一个父亲；与上帝至上的存在相配的善，只是类似于我们在将人类与其他存在物相比时赋予人类身上的善而已。

但是，假设我们不能消除我们关于上帝的属性的思考中的所有逻辑问题，如果我们不能解决恶的难题，或者不能对宗教语言的本质有足够充分的认识，情况又会怎样呢？宗教哲学已经花了极大的力气去构建关于上帝存在的逻辑证明，但其中依然困难重重，依然充斥着大量尚待解决的争议。当我们没有理性的证据时，我们对上帝的信仰或者对某种宗教态度的接受还能得到辩护吗？信仰和理性的关系是宗教哲学研究的又一个永恒的主题。有些人，比如圣托马斯·阿奎那认为，我们既能通过理性认识上帝，也能通过圣经认识上帝，这是我们认识上帝的两条平行之路。而有些哲学家，比如索伦·克尔凯郭尔（Søren Kierkegaard）则认为信仰完全不取决于理性，而取决于理性能力之外的"跳跃"，这种"跳跃"完全依赖于一种比我们自身更伟大的力量。关于信仰和理性的关系的思考将我们推向宗教知识的来源问题。我们是从权威、圣经和宗教经验中学习到宗教生活的，还是仅仅是从推理和论证中学习到的？此外，如果没有信仰，那证明（比如关于上帝存在的证明）还会有说服力吗？

在第二十七、二十八和二十九章，我们将详细考察各种支持或反驳上帝存在的证明。在第二十六章，我们将考察具有宗教信仰或者无宗教信仰对人类生命的意义的影响。但是，在讨论这些问题之前，在本章接下来的部分，我们先来处理另外一个棘手的问题，即能否给"宗教"和"宗教的"下一个充分的定义以便囊括它们所有的含义，亦即当我们说某些人类活动、文本、信念或概念是宗教活动、宗教文本、宗教信念或宗教概念时，究竟是什么意思？

定义上的尝试

我们的任务乍看起来似乎很简单。我们似乎只需看看那些我们称之为宗教的所有东西，然后找出它们的共同之处就行了。如果我们能够找出适用于所有宗教，同时又不适用于其他东西的一系列特征，那我们就可以用这一系列充要条件去成功地定义"宗教"了。正如我们在第七章"哲学论证的诸种策略"中所看到的那样，根据必要条件和充分条件所下的定义就是一个精确的定义。但是，当我们考察了所有被称之为"宗教"的东西后，我们就会发现，即便是寻求它们所共有的一个特征，都是十分困难的，尤其是在寻找那些不被宗教领域之外的事物所享有的共同特征时，这种困难尤为明显。

请思考一下那些看似是宗教中最基本的东西，比如对神的信仰。虽然许多宗教，甚至可能是大多数宗教都相信某个或某些神的存在，但并非所有的宗教都是如此。两大世界性宗教——佛教和儒教，都不信奉神。有些宗教只关心修炼抵御邪灵的力量，有些宗教则致力于掌握灵性法则以修炼身体，而有些宗教主要进行的是祖先崇拜。此外，有些人可能相信神，相信某些神圣的存在，但他们并不进行任何可被称为"宗教的"活动，也不持有任何可被称为"宗教的"信仰。如果连从诸如"对神的信仰"这种看似是宗教中最基本的东西中都不能发掘出宗教的确定特征，那我们就会明白找到所有宗教的共有特征有多困难了。

另外一种方法是，将宗教划分为不同的类别，即根据某些宗教所具有的共同特征（虽然这些特征并不为所有宗教共有）将它们划为一类。按照这种方法，依据其信奉的是一个神、多个神还是认为万物皆为神，我们可以把宗教分为一神论宗教（monotheistic religion）、多神论宗教（polytheistic religion）和**泛神论**宗教（pantheistic religion）。在以上每一类中，我们又可以分离出更多具有共同特征的类别，比如，具有神职人员的宗教、不具有神职人员的宗教，拥有宗教经典的宗教，相信永生的宗教，具有崇高伦理内容的宗教等。对于那些试图将宗教理解为一种文化或历史现象的人来说，做这种描述性的工作可能是有趣又有用的，但是作为一种哲学分析来说，这种描述是失败的，因为它本身并不提供任何关于宗教本质的理解。

内在标准与外在标准

如果我们找不到宗教的确定特征，那我们不如探究一下宗教的功能。在这一点上，我们似乎有更为坚实的基础，因为从宗教的功能而不是从宗教实践中所固有的某些东西来定义宗教，至少使我们能够去考察那些使得我们将宗教视为一个整体的特征。当我们考察了各种各样的关于宗教的功能性定义之后，我们会发现它们可以分为两大类。第一类尝试用**外在标准**（extrinsic criteria）来解释宗教，第二类尝试用**内在标准**（intrinsic criteria）来解释宗教。第一类常常通过解释宗教是如何与宗教之外的东西相关联的来定义宗教，它们通过外在于宗教的事物来定义宗教，就好像宗教本身没有内在的特征一样。而第二类则根据宗教本身的某些价值和重要性来解释宗教的功能。

我们可能会认为，提供宗教的外在定义是对宗教的一种还原，一种贬低。也就是说，这些定义会坚称，宗教"只不过是"对未知的一种恐惧，或者"只不过是"应对生命之不确定性的一剂安慰，或者"只不过是"统治阶层用来统治劳动阶层的一种手段。宗教的外在定义不太会被宗教信徒所接受。宗教信徒更喜欢宗教的内在定义，他们更喜欢将宗教视为对上帝的追寻，对神圣的追寻，对无限的追寻或者对任何他们认为是其宗教的本质的东西的追寻。他们还会声称，与没有宗教信仰相比，具有宗教信仰会让生命变得更有意义。的确，除非某项活动具有某种意义和目的，否则我们很难想象一个人怎么会全心全意地投入其中，宗教当然也不例外。除非宗教信徒觉得宗教在某种意义上可以提升他们生命的意义，否则他们就不会像宗教严格要求的那样全心全意地投入其中了。在第二十六章，我们将考察一个思想家所认为的，宗教信仰对有意义的生命的核心作用。

供讨论的问题

1. 请尝试给宗教下个定义。根据你的经验，你将会如何描述宗教？
2. 基于当前你对哲学的理解，关于宗教的哲学研究与关于某一特定宗教传统的其他研究有何不同？
3. 你认为谁更能理解某一特定的宗教——是接受这种宗教的信徒，还是远离这种宗教的非信徒？
4. 人们信仰宗教的原因有哪些？宗教信仰的阻碍有哪些？
5. 基于自己的分析和经验，你认为宗教研究中最重要的问题是什么？

第二十六章　宗教与生命的意义

宗教和生命之间的关系可以用多种方式加以阐释。一些宗教，比如基督教和伊斯兰教，认为现世只是来生的准备。这也就意味着，如若我们对人类命运不抱有如此信念，我们就不能理解存在于地球之上的生命的意义。其中更深的意味是，现世的生命并不值得我们留恋，它只是来生更完满之生命的预备。

儒教则与之相反。儒教既不信神，也不信来生。它最关注的是现世生活的秩序，它关心社会的良序，重视**孝道**（filial piety），强调敬祖。印度教和佛教的观点则与基督教和伊斯兰教的观点相似，它们的目标是要让人们从地球之上的生命中解脱出来。它们认为，人类被困在生老病死的轮回之中，而通过虔诚和内在的光照（inner illumination）则可以寻求解脱（moksha）。但是，它们所说的救赎不像基督教和伊斯兰教的救赎，它们寻求的不是来世的生命，而是**涅槃**（Nirvana），亦即一种个人身份完全丧失的状态。

当我们追问生命之意义时，我们到底在追问什么？这个问题是如此之艰深，我们也不可能完整地考察对于这个问题的诸多回答。事实上，有些哲学家甚至认为生命的意义问题是庞杂模糊的问题，以至人们根本就无法回答。不管这个问题究竟蕴涵着什么，它至少引发了我们对如下这些问题的关切：我是谁，或者我是什么？我为什么会在这里？我要做什么？这些问题是尝试从理性层面理解生命时所要面对的基本问题。我们也可以这样说，正是这一系列关切引发了生命本身的意义问题。对此，有些哲学家已经下了定论，他们认为没有什么单一的东西可以赋予生命以意义，也没有什么重大的事实可以使生命具有目的。他们得出结论说，我们所拥有的不过是一系列活动、信念和关系的组合，这些活动、信念和关系提供了许多非常微小的意义，而这些微小的意义加起来共同赋予生命以目的和意义。

荒诞主义者的回答

其他一些人则没有这么肯定的说法。他们会去追问缺乏整体意义的生命究竟会是怎样的。荒诞文学作品就体现了这种态度，这些作品关心的是生命的无意义和人类存在的空虚。以弗兰兹·卡夫卡（Franz Kafka）的小说和短篇故事以及塞缪尔·贝克特（Samuel Beckett）的戏剧为代表，**荒诞主义者**（absurdist）为我们呈现了一幅没有任何意义和目的的生命场景。也许贝克特的戏剧《等待戈多》（*Waiting for Godot*）可以作为一个范例。该戏剧的所有情节都围绕两个流浪汉苦等一个永远都不会到来的戈多先生（Mr. Godot）（God，上帝？）展开。这种视角似乎暗示着生命就是一个天大的玩笑，人们在其中徒劳地等待着对存在之意义的理解。意义的问题没有答案，人生没有什么意义。荒诞主义者为我们呈现了不存在任何意义和目的的人类存在的荒凉之景。

20世纪中期的**存在主义者**（existentialist）接受了这种悲观的结论，尽管他们一致认为人类存在的意义问题是哲学的核心问题。在这个问题上的分歧，并不是哲学家和文学家的第一次或第一个分歧。哲学家的任务就是找寻意义，所以大多数哲学家还是拒绝了荒诞文学所描绘的场景，即生命是毫无意义的，相反，他们甚至要在能提供唯一的、至上的意义的上帝缺席的世界中找寻意义。19世纪的哲学家弗里德里希·尼采就很好地展现了这种哲学态度，他认为"任何意义都要比没有意义强"。他企图在具有崇高价值的创作中、在伟大的艺术作品中、在一切能够提升人类创造力的东西中找寻生命的意义。另一位存在主义哲学先驱索伦·克尔凯郭尔则给出了不同的答案。在他看来，生命的意义只能来自对上帝的信仰。因为上帝无法被理性认识，所以有意义的生命也需要个人的努力，按他所说，需要信仰的跳跃。这两种对生命的意义问题的回答在20世纪的存在主义哲学中得以延续。比如，加布里埃尔·马塞尔（Gabriel Marcel）和尼古拉·别尔嘉耶夫（Nikolai Berdyaev）等人延续着克尔凯郭尔的传统，从犹太－基督教的传统视角回答这个问题。而其他一些哲学家，如让－保罗·萨特和阿尔贝·加缪（Albert Camus），则完全是在非有神论的语境下探讨人类的存在意义，尽管按照保罗·蒂利希（Paul Tillich）的"终极关怀"（ultimate concern）意义上的信仰来说，他们对意义问题的关切或许也可以被认为是"宗教的"。

托尔斯泰的回答

列夫·托尔斯泰（Leo Tolstoy）的回答之所以有趣，是因为他在生命的意义问题上同时考察了有神论和非有神论两种选择。他认为这个问题无法逃避，他曾说，"一个人只有迷醉于生活之中，才能活下去……但一旦这个人清醒过来，他就不可能不发现所有一切不过是个骗局，一个愚蠢的骗局！事实就是如此：一点也不好玩，一点也不有趣，只有残酷和愚蠢。"托尔斯泰之所以得出这种悲观的结论，是因为他一方面意识到生命之艰难，另一方面又意识到生命终将走向死亡。我们怎么可能为一项终将走向毁灭的事业感到高兴呢？托尔斯泰迫切地想要一个答案，他在科学和哲学中苦苦寻找，最终发现一切都是徒劳。当他分析人们对无意义的生命的可能反应时，他发现有四种常见反应。第一种是无知，即拒绝正视生活之荒谬；第二种是尽情享乐，即寻求生命中快乐的最大化（享乐主义是古希腊的一种伦理体系）；第三种是力量和毅力，托尔斯泰认为这是最高贵的反应，这种反应的极端化是自杀："上吊、跳河、刀捅心脏或者卧轨"；最后，第四种反应是软弱，即承认人生之荒谬，但什么也不做。托尔斯泰认为自己就是这样的人。

托尔斯泰是《战争与和平》（*War and Peace*）和《安娜·卡列尼娜》（*Anna Karenina*）的作者，是杰出而又极具影响力的作家。在以下《忏悔录》（*A Confession*）的选文中，我们就可以感受到托尔斯泰在苦苦思索生命之意义时所经历的煎熬和恐惧。事实证明，托尔斯泰发现了回应生命的第五种方法，也就是他在俄国农民身上看到的回应：信仰上帝。正如托尔斯泰所经验的那样，通往信仰的道路既不便捷也不容易，但是信仰确实又能给予他所需的慰藉。他曾说，"如若我没有一丁点找到上帝的希望，那我早就自杀了。只有当我感觉到他并且找寻他时，我才活着，真实地活着。"

评判托尔斯泰所陈述的宗教经验的障碍之一是，如果你从未有过类似的经验，你就很难理解他究竟在说什么。关于上帝存在的感觉是一种非常私人的体验，就像坠入爱情之中的体验一样，这种感觉与证明几何定理或者在实验室里演示化学反应不同。

许多被吸引去信仰上帝的人所经验到的另一个困难是，虽然他们可以信仰上帝，但是他们不能接受教会进行的宗教实践。这也是托尔斯泰所关心的问题，因为他在俄国东正教教会中发现了许多令他不安的东西。就像马克思一样，托尔斯泰也看到宗教制度可以用来操纵穷人或者其他受压迫的人。在目睹福音中关于和平与爱的信息大部分被教会视而不见的事实后，托尔斯泰很是震惊。神职人员不去鼓励非暴力，反而去强调爱国责任，鼓励去屠杀俄国的敌人。教会不但不接受简朴的生活，不将他们的财产分给穷人，反而成了拥有巨大财富和特权的库所。托尔斯泰对之的回应是，一方面寻求一种虔信的简朴生活，一方面做其同代人中对教会最严厉的批评者。具有讽刺意味的是，托尔斯泰在世时，他的宗教作品被俄国东正教教会压制，而在其死后，他的宗教作品被政治当局管控。以下选文选自托尔斯泰的短篇作品《忏悔录》，这部作品不仅描述了托尔斯泰的宗教朝圣之路，同时也描述了他为何难以接受教会实践。

列夫·托尔斯泰（1828—1910），列夫·尼古拉耶维奇·托尔斯泰（Leo Nikolaevich Tolstoy）伯爵出生于俄国的一个贵族家庭，他曾接受过法律和东方语言方面的教育，但没有获得大学学位。他曾放弃自己的财富和地位，以一种简单的基督教生活方式生活，以寻求生命的意义。托尔斯泰是19世纪俄国最伟大的小说家之一，著有《战争与和平》和《安娜·卡列尼娜》。图片来自美国国会图书馆。

列夫·托尔斯泰:《忏悔录》[1]

有个古老的东方寓言:一个旅行者在平原上被一头暴怒的野兽追赶。为了躲避野兽,他躲进了一口枯井,但是井底却有一条恶龙张口等着要吞掉他。这个倒霉蛋既不敢爬出枯井,以免被暴怒的野兽吃掉,也不敢跳到井底,以免被恶龙吞掉。他只能抓住井壁缝隙里长出的小树的细枝,紧紧地握住。他的手臂渐渐没了力气,他觉得自己很快就会屈服,要么上去被野兽吃掉,要么下去被恶龙吞掉,但他现在还在坚持。这时他看见有两只老鼠,一黑一白,绕着他所抓的树枝转圈爬,并且还在啃咬树枝!树枝很快就会被咬断,他将会掉进恶龙的嘴里。看到此情此景,他意识到自己必死无疑。但是,当他还没掉下去的时候,他环顾四周,看到树枝上有几滴蜂蜜,他还伸出舌头要去舔食。我亦是如此,我也是紧紧地抓着生命的小树枝的人,我也知道自己躲不开死亡之恶龙,自己终会被它撕得粉碎。我不明白自己为何会陷入如此这般的痛苦之中。我试着去舔食那些曾经抚慰过我的蜂蜜,但是这些蜂蜜再也带不来任何快乐了,一黑一白的老鼠日夜不停地啃咬着我紧握的细枝。我清晰地望见恶龙,蜂蜜也不再香甜。在我眼里,只有那躲不掉的恶龙和老鼠,我的目光死死地盯着它们。这并不是一个寓言,而是一个真实的、无可置疑的、人人都可理解的真相。

以前那些骗人的生活乐趣掩盖了我对恶龙的恐惧,但现在它们再也不能欺骗我了。无论人们多少次告诫我说,"生命之意义不可理解,所以别去思考它,活下去就对了",我还是不能这么做,因为我已经这么做很长时间了。我现在情不自禁地看着日夜轮回,自己日渐走向死亡。我只能看到这些,因为只有这些是真实的,其他一切都是虚假的。

与其他蜂蜜相比,曾有两滴蜂蜜长久地将我的视线从残酷的事实上转移开来:我对家庭的爱和我对写作(我称之为艺术)的爱。但现在对我来说,这两者也不再香甜了。

"家庭呢?"……我自言自语道。我的家庭,即我的妻子和孩子,也同样是人。他们的处境与我一样:他们要么必须生活在谎言中,要么就要直面可怕的真相。他们为什么要活着呢?我为什么要爱护他们、保护他们、抚养他们或者监管他们呢?他们可能与我一样绝望,与我一样愚蠢?我爱他们,我不能向他们隐匿真相:他们在认识上前进一步,也就更接近真相一步。而真相只是死亡。

"艺术,诗歌呢?"……在我取得成功、饱受赞誉的影响下,长久以来我都说服自己相信,一个人可以从事这项事业直至死亡,尽管死亡会毁掉所有的东西,包括我的作品以及关于作品的记忆。但是很快我就发现,这也不过是一场骗局。我清楚地知道,艺术只是生命的装饰,是生命的诱惑。如若生命对我来说已经丧失吸引力了,那我又如何去用艺术和诗歌吸引别人呢?当我丧失了自己的人生,跟随着别人随波逐流之时——当我相信生命具有意义但我又不能表达出这种意义之时——各种反映人生的诗歌和艺术曾给予我快乐:这是一种在艺术之镜中观看生命而来的快乐。

---

[1] 本章此处以及其他处的托尔斯泰的选文均出自:列夫·托尔斯泰,《忏悔录与福音简介》(*A Confession and the Gospel in Brief*),艾尔默·莫德(Aylmer Maude)英译(1921)。

但是，当我开始追寻生命的意义并且意识到过自己人生的必要性之时，我就不需要这面镜子了，它就成为多余的、荒谬的、甚至令人痛苦的了。我再也不能用在镜子里所看到的一切来安慰自己了，实际上，我的处境是愚蠢而又绝望的。当我在灵魂深处相信自己的生命有意义时，一切都是美好的。生命中的光影——无论是欢乐的、悲哀的、动人的、美丽的还是可怕的——都使我感到愉悦。但是，当我认识到生命是既无意义又很可怕的时候，镜子里的一切都不再令我愉悦。当我看到恶龙，看到啃咬我的支撑物的老鼠之时，再香甜的蜂蜜也不再香甜了。

但这还不是全部。如果我只是仅仅明白生命没有意义，那我大可平心静气地忍受它，因为这就是我的宿命。但我自己不能安于这种状况。如若我只是一个居住在森林之中的人，我知道森林没有出口，那我大可就此活下去。但我更像迷失在森林里的人，我因为迷路而惊慌，我四处乱转，希望能找到出口，尽管我知道我所走的每一步都会使自己越陷越深，但我还是忍不住要四处乱转。

这确实太可怕了。为了逃避这种恐惧，我想过自杀。我对等待着我的结局感到恐惧，我知道这个结局甚至比我现在所体验到的恐惧还要糟糕，但我仍然不能安然地等待结局到来。我知道我心脏的某条血管或者某些东西终会破裂，到时一切终将结束。但是，无论这个说法多么有说服力，我还是不能安心地等待这个结局。黑暗的恐怖实在太可怕了，我想赶紧用绳索或者子弹解决自己，尽快摆脱它算了。正是这种感觉使我迫切地想自杀……

科学之中找不来解释，我开始在生活中找寻，我希望能在周围人身上找到答案。我开始观察我身边的人，像我这样的人，是如何生活的，我想知道他们对于这个令我绝望的问题的态度是什么。

以下是我在与我一样受过教育、具有同样的生活方式，而又面临同样的处境的人身上的发现。

我发现，对于我这个圈子里的人来说，有四种方法可以解脱我们面临的可怕处境。

第一种方法是无知。无知的人既不知道也不理解生命是恶的，是荒谬的。这种人通常要么是妇女，要么是年少之人，要么是迟钝之人，他们尚未理解叔本华、所罗门和佛陀所面对的人生问题。他们既没有看到等待着自己的恶龙，也没有看到啃咬自己紧握的树枝的老鼠，只顾舔食蜂蜜。不过，他们只能短暂地舔食蜂蜜：一旦有什么东西使他们的注意力转移到恶龙和老鼠身上，他们就会停止舔食。我从这些人身上学不到任何东西，因为一个人一旦知道了什么就不能再重返无知了。

第二种方法是尽情享乐。也就是说，在意识到生命之无望时，就充分利用自己的优势，不顾恶龙和老鼠，尽可能地舔食蜂蜜，如若周围刚好有很多蜂蜜，那便尤其要尽情享用。所罗门曾这样描述这种方法："我就称赞快乐，原来人在日光之下，莫强如吃喝快乐；因为他在日光之下，神赐他一生的年日，要从劳碌中，时常享受所得的。"

"你只管去欢欢喜喜吃你的饭，心中快乐地喝你的酒……当同你所爱的妻快活度日，因为那是你生前，在日光之下劳碌的事上所得的份。凡你手所当作的事，要尽力去作；因为在你所必去的阴间，没有工作，没有谋算，没有知识，也没有智慧。"

我们圈子里的大多数人都是这么过活的。他们处在福祉多于灾祸的环境之中，他们在道德上的麻木使他们忘记自己处境优渥不过是偶然的结果，他们也忘记了并不是每个人都像所罗门一样拥有一千个妻子和宫殿，他们忘了如若有一人有一千个妻子，那就会有一千个人没有妻子，他们忘了每个宫殿都需要千百人为了建造它而流血流汗。今天我偶然地成了所罗门，明天我就可能偶然地成为所罗门的奴隶。这些人迟钝的想象，使他们忘记了那些使佛陀不得安宁的东西，即疾病、衰老和死亡，都是不可避免的，如非今日，便是明日，这些快乐终究会被摧毁。

所以，思考和感受一下我们生活中的大多数人及其生活方式吧。其中一些人还自称自己思想和想象之迟钝为一种哲学，一种"积极的"哲学。但在我看来，他们与那些因为无知而只顾舔食蜂蜜的人没什么区别。我不能效仿这些人，我不拥有他们那样迟钝的想象力，我也不能人为地使自己的想象力变得如此迟钝。我的视线不能从老鼠和恶龙身上移走，任何一个有生机的人在看到它们后，都不可能将自己的视线移走。

第三种摆脱方法是力量和毅力。当一个人意识到生命是恶的、是荒谬的时候，他就将生命毁灭。少数极其坚强和一贯的人就会这么做。当他们意识到他们被开的玩笑有多么愚蠢，并明白死比生好，因此最好去死之时，他们就会毁灭生命，他们就会结束这种愚蠢的玩笑。因为方法有的是：上吊、跳河、刀捅心脏或者卧轨。我们圈子里有越来越多人这么做，他们常在生命中最美好的年华，即心灵最丰满、心灵尚未沾染各种坏习气之时选择这么做。

我觉得这种解脱方法最好，我也想过这么做。

第四种方法是软弱。也就是说，尽管看清了生命之真相，知道人生最终会一无所获，还依然紧紧抓住生命不放。虽然这种人知道死亡比活着更好，但是他们没有毅力去理性地行动——也就是通过自杀尽快地结束这种欺骗——他们似乎还在期盼着什么。这就是软弱，如果我知道什么是最好的，并且它还在我的能力范围之内，那么我为什么不向最好的东西屈服呢？……我发现我就是这样的人。

……

在那段时间里，我的处境便是如此。在那样的岁月中，我无时无刻地反问自己是否应该通过一根绳索或者一颗子弹来结束自己，再加上上面所说的那些思考和观察，我的内心被痛苦压抑着，我只能把这种痛苦描述为找寻上帝的痛苦。

对上帝的找寻不是一种推理，而是一种感觉，因为这种找寻并不出自我的思想——甚至与思想相对——而是发自内心。那是一种恐惧的感觉，一种孤苦伶仃的感觉，一种在异国他乡被孤立的感觉，一种渴盼获得他人帮助的感觉。

有人认为证明上帝存在是不可能的，但我并没有被说服（康德曾认为上帝的存在不可证明，我也很理解他），我依然找寻着上帝，我希望自己能够找到他。我曾通过旧时祷告的习惯找寻他，但是没找到。我也反复思考了康德和叔本华关于上帝存在不可证明的论证，我开始核验这些论证，并去反驳它们。我对自己说：原因，与时间和空间不同，它不是思维的范畴。如果我存在，那一定有原因使我存在，而这个原因又有相应的原因。而第一因就是人们所说的"上帝"。我停留在这种观点之上，用尽毕生的精力去寻找这个第一因的存在。一旦我认识到有一种力量支配着我，我就会立刻感到自己可以活下去了。但是我问自己：这种原因、这种力量是什么？我如何去思维它？我与被称为"上帝"的那个东西有什么关系？我只能想到那些众所周知的回答：他是造物主，是守护者。但是，这种回答不能令我满意，我觉得我丧失了生命之不可或缺的东西。我变得很害怕，我开始向我所找寻的那个上帝祈祷，他应该会帮助我。但是，我越是祈祷，越是觉得他没有听到我的心声，我也无人可倾诉。我的内心因为没有上帝而感到绝望，我说道："主啊，求你怜悯我，解救我！主啊，快来教导我！"但是，没什么来怜悯我，我觉得自己的生命走到了尽头。

但是，我一次又一次从各个方面得到相同的结论，即我来到这个世界不可能没有任何原因、理由或者意义。我不可能像自己所认为的那样，是一只刚从鸟巢里掉落的羽翼未丰的雏鸟。即便我是，我也会卧在茂密的草丛中鸣泣，因为我知道我有一个曾经拥我入怀、曾经孵化我、养育我、爱着我的妈妈。她去哪了？妈妈去哪了？如若我是被遗弃的，那是谁遗弃了我呢？我知道自己被厌弃或者被喜爱，但被谁厌弃或喜爱呢？是"上帝"吗？他看到并且知道我的苦苦找寻和我的挣扎绝望。

我对自己说，"他是存在的。"只要我承认了这一点，生命之光就会立刻在我心中升起，我立刻会感觉到存活下去的可能和快乐。但是又一次，当我承认上帝的存在时，我便要开始找寻我和他的关系。我又一次想象上帝——我们的创造者，他是三位一体的，他曾派他的独子去作救赎——也正是这个上帝，他远离了世界，远离了我，就像一块融化的冰，从我眼前消失得无影无踪，生命之春再次枯萎，我绝望透顶，除了自杀，别无选择。更糟糕的是，我连自杀都做不到。

我不是一次两次，而是成百上千次地处于这样的境地，先是喜悦兴奋，然后是绝望并意识到不可再生活下去。

我记得那是早春时节，我独自一人在树林里听着树木发出的声音。我一边听着，一边思考着三年来我一直思考的问题。我再次找寻上帝。

"好吧，上帝不存在，"我对自己说，"所有人都是我的想象，只有我自己的生命是真实的。上帝不存在，也没有任何奇迹可以证明他的存在，因为奇迹也是我的想象，也是非理性的。"

"但我对上帝、对我找寻的上帝的知觉又从何而来呢？"我反问自己。想到这里，我内心之中又涌动出一波生命的喜悦之情。我周围的一切都活过来了，都有了意义。但是，这种喜悦没有持续很久。我的心灵还在继续思考。

我对自己说，"上帝的概念并不是上帝。概念是由我而来的，我既可以唤起上帝的概念，也可以抑制上帝的概念。上帝的概念并不是我所找寻的东西。我寻找的是那个离开了他便无法生存下去的东西。"我周围的一切和我内心的一切又一次枯死了，我又想要自杀了。

但是，随后我将目光转向自身，转向我内心所发生的一切，我意识到我的内心反复出现生命的重生和终止。我意识到只有当我相信上帝的时候，我才会活过来。反反复复，都是如此。我只要意识到上帝，我就有活力，我只要遗忘他或者不相信他，我就会死掉。

这种活力和死亡是什么呢？当我丧失对上帝存在的信仰时，我就活不下去了。如若我没有一丁点找到上帝的希望，那我早就自杀了。只有当我感觉到他并且找寻他时，我才活着，真实地活着。我内心有一个声音高叫着，"你还要找寻什么？这就是上帝。他就是那个离开了他，人便不能生存的东西。认识上帝和认识生命是一回事。上帝就是生命。"

"找寻上帝，才能活着；离开上帝，便要死亡。"我的内心和我的周围升起了前所未有的光亮，这光亮也没再抛下我。

我从自杀中解脱出来了。我不能说清楚这种转变是何时发生的，又是如何发生的。生命的力量曾在不知不觉中被摧毁，我曾无法生存，以致需要自杀以结束生命，而现在，这种生命的力量又在不知不觉中重返我身。说来奇怪，我所重新获得的生命之力量并不是什么新的力量，而是相当老的力量，是那种我刚出生时所拥有的力量。

我重返了童年时代和少年时代。我重新相信那个创造了我并且对我有所要求的意志。我重新相信人生最主要的目标和唯一的目标就是使自己变得更好，也就是说，使自己尽可能按照那个意志生活下去。我重新相信我可以在人类于遥远而不为人知的时代创造出来用以指导自己的东西中找到这种意志的体现：也就是说，我重新信仰上帝，信仰这个道德完满的上帝，信仰这个承载着生命之意义的上帝。与之前不同的是，之前我只是无意识地接受了上帝，现在我是认识到了：没有上帝，我就不能活下去。

供讨论的问题

1. 按照托尔斯泰的观点，宗教可以回答什么问题？你认为宗教只能回答托尔斯泰所说的那些问题吗？请为你的回答提供理由。
2. 尽管托尔斯泰发现信仰上帝是他所找寻的意义的根源，但他并没有被教会所提供的那种宗教所吸引。你认为这是他观念中的矛盾吗？为什么是或者为什么不是？
3. 托尔斯泰说他曾思考过生命根本没有任何意义的可能性，并认为这是不可能的。他得出这个结论的理由是什么？你同意吗？
4. 用你自己的话解释一下托尔斯泰所说的人们用于解决生命意义问题的四种方法。你认为还有其他方法吗？你会采取哪种方法？

第二十七章　上帝存在的先天证明

信仰上帝的心理基础，即我们对上帝的心理需求，能够构成信仰的充分基础吗？托尔斯泰声称，在他找寻生命的意义和重要性时，只有在他找寻到上帝之后，他的生命才变得有意义。但是，人类对上帝的需求是否如托尔斯泰所言，要归因于人类与上帝疏离之后不可避免的空虚之感，还是要归因于我们在面对生活之考验和磨难时的软弱？要回答这个问题，我们必须超脱人类对上帝的需求，去寻找关于上帝知识的理性根据。但我们能声称自己具有关于上帝的知识吗？如果能，那是如何获取的？如果不能，那又为什么不能？关于上帝的知识是推理、论证和分析的结果吗？还是出自对神圣临在（divine presence）的直接经验？后一种说法是**神秘主义者**（mystics）的说法，这些人声称，他们具有关于上帝的经验。但神秘主义者又常常声称这种经验是极其私人的，他们也无法描述这种经验。他们认为这种经验妙不可言，是无法理解和解释的。的确，神秘经验或者一般性的宗教经验本身就是宗教哲学中的一个迷人主题，也是宗教心理学感兴趣的主题。美国哲学家威廉·詹姆斯的名著《宗教经验种种》(The Varieties of Religious Experience)就是关于这一主题的研究。接下来，我们要考察的不是宗教经验的性质、范围和真实性，也不会将此作为上帝存在的证据，相反，我们要讨论的是前人已提出的关于上帝存在的证明。

理性与宗教

关于上帝存在的证明（而不是宗教经验所提供的关于上帝存在的证据）有两点需要注意：第一，这些证明是公开的，也就是说，这些证明是可以被所有人检验的，是可以被逻辑检验的。相反，宗教经验往往是私人的，甚至是无法解释的。第二，西方宗教传统常常赋予理性以重要的地位。在中世纪的基督教神学思想中，理性和神圣的启示（即圣经）被认为是通往真理的两条道路。按照这种真理观，理性和启示并行不悖，因为真理就是真理，无论它是通过理性获得的，还是通过启示获得的。若是两者获得的结论有冲突，那要么是因为人们的推理过程有误，要么是因为人们对圣经的解读有误。

在考察关于上帝存在的任何特定证明之前，我们需要注意的是，关于上帝存在的证明通常被分为两类：一类是依赖于感觉经验证据的证明，一类是仅依赖于理性的概念和原则的证明。前一种证明被称为后天证明，因为其前提都是"后天的"，是依赖于感觉所提供的证据的。后一种证明被称为先天证明，因为用来证明上帝存在的原则和概念都是"先天的"，是独立于感觉经验的。在第二十八章，我们将考察一些最具影响力的关于上帝存在的后天证明。而在这一章，我们则重点关注上帝存在的先天证明。我们首先要考察的是最具影响力的先天证明，即上帝存在的本体论证明。虽然这种证明早在 900 多年前就被坎特伯雷大主教圣安瑟尔谟（St. Anselm）首次提出，但时至今日，这种证明仍不乏支持者和批评者，它依然是许多哲学研究和争论的主题。

本体论证明

"**本体论的**"（ontological）这个术语源自希腊语中表示"存在"意义的词。所谓本体论分析就是关于事物的本质或存在的分析。有时候，本体论分析就跟我们在第三部分"实在是什么？"中所提到的形而上学分析是一个意思。我们可以对任何东西（比如，一把椅子、一张桌子、一个人、一个三角形或者一幅画）进行本体论分析。在我们的分析中，我们将尝试去定义对象，去理解其本质，并尝试列出它的所有性质或属性。本体论分析的另一个任务是区分想象的东西和真实的东西。还记得吧，形而上学的任务之一就是区分现象和实在。

让我们对一幅画进行一下本体论分析。在画家作画之前，这幅画只是画家的想象。在画家将它画到画布上之前，它是不存在的。在画家将它画到画布上之后，这幅画就既是画家思想之中的对象，又是可供他人审视的对象了。你会认为画家所画出来的这幅画在某种意义上要比画家想象中的画更伟大吗？如果你是这么认为的，那你可能是这么思考的：画家所画出来的画之所以更伟大，是因为真实的画作既存在于艺术家的想象之中，又作为一个实体可供他人审视。如果说想象中的画要比真实的画更伟大，那就显得很奇怪。我们可以说画家的构思要比画家作画的能力更伟大，但这只是对画家的能力的一种评价，而不是对现象与实在的区分。在本体论上，真实的画要比想象中的画更伟大。

有了这种常识性的区分之后，安瑟尔谟就通过分析上帝的概念，或者说以对上帝概念的本体论分析为基础证明了上帝的存在。

我们在使用"上帝"这个概念时，到底是什么意思？大多数犹太教徒和基督徒都认为上帝是一个全知、全能、全善的存在，是实在的。一句话，上帝是最完满的存在。这种"上帝"就是大多数信徒所信仰的上帝，因此安瑟尔谟在其本体论分析中所使用的就是这样一种上帝概念。按照安瑟尔谟的定义，上帝就是"可设想的无与伦比的伟大存在"，也就是说，上帝不仅是最伟大的存在，而且是可设想的最伟大的存在。

现在，假设有人认为这样的存在只存在于一个人的思想之中。在安瑟尔谟看来，这是完全矛盾的

坎特伯雷的安瑟尔谟（1033—1109），法国修士，是中世纪最早为神学教义进行理性辩护的主要思想家之一。安瑟尔谟出生于一个贵族家庭，曾就读于勒贝克（Le Bec）的本笃会修道院（Benedictine Abbey），后成为本笃会的一员。1093 年，他出任坎特伯雷大主教。（图片来源：© topFoto/the Image Works）

说法。因为一个同时存在于思想和现实之中的存在要比一个只存在于思想之中的存在更伟大,所以,如果一个人认为上帝只存在于思想之中,那他必定是一个愚顽人(fool,《诗篇》14:1:"愚顽人心里说,没有神。")。安瑟尔谟认为,说一个人具有一个"不存在的上帝"的概念,就像是说一个人具有"四边三角形"的概念、"圆的方"的概念或者"火的水"的概念一样愚蠢。

在考察安瑟尔谟的证明之前,我们先来简单了解一下安瑟尔谟。安瑟尔谟是 11 世纪英国坎特伯雷大主教。在当时,基督教是整个欧洲的知识文化背景。但欧洲的知识文化除了受到基督教的影响之外,也深受希腊文化的影响。在希腊哲学中,理性占据着重要的地位。如前所述,中世纪的基督教哲学家常常通过说明人们可以经由理性发现其信仰所相信的东西,来以此寻求信仰和理性的融合。安瑟尔谟是一个信徒,但他企图寻找不依赖于圣经或者独立于信徒的信仰承诺的关于上帝存在的独一证明。当他发现这个证明之后,他就写了一本小册子并将之命名为"宣讲"(Proslogion),也就是"对话"(dialogue)的意思。《宣讲》的形式像是沉思,安瑟尔谟有关上帝存在的证明有如祈祷一般,他感谢上帝让他发现了这个证明。在进一步评述安瑟尔谟的证明之前,我们先来一睹《宣讲》的第二、三、四章。

圣安瑟尔谟:《宣讲》[1]

第二章

因此,主啊,是您将理解赐给了信仰!是您在您认为合适的范围内,让我理解您如我们所信的那般存在着!您就是我们所信仰的那般!我们的的确确地相信您就是那个可设想的无与伦比的伟大存在。或者仅仅是因为愚顽人心里说,"没有神"(《诗篇》14:1),就真的没有这样性质的存在吗?但是,即便是这样的愚顽人,他听到我所说的这样一种存在时——可设想的无与伦比的伟大存在——他也会理解他所听到的东西,因为他所理解的东西存在于他的思想之中,尽管他尚未理解其实际存在。

因为一个对象存在于思想之中是一回事,理解这个对象的实际存在则又是一回事。当一个画家最初设想他想要画的画作时,这幅画作就存在于他的思想之中了。但是,当他把它画出来之后,这幅画作就不单单存在于他的思想之中,他也认识到这幅画作是实际存在的,因为这是他画出来的。

因此,即便是愚顽人也会知道那个可设想的无与伦比的伟大存在至少是存在于思想之中的。因为当他听到这种存在的时候,他能够理解这种存在。而凡是能被理解的,必定都在思想之中。而且可以肯定的是,可设想的无与伦比的伟大存在不可能只存在于思想之中。假设他只存在于思想之中,那就可以设想一种更无与伦比的伟大存在,即一种既存在于思想之中,又

---

[1] 圣安瑟尔谟,《主要著作》(Basic Writings), S. N. 迪恩(S. N. Deane)英译(LaSalle, Illinois: The Open Court Publishing Co., 1962),第二版。

存在于现实之中的伟大存在。

因此，如若这个可设想的无与伦比的伟大存在只存在于思想之中，那么我们就可以设想比之更伟大的存在了。但是，这是不可能的。因此，毫无疑问，这个可设想的无与伦比的伟大存在既存在于思想之中，也存在于现实之中。

第三章

这种存在是如此之真实，以至我们都不能设想他不存在。因为我们完全可以设想一种不能被设想为不存在的存在，这种存在要比那种可被设想为不存在的存在更伟大。因此，如果那个可设想的无与伦比的伟大存在竟然可以被设想为是不存在的，那这个"可设想的无与伦比的伟大存在"不就不再是可设想的无与伦比的伟大存在了吗？这不就自相矛盾了！因此，那个可设想的无与伦比的伟大存在是如此之真实，以至我们都不能设想他不存在，而我的主，我的上帝，您正是这种存在！

哦，我的主，我的上帝，您是如此之真实，您是如此之实在，我们不可设想您的不存在！因为如若某个心灵能够设想出比您更好的存在，那就是将受造物提升到造物主之上，而这是何等之荒谬！事实上，除了您之外，其他所有东西都可被设想为是不存在的。只有您是万有之中最为真实的，也是最高的存在。其他东西的存在都不如您的存在这般真实，其存在都比您的存在低级。为什么愚顽人心里说"没有神"呢？对于一个理性的心灵来说，您是最高的存在这一点难道不是最明显不过的吗？除了他是个愚顽人外，还会因为什么呢？

第四章

但是，因为在心里说和设想本就是一回事，那愚顽人又怎么能在心里说他不能设想的事呢？或者他为何不能设想他在心里所说的事呢？

如果真有这么一个愚顽人，他因为心里说了某个东西而设想到某个东西，或者因为他不能设想某个东西而在心里没说某个东西。那一个东西在心里被说或者被设想就不止一种意义。因为当指称一个对象的词语被设想时，设想到相应的对象是一层意义，而理解这个对象的本质则又是一层意义。

在前一种意义上，上帝可以被设想为不存在。但是，在后面一种意义上，上帝则不能被设想为不存在。因为如若一个人理解了火和水所是，那按照火和水的本质，他就不能再将火设想为水了，尽管仅就"火"和"水"这两个词来说，他可以将火设想为水。因此，如若一个人理解了上帝之所是，那他就不能再设想上帝是不存在的了。虽然他可以在毫无意义或者无关的意义上在心里说"上帝是不存在的"这些话。因为上帝是可设想的无与伦比的伟大存在，任何人只要真正地理解了这一点，就必然会理解上帝之存在是如此真实，以至单就"上帝"这个概念来说，上帝不可能是不存在的。因此，如若一个人理解了上帝是如此这般的存在，那他就绝不能设想上帝是不存在的。

仁慈的主，我感谢您。因为靠着您的神圣光照，我现在已经理解了先前靠着您的恩赐而相信的东西。现在，即便我不愿相信您的存在，我也不可能不理解您的存在了。

晚近的本体论证明

尽管本体论证明可以追溯到11世纪，但在此之后，它依然吸引着哲学家们的目光。在17世纪，笛卡尔也提出了一种证明，虽然我们没有证据可以说明笛卡尔曾经了解过安瑟尔谟的证明，但是，笛卡尔的证明的确与安瑟尔谟的证明非常相似。而在18世纪，康德反驳了本体论证明，认为本体论证明是一种错误的推理，其错误是因为人类心灵企图超越其恰当的领域时所导致的。

笛卡尔和安瑟尔谟的本体论证明都假定存在是一种完满性（perfection）。换句话说，笛卡尔和安瑟尔谟两位哲学家都假定存在是一种性质，这种性质给事物的概念增添了某种东西。一个实际存在的三角形或者画作要比仅仅存在于观念之中的三角形或者画作伟大，因为实际存在的三角形和画作具有了另外一种性质——存在——因此要比仅仅存在于观念中的三角形和画作完满。如果没有这样一种假设，即存在是一种性质，可以作为事物的谓词，那么安瑟尔谟和笛卡尔的本体论证明就都不能令人满意了，因为他们都认为最完满的存在或者可设想的无与伦比的伟大存在，必须拥有存在的性质或完满性，而这种性质或完满性是"上帝"观念中的一部分。

康德彻底盘查了这种将存在视为一种性质或完满性的假设。在第四部分的认识论中，我们已经看到了康德对**分析命题**（analytic statement）和**综合命题**（synthetic statement）的区分，而这种区分在他对本体论证明的批判中也起到了重要作用。康德批判中的一个方面是要去澄清我们在使用"是"（is）及其变形（are, was等）时的模糊性，尤其是当它作为存在（exist）的同义词使用时的模糊性。"是"这个词有多种功能。请参考以下几个句子：

1. 单身汉是。
2. 单身汉是男性。
3. 单身汉是可悲的。

陈述1断言了某种东西在世界上是存在的，这种东西被称作"单身汉"，"单身汉是。"（Bachelors are.）这个陈述可以与其同义的陈述"单身汉存在。"（Bachelors exist.）相互替换。陈述2是所谓的"同一命题"，也就是说，谓词"男性"是包含于主词"单身汉"之中的。

关于陈述2，有一些很有意思的地方。首先，我们仅仅通过分析"单身汉"这个概念本身的意义就可以知道这个陈述的真假。如果我们熟悉相应的语言并且知道"单身汉"和"男性"这两个词的意义，那么我们无须凭借感觉经验，只以一种纯粹先天的方法，就可以判断该陈述的真假。康德称这种陈述为"分析的"。其次，在分析陈述中，否定谓词必定会产生矛盾。说单身汉不是男性显然是自相矛盾的，因为"单身汉"这个概念的意义中就蕴涵着"男性"。但是，如果我们否定了主词，即认为宇宙中并不存在"单身汉"这个概念所对应的东西，那么我们否定谓词也就不矛盾了。当我们想否定"单身汉"这类我们都同意其对应的东西存在的概念时，会显得很奇怪。但是，假设我们谈论的是"独角兽"。我们可以说，"独角兽是只有一只角的生物"，这样一个陈述是分析地为真的。然而，如若我们否认有独角兽存在，那就将这个陈述的主词（独角兽）和谓词（只有一只角）一并否定掉了。

"独角兽"的意义蕴涵着"只有一只角的生物",说"两角独角兽"就像说"四边三角形"一样矛盾。

陈述 3 不同于陈述 2,因为它向它的主词增添了一个谓词。"单身汉"这一概念无论如何都不能先天地分析得出"单身汉是可悲的"。这个陈述可能为真,也可能为假。与陈述 2 不同,仅通过考察概念的意义,我们并不能判断陈述 3 的真假。只有我们或他人的经验才能决定陈述 3 的真假。换句话说,陈述 3 这样的陈述只能后天地被证实。康德称这样的陈述为"综合的"(synthetic),因为其谓词为其主词增添了某些东西("综合"的字面意思就是组合在一起)。我们将一个谓词或者一种性质添加给主词,这样我们就可以得到一个综合陈述。与分析陈述不同,否定综合陈述的谓词并不会产生什么矛盾。说"单身汉不是可悲的"并不矛盾,因为单身汉是不是"可悲的"要诉诸我们的经验来做判定。

在陈述 2 和陈述 3 中,"是"这个词仅仅是一个将主词同谓词相联系的系词。"是"这个词在这两个陈述之中都没有给主词增添什么东西。但在陈述 1 中,"是"似乎给主词增添了某种名为"存在"的东西。但是,在康德看来,当我们用"是"表示"存在"的意思时,它并不是一个谓词,因为"存在"不是一个实在的谓词。这是康德反驳本体论证明的根本所在。说某物存在并不会使某物的概念发生改变,也不能为某物的概念增添什么东西,因为康德认为"存在"不是实在的谓词。那实际存在的三角形与仅仅处于观念之中的三角形究竟有什么区别呢?康德认为,它们的区别并不是我们能够通过指出一个前者具有而后者缺乏的谓词来加以把握的。相反,实际存在的三角形和处于观念之中的三角形包含着同样的谓词:三条边、三个角等。

但是,我们的确想说,实际存在的三角形在某种意义上是不同于仅仅处于观念之中的三角形的。然而,任何我们想要归之于实际存在的三角形的独特性都与三角形的性质无关。当我们陈述说"一个三角形存在"时,我们只不过是在断言在现实当中有一个对象可以正确地称之为"三角形",而这个三角形具有"三角形"这个概念所包含的所有谓词。简而言之,我们只是在断言存在一个"三角形"的例示,而对于"三角形"这个概念,我们则可以纯粹先天地对之进行考察。因此,某物是否存在并不是一个先天的问题,它需要诉诸感觉,因此是后天的。

康德承认,做出一些关于上帝的分析地为真的陈述是可能的。比如,"上帝是全能的","上帝是永恒的","上帝是无限的"。所有这些命题的谓词都可以从"上帝"这一概念中分析得来。但我们并不能说"存在"是属于"上帝"这一概念的谓词,因为"存在"不是一个实在的谓词。因此,本体论证明是错误的。

存在不是一种性质

康德对本体论证明的反驳听起来很复杂,但是他的反驳主要基于以下两点:

1. 存在不是一种完满性(一种性质或者一种实在的谓词),它不能给一个概念增添什么东西以使概念本身发生任何改变。
2. 所有的存在命题都是后天的和综合的。

如今,大多数哲学家与康德一样,都同意"存在"不是一种完满性。即便是在日常语言中，我们所说的"存在"也不是某种会使事物的概念或观念发生改变的东西。举例来说，如果你想描述一下你理想中的汽车，那你就可以列出它的所有性质：涡轮增压发动机、四档手动变速、敞篷、红色外观等。无论这个清单你列得有多详尽，你都不会加上这一句："哦，它还要存在。"但是，如果存在不是一种性质，那它又是什么呢？说某物存在的意思就是说在现实中有某个东西（这个东西处于时空之中，并接受经验的公开检验）是我们的概念的指称。我们又如何知道某物的存在呢？康德的回答是，通过经验的验证。也就是说，我们的感觉（或者他人的感觉）告诉我们一个东西是否存在。这就是为什么康德要说所有的存在命题都是后天的，因此都是综合的。我们是先拥有一个概念，然后再在这个概念之上增添一个断言——在现实之中，与我们的概念相对应的东西是可被经验到的。

因此，康德说"存在不是一个谓词，所有的存在命题都是后天的，也因此是综合的"，就是在说，我们关于实在的可合法地称之为知识的东西都发源于感觉经验。当然，这些感觉经验既包括他人的感觉经验，也包括我们自己的感觉经验。但是，总的来说，在康德看来，如果一个东西不能被经验到，那它的存在就不可能被认识到。这就使我们回到了第六部分"宗教哲学"最开始谈到的宗教经验问题。我们似乎还远未找到上帝存在的逻辑证明。

正如我们在第四部分有关康德的认识论中所谈到的，人类的心灵可以提出很多它自身无法回答的问题。我们总是想获得有关我们感官无法经验到的事物的知识。比如，我们想知道人类心灵是什么，我们想知道上帝，我们想知道是否存在一个独立于身体的灵魂，我们想知道人类灵魂到底是可分的还是不可分的。此外，我们还会追问关于宇宙的问题：世界在时间上有一个开端，还是永恒的？尽管这些问题都很有趣，并且人类的意识不可避免地要思索这些问题，但是这些问题终究是不可能得到回答的，至少康德是这么认为的。正如我们在有关认识论的讨论中所言，康德注意到，一旦哲学家试图回答这些问题，他们就会陷入混乱和虚假的推理之中。如果康德是对的，那本体论证明也只不过是在引诱人们做错误的推理。

康德并不是一个无神论者，相反，他信仰上帝，并且他相信信仰在哲学上可以得到辩护。但是，他坚称我们并不能证明上帝的存在或者宣称自己知道上帝的存在。康德对本体论证明的攻击削弱了本体论证明企图为我们所信仰的东西提供知识基础的努力。他认为，我们不可能单纯从对某物的思想之中推导出它的存在。要想证明它的存在，我们必须诉诸感觉经验。而本体论证明却试图不诉诸任何感觉经验，完全先天地证明上帝的存在。

本体论证明的持续意义

这是否意味着本体论证明完全是不可信的呢？是否意味着研究本体论证明只不过是在挖掘千百年前哲学上的残渣碎骨呢？远非如此。尽管康德和其他一些人反驳了本体论证明，但是相当多的哲学家还是对本体论证明兴趣不减。事实上，近年来，许多思想家撰写了大量的学术论文来探讨安瑟尔谟的证明所引发的其他问题。我们简要地介绍一两个，以此结束我们对本体论证明的考察。

我们不能单纯从对某物的思想之中推导出它的存在，这似乎是对本体论证明的显而易见的一种反驳。当你读到本体论证明时，你自己可能也想到了这样一种反驳方法。显然，我们可以思考很多现实中并不存在的东西。小说和神话的世界里充斥着现实中并不存在的东西。即便从更加日常的角度来讲，你可以思想你想建造的完美房子，或者思想你想要画出的完美画作等。在这些情况下，你都不会幻想说仅仅从对这些东西的思想就能推导出它们的存在或者推导出它们将会在未来某个时刻存在。

这种针对本体论证明的显而易见的反驳最早是由修士高尼罗（Gaunilo）向安瑟尔谟提出的。在高尼罗的著作《为愚人辩》（*On Behalf of the Fool*）中，他举出一个反例试图证明本体论证明是错误的。想想那些最完美的岛屿，它们地处海洋的偏远地带而尚未被发现，这些岛屿之上拥有数不胜数的财富，它们比所有的国家都要大。因为它们是最完美的岛屿，同时现实中存在的岛屿要比仅仅存在于想象之中的岛屿更完美，因此这些最完美的岛屿必定是存在的。高尼罗并不认为这样的论证是有效的，同时由于本体论证明与这个证明极其相似，因此本体论证明也是无效的。

为了回应高尼罗，安瑟尔谟重申了他在《宣讲》的第三章所提出的本体论证明。（此时，你可以回头重新阅读一下安瑟尔谟选文中的第二章和第三章。）许多哲学家注意到，安瑟尔谟在第三章所提出的本体论证明的形式与第二章的形式不同，虽然目前尚不清楚安瑟尔谟自己是否也意识到了这种差异，也不清楚他是否有意提出了两种不同形式的本体论证明。

这两种形式的证明的不同之处在于，被归于上帝的"存在"的类型之不同。在第一个证明（第二章）中，安瑟尔谟仅仅说上帝的存在是可设想的无与伦比的伟大存在。而在第二个证明（第三章）中，安瑟尔谟认为上帝的存在是必然存在，尽管他本人并没有使用这么确切的词。他是这么说的：

> 这种存在是如此之真实，以至我们都不能设想他不存在。因为我们完全可以设想一种不能被设想为不存在的存在，这种存在要比那种可被设想为不存在的存在更伟大。

偶然存在与必然存在

安瑟尔谟在《宣讲》第三章所区分的两种存在就是**偶然存在**（contingent existence）和**必然存在**（necessary existence）。偶然存在的事物是依赖于其他事物的，设想其不存在不会产生矛盾。"偶然"这一概念在关于上帝存在的证明中占据重要地位，在第二十八章关于上帝存在的宇宙论证明中，我们会对这个概念进行更详细的讨论。

对于偶然存在物的存在而言，其要点在于它有不存在的可能性。比如，一棵树就是一种偶然存在物。它依赖于土壤或者类似的东西，依赖于二氧化碳、水和光。离开了这些东西，这棵树就必死无疑。树仅仅是一个例子，自然界中的一切似乎都是偶然的，都是依赖于其他东西的。相反，一个必然存在物不依赖于其他任何东西。安瑟尔谟在第二种本体论证明中就是将上帝视作这样一种必然存在物。

英国哲学家诺曼·马尔科姆（Norman Malcolm）写了大量辩护本体论证明的文章。他的辩护基于这样一种观点，即安瑟尔谟在其证明中引入必然存在是在规避对本体论证明的一般批评。马尔科姆同意偶然存在并不是一种完满性,但他认为必然存在是一种完满性。也就是说,必然存在物比偶然存在物要完满。必然存在物这个概念所蕴涵的一部分含义就是,这种存在物在逻辑上是不可能不存在的。因此,当反对者认为本体论证明所论证的只不过是"如果上帝存在,那么上帝必然存在",那他们就自相矛盾了。因为"如果上帝存在"中的"如果"这个词就蕴涵着上帝不存在的可能性,但是一个必然存在物是不可能不存在的。

我们可以总结一下这两种存在的区别:

偶然存在	必然存在
其不存在是可能的	其不存在是不可能的
依赖的	独立的
不是一种性质或者完满性	是一种完满性

即便我们同意"必然存在是一种性质或完满性"这种观点可以免受康德对本体论证明的攻击,但是这种观点难道不会受到康德的观点"所有的存在命题都是综合的,只能通过感觉经验来证明"的影响吗?马尔科姆提醒我们,在几何学中,我们接受了质数有无限多个的证明。尽管无限多个的质数不像桌子、石头或者树木那样存在,但是,在某种意义上,我们还是想去说有无限多个质数存在。对于这个定理(即质数有无限多个)的证明,只能诉诸理性,不能求助于感觉经验,而我们对上帝的证明亦是如此。

康德在攻击本体论证明时指出了"是"(is)这个词的模糊性,而马尔科姆在辩护本体论证明时则转向关注"存在"(exist)这个词的模糊性。事物存在的意义可能有很多种,在某种意义上,我们可以说本体论证明论证了上帝的存在。但是,是在何种意义上呢?实体在这种意义上的存在具有更高的等级吗?如果是这样,那又是怎样一种等级呢?此外,我们又如何确定我们不是在玩文字游戏呢?

还有另外一条反驳本体论证明的思路,这条思路也源自康德对分析陈述和综合陈述的分析。分析陈述的特征之一是这些陈述是完全先天为真的,而且是必然为真的。分析陈述之真不可能被经验所否证,因为分析陈述的真值只与陈述中的概念有关。然而,有些哲学家认为,虽然我们完全能够理解把一个陈述说成是必然为真的究竟是什么意思,但是说一种存在是必然存在的并没有什么意义。换言之,必然性并不是存在的属性。正是由于忽略了这一点,才导致我们认为可以从关于上帝的必然为真的陈述中推出上帝必然存在的结论。

我们可以把前面所提到的关于本体论证明的攻击总结如下:

1. 存在不是一种完满性或者实在的谓词,它不能为事物的概念增添什么东西。
2. 所有存在命题都是综合的,都只发源于感觉经验。
3. 必然性是命题的一种属性,而不是存在的属性。

另外一种常见的关于本体论证明的担忧则宣称上帝的概念在内部并不一致。这些本体论证明的反对者可能会认为我们之所以在否定上帝存在时会陷入荒谬,是因为上帝这个概念本身就是不融贯的。毕竟我们是有限的存在物,只具有有限的智慧。因此,我们在尝试构建关于无限完满的本性的概念上出现什么混乱或不融贯,也就不足为奇了。

回想一下高尼罗的完美的岛屿。起初，我们似乎并不清楚为什么安瑟尔谟的第二种证明——即强调上帝必然存在的证明——会被认为可以应对高尼罗的反驳。批评者可能会追问：为什么高尼罗不能简单地将"必然存在"也视为完美的岛屿所具有的一种完满性以修正他的证明，进而说明关于这个岛屿不存在的断言是荒谬的呢？许多本体论证明的支持者在回应这个挑战时认为，"必然存在"与这个岛屿（即便是完美的岛屿）的其他性质是矛盾的。比如，笛卡尔认为所有物质在形而上学上都是复杂的，也就是说，都是由部分构成的，因此设想这些东西可以经由部分的重新排列或分解而消亡并不会产生什么矛盾。然而，这也就意味着任一物质的不存在在逻辑上都是可能的。因此，设想任何物质（包括高尼罗的完美的岛屿）拥有"必然存在"的完满性都会是矛盾的。所以，在高尼罗完美的岛屿这个例子中，其证明似乎是在论证某些不可描述的东西的存在。

这个理由用来驳斥关于完美的岛屿的本体论证明，似乎是合理的。然而，这也促使本体论证明的反对者怀疑：上帝的概念是否与完美的、必然存在的岛屿的概念一样，是不融贯的。在本章的最后一节，我们将通过考察上帝存在的第二种先天证明来探讨这个问题。我们对上帝本性的理解的融贯性在这个证明中起到了核心的作用。

斯宾诺莎与上帝不存在的不可解释性

与柏拉图、安瑟尔谟和笛卡尔一样，巴鲁赫·斯宾诺莎也认为我们可以从既非源自又不建基于感觉经验的概念和原则的基础上获知实在的终极本质。对于斯宾诺莎来说，我们当然也可以依此方法证明上帝的存在。在其最具影响力的著作《伦理学》(Ethics) 开篇不久，斯宾诺莎就宣称："上帝，或者实体，包含着无限多的属性，而每一种属性都表现着永恒无限的本质，是必然存在的。"[1] 为了辩护这一主张，斯宾诺莎先提出了一种版本的本体论证明，这个证明与安瑟尔谟所提出的证明很是相似。之后，他又提出了第二种关于上帝存在的先天证明，这种证明是基于哲学家所谓的"充足理由原则"(principle of sufficient reason) 提出的。虽然接受这一原则的哲学家们常常以不同的方式来表述它，但是这些表述的基本信念是：实在是完全可理解的。也就是说，宇宙中的任何东西在原则上都是可以进行充分合理解释的。尽管我们常常不知道某些事实或真理的解释或理由究竟是什么，但是那些相信这一原则的哲学家则坚信对于这些事实或真理的充分解释是存在的。虽然这一原则似乎是在用一般的概念表达一种有点过头的宏论，但是这一原则确实也常常在我们的实践中得以反映。比如，当一架商用飞机失事时，我们不会简单地耸耸肩说，"太糟糕了，我们又失去了一架飞机。"相反，专家们会仔细检查飞机残骸，会研究分析飞行数据记录器，以便找出坠机的原因。当汽车发动不了时，我们会怀疑是电池没电了，还是电磁阀坏了，或者是油箱没油了。即便求助于维修师傅也找不到汽车不能发动的原因时，我们也始终不相信汽车会毫无缘

---

[1] 巴鲁赫·斯宾诺莎，《伦理学》(Ethics：Treatise on the Emendation of the Intellect and Selected Letters)，塞缪尔·雪莉 (Samuel Shirley) 英译 (Indianapolis: Hackett Publishing Company, 1992)，命题 11。

第二十七章 上帝存在的先天证明

巴鲁赫·斯宾诺莎（1632—1677），荷兰哲学家，其父母曾为了逃避宗教迫害而逃离西班牙。斯宾诺莎以磨镜片为生，他写了几部极具影响力的哲学著作。其中最著名的要数《伦理学》，这部作品以几何学形式展开——包括公理、定义、命题和证明——它以形而上学开始，以对人类幸福生活的描述告终。在斯宾诺莎的形而上学中，最引人注目的是他的泛神论（认为上帝是唯一的实体，其他一切事物都只是上帝的样式），他的决定论，以及他对个人不朽的否认。也许正是因为这些观点，斯宾诺莎才被荷兰的犹太教会驱逐出境。（图片来源：Dutch School, 17th century/Bridgeman art Library）

由地发动不了。相反，我们只是说不能找到原因。我们的行为所反映出的这种态度揭示出我们对"充足理由原则"这种东西的信赖。

虽然斯宾诺莎认为之前的哲学家在证明上帝存在时也使用了充足理由原则，但是这些证明与斯宾诺莎的证明之间存在一个值得注意的区别：早期建立在充足理由原则基础之上的关于上帝存在的证明关注的是，充足理由原则要求去对宇宙中的既有存在进行一个解释。这些证明的要点是，除非存在一个必然存在的造物主作为世界存在的终极来源，否则宇宙中的既有存在将会缺乏充足的理由，因此变得不可理解。此外，由于宇宙中的既有存在是通过经验而被认知的，所以关于上帝存在的证明在本质上是后天的。相比之下，斯宾诺莎版本的充足理由原则之所以令人惊讶，是因为他明确承认充足理由原则既要求对事物的存在做出充分的解释，也同样要求对事物的不存在做出充分的解释。他写道，"任何一个事物的存在或者不存在必有其相应的原因或理由。"[1] 有了这个形而上学原则（斯宾诺莎认为这个原则是先天的），斯宾诺莎开始通过考察"上帝的不存在是不是可以理解的"来证明上帝的存在。也就是说，斯宾诺莎首先追问的是，如果上帝不存在，那我们是否可以为上帝的不存在提供一个充分合理的解释。最终，斯宾诺莎得出结论认为我们不可能为上帝的不存在提供充足的解释，因此充足理由原则要求上帝存在。因此，斯宾诺莎并没用使用充足理由原则来论证上帝是对那些基于经验而被认为存在的事物的唯一令人满意的解释。相反，他使用充足理由原则来证明无神论认为上帝不存在的观点最终是违反充足理由原则的，因为并不存在关于上帝不存在的充足解释。下面我们详细探讨一下斯宾诺莎论证的细节。

斯宾诺莎首先指出，关于事物的不存在，只有两种可能的解释。第一，该事物由于外部事物的阻止而不存在。（比如，后院池塘中不存在冰，是因为周围空气的温暖阻止了冰的存在。）第二，该事物在本性上具有内部矛盾。斯宾诺莎认为"圆的方"（即一种同时具有并且仅具有圆形和方形性质

---

[1] 巴鲁赫·斯宾诺莎，《伦理学》，塞缪尔·雪莉英译（1992），命题 11。

的几何图形）的不存在就可以用这种解释加以说明。这种事物的不存在可以用这样一种事实来解释：这种事物在本性上是自相矛盾的。因为理性在其本性上是排斥矛盾存在的可能性的，所以"圆的方在本性上是自相矛盾的"可以作为"圆的方"不存在的充分合理解释。

关于导致上帝不存在的外部因素，斯宾诺莎考虑了两种情况：第一，上帝可能被具有与其同样本性的东西阻止而不存在；第二，上帝可能被具有与其不同本性的东西阻止而不存在。假如上帝是被具有与其同样本性的东西阻止的，斯宾诺莎推理认为，那我们就是在承认某种具有上帝本性的东西是存在的，我们实际上也就是在承认上帝的存在。因此，如果上帝是被外部事物阻止而不存在的，那么这个外部事物一定与上帝的本性不同。但是，按照斯宾诺莎的看法，认为原因的本性竟然与结果的本性不同将会使得因果关系变得不可理解。由此，关于上帝不存在的所谓"解释"就不能真正地解释上帝的不存在。因此，我们不能用"上帝被具有与其不同本性的东西阻止而不存在"来解释上帝的不存在。但是，我们只能设想出这两种导致上帝不存在的外部事物，鉴于此，我们认识到没有什么外在于上帝的事物可以解释上帝的不存在。

接着，斯宾诺莎转向了第二种可能的解释，即通过上帝在本性上的内部矛盾来解释上帝的不存在。但斯宾诺莎很快就说清楚了：

> 既然在上帝的本性之外，不可能有一个否定上帝存在的理由或原因，因此，如若上帝确实不存在，那么其不存在的理由或原因必然存在于上帝的本性之中，也就是说，上帝的本性之中包含着矛盾。但是，断言一个绝对无限的、具有最高等级的完满性的存在之中包含着矛盾，很是荒谬。因此，无论是在上帝之内，还是上帝之外，都找不到任何原因或理由可以阻止其存在。因此，上帝必然存在。[1]

对于斯宾诺莎来说，认为上帝在本性上具有内部矛盾并因此担忧上帝可能不存在，是很荒谬的，这就像担忧一个完美的苹果会有伤疤一样荒谬。如若这个苹果是完美的，那它就没有伤疤。如若这个苹果有伤疤，那它就不是完美的。正如完美的苹果排除了其有伤疤的可能性，上帝的无限完满性也排除了上帝在本性上具有内部矛盾这种不完满的可能性。

因此，照斯宾诺莎看来，我们既没有外部理由，也没有内部理由可以解释上帝的不存在。因为以上的论证已经穷尽了对上帝不存在的可能解释，所以，上帝的不存在是不可理解的。因此，上帝必然存在。

无限完满的存在观念的融贯性

当然，人们可能会从不同的角度反驳斯宾诺莎的证明。例如，有些人可能会质疑斯宾诺莎所承诺的充足理由原则。在当今，这样的质疑显得尤为正确。因为物理学家们普遍承认，量子级事件只能进行概率解释，因此不能满足对事件本身进行充分解释的要求。（关于量子理论的非决定论解释包含

---

[1] 巴鲁赫·斯宾诺莎，《伦理学》，塞缪尔·雪莉英译（1992），命题11。

的这重意味，似乎是爱因斯坦拒绝接受量子理论的原因之一，正如他的名言所说："上帝不掷骰子。"）另外有些人则怀疑充足理由原则是否要求原因和结果具有相同的性质。比如，有人可能想知道，两件具有不同性质的事件总是同时发生这一事实是否足以使它们之间的联系可以被理解。以上这些都是合理的担忧，都是很有前景的哲学分析，但是对于斯宾诺莎的证明，我们将集中关注其中与上帝存在的先天证明最相关的部分，即斯宾诺莎迅速抛弃的那种可能性——上帝因在本性上具有内部矛盾而不存在的可能性。

从某个角度讲，斯宾诺莎的证明可能会被认为犯了循环论证的错误。如果确确实实地存在着这样一个绝对无限的、绝对完满的存在物，那毫无疑问，我们可以说这个存在物不会"具有矛盾的本性"这样的不完满。然而，上帝本性的融贯性要被用来证明上帝的必然存在。因此，我们就不能再用上帝的存在去证明上帝本性的融贯性了。

但这肯定不是对斯宾诺莎证明的最宽容的解释，因为这样一位才华横溢的哲学家不太可能犯下如此明显的循环论证的错误。一个更合理的解释可能是，当斯宾诺莎谈论"一个绝对无限的、具有最高等级的完满性的存在具有内部矛盾"这一断言的荒谬性时，他想说的是，"上帝"概念包含着"具有内部矛盾"这样一个谓词是荒谬的。既然我们现在谈论的是概念的内容，而不是实际的存在，那斯宾诺莎的证明就不算是循环论证了。此外，我们也很难反驳斯宾诺莎的观点。一个人要列举那些适用于一个绝对完满的存在物的属性，如若他竟然把"具有矛盾的本性"这样的不完满性也列了进去，那肯定是荒谬的。

然而，尽管我们可以通过这种解释使斯宾诺莎的证明避免循环论证的指责，但这种解释并不十分令人满意。问题在于，批评者可以承认斯宾诺莎的观点，认为"具有矛盾的本性"当然不是适用于绝对无限的、具有至上完满性的存在的谓词，但是他们可能会指出我们关于上帝的观念中具有一些不那么明显的矛盾，这些矛盾仅仅从概念表面的、基本的内容是看不出来的。也就是说，也许"绝对无限的、具有至上完满性的存在"这个观念之中存在着矛盾，但是这种矛盾只有在分析之后才会显露出来。

有时我们会给小孩子出这样一个谜题：一个科学家声称他有一瓶液体，这种液体可以瞬间溶解任何物质，那你怎么知道这位科学家说的是假话呢？显然，答案是他的描述是矛盾的，如果这种液体能瞬间溶解任何物质，那它也就不可能被瓶子装着了。尽管这个谜题的答案很明显，但是要想发现这个看似逻辑上可能的事情表面之下的矛盾之处，还是要花上一小会儿时间的。斯宾诺莎的证明令人担忧的地方在于，在关于"上帝"的观念之中也可能存在着类似的隐藏很深的矛盾。因此，要使斯宾诺莎的证明成立，我们需要的不仅仅是这样一种观点，即用"具有矛盾的本性"这样的谓词来定义上帝是荒谬的。我们还需要一个正面的理由去支持我们相信"绝对无限的、具有至上完满性的存在"这一概念并不包含那种通过深层分析即会显现的矛盾。

虽然斯宾诺莎本人并没有明确说明对此该怎么办，但其同时代的理性主义者戈特弗里德·威廉·莱布尼茨回应了这一挑战。作为本体论证明的支持者，莱布尼茨意识到，证明上帝本性的融贯性或逻辑可能性对于上帝存在的先天证明之成功是至关重要的。然而，正如下面这段他与索菲娅公爵夫人的通信中所显示的那样，莱布尼茨自己同时也意识到仅仅靠指出上帝的表层定义是不可能实现这一目标的。

> 毫无疑问，我们有理由去怀疑"最伟大的存在"这个概念是不是确定的，是否包含有一些矛盾。比如，我相当了解运动和速度的本质，也清楚"最快"是什么意思。但是，我并没有就此把它们结合起来，认为"运动中最快的速度"是可能的。同样，我也知道什么是"存在"，什么是"最伟大""最完满"，但我并不知道把它们结合在一起会不会隐藏有矛盾，正如我刚才所举的例子一样……[1]

在其他地方，莱布尼茨通过让读者去"设想一个以最快的速度运动的轮子"来解释"最快的速度运动"这一观念所隐含的矛盾，他说：

> 如果把轮子的辐条都做得尽可能地长，那它们会比轮周上的一颗钉子运动得快。因此，按照这一设想，轮周的运动速度并不是最快的。然而，乍一看，我们似乎对"最快的速度运动"有了一个观念，因为我们看似明白自己所说的，尽管我们对不可能的事情不可能有观念。[2]

因此，莱布尼茨意识到，对于上帝存在的先天证明之成功来说，说明"上帝"的观念并非是矛盾的是至关重要的。在其生涯中，莱布尼茨多次返回这一任务，对此提供了不同复杂程度的证明。这些证明的要旨可以从其《单子论》（*Monadology*）中找到比较精确的表述：

> 因此，独有上帝（或必然存在）才享有这一特权，即如若他是可能的，那他必然存在。因为没有什么能够阻碍自身没有限制，没有否定，从而没有矛盾的东西的可能性，所以这种可能性本身就足以使我们先天地认识到上帝的存在。[3]

莱布尼茨在重申只要说明了上帝是可能的，就能说明上帝是必然存在的之后，又强调了这样一个事实，即他认为上帝是只具有无限完满属性的存在。因此，上帝的任一属性都没有否定。所以说，上帝在本性上是不可能具有矛盾的，因为矛盾就意味着某一观念同时表达了某种属性及对这种属性的否定。既然上帝在本性上只包含无限的完满，不具有任何否定，所以上帝的本性中是不可能具有内部矛盾的。

---

[1] 戈特弗里德·威廉·莱布尼茨，《单子论》（*Monadology: An Edition for Students*），尼古拉斯·雷斯切（Nicholas Rescher）英译（Pittsburgh: University of Pittsburgh Press, 1991），第154页。

[2] 戈特弗里德·威廉·莱布尼茨，《单子论》，尼古拉斯·雷斯切英译（1991），第154页。

[3] 戈特弗里德·威廉·莱布尼茨，《哲学论文》（*Philosophical Essays*），罗杰·埃里（Roger Ariew），丹尼尔·加伯（Daniel Garber）编译（Indianapolis: Hackett Publishing Company, 1989），第218页。

上帝的本性

莱布尼茨以如此抽象的方式证明了上帝观念的融贯性,而且这一证明相当有说服力。但是,要注意的是,在下结论认为上面的推理说明了上帝的观念(即上帝是全知、全能、全善的造物主)是内部融贯的之前,我们还有许多工作要做。全知、全能、全善,这些特性都进一步充实了莱布尼茨在证明上帝的可能性时所依赖的那个"无限完满"的抽象概念。莱布尼茨本人也意识到了这一点,他试图论证这些特性都只不过是上帝"无限完满"的本性中的应有之义。其他一些哲学家则没这么有信心,他们不太相信人类有限的理智能够把握到具有无限能力、智慧和善良的存在的概念,并且还能足够有深度地、准确地看出这种存在内部是融贯的,从而得出这种存在是必然存在的。无论是有神论者还是无神论者或者**不可知论者**(agnostic)都有这种担忧。事实上,中世纪伟大的有神论哲学家托马斯·阿奎那就持有这种观点,他坚持认为上帝是必然存在的,但是,对于我们来说,这一事实并不是自明的。也就是说,阿奎那认为人类不可能仅仅通过分析他们关于上帝的观念就可以得出上帝是必然存在的。而这就是阿奎那之所以要用感觉经验的证据来证明上帝存在的原因。在此过程中,阿奎那为上帝存在提供了五个极具影响力的后天证明。在第二十八章,我们将考察阿奎那关于上帝存在的"五路"后天证明。

供讨论的问题

1. 对本体论证明的一种普遍反驳是,我们能思维某种东西并不代表这种东西存在。安瑟尔谟会怎么回应这样一种反驳?
2. 康德认为存在不是一个实在的谓词,你同意吗?为什么?
3. 将上帝视为"至上的存在"(supreme being)与将上帝视为"可设想的最伟大的存在"(greatest conceivable being)有什么区别吗?请为你的回答提供理由。
4. 从11世纪起,本体论证明就一直吸引着哲学家们的目光。你认为哲学家们为什么会对它如此着迷?
5. 你认为本体论证明有说服力吗?为什么?
6. 在斯宾诺莎看来,某物不存在的两种可能原因是什么?你认为斯宾诺莎所说的这两种原因是否涵盖了某物不存在的所有可能原因?如果没有,那还有什么其他原因?
7. 为什么莱布尼茨会认为"最快的速度运动"这一观念内部是不融贯的?
8. 莱布尼茨证明了关于无限完满的存在的观念在内部是融贯的,请对此加以解释。你同意他的论证吗?为什么同意或者为什么不同意?

第二十八章　上帝存在的后天证明：阿奎那的五路证明

许多人对本体论证明感到困惑的地方在于，本体论证明似乎是在凭空捏造证据。本体论证明是抽象的，是脱离日常生活现实的，因此似乎只是哲学家们的诡计。因为本体论证明想要完全不依赖感官所提供的任何知识，完全先天地证明上帝的存在，所以我们必须先要接受一些相关的定义和区分，才能感受到它的论证力量。但是，除了本体论证明之外，还有一种方法可以证明上帝的存在。犹太教徒和基督教徒都相信世界是由上帝创造的。如若果真如此，那么世界难道就没有一些特征能够表明上帝是它的创造者吗？有些人给出了肯定的回答，他们就是关于上帝存在的后天证明的支持者。

自然：有序的系统，而不是无序的混沌

在西方思想家中，希腊的思想家最早将自然视为"宇宙"（cosmos），也就是将自然视为一个有序的系统，而不是无序的混沌。"宇宙"这个词来源于表示"秩序"和"结构"的希腊词。一些希腊哲学家认为，自然从混沌到秩序的转变是由于某种偶然的东西导致的。就像物质的"粒子"在虚空中的运动，最终这些"粒子"开始以螺旋状运动——就像希腊人可能会看到的涡状星云一样。从这种运动中产生了越来越多的秩序，最后，世界以及世界中的所有生命都呈现出有秩序的样子。而另外一些希腊哲学家则拒绝把纯粹偶然的东西当作世界秩序的来源，相反，他们认为，世界秩序的来源更像是精神或者理性这样的东西，而不是我们所能想象的其他东西。他们将这种终极秩序的原则称为"神"，当然，他们所设想的"神"与犹太教以及后来的基督教所说的"神（上帝）"还不太一样。对于这些人来说，正是因为所有的实在之中都渗透着合理性，所以我们才能探寻并找到关于自然的理性解释。

像德谟克利特、留基波以及伊壁鸠鲁学派的哲学家都是站在"偶然"这一边的，而柏拉图、亚里士多德以及斯多葛学派的哲学家则是站在理性或者"神"这一边的。关于世界秩序究竟是有理性原因的，还是仅仅是永恒的物质微粒之偶然组合的争论，要比关于上帝存在的争论古老得多。但是，随着基督教从其起源地巴勒斯坦地区向希腊哲学文化世界逐渐扩张，基督教开始转向使用希腊哲学的范畴来表达基督教教义的基本信条。希腊思想直接影响了关于上帝存在的证明的建构。

无论是在犹太教圣经还是基督教圣经中，都找不到任何关于上帝存在的证明。对于这些经书的作者来说，证明上帝存在就像证明我们呼吸的空气存在一样，是毫无意义的。《诗篇》第十四章第一节中的"愚顽人"（"愚顽人心里说，没有神。"）是现实中的，而不是理论上的无神论者。即便是如上帝不存在一般生活的愚顽人也清楚地知道上帝是存在的。《旧约》叙事中所反映的宗教问题并不是无神

论问题，而是多神论问题，不是否定上帝存在的问题，而是崇拜多神的问题。同样，在《新约》中，上帝的实在性也是不容置疑的，因为信徒们深信在拿撒勒人耶稣这里，永恒的上帝成为肉身，住在世人中间。在早期的传教活动中，基督徒传教的对象是那些已经接受了上帝的实在性的犹太人。直到后来，当基督徒传教士面对各种自然主义哲学时，他们才感到有必要从哲学上对上帝存在进行论证。但即便如此，他们也没觉得这项任务很艰巨，因为证明的基本结构已然呈现于希腊哲学家的著作之中。

在头一千年里，基督教作家发现，可以从柏拉图哲学中借鉴最有用的哲学框架以证明上帝存在。事实上，本体论证明与柏拉图关于实在的观点是高度契合的。相反，亚里士多德的大部分著作已被西方学者遗忘，他的哲学只是通过阿维森纳（Avicenna）和阿维罗伊（Averoës）等阿拉伯评论者的著作才为人所知。13世纪，柏拉图被视为基督徒哲学家，而亚里士多德则被视为异教徒哲学家。尽管如此，托马斯·阿奎那还是从亚里士多德的著作中汲取了一系列范畴，用以向世界传播基督教信仰。他对亚里士多德思想的运用是如此成功，以至托马斯主义成为罗马天主教几个世纪以来的教义正统。

问题争辩

阿奎那在证明上帝存在时采用了所谓的"问题争辩"（disputed question）形式，这种形式是中世纪传统的教学手段。在这种训练中，学生要对某一论点进行反驳，然后再对之进行论证，最后再答复最初的反驳。

阿奎那关于上帝存在的证明在其《神学大全》

托马斯·阿奎那（1225—1274），多明我会（Dominican）修士，出生于意大利的阿奎诺（Aquino），曾在那不勒斯大学就读。后来进入巴黎的多明我神学院学习，之后成为那里的一名教师。在那个手写著作的年代，他的著作浩瀚如烟，其著作的现代版已超过25卷。在当时，亚里士多德的著作与伊斯兰教联系紧密，这要归功于阿拉伯学者对亚里士多德著作的广泛使用。阿奎那最令人震惊的理智成果要数他将亚里士多德的哲学改造为表达基督教神学的工具。他的主要哲学著作包括《神学大全》（*Summa Theologiae*）和《反异教大全》（*Summa Contra Gentiles*）。（图片来源：The Bettmann archive. © Deagostini/SuperStock）

和《反异教大全》两部著作中均有所体现。前者是一本为神学家提供的基督教神学手册，它为大部分教义提供了论证。后者是一本为向异教世界传教的传教士提供的手册，它提供诸多论证以促进那些不接受圣经教导的人皈信基督教。我们在这里提供的证明来自《神学大全》。虽然《神学大全》是一本"手册"，但它的现代版本也有十几册之多。

阿奎那的证明所展示出的关于宗教问题的研究形式常被称作"**自然神学**"（natural theology）。关于自然神学的一种定义是，自然神学就是一种通过使用我们关于自然的知识来发现关于上帝真理的方法。我们能从自然秩序的某些方面合理地推导说上帝存在是关于这些自然秩序的最令人满意的解释吗？在阿奎那看来，答案是肯定的。本体论证明是完全先天的，而阿奎那的"五路证明"则是后天的，是基于我们从感觉而来的知识的。

在转向严格的证明之前，阿奎那先考虑了两种反驳意见（使用了"问题争辩"的标准形式）。第一种反驳是恶的存在。如果存在着一个全能、全善的上帝，那世界之中应该没有恶存在。但世界之中确实有恶存在。因此，上帝不存在。你可以看出这是一个标准的否定后件的推理。第二种反驳认为从世界本身就可以解释世界，而不用诉诸上帝作为世界的原因。因此，求助于上帝去解释世界是多余的。阿奎那在提出自己的证明之后，将会回复这些反驳意见。

为了让你充分地了解"问题争辩"的形式，并让你能在免受其他评论干扰的情况下自行阅读这些证明，我们先来一睹阿奎那的文本，然后再去做阐述。

圣托马斯·阿奎那：五路证明[1]

上帝是否存在？

接下来，我们来讨论第三条。

反驳1：上帝似乎是不存在的。因为如若两个相反者之中的任意一个是无限的，那么相反的那个必定完全被消除。但是，"上帝"这个词意味着他具有无限的善。所以，如若上帝存在，那就找不到什么恶了。但是，世界之中的确存在恶。因此，上帝不存在。

反驳2：再者，能用少数几条原则解释的东西，反而用多条原则去解释，这就是多余的。假设上帝不存在，那我们在世界中所看到的一切似乎也可以用其他一些原则加以解释。所有的自然事物都可以还原为一条原则，那就是自然。所有主动的行为都可以还原为一条原则，那就是人类理性或意志。因此，我们没有必要去假设上帝的存在。

相反，在《出埃及记》第三章第十四节，上帝亲口说："我是自有永有的。"

关于上帝存在的五路证明。

第一路证明，也是比较明显的一路证明，即从运动出发的证明。我们的感官确切清晰地感觉到，世界中有些事物是在运动中的。而运动的事物都是被其他事物推动的，因为除非具有推动事物的潜能，否则不可能有事物运动。事物的运动是就其处于现实状态而言的。因为运动不过是某物从潜能到现实的转变。但是，除了借助于现实状态的事物之外，没有什么事物能够将潜能变为现实。因此，现实热的事物，比如火，可以使木头这种潜在热的事物现实地热起来，从而推动它，改变它。所以，同一个事物不可能同时在同一方面既是现实的又是潜在的，而只能在不同的方面具

---

[1] 圣托马斯·阿奎那，《神学大全》，问题2，论题3，选自：安东·C. 佩吉斯（Anton C. Pegis）编，《圣托马斯·阿奎那导论》（*Introduction to Saint Thomas Aquinas*, New York: The Modern Library, 1948）。经授权使用。

有两者。因为现实热的事物不可能同时是潜在热的事物，虽然它可以是潜在冷的事物。因此，一个事物不可能在同一方面、以同样的方式既是能动的事物，又是被动的事物，也就是说，它不可能是自行运动的。所以，某个事物运动必然是被另一个事物推动的，而这个事物又是被另外一个事物推动的，以此类推。但是，这也不能无限地推下去，因为如若这样，就不会有第一个推动者了，也就不可能有其他的推动者，因为后面的推动者是由于第一个推动者的推动才运动起来的，就像手杖只有靠手的推动才能运动起来一样。因此，我们有必要停到一个没有其他事物推动的第一推动者上。而所有人都明白这个第一推动者就是上帝。

第二路证明是从动力因出发的证明。在感性世界里，我们发现存在着一个动力因的序列。在我们所知道的所有情况中，我们都找不到一个事物是其自身的动力因。实际上，这也是不可能的。因为如若某一事物是其自身的动力因，那也就意味着它是先于它自身而存在的，而这是不可能的。同时，动力因的序列也不可能达至无穷，因为在动力因的序列中，第一因是最初的原因，而中间原因又是最后原因的原因，不论中间原因是一个或几个。所以，如若取消了第一因，那也就取消了结果。如若动力因当中没有第一因，那也不会有中间原因，也不会有最后原因。同时，如若动力因序列可以达至无穷，那也不会有什么第一动力因，因此也就不会有什么中间的动力因，也不会有什么最终的结果。而这一切显然都是错误的。因此，我们有必要承认第一动力因，而我们每个人都把这个第一动力因称为上帝。

第三路证明是从可能性和必然性出发的证明。我们发现，自然事物既可能存在，也可能不存在，因为它们有生有灭，所以它们有可能存在，也有可能不存在。但是，它们不可能永远存在，因为可能不存在的事物至少在某些时候是不存在的。因此，如若所有事物都可能不存在，那么在某个时候就可能所有东西全都不存在了。如若事实真是如此，那么甚至是现在也不会有什么东西存在了，因为那些不存在的事物只有借着已经存在的事物才能得以存在。所以，如若在某个时候所有的东西都不存在，那么任何事物就都不可能开始存在了。这也会导致现在也没有什么东西存在。而这显然是荒谬的。所以，并非所有的事物都仅仅是可能存在的，某些事物一定是必然存在的。而所有必然存在的事物的必然性要么是由其他事物引起的，要么不是由其他事物引起的。如若其必然性是由其他事物引起的，那么我们也不可能将此推至无限，我们谈及动力因时已经说明了这一点。所以，我们不得不承认，有一种存在，其自身具有必然性，其必然性不是由其他事物而来的，反而是这种存在导致了其他事物身上的必然性。而所有人都将之称为上帝。

第四路证明，是从事物中发现的等级性出发的证明。在各种存在物中，有的具有较高的善、较高的真或较高的尊贵等，而有的则具有相对较低的善、较低的真或较低的尊贵等。但是，事物的"高"或"低"是根据它们与"最高"或"最低"相似的程度而说的，就像一个事物被称为"较热"是因为它比较接近于"最热"一样。因此，某个事物是最高的真、最高的善、最高的尊贵，从而也就有某个事物是最伟大的存在，因为那些具有最高的真的事物也就是最伟大的存在……因此，必定存在某个东西是其他所有事物之存在、其他所有事物之善以及其他所有事物之完满性的原因，而我们将这个东西称为上帝。

第五路证明，是从对世界的管控出发的证明。我们发现有些无知觉的事物，比如自然物体，也为了某个目的而活动。很显然，它们的活动总是或者近乎总是以同样的方式获求最好的结果。因此，很明显，它们获求某种目的，并非是偶然的，而是经过设计的。所有无知觉的事物都不可能朝向目的活动，除非它被一些有知觉、有智慧的存在物所规导，就像箭要受射手的规导一样。因此，存在某个智慧的存在，其他所有自然物都经由它的规导而朝向各自的目的。我们称这种存在为上帝。

答复反驳1： 正如奥古斯丁所说：因为上帝是最高的善，他不会允许恶存在于他的工作之中，除非他的全能和善，能从恶中产生出善。而这正是上帝之无限的善的一部分，因此他允许恶的存在，并能从恶中产生出善。

答复反驳2： 因为自然是在一个更高的行动者的规导之下，为了某个确定的目的而运作的，所以，自然所做的所有事情都必定能追溯到上帝这个第一因。同样，人类所主动做的所有事情也必定能追溯到比人的理性或意志更高的原因，因为人的理性或意志是会变化或者失效的。但正如我们前面所说明的，所有可变的或者有缺陷的东西都必定能够追溯到一个不变的、自身具有必然性的第一原则。

从变化出发的证明

古希腊人对"变化"十分着迷，在他们看来，变化就是一个错综复杂的谜。如果某个东西从 A 变化为 B，那么，在它是 A 的那段时间里，它就不是 B（否则就没有什么变化可言了）；但是，A 要想变化为 B，那它要首先不再是 A。但如果它不再是 A，那它又将如何变化为 B 呢？

让我们用"橡子"代表 A，用"橡树"代表 B，来重述一下。当橡子要变化为橡树时，它要首先不再是橡子。但是，如果橡子还不是橡树，那它又怎么可能变化为橡树呢？如果它已经是一棵橡树，那它就不是一颗橡子，那在这里也就根本没有发生变化。亚里士多德通过区分存在的两种方式来解决这一谜题。

橡子在现实上是橡子，但在其潜能上它可能是橡树。当它不再是一颗橡子而要变成一棵橡树时，其中发生的变化就是，它成为橡树的潜能变化成了现实。现在它是一棵橡树了，但橡树还有其他潜能，它可以变化成木材，可以用来造房子。因此，我们可以说，这棵橡树在现实上是橡树，但在其潜能上它可能是房子。当有人对之利用，实现它的潜能时，它就变成现实上的房子了。

概括来说，变化就是一个事物从其潜能到现实的运动。在上面的证明中，译者用"运动"（motion）一词来表示"变化"（change），因为在亚里士多德看来，"变化"就是潜能到现实的运动。在我们的经验中，我们如何解释事物的潜能呢？答案是潜能来源于一些在先的现实。我们是从橡树得来橡子的。也许是在无意间，亚里士多德提供了"先有鸡还是先有蛋？"这一问题的答案。在他看来，当然是先有鸡，这是在先的现实。

因此，在阿奎那看来，我们经验到了事物从潜能到现实的运动，而一个事物是不可能自身独立完成这种运动的。现实冷的东西也可能是潜在热的东西。但是，它自身不可能从潜在热的状态转变为现实热的状态。而一个热源（某些现实热的东西）则能把潜在热的东西转变为现实热的东西。例如，一壶冷水变热并开始沸腾，只不过是一些外在的热源（比如，炉子上燃烧的火焰）作用的结果。因此，一个事物不可能仅凭自身的力量从潜能变为现实，相反，拥有该事物所缺乏的那种现实性的外在事物才能使之从潜能变为现实。因此，任何实现（actualization）总是需要两个东西：被实现的事物和导致实现的事物。当然，某个导致实现的事物本身的现实也可能是由其他事物促成的。但在阿奎那看来，这种实现的链条不可能无限地延长下去。如若无限延长，那就不可能存在实现的第一源头或终极源头了。如果不存在实现的第一源头或终极源头，那就不可能有任何实现了，因为任何实现的中间和当前环节都取决于之前的环节。但是，经验告诉我们，实现是存在的，因此，必定存在实现的第一或终极源头。

此外，正如我们已经注意到的，因为阿奎那认为任何事物都不可能将其自身转变为现实，所以，实现的终极源头自身必定是而且始终是完全纯粹的现实。（如果它在某个地方是潜能的状态，那它就需要实现的外在源头，因此也就不是终极源头了。）

基于以上原因，阿奎那得出结论认为，必定有一个纯粹现实的存在作为宇宙中所有实现链条上的终极源头。而这个完全的现实，这个实现的终极源头就是上帝。顺便说一句，在阿奎那看来，上帝是完全纯粹的现实就是上帝对摩西所说的"我是自有永有的"这句话的意思。

关于这种证明的大多数现代诠释者并不认为这种证明点出了无限的变化以及时间上自原始大爆炸以来的无限的变化的源头。他们只是把这种证明当作关于世界每时每刻的状态的陈述。但阿奎那认为，对我们来说，如果可观察到的变化事实是有意义的，那这些变化必定有一个自身处于变化之外的终极源头，而这就是上帝。

从动力因出发的证明

如果你仔细研究一下从变化出发的证明，你就会发现阿奎那的第二路证明——从动力因出发的证明——与之具有相同的基本结构。世界中存在着一种特定的事实，这种事实要么诉诸上帝作为其根源，要么我们对之将没有任何令人满意的解释。这种事实就是：原因和结果。

在详细地考察阿奎那的证明之前，我们先要澄清一下他的术语。阿奎那再一次借用了亚里士多德的术语，我们现在已经不太使用亚里士多德用于表达因果关系的术语了。当我们说 X 是 Y 的原因时，我们所说的是这样一种关系：Y 依赖于 X，因为 X 是 Y 的存在或 Y 的某种状态的源头。亚里士多德称这种原因为动力因。关于亚里士多德的动力因概念，有一点需要注意的是，他认为，有些动力因在时间上是先于它们的结果的，而有些动力因则在时间上是与它们的结果同时的。为了清楚地了解他的想法，请设想你放在面前桌子上的某个物体，比如咖啡杯。它的一种属性是：位于离桌子所在的房间的地面3英尺（约0.91米）高的地方。首先，我们可以认为你将杯子放置在桌子上的行为是造成它位于离地面3英尺高的地方的动力因。当然，在这个例子中，动力因在时间上是先于其结果的。中世纪的哲学家，比如阿奎那，把这种动力因称为"生成因"（cause *in fieri*, cause of becoming）。其次，我们还可以用桌子阻挡了杯子下落的趋势来解释为何杯子具有"位于离地面3英尺高的地方"这一属性。对于亚里士多德和阿奎那来说，在这个例子中，动力因与其结果是同时的。杯子依赖于桌子作为它"位于离地面3英尺高的地方"的属性的来源,但是,桌子在这个位置上对杯子的支撑并不是杯子具有这种属性之前所发生的事件。阿奎那和其他一些中世纪哲学家将这种动力因称为"存在因"(cause in esse, cause of being)。

但是,亚里士多德有时也用"原因"一词指代解释原则,而不是动力因。比如,Y与Z有关,是Z所要达成的未来目标。那么亚里士多德称这种原因为"目的因"(final cause)。我们可以用前面所提到的橡子-橡树的例子来区分这两种原因。橡子的动力因是一棵橡树。橡子的目的因是这颗橡子将要变成的橡树。但是,这两种原因并不能穷尽我们所能分析出的所有原因。橡子之为橡子是因为它是由某种物质构成的。我们把这种物质称为"橡子原料"。而亚里士多德则将这种橡子原料视为橡子的"质料因"(material cause)。同时,橡子又不仅仅是由某种物质构成的,除此之外,它还有形状和结构,其形状和结构也使得橡子成为橡子,而不是成为核桃。亚里士多德将这种独特的结构称为"形式因"(formal cause)。

我们再来举一个例子。假设你被要求写一篇课程论文。你就是你论文的动力因。你希望获得的分数或者知识就是这篇论文的目的因。这篇论文的内容就是它的质料因,你加于文字之上的结构就是形式因。两个不同的学生的论文可能具有相同的质料因和目的因,但不会具有相同的形式因,或者如若他们不想被指责为剽窃,那就最好不要具有相同的形式因。

在这些原因中,动力因是阿奎那在第二路证明里需要解释的关于世界的事实。我们关于世界的经验告诉我们,没有什么事物能够是它自己的原因,至少在我们的经验中没有这样的事物。所有事物似乎都依赖于别的事物作为其原因,而这个原因又依赖于另外一个原因,以此类推。这个原因的序列要延长到什么地方呢?这是一条无尽的因果链?或者存在一个不是由其他原因引起的第一因?我们如何在这两种可能性间进行抉择?

当然,阿奎那选择了无因的原因(第一因)。他的论证如下(这是一个归谬形式的论证):假设不存在第一因。那我们必然会得出结论认为这个序列中的所有原因都是中间原因。但如果我们否定了第一因,那也就不可能存在中间原因,也就不可能有当前的结果了。然而,经验告诉我们,存在当前的结果。这就意味着,一定存在某个第一动力因导致了当前的结果,而这就是我们所说的上帝。

在下面这个论证中,我们可能稍微偏离了阿奎那的论证形式,但其基本精神还是一致的。因为阿奎那的证明是后天的,是基于我们关于世界的经验的,所以,从经验的角度来看,否认每件事都有其原因似乎不会令人满意。假设你看的电视节目突然停掉了。那你马上会去设想是什么原因导致的——电视的某个部分出故障了,电视台停播了,还是电力中断了?一定是某个原因导致的。但假设你的室友有一种特别顽固的心态。他辩称(他曾上过哲学课)没有证据可以证明每件事都有其原因,也许电视节目停掉是没有任何原因的。但是,你会说,"事情不可能毫无原因地发生。你的意思一定是你不知道它停掉的原因是什么。"

他回应说,"并非如此。我所说的意思就是字面上的意思。你真傻,竟然要去找电视节目停掉的原因,因为根本就没有原因。"

"这不是一个合理的解释，"你说，"事情总是有原因的。我不用上哲学课就知道这一点。"

在这场哲学争论中，谁是正确的？从某种意义上说，两者都正确。我们可以证明每件事都有其原因吗？似乎不能。还没有人提出过这样的证明。但我们确实又假定每件事都有其原因。如果我们不这么假定，那世界对我们来说就难以理解了。这种假定是我们的心理事实，还是对世界运作方式的洞察？我们真的不知道。更糟的是，我们也不可能知道。如果我们假定因果序列是无限的，不存在第一因，那我们就接受了一条会导致世界变得不能被充分理解的原则。对此的反驳，正如罗素所说，当我们寻找原因时，我们就会感到满足。但当我们寻找它们时，有时能找到，有时则找不到。关于上帝存在的证明也不是一个无可辩驳的证明。考虑一下这个反驳：即便一系列对象中的每个成员都具有某一特征，但其成员作为一个整体可能并不具有相同的特征。比如，每个人都有母亲，但这一事实并不能证明人类种族有一个母亲。

但就像第一路证明那样，大多数现代诠释者并不认为原因链条上是一系列可以在时间上进行追溯的"生成因"。相反，他们将之解释为任一时刻都有一系列依赖，一系列"存在因"，因此，自然的所有层面都是有原因的，也就是说都依赖于其他东西。

从可能性与必然性出发的证明

理解第三路证明的关键在于理解偶然性（contingency）这一概念。偶然存在就是有依赖性的存在。与偶然存在相反的是必然存在。我们在讨论本体论证明时发现，许多思想家对"必然存在"这个概念存有异议。某一陈述可能是必然的（也就是分析地为真），但说"存在是必然的"，到底是什么意思呢？

我们难以理解"必然存在"这一概念的原因之一是：我们从未在经验中遇到过这种存在。世界上没有什么东西是必然的，一切都是偶然的，都是依赖于其他别的东西的。结果和它的动力因之间是一种依赖关系。如果 X 是 Y 的原因，那么 Y 就依赖于 X。在某种意义上说，偶然性至少是因果关系所蕴涵的一个方面。

但第三路证明并不是第二路证明的重述，阿奎那实际上提出了一种有趣的新证明。这个证明赋予偶然性概念以新的含义。一个偶然的存在并不单是说这种存在是有依赖性的，同时也是在说这种存在仅仅是可能的。说某个东西仅仅是可能的，就是在说这个东西可以存在，也可以不存在。仅仅是可能的存在不会是必然存在的，设想它的不存在，在逻辑上并不矛盾。因此，即便它现在存在，在它的所有可能性中也依然具有不存在的可能性。

假设宇宙是无限久远的，所有的可能性都已经实现了。但是请记住，偶然存在的可能性之一是不存在。在无限的过去，所有的可能性都会发生，其中就包括不存在的可能性。因此，如若所有存在都仅仅是偶然的，那就有这样一种可能，即没有什么东西存在。但确实有某些东西存在。因此并非所有的存在都是偶然的。必定有一个存在是必然的，它是所有偶然存在得以存在的终极源头。而这就是我们所说的上帝。

我们就此清楚地了解到了上帝的特征。上帝是不变的变化之源，是无因的原因，是必然的存在。必然就意味着完全不依赖。"自存性"（aseity）这个词就是用来表示上帝不依赖于其他任何东西的特征的。因此，第三路证明又把我们带回到"上帝作为必然存在"这种上帝观念上来了，而我们在之前也看到过关于"必然存在"这一概念的相关反驳。

然而，阿奎那还有两路证明，它们都不依赖于"必然存在"这一概念。

从存在的等级出发的证明

正如我们会根据某些标准来描述热和冷、善和恶、多和少的等级一样，因此我们也必定根据某种关于存在的标准来描述所有事物之存在。我们可以这样思考这个证明：假设我们将所有存在的事物按照它们实在的等级排列成一个列表。那这一列表最底部的将是非存在或**虚无**（nothingness）。再靠上一点是梦和心理意象。它们拥有一些实在性，但是它们并不像拥有它们的人那样实在。列表再靠上一点也许是虚构的人物：哈姆雷特、圣诞老人、匹克威克先生（Mr. Pickwick）等。再往上可能是物理对象。再接着是人。也许排在人之上的是某些原理，比如物理原理、数学原理和力学原理等，这些原理本身比人类关于这些原理的知识更持久。我们可以就这个列表的恰当次序进行争论，但无论怎样，在原则上我们是可以从存在等级较低或者实在性较低的事物向存在等级较高或者实在性较高的事物排列的。如果我们要构建这样一个列表，那这个列表上必然会有第一位，这个东西具有终极的实在性，排在它之下的那些东西都不如它实在。而我们将之称为上帝。

相较于其他证明，第四路证明似乎更难理解，因为我们已不再根据实在的等级来建构世界了。我们的自然倾向是将事物仅划分为实在和不实在两类。一个人可以为第四路证明的前提辩护，但是，这个证明的问题在于，只有我们首先相信存在是有等级的，这路证明才能发挥效力。但是，这个证明确实指出了一种思考上帝的重要方式。它假定存在是一种完满性，而存在等级高的事物要比存在等级低的事物更完满。在这里，我们似乎又回到了有关本体论证明的争论焦点。

阿奎那再次汲取了亚里士多德的思想，他认为任何存在的事物都与其他存在的事物具有某些共同的性质。这些共同的性质，有时被称为完满性（perfections），有时被称为超验的完满性（transcendental perfections），它们之所以是超验的，是因为这些完满性在所有实体身上都可以找得到。关于超验的完满性的"清单"不尽相同，但通常都会包括：真、善、美和存在。说这些性质是完满性意味着它们是积极的属性，其反面并不真的存在。恶不是一种实在，它只是善的缺乏。同样地，丑是美的缺乏，非存在是存在的缺乏，假是真的缺乏。按照这种观点，上帝是这些超验的完满性的最高例示。上帝就是真本身，美本身，善本身，存在本身。上帝不仅是这些完满性的最高例示，而且它们在上帝里面也完满地结合为一体。因此，上帝的一种定义就是所有超验的完满性的统一。

今天，人们所遇到的关于上帝存在的证明，其论证结构不大会类似于阿奎那的第四路证明。这主要是因为我们看待实在的方式发生了转变。构建阿瑟·洛夫乔伊（Arthur Lovejoy）所谓的"存在巨链"（great chain of being）已不再流行。因此，如今很少人会关注第四路证明。但第五路证明可能是最流行的关于上帝存在的证明，即便在今天，它也是最广受支持的证明之一。

从设计出发的证明

阿奎那最后一个证明是建基于世界是遵循秩序、明显合目的的。我们观察到无知觉的自然事物看起来也是朝着某一目的运作的。橡子会成长为橡树。花朵会在一天中调整自己的朝向,以便阳光照射自己。眼睛的设计似乎是为了使它能看见东西。世界明显的设计究竟是偶然的,还是某位智慧的设计者有意为之呢?这两种观点哪个更合理呢?在阿奎那看来,这一定是某位智慧的设计者有意为之的,这一点可以从"朝着某一目的运作必须以能够把握手段和目的之间的联系为前提"这一事实来加以证明。比如,橡子会利用土壤中的某些特定养分,而不会利用其他养分。但是,如果它的行为是偶然的,那它对养料的摄取应该是不加选择的,而这通常也不利于橡子长成橡树。如果橡子是一种智慧的存在,那么我们大可以用它的智慧来说明它将某些养料作为对其成长有利手段并将这些养料同其他养料区分开来的能力。但是,事实是,橡子不是一种智慧的存在,但显示出了一种智慧的区分特性。而这让我们有充分的理由相信有一个智慧的存在,是它设计了橡子,从而让橡子能够展现出一种目标导向的行为。即便一个人不接受自然展示出了目的的解释,这个世界仍然存在着有待解释的难以置信的复杂性。而第五路证明想让我们相信上帝可以为这种复杂性提供充分的解释。

进化论在阿奎那的时代还不为人知,所以阿奎那不可能知道自然中明显的设计可以解释为一种非目的性的和非智慧性的原因导致的结果。虽然进化论对阿奎那的"设计论证明"提出了严重的挑战,但这种证明的支持者认为,进化论并不能最终驳斥

威廉·佩利(William Paley,1743—1805),英国牧师和哲学家,曾在剑桥大学任教,其著作被广泛阅读,并被用作教科书。除了《自然神学》(*Natural Theology*)外,他还著有《论基督教的证据》(*A View of Evidences of Christianity*)和《道德与政治哲学原理》(*The Principles of Morals and Political Philosophy*)。图片来自美国国会图书馆。

所有版本的设计论证明。其中一个原因在于,至少从目前来说,进化论只能解释有生命的生物明显的合目的性的来源。因此,进化论就与那些诉诸宇宙中无生命的物质的秩序(比如,天体的运行)而构建的设计论证明不相干了。此外,进化只能发生在具有这样一种特征的自然环境中,即这种自然环境具有一种有利于生物有机体产生的无生命的秩序。因此,进化反倒是自然潜藏的秩序的证据,而这种秩序是进化所不能解释的。事实上,正是基于这种原因,有些设计论证明的支持者常将进化论视作上帝存在的证据而不是反证,将进化视作神圣创造的手段。19世纪的法国哲学家亨利·柏格森

（Henri Bergson）在其著作《创造进化论》（*Creative Evolution*）中就明确持有这种观点。

设计论证明在18世纪最为流行。其最著名的支持者是威廉·佩利，他的著作《自然神学》就对设计论证明给予了大量关注。即便是攻击了大多数关于上帝存在的证明的康德，也认为设计论证明是传统证明中最好的一种，尽管他也认为设计论证明并不能推导出传统宗教信仰中的上帝。设计论证明最多指出了世界有一个建造者或设计者，但是这个建造者或设计者并不必然就是传统犹太教和基督教信仰中的上帝。同时，设计论证明也不会必然地指向一个具有无限能力和权力的上帝，一个作为必然存在的上帝。这种证明可以支持那种将上帝视为伟大的存在的观点，但这种上帝可能只具有有限的能力、智慧或善。虽然这种有限的上帝可能并不是犹太教和基督教信仰中的传统上帝，但这种上帝观的确能为恶的难题提供一条解决之道。比如，因为上帝没有能力阻止恶，所以世界有恶存在。美国哲学家威廉·詹姆斯就发现一种有限的上帝的概念很有吸引力，其原因就在于这种概念能为恶的难题提供一种合理的回应。"过程神学"（process theology）运动也持有类似的上帝观。按照过程神学的看法，上帝不是存在的原则，而是价值的原则。上帝是善的，但并不一定是全能的。我们被召唤继续上帝的工作以给这个世界带来尽可能多的善。在此过程中，我们分享了上帝的本性，并参与到扩展世界之善的过程中。这种上帝观虽然在现代情感中很流行，但这绝不是阿奎那所支持的那种上帝观。

供讨论的问题

1. 阿奎那从变化和因果性出发的证明是基于一条无限的依赖链条的荒谬性之上的。请解释这种荒谬性为何对于该证明之成功是至关重要的。
2. 有人有时认为阿奎那的五路证明实际上为全知、全能、全善的上帝的存在提供了一种累积性的理由。请通过五路证明中的任一路来分析说明上帝的特性以评估这种论断。
3. 进化论是否削弱了设计论证明？为什么？
4. 设计论证明所导向的上帝概念是否与本体论证明的上帝概念相同？请为你的回答提供理由。
5. 在我们所考察的关于上帝存在的证明中，你认为哪一种证明最有说服力，哪一种最没说服力？

第二十九章　恶的难题

所有关于上帝信仰的论证都必将面临一个重要的反驳：恶的难题。这个问题可以用多种方式表述，但是伊壁鸠鲁的表述也许是最清楚的："上帝想要阻止恶但又不能吗？那他就是无能的。上帝能阻止恶但又不想吗？那他就是邪恶的。上帝既能阻止恶，又想阻止恶？那恶从何而来？"

简而言之，恶的难题可以归结为：宇宙之中存在的恶使得关于一个全知、全能、全善的造物主的信仰成为不合理的。依据人们对这种"不合理"的指责的强烈程度，各种版本的"恶的难题"一般可以分为两类。一种是恶的难题的"逻辑"版本，为此辩护的人对这种"不合理"进行了严厉的斥责，他们认为，相信恶的存在与相信上面所说的那种全知、全能、全善的上帝的存在是矛盾的。另一种是恶的难题的"证据或归纳"版本，其支持者并不认为相信恶的存在与相信上面所说的那种全知、全能、全善的上帝的存在是矛盾的。相反，他们声称，宇宙中的恶（或者某些特殊的恶）使得上帝不存在的可能性大于上帝存在的可能性。如今很多关于恶的难题的研究都是集中在证据版本之上的，这在很大程度上是因为证明一组命题是逻辑矛盾的太过于困难。但是，在下面"自由意志辩护"这一节中所讨论的关于恶的难题的有神论回应，可以算作对这两种版本的可能回应。鉴于此，在下面的讨论中，我们将不会再强调关于恶的难题的逻辑版本和证据版本的区别。尽管如此，那些同情恶的难题，并认为恶的难题为否定上帝存在做了辩护的读者，应该努力弄清楚他们论证得出的结论的效力。同样地，那些同情一个或多个对恶的难题的有神论回应的读者也应该对恶的难题的支持者所得出的结论的效力的大小保持敏感，并且还要意识到，要想彻底解答恶的难题，就必须对"宇宙中的恶表明上帝不存在的可能性只有百分之五十一"这样一种指责做出回应。

自由意志辩护

作为一种对恶的难题的可能回答，自由意志辩护首先考察的是恶的本质。恶是引起人类痛苦、毁灭以及其他灾祸的东西。世界上大多数恶都源自人类互相之间所做的可怕的事情：战争；利用饥荒作为政治武器；对那些已可被治愈的疾病不管不顾；无视贫穷、无知和不公；未能改善不幸之人的福祉；反对那些能够促进生产力，并能够消除武器装备和毁灭性工具，以使世界变得更美好的社会秩序变化。请反问一下自己：世界上有多少恶是人类自己造成的？百分之五十？百分之六十？还是更高的比例？

对于自由意志辩护来说，这种估算是很重要的。自由意志辩护是那些为上帝的能力和善良辩护的人所采取的主要策略。按照这种论证思路，为了使人类能够真正自由地行善，人类必须能够自由地作恶。

因此，我们可以用自由意志来解释世上的诸多恶。如果人类不是自由的，如果人类就像机器人一样，那我们就可以按照"编程"只去做正确的事情，这样也就消除了世界上的大部分恶。但自由意志辩护也面临一个问题：自然恶的存在。自然恶并不是人类行为导致的恶，而要归咎于世界的运转。即便全世界的人都极尽所能地消除痛苦和灾祸，世界中仍会有地震、洪水、干旱、火山爆发、台风、龙卷风以及其他破坏性的自然灾害带来毁坏和死亡。此外，还有各种疾病：癌症带来极度痛苦，不治之症带来的心碎之感，儿童因疾病或创伤而死亡，老年人患上使人日渐消弱的疾病，还有各种流行病和瘟疫。自然恶还有很多，我们可以继续列举下去。总之，这些恶都不能归咎于人类的自由，而要归咎于世界本身。为什么仁爱的上帝会允许这些事情发生呢？

自由意志辩护的支持者尝试处理自然恶问题的一种方式是：认为有意义的自由所要求的并不仅仅是有能力去做其他事情。为了获取一种有意义的自由——一种能够以某种重要的方式重塑自己和他人的整个生活，重塑世界进程的自由——自由必须要在可预测后果的环境中进行磨炼。如果一个人决定拿着上膛的枪指向某个人并扣动扳机这种行为产生出一道彩虹、一朵雏菊或者一击板球的可能性与产生出一颗高速运转的子弹的可能性一样，那自由地选择开枪也就失去了它本身所具有的重要意义。要想使用我们的自由去和他人或世界进行有意义的互动，那自由必须要在我们的行为具有可预测的后果这样一种环境中行使。这也就意味着，有意义的自由行动所需要的环境必须是按照自然法则运作并因此可预测的环境。但是，一旦人们意识到有意义的人类自由需要一种自然秩序，那人类就有可能在无意间陷入到自然机制之中。比如，着火发生在可预测的环境之中（充足的燃料、氧气和热量），它对物质造成的后果也是可预测的。因为它的产生和后果都是可预测的，那人类就既可以用它来行善，也可以用它来作恶。当我们用它来做饭、为器具消毒或者给房子供暖时，我们就是在用它行善；纵火者肆意放火毁坏财物或者谋人性命时，就是在用它作恶。只有火具有稳定和可预测的性质时，用它来行善或作恶才成为可能。但是，对于火所具有的稳定性质来说，无论是我们偶然遭遇到的火，还是有意使用的火，其性质都是一样的。正是这同样稳定的性质，既允许我们用之来给家里供暖，也会酿成悲惨大祸（如若我们无意间进入着火的森林之中而无法逃脱）。

虽然自由要求自然秩序的论证中的诸多要点也很合理，但是单凭这些并不能解决自然恶的难题。其中，依然存在的最突出的问题是：为什么上帝不能创造一种不会对人类造成如此严重伤害的自然秩序呢？或者人们可能会想：上帝为什么不创造能够抵御自然攻击的人类以及其他有知觉的生物呢？秩序观念本身并不要求人类是如此脆弱，也不要求自然是如此凶猛！

虽然最后一点很难反驳，但是许多有神论者很快就注意到：还有其他一些理由，这些理由是与上帝存在相一致的，它们可以解释人类为何在自然秩序运作过程中常常遭受痛苦这一事实。其中一些最具影响力的理由，是通过思索人类真正要实现的本性来解决自然恶的难题的。在下一节，我们将考察两种类似路径。

道德与精神品质的培养

虽然乍看起来，就人类要走上充实满足的人

生而言，一个极尽柔和的世界似乎能比现实世界提供更加优越的环境，但是，当你深入思考充实满足的人生的本质时，这就变得不那么清楚了。如果你的终极目的仅仅是获取尽可能多的快乐并规避尽可能多的痛苦，那么一个更柔和的世界似乎比现实世界更优越。然而，大多数有神论者认为，除了获取快乐和规避痛苦之外，还有更深层的价值可以用来定义成功的人生。对于他们来说，人生中最重要的成就是与上帝建立起一种恰当的关系。虽然他们认为一个人一旦与上帝建立起最完美的关系，那么这个人在来生将会获得纯粹的快乐，但是，他们也注意到，这种快乐本身并不是更深层次的价值（即与上帝建立起一种完美的爱的关系）的最终来源。此外，对于恶的难题，这些有神论者就此认为在此生就要开始为这种爱的关系的建立创造条件，而为了这种完美的关系，此生的奠基工作可能需要人类遭受困难和灾祸。虽然这类对自然恶的难题的有神论回应的形式多种多样，但是有两种版本尤为著名，即圣奥古斯丁的救赎回应说（redemptive response）和圣爱任纽（St. Irenaeus）的灵魂塑造说（theory of soul-making）。

奥古斯丁（354—430）认为，由于原罪的遗传，每一个人与上帝的关系都遭到了致命的破坏。事实上，这种致命的破坏只有上帝借着他的独生子耶稣基督的道成肉身、十字架受难和复活而为我们赎罪后才能弥合。基督遭受苦难仅仅是为了重新开启一个人在来生享受与上帝完美的关系的可能性。为了使这种可能性至少变为某一个人的现实，人类必须爱上帝高于其他一切。而这就意味着，个人要意识到自己的终极目的不是要追求此世肉体上的欢愉。相反，这也意味着，自然秩序中的困难和灾祸将在一个人的精神救赎中发挥作用。这些困难和灾祸帮助人们意识到，他们的终极目的是不可能在物质世界中找到的。自然秩序中的困难召唤人类回到他们真正的家园，回到那个他们因原罪而疏离的家园，回到那个保有他们最深层和最持久的满足的家园。

另一方面，爱任纽（125—202）并不认为人类已经从道德和精神完满的先前状态堕落。相反，爱任纽坚持认为，即便是全能的上帝，也不能直接创造出需要进入真正的爱的关系之中后才能建立起的道德和精神上的成熟。他认为，一个人的道德和精神品质只有通过自由地选择去做道德正确的事（即便对个人来说有风险和损失）才能得以建立。一个人只有面对危险依然选择正确的事，才能变得勇敢；一个人只有放弃一些好东西以使他人从中受益，才能变得慷慨；一般来说，一个人只有通过追求他人的幸福（即便自己可能蒙受巨大损失），才能成为一个有爱心的人。鉴于此，爱任纽认为，一种较为粗糙的自然秩序才能为培养这些进入与他人尤其是与上帝的成熟的爱的关系之中所需要的道德和精神品质提供机会，才能在此之中发挥重要作用。基于上帝是如此创造我们，以便他能与我们建立爱的关系的，爱任纽认为，上帝有理由不去创造一个更柔和的自然秩序。

虽然奥古斯丁的解释在基督教护教学（Christian apologetics）历史传统中占据主导地位，但是由于约翰·希克（John Hick）的著作，爱任纽的解释在20世纪重新燃起了大家的兴趣。在《恶与上帝之爱》（Evil and the God of Love）中，希克发展了爱任纽对恶的难题的回应。希克引用诗人约翰·济慈（John Keats）的一句话，将现实世界称为"塑造心灵的山谷"。希克指出，有些人所设想的神人关系并不是父母与孩子的关系，而是动物饲养员与动物的关系。"他们认为上帝与地球的关系是以人类为宠物建造笼子为模型的，如果他富有同情心，他自然会尽可能地让他的宠物过得快乐和健康。"相反，希克主张将人类生活视为发展性的生活。世界是这样一个地方：逆境增长道德上的坚毅，痛苦带来精神上的成熟。他认为，"我们的生活是带有发展性和目的性的。人正处于成为上帝所要创造的完人的过程之中。但是，这一过程并未最终完成，其中重要的是通过一种自然的、不可避免的演化，经由个人自由中的一种危险的冒险来实现。"与其把上帝视作笼子里的宠物的饲养员，不如把上帝视作慈爱的父母。希克补充道，"对于大多数父母来说，培养孩子的品性，提升他们的品质似乎比让他们生活中永远充斥着无尽的快乐更为重要。因此，如若上帝关于人类的目的真的与慈爱和明智的父母关于他们孩子的目的有可比性，那我们就会明白这个世界的最高和最终的目的并不是要让痛苦消失，让快乐独在。相反，这个世界必须是一个塑造灵魂的地方。"[1]

如前所述，在回应恶的难题的哲学历史中，爱任纽传统从未像奥古斯丁传统一样占据主导地位。尽管如此，有趣的是，这种关于恶的难题的回应的精神特质却体现在广为流传的童话《木偶奇遇记》（*Pinocchio*）之中。当仙女最开始拜访匹诺曹时，她就明确告诉匹诺曹，她只能赋予他生命，但不能让他变成一个"真正的男孩"。如果我们看看仙女为自己不能使用魔法将匹诺曹变成一个真正的男孩的解释，我们就会在其中发现爱任纽回应恶的难题的核心观点：

> 魔杖触了他一下，匹诺曹就活了！他先是眨眨眼睛，然后抬抬木臂，扭扭他那有关节的手指。他哭着说，"我能动了！我能说话了！"蓝仙女笑着说，"格培多需要个儿子。所以今晚我赋予你生命。""那我就是个真正的男孩啦"，匹诺曹高兴地叫着说。仙女悲伤地说，"不，没有什么魔法能让你变成真正的男孩。我已将生命赐给你，但其他的则要靠你自己。"匹诺曹恳求道，"那告诉我该怎么做，我想成为一个真正的男孩！"蓝仙女说，"要去证明你自己是勇敢、诚实和无私的。"[2]

不可理解的恶的难题

尽管我们大多数人可能都这样或那样地相信艰难困苦可以促使一个人经历道德和精神上的转变，但重要的是要注意，到目前为止，奥古斯丁和爱任纽对恶的难题的回应似乎不能解释所有情况的恶。当一个人考虑到那些降临在无道德或者无精神属性的生物身上的悲剧，同时考虑到这些生物不可能像自由的人类那样在与艰难困苦的搏斗中获得潜在的救赎或转变时，这一点就显得尤为明显。当代哲学家威廉·罗（William Rowe）就特别清晰有力地提

---

[1] 本段所有引文均出自：约翰·希克，《恶与上帝之爱》（修订版）（New York：Harper Collins，1966，1977）。
[2] 《木偶奇遇记》，引文来自迪克·凯尔西（Dick Kelsey）对卡洛·科洛迪（Carlo Collodi）创作故事的改写本，参见《华特·迪斯尼的宝库》（*Walt Disney's Treasury*，New York：Golden Press，1953），第70页。

出了这种指责。为了说明这一点，罗让我们关注苏（Sue）和斑比（Bambi）的例子。[1] 苏是一个5岁的小女孩，她被她母亲的男友奸杀。而斑比是一只小鹿，它被一场森林大火严重烧伤，苟延残喘了几天，最终死亡。对于这些例子，罗认为，我们找不到任何理由可以为上帝允许这种事情的发生辩护。拿苏的例子来说，我们简单考察一下有神论的回应就会发现，它们远不能提供关于上帝为何允许这种可怕的事情出现的具有说服力的解释。因为苏的理性尚未发展成熟，她在被谋杀前所遭受的苦难也无法使她的道德和精神受益。再者，任何认为她的苦难是有助于他人的道德或精神发展的说法更是骇人听闻的，同时这种说法也仅仅将一个人视作促进他人利益的手段。最后，有些人担心上帝的干预会消除自由意志这个伟大的恩赐，但是这种担心也提供不了什么辩护。首先，虽然我们具有自由意志，但我们的自由意志不是绝对的。也就是说，我们能做什么和不能做什么都要受到自然法则的限制。其次，更重要的是，如果我们能够事先制止那个想要杀害苏的人，那我们无疑会认为我们在道德上有义务这么做，并且也不会丝毫认为这么做会妨碍了一个人行使他的自由。因为我们认识不到什么好的理由可以为上帝允许这些恶的存在辩护，所以这些恶对于我们来说是不可理解的，而这也使我们能够合理地得出这样的结论：这些恶是不必要的，因为上帝没有好的理由允许这些恶存在。但是，如果我们有好的理由去相信存在一些不必要的恶，那我们也就有了好的理由去相信上帝不存在。

在以下选文中，詹姆斯·彼得里克（James Petrik）探讨了不可理解的恶的难题。虽然他承认的确存在一些恶，对于这些恶，我们的确看不出上帝有什么具有说服力的理由允许它们发生。但是，彼得里克认为，具有无限智慧的存在所秉持的一些理由是我们无法知道的，而上帝可能正是基于这样一些理由允许那些人类不可理解的恶发生的。他的回应是从讨论1949年曼恩峡谷大火开始的，这场悲剧曾造成13名灭火人员丧生。他以这场悲剧引出了恶的难题，并从中发展出对不可理解的恶的难题的一种可能回应。

詹姆斯·彼得里克：不可理解的恶和一个无限的上帝 [2]

1949年8月15日傍晚，在蒙大拿州西部的比特鲁特山脉上，两个年轻人奔向可以俯瞰曼恩峡谷的北部

---

[1] 威廉·罗对这些案例进行了讨论，参见《恶与神正论》（"Evil and Theodicy"），《哲学论题》（*Philosophical Topics*），1988年，第16卷，第119—132页。但是，这个5岁小女孩的案例依据的是1989年布鲁斯·罗素（Bruce Russell）提供的一个真实案例，参见《恶的持续问题》（"The Persistent Problem of Evil"），《信仰与哲学》（*Faith and Philosophy*），1989年，第6卷，第121—139页。此外，这两个案例中的名字"苏"和"斑比"是由威廉·奥尔斯顿（William Alston）引入的，参见《来自恶与人类认知的归纳论证》（"The Inductive Argument from Evil and the Human Cognitive Condition"），《哲学视角》（*Philosophical Perspectives*），1991年，第5卷，第29—67页。

[2] 詹姆斯·彼得里克，《超越信念的恶》（*Evil Beyond Belief*, Armonk, NY: M. E.Sharpe, Inc., 2000）。

山脊。这两个年轻人是17岁的罗伯特·萨利（Robert Sallee）和18岁的沃特·拉姆齐（Walter Rumsey）。就在山脊的顶部下方，拉姆齐累倒在一片刺柏丛中，他准备躺在那儿，平息一下气力，然后再继续攀爬。萨利也停了下来，他低头望着朋友，等待拉姆齐站起来一起继续往前走。在萨利的注视下，拉姆齐挣脱了刺柏枝的纠缠，然后两人重新开始攀爬。萨利停下来等拉姆齐，只不过是一个简简单单的动作。在一般的情况下，比如在两个年轻人比拼耐力的公平竞赛中，这种姿态是一种礼貌的行为。但现在并不是一般的情况，他们也不是在竞赛。"如果他没有停下来，我猜我可能会死掉，"拉姆齐后来回忆说，"有趣的是，他没有向我说过一句话。他只是站在那里，直到我对自己说了话。我认为他没说一句话，他只是使我说了话。"萨利停下来等待他的朋友，他救了拉姆齐的命。与此同时，他也冒着极大的风险。那天紧跟在拉姆齐和萨利身后的是凶猛的森林大火，这种大火被空降消防员称为"火爆"，这也是消防员们最害怕的一种大火。这场大火夺去了12名空降消防员的生命，以及一名徒步到现场帮忙的公园管理人员的生命。那一天中的每一秒都是宝贵的，消防员们也知道这一点，因为当他们逃上曼恩峡谷北部山脊的时候，灼热的空气灼烧着他们的肺，这使他们确信时间之宝贵。但不幸的是，他们错失了几秒宝贵的逃生时间。萨利也知道时间之宝贵，狂怒的火爆几秒钟就会蔓延至身边，但他还是停下来等了等拉姆齐。

共有13名灭火人员在1949年的曼恩峡谷大火中丧生。要不是其中一个人勇敢地停下了脚步，那就会有第14个人加入他们的行列了。在这里，罗伯特·萨利的英雄主义、曼恩峡谷的悲剧与我们对恶的难题的讨论交织在一起。在反思罗伯特·萨利的行为时，我们有理由去思考：如果人类中的一员都可以冒如此之大的风险去阻止恶，那上帝又能有什么理由不这么做呢？

萨利和拉姆齐躲到山脊另一侧的页岩斜坡之上，幸运地看着大火在周围蔓延。几分钟后，他们听到上面有声音在呼喊。那是比尔·赫尔曼（Bill Hellman）。他就没那么幸运了。他没有找到这样一块可以藏身的页岩地。拉姆齐和萨利走上前去，把他扶到一块可以伸展身体的平坦的大石头上，然后萨利下山去寻求帮助。拉姆齐和赫尔曼待在一起，两个人默默地祈祷。虽然最终等来了救援，但是赫尔曼也命悬一线。他被严重烧伤，第二天就在海伦娜市的一所医院里不治身亡。拉姆齐和萨利尽其所能地去帮助他们的消防员同伴。他们很可能会咒骂自己的无能。拉姆齐甚至去祈祷，祈求一个能力更强的存在的帮助，但结果还是那个不可避免的自然结果，同伴们都像赫尔曼一样被严重烧伤。在拯救赫尔曼的过程中，拉姆齐和萨利挑战了人类忍耐的极限，对此我们理应加以赞扬。这种赞扬与我们倾向于相信一个有能力介入，同时知道情况之紧急，并被祈求介入，却最终什么也没有做的存在形成了鲜明对比。

如若一个不完满的、脆弱的人都可以冒着生命危险去阻止恶，那我们又能为那个完满的存在的不介入找什么借口呢？许多哲学家认为，我们不可能找来什么借口。这也就是为什么他们会由此认为对上帝的信仰与恶的存在是不可调和的。如果上帝是全善的，那么上帝就会尽其所能地去阻止恶，因为一个善的存在——萨利就是一个例证——会阻止他所能阻止的任何恶。如果上帝是全能的，同时又因为恶仅仅只是一种偶然——它们的不存在是可以无矛盾地设想的，那就没有什么恶是上帝不能阻止的。如果上帝是全知的，那么上帝没有阻止某种恶就不能归因于上帝不知道这种恶或者不知道如何阻止这种恶。上帝的意志立即生效，上帝的视野通贯一切，上帝说怎样，事实便会怎样，上帝说要阻止你想要阻止的恶，你想要阻止的恶就会被阻止。而这意味着，如果上帝存在，那就不会有恶存在。上帝存在与有恶存在不可能同时为真。既然我们知道有恶存在，那我们就不得不下结论说上帝不存在。有神论的反对者声称，如果我们不这么说，那我们就是不理性的。

彼得里克用萨利/拉姆齐事件来构造恶的难题，然后他又用曼恩峡谷悲剧中的另外一个事件构造了一种解决不可理解的恶的难题的可能方案。

1949年曼恩峡谷大火最令人痛心的地方与第三个幸存者有关。你现在已经知道了拉姆齐和萨利逃到安全地带的故事，但你还不知道另外一个幸存者是如何逃命的。在当天，有13名空降消防员开始了他们与"火爆"的比赛，他们的领队——一个叫道奇（Dodge）的人——做了一件令人费解的事。在离他的队员不远处，他停了下来，然后跪下点火，他点燃的火开始吞噬他面前的干树枝。道奇的职责是指挥和监管他的队员，但正是由于他的这种行为，这些消防员们的处境似乎更加恶劣了。现在好了，多亏了道奇，他们现在不仅要逃脱追赶他们的大火，还要绕过道奇放的火才能逃脱快速逼近的"火爆"。萨利清楚地记得他对道奇的行为感到十分迷惑。"我看到他弯下腰，用一根火柴点起了火。我想，'火都快烧到屁股了，这见鬼的老大又在我们前面生一堆火，到底是要怎样？'"真是见鬼。道奇脚边干枯的灌木丛噼啪作响地燃烧起来，很快就变成一团大火。萨利回忆说，这团大火虽然没有成为"火爆"，但几秒钟的时间，这团火也相当大了，他们想他们的老大"一定是疯掉了"。道奇走到刚才这团火燃烧过的地方的中心，然后命令他的队员也这样做。这些队员要么不能理解他们领导的行为，要么能理解但是不相信领导的计划会有用，所以他们就没这么做。道奇回忆说：

"我绕到大火的北侧，开始寻找逃生之路，我听到有人说：'去他的，我要从这出去！'尽管我大声喊叫，但却无法指挥任何人进入我点火燃烧过的区域。然后，我穿过火焰，跳进已燃烧过的区域中央，继续对经过的队员喊叫，但没有人听从我的指挥。在最后一个队员经过这里几秒后，大火就蔓延到了我所在的地方。"

当他们决定不听从道奇的指挥时，除了拉姆齐和萨利，其他所有人的命运都已注定。道奇所能做的就是躺在他逃生时点燃的火燃烧过后的余烬之中，等待着"火爆"从他身边绕过。[1]

我们很容易理解为什么道奇的队员没有听从他的指挥。在如此紧急的灾难时刻，道奇凭着令人惊讶的短暂清醒，想出了一条略显荒诞的逃生之路。道奇计算着时间，他知道他们大多数人不可能爬上山脊。所以，他们唯一的选择就是创造出一片余烬中的"绿洲"，在其中他们可以避难，而这也正是道奇实际所做的事情。但是这些队员要么不能理解他们老大的计划，要么不相信躺在火中是一个比撒开他们年轻的双腿逃跑更好的计划。除了拉姆齐和萨利，其他人的判断都

---

[1] 关于曼恩峡谷大火相关事件的解读参见：诺曼·麦克莱恩（Norman Maclean），《年轻的生命与大火》（*Young Men and Fire*, Chicago: University of Chicago Press, 1992），第92—101页。

是错误的，因为似乎没有理由相信如若他们听了领导的指挥而不能存活下来。当然，我们也可以知道他们为何没有听从他们老大的指挥。在他们的训练中，从来就没有提到过这种点火逃生的方法。事实上，就连道奇也不曾记得自己接受过类似的培训。他后来回忆说，"这样做似乎是合乎逻辑的。"可悲的是，他的手下并没有看出其中的逻辑。

如果基于上述原因去指责道奇的队员不听指挥，那就显得有些愚蠢。他们只有几秒钟的时间来做决定，在如此之短的时间内，我们不能指望他们能够理解并评估道奇的计划。尽管如此，道奇拯救其手下的失败确实说明了这样一个事实：我们没有能力对他人的行为做出令人满意的解释，并不总是意味着，我们可以合理地相信这样的行为并不存在。如若这种行为是由一个具有远超自己知识和经验的人所做出的行为，那这一事实就显得更加真实了。如果道奇的手下相信他们老大的知识和冷静的头脑，而不是相信他们的双腿，那他们很可能都会活下来。

因此，这是曼恩峡谷悲剧与我们对恶的难题的讨论相交织的另一点。从人类的标准来看，道奇与其手下在知识和经验上的差距是很大的，但是若将这种差距与人类的理解力和神性之间的差距相比较，这种差距就显得微不足道了。如若一个人可能缺乏另外一个人的智慧而因此不理解后者行为的合理性，那么对于一个全知的存在，我们最好认为其行为都具有合理的理由，只不过我们不能理解罢了。如果是这样，那我们就应该十分谨慎，就像我们不能仅仅因为看不到相关的理由就立刻断定道奇的行为没有任何好的理由，我们也不能仅仅因为看不到相关的理由就立刻断定上帝没有任何理由允许某些事态发生。因此，不可理解的恶的存在并不能清楚地说明有神论者应该放弃信仰。我们有合理的理由相信：上帝的许多行为都是出于我们无法把握的理由的。[1] 接下来，我会讨论两个方面，在这两个方面，上帝可能具有一些超出人类认知能力的理由。我把第一个方面叫作"道德谦虚"（moral modesty），把第二个方面叫作"模态谦虚"（modal modesty）。其背后基本的观点是，上帝在道德知识和模态问题方面远超于我们，因此，仅仅因为我们认为没有理由可以为上帝允许某些事态发生做辩护，就断言上帝没有理由允许某些事态发生，是不合理的。事实上，一旦我们认真地看待"上帝是全知的"这种说法，如若上帝的所有行为都不会让我们感到困惑，那才真的会令人惊讶吧。假设你在阅读一些关于外星人的科幻小说，如果外星人的所有行为都能被我们这些智力低下的地球人轻易理解，那你肯定会认为这个故事的可信度不高。在这种故事中，你所期盼的是外星人具有一些人类无法理解的行为。为什么我们要对一个具有至上智慧的存在有不同的期盼呢？从这个角度来看，有神论非但不会被不可理解的事实所困扰，相反，有神论似乎从正面预言了将会有这类事实存在。当然，如果有神论让我们产生了这样的期盼，我们也不能就此指责它。

---

[1] 在过去的 20 年里，这种对证据版本的恶的难题的回应方式广受欢迎。最近支持这种回应方式的文章可参看：丹尼尔·霍华德-斯奈德（Daniel Howard-Snyder）主编的《来自恶的证据论证》（*The Evidential Argument from Evil*），可以特别关注其中阿尔文·普兰丁格（Alvin Plantinga）、威廉·奥尔斯顿（William Alston）、彼得·范·因瓦根（Peter van Inwagen）、斯蒂芬·威克斯托（Stephen Wykstra）等人的文章。要想了解对这种回应方式的批驳，请参看其中威廉·罗（William Rowe）、保罗·德雷珀（Paul Draper）、理查德·盖尔（Richard Gale）等人的文章，以及丹尼尔·霍华德-斯奈德著作中的其他相关章节。

道德谦虚

1975年初夏，14岁的我和哥哥马克（Mark）讨论着开车去科罗拉多州，然后去落基山脉背包旅行的可能性。几个星期以后，哥哥开始对这个计划动摇了。他刚刚高中毕业，他的高中女朋友在这个夏天的大部分时间将不会待在家里。不巧的是，正是在我们打算去旅行的那两周，他们才有机会待在一起。之后，他们会再次分离，进入不同的大学学习。所以，1975年夏天的背包旅行泡汤了。我可以看出，这次旅行的泡汤似乎对我哥哥和他女朋友约会的兴趣没有造成任何影响，但我还是无法理解促使他做出这一决定的价值重要在哪里。毫无疑问，促使他做出这一决定的原因是浪漫，但在当时，浪漫于我而言，没什么重要的。这并不是说我当时还处在一个完全价值缺失的年龄。我只是不能理解，与女朋友约会怎么能和在科罗拉多州山区进行为期一周的冒险相媲美。一边是我们兄弟两个可以在晚上的繁星苍穹之下谈天说地，可以在白天呼吸山林之中稀薄的空气，可以发现高山深潭之中的本地鲑鱼，甚至可能会偶遇一头熊。另一边是和女朋友共度时光。如若没什么其他事可做，我也很乐意和女朋友共度一晚，但是两周时间也太长了吧？当我哥哥不稀罕鲑鱼，不稀罕熊，不稀罕繁星而做出同女朋友约会的决定时，我很难理解他的决定。

现在，这个故事的重点并不是我哥哥的决定是否正确。事实上，他后来爱上了另外一个女人，并和她结了婚，而我也对这个女人很满意。所以，我认为他当时的决定很明显是错误的决定。（我至今尚未原谅他。）尽管如此，当我处于恋爱和婚姻之中时，我不得不承认，我开始欣赏浪漫爱情的价值了，而这种价值是14岁的我所无法理解的。

我的这点自传诠释了我们的道德或评价视角是会变得成熟的，而成熟的部分原因要么是意识到了全新的价值（具有这种价值的东西之前可能从未出现在某人面前或者从未以有价值的形式出现在某人面前），要么是意识到了一种曾经意识到的价值但发现之前对于这种价值太过看重或者太过看轻。我毫不怀疑，随着年龄的增长，我将会遇到更多所谓的"规范性顿悟"（normative epiphanies）的情况，在其中，一种新的价值将会进入我的道德视野，或者一种曾经意识到的价值的意义将会被显著地提升或降低。事实上，我是如此地坚信这种情况将会发生。如若这种情况未曾发生，我并不会认为这说明了不存在这样的"规范性顿悟"，相反，我会认为这是我的道德智慧没有取得重大进步的证据。

现在值得注意的是：到底是什么支撑了这样一种信念，即智慧和经验的增长应该伴随道德视野的扩展。有两种东西支撑了这种信念：（a）在我们走向成熟的过程中，我们大多数人都经历过这样的规范性顿悟；（b）作为只具有有限的、高度不完满的心灵的存在物，如若我们认为我们关于价值的理解已经达到了某一点，以至我们在价值领域没有什么可再学习的东西了，那这会是愚蠢的。因此，我们可以合理地得出结论认为，我们并没有完美地把握生活中的所有价值或者所有价值的恰当次序。同时我们也可以合理地期望，只要我们继续增长智慧，那我们关于价值的本质的知识也会继续增长。

但是，如若真是如此，那我们似乎可以更合理地得出结论认为，必定存在一些被上帝所意识到而人类无法理解的价值。最聪明的人与上帝之间的差距，要比同一个人在任意两个成长点之间的差距大得多，所以，任何接受上述观点（即随着走向成熟，我们可以合理地期盼规范性顿悟）的人也应该更加坚定地相信

"有一些善是上帝所重视，但却从未出现在人心之中的"这种观点的合理性。当然，这也是我们无法理解恶的存在并不足以说明上帝没有充分的理由允许恶存在的原因之一。

模态谦虚

模态命题是陈述事物是可能还是不可能，是必然还是偶然的命题。长久以来，哲学家们习惯于将人类在设想能力上的界限作为解释模态真理的方式。比如，如果我们能够一贯地设想某个事物，那所设想或想象的事物就是可能的。如果我们在尝试设想某个事物时遇到了矛盾，以至不能真正地设想这个事物，那这就意味我们所尝试设想的事物是不可能的。最后，如果我们尝试设想某个事物不存在时遇到了矛盾，那这就意味着这个事物必然存在。

人们至少可以从两个方面质疑这种方法。首先，人们可能会质疑它在原则上的可靠性。比如，有人可能会认为，我们没有很好的理由去相信事物可以在思想中被设想是事物可以在现实中存在的可靠指南。如果有人持有这种观点，那他很可能会说：（a）"圆的方"的确是矛盾的思想，是不可能被无矛盾地设想的；（b）"圆的方"可能在现实中存在。如果一个人真这么想，那他必然有很好的理由在我们的模态直觉上保持谦虚，因此他也就有很好的理由不把不可解释的恶作为反对上帝存在的证据，因为我们可以一贯地设想上帝要消除某些恶并不代表他真的要消除某些恶。然而，在讲完这番话后，我必须指出，我无意去怀疑那些在思想中明显矛盾的东西是否真的可能存在。因为如果我们不能依靠已形成的良好的模态直觉，那我们就不清楚我们在辨别模态真理时要依靠什么了。

然而，有些人可能会承认使用我们的设想能力来辨别模态真理在原则上的可靠性，但是他们会去质疑这种方法在实践中的可靠性。比如，有些人可能会承认，毫无矛盾地设想某种事态的能力的确是辨识可能事态的可靠试金石，但他们会接着抱怨说，那些关于某事物是可以无矛盾地设想的断言往往是在匆匆忙忙之中下定的。从这种角度来讲，我会对诸多模态直觉提出质疑。

也许有人会问：为什么上帝不创造出可以免受自然和其他人类攻击的人类婴儿呢？我们可以设想这样的婴儿在落水时会安静地漂浮在水面上，在碰到坚硬的物体时其柔软的皮肤会变成绒毛。此外，所有的细菌在进入婴儿的免疫系统之前就会死亡。总之，讲一个在逻辑上前后一致的"无懈可击的婴儿"的故事似乎很容易——我们设想"无懈可击的婴儿"的能力揭示了这种一致性。

现在，在我看来，最后一种观点是正确的：我们的确可以毫无矛盾地设想一个与人类婴儿相似的"无懈可击的婴儿"。但这并不能作为存在这种无懈可击的人类婴儿的确凿证据，因为深藏于人类本性以及人类历史联系中的一些理由可能会使得"真正的无懈可击的人类婴儿"这样的假设成为一个矛盾的概念。要想坚持认为这一假设没有任何矛盾之处，那我们必须对人类的本性有一个清晰全面的把握。当我们讨论"圆的方"的不可能性时，我们似乎有充分的理由认为我们已经对圆和方的本质有了足够的把握，从而能够发现"圆的方"的矛盾。或者，当我们讨论我们是否可以颠倒桌上的卡片的次序时，我们有足够的经验知道它们曾具有不同次序，并且我们也有足够的证据相信颠倒它们的次序是可能的。但是，我们相信存在无懈可击的人类婴儿的依据又从何而来呢？与调换桌上的卡片的次序不同，我们从未经验过我们现在所谈论的这种事态。仅仅根据我们可以设想存在这种婴儿就断定我们的判断为真，这也太草率了。在我得出结论认为存在无懈可击的人类婴儿之前，我必须先回答以下问题：婴儿在什么年龄会不再"有懈可击"？婴儿从什么年龄开始可能会伤害他人？曾经完全依赖于他人是成年人的一个基本特征吗？如果这些婴儿是无懈可击的，那人类父母对待他们的态度会有什么不同呢？一个无懈可击的存在是爱的合适对象吗？如果不是，那一个不是爱的合适对象的存在能成为一个婴儿吗？对于其中任一问题，我都无从下手。即便我能回答这些问题，我猜我依然会思考"有懈可击"是否应该是婴儿的一个部分。

……

避免道德怀疑主义

然而，有一种危险潜藏在有神论者对模态谦虚和道德谦虚的严格要求中。这个危险是，这种严格要求可能迫使有神论者最终陷入道德怀疑主义的境地。当我看到你处于困境之中，并且我也有能力帮你摆脱这种困境时，我应该不太愿意去介入，因为我担心我会打断上帝在允许这种恶出现时所要成就的更重要的善。如果我没有很好的理由认为事实并非如此，那正如我有理由去介入一样，我也有理由去置身事外，以便上帝成就自己的工作。

设想一下，假如你的一个熟人陷入了放荡的生活之中。尽管你一再努力去帮助他，但他还是在这条路上越陷越深。当你意识到自己的"帮助"只会助长他时，你认为最好的办法是与之断绝关系，让他跌入人生的谷底，并希望这种沉重的跌落能够使他摆脱腐化的生活。你很清楚，事情并不一定会照此发展。但是，你已经正确地估量这人的处境，并认为这是最好的选择，也是唯一可能成功的机会。如果你已经选择这么做了，但当你发现另外一个熟人也出于同情，恰好以之前那种具有消极意义的方式助长这个人时，这就很麻烦了。你有理由生气，但也许你不会指责那人所做的具有消极作用的行为，因为他可能并不知道你为你腐化堕落的朋友所做的全盘规划。尽管如此，事实仍然是，这个出于无知而采取行动的人会阻碍你所要进行的合理计划。要是没这个外人介入就好了。这个情境与道德谦虚和模态谦虚的可行性有关。我们认知上的有限可能会促使人们担心：作为受造物的我们在介入他人的困境之中时所做的行为是否也只具有消极的作用，因为我们可能会打断上帝基于某种向我们隐藏的理由而进行的计划。

因此，对于有神论者来说，模态谦虚和道德谦虚所引发的关注是：如果之前的论点——我们没有理由假设上帝不可能出于某些超出我们认知范围的理由而不允许某些恶存在——是合理的，那么，假设上帝出于某些超出我们知识范围的理由而允许某些恶存在，似乎也是合理的。如果真是这样，那我们接下来似乎可以得出这样的结论：对于任何我们能够阻止的恶来说，就像我们有理由阻止它发生一样，我们也有同等的理由允许它发生。总之，如果我们有理由相信恶如若被阻止则会更好，同时我们也有理由相信恶可能出于某些超出我们认知范围的理由而被允许，那么，在我们能够阻止恶时，我们要去阻止恶的理由似乎并不比不要去阻止恶的理由多。

这个推理的缺陷在于，它始终相信以下命题：(a) 上帝赋予人类需要遵守的道德律令，因为这些律令可以成为人类行动的可靠指导，并保证人类最有效地参与到上帝的全盘计划中；(b) 上帝造福宇宙及其栖居者的全盘计划中的某些因素是人类没有意识到的。

因此，实际的情况可能是：上帝出于一些超出我们认知范围的理由而允许某些恶存在，同时对于我们来说，如若我们能够阻止某种恶并且阻止这种恶并不会损失某些我们所能知道的更大的善时，我们去阻止恶也是正确的。也就是说，我们基于上帝向我们启示的道德规则而做出的行为可能只是上帝整个计划中的一部分，上帝整个计划的目的可能是为了促进某些更为全面的价值体系的实现，而我们对此只能窥见一斑。

供讨论的问题

1. 在回应恶的难题时，关于人类自由意志的讨论似乎占据着核心地位。这些回应都蕴涵着这样一种假设，即只有某种世界是与道德自由的存在物相容的。这种世界的特征有哪些？
2. 你认为"灵魂塑造说"有说服力吗？请为你的回答提供理由。
3. 彼得里克是如何辩护人类对某些价值可能是无知的这种说法的？你觉得他的辩护有说服力吗？
4. 在科学史中，存在许多科学家发现新实体的案例。但是，在人类关于伦理学的研究历史中，并不存在成功发现某种新价值的类似案例。这一事实是否会让彼得里克的观点"存在许多超出我们认知范围的价值"变得可疑呢？如果不会，那又怎么解释这种存在于科学和伦理学之间的差异呢？

宗教哲学的近期发展

描述像宗教这样纷繁复杂的领域的最新研究趋势以及最新讨论主题是一大挑战，但是确实有一些重要的主题引起了宗教哲学家们的注意。令人惊讶的是，关于上帝存在与否的争论依然是哲学讨论中最活跃的领域之一。有些人可能会认为，那些支持或反对上帝存在的论证不过是老调重弹。但最近发表的一些作品证明，事实并非如此。

反对上帝存在的证明

在过去 30 年里，哲学家们的注意力主要集中在构造或回应证据版本的恶的难题上，这些构造或回应在技术上越来越精细。其中最值得注意的是利用**贝叶斯定理**（Bayes's theorem，一条用于处理某些条件概率的定理）来表述和回应恶的难题。贝叶斯定理使得人们可以在给定一些证据或背景信息的条件下，计算出某一假设的概率。表述得正式一点，贝叶斯定理就是 P(A/B & C) = P(A/C) × P(B/A & C)/P(B/C)，其中 A 代表假设，B 代表证据，C 代表一系列被信以为真的相关断言（背景信息），P 代表概率。用贝叶斯定理来研究恶的难题，就是要根据一些恶的事实来估算有神论的总体可能性。虽然在当代，这种形式化的概率计算被争论的双方广泛接受，但有些哲学家仍然认为使用贝叶斯定理来解决恶的难题并不是很有前途，因为要想将这一定理应用于恶的难题，必须先要回答相关争论中最具争议的问题。

上帝存在的证明

近年来，一种古老的关于上帝存在的证明重新引起了关注，那就是**宇宙论证明**（cosmological form of the argument）。宇宙论证明类似于我们在第二十八章"上帝存在的后天证明：阿奎那的五路证明"中所讨论的那种从动力因出发的证明，这种证明的基本观点是：在宇宙的因果链条中一定有一个第一因。11世纪早期的阿拉伯哲学家也使用了类似的概念，不过他们是以一种不同的、极具创造力的方式来使用这些概念的。由阿拉伯哲学家以辩证推理的形式发展而来的证明被称为"卡拉姆"（Kalām）证明，伊斯兰教哲学家安萨里（Al-Ghazali，1058—1111）最有力地支持了这种证明。在讨论这种证明之前，我们先来简单介绍一下中世纪阿拉伯思想对西方知识传统的重要性。

当欧洲还处于黑暗时代时，伊斯兰教哲学家们就一直在研究希腊科学和哲学。事实上，当时最好的大学和最大的图书馆都位于阿拉伯世界，这些图书馆藏有大量的由希腊文和叙利亚语翻译为阿拉伯语的希腊哲学家、数学家和科学家的著作。这项浩大的翻译工程大约始于公元800年，由哈里发·马蒙（Galiph al-Ma'mum）领导，历时200年之久。收集而来的科学、哲学著作被收入所谓的"智慧宫"（House of wisdom），它们为伊斯兰教学者在科学和数学上的进步打下了基础。后来，托马斯·阿奎那（公元13世纪）就是从希腊哲学家著作的阿拉伯语译本中获取关于亚里士多德的知识的。

虽然当代对卡拉姆宇宙论证明的讨论非常复杂，而且还涉及抽象的数学和宇宙学，但是其核心论证可以很简单地表述如下：

1. 任何开始存在的东西都有一个原因。
2. 宇宙开始存在。

因此，

3. 宇宙有一个原因。

在当代，这种证明最著名的支持者要数威廉·莱恩·克雷格（William Lane Craig）。他在为第一个前提辩护时指出：（a）这一前提在经验中得到了反复证实；（b）这一前提是"无中不能生有"这一自明原则的另一种表述。在辩护第二个前提时，克雷格也采用了双重的策略：（a）大爆炸宇宙论证实了世界是有一个开端的；（b）关于世界是无限久远的设想蕴涵着荒谬，比如蕴涵着世界年龄无论多少分秒都是一样的，因为它们都是无限的。

这种证明受到了多方攻击。其中最顽固的攻击是：从这种证明中所提到的第一因推导出一个人格化的上帝的尝试是不能令人信服的。也就是说，这里没有令人信服的论证可以证明第一因必然会是一个人格化的、自由的、充满爱的存在，更不用说是一个全知、全能的存在了。

改革宗认识论

从前面几章可以明显看出，宗教哲学的大部分工作都集中在构造和评估上帝存在的证明上。对于许多哲学家来说，关于上帝存在的信念的合理性至少取决于这些证明中的某一个。在这些哲学家中，有些哲学家，如勒内·笛卡尔就认为存在成功的关于上帝存在的证明，因此关于上帝存在的信念是合理的。而有些哲学家，比如19世纪的数学家和哲学家W.K. 克里弗德（W.K. Clifford）则认为不存在成功的关于上帝存在的证明，因此关于上帝存在的信念是不合理的。这两类哲学家所共同持有的一种观点有时被称为"证据主义"（evidentialism），因为它们都认为关于上帝存在的信念的合理性取决于是否存在足够的证据证明上帝的存在，或者至少证明上帝存在的可能性大于上帝不存在的可能性。但是，在20世纪下半叶，一些有神论哲学家则通过质疑"宗教信念的合理性取决于至少有一个充分的证据可以支持宗教信念"这种观点而对证据主义提出了挑战。比如，阿尔文·普兰丁格（Alvin Plantinga）认为，一个有神论者关于上帝的信念也可以是"严格基础"（properly basic）的信念，因为即便它不能从其他证据或者其他独立的证据推导而来，它也能获得担保（warrant），能被视作合理的信念。持有这种立场的几位支持者认为，这种观点是新教改革中某些哲学家和神学家的思想路线的延续和发展，因此他们称之为改革宗认识论（Reformed Epistemology）。当代改革宗认识论者通常采取的策略是先说明存在许多我们信以为获得担保的、信以为合理的非有神论的信念，并不都是通过其他证据有效地推导而来的。例如，在《上帝与他心》（*God and Other Minds*）中，普兰丁格认为，我们关于"他人有意识（拥有心灵）"的信念就属于这样的信念。因此，在普兰丁格看来，我们关于上帝的信念与我们关于他人心灵的信念具有类似的认知基础。20世纪另一位著名的认识论学者和神学家威廉·奥尔斯顿（William Alston）认为，尽管关于感觉经验的可靠性的辩护都是循环的，但那些拥有这些经验的人相信这些经验仍然是合理的。改革宗认识论者倾向于以下这种结论：即便我们没有独立的论证可以证明我们关于他心的信念、关于我们的感觉经验的可靠性的信念，我们也依然知道他心，知道我们的感觉经验是可靠的，因此，一个有神论者也可能知道上帝的存在，即便他没有独立的论证可以证明这种信念。

女性主义神学

哲学或社会科学的任何领域都逃不脱女性主义者的批判（有时批判还是十分尖锐的），她们对男性主导的哲学、文学、心理学、历史、社会学和宗教中的诸多问题的研究方法都曾提出过批判。与伦理学上的女性主义研究类似，女性主义神学家也发现，宗教问题的框架本身就揭示出一种较为明显的性别偏见，并且这种框架本身是有利于男性主导地位的延续的。达夫妮·汉普森（Daphne Hampson）在其著作《神学和女性主义》（*Theology and Feminism*）中有力地提出了这种观点。达夫妮·汉普森最初是一个历史学家，后来在圣安德鲁斯大学（University of St. Andrews）担任教授时，她转向了神学研究。问题不在于西方宗教文本中女性的缺席，而在于男性在很大程度上决定了女性如何被表达，决定了女性如何被理解。这使得女性具有了汉普森所谓的"双重任务"：首先，要让女性在宗教中在场；第二，要克服对女性的错误理解，因为这种错误理解"已将某种特定的角色赋予女性，把她们限制为某种模样"。这些主张都很大胆，而且反驳起来也没那么容易。

让女性主义神学家感到冒犯的实践有很多：偏向于使用男性形象，比如把上帝比作父亲；有些教会拒绝女性神职人员；在某些宗教故事中将女性视作恶的源头（伊甸园里的夏娃，潘多拉和潘多拉魔盒）；在印度的娑提（suttee）习俗中，寡妇要殉夫自焚而死（现在是违法的，但在某些地方还是基于某些宗教理由保留了这种习俗）；还有一些宗教管制上的女性歧视，比如对女性生殖器进行切除，对女性服装和行为进行要求以防止她们诱惑男性，有些文化实践允许女性离婚但会将其逐出家庭而女性对此无权申诉，以及女性在生活中于需求、兴趣和关切等方面对男性的普遍顺从。

并非所有的宗教学者都接受女性主义的批判。他们回应称，宗教语言所使用的某些术语或象征可能有一些令人不快的特征，但是宗教传统最根本的教导是存在于语言背后的。相反，有些女性主义学者，比如美国学者玛丽·戴利（Mary Daly），她在《超越父神：迈向女性解放的哲学》（*Beyond God the Father: Towards a Philosophy of Women's Liberation*）中认为，正是语言制造了麻烦，而这正是她用富有争议的标题"父神死后"命名的章节所主张的观点。戴利声称，宗教文本对父权形象的使用导致了深远的文化影响。戴利在其著作中甚至界定了由"男性"和"女性"这些术语所造就的刻板印象。遭受批判的远不止西方宗教传统，美国哲学家玛莎·努斯鲍姆（Martha Nussbaum）在《宗教与妇女人权》["Religion and Women's Rights"，《标准》（*Criterion*），1997年冬，第36卷]中指出了自由主义者在支持宗教自由（哪怕宗教是压迫妇女权利的）上的困境。她举的例子包括：那些不让妇女参加扫盲项目，如果她们参加就威胁称要将她们赶出家门的宗教领袖；巴基斯坦一名被强奸的年轻女性无法找到四名目击证人，由此被认为提出未经证实的指控而被监禁；在印度，一名妇女在结婚44年后与其丈夫离婚，由于教法优先于民法，所以该妇女被剥夺国家给予的最低生活补助。

反对这些女性主义指责的宗教捍卫者指出，尽管有些权威会通过诉诸宗教来为侵犯公民权利的行为辩护，但是这些侵犯行为本身实际上也同样会受到这些宗教的谴责。问题的根本在于对宗教的解释，而不是宗教本身。并非所有宗教语言都是以男性形象为主导的，甚至圣经语言中也包含了女性形象，比如将上帝描绘成一个养育孩子的母亲。古代近东的许多宗教都带有女神特征，而圣经作者避免使用女性隐喻主要是为了将自己的神与这些异教神区别开来。罗斯玛丽·拉德福德·萝特（Rosemary Radford Ruether）在《上帝的女性本性》["The Female Nature of God"，《教务会议》（*Concilium*），1981年，第144卷]一文中指出，将上帝称为父母（在某种意义上超越于男性和女性），是一种更加包容的语言，是完全符合圣经传统理解的。其他批评者则指责说，这里的问题在于将女性主义强加给了宗教和宗教语言。他们认为，我们需要认识到的是，大多数宗教意象都是隐喻性的，是不能按照字面上的意思理解的。这场争论中的两个极端在以下两本书中有所体现：阿尔文·F. 基梅尔（Alvin F. Kimel）主编的《神圣的三位一体与女性主义的挑战》（*The Holy Trinity and The Challenge of Feminism*）对宗教语言进行女性主义变革的做法提出了严厉的批判；相反，厄休拉·金（Ursula

King）主编的《宗教与性别》（*Religion and Gender*）则为女性主义神学（或者有些作者所说的"神学"）方法提供了辩护。

宗教研究的全球化

按照西方基督教的历法，世界已开始迈向第三个千禧年，世界各国的人民和经济比以往任何时候都更加紧密地联系在一起。在这个全球市场中，世界各大宗教之间的关系也日益密切。一种宗教传统再也不会发现自己因为国界或文化传统而受到孤立。信仰间的交汇必然会带来误解。比如，世界上三大一神论宗教（犹太教、基督教和伊斯兰教）的信徒可能会对印度教的多神信仰望而却步。然而，也有一些印度教徒声称，印度教拥护一种至高无上的实在，即梵（Brahman），他们认为，梵与基督教和犹太教信仰中的上帝一样终极。在这些人看来，梵有许多表现，在大众宗教想象中，这些表现可能会被认为是多个神，但实际上只存在一种至高无上的力量。

宗教融合还会产生一些涉及排他性和包容性的问题。大多数宗教都声称，它们对神有某种独特的理解，而这种理解是其他宗教传统所没有的。哲学家约翰·希克在《一种基督教的多元宗教神学：信仰的彩虹》（*A Christian Theology of Religions: The Rainbow of Faith*）中提出了这样一个问题：那些具有如此排他性主张的宗教如何与其他同样声称自己也拥有关于上帝的特殊知识的宗教共存？我们唯一的选择是接受宗教相对主义吗？或者，是否存在适用于所有宗教的跨宗教原则？简而言之，宗教多元论是可能的吗？如果可能，那又如何可能？

诸如此类的问题会迫使这些宗教的极力拥护者正面思考宗教的哪些方面是根本性的，哪些方面仅仅是文化多样性的一种反映，而不属于宗教信仰的核心。此外，还迫使他们关注大多数宗教所共有的宗教信念和承诺，以便找到宗教间的共同点和宗教间对话的基础。

进一步阅读建议

1. 威廉·奥尔斯顿（William Alston），《感知上帝：宗教经验认识论》（*Perceiving God: The Epistemology of Religious Experience*，Ithaca, NY: Cornell University Press, 1991）。这本著作提供了详细的论证来表明宗教经验与普通的感觉经验具有大致相同的认知基础。

2. 朱利安·巴吉尼（Julian Baggini），《简明无神论导论》（*Atheism: A Very Short Introduction*，Oxford: Oxford University Press, 2003）。该书认为，无神论也是一种积极的观念，没有宗教信仰的生活也可以是有意义的。

3. 威廉·莱恩·克雷格（William Lane Craig），J. P. 摩尔兰德（J. P. Moreland），《基督世界观的哲学基础》（*Philosophical Foundations for a Christian Worldview*，Downers Grove, IL: Intervarsity Press, 2003）。

4. 威廉·莱恩·克雷格（William Lane Craig），沃尔特·辛诺特－阿姆斯特朗（Walter Sinnott-

Armstrong),《上帝？：基督教与无神论之间的争论》(God?:A Debate Between a Christian and an Atheist, Oxford: Oxford University Press, 2003)。这本书是对有神论的支持和反驳。

5. 理查德·M. 盖尔(Richard M. Gale),《论自然与上帝的存在》(On the Nature and Existence of God, Cambridge: Cambridge University Press, 1992)。这本书对上帝存在的各种证明给予了广泛的批评。

6. 约翰·F. 霍特(John F. Haught),《达尔文之后的上帝：进化论神学》(God After Darwin: A Theology of Evolution, Boulder, CO: Westview Press, 2000)。这本书论证了达尔文对生命起源的解释本身并不能反对宗教。

7. 丹尼尔·霍华德－斯奈德(Daniel Howard-Snyder),《来自恶的证据论证》(The Evidential Argument from Evil, Bloomington: Indiana University Press, 1993)。这本论文集包含有关恶的难题的证据版本的详细辩护,同时也包含对各种版本的恶的难题的有神论回应。

8. J.L. 麦凯(J.L. Mackie),《有神论的奇迹》(The Miracle of Theism, Oxford: Oxford University Press, 1982)。这部经典的宗教分析哲学著作全面论证了宗教信念是非理性的。

9. 托马斯·V. 莫里斯(Thomas V. Morris),《上帝与哲学家：信仰与理性的调和》(God and the Philosophers: The Reconciliation of Faith and Reason, New York: Oxford University Press, 1994)。这本书介绍了 20 位哲学家讲述的他们自己的宗教信仰之路。

10. 阿尔文·普兰丁格(Alvin Plantinga),《上帝、自由与恶》(God, Freedom and Evil, New York, NY: Harper & Row, 1974)。这部简明的著作提供了对恶的难题的一种回应,并为上帝存在的本体论证明提供了辩护。

11. 约翰·波尔金霍恩(John Polkinghorne),《在科学的时代信仰上帝》(Belief in God in an Age of Science, New Haven: Yale University Press, 1998)。这本书是一位国际知名的物理学家和神学家关于宗教和科学相容性的思考。

第七部分

艺术哲学

第三十章　艺术哲学导论

第三十一章　艺术的价值

第三十二章　艺术作为理想

第三十三章　美学与意识形态

第三十章　艺术哲学导论

在全书中，我们一直强调，哲学是一种针对哲学之外的各种主题领域进行的批判性、反思性的活动。因此，我们请你们把哲学看作一系列有关什么的"哲学"：宗教哲学、科学哲学等。在同样的意义上，我们将在本章中把**美学**（esthetics，有时拼写为"aesthetics"）视为艺术哲学。美学涉及与艺术紧密相关的所有哲学问题。首先是一些重要的规范性问题：什么是艺术？艺术创作与欣赏的本质是什么？艺术主要是快乐的源泉，还是提供一种宗教或形而上学的知识？艺术是否有助于表达特定社会群体的愿望，从而充当社会统一和凝聚的一种手段？所有艺术是否有任何共同点？

请思考一些艺术作品：一出歌剧、一幅绘画、一座希腊神庙、一尊抽象青铜雕塑、一首诗歌、一段现代舞蹈、一场戏剧和一部小说。所有这些东西有什么共同点？如果我们试图具体说明，我们的描述将不适用于列表中的所有作品。例如，有些是视觉和感知愉悦的对象，而另一些，如小说，则不是。有些是具象的，但是庙宇或抽象的雕塑是什么呢？如果我们寻找更一般的特征（显著的形式、拥有隐含意义的表达），我们的叙述往往过于含糊。但是，如果它们没有任何共同点，我们如何可能得出一个恰当的定义，而没有一个定义，我们如何能建立一种有关艺术的一般理论呢？

界定艺术的困难与我们在第六部分"宗教哲学"中所遇到的难题类似。正如我们觉得很难去发现所有宗教都有的一个共同的活动或信仰，同样也很难找到所有形式的艺术都共有的一种创造或一个单一活动。正如我们在讨论宗教时所看到的那样，一种方法是，根据各种艺术活动的家族相似性来对它们进行分组，并谈论艺术对象或活动的家族。虽然这本身是一个有趣的活动，但是这不是我们在这一节将要做的事情。相反，我们应该关注从艺术家的活动中产生的其他哲学问题。

美学问题

由于对艺术词汇的混淆和误解，产生了一系列的哲学问题。艺术家们创作艺术，他们的观众欣赏它，通常不需要大量的智力思考或谈论。但诸如艺术评论家、艺术导师、艺术史学家之类的其他人喜欢思考和谈论艺术，而艺术家本人除了创作和欣赏艺术之外，有时也喜欢思考和谈论艺术。这些人面临的难题是，谈论艺术所需的特殊词汇从未出现过，我们被迫从其他领域借用词汇，并且将它们变换到艺术中以便来谈论艺术。因此，经常发生的事情是，这些词语和概念将诸多含义带入到对实际上属于完全不同类型活动的艺术的讨论中。

以所谓的表达问题为例。艺术似乎很自然地表达了艺术家的情绪或情感。但是，一旦我们用这些术语来表达，我们可能非常想用我们思考其他表达的方式来思考艺术表达,这可能会导致麻烦。假设在修理我的前廊时,我锤打我的拇指而不是钉子。我一定通过说些恰当的话来表达我自己的想法。但这就是我们所认为的艺术表达吗?艺术批评中所使用的其他概念也有类似的问题:象征主义(我们将在本章后面讨论)、艺术家的意图、想象等。

美学中也存在着形而上学的难题。例如,什么是艺术品?它是物理对象吗?一段音乐呢?那是物理对象吗?有乐谱,也有那段音乐的特别演奏或录音产生的声波,但是这些就是你们所说的音乐吗?如果我们烧了乐谱,取消演出,那会怎么样?我们毁了音乐吗?如果不是,是否可以由此得出这个结论:正如一位哲学家所说的,音乐存在"于人的头脑中"?或者,它是心理和生理成分以某种方式结合的产物?如果是这样,它们是如何结合在一起的?(回想一下第三部分"实在是什么?"中身心问题的类似困难。)

最后,还有与美学相关的认识论问题。我们对艺术有可靠的知识吗?对艺术品的判断是客观的判断,还是纯粹的个人和主观的判断?起初你可能认为这很容易回答;毕竟,艺术就是你所思想的那样一个东西。美在观察者的眼中。或者至少这是很多人的观点。如果这表达了你所持有的观点,你就不会孤单,因为关于艺术本质的最广泛的观点也许是,没有客观标准来评判一件艺术品与另一件艺术品,每个人都是评判什么是艺术的最好裁判。如果你认为没有客观标准来评判一件艺术品,你会持这种观点:艺术是完全主观的,艺术就是让你愉悦的东西。

客观主义的艺术观认为,存在着判断艺术的某种客观的标准,可以说些什么来支持这种观点呢?

毕竟,人们确实会对艺术做出判断,并且认为有些艺术品比其他作品更好。博物馆馆长和采购委员会必须决定购买哪些画作为他们的永久收藏品。音乐导演必须决定一首新交响乐是否值得演奏。艺术批评家们对各种艺术作品的艺术价值做出评判,并且试图给出他们评判的理由。这预设了某种标准。任何时候,当我们处于一个为我们的结论提供理由的位置时,我们都在从纯粹的主观主义观点转向更客观的观点的过程中。当然,我们仍然可以就不同的标准进行争论,但是呼吁标准确实标志着远离了"我选择它是因为我喜欢它"。我们可以说,如果我们信守彻底的主观主义,那么博物馆馆长、采购委员会、艺术评论家等实际上什么也没做,除了(请再次注意那个麻烦的短语)把他们自己对艺术的主观反应强加给容易上当受骗的公众。不过,至少艺术评论家们相信,当他们评判艺术品时,他们正在回应艺术品本身具有的某些东西,这是一种我们应该审视的信念。

审美经验的作用

前面是当我们把美学视为艺术哲学时出现的一些问题。在这个意义上,美学将涉及一些独立的、个别的问题,因此可能不会产生有关艺术的潜在本性或本质的任何连贯的、包罗万象的理论。但是,美学中还有另一个传统,它恰恰试图做到这一点,给我们一个有关艺术的一般理论。在历史上(大约从18世纪开始),美学被更狭隘地定义为对我们的**审美经验**(esthetic experience)——无论是有关艺术品的还是有关诸如落基山脉(Rocky Mountains)、日落或湖泊之类自然美的物体的——的本质的研究。所有这些审美经验是否有它们都有的、但没有被任何其他类型的经验分享的任何显著的特点？18世纪的哲学家认为，他们对此有答案。将审美经验与其他任何种类的经验区分开来的是一种被以不同方式描述为**超然**（detachment）、**无利害关系**（disinterestedness）和**距离**（distance）的东西。这种审美经验的理论过去被美学家广泛支持，直到最近，它才被猛烈抨击。

"超然""无利害关系"和"距离"这些表达的意思是什么？它们听起来都是否定的。让我们考虑一个例子。假设一个人正在看一棵树。让我们说，这是一棵站在山顶上的年老的、形状良好的橡树。这个人的经验是一种审美经验吗？记住，哲学主要是一种反思，而不是教条式的事业。那意味着你可以和任何人一样回答这个问题，只需从哲学上反思它。你会说什么呢？为了帮助你，假设我们再补充一点上下文。假设现在是冬天，家里用烧木头的炉子取暖的那个人在看那棵树的时候，想知道它是否能生产出足够的木柴来过冬。或者想象这棵树站在此人的房子旁边，并且这棵树有一根大的枯枝伸到房子的屋顶上，我们的观察者主要关心枯枝是否会在暴风雨时掉到房子上。最后，假设这个人在休息日穿过田野时停下来观察这棵树。

你将其中的哪一种叫作审美经验？当然是最后一种，但是为什么呢？以否定的方式说，这是因为这个人观察这棵树并不是因为它的功利价值，或者因为它是可能的威胁。以肯定的方式说，这是因为观察者是为了树本身而观看树，仅仅欣赏它就能获得乐趣。这就是像"超然"和"无利害关系"这些词语试图捕捉到的区别。在最后一个例子中，观察者脱离了平日的寻常的、实际的态度，不是一个关注利益，对如何处置这棵树感兴趣的人（展现了法官在法庭案件中应该具有的那种无利害关系或无私）。这里隐含着一种人类心理学的观点：我们对世界的一般看法是利己的、实用的和功利主义的；我们通常从事物对我们的帮助或伤害的角度来看待事物；审美态度是这条规则的例外，是这样一些相对稀罕的时刻：我们放松我们强烈的生存机制，并且仅仅是为了体验到对象的那种乐趣而去体验它们。

当我们问艺术是什么或审美经验是什么时，我们期望从这些现象本身来审视它们。我们期望由此产生的理论告诉我们它们是什么，而不是它们可能以某种方式与之相关的其他事物是什么。就像参加期末考试的学生所写的那样，"这个问题让我想起了另一个更有趣的问题，我想回答后一个问题。"历史上许多艺术理论都是外在的，依据艺术在帮助其他非艺术活动上所起的作用来定义艺术：艺术是一种交流或自我表达的形式，一种再现世界的方式，消遣或刺激的源泉，等等。而对所有这些理论的抱怨是，它们没有定义艺术本身是什么，它们不是内在的定义。

那些关注艺术品内在特征的理论被叫作**形式主义**（formalism），因为它们只关注艺术品中的要素（线条、颜色、形状等）的排列、模式或形式。外在的理论强调艺术品所指涉的再现性和表现性的内容，因此内在的理论与外在的理论之间的争论往往表现为形式与内容的较量。

一方面，有关审美态度的理论因为强调与世界其他东西的距离和超脱，似乎强调了艺术本身的内在特征。然而，另一方面，审美距离和超然可以被视为一个符号与它所象征的东西之间的脱离和距离，在这个意义上，艺术与生活是分开的。这不是说它与生活无关联,而是说它是关于生活的。当然,一本关于内战的历史书与内战本身并不相同。但是,这两者之间有着明显而尖锐的区别:一个是血腥的战争,另一个是一本书。但就这本书是一本关于内战的书而言,二者显然是有关联的。任何具有人的意义或重要性的东西通常都是如此;在意义关系中总是有两个事物,符号和被符号化的事物,因为前者是关于或者指涉后者的,所以它们是彼此关联的。

综上所述,现代的美学经验理论是对成为我们日常直觉的东西的进一步分析和反思。但是,这些常识性的直觉可能在我们之中是如此根深蒂固和内化,成为我们日常看法的一部分,被假定并且被认为是理所当然的,以至我们很难看到它们。我们如何才能看到对我们来说最明显显现的东西?也许只有通过对比的方法。如果没有对比,我们自己看待事物的方式将永远看起来是"正常的",并且显然是"正确的",也许是看待事物的唯一方式,因此对我们来说是不可见的。考虑到这一点,让我们考虑一种对比的观点。

大多数大城市的艺术博物馆都有专门收藏非洲艺术和前哥伦布时代美洲印第安艺术的空间。许多人将这些对象作为艺术品来收集、购买和出售,并写出有关它们的带有精美插图的艺术书籍。但是,考虑一下这些对象的来源,以及它们最初是如何被制造它们的人使用的。来自墨西哥和中美洲的许多陶器都是用来陪伴死者进入来世的坟墓物品。在古代中国和埃及也是如此。我们今生所需要的一切都可以提供给死者,供他们在来世使用。不同之处在于,它们现在是以微型陶瓷或木制的形式存在的复制品或雕像,譬如,音乐家、警卫、仆人和马的小雕像。唯一能看到这些对象的人是制造它们的人,购买它们的家庭的成员,以及施展魔法(也就是说,让这些小陶瓷和木制雕像演奏音乐或供应食物)以便使死人在"死亡之地"复活过来并且生活的祭司。四五十年前,只有在大祭司们在田野里开始一场由戴面具的人表演的仪式性舞蹈,再现他们的神将原始的耕作技术馈赠给他们后,西非农民才能开始他们一年一度的种植。在18世纪末和19世纪初,第一批看到这些面具的欧洲人将它们视为虚假的宗教偶像,并因此尽可能多地毁坏它们。直到后来,大约从1904年开始,包括毕加索(Picasso)在内的欧洲艺术家才开始认为与它们一样的这些对象是纯艺术品,甚至开始在他们自己的艺术中模仿它们。今天,艺术博物馆展出了与它们一样的木制面具、描述它们的艺术书籍,欧洲和北美的画廊将它们作为艺术品出售。

但是,这些木制和陶瓷制品到底是什么呢?它们是艺术品吗?它们是艺术家做出来的吗?它们是为了获得审美欣赏吗?即使我们今天将这些对象视为"纯艺术作品",最初制作和使用它们的人却不这样认为,至少这不是他们的主要目的。这些对象不是"在审美上"使用的,而是为了仪式目的;它们不需要使人愉快地观看,只需要(例如,音乐家)足够再现它所发挥的仪式功能(在坟墓外演奏音乐,召唤农神,或驱赶恶灵)。创造它们的人并不是要表达他们自己个人的情感、态度和信仰,而是遵循特定社会的宗教传统所要求的传统模式。这些对象当然不是为了被欣赏而制作的,这在坟墓陪葬品的情况下是显而易见的。非洲的面具也不是为了被持续观看而制作的,因为它们大多数时候都被存放在看不见的地方,每年只带出来一次,在种植

中国汉代（前206—220）的微型（16 英寸 ×25 英寸，即 40.64 厘米 ×63.5 厘米）陶土马车，放在一位已故官员的墓中，供来生使用。图片来自 H. 吉恩·布洛克尔。

仪式上才能被看到。

对"艺术家"创作的"纯艺术"作品的美学态度是什么意思？通过对比，这些例子提供了有关这种态度的一种看法。制作这些对象主要是为了以审美的方式观看它们，即仅仅为了欣赏和聆听它们所带来的乐趣和满足而去欣赏它们。换言之，对艺术品的审美经验是非功利的。在这里，"功利的"是指出于某种非审美的原因制造和使用某种东西。你做三明治不只是为了看，而是为了吃。如果有人发出了防盗警报，我们不会仅仅是为了听到它如何发声而触发它，事实上我们希望它不会发声。

相比之下，你为什么听音乐？你听音乐时，除了这种经验本身所带来的愉悦之外，你可能不会期望有任何个人收获，譬如，这完全不同于听会计课演讲（由此你期待下一次考试取得好分数，在课堂上获得好成绩，因而获得学位，得到一份工作，有一所"市郊"的住宅，也许车库里还有一辆宝马）。但是接着，你回家后，只为了音乐本身而听音乐。制作"艺术作品"的人不仅仅是熟练的工匠。我们认为他们是"艺术家"，有重要的话要说或表达。我们认为，只是一次又一次地说同样的东西的艺术家，或那些只说其他艺术家已经说了很长时间东西的艺术家，不如那些有新东西要说和以新方式说它的艺术家好。

他们向我们"说"和"告知"什么呢？片刻的反思表明，用语言来作答是多么困难。不知何故，我们认为是艺术家或者至少是伟大的艺术家的那些人，在以更普通的方式表达或言说一些不能用语言的普通用法说出来的东西。我们所爱的音乐家在表达他们对事物的感觉，以及事物总体上向他们显现是怎么样的。他们在谈论一种情绪或观点。这种总体情绪或观点是什么？为了弄清楚，你只需要听音乐。艺术家在音乐中，并且只在音乐中表达这种独特的观点。对任何一个从审美的角度费心倾听的人而言，意义或信息就在那里。它就在音乐里，只要听。

不过，现在回到与前哥伦布时代的美洲印第安陶器墓葬品和西非早期种植仪式中使用的面具的对比，我们可以看到，人们并不总是以这种"审美""纯艺术"的方式看待事物。虽然审美态度对我们来说是自然的，但是它不是普遍的，不是人性的永久部分。它出现在某些文化历史的某一点上，并可能在以后轻易消失，取而代之的是另一种看待事物的方式。能够认识到这些观点是主观的就已经表明，语境确实会随着时间的推移以及文化的不同而发生转变和变化。

审美享受、纯艺术和艺术家这些观念大体出现在 17 世纪末到 20 世纪中叶这段时期，我们把它叫作现代时期。在那之前的时期，我们可以简便地称之为"前现代"时期，紧随其后的是"现代"时期，而我们现在所处的时期通常被叫作"后现代"时期。

如果如我们前面所说的，哲学是对我们普通的常识直觉的反思，那么我们可以由我们上面的分析轻松地表述现代审美经验观的要点：

1. 审美经验是非功利的。
2. 审美经验脱离了一般的自利追求（它是无利害关系的）。
3. 制作艺术品是为了审美观照和欣赏，而不是为了其他目的。
4. 每个人都可以欣赏艺术，只要采取审美的立场（它普遍存在于所有人中）。
5. 艺术家以独特的方式看待事物，创造性地发现将那传达给我们的创新方法。
6. 艺术家或者至少伟大的艺术家，向我们展示了如何看待世界，如何理解我们自己，我们是谁，以及我们的世界是什么样的。
7. 艺术作品（或者至少伟大的艺术作品）表达了艺术家们的这些不寻常的想法。
8. 伟大的艺术作品必须具有创新性、创造性，并以新方式表达新思想。
9. 艺术史是伟大艺术家的伟大创新的历史（第一个做这儿，第一个做那儿，等等）。
10. 艺术并不难理解。它只需要我们采取美学的立场。

约鲁巴人（Yoruba）是尼日利亚（Nigeria）和贝宁（Benin）规模最大的少数民族之一。他们的这个格勒德（Gelede）面具，是用来吸引恶灵，引导它离开村庄。图片来自 H. 吉恩·布洛克尔。

在接下来的章节中，我们将重点关注当代美学中的一个重要问题，即艺术是否应该被审查，因为它带有冒犯性，或者导致暴力，特别是针对女性的暴力。这是一个特别有趣的主题，因为艺术作品传统上有一些描绘女性身体的非常不同的方式。在世界上许多古老的艺术中，裸体女性人物被认为代表或象征农作物、动物以及人类的生育原则，并可能在宗教实践中被用来以神奇的方式确保这种迫切希望的生育能力。在希腊古典艺术和文艺复兴时期的欧洲艺术中，裸体人体被认为是"高雅的人文主义艺术"的一部分，代表或象征人性的本质，凭借这一点，人体代表或象征处在人类最高贵和崇高位置上的那些人的神圣的、庄严的品质。但是，从罗马时代开始，也有了一种描绘裸体人体的更流行的艺术，其方式显然是为了激发性欲或嘲弄性欲，这是一种视觉上的"肮脏笑话"。

请考虑一下我们今天发现的裸体女性图片的广泛用途——城市艺术博物馆里的鲁本斯（Rubens）的一幅画，车库机械师办公室绘有性感的帅哥靓女的招贴画——来自《花花公子》（*Playboy*）的裸体照片插页，人类学博物馆中的非洲或前哥伦布时代中美洲印第安人丰满的身体画，一本性手册，生物学或医学的插图，最后是低俗色情电影或视频的广告。

有关这个问题的争论显示了传统的现代主义美学家与更多的当代理论家之间日益严重的分歧。传统的现代主义美学家倾向于保护艺术不受任何形式的审查，其理由是，如果恰当地理解艺术（"真艺术"，鲁本斯的画，而不是机械师的绘有性感的帅哥靓女的招贴画），那么艺术太脱离现实生活，不能对它产生很大的直接影响，而一些当代理论家则拒绝区隔艺术与生活、高雅艺术与流行文化，倾向于将艺术简单地视为种族主义、性别歧视和暴力盛行的社会、经济和政治的现实世界的一部分。

在第三十一章"艺术的价值"中，当代美国美学家H.吉恩·布洛克尔揭示了传统审美态度与艺术脱离生活——以象征的方式除外——的关系。在第三十二章"艺术作为理想"中，艺术史家肯尼斯·克拉克（Kenneth Clark）认为，一种观点主张艺术可以产生一种预定的情感或行为效果，例如性刺激或对女性的贬低态度，但是该观点混淆了对真正艺术的审美享受与各种非审美的概念。最后，在第三十三章"美学与意识形态"中，当代文学理论家珍妮弗·杰弗斯（Jennifer Jeffers）认为，艺术深深地嵌入现实生活的背景中，无法独立于或脱离日常社会现实，而这种现实不断地催生出种族主义和性别主义的态度和行为。

供讨论的问题

1. 有些对象原来是为了功利的目的而制作的，但是后来被视作艺术作品。你能举出我们时代的这样的对象的例子吗？

2. 过去的讨论得出了这一点：审美态度可能是特定时期的特定文化所特有的。你认为，甚至在我们自己的时代，在我们自己的文化中，每个人都有这种态度吗？请给予解释。

3. 你和一位朋友参加当地工匠的展览。你的朋友说，"这些是手工艺品，不是艺术。"在讨论你是在看手工艺品还是纯艺术作品时，你会考虑什么？

4. 博物馆的一些现代艺术区将普通物品作为纯艺术作品展出。你认为博物馆出于何种考虑而同意这种分派？

5. 这很难表达，但是你认为艺术家们想说什么？他们在表达情感？更深层的真相？还是看世界的新方法？

第三十一章　艺术的价值

在18世纪和19世纪，美学理论依据艺术的距离来谈论艺术，因为它提供了一个观察世界的视角，这是上一章所描述的现代时期流行的艺术理论。提出这一点的方式是将对艺术品的经验叫作一种特殊的经验，比如，它不同于吃顿好饭或解决数学问题的经验。美学理论主要处理艺术品影响我们的方式如何不同于我们经验中的其他物体，例如前一章提到的功利性对象。

用来描述经验一件艺术品独特特征的术语是审美态度，美学理论寻找这种态度的独特特征，譬如与道德和宗教观点不同的特征。根据这些理论，审美态度的一个重要方面是清除艺术品的任何实际利益，例如，作品是否点燃了激情、煽动了暴乱，甚至在艺术市场上具有经济价值。艺术被认为本身就是重要的，艺术本身就是有价值的，而艺术理论家之间的争论是关于艺术如何发挥其独特的作用的。一方面，有些理论家认为，艺术的主要作用是表达情感。而另一方面，其他理论家则认为，尽管情感在艺术中很重要，但真正的问题是艺术是否以及如何传达情感。

与认为艺术的作用是传达情感的那种理论密切相关的，是认为艺术只是传达意义的另一种工具的观点。正如语词是表达意义的符号工具一样，椅子指的是我们所坐的构造物，床指的是我们睡在其上的那个对象，房子指的是我们所居住的建造物，所以艺术作品是指涉现实世界中的事物的符号表达。这种理论方法变得更加复杂。一件艺术品可以有多种含义。《白鲸》(Moby Dick)不仅仅是一个关于大白化鲸的故事，梅尔维尔(Melville)的这个故事有着多种更深的意义。美学家思考的问题不仅是这些意义是什么，而且是艺术作品如何传达意义，正如约翰·查尔迪(John Ciardi)的著名文章《一首诗是什么意思？》("How Does a Poem Mean?")所做的那样。

对赋予其作品以意义的尝试持谨慎态度的艺术家也参与了这场论争。当有人问毕加索，他画的红牛头像是否代表了法西斯主义在欧洲的兴起时，据说毕加索回答说："不，它代表红牛的头。"罗伯特·弗罗斯特(Robert Frost)同样反复否认他的诗《雪夜林畔驻足》("Stopping by Woods on a Snowy Evening")的最后几行是关于死亡的。他总是说，这是关于一个人停下车去看一块新填满了雪的地的。艺术家们经常否认他们的作品除了表面的内容之外还有更深层次的意义，或者否认他们的作品有任何意义。但是，如果艺术作品没有意义，或者如果它们没有传达复杂的情感，那么它们有何意义呢？没有意义，其他艺术评论家也这么说。艺术的作用不在于传达，也不在于意味着什么，甚至不在于激发情感，而只在于存在。依据该观点，艺术只是世上的另一个对象，它依据其所属艺术的不同而引起观众、读者或听众的一些不同反应。我们应该做的不是提出有关艺术作品的意义的理论，或解释艺术的恰当方法，而是单纯地享受艺术。用艺术评论家苏珊·桑塔格（Susan Sontag）的话说，"……我们需要用艺术的情爱来代替**解释学**（hermeneutics）。"

这些是当代美学家 H. 吉恩·布洛克尔在接下来处理审美态度的文本中探讨的一些问题。他对比了两种观点：18 世纪的观点认为，艺术与"现实"世界有距离，超脱了它；后现代的断言宣称，所有艺术都是政治性的。在这一过程中，他还处理了这个问题：艺术是不是精英的事业，或者"艺术"这个范畴是否应该包括通常所说的流行文化？《瘪四与大头蛋》(*Beavis and Butt-Head*)[1]是文化和艺术偶像？也许这有点难接受，但一些当代艺术理论家认为，不管喜欢与否，"高雅"与"低俗"艺术之间的区别已经消失，真正的问题不是什么是艺术，什么不是艺术，而是谁是掌控者。

H. 吉恩·布洛克尔：审美态度[2]

首先，自 18 世纪以来，西方的许多美学围绕着美学态度建立起来，那么，美学态度的含义究竟是什么呢？"美学"（esthetics）一词是名词，复数形式（以"s"结尾），指的是对艺术与自然美的哲学考察，即与艺术和美的问题有关的哲学分支。但是，作为一个形容词和单数形式（没有最后的"s"），它指的是人们所拥有的一种经验，所谓的"审美经验"或"审美态度"。美学和审美态度是相关的，因为定义审美经验是 18 世纪和 19 世纪美学的主要任务，并且仍然是当今美学的一项重要任务，尽管诸如乔治·狄基（George Dickie）之类的一些当代哲学家认为没有审美经验这样的东西。今天，美学的主题已经大大扩展，包含除了观众的经验之外的许多有趣的领域，例如，艺术创作、艺术世界的社会政治方面等。尽管如此，观赏者对艺术和自然美的对象的享受（即审美经验）的性质和特征仍继续受到美学家的关注。

这种考察的主要假设是，一个人可能出于不同的原因对一个物体感兴趣，并且这种兴趣的水平和类型将决定观看者的观点或"态度"，反过来，这将决定，或者至少影响观看者看它的内容和方式。假设晚上某人的房子被烧成灰烬。不同的人将以不同方式关注这一事件，这将反映在他们经验和描述那个事件的方式上。这所房子的主人显然很关心个人财产的损失。这位主人住在另一个城镇的父母主要关心家庭的安全。如果邻居们不太了解这个家庭，他们主要对他们自己邻近的家庭的危险感兴趣。警方主要感兴趣的是保持

---

[1]《瘪四与大头蛋》是一部由麦克·贾治（Mike Judge）制作编导的卡通影片。瘪四（Beavis）与大头蛋（Butt-head）为该片的两个主角。1993—1997 年，《瘪四与大头蛋》一共推出了七季，在美国知名音乐节目有线电视网 MTV 上播出。不过，在 1997 年，因为笑点僵化、观众喜好转移以及因为充斥暴力和色情而饱受社会道德舆论的压力，制作单位最后选择在第七季第四十集时让瘪四与大头蛋"死去"。——译者注

[2] 使用获得了作者的许可。

燃烧的房子前面的道路交通顺畅、安全，保持消防车方便通行（后来还要防止抢劫）。消防员全神贯注于灭火这一纯粹的实际问题，而消防安全检查员则关心火灾是如何开始的。保险代理人想知道损害的程度，以及是不是纵火的结果。最后，路人主要是好奇，并且因间接意识到危险和冒险而感到兴奋，而报纸记者只是将火灾视作一件有新闻价值的地方事件。我们可以轻易地想象这些不同的取向将如何导致对火的不同看法和描述。

假设有关态度和视角的这种心理学理论是正确的，我们可以继续尝试将各种态度分为更广泛的类型，并且更一般地询问，什么是道德观点或宗教观点，或者，最后，什么是美学观点？在这后一个例子中，我们要问，是否存在任何独特的或基本的特征，它独特地定义了人们在欣赏艺术作品和自然美的对象时所拥有的经验，该经验有资格被称为审美经验？如果有，那么那个特征是什么？或者，换一种说法，在什么条件下，一个男人看一棵树、一个女人或一座山是一种审美经验，而不是其他种类的经验？在过去的两百年里，人们给出的答案尽管形式迥异，但是内容都是审美经验的特点是"三 D"——无利害关系（disinterestedness）、超然（detachment）和情感距离（emotional distance）。用更一般的术语表达，如果一个人观看对象不是出于不可告人的、实用的、完全自私或功利的动机，那么这种经验就是审美的。我们说，一个观看者观看它是为了它自己，或者仅仅是为了观看它的乐趣。由于对房屋燃烧的关注主要是实用的，我们上面的例子中对火的美学观点可能显得冷酷无情。但是它可以发生。也就是说，一个看到没有其他事情要做的旁观者可能着迷地观看这巨大的火焰跃入夜空，美丽而可怕（尽管没有对旁观者构成人身危险）。

一种审美经验被享受并不是因为它后来导致的结果，这样说并不是说不存在想要拥有那种经验的好理由。我们珍视美学经验的原因正是因为它们的内在价值，因为它们本身所具有的价值，而不是因为它们可能导致的后来的经验。我们早上早起是为了准时上班，我们想准时上班是为了保住我们的工作，我们想保住我们的工作，这样我们就可以继续得到定期周薪，我们想要这份薪水是为了买一辆新车，我们想要新车……等等。这些都是"外在的"有价值的经验或活动，有价值不是因为它们自己的缘故，而是为了别的东西的缘故。但是，如果每次经验和活动都只有外在价值，怎么办？我们做一件事情总是为了别的事情。最后，我们可能会想，这一切都是为了什么？难道没有这样的东西，我们想要它只是因为它自己的缘故，可能想要成功、强大、被爱、被需要或被接受？这些是本身有价值的经验和活动，那些是我们做其他事情——早上起床、上班、省钱、买车等——所追求的经验和活动。从这个意义上说，审美经验是人类可获得的拥有内在价值的最重要的经验之一。

这样看来，审美经验是一种相当不寻常的经验。我们对世界的大多数看法是以实用为导向的，因此，正如英国艺术家罗杰·弗莱（Roger Fry）曾经说过的，我们通常根本不观察（look at）事物，我们只是看到（see）它们。为了最实用的目的，我不需要看对象的更多方面，除了正确对那个对象进行分类之外。我一眼就看出这是一辆出租车，我要它带我去城里。但是，如果你以后再问我这辆车是用什么造的，或者描述它的设计，或者装饰，我肯定回答不了。我在视觉上探索的不是这辆车的每个方面，而只是足以告诉我它实际上是一辆出租车的那一小部分事实：它是一辆汽车，而不是一辆面包车或卡车，它的标志性颜色是黄色，顶部有"出租车"标志。这些事实可能是我知道它是一辆出租车所需的一切,因此是我真正注意到的一切。但是,在审美经验中,所有通常被忽略的那些对象的潜在可见的方面都可以用于目测和享受。我们不只是看到事物;我们观察它。"看到"有时被叫作"成功动词"(success verb);你要么看到它,要么没有看到它。它要么是一切,要么什么都没有,并且这一切是同时发生的。而在观察我们喜欢观看的东西时,我们会花时间细细品味每个细节,一次又一次地回顾某些部分,也许会一次又一次地返回去看同一个对象。

这种态度最显著地表现在艺术博物馆、音乐厅和剧院,这些地方被明确地设计成鼓励采用审美态度,并且在培训观众时帮助他们在艺术作品面前采取恰当的态度,也就是说,表现为纯粹的旁观者,这种旁观者到来是为了观察和聆听,而不是为了评论或与艺术对象互动。灯光、座位的布置、画框、舞台都有助于我们集中注意力于艺术对象,并且抹去除了边缘或外围之外的其他分散注意力的、非实质性的元素(譬如你面前的人、场景设置的改变、窗帘的升降等)。

审美态度的非个人和非功利的姿态的直接后果是将这种审美关注的对象与它的世俗的、物理的环境隔离开来,将它变成一个自足的整体,它与世界的其他东西没有联系,除了在象征上有关联之外。这是 20 世纪法国哲学家让－保罗·萨特所说的审美经验的"非现实化"(unrealizing)功能,也是通常所说的"自愿终止怀疑"。为了以审美的方式经验到小说、绘画或戏剧,人们必须认识到这些艺术作品所呈现的事件都是虚构的。也就是说,它们不与普通的时空物理现实相接。审美经验的这种"非现实化"功能与其无利害关系密切相关。说审美感知与实际结果无关就是说,在审美经验中,我们并不将对象视作一个对我们而言有真实的后果的真实对象。竞技场、舞台、画框和台座的功能是将对象从它的一般的时空中转变出来,提升它。这也确保了观众采用审美态度,他们被训练着去与审美"虚构物"(fiction)或"表象"(semblance)互动,参与其中,但是仅以在审美上适当的方式,无论只是作为观众,被动地冥思审美对象,还是更积极地参与到分隔虚构物与现实的那种被仔细界定的审美界限中。

一个人可能会为英雄的致命伤哭泣,但是他不会给医生打电话;一个人可能会对恶棍发出嘘声,喝倒彩,但是他不会急于上台解除他的武装。[在电影《钢琴》(*The Piano*)中,有一场英国圣诞哑剧的演出,它包括一场典型的皮影戏。在该场戏中,一个男人似乎用斧头攻击一个女人。当观众中的土著毛利人冲上舞台阻止"斧头谋杀"时,英国人感到震惊。英国人已经被社会化,在某些适当的环境中采取审美态度,而土著毛利人在他们的传统社会中没有这样的审美距离传统。]

由于这种超然和无利害关系的态度,审美态度通常在取向上更多的是反思的或冥思的,因此,审美关注的对象通常被以象征的方式理解为一种相当普遍却并不明确的意义和重要内容。当我从实用的角度观察一棵树,看看它能产生多少木柴时,我只是将那个物体视作"树"这个范畴的一个实例。它只是一个殊相,树的一个实例。但是,当我脱离这些实用的关注,从树本身来观察它时,那么,我的注意力可能会被吸引到树的一般象征意义上,例如,天地之间的联结,或巨大、安静的尊严、力量和稳定性,或者它的保护性方面。它不再只是"树"这个范畴的一个成员,而是一个似乎具有相当普遍的、广泛的意义和重要性的对象。

只有通过暂时终止信念的心理距离的"非现实化的"行为，一个对象才能代表它不是的东西，尤其是，当那个对象是具体的，而它所代表的是相当普遍的东西，如再生和更新，或创造的力量和破坏的力量之间的辩证张力时。审美态度的悖论是，一个人同时意识到符号及其所象征的东西。艺术性的表现和模仿的奥秘在于，同时相信和不相信它们的同一与区分。纸上的那些线条变成了一张笼统的人脸，但是这只在我完全清楚它们不是一张脸，而是在纸上画的线条时。只有当我知道这位演员是扮演哈姆雷特一角的演员时，他才会变成哈姆雷特。

对一个在这个象征层面上的对象的情感性兴趣虽然脱离了日常生活，但是可以是强烈的，特别是因为它涉及一个经验的排序，这种排序在混乱无序的日常生活中是不可能的。这种象征意义也超越了特定地区或民族群体的关注。尽管我们不再崇拜狄俄尼索斯（Dionysus），但是我们仍然可以欣赏索福克勒斯（Sophocles）和欧里庇得斯（Euripides）的戏剧，这些戏剧曾经是那种崇拜的一部分。我们继续欣赏这种悲剧，因为我们的审美态度使它脱离了宗教背景，并且将它转化为一种并非针对其原始观众的强有力的跨文化符号。一旦审美维度作为一个独立实体出现，就有可能在艺术中刻意地、自觉地创造象征意义。一旦我们明白，从审美态度的凝视出发，日常生活中的普通物理对象具有象征意义，那么，就有可能以精心构建的模式孤立、选择、重组和操控这些象征性内容，这些模式比没有那么紧密地组织和统一的自然美的对象具有更大的美学强度。

传统审美态度的间距效果直接关系到当前的争论：艺术是否应该被审查，因为它导致暴力，特别是对女性的暴力？今天，许多女性反对艺术作品对女性的处理。这里至少有两个问题。第一，色情作品对女性的描写是否采用了一种看似可能煽动对女性暴力的方式？当然，如果我们上面对审美态度所说的是正确的，那么以审美的方式观看对女性的描述就不会有这种直接的、明显的效果。第二个问题可能更严重，它关系到女性在艺术中代表或象征什么。许多艺术作品都把女性描绘成生育、情感、直觉、养育、被动、软弱的符号。当然，女性成为具有如此普遍的意义的符号的一个原因是，即使是在艺术之外，许多人过去认为女性实际上是这样的，她们真的更情绪化、更体贴、更软弱、更被动等。因此，艺术家们发现，用女性的形象来象征这些观念是很方便的。

同样，通过以此角度描述女性，艺术家们也确实促成了有关女性的这些刻板的成见。因此，今天，当有关女性的事实不再支持这些刻板的成见时，女性仍然继续象征这些观念，而这鼓励我们社会中的许多人继续用老套的方式看待女性。反对这种刻板的女性形象不仅是因为它们是虚假的、有辱人格的，而且是因为它们间接地影响了对女性的行为，刻板形象影响态度，反过来态度又影响行为。

看一幅女性裸体画是否会引起性欲或性冲动？听到狼吃小女孩的祖母的故事是否会让我们感到震惊或受到创伤？如果不会，为什么不会？审美态度的理论家说不会，原因是对审美经验的审美态度拉开了我们与任何直接的实际结果的距离。正如萨特所说的，审美态度的"非现实化的"方面使其更具冥思性和反思性，因而艺术作品与现实的关系更多的是象征的关系，而不是直接的、实用的关系。

当然，我们必须承认，所有具象艺术都指涉现实世界，即艺术作品中所创造的观点揭示了它在某种意义上"有关"（about）的现实世界。从这个意义上说，艺术可以挑战、创造、改变、修正对通常事物的视角、态度和观点。艺术家经常使用在社会中与女性身体相关的象征意义。但是，通过把对女性的这种描述放在特定艺术作品的被创造的、虚构的背景中，艺术家也创造了一种视角或观点，并且邀请观众以该视角或观点观看女性表现对象，不仅是这件艺术作品中的女性表现对象，而且是一般的女性表现对象。这种笼统的态度或视角可能会导致行动，但是态度只能以间接的方式影响行动，最多会产生以某种方式行动的倾向。不过即便如此，艺术作品所创造的态度对观众的影响通常只是局部的和暂时的，因为它要与许多其他有感染力的、吸引人的观点相竞争。

我们不必夸大艺术家的力量。他们最多可能暂时成功地将观众拉入到艺术家的观点中，例如，分享艺术家对女性的态度，而这一般只会持续一段时间。当电影结束，我们走出去时，这种情绪通常会消失（尽管它可能会对我们看待事物的整个态度或一般方式产生更微妙的影响）。有时艺术家想改变人的态度和行为，但是往往感到沮丧，因为艺术作品的效果只是暂时的，通常只持续到观众观看作品的时间。此后，大多数人又回到了他们惯常的态度。

大多数人也能心存许多完全不同的观点，试试它们在某种程度上是不是合适的，却不会永久采用它们。例如，我能听听素食主义者或宗教原教旨主义者或"新纪元"（new age）的观点。我理解这些观点。我可以想象从这种观点看，生活在这个世界中并且看这个世界会是什么样子的，但是我不必接受它们。也就是说，我们中的大多数人可以心存许多不同的观点，但最终会抵制它们。这是我们通过观察他人对世界的看法来了解他人和其他文化的方法之一。

现代主义的审美态度传统培养和发展了那种使人

约鲁巴雕塑碗。一万多年来，女性身体一直被用来代表或象征生育能力。请比较这尊非洲雕像中使用的女性身体与欧洲绘画中的裸体以及色情图片和性爱图片。图片来自 H. 吉恩·布洛克尔。

们可以暂时尝试不同的视角却不必采用其中的任何一种视角的灵活性。另一方面，那些支持审查制度的人则认为，我们不能有这种灵活性和复杂性，因为某些艺术作品会引起直接的反应（看了电影，我出去"表演"殴打、强奸），或者不那么极端地，因为我们无法抵制被永久吸引到那种不是我们为自己选择的而是因为我们接触艺术而被暗中强加给我们的观点（这使我们成为种族主义者、性别主义者、仇外者等）。

后现代主义对审查制度的支持部分源于拒绝纯艺术与流行文化之间的任何区别。现代主义的美学家认为，我们抵制流行文化的影响不如抵制纯艺术的影响，但是，后现代主义的美学家否认在这方面存在任何有意义的区别，并认为我们同样容易受各种艺术形式的影响。当然，有一些非常普遍的社会条件，它们确实促使我们采取在我们碰巧被抚养的特定社会中最盛行的那些态度。父母、老师、收音机、电视以及我们通常所说的"大众文化"确实对我们产生了巨大的影响，我们中的大多数人都无法逃避或抵制，甚至意识到这种影响。当我们进入一年级时，我们已经适应了（"被强行灌输了"）我们的特定社会的习俗。但那不是因为艺术，至少不是因为现代主义美学家所说的艺术。根据现代主义的美学传统，艺术使我们反思我们的社会，使我们意识到这些背景、风俗和传统，并经常引起对它们的质疑。在现代主义传统中，我们受到训练，意识到某个特定的艺术家刻意描绘某种情况所凭借的观点，因此我们完全意识到，例如，完全意识到托马斯·哈代（Thomas Hardy）与普通人对世界的悲观态度之间的区别。因此之故，现代主义坚持认为，我们不是"被强行灌输了"哈代的观点，而仅仅是看清了事实真相：我们可以在欣赏小说的时候暂时接受一个人的观点，但是当我们读完这本书后，就放弃该观点。

后现代的理论家不重视"纯艺术"与"大众文化"之间的区别。我们所说的"艺术"只是一般文化的一种更精英主义的形式，因此对文化价值观的形成也具有同等影响。后现代主义者也否认艺术家像他们所想象的那样（并且像现代主义的艺术批评家和美学家通常给予他们信任的那样）了解和控制他们的产品。从历史的角度看，我们认为托尔斯泰是有意创造一种观点，他想要我们依据该观点来观察世界，托尔斯泰所说的那个世界。但是事实上，后现代主义者说，托尔斯泰与制作漫画书、周六早晨的动画片、电视广告的人相比，并没有更多的责任，也没有更多的单独行动。我们不了解这位优秀的艺术家的意图，如同我们不了解老练的广告商或政治家的意图。后现代主义者说："认为我们完全了解艺术家的深思熟虑的意图，这种想法只是一种幻觉。"同样地，我们不能在审美上与纯艺术作品中的观点保持距离，如同我们不能与电视广告或情景喜剧保持距离一样。后现代主义者说，在每种情况下，决定价值观和态度的都是整个社会的结构，认为个人可以有意识地脱离它，更不用说反对或抵制它，这种想法只是一种幻觉。

归根结底，是谁在控制。现代主义的立场强调单个艺术家的控制，他故意创造一件作品，目的是暂时将观众引入到该艺术家的观点中，并且强调控制观众尝试不同的视角，他们知道它们是不相容的视角，就像我们在最终购买之前可能尝试不同的帽子（或者可能不购买其中的任何一顶帽子）一样。而后现代主义的立场强调一种包罗万象的思想控制的社会氛围，在该社会氛围中，我们被潜意识地操纵，不是被那些知道自己在做什么的不道德的单个艺术家，而是被更不规则的社会力量、机构，即"社会"。在某些方面，这种差异可能更多是由于艺术和社会的变化，而不是由于对相同的艺术和社会的不同解读。如今，看电视时频繁更换电视频道是一种比阅读"严肃"的小说更普遍的活动。也许现代主义的审美态度适合读小说，但不适合频繁更换频道。

供讨论的问题

1. 布洛克尔所说的"审美态度"是什么意思?是否真的存在本质上是"审美"的经验?如果存在,从你自己的经验中举出一些这样的例子:你首先以一种非审美的方式看一个对象,然后以一种审美的方式看它。

2. 我们在多大程度上"控制"我们去接受或拒绝电影、图片、音乐和电视所描绘的观点?你是否认为"纯艺术"和"大众文化"在这方面有任何区别(我们在纯艺术方面比在大众文化方面更有控制力)?

3. 你认为艺术对生活有什么影响?你是否同意布洛克尔的观点:除了以象征的方式之外,审美态度拉开艺术与生活的距离?

4. 艺术是否能改变我们看待世界的方式?你能否从历史或你自己的经验中举出例子?哈里特·比彻·斯托(Harriet Beecher Stowe)的《汤姆叔叔的小屋》(*Uncle Tom's Cabin*)是不是一个例子(或者布洛克尔是否认为这不是一个"高雅"艺术的例子)?

第三十二章　艺术作为理想

想象一下九年级的学生在郊游。他们的老师带他们去艺术博物馆是非常合适的，在那里他们会看到很多东西，其中就有著名的裸体女性画。然而，老师不敢把这门课带到成人书店，在那里他们可以看到更多裸体女性的照片。为什么会这样呢？这些裸体女性的照片有什么区别？首先，我们可以说，区别在于，前者是艺术，而后者是色情的、下流的。但是这恰恰表明，"艺术"这个词具有奉承讨好、值得称赞的内涵，而像"色情"等词则具有可耻、肮脏、不道德的内涵。不过，它并没有告诉我们为什么有些裸体女性的照片被贴上了高尚、值得称赞的艺术标签，而另一些则被贴上了可耻的色情标签。

不同之处部分在于女性人物被创作的方式（或风格），部分在于女性人物的用途。前者是人们仅仅观察图片本身，不需要任何其他东西，就可以说出来的。而后者只有知道制作这些图片的背景原因和语境才能被发现。当然，二者倾向于结合在一起。广告商使用图片来让人们购买某些产品，战争宣传者用图片来让人们自愿为战争牺牲，并且为了实现这些目的，必须选择某些主题，并且更重要的是，必须用某种方式来描绘这些主题，譬如，一则广告描绘吸引人的年轻人很享受使用该产品。色情图片是用来唤起和刺激性欲的，而黄色图片则是用来嘲笑、羞辱和促进对女性的权力的幻想的，所有这些都是以达到这样的目的的风格而设计的。另一方面，在古典裸体艺术中，裸露的女性身体并不被用来煽动任何直接的行动，比如出去买产品、做爱、殴打某人，而是描绘一个有关美、完美、精神和谐的理想观点以及最高的人文理想。当然，正确使用这些图片并不能防止有人以其他方式滥用它们，一个青春期的男孩可能会发现，杂志上的女性模特的内衣广告或解剖学教科书中的插图，甚至艺术博物馆里的裸体画都会刺激人的性欲。但是，这显然是对这些图片的滥用，与它们的制作风格背道而驰。正如那些为女性内衣做广告的人和那些出版解剖学教科书的人会强烈反对反色情组织因为有些人滥用了这些插图的预期用途而要求禁止它们的要求，艺术家和博物馆馆长也强烈反对以类似理由审查裸体画。

近年来，女性群体对艺术裸体的审美用途和风格与艺术裸体的色情用途和风格之间的区分提出了挑战。她们争辩说，虽然这些分界线在过去可能是正确的，但现在已经不存在了。她们声称，今天的艺术打破了曾经存在于艺术与色情之间的界限。她们说，今天的艺术意味着震撼、刺激、伤害和让我们感到震惊；过去被称为色情和情色的东西现在只是主流艺术的一部分。即使在高雅艺术与垃圾艺术分离的"美好的旧时代"，她们问，为什么只有女性的身体被显示为裸体的而男性的则不是？当然，艺术中也有男性裸体，尤其是在古希腊艺术中，但现代欧洲艺术中绝大多数裸体人物都是女性。这种艺术真的代表了精神和人文的理想，还是仅仅是男人欣赏女人的一种更微妙的形式？而且，尽管这是一种更精致、更优雅的类型，但是这难道不是在贬低和羞辱女性，使她们成为被注视的对象，而不是独立自主的人吗？

在肯尼斯·克拉克爵士有关裸体的研究中，他对作为最高艺术主题的裸体的传统观念提供了极具影响力的辩护。当然，他坚持认为，我们必须承认，在大多数裸体艺术中都有微妙的色情色彩，但是他认为这不是一个"行动的号召"，而且更重要的是，对我们在日常生活中找不到的那种完美、线条和轮廓的形式美的追求，以及在人的身体形式上体现抽象的灵性价值的尝试抵消了这一点。

肯尼斯·克拉克：不加掩饰的裸体与艺术的裸体[1]

博大精深的英语区分了不加掩饰的裸体（the naked）与艺术的裸体（the nude）。不加掩饰的裸体就是剥夺了我们的衣服，该词暗示了我们大多数人在那种情况下所感到的一些尴尬。另一方面，"艺术的裸体"一词在有教育意义的用法中没有不舒服的含义。它投射到心灵中的模糊形象不是一个蜷缩的、无力防御的身体，而是一个平衡的、富足的、自信的身体：身体重新成形。事实上，18 世纪早期的批评家强行将该词纳入到我们的词汇中，以便说服那些天真直率的岛民：在绘画和雕塑被实践并得到应有重视的那些国家里，裸露的人体是艺术的核心对象。

有大量证据证明这个信念。在绘画的最伟大时代，艺术的裸体激发了最伟大的作品：即使当它不再是一个欲罢不能的主题时，它仍然保持着其作为一种学术活动和精湛的证明的地位……它可能经历了一些奇怪的转变，但是它仍然是我们与古典学科的主要联系。当我们想向市侩庸人证明，我们伟大的革命者在欧洲绘画传统中是真正值得尊敬的艺术家时，我们指的是他们画的裸体艺术作品……

这些比较暗示了对"艺术的裸体是什么？"这个问题的简短回答。它是希腊人在 5 世纪发明的一种艺术形式，就像歌剧是 17 世纪意大利发明的一种艺术形式一样。这个结论当然过于唐突，但它的优点是强调艺术的裸体不是艺术的主题，而是一种艺术形式。

人们普遍认为，裸露的人体本身是这样一个对象，眼睛愉快地停留在它上面，并且我们很高兴看到它被描绘出来。但是，任何一个常去美术学校，看到学生勤奋地画出的不成形、可怜的模型的人，都知道这是一种幻觉。身体并不像老虎或雪景那样可以通过直接抄写而成为艺术的主题之一。在观察自然世界和动物世界时，我们常常高兴地将自己与我们所看到的事物视作一体的，并且由这种快乐的结合创造出一件艺术品。这是学习美学的学生称之为移情的过程，而正是在创作活动中与精神状态对立的另一个极点上才产生了艺术的裸体。大量的不加掩饰的裸体人物并没有让我们移情、感同身受，而是让我们幻灭和沮丧。我们

---

[1] 肯尼斯·克拉克，《裸体艺术》（*The Nude*, Princeton University Press, 1990）。

不想模仿，我们希望完美。在物质层面上，我们就像第欧根尼（Diogenes）提着灯笼在寻找诚实的人，而且，像他一样，我们可能永远不会得到回报。裸体艺术摄影师可能正全力以赴地从事这项研究；找到一个令他们满意的模特后，他们可以自由地根据自己对美的看法让模特摆姿势，点亮他；最后，他们可以通过修饰来降低色调和突出强调。不过，尽管他们的品味和技巧都很好，但是有些人的眼睛已经习惯古代的和谐简化，对于这些人而言，结果很难令人满意。我们会立刻被皱纹、眼袋和其他小瑕疵困扰，而在古典方案中，这些瑕疵被消除了。因为长期的习惯，我们不把它看作一个活的有机体，而是看作一个设计图样；我们发现这种转变是不确定的，它的轮廓是模糊的。我们很烦恼，因为身体的各个部分不能被视为简单的单位，彼此之间没有明确的关系。在几乎每一个细节上，身体的形状并不是艺术使我们相信它应该有的那种形状。不过，我们会很高兴地看到树木和动物的照片，在那里，完美的准则并不那么严格。无论有意识还是无意识，摄影师通常认识到，在一张裸体艺术照片中，他们真正的目标不是去复制不加掩饰的裸体，而是去模仿一些艺术家有关不加掩饰的裸体应该是什么的看法……

因此，虽然裸露的身体不过是艺术作品的出发点，但它是一个非常重要的借口。在艺术史上，可以说，人们选择作为其秩序感核心的表现对象本身往往并不重要。数百年来，在从爱尔兰到中国的一个地区，秩序的最重要的表达是一只咬着自己尾巴的虚构动物。在中世纪，打褶的帐幔有了它自己的生命形式，如同活在这只扭曲的动物身上一样，并且成为罗马式艺术的重要模式。在这两种情况下，表现对象都没有任何独立存在。但是，人体作为一个核心有着丰富的关联，

当它变成艺术时，这些关联并没有完全消失。因此之故，它很少能实现动物装饰品的集中审美冲击，但是它能表现更广泛、更具教化的经验。它是我们自己，并且唤起我们对自己想做的所有事情——首先，我们想自己永存——的记忆。

这是该表现对象的一个如此明显的方面，以至我几乎不需要细想它。但是，一些聪明人却试图闭眼不看它。塞缪尔·亚历山大（Samuel Alexander）教授说，"如果艺术的裸体被如此对待以至它引起旁观者对物质性表现对象的想法或欲望，那么，它就是错误的艺术和不良的道德。"这种高尚的理论与经验是相反的。在鲁本斯（Rubens）的《英仙座解放仙女座》（*Perseus Freeing Andromeda*）或雷诺阿（Renoir）的《沐浴者》（*Bather*）所唤起的记忆和感觉的混合体中，有许多是"与物质性表现对象相适应"的。并且，由于一位著名哲学家的这些话经常被引用，所以有必要做显而易见的事，并且说，艺术的裸体，无论它多么抽象，都会在观众中激起情欲的一些痕迹，哪怕它只是最微弱的阴影，倘若它没有这样做，它是糟糕的艺术和虚假的道德。想要抓住另一个人体并与之结合的欲望是我们天性中的一个基本部分，因此我们对所谓的"纯粹形式"的判断不可避免地受到它的影响。而艺术裸体作为艺术表现对象的一个困难是，这些本能不能像我们在欣赏一件陶器时那样隐藏起来，因此获得升华的力量，而是被拖到重要位置上，在那里，它们有破坏派生出艺术品的独立生命的统一反应的风险。即便如此，一件艺术品所能容纳的色情内容的数量还是非常高的。10 世纪印度的寺庙雕塑是对肉体欲望的一种不容置疑的升华。然而，它们是伟大的艺术作品，因为它们的色情描写是它们的整个哲学的一部分。

除了生物学的需要外，还有人的经验的其他分支，

裸露的身体提供了有关它们的生动提示：和谐、能量、狂喜、谦卑、哀伤。当我们看到这些化身的美丽结果时，裸体作品作为一种表达方式必须看起来好像具有普遍的、永恒的价值。但是，我们知道这在历史上是不真实的。它在时间和地点上都受到了限制。远东地区的绘画中有裸体人物，但是只有扩展这个术语，它们才能被称为裸体艺术作品。在日本版画中，它们是短暂地显现生命的浮世绘（Ukioye）的一部分，其中包括一些通常不堪入画的秘密场景，且没有给出任何评论。有关为了身体自身的缘故而奉献身体的观念作为一个严肃的沉思主题，当时的中国人或日本人根本没有想到，这一观念至今仍会引起一些误解。在北欧哥特国家（Gothic North），这种地位基本上非常相似。确实，文艺复兴时期的德国画家发现，裸露的身体在意大利是一个受人尊敬的主题，并根据他们的需要调整它，形成了他们自己的一种非凡的传统风格。但是，丢勒（Dürer）的努力表明，这种创造是多么的矫揉造作。他的本能反应是好奇心和恐惧，他必须画很多圆圈和其他图形，然后才能振作起来把这个不幸的身体变成艺术的裸体。

只有在地中海沿岸的国家，艺术的裸体作品才出现在家里，甚至在那里，它的意义也常常被遗忘……

正如我说过的，在我们像第欧根尼那样寻找身体美时，我们的本能欲望不是去模仿，而是去完善。这是我们希腊遗产的一部分，是亚里士多德以他惯常的误导性的简明方式表述出来的。他说，"艺术完成了大自然无法完成的事情。艺术家让我们知道大自然未实现的目的。"这句话背后有许多假设，其中一个主要假设是，所有事物都有一种理想的形式，经验的现象是这种形式的或多或少被破坏的复制品。两千多年来，这种美丽的幻想一直在戏弄哲学家和作家的美学思想。尽管我们不必陷入一片思辨的海洋，但我们不能讨论裸体作品却不考虑它的实际应用，因为每次当我们批评一个人物，说脖子太长、臀部太宽、乳房太小时，我们正在用相当具体的术语承认理想的美的存在。对于理想的两种解释，批评意见各不相同，一种解释是因为它太平凡而不令人满意，另一种解释是因为它太神秘而不令人满意。前者始于这个信念：尽管没有一个个体的整个身体令人满意，但艺术家可以从一些人物中选择完美的部分，然后将它们组合成一个完美的整体。普林尼（Pliny）告诉我们，这就是宙斯用克罗通（Kroton）的五位美丽少女构造他的阿弗洛狄忒（Aphrodite）的步骤。……该理论自然在艺术家中很受欢迎，但它既不符合逻辑，也不符合经验。从逻辑上讲，它只是将问题从整体转移到部分，我们只能问，宙斯通过什么理想模式来接受或拒绝他的五个少女的手臂、脖子、胸等，哪怕承认我们确实发现了出于某种神秘的原因，我们认为是非常美丽的某些肢体或特征，经验告诉我们，我们不能经常重组它们。它们在其有机的环境中是正确的，将它们抽象出来就是使它们丧失它们的美所依赖的有节奏的生命力。

为了解决这一困难，古典的艺术理论家们发明了他们称之为"中间形式"（the middle form）的东西。他们以亚里士多德对自然的定义为基础，并且使用乔舒亚·雷诺兹（Joshua Reynolds）爵士《演讲集》（Discourses）的宏伟言辞，似乎带着某种信念。但是，如果把它翻译成平白的语言，它接近于什么呢？简单地说，这个理想是由一般的语言和习惯语组成的。它是一个鼓舞人心的命题，并且我们毫不感到奇怪的是，布莱克（Blake）被激怒而回答说："诗人头脑中的一切形式都是完美的，但是这些形式不是从自然中抽象出来的或复合成的，而是来自想象。"当然，他是对的。美丽是珍贵和罕见的，并且倘若它像一个机械玩具，由平均大小的零件组成，可以随意组合，那么，我们不应该像我们所做的那样重视它。不过，我们必须承认，布莱克的感叹与其说是一个论证，不如说是一种信仰者的胜利的呼喊，而且我们必须问，它能有什么意义。也许这个问题最好用克罗齐（Crocean）的术语来回答。理想就像一个神话，在该神话中，完成的形式只能被理解为一个长期积累过程的结束。一开始，毫无疑问，广泛传播的欲望与具有将其视觉经验简化为易于理解的形状的天赋的少数人的个人品味是一致的。一旦这种融合发生，所产生的图像虽然仍处于塑性状态（plastic state），可以由下一代人加以丰富或完善。或者，换个比喻，它就像一个容器，可以把越来越多的经验注入其中。然后，在某一点上，它满了。它处于那种状态。这部分是因为它似乎是完全令人满意的，部分是因为神话时代的才能下降了，它被认为是真的。雷诺兹和布莱克所说的"理想美"实际上是指对公元前480年到公元前440年在希腊发展起来的那种特殊的身体类型的模糊记忆。从文艺复兴到本世纪，它以不同程度的强度和意识为西方人的精神提供了一种完美的模式。

我们又一次回到希腊，现在是时候考虑一下希腊精神的一些特点了，这些特点可能促成了这个坚不可摧的形象的形成。

最有特色的是希腊人对数学的热情。在古希腊思想的每一个分支中，我们都会遇到对可测量的比

《美惠三女神》（*The Three Graces*），罗马画，庞贝古城。（图片来源：Peter Paul Rubens/ Corbis Images）

例的信仰，在最后的分析中，这相当于一个神秘宗教，并且早在毕达哥拉斯时期，它就被赋予了可见的几何学形式。所有艺术都建立在信仰之上，而希腊人对和谐数字的信仰不可避免地在他们的绘画和雕塑中得到表达，但是我们确实不知道是如何得到表达的。所谓的波利克里托斯（Polykleitos）的准则没有被记载，通过普林尼和其他古代作家流传下来的比例法则是最基本的类型。也许希腊雕刻家熟悉一个像他们的建筑师的系统那样微妙和精细的系统，但我们几乎没有任何迹象表明它是什么。然而，在《维特鲁威书》（*Vitruvius*）[1]中，有一个简短的、费解的说明：无论它在古代意味着什么，它都对文艺复兴产生了决定

---

[1] 全书名为"马可·维特鲁威·波利奥"（"Marcus Vitruvius Pollio"）。该书名就是作者名。古罗马建筑师维特鲁威于公元前27年撰写了它。原书名为"论建筑/建筑十书"（"De architectura /The Ten Books On Architecture"）。该书是西方古代完整保留至今的唯一一部建筑学百科全书。全书共十卷，内容丰富，涉及譬如城市规划、建筑设计原理、建筑材料、建筑构造法、施工工艺等，勾勒了建筑学的基本理论。——译者注

性的影响。在他着手为神圣的建筑制定规则的第三书的开头，他突然宣布这些建筑的比例应该拥有人的比例。他给出了正确的人体比例的某个标示，然后发表声明说，人体是一个比例模型，因为伸展开手臂或腿，它符合那些"完美"的几何形式——正方形和圆形。再怎么夸大这个看似简单的命题对于文艺复兴时期的人们的意义也不过分。对他们来说，这不仅仅是一个方便的规则；它是整个哲学的基础。与毕达哥拉斯的音乐尺度结合起来，它似乎正好提供了感觉与秩序、美的有机基础与几何基础之间的那种联系，而那是（并且也许仍是）哲学家的美学之石。因此，以正方形或圆形站立的人物的许多示意图都显示了15世纪到17世纪的建筑或美学论述……

正如我们都知道的，弗朗西斯·培根（Francis Bacon）说："没有一种卓越的美在比例上没有某种奇怪之处。我们不知道是阿佩利斯（Apelles）还是阿尔布雷特·丢勒（Albrecht Dürer）更微不足道，鉴于他们一个用几何比例来塑造一个人物，而另一个则从不同的面孔上取最好的部分来塑造一个优秀的人物。"这种非常聪明的评论对丢勒是不公平的，并且暗示培根像我们其他人一样，没有读过他关于人的比例的著作，只看到了画。因为，1507年以后，丢勒放弃了将几何图形强加给身体的想法，并开始从自然中推断理想的测量尺寸，正如可以想象到的，有了一个不同于他对古董的分析的尺寸。在他的导论中，他有力地否认了那种宣称他是在提供一个绝对完美的标准的观点。他说："世上没有人能最终判断人的最美外形可能是什么，只有上帝知道……在美的方面的'好'与'更好'是不容易分辨的，因为很可能创造两个不一致的人物，一个更结实，另一个更瘦，然而我们可能无法判断这两个人物谁在美方面更优秀。"

因此，最不知疲倦、最精湛的理想比例建造师在他的事业的中途放弃了它们；他从《涅墨西斯》（Nemesis）开始的作品是一个证据，证明了有关裸体艺术作品的想法并不仅仅依靠可分析的比例。然而，当我们看到希腊雕塑的精心设计的身体时，我们无法抗拒这个信念：某个系统确实存在。几乎每一个认真思考过裸体艺术作品的艺术家或作家都得出结论：它必须有一个可以用测量来描述的构造基础，而我自己，在试图解释一张不能令我满意的照片时，会说我没有获得对简单单位显然彼此关联的感受。虽然艺术家不能用数学规则构建美丽的裸体艺术作品，就像音乐家不能用它创作一首优美的赋格曲一样，但是他不能忽视这些规则。它们必须在他脑海中，或者在他的手指的运动中。最终，他与建筑师一样依赖它们。

"依赖"（Dipendenza）是米开朗基罗（Michelangelo）所用的词，是作为一名裸体艺术作品的绘图员和作为一位建筑师，用以表达他对这两种秩序形式之间关系的至高理解。在接下来的几页中，我经常使用建筑类比。就像一栋建筑一样，裸体艺术作品展现了理想方案与实用必需品之间的平衡。人物艺术家不能忘记人体的组成部分，就像建筑师不能不支撑他的屋顶或不能忘记他的门窗一样。但形状和排列的变化却出奇得大……

因此，我们推测，对裸体艺术作品是一种艺术形式的发现与观念论以及对可测量的比例的信仰有关，这种推测似乎是真的，但这只是一半的事实。还牵涉到希腊思想的其他什么特点呢？一个显而易见的答案是他们的信念：身体是值得骄傲的，应该保持完美的身材。

我们不需要假设许多希腊人看起来像是普拉西泰勒斯（Praxiteles）的《赫耳墨斯》（Hermes），但我们

艺术与色情作品

1972年,也就是在他写完有关裸体艺术作品的著作16年之后,肯尼斯·克拉克爵士被要求在英国政府的色情作品调查小组面前发表讲话,尽可能将裸体艺术作品与色情作品区分开来。正如我们从这段摘录中看到的,克拉克对裸体艺术作品的辩护基于现代美学的区分,即纯艺术本质上是非功利的,不同于对图片的其他功利的用途。即使我们同意克拉克的观点,我们仍然可能赞成禁止色情作品。也就是说,我们可能同意克拉克的观点,即裸体艺术作品不是色情作品,因此不应受到审查,但是仍然坚持认为,因为色情作品具有社会危险性,所以应该禁止它或至少严格限制它。有些人支持作为色情作品的色情作品,而不是作为艺术的色情作品,他们以言论自由和新闻自由的名义支持它。尽管如此,克拉克的论点还是很重要的,因为假设我们决定禁止或限制色情作品,我们需要确切地知道什么是色情作品,尤其是它与纯艺术的其他表面上类似的形式有何区别。

"在我看来,艺术存在于沉思的领域,并被某种想象性的换位束缚。一旦艺术成为行动的动力,它就失去了其真正的品性。这是我对用共产主义的计划绘画的反对意见,它也适用于色情作品。在像科雷乔(Correggio)的《狄安娜》(Danäe)的作品中,性感受已经被转化,并且尽管我们毫无疑问由于它的性感而更喜欢它,但我们仍然处在沉思的领域。庞贝的色情壁画是纪录片,与艺术无关。有一两个可疑的案例——杰利柯(Géricault)的交配小图以及罗丹(Rodin)的同一主题的铜像。虽然这些作品中的每一件都是真正的艺术作品,但我个人认为,该主题是介于我和完全的审美享受之间的。就像在菜里加了太浓的味道。剩下伦勃朗(Rembrandt)的描述床上的一对恋人的蚀刻画这个特别的例子。我觉得在那里,这个主题一点也不令人不安,因为它完全是以人类的角度来看待的,并不打算促进行动。但我相信它是独一无二的,只有伦勃朗才能画出它。"[1]

---

[1] 引自:《色情:来自朗福德的报告》(*Pornography*: *The Longford Report*, London: Coronet, 1972),第99—100页。

可以肯定,在5世纪的阿提卡(Attika),大多数年轻人都拥有早期赤色图案的装饰瓶上所绘的那种机敏、匀称的身体。希腊人非常重视他们的赤身裸体。修昔底德(Thucydides)在记录他们与野蛮人区别开来的阶段时,突出了赤身裸体成为奥运会的规则的日期,我们由瓶饰画知道,自6世纪初以来,泛雅典娜节(Panathenaic festival)上的参赛者都是赤身裸体的。尽管腰布的存在或不存在不会对形式的问题产生很大影响,在本研究中,我将包括穿着少许衣服的人物,但是在心理上,希腊的裸体崇拜非常重要。它意味着战胜了压迫除最落后的人以外的所有人的顾忌;它就像是对原罪的否认。这并不像人们有时所认为的那样,只是异教的一部分,因为罗马人被希腊运动员的赤身裸体震惊,而埃尼乌斯(Ennius)则攻击说这是一种堕落的表现。不用说,他大错特错了,因为在所有人中,斯巴达人是最坚定的裸体主义者,他们允许妇女在比赛时轻装上阵，这甚至让雅典人感到不快。他和后来的道德学家纯粹从身体的角度来考虑这个问题。但是事实上，希腊人对身体的信心只能从他们的哲学角度来理解。它首先表达了他们对人的整体性的感受。与整个人相关的任何东西都不能被孤立或逃避；并且，这种对身体美的含义的深刻认识，把他们从淫欲和唯美主义这两种恶中拯救出来。

在一场聚会上，克里托巴洛斯（Kritobalos）吹嘘自己的美丽。也是在这场聚会上，色诺芬（Xenophon）描述了年轻人奥托利科斯（Autolykos）。他是古希腊搏击比赛的胜利者，这场聚会为纪念他而举行。他说，"注意到这个场景，让人印象深刻的第一个想法是，美是关于某种高贵的东西的；如果它有机会与谦逊和自尊结合（如同现在在奥托利科斯这个人这里的情况一样），那就更是如此了。正如当一个华丽的对象在夜晚闪耀时，人们的眼睛被吸引住，同样地，奥托利科斯的美丽吸引了所有人的目光；在那些旁观者中，没有一个人的灵魂不被坐在那里的他深深打动。有些人沉默不语，而其他人的姿势同样意味深长。"

对精神与身体是一体的感受是所有希腊特征中最让人熟悉的一个，它表现在他们给予抽象思想一种感官的、有形的，并且在很大程度上是人的形式的天赋上。他们的逻辑是以真人对话的形式进行的。他们的神有可见的形状，因为他们的外表而经常被误认为是似曾相识的人——一名女仆，一个羊倌，或者一名远亲。在绘画中，森林、河流甚至回声都表现为身体的存在，作为活生生的主角表现得坚实，而且往往更为突出。在这里，我们到达了我认为是我们的表现对象的核心要点的东西："希腊雕像，"布莱克在他的《描述目录》（Descriptive Catalogue）中说，"它们对于凡人的、会朽坏的视觉器官而言都是精神存在的代表，不朽的诸神的代表；然而，它们是在坚实的大理石中体现和组织的。"身体在那里，对诸神的信仰在那里，对合理比例的爱在那里。正是希腊人的想象的统一性把握使它们聚在一起。裸体艺术作品的持久价值来自它调和了几种相反的状态这个事实。它引导最感性的和最有趣的物体，即人体，并使它超出时间和欲望的范围；它引导人类能够达到的最纯粹的理性概念，即数学秩序，并使它愉悦诸感官；它拿走了对未知事物的模糊恐惧，并且使它们变得甜美，因为它显示诸神与人是相似的，并且他们可能因其赋予生命的美，而不是因其致命的力量而被崇拜。

要认识到这些精神存在的价值如何完全取决于他们的裸体艺术，我们只需想象他们在中世纪或文艺复兴早期穿着整齐的样子。他们失去了他们的所有意义……19世纪的学术性的裸体艺术是没有生命的，因为它们不再体现人的真正需要和经验。它们是数百种贬值的象征符号之一，这些符号阻碍了功利世纪的艺术和建筑。

在古典文艺复兴的头一百年中，裸体艺术最为繁荣，当时人们对古董意象的新胃口与中世纪的象征和拟人化的习惯重叠。那时，似乎没有一个概念，无论它多么崇高，不能用赤裸的身体来表达，也没有一个有用的对象，无论它多么琐碎，对它而言，有比被赋予人的外形更好的事情……

这种对艺术裸体的贪得无厌的欲望不太可能重现。它产生于与我们时代的本质和专业化非常遥远的信仰、传统和冲动的融合。然而，即使在审美感受的新的自我控制的王国中，艺术的裸体也被尊崇。伟大艺术家的密集应用使它成了一切形式建构的一种模式，并且它仍然是一种肯定对终极完善的信念的手段。斯宾塞（Spenser）在他的《美的颂歌》（*An Hymne in Honour* of Beautie）中写道："因为灵魂是形式，而身体被赋予形式。"（For soule is forme; and doth the bodie make.）。这回应了佛罗伦萨新柏拉图主义者的话，并且尽管在生活中，该学说的证据是不确定的，但它完全适用于艺术。裸体艺术作品仍然是质料转化为形式的最完善的例子。

我们也不可能像中世纪基督教的禁欲实践那样，再次将自己与身体割断。我们也许不再崇拜它，但是我们已经勉强接受它。我们将就这个事实：它是我们毕生的伴侣，并且因为艺术与感官形象有关，所以身体的尺度和节奏不容易被忽视。我们挑战重力的吸引，不断地努力保持自己的腿的平衡，这影响了对设计的每个判断，甚至影响了我们有关哪个角度应被称为"正确"的看法。我们的呼吸节奏和我们的心脏跳动是我们用以测量艺术作品的经验的一部分。头部与身体的关系规定了我们评估自然界中的所有其他比例所凭借的标准。躯干部位的排列与我们的最生动的经验有关，以至抽象的形状，正方形与圆形，在我们看来似乎是男性与女性；古老的魔法数学使圆形变成正方形的尝试就像是身体结合的象征。文艺复兴理论家的海星图可能是荒谬的，但维特鲁威的原则支配着我们的精神，而"完人"的形式化的身体成为欧洲信仰的最高象征并非偶然。在米开朗基罗的《圣彼得被钉上十字架》（Crucifixion of Saint Peter）前，我们记得，艺术的裸体毕竟是艺术的所有主题中最严肃的，并且并非是异教的拥护者写下了"道成了肉身，住在我们中间。……充充满满地有恩典有真理"。

供讨论的问题

1. 尽管克拉克淡化色情描写，但是他在"高雅艺术"的裸体艺术画中赋予色情描写何种角色？
2. 为什么克拉克更喜欢意大利的而不是德国的裸体艺术画？
3. 依据克拉克的观点，女性裸体艺术在欧洲艺术中代表什么？
4. 根据克拉克的观点，"艺术的裸体"与"不加掩饰的裸体"的区别是什么？
5. 你会如何利用克拉克所做的区分来抵抗有关裸体艺术的展览是色情的指控？

第三十三章　美学与意识形态

克拉克和布洛克尔尝试以不同方式捍卫现代主义有关"高雅"艺术的高贵声望的理论，通过"审美经验"中的"审美态度"的间距效应，使"高雅"艺术脱离日常生活的杂乱、粗犷、经常令人情绪激动的现实情况。依据这种传统，艺术，或者至少"高雅"艺术，如果正确地，也就是说，"以审美的方式"被享受，那么，不会也不能导致过于明显的、暴力的、种族主义的或性别歧视的行为。当然，也有色情电影、政治宣传性的绘画和戏剧、撩人的刺激性图片，但这些不是"纯艺术"的作品——它们不是"高雅"艺术的例子。在随后的阅读材料中，当代文学理论家珍妮弗·杰弗斯挑战了这种现代主义传统，并介绍了后现代主义对女性裸体艺术在西方文化中的作用的解读和解释。

杰弗斯认为，自现代主义传统的开端起，甚至在克拉克所讨论的欧洲绘画的"高雅艺术"传统中，女性被描绘成男性喜欢看到的女性的样子，或者更准确地说，盯着、注视或"凝视"的女性的样子。从鲁本斯到最新的《体育画报》（Sports Illustrated）年度泳装版，女性裸体（或近乎裸体）被描绘成男性消费的对象，无论是羞涩的、丰腴的、诱人的，还是公然地是一只"性感小猫"，淘气地渴望给男性性快感。杰弗斯认为，因为这些形象在我们的文化中是如此普遍，所以，这不仅是男性所喜欢的女性存在和外显的方式，而且是无数女性认为她们应该外显和行动的方式。无穷无尽的视觉广告描绘完美、健康、异常美丽的年轻女性吸烟、喝啤酒或软饮料，我们都是在这个社会长大的，认为这就是女性应该外显和行动的方式。这种女性美和社会角色的标准化模式四处弥漫，以至我们甚至几乎没有意识到它。无论我们是男性还是女性，我们都会无意识地完全接受这个形象。

一些当代女性艺术家尝试模仿、讽刺和取笑这种男性视角下的女性形象，由此以一种有趣的、讽刺的方式让我们更加了解这种在社会中建构的形象。当然，很少有真正的女性能符合这种理想化的模式，但这只是为人们提供了赚钱的机会，广而告之最新的饮食、健身器材，甚至外科矫正，在合适时添加或减少，不仅是为了身体健壮或健康，而且是为了看起来像男性所期望的女性的样子。在杰弗斯的讨论中，最令人不安和最具争议的也许是，她将女性身体形象的这种社会的、主要是男性的构造追溯到现代文艺复兴时期的"高雅艺术"传统，而肯尼斯·克拉克将该传统描绘成一种对完美的理想主义的追求，尤其是当这种"高雅艺术"传统在19世纪末20世纪初演变为我们中产阶级的大众传媒文化时。

布洛克尔呼吁人们注意这种恶性循环：普遍存在的对女性的性别歧视态度导致在艺术上将女性裸体作为培育的、能生育的、软弱的、被动的等一切东西的艺术符号，而这反过来进一步延续了这种性别刻板印象，而这种刻板印象现在已经形成了一个完整的循环，鼓励人们进一步将它们用作艺术符号，以此类推。问题仍然是如何打破这种恶性循环，无论是通过艺术地讽刺刻板印象、性别教育、通过更合适的女性角色模式慢慢削弱这种刻板印象，还是通过对性别歧视的、色情的和下流的艺术的审查。

珍妮弗·杰弗斯：表征的政治学——凝视在色情作品中的作用[1]

本文的主要目的是在西方文化和社会的地图上绘制一种主流意识形态的观点的坐标。借用当代法国哲学，我将主流意识形态的观点叫作"凝视"（the gaze）。凝视的动机是一种控制和获得其欲望对象的欲望。从实践上讲，凝视是一种代码，一系列能指、一个图像或一组图像，它从某个有利的角度感知、调解和管理世界。我对西方绘画和现代摄影图像中的**表征**（representation）的代码很感兴趣。尤其是，在我探索西方文化根据表征的代码解读艺术中的女性裸体或女性身体所用的方式中公开的和隐藏的假设和意义时。正如瑞士语言学家德·索绪尔（de Saussure）所说的，"在社会中使用的每一种表达手段原则上都是基于集体行为或——与前者同一回事的东西——惯例。"从艺术、媒体和广告到色情的女性形象，文化建构的凝视决定了我们如何通过我们所继承的"惯例"来"看"这些形象。在我们的社会中，女性可以而且常常是这样的，这与实际经验大不相同。因此，凝视是一种强有力的工具，它有能力低估经验，支持一种公认的意识形态。事实上，凝视不仅仅是一种观察人的表征的系统或方式；凝视是一种控制我们行为的完整的意识形态：是态度、思维，并且从更大的社会观点看，是我们的经济和制度。

艺术的裸体、不加掩饰的裸体与凝视

在《裸体艺术》一书中，肯尼斯·克拉克小心地区分有教养的艺术性的、绘画性的艺术裸体女性与在绘画中呈现的无教养的、可能是淫秽的、不加掩饰的裸体女性。例如，克拉克在他的研究中特别优待鲁本斯和拉斐尔（Raphael）创作的裸体，因为他们将一种"不自觉的虔诚表现为在丰收节装饰乡村教堂的玉米捆和南瓜堆"。从象征意义的角度来说，女性形式体现自然为善，表现慷慨和富饶，并且她的姿势表现一种被动的可用性，确保男性的目光可以进入，能够"穿透"她的"秘密"。虽然鲁本斯的《美惠三女神》是克拉克所珍视的，但是丢勒的《沐浴中的女人》（*Women's Bath*）却激起了他的愤怒，因为丢勒的构想的唯一优点是摘自过去大师的那些东西："哥特式的好奇心和恐怖……左边的人物几乎是米开朗基罗式的，中间梳理头发的女人取自《浮水而出的维纳斯》（*Venus Andyomene*）……右边的胖怪物证实了他对整个情景的淫秽感，而且一定是从自然中观察到的……"因此，对克拉克而言，艺术中的裸体女性与取材于自然的裸体女性之间存在着差异。从美学的角度讲，我们甚至可以认同克拉克的观点：看鲁本斯的画比看丢勒的画更"令人愉快"，但在那个认同上，我们只会展示我希

---

[1] 使用获得了作者的许可。

望在这篇文章中所揭示的适应融合的态度。

在西方艺术史上,女性的艺术裸体作为父权社会的符号具有特殊地位。男性艺术家所表现的女性不仅是理想化的美,而且也是被界定、被控制、被包容和被占有的美。作为男性——无论是画家,还是观众——视角的一个对象,女性的艺术裸体都变成了一个被性别化的凝视产生和消费的被构建形象。这种凝视不仅仅局限于艺术,而且成为对我们的文化的一种完整的感知方式。从历史上讲,男性的这种凝视是感知的。我们有一个文化神话,它说这种知觉是由理性或逻辑构成的,是被同化的,并且有能力以有意义的方式对世界采取行动。而女性的视角,从字面上看就像镜子反射一样,反映了男性的凝视。女性由非理性或者不受逻辑、自然支配的东西构造,并且是被动的,因为这个世界对它采取行动,它被赋予其作为被感知对象的存在。西方人的神话说,"女性"是非理性的、不受控制的、不整洁的力量构成的,这些力量包括性,它们阻止"男性"对世界建立理性和连贯的控制。正如克拉克强调的,裸体艺术的女性要与不加掩饰的裸体女性形成对比。如果女性天生具有不可控制性和潜在的违反道德性,那么艺术,作为西方文化的化身,将"净化她",将在艺术中重新呈现女性,以便使违反道德的一切都变得有序、理性和美丽。

所谓的"高雅艺术"中的女性艺术裸体与"低俗艺术"中的不加掩饰的女性裸体之间的界限,对于理解什么构成艺术,甚至是色情艺术,以及什么构成淫秽是至关重要的。在沉思的或高雅的艺术中,性是潜在的。依据克拉克的观点,通过升华公然的性欲,(男性)艺术家利用那种被重新传输的能量来达到一个"更高"的目的:为了审美沉思的目的,创造一个形象或图标来象征和代表性欲的原始冲动。艺术家的升华的成功是通过观众对绘画的反应来衡量的。如果观众被鲁本斯的《美惠三女神》激发性欲,那么鲁本斯没有成功地升华他的感受,也没有成功地创作出一幅值得沉思的画。根据克拉克的说法,一般而言,如果观众被绘画的内容(例如仙女沐浴)吸引,那么,那幅绘画跨越了高雅艺术与"低俗"艺术的界限。当然,这一界限是由男性的凝视构造的。具有讽刺意味的是,这一界限是作为一种挑逗手段而存在的;艺术史家、策展人和艺术家们自己从在不断被重建的淫秽的边界及其周围和对面的玩弄中获得乐趣。

艺术取决于艺术与淫秽之间的界限;同样,色情也取决于这种相同的区分的保持。对艺术感兴趣的那些人通常被淫秽所阻,而那些寻找色情的人则被艺术所阻。20世纪初的弗洛伊德主义者汉斯·萨克斯(Hanns Sachs)通过恰当地描述一位法国作家的一个故事来说明这种基本的区别:

> 他告诉我们,有一天晚上,他在巴黎的街道上漫步时注意到一排自动售货机,花一枚小硬币后上面就会展示女性的全裸或半裸照。他观察到各种各样的男人,无论穿着考究还是衣衫褴褛,无论是男孩还是老男人,都带着淫邪的兴趣来欣赏女子脱衣表演。他评论说,他们都避开其中的一台自动售货机,他因为想知道它会显示什么无趣的图片,于是把他的一枚硬币放进了投币口。令他大吃一惊的是,这张被普遍回避的照片竟然是梅第奇的维纳斯像(Venus of Medici)。现在他开始思考:为什么没有人会对她感到兴奋?她绝对是女性化的,而且与对每个人都有强烈吸引力的其他女性一样赤身露体。最后,他找到了一个令人满意的答案:他们因为她的美而对她避而远之。

梅第奇的维纳斯像是"美的",因为她被置于高雅艺术的背景中,她被描绘成一个独立的身体,并且她是一个由平面上的颜料漆组成的女性的理想代表。巴黎男性感兴趣的那些照片中的女性代表的是"真实"的女性,最有可能的是,她们被捕捉到的姿势表明,摄影师侵入了她们的亲密时刻。这些照片跨越了梅第奇的维纳斯像的艺术的裸体与女性的赤身露体之间的界限。这些照片似乎构成了世纪之交的色情作品。当代对色情作品的定义很有趣,因为它也使艺术与生活分离:"淫秽的作品、图画、照片或类似的东西,尤其是那些几乎没多少,甚至完全没有艺术价值的东西"[《兰登书屋词典》(*Random House Dictionary*),未删节版]。"色情作品"一词的词源可以追溯到希腊:"pórne"的意思是妓女,"-graphos"作为后缀是一种组合形式,意思是被绘制或书写的。在古希腊,女性被当作性奴隶,因此,关于这些女性的绘画、蚀刻和书写是这个词的词源:描绘妓女或性奴隶。三千年来没有什么变化。虽然我们能够理解在高雅艺术中构成艺术的裸体的东西与在"低俗"艺术中构成赤身露体的东西之间的根本区别,但边界这个问题区域正在界定构成淫秽的东西。该词典提供了三种不同的定义:第一种是"冒犯道德或正派的,下流的,堕落的";第二种是"导致失控的性欲";第三种是"令人憎恶的,令人气愤的,令人讨厌的"。可以肯定的是,当代有关色情作品的争论的激烈问题集中在对下流的、受管制的性欲望的命名以及划清性与暴力的界限上。我将在第三节"色情作品与不可见者"中讨论这些问题。

回到艺术中的女性艺术裸体,男性的凝视在19世纪后半叶和20世纪初经历了一个转变。虽然造成这种变化的社会、政治和经济的因素很多,但是我想指出与我们有关女性裸体艺术和凝视的讨论直接相关

梅第奇的维纳斯像。(图片来源:Bettman Archive/Corbis Images)

的两个因素。首先,在20世纪之交,艺术家们开始从盲目崇拜的角度描绘女性裸体。男性艺术家开始关注胸部、臀部、几乎没有隐藏的生殖器、躯干、颈背、好像死了一样的下垂的身体、无头的身体或陷入有失体面的尴尬境地的身体。艺术批评家卡罗尔·邓肯(Carol Duncan)在《权力的美学》(*The Aesthetics of Power*)一书中指出,新的中产阶级男性艺术家对女性的描绘是令人不安的:"这一时期的这些照片和其他作品与以往的大多数裸体艺术作品的区别在于,女性被迫沦为纯肉体的物体,并且艺术家在努力否认她们的人性。"邓肯发现,特别"残忍"的悬垂女性裸体作品的一个例子是凯斯·凡·东根(Kees van Dongen)的《斜倚的裸体》(*Reclining Nude*)。东根的作品中存在着对新的占据统治地位的"高雅"艺术的令人不安的态度,如果不是变态的态度:"现代男性艺术家的情色想象……在数百种特定的变种中重演非常有限的一组幻想……男性面对作为对手的女性艺术裸体,女性艺术裸体作为一个身体或精神存在者的独立存在必须

适应男性的需要，被转化成衰弱的或被毁灭的抽象概念。"结果是，早期现代人从不寻常的、扭曲的和盲目崇拜的角度描绘他们的女性裸体艺术作品，这导致女性身体以碎片和残片的形式呈现。对于世纪之交且与色情作品相关的女性艺术裸体的这种新的"高雅"艺术的表现形式的重要意义在于，这种新态度与大量制作的摄影图像是一致的。这种一致导致了对女性形体的感知和呈现的第二种变化。发生的事情是，有关女性艺术裸体的这种令人尊敬的、高雅艺术的图像被转移到摄影师的工作室，在那里，这样"有限的一组幻想"在镜头前被播放。从经济的角度看，摄影图像相对便宜，可以大规模制作，因而被广泛使用：萨克斯故事中的巴黎人就是证人。随着移动图像的出现，色情作品得到了充分的实现；现在，男性的凝视为了满足其幻想而做的想象工作更少了；对女性来说不幸的是，"现实生活"中的女性被要求"展现"男性的凝视幻想。

欲望与凝视

必须在我们当代文化和社会的更大背景下理解成为男性凝视的对象意味着什么，因为这种凝视渗透到我们晚期资本主义生活的所有方面。首先，当我们看到我们喜欢的东西，或者我们希望拥有的东西时，我们会带着欲望去看该对象。欲望最初创造了凝视。资本主义抓住了我们的欲望，把它转化为一种交易和商品的手段。通过欲望的这种商品化，资本主义获得了控制权，它通过颠覆传统的规范来"放飞"欲望，然后通过将我们的欲望导向等价的交换和商品的标准来"重新辖制"欲望。当代哲学家和精神分析学家指出，弗洛伊德建构的俄狄浦斯三角关系（母亲、父亲、我）是为了控制资本主义社会的消费大众而引导欲望的主要途径；所有的欲望都集中、花费和束缚在核心家庭的结构中。俄狄浦斯三角关系和精神分析的问题在于，它们保留并维持了柏拉图的欲望即缺失的观念。苏格拉底在《会饮篇》(*Symposium*)中问阿伽通（Agathon）："那么，任何东西都渴望它缺乏的东西，没有东西渴望它不缺乏的东西，这难道不是可能的，或者这难道不是确定的吗？"阿伽通与西方哲学家和精神分析学家的整个传统都同意苏格拉底的观点。19世纪的哲学家弗里德里希·尼采质疑了柏拉图的欲望即一种否定属性的观念。当代哲学家借鉴尼采的思想构建欲望，沿着生产或活动的路线，而不是因为追求一个对象或因为缺乏一个对象。在欲望的这种游戏中，认识论、道德和政治的风险是相当高的，因为资本主义社会把欲望当作缺乏来玩，彻底地限制了我们的生活，渗入了我们的欲望，不仅在商品和交换的层面上，而且在我们的身体、我们的思想、我们的行动、我们的知识、科学和技术的层面上，当然也在我们幻想的层面上。我们是被操纵的，我们认识到这一事实，然而我们需要更多。

在20世纪晚期的文化中，我们认识到凝视是操纵我们的构建物，然而我们通过我们对媒体和商品化的支持以及我们对资本家卖给我们的东西的明显欲望而"买入"了那种构建物。关于过去的，尤其是当代的凝视的构建物，有趣的是，如果不是具有讽刺意味的，凝视的对象或者被出售该对象的图像操纵的那些对象，拒绝或根本不能将他们自己理解为被操纵者。换言之，女性试图模仿凝视在媒体、广告和其他商品化形式中构建的形象；用这个办法，女性支持并且肯定她们自己的被操纵。男性也受到那种肯定某种看待方式和某种意识形态的文化的操纵，然而很少有人会质疑其起源或实践。

事实上，从这种操纵中产生的是一种意识形态，它通过基于一种被构建的男性意识形态的表征来构造女性。如果有任何这样的男性意识形态,那么,它都会有意识地脱离做女人的经验。这项构建的最明显结果是,一半人口拥有主宰地位和绝对权力,它通过一个控制的标志性形象来管制和节制另一半人口。因为有序的图像对男性很有吸引力,而且因为女性相信为她们投射的理想,所以女性在现实中努力达到这种被构建的图像。在20世纪90年代,尽管有女性运动,并且越来越多的女性在市场上占据权力地位,但是我们的文化仍然维持和延续着这种意识形态。这些方面并没有改变女性被一个理想的形象困扰的事实。在后资本主义社会,没有人能免受困扰我们的电视、杂志和电影图像的不断冲击。为达到图像标准所做的努力表现在我们对改变身体的痴迷,证据是,尤其是年轻女性,饮食失调,专注于运动,不是出于健康原因而是为了改变外貌以及整容手术。每天,我们——无论男女——都会受到无处不在的广告的轰炸,它们在我们的身体、我们的生活方式、我们的银行账户以及我们自己的自我形象方面制造了一种不足感。在我们的社会中,没有人能不受这种想看起来与其他人相像或真正与其他人相像的欲望的影响,或者,想充分改变我们感觉是"好"的人或事物的欲望的影响。有趣的是,那些由传统高雅艺术的男性凝视产生的理想已经渗透进晚期资本主义的隐喻,向你推销一个新形象或一具新身体:运动器材承诺"你想要的形象",膳食补充剂承诺"雕塑般的体格",吸脂术把凿子以及"面部的和身体的雕塑"递给你。资本主义创造理想、欲望,然后将实现理想和满足欲望的手段卖给你。只要资本主义能使消费者产生一种缺乏感,使人们对他们缺乏的"对象"的渴望永存,那么这个体系就可能会用更高的效率继续操纵社会。

从我们的文化和社会被结构化的方式中可以发现这种看似神秘的操纵之凝视的线索。当代哲学家米歇尔·福柯(Michel Foucaut)得出理论:当一个机构在社会中获得权威时,"二元分裂"就出现了,"一般来说,所有实施个人控制的权威发挥功能都是按照一种双重模式:二元分裂和丑化的模式(疯狂/理智、危险/无害、正常/异常)"[《规训与惩罚》(*Discipline and Punish*)]。另一位当代哲学家吉尔·德勒兹(Gilles Deleuze)评论了这一分裂,并且扩展了福柯的思想:"伟大的二元"源于我们社会的二元的本性,并且创造了"不同阶级之间,或统治者与被统治者之间,或公共与私人之间"的无法弥合的差异(福柯)。在凝视下,这种二元体是显而易见的:看者与被看者。然而,在这个二元结构中不明显的是不可见者。从对裸体艺术的女性与赤身露体的女性的表征来看,可见的是身体,而不可见的是将女性置于对象的位置的那个条件或条件的集合。凝视、看者

树根女神阿瑟拉(Asherah),图片来自戴维·霍斯特勒(David Hostetler)。

与被看者的作用是去保护使女性作为一个人是不可见的,作为一个对象是可见的那种意识形态。

色情作品与不可见者

在艺术中建构女性形象的凝视与在色情作品中建构女性形象的凝视是相同的。从肯尼斯·克拉克所珍视的对女性的看似无害的表征,到早期现代人对女性身体的侵略性扭曲,到20世纪末的像德·库宁(de Kooning)的《女人 I》(Women I)这样的女性抽象画,女性身体都是男性凝视的被表征对象。早期现代人的艺术通常被叫作"色情艺术",20世纪晚期画家的作品,像德·库宁的作品一样,从表征范畴滑到了"抽象"范畴。然而,显而易见的是,女性形式是以新的、在字面意义上改变形式的方式呈现的;在女性形式曾经被理想化的地方,女性形式现在被截断、扭曲、迷恋并且被"抽象"成非人类的或低于人类的外形。构建对支离破碎的女人或扭曲的性高潮的或垂死的女人的凝视的这种欲望渴望这个对象——女性屈服。屈服的准则以低估表征中的现实人的方式来使身体或身体部位可见:身体是供出售的,任何有具有吸引力的身体部位的人都会这样做。表现支离破碎的女性身体已成为资本主义的强项,产品的销售是基于对这种凝视的期待。消费者知道这个游戏:如果我买了这款产品,我会得到我缺少的对象。该对象不是销售的对象,而是正在销售该产品的身体。最近一则关于保湿霜的广告在一张戏剧性的黑白照片中呈现了一个支离破碎的女人:一个乳房,一只手,脖颈和嘴唇逐渐消失在阴影中。

正如我们在第一节中发现的,艺术与色情作品之间的界限是由在应用方面模棱两可的淫秽的定义界定

的。不过,淫秽的定义并不模棱两可:"堕落"、"导致失控的性欲"的东西,"可憎的、恶心的、生厌的"。也许色情作品的作者会说,他们的产品所迎合的是淫秽的第二个定义:"失控的性欲"。事实上,用于凝视的"好的"色情作品并不像艺术那样引导人去"沉思",而是导致精神和身体层面的兴奋。但是,色情作品中的淫秽,尤其是自20世纪60年代以来,已不再局限于针对性幼稚但基本上是"好人"的性挑逗。对阅读和观看色情作品的"好人"的描述也是一个神话;阅读《花花公子》或《阁楼》(Penthouse)的"好人"正被资本主义的"色情狂"操纵。尽管"好人"是最后一个承认这一点的人。描写和表现"妓女"的色情作品,是美国每年有70亿美元产值的产业。它的经济实力和政治神圣性是极大的。这种力量为凝视的"欲望"打开了新大门;现在,为了一个人的快乐,有关于虐待狂、酷刑、强奸、轮奸、猥亵儿童和所谓的"鼻烟胶卷"(snuff)电影。在这些电影中,女性经历了上面的大部分折磨,然后被杀死,这一切都是为了凝视的观看乐趣。

不可见的那些东西是女人(以及现在的孩子),他们的身体和身体部位被用来展示凝视的乐趣。虽然我们可以很快地指出,有资格被称为"堕落"和"可憎的、恶心的、生厌的"色情作品是"露骨的",参与其中的人相对较少,但构建露骨的色情作品的凝视也构建了所谓的"较隐晦"的色情作品,并且反过来,支撑这种凝视的意识形态和政治力量在社会的各个层面上都保持将女性对象化。主流色情杂志行业的成功基于受人尊敬的甚至是社会化的男性凝视"沉思"(支离破碎的)女性形式;突然之间,休·赫夫纳(Hugh Heffner)[1]和肯尼斯·克拉克似乎在"交谈"同一种语

---

[1]《花花公子》的创刊者。——译者注

言。在《让暴力变得性感》(Making Violence Sexy)中，安德里亚·德沃金（Andrea Dworkin）和凯瑟琳·麦金农（Catharine MacKinnon）解释了《花花公子》的营销策略：

《花花公子》的设计是为了保护该杂志不受《淫秽法》起诉而发展起来的。公认的作家的文章被出版，以满足价值标准，这将使该杂志获得《第一修正案》（First Amendment）的保护。《第一修正案》随后被《花花公子》用来保护其对女性的性剥削。《花花公子》兜售女性。

在《花花公子》中，女性被作为对象使用，这是《花花公子》帮助女性创造二等地位方式的一部分。《花花公子》中的女性被剥夺人性，因为她们被当作性对象和商品使用，她们的身体被盲目迷恋和出卖。"兔子"一词被用来形容女性没有人性——一直惦记性爱的小动物，被关在小屋中的动物。

《花花公子》中的女性以顺从和性奴的姿态出现。不断地接近咽喉、肛门和阴道是女性摆各种姿势的目的……

《花花公子》的所有图片背后都隐藏着所有色情作品的基本主题：所有女性天生都是妓女，天生就想在任何时候与所有男性发生性接触。《花花公子》特别注重将性展示作为女性为证明这种天性而自然会做的事。

男性的凝视从身体形态、欲望、顺从的角度，甚至最不寻常的是，从总是"知道"男性的性欲望是什么的女性的角度，构建了一个理想的性伴侣。后一个方面是不寻常的，因为令人可疑的是，从生物学的角度来说，因为是女性，女性"凭直觉就知道"什么东西令男性的身体在性欲和性方面是快乐的。在每个男性的幻想中，了解男性的性欲并且总是可以被男性获得的女性是理想的女性。正是对这种理想女性的神秘创造主导了色情作品，男性的凝视为整个文化消费构建了"性感小猫"的形象。例如，《花花公子》这本看似老于世故的杂志成功地将这种男性幻想投射给世世代代的男性，为女性，所有女性，提供一种虚假的"规范"，使她们通过女性气质的考验，但是这与成为女性绝对没有任何关系。

可以从男性凝视的视角观看杂志、色情电影和剃须膏电视广告中的女性。尽管在艺术、媒体和传播中的女性形象的数量非常之多，但女性作为同样是主体的社会成员是不可见的，并且只要维持男性凝视的意识形态控制我们的欲望，那么，女性将继续是纯粹的对象。不过，我们拒绝将我们自己，不管我们是女性还是男性，视作被表征和一种被构建的凝视操纵的。女性与男性一样，都怨恨与这种意识形态揭示为我们的欲望本质的基本社会结构妥协：

现在我认为，当女性主义者解决这些问题时，对色情作品的所有令人难以置信的心神不安的、充满激情的、心烦意乱的和愤怒的反应都与我们最终陷入痛处这个事实有关，而这个痛处就是，这个性系统是什么，男性性取向实际上如何入侵我们、设定我们的界限，我们事实上是如何被这种男性性取向界定的。我们怨恨它，而且通常我们表达那种怨恨的方式是向那些使我们意识到它的人表达怨恨。但这也引发了一些可怕的问题——有关我们自己的性取向的本质的问题，有关我们在我们自己的堕落过程中同谋串通的方式的问题。这一切都不令人愉快。它的所有一切都很糟糕，但是如果不面对它，我们该怎么办？我们必须面对它。[《安德里亚·德沃金访谈》（Interview with Andrea Dworkin），《女性主义评论》（*Feminist Review*），1982年，第11期]

从高雅艺术的女性裸体艺术作品的理想到20世纪晚期被盲目崇拜的女性身体，凝视已经并继续"入侵"我们的性取向，限制我们的选择，使我们看不见延续和维持凝视之力量的那些条件。表征的政治学构建了一种意识形态，该意识形态不仅支配我们看的方式，而且支配我们所看的东西，哪怕我们看到了凝视希望我们看不见的某些方面和人。

供讨论的问题

1. 杰弗斯所说的"凝视"是什么意思？你同意她的分析吗？为什么同意或者为什么不同意？
2. 与克拉克相反，杰弗斯认为，具有讽刺意味的是，将高雅艺术中的女性裸体艺术作品与赤身露体的女性的淫秽照片区分开来的界限是一种挑逗的诡计。杰弗斯主张这种观点的理由是什么？你觉得这个观点听起来怎么样？
3. 依据杰弗斯的观点，19世纪末20世纪初的"高雅艺术"的裸体艺术作品与更早时期的"高雅艺术"的裸体艺术作品的区别是什么？这如何影响"高雅艺术"与"低俗艺术"的边界？
4. 如果在一些意义上女性被说成是"不可见的"，那么，在什么意义上？你同意这个断言吗？为什么同意或者为什么不同意？

美学的近期发展

本书的其他章节已经指出，哲学既是永恒的，然而又是不断变化的。为了依据美学来解决这一明显的矛盾，我们可以说，哲学家们总是对美和艺术趣味提出问题。然而，在现代时期（从18世纪初开始，首先在英国，然后在德国），美学开始被指定为哲学的一门独立学科。今天，我们正看到在艺术的实践和思考中发生的另一个重大变化。这些变化挑战了传统的、现代主义的假设，并呼吁新方法，尽管现在准确说这些新运动将采取什么方向还为时过早。

传统美学兴起于18世纪，回答有关审美经验的本质的问题，是被叫作现代主义的这一更大的社会和文化现象的一部分。现在人们普遍认为，这可能即将结束，或者至少进入了后现代主义旗帜下的一个重大再调整时期。如果传统美学是现代主义的一部分，那么，如果有美学与后现代主义是一致的，何种美学与后现代主义是一致的？

艺术和艺术理论都受到后现代主义的影响。大量增加的艺术形式和运动以及先前被认为是不相容的理论和态度的同时存在对传统观点提出了挑战。更多的压力来自想要重新定义我们有关艺术和艺术家概念的各种各样的抗议和其他声音。不过，后现代主义不是一个单一的理论，而是这些不同观点和运动的松散集合。然而，首先，我们需要了解美学与现代主义的关系，以便理解后现代主义的挑战。第四部分"我们如何认知？"的结尾部分反思了后现代主义的认识论主张，重新阅读那个讨论显然有助于理解这种新的思维方式是如何影响美学的。

艺术中的现代主义

现代主义是一个涵盖了多种倾向的标签，在应用于不同艺术时表现出不同的形式。然而，从广义上讲，我们可以说，现代主义包含了有关艺术的一系列假设，这些假设大致在 1870 年到 1970 年间取得了主导地位。其中最重要的一点是，现代主义假定了一种不断演变的艺术传统，在每个传统中，每代艺术家都基于其前辈的作品并且改进它。这意味着艺术史朝着一个明确界定的方向发展。个体作品和艺术家的重要性与他们在艺术史上的地位息息相关。例如，毕加索是一位重要的艺术家，因为他指出了立体主义的方向，并且代表了历史的进步。如果他的画画得早一些，他的作品就没有意义了；如果画得晚一些，就显得微不足道了。现代主义批评家和理论家试图预测艺术传统的方向，并识别当前的作品已经达到的程度。

现代主义也认为，艺术一般在社会发展中扮演重要角色。社会变革包括物质文化的发展以及社会规范和价值观的变化。根据现代主义的思想，艺术的作用是阐明社会规范的演变。瓦西里·康定斯基（Wassily Kandinsky）在《论艺术的精神》（*Concerning the Spiritual in Art*）一书中用他著名的三角形形象清楚地表达了这一观点。在社会规范和价值能够被大多数人表述或认可之前，它们必须被一两位天才艺术家以直观的方式探索过。在康定斯基的三角形形象中，艺术家首先是独自站在三角形的顶端，发展出个人对不断变化的社会的一种看法。如果获得成功，艺术家的作品会逐渐被接受，首先被艺术家和评论家接受，然后被艺术世界的其他人接受。这将创建一个更宽的三角形底部。如果该艺术继续获得成功，它会被越来越多的观众接受，直到它真正影响到整个社会。到那时，一些其他艺术家已经在发展个人的看法，这将导致新的艺术形式和新的社会理解。

由此产生的一个推论是，有一批广受赞誉的艺术作品或杰作，它们在塑造我们的社会规范上最具影响力，并且决定了艺术史的方向。它们一起构成了所有受过教育的现代主义者都熟悉的经典。新一代的艺术家以及受过一般教育的公众，在很大程度上是通过学习这一准则，发展他们对历史方向和时代需求的认识的。

现代主义也认为，对艺术作品的解释可以是客观的，不管是谁看它，艺术作品本身都是一样的。即使不同的观众对作品的解释不同，作品本身也不会改变。解释的客观性的概念假定我们可以通过对比不同的解释与作品本身来判断不同的解释的充分性。

后现代主义

有关艺术的这些假设都不能免受后现代主义的攻击。后现代主义否认我们可以通过赋予艺术史一个方向来理解它。相反，它假定艺术有许多种类和传统，每一种都存在于自己的文化背景中。每个人都有自己要言说的历史，所以认为存在着一部艺术史的那种观念是误导性的。此外，在同一个社会中，特别是在一个与我们的社会一样复杂的社会中，这么多种艺术可以并存。这些艺术中哪个更先进、更前卫或与未来相关，这个问题不是一个有意义的问题，因为没有理由更钟爱一部艺术史，而不是另外一部艺术史。这意味着不同类型的艺术之间的价值差别也没有什么意义。尤其是高雅或主流艺术与民间艺术之间的区别是不可信的。没有好的理由认为纽约的当代艺术比阿巴拉契亚山脉（Appalachian mountains）的民间艺术更好。艺术传统之间的比较同样毫无意义。询问在众多的艺术史中，哪一部是最真实的，这是无稽之谈。它们并不相互竞争，也不相互否认；它们共存。后现代主义以同时性代替艺术史的方向性。

那么，我们如何才能解释我们主流的艺术史和艺术传统的观点所取得的成功呢？后现代主义从政治的角度解释了那种成功。对艺术史的成功的解释并不比其他解释更真实，它们只是更具说服力而已。它们是被特定时间的特定群体接受的那些解释。当然，人们可以问，为什么一种艺术史的观点被接受，而另一种观点却不被接受。后现代主义的回答不是说它更真实或更接近事实，而是说它满足了占优势的群体的利益。这种艺术史的叙述支持占优势的社会群体的信仰和社会价值观。这种优势通常是以牺牲其他社会群体为代价来实现的。我们的以欧洲为中心的标准艺术历史支持了长期掌权的富有白人男性群体，并压制了其他边缘化群体的利益。

艺术的政治含义

人们不必接受后现代主义的主张来看待艺术的政治影响。在近来的历史中，艺术性的表现被各种暴政严格压制，只有某些形式的艺术才被允许表达政治上可接受的理想。人们联合起来为创造更大的物质繁荣而进行的英勇斗争，是某些国家可接受的少数"社会现实主义"主题之一。同样，艺术也被用来激发爱国主义，激发民族主义的期望，甚至鼓励参加政府的武装部队。政府发现自己需要利用艺术表达的说服力来实现他们的目标。毕加索的《格尔尼卡》（Guernica）成了反对西班牙内战屠杀的有力论据。当政府资助那些被一些人认为是亵渎神明、色情的、贬低妇女或少数民族或嘲笑爱国价值观的艺术家时，艺术也会变成政治的。在这些争论中，出现了谁决定好艺术与坏艺术之间的区别，甚至艺术与非艺术之间的区别这个问题。

后现代主义也认真考量了这个话题。它认为，可以用来判断所有其他艺术表现的现代主义的名著正典观只是主流意识形态的一部分。它还声称，传统的正典象征着以欧洲为中心的男性精英的价值观，这一点在前面提到的那些明显的案例中尤为明显。在那些案例中，统治精英将艺术表现限制为一些可接受的形式。

与现代主义的正典观念相比，后现代主义认为有许多可供选择的正典，我们应该彻底摆脱经典的观念。这是后现代主义政治和革命的方面。它鼓励所有被忽略的、"边缘化"的群体要求更多的文化关注。所有传统区别都被政治化——高雅的与低俗的艺术、经典与次品、古典的与民间的、艺术与工艺、伟大的与流行的。

理解这一点的一种方法是，认为后现代主义消除了我们为了分隔艺术与社会的诸如经济、政治、宗教和社会阶层等其他方面而发展起来的概念边界。现代主义的旧理想是能在不考虑语境或历史的情况下解释一件艺术作品。艺术批评近来的发展越来越强调语境和历史的重要性，并且逐渐扩大了艺术应在其中被理解的语境范围。

构成这些问题的基础仍然是有关艺术的客观性的更基本问题。现代主义的基本观念是，在原则上，有一种方法可以确保对有关艺术或艺术历史主张的真实性达成一致。后现代主义认为这是一种幻觉。依据这种观点，我们不能比较有关事物的存在方式的断言与事物本身，我们不能看出这种观点与现实在多大程度上相符。原因是，我们永远不能超越我们的语言以便看出语言是否符合现实。我们并不能直接通达独立于语言的现实。我们描述世界的方式规定了我们经验它的方式。我们只能依靠经验，而这种经验被语言塑造。由此可见，我们没有办法使我们的判断比它们现在更客观。

与后现代主义排斥审美客观性相关的是，它排斥现代主义将艺术作品视作独立存在的实在的观点。如果我们不能通过比较不同的解释与艺术作品来判断这些解释的优势，那么每种解释实际上创造出了一件不同的艺术作品。因此，后现代主义更强调观看者的重要性。从某种意义上说，它使观看者而不是艺术家成为艺术作品的创造者；我们可以说，它使观看者成为艺术家。相比之下，现代主义试图发现一个理想的观看者：他受过艺术传统教育，因为采用了恰当的审美态度而被社会化，他明白艺术家在艺术传统所规定的规则的范围内打算要做的事情。但是，在后现代主义中，没有理想的观看者，实际观看者的所有解释具有同等的价值。

总是很难判断我们实际上生活的那个历史时期的结果。现在说所有这些反对现代主义美学的断言将被广泛接受，或被视为一种很快消失的时尚都还为时过早。已经有证据表明后者正在发生。尽管如此，后现代主义通过使艺术理论家远离那种"艺术是为了艺术"的超然审美凝视，转向将艺术理解为内嵌于更广泛的社会背景之中的，进而影响美学。不管后现代主义是否作为一个独立的理论存在，在过去的一些年里，它已经促使人们认识到艺术和文学不应该被理解为孤立的，而应该被理解为我们自己所处的更大的政治、经济和技术背景的组成部分。

进一步阅读建议

1. 门罗·C. 比尔兹利（Monroe C. Beardsley），《美学》（*Aesthetics: Problems in the Philosophy of Criticism*，Indianapolis：Hackett，1981）。这是一位因捍卫传统美学、反对最近的批评而闻名的作者撰写的一本最佳美学入门书。

2. H. 吉恩·布洛克尔（H. Gene Blocker），珍妮弗·杰弗斯（Jennifer Jeffers），《语境下的美学史：从柏拉图到利奥塔》（*Contextualizing Aesthetics: From Plato to Lyotard*，Belmont, CA：Wadsworth，1999）。这是一个带有长篇导言的读本，涵盖了从古代到当代的美学历史。其中的一位编者是本书的作者之一。

3. 阿瑟·丹托（Arthur Danto），《寻常物的嬗变：一种关于艺术的哲学》（*The Transfiguration of the Commonplace*，Cambridge, MA：Harvard University Press，1981）。为"艺术世界"所理解的艺术的可定义性辩护的著名美学家撰写的一部现代经典。

4. 乔治·迪基（George Dickie），《美学导论》（*An Introduction to Aesthetics*，New York：Oxford University Press，1997）。一位为其对传统美学的分析性修订和重新表述辩护的美国著名美学家撰写的一本美学入门书。

第八部分

社会政治哲学

第三十四章　社会政治哲学导论

第三十五章　自由世俗的国家

第三十六章　个人与国家

第三十七章　人权

第三十八章　个人幸福与社会责任

第三十四章　社会政治哲学导论

社会政治哲学是哲学的一个分支，关注人与人之间的社会关系、个体与其所居住的国家以及两个或两个以上不同**主权**（sovereign）国家之间的关系。与哲学的其他领域一样，社会政治哲学家并不试图从经验上规定何种社会实际上存在以及它们事实上如何各不相同。这是社会科学家或政治科学家的任务。社会政治哲学家更关心有关国家本质及其正当性的规范性问题、有关国家内部理想的社会安排的评价性问题，以及有关国家之间应如何相互作用的规范性问题。让我们看看这些问题的一个代表性样本。

首先，是否存在着为什么我们应该拥有国家的任何好的理由？当人们愿意并且如果他们愿意按照自己的意愿行事和合作时有什么问题？不过，假设我们应该拥有国家，它应该是何种国家：君主制，军事独裁，民主，还是别的什么？如果我们决定民主，是否应该在不同的部门（行政、立法、司法）之间划分权力，并且如果是这样，政府各部门之间应该有什么关系？国家是否应该扮演一个最小的角色，一种守夜人，在战争时期组织军队，组织警力解决国内问题，例如，也许建立一个主要的道路系统，但是仅此而已？或者国家是否应该充分进入社会生活，指导教育，确立国家目标，直接或间接地管理经济，引导个人在特定时间从事社会最需要的工作，等等？

看待这些问题的第二种方法是从组成国家的个人的角度来看。普通公民是否有服从国家权威的任何义务或责任？如果有，为什么有，在多大程度上有？假设公民一般有遵守国家正式制定的法律的义务，那么他们有义务遵守所有法律吗？公民的不服从或反抗是正当的吗？如果是这样，怎么做，基于什么理由？个人应该有多少摆脱政府约束的自由，基于什么？如果有，我们应该在哪里限制人们过他们自己认为合适的生活的**权利**（right）？

关于国家间的关系，社会政治哲学家研究了国家应该——再次存在着那个规范性的成分！——如何相互作用；这包括一个重要问题：如果允许一国在未经另一国允许的情况下直接干预该国的事务，那么，何时允许？当然，这种干涉最引人注目的情况是一国对另一国宣战。社会政治哲学家考虑一国对另一国发动战争是否可以是公平的，并且如果是公平的，这种军事干预在什么情况下在道德上是可以获得辩护的。只有一个国家正在保护自己免受另一个国家的不公正侵略，它才获得了辩护？或者一个国家是否可以合法地对另一个国家发动战争，以保护另一个国家的人民不受本国政府的压迫？也存在各国在道德上有多大程度的义务互相帮助的问题。例如，当一个国家因自然灾害或人为灾害而遭受了不同程度的损失时，有资源提供道义援助的其他国家是否有义务这样做？或者这只是诸国喜欢做的事，而不是在道德上要求它们做的事？

在回答这些问题的过程中，正如我们在后面将会看到的，社会政治哲学家也试图澄清政治语言中长期存在的模棱两可的术语：平等、自由、人权、惩罚，这里提到的只是一部分最麻烦的术语。当我们谈论平等时，我们的意思是每个人所拥有的土地、金钱之类的社会产品的份额是相同的，还只是说他们应该有平等的机会去争夺这些产品？当我们说每个人都应该"自由"时，我们的意思是什么？我们的意思是每个人都应该自由地做他喜欢做的事，或者是对于大多数人认为有价值的东西，例如收入、医疗、一份好工作、一个适当的退休计划，他们应该自由地获得对他们而言是公平的份额？假设我们可以回答社会有权惩罚违法者的问题，那么我们所说的惩罚到底是什么意思？报复罪犯所做的错事？阻止违法者进一步犯罪？阻止他人违法？改造罪犯？或者其他意思？不同的惩罚目标往往相互对立和矛盾，并且导致完全不同的和对立的社会政策。

在人的活动领域，哲学家的影响没有比在政治学中更明显的了。约翰·洛克、卢梭、伏尔泰（Voltaire），甚至柏拉图、亚里士多德等古代思想家的哲学对美国政府机构的发展都产生了深远的影响。《美国宪法》《独立宣言》和《权利法案》都大量借鉴了洛克的社会哲学。约翰·斯图尔特·密尔及其父亲詹姆斯·密尔以及他们的朋友杰里米·边沁对英国议会19世纪实施的社会改革产生了巨大影响。托马斯·霍布斯和亚当·斯密（Adam Smith）等其他思想家也影响了英国君主立宪制的发展和**资本主义**（capitalism）的出现，至少在一定程度上是这样的。任何像资本主义经济那样复杂的历史或政治现实都不能归因于单一的原因，甚或一些原因。尽管如此，从封建主义到资本主义的转变还是得益于哲学家所引导的思想转变。

全面比较社会哲学是一个如此广泛的话题，以至我们必须完成一个更有限的任务。我们将看到一个单一的问题：个人与作为一个整体的社会的关系。个人的权利是应该为了社会的利益而被限制，还是社会的福利应该服从于个人的利益（部分的存在是为了整体，还是反过来）？为了说明个人与社会之间的紧张关系，请考虑经济正义的拥护者与政治自由的支持者之间的辩论。

平等与人权

有关个人与国家关系的争论，最明显、最戏剧化的舞台是由美国领导的西方民主国家与由苏联领导的东方共产主义联盟国家之间的冷战争论。冷战已经结束，但冷战的结束并不是右边信奉自由至上主义的资本主义与左边信奉平等主义的社会主义的基本理想之间争论的结束，因为那个争论的要点继续在它们总是发生的地方发生，不过是以一种更安静和不那么戏剧化的形式存在于东西方的每个国家，甚至在今日世界的每个地方发生。这是并且仍然是我们这个时代最核心、最重要的社会政治争论。它现在不再是东西方关于哪种政府形式更好的冷战争论：西方的自由市场的民主国家或东方的受控制的经济体。现在似乎已经有了有利于自由市场的民主国家的明确回答。今天的争论是，如何在一个社会制度中平衡个人的自由与需要政府监管市场以便更平等地分配社会商品的要求并使二者并存。这种争论也包括各个国家与声称有权规范这些国家做法的多国机构之间的正当关系问题。

起初，西方民主国家和共产主义阵营国家对于自由、权利、平等和正义似乎拥有完全不同、无法调和的观念，它们永远无法被结合到一个系统中。至少在理论上，西方民主国家起源于 18 世纪自由至上主义的观念，即个人自由地追求自己的目标，基本上不受政府约束，而社会主义国家起源于 19 世纪马克思主义关于平等分配所有社会产品的理想。自由至上主义的模式提倡那种有时被叫作"消极"自由（或消极权利）的东西，即不受政府约束的自由（或不受政府约束的权利）。这些是《权利法案》保障的自由（和权利）。另一方面，社会主义模式提倡通常所谓的"积极"意义上的那种自由（和权利），即拥有足够的住房、医疗保健、工作、教育、退休收入、带薪休假等的自由（和权利）。

有关国家作用的第一种观点认为，自由（和权利保障）是对个人解除社会的限制。而另一种观点则认为，自由（和权利保障）是一种社会结构，它以家长式领导的方式鼓励和促进个人充分发展潜能，成为一个完备的社会人。显然，这两种观点可能会发生冲突。你可能不想做社会认为对你以及你的社会的全面发展有利的事情。同理，如果你被允许做你喜欢的事，你可能无法发挥你作为一个人的全部潜能，并且你因此可能无法自由地创造和享受艺术，例如，正如那些可以自由退出钢琴课的孩子在以后的生活中不会自由地（也就是说，不能）弹钢琴。这两种自由（和权利）的观念有着显著的政治后果。

依据自由至上主义的模式，每个人都是平等的，因为每个人都拥有机会平等的权利。想象一场赛跑。如果每个人在同一时间从同一地点出发，如果没有人被允许走捷径，或者被以某种方式人为地造成残疾，那么，我们说每个人有平等的机会。这就是机会平等的含义。但是，当然，他们不能都赢，这就是后果，即结果不平等的含义。你可以自由地竞争最好的大学或职业学校的职位，竞争一份工作，竞选公职，或者作为摇滚明星而出名，但是你不能被保证会得到你所竞争的东西。因此，机会平等与在财富、权力和其他社会产品方面结果的巨大不平等是相容的。当然，由于歧视和裙带关系，在所有自由主义的社会中仍然存在许多机会的不平等，但是即使可以消除所有机会的不平等，仍会有赢家与输家、富人与穷人。因为成为赢家的可能性，传统的自由至上主义模式鼓励更大的主动性。另一方面，社会主义理想赞成将社会产品更平等地分配给每个人。这就是社会主义理想为什么常常被叫作**平等主义**（egalitarianism）的原因。该词源于法语的"*egalité*"，意思是"平等"。按照社会主义或平等主义的理想，例如，医生和公共汽车司机，他们每个人的收入大体上是一样的，例如，政府领导人和街道清扫工，他们每个人的住房和教育的质量大体上是一样的。这就是结果平等的含义。在这样一个体系中，有保证的舒适生活的安稳性被缺乏进取心抵消。

如果每个人在传统自由至上主义的意义上都是自由的，那么因为人们在他们的各种能力上的不平等，并且更重要的是，因为有钱有权的人可以自由地把他们的财富传给他们的孩子（不管他们是否能力出众），结果是，尽管所有人都可以自由地做他们想做的事，多数人都没有办法真正做到这一点。例如，在 19 世纪的英国，一名威尔士的煤矿工人"自由地"拥有一套价格不菲的房子，把他的孩子送到私立学校，毕业后他们可以获得科学、工业和政府等领域最有声望和最赚钱的工作，但同时却完全不能这样做。他是自由的，因为对他拥有的土地或资本没有明确的限制，但是他因为严重缺乏资金而不能实现这个愿望,并且因为缺乏充分的教育而不能筹措这些资金,诸如此类。但是,他如何实现这些目标,或者至少有实现这些目标的平等机会呢?只有通过适当的教育和培训。但是谁为此买单呢?威尔士的煤矿工人肯定不能。资金必须来自那些更有钱的人,富人。不过,他们为什么要自愿同意帮助他呢?他们没有以任何方式限制他的权利。他们会告诉他:"我的好人,你可以像我们一百年前那样自由地出去挣钱。做份额外的工作,存钱,送你的孩子上一所好学校,慢慢地往上爬。没有任何东西能阻止你,除了你自己缺乏主动性。"但是,如果这些富有的人不愿拿出钱,我们如何能从他们那里得到钱,除非强迫他们违背自己的意愿放弃这笔钱(或通过税收或直接征收)?如果我们这样做,难道我们不是违反了他们获得并保持财富以及将其传给他们孩子的传统权利吗?

看来,我们只能以牺牲自由至上主义的原则为代价来实现平等的目标。今天,所有民主国家的主要政治争论仍然是如何将这两个表面上看不可调和的目标结合起来。

帕特农神庙位于雅典卫城,建于公元前 5 世纪。当希腊人向我们提供了民主政府的第一个范例时,它是雅典荣耀的象征。民主这个词来源于两个希腊词,意思是"人民的统治"。图片由戴维·斯图尔特提供。

但请注意,如果贫穷的矿工不能实现平等的自由或权利,或者富裕的矿主不愿实现平等的自由或权利,那么除非政府干预,否则它绝不可能实现。放手不管,自由市场总是会导致贫富分化。因此,为了实现平等的人权,我们必须改变我们有关政府作用的观念,摆脱那种只保护个人继续自己的生活权利的最低限度的政府的理想,转向在更公平的基础上为所有公民提供最低限度的保障的政府的理想。这就是不同的自由概念以及个人与整个社会关系差异的联系。传统自由至上主义的自由要求一个最低限度的政府监督，以防止他人干涉每个人继续他自认为合适的生活的自由。平等主义的自由的理想所要求的则恰恰相反，一个强大的中央政府进入生活的每个阶段——从工资、教育到医疗保健——以确保每个人都有体面的生活。

何谓正义？

但是，何谓公平和正义？自由至上主义者审视他们的理想后说，它是公平公正地分配社会产品（货币、住房、教育、就业等），因为在他们的制度中，机会和个人自由是平等的。如果你和我是同一家公司的销售员，在相同的佣金基础上工作，那么，如果你上个月的收入比我多，因为你更聪明、更积极进取、更努力工作，或者出于任何其他的诚实和合法的原因，那么你确实应该比我赚得多，并且这一点是完全公平的。"同工同酬……"是什么？自由至上主义者说，同等的能力或生产力得到同等的报酬。另一方面，社会主义的、平等主义的理想则认为，自由至上主义制度的这种结果是极不公正的，他们认为，他们自己的制度更公平，因为那里的一切都被更均等地分配，每个人都有平等地享受他们社会提供的财富和其他福利的自由。"对人的平等的需求和作为人的平等价值给出平等的报酬。"平等主义者质问，仅仅因为在基因上有利于那些智力超群、长相英俊、性格活跃的幸运者的遗传事件，一个人就比另一个人拥有更多，这是公平和公正的吗？有些人因为他们富有且有权势的父母可以通过私立学校、私人课程、旅游机会、书籍、在家进行智力讨论等为他们的生活提供一个开端而拥有得更多，这公平吗？同样地，平等主义者接着问，一个天生就没有什么基因或环境优势的人是否应该因此终生受苦，这是公平或公正的吗？事实上，平等主义者问，我们真的能把机会平等与结果平等分开吗？贫穷父母的孩子真的有与富裕父母的孩子一样成功的机会吗？

当代现实

不受限制的自由至上主义在很大程度上是过去的事情，正如社会主义的理想也是那样一个理想一样。在19世纪相对纯粹的自由至上主义中，个人几乎完全可以自由地支配他们合法赚取的任何金钱，并且几乎完全自由地以与自由市场的现实可能相符的最有效的方式经营他们的生意。如果孩子们愿意干这份工作，拿比任何其他人少的钱，那么，工厂老板可以自由地雇用他们。因为他们拥有工厂以及工厂所在的土地，所以他们也可以以最经济的方式自由经营工厂，包括向河流或空中倾倒有毒物质，或者保持一种不舒适和不健康的工作环境，如果这有助于降低成本和提高利润。相比之下，今天的那些工厂老板都必须遵守很多税收、社会保障福利和废物处理的法规，这些都大大减少了他们处理自己财产的个人自由。同样，所有人都平等地分享所有社会产品的理想主义的平等主义的观点也是一个逐渐消失的理想。今天，一些社会主义国家的个人被鼓励努力工作，以便在社会产品中占有更大的份额，这使得这些国家每年的收入差距越来越大。

尽管如此，自由至上主义与平等主义的理想之间的争论仍在继续，因为这两种理想很难和解，并且对于应该给予谁更大的优先权也不存在完美的共识。虽然我们很想平衡二者，但它们似乎朝向相反的方向，像油和水一样极难混合。如果我们想更平均地分配国家的财富，以便所有人实现更平等的教育和健康福利，那该如何实现呢？尤其是，谁来为此买单？那笔钱怎么得到？它只能来自包括富有公司在内的更富有社会成员。他们当然不会自愿放弃那笔钱。必须通过法律手段，即通过加速所得税计划、遗产税以及当今大多数西方民主国家实际上采取的其他措施来从他们那里获得那笔钱。你现在如何才能阻止富有、受过更高教育程度的家庭的孩子比贫穷、受教育程度较低的家庭的孩子先行一步，除非强迫更有利家庭的孩子上同一所学校，必要时将他们赶去不同的学区，或限制其父母可以花在其课程和课外教育上的钱？不过这样一来，你必然会减少他们这些个人的自由和权利：让他们的孩子保持他们应得的一切，在他们死后把这些传给他们的孩子，并且在他们活着时，抚养他们的家庭，在他们认为合适时帮助他们的孩子。只有在一个个人自由有所减少的相对集权的、有计划的国家，社会福利计划才能实施。同样，在信奉平等主义的国家，个人自由和自由经营的激励绝不会发生，除非并且直到国家放松对经济的控制，允许财富分配更加不平衡。无论是自由至上主义的倾向还是平等主义的倾向，我们面临的问题都是如何调和这些对立的社会正义观。在今日的美国，有关就业配额、平权行动计划、福利权利、无家可归者的权利、通过地方社区财产税支持学校的合宪性以及社会产品的公正分配的无数其他问题的激烈争论都涉及一个更根本的问题：个人依据其意愿支配他们公平获得的财富的自由与每个人享有更平等的社会产品份额的权利之间的冲突。

哪个系统更公平或公正？我们的直觉似乎把我们朝这两个方向拉，所以并不是非常有帮助。如果你问你的朋友他们怎么想，你可能会得到各种各样的意见，有自由至上主义的理想，有平等主义的理想。我们在道德和政治上被二者撕裂。最大的挑战是它们的和解。因为上述自由至上主义－平等主义论争产生的经济影响，这种争论可能是个人与国家的关系这个更大问题在政治上最激烈的方面。在其最极端的形式中，这个问题归结为这一点：个人的存在是为了服务国家，还是国家的存在是为了服务个人？

供讨论的问题

1. 尽管社会政治问题发生了变化，但是根本的论争仍然是相同的。最近的什么新闻报道展示了更多的个人自由与更大的政府管控的理想之间正在进行的论争？
2. 在自由至上主义的理想与平等主义的目的之间发生的这场论争中，你自己的观点是什么？
3. 这个问题预计会有一些后续的讨论：你会认为哪些问题是发生在民主国家内部以及国家之间的这种论争的组成部分？
4. 在我们自己民族的生活中，调和自由至上主义与平等主义的一些尝试是什么？
5. 自由至上主义与平等主义之间的这场论争似乎倾向于这种二元性中的一方。目前，在国民生活中，什么倾向似乎在国民生活中占主导地位？举例说明你的答案。

第三十五章　自由世俗的国家

在这个社会里，自由思想（即任何不符合主流宗教领袖思想的东西）被禁止，并且作为罪行受到惩罚。跳舞和唱世俗歌曲是被禁止的。一个人因为给他的儿子起名叫克劳德而不是亚伯拉罕而被关进监狱。女性因其衣着和发型受到惩罚。除了公开处决，大多数公共娱乐活动被禁止，据一位观察员说，它是"官方批准的少数娱乐手段之一"。[1]

在另一个案例中，一个年轻人被控亵渎神明。他忏悔并且请求宽恕。不过，治安官拒绝接受他的请求，认定他有罪，并且告诉他，"应该判处你死刑，并没收你的动产，以儆效尤。"[2]

如果你认为这些事件发生在中东的一个神权国家，你就错了。第一段概述的事件发生在16世纪末在日内瓦建立的独裁国家。那里的宗教领袖是约翰·加尔文（John Calvin）。上一段所叙述的是发生在17世纪苏格兰爱丁堡的一件事。被控亵渎神明的年轻人名叫托马斯·艾肯黑德（Thomas Aikenhead）。对于他，大法官詹姆斯·斯图尔特（James Stewart）做了下面的演讲："托马斯·艾肯黑德，12个月之前，你就已经丧失了对上帝的一切畏惧以及对代表他威严的法律的尊重……你所做的努力和工作就是邪恶地亵渎上帝和我们的救主耶稣基督。"然后，大法官继续宣扬他作为国家代表执行上帝法律的权力。"我们众生……一定要遵从、服从和顺从创造了我们的他的意志和意愿。"[3]斯图尔特声称，作为一名治安官，他的职责是确保服从上帝的法律，并使用国家机构来强制执行这些法律。这幅图景有什么问题？从我们的角度看，有很多问题。首先，它假设一个国家中的每个人必须拥有相同的宗教，宗教的主张优先于政府的主张。公平地说，在16世纪和17世纪，大多数人认为，如果一个国家容忍许多宗教，它将无法治理。回想一下，那些逃到普利茅斯岩（Plymouth Rock）新世界海岸的人之所以这样做，是为了拥有以自己的方式进行礼拜的自由。他们首先去了容忍他们有不同意见的

---

[1] 这段紧跟斯图亚特·伊萨科夫（Stuart Isacoff）《性情》（*Temperament*，New York: Alfred A. Knopf, 2002, 第123页）一书的语言风格。

[2] 阿瑟·赫尔曼（Arthur Herman），《苏格兰：现代世界文明的起点》（*How the Scots Invented the Modern World*, New York: Three Rivers Press, 2001），第5页。

[3] 同上，第5—6页。

荷兰，然后进入新世界[1]。甚至接下来，朝圣者也很难接受信仰的多样性。他们为他们的观点，而不是其他人的观点来寻找宗教自由。宗教宽容度增长缓慢，我们视之为理所当然的宗教多元化的社会并非一夜之间出现的。

对我们现代西方人的态度而言，第二个错位是17世纪盛行的一个假设，即执政当局不仅有权而且有义务执行宗教法律。在理论上，对我们而言相当清楚的是，政府是一回事，宗教是另一回事，两者是分离的。尽管如此，即使对我们而言，在将这种抽象的划分应用于具体案例时，事情也不是那么清楚。虽然我们信奉政教分离的原则，但是，对于在公共建筑上张贴十诫、在效忠誓词中保留"在上帝之下"的短语、在公立学校中允许祈祷以及使基于宗教的反堕胎成为法律事务等的合法性问题仍然没有达成一致。这里提到的还只是引起一些观察家称之为"文化战争"的少量问题而已。还有其他问题：教会和宗教机构是否应该免税？神职人员是否应该特别免服兵役？我们如何区分合法的宗教与那些利用宗教免税来逃税的人所宣扬的虚假宗教？公共活动是否应该以祈祷开始？

尽管我们在对前面所列的问题达成一致上还有很长的路要走，但是西方国家基本上同意政治当权者没有义务去执行宗教命令。不过，一些西方民主国家仍然拥有国教，也就是说，由税收支持的教会。英国的国教会和丹麦的路德教会就是两个例子。德国有两个：路德教会和罗马天主教教会。不过，即使有了国教，执政势力也不强制执行宗教法令。

政教分离是对政府从上帝那里获得其权威这一观点的哲学反叛的一部分。国王的神圣权力一直是主流观点，直到英国的托马斯·霍布斯、约翰·洛克和法国的让-雅克·卢梭等哲学家主张国家的权威来自被统治者的同意。这些哲学家被称作社会契约论者。他们表现了有关国家本质的政治思想的重大变化。这些17世纪和18世纪的社会哲学家的目的是确定国家对于其公民具有的权威的正当

让-雅克·卢梭（1712—1778），18世纪最重要的政治哲学家之一。卢梭虽然生于瑞士，但是他的大部分工作生涯都是在法国度过的。卢梭因其认为人类天生是无辜的，但却被文明破坏的观点而闻名。在其著作《社会契约论》（*Social Contract*）中，他也为政府从被统治者手中获得其统治权的主张进行辩护。图片来自美国国会图书馆。

---

[1] 荷兰长期以来享有宽容的声誉。它庇护了笛卡尔和斯宾诺莎这样的哲学家，他们的观点与主流的学问背道而驰。它还接受了包括我们清教徒的祖先在内的各种不同宗教派别的反对者。位于阿姆斯特丹的荷兰国立博物馆里的荷兰艺术家维米尔（Vermeer）和伦勃朗的画作让人眼前一亮：清教徒们在荷兰买衣服；因此，小学生们学会识别和描画那些男人的高帽子、宽领子、带扣鞋和束腰外衣，以及那些女人的长裙和女帽。今天，荷兰人的宽容扩展到包括使用大麻和卖淫在内的那些令我们紧张的事情上，但是这与他们过去的做法是一致的。今天参观阿姆斯特丹，你学到的第一件事就是咖啡馆不是买咖啡的地方。

理由。一个团体有什么权利颁布其他人必须遵守的法律？反过来说，个人有什么义务必须遵守那些法律？简而言之，我们为什么要遵守法律？这不是一个从经验上发现政府实际上拥有什么权力的问题，也不是公民出于何种心理动机遵守社会规则（恐惧、顺从）的问题，而是一个规范性问题：如果政府有制定和执行法律的合法权利，那么，什么赋予它这种权利？如果我们有遵守那些法律的道德责任或义务，那么，我们有什么道德责任或义务去遵守它们？

这是一个重要的问题，因为它的答案也将告诉我们一个合法的、正当的政府是什么样的，它与没有权力要求忠诚或服从的非法政府有什么不同。并且，这将告诉我们有义务支持哪种类型的政府。

由社会契约论得出的结果是显而易见的。政府只有在被治理者的同意下才存在。根本没有其他合法理由。由此可见，虽然同意社会契约的人可以选择君主制或寡头政治，但是他们更可能选择民主的政府形式。在该形式中，他们不仅选择政府的形式，而且在法律的形成和统治者的选择上有发言权。因此，社会契约的立场为将民主政治选作最佳的政府形式提供了很好的证明。

因此，那些不为保护被治理者的利益服务，也不经被治理者同意而运作的政府不是合法的，可以被忽视或推翻。洛克在他的著作《政府论下篇》（*The Second Treatise of Government*）中阐述了他对这种社会契约论有关政府理论的论证。洛克的著作影响了美国宪法的制定者，也为《独立宣言》贡献了术语。尽管洛克今天并非家喻户晓，但是他是一位思想家，其观点不应被遗忘。它是这场革命的基

约翰·洛克（1632—1704），政治自由主义和英国经验主义的创始人。洛克提出了波义耳（Boyle）和牛顿的自然科学所隐含的一种形而上学。他是《人类理解论》（*An Essay Concerning Human Understanding*）和《政府论》（*Two Treatises on Government*）的作者。图片来自美国国会图书馆。

础。托马斯·杰斐逊（Thomas Jefferson）在撰写《独立宣言》时就诉诸了这个基础。如果有一个用类似社会契约文件的东西组成的政府，那么，美利坚合众国似乎有资格获得这种名声。这样的政府在两个方面是自由的：它们把公民从一个声称是君主的个人（国王、王后或不管任何头衔）的任意统治中解放出来，而且它们也是自由的，因为它们提供了最大限度的个人自由。

主张人民是至高无上的，政府的权威产生于被统治者的同意，这是非常好的。不过，从历史的角度看，事实证明，正如前面的例子所示，即使在代议制政府中，也不存在脱离多数人的宗教权威的自由。因此，在哲学上，社会契约论哲学家有必要采取下一步行动，并且主张这种观点：自由的政府也

> **洛克:《论民权政府》**
>
> 人……天生是自由的、平等的和独立的,如果没有他本人同意,任何人都不能被赶出这片土地,也不能被另一个人的政治权力支配。实现这种同意的手段是与其他人商定,他们联合和统一成一个团体,以便他们各自舒适、安全及和平地生活,安全地享受他们的财产,更好地防备任何不属于该团体的人。……只有每个人都有这样的意图,才能更好地保护自己及其自由和财产。……因此,无论何时,只要立法机关违反社会的这一基本规则,并且……试图掌握……对人民的生命、自由和财产的绝对权力,那么,由于这种背信,它们就丧失了人民交在它们手上的权力。……并且这种权力移交给人民,人民有权恢复他们原来的自由,并且通过建立新的立法机构……为他们自己提供安全保障,这是他们在社会中的目的。
>
> (资料来源:《政府论下篇》)

> **杰斐逊:《独立宣言》**
>
> 我们认为这些真理是不言而喻的:人人生而平等;造物主赋予他们某些不可被剥夺的权利;生命、自由和追求幸福的权利就属于这些权利;为了保障这些权利,政府在人们中间建立起来,它从被统治者的同意中获得他们的公正权力;无论何时,当任何形式的政府破坏这些目的时,人民有权改变它或废除它,并且建立新政府,新政府以似乎最有可能影响他们的安全和幸福的原则为它的基础,并以似乎最有可能影响他们的安全和幸福的形式组织权力。

应是世俗的,从多数人的宗教的命令中解放出来。如果国家本身从多数人的宗教的命令中解放出来,那么,由此可见,它没有义务执行该宗教的法规。进一步可知,没有一个宗教在该国享有特权地位。这一观点的含义是,所有宗教观点都应该被容忍,公民应该自由地拥有他们喜欢的任何宗教,或者甚至完全没有宗教。

宗教与世俗的分离以及人民主权政治学说的采纳创造了巨大的个人自由,释放了人在人类历史上前所未有的创造力。它带来了科学和工业的所有领域的进步。技术进步和日益繁荣是这场政治思想革命的两大影响。因此,当代的那些尚未采用这世俗国家模式的社会落后于这些国家的技术成就。伯纳德·刘易斯(Bernard Lewis)在其著作《出了什么

《美国宪法》是现代国家的第一份创始文件,体现了洛克依据社会契约形成社会的理想。(图片来源:Bettman Archive/Corbis Images)

问题?》(*What Went Wrong?*)中为该主张辩护[1]。

在洛克下面的选文中,他给出了他支持世俗国家的证明。在这种国家里,政府无权执行宗教法令。他以他用来支持他的人民主权理论的论据为基础。国家的权威来源于被统治者的同意,因而它没有义务强制执行某一套宗教信念。为什么?因为宗教信念不能被证明,而只能被相信或不被相信。因此,在罪(sin)与罪行(crime)之间有一个重要的区别。从宗教的角度看是罪的东西(例如亵渎神明)并不是国家要惩罚的罪行。此外,真正的宗教是内心虔诚和自愿顺从的事情。它的命令不能由法律规则或强迫来执行。

1689年,洛克用拉丁文撰写了《论宽容》(*A Letter Concerning Toleration*)。它首先出版于荷兰——还能在别的地方吗?——那座宽容的岛处在一片宗派不宽容的海洋之中。那年晚些时候,威廉·波普尔(William Popple)的英文翻译使得英语读者可以阅读该书。以下摘录来自波普尔的翻译,但是有一些拼写和标点符号进行了现代化修改。

---

[1] 伯纳德·刘易斯,《出了什么问题?》(*What Went Wrong?:Western Impact and Middle Eastern Response*,New York and Oxford:Oxford University Press,2001)。

约翰·洛克：《论宽容》[1]

在我看来，英联邦这个由人组成的社会是只为争取、维护和推进这些人自己的公民利益而建立的。

我将生命、自由、健康和身体的懒散以及对金钱、土地、房屋、家具等外部事物的占有叫作公民利益。

民事治安官的责任是通过公正地执行平等的法律确保所有人民，特别是他的每一个臣民，正当占有属于该生命的这些事物。如果任何人设想违反为保存那些事物而确立的公共正义和平等的法律，那么他的这种设想应受制于对惩罚的恐惧，这些惩罚包括剥夺或减少他可能和应该享有的那些公民利益或产品……

现在，治安官的整个管辖权只涉及这些民事事务，所有的民事权力、权利和统治权都是有限制的，只限于关心和促进这些事情，不能也不应该以任何方式扩展到拯救灵魂，我认为下面的这些考虑充分证明了这一点。

第一，灵魂关怀不应交给民事治安官，正如不应交给其他人一样。我说，上帝并没有将它交给他，因为上帝似乎从来没有将任何这样的权柄赐给某人，迫使任何人服从他的宗教。任何这样的权力也不能在人民同意的情况下授予治安官，因为到目前为止，没有人会放弃对他自己的拯救的关心，盲目地将规定他应该接受什么信仰或崇拜的选择交给任何其他人，无论他们是王子还是臣民。因为如果可以，人不能顺从别人的命令。真正的宗教的所有生命和力量都在于心灵内在的、充分的说服力。没有信之为真，信仰就不是信仰。无论我们做出什么断言，无论我们从事什么外在的崇拜，只要我们内心不完全满足于这一点：一个是真的，另一个是上帝所喜悦的，那么，这种断言和实践根本不能推进我们的得救，而且恰恰是我们得救的最大障碍。因为这样一来，我说，我们在向全能的上帝献上我们认为不令他喜悦的敬拜时，这种宗教实践没有赎其他罪，相反会将虚伪以及蔑视他的神圣威严的那些罪添加到我们的其他罪上。

第二，灵魂关怀不属于民事治安官的义务，因为他的权力只存在于外在的力量中。但是，真正的、拯救的宗教存在于心灵的内在信仰中。没有这种内在信仰，没有什么是上帝可以接受的。理智的本质是，它不能被外力强迫去相信任何东西。没收财产、监禁、折磨，这种性质的任何东西都不能产生那种使人们改变其对事物的内在判断的效果。

事实上，有人可能会说，治安官可以利用各种论据，从而把异端引到真理的道路上，并实现他们的救赎。我同意这一点，但是，这是他和其他人的共同点。在用理性进行教学、指导和纠正错误时，他当然可以做任何好人该做的事。治安官没有强迫他放弃人性或基督教。但说服是一回事，命令是另一回事；用辩论来施压是一回事，用惩罚来施压是另一回事。在一些事情上，仅有这种民事权力才有权这样做。但是，在另外一些事情上，善意就是足够的权威……

第三，关怀人类灵魂的拯救不属于治安官的义务，因为尽管法律的严格和惩罚的力量能够说服和改变人的思想，但这对拯救他们的灵魂根本没有帮助。因为

---

[1] 《论宽容》有许多版本。能找到的最完整的文本版本来自：Library of Liberal Arts, Pearson Education, Inc., Upper Saddle River, NJ。

只有一个真理,一条通往天堂的路,如果他们除了朝廷的宗教,没有规则,并且必须放弃他们自己的理性之光,反对他们自己的良心的命令,使自己盲目地服从他们的统治者的意志以及无论是无知、野心还是迷信都有机会在他们出生的国家建立的宗教,那么,有什么希望会有更多的人被带进天堂?世上的君王们在品类繁多、彼此矛盾的宗教观点上与在他们的世俗利益上一样分道扬镳,于是通往天堂的狭道会被理顺。只有一个国家走在正道上,而世界上所有其他国家都不得不追随他们的君王走在通向毁灭的道路上。并且人们会把他们的永恒幸福或痛苦归功于他们的诞生地,这一点更加荒谬,而且非常不符合神的概念……

现在让我们考虑教会是什么。我认为教会是人们自愿组成的一个社会,他们自愿地联合在一起,以便以他们认为上帝会接受他们并且有助于拯救他们灵魂的那种方式公开崇拜上帝。

我说教会是一个自由的、自愿的社会。没有人天生是任何教会的成员;否则,因为同样的继承权,父母的宗教将作为他们暂时的财产降临到孩子的手中,每个人都在一定保有期持有自己的信仰,如同他在一定的保有期持有土地一样,没有什么比这更荒谬的。因此,我的话是站得住脚的。没有人天生受任何特定的教会或教派约束,不过每个人自愿加入那个他相信他在其中发现了被上帝真正接受的断言和崇拜的社会中……

解释了这些事情,很容易理解立法权应该被导向何种目的,以何种尺度被规范。社会暂时的好处和外在的繁荣正是人们进入社会的唯一原因,也是他们在其中寻求和针对的唯一目的。并且,关于人的永恒救赎,人有何种自由是显然的,也就是说,每个人都应该做他在良心上相信全能者——他们的永恒幸福取决于他的美意和接受——会接受的事情。因为顺服起初是因为上帝,后来是因为法律。

但是,有些人可能会问,如果治安官凭借其权威命令任何对个人良心而言看似不合法的事情,怎么办?我回答说,如果政府得到忠实的管理,而治安官的顾问确实是为了公共利益,那么,这种情况很少发生。但是如果这样的事情可能真的发生了,我想说,这样一个个体应该放弃他判定为不合法的行为,并且他要经受那种惩罚,忍受该惩罚对他而言并不是不合法的。因为为了公共利益,任何人对在政治事务中制定的法律的私人判断不剥夺对该法律的义务,也不值得特许。但是,如果法律确实涉及不在治安官权限范围内的事情(例如,人民或其中任何一方被迫接受一种奇怪的宗教并且参加另一个教会的崇拜和仪式),那么,在这些情况下,那种法律并没有要求人去违背他们的良心。因为政治社会的建立不是为了别的目的,而是为了确保每个人都能拥有这一生的东西。每个人的灵魂和天堂的东西既不属于英联邦,也不能服从英联邦,都完全留给每个人自己。因此,保护人的生命和此生所有的东西是英联邦的事务;保护那些东西在他们的主人手上是治安官的职责。因此,治安官不能从这个人或这一方拿走这些世俗的东西并将它们给予那个人或那一方,也不能改变同僚的礼仪(不,即使是法律也不行),因为与政府的目的无关的事业——我指的是他们的宗教——不管它是真是假,都不妨碍他们同胞的世俗关注,而英联邦只照管这些关注……

不过,我还是要说有关那些集会的事情,那些集会因为被粗俗地称呼，并且也许因为有时是一些派系和派别的宗教集会（conventicles[1]）和苗圃（nurseries），所以被认为承受了对这种宽容学说提出的最强烈的反对意见。但是这已经发生，不是由于这些集会的天才所特有的东西，而是由于受压迫或不安定的自由的不幸境遇。这些指责会很快停止，如果宽容法一旦被确立，所有教会就必须规定宽容是他们自己的自由的基础，并且教导说良心的自由是每个人的自然权利，它属于他们自己，也同样属于不信国教者，在宗教事情上，任何人不应受法律或暴力强迫。确立这一点将消除因良心而引起的抱怨和骚动的所有原因。一旦消除了这些不满和敌意的原因，这些集会就没有比任何其他会议更不和平、更易于引起国家骚乱的东西。但是，让我们特别考察居于指控排行榜之首的那些指控。

你会说集会和会议危害公共和平，威胁英联邦。我回答说，如果是这样，为什么每天在市场和司法法庭上会有如此多的会议？为什么在交易所的人群和城市里的人群会受折磨？你会回答说，那些是公民大会，但我们所反对的这些集会和会议是教会的。我回答说，与民政事务完全无关的这些集会很可能确实最容易使他们卷入纠纷。哎哟，但是公民大会是由在宗教问题上彼此不同的人组成的，而这些教会的会议都是由持一种观点的人组成的。好像在宗教问题上达成的协议实际上是一个反对英联邦的阴谋，或者说，好像人们在宗教上的一致性越强烈，他们集会的自由就越少。但是，他们仍然会竭力主张说公民大会向任何人开放，任何人都可以自由进入，而宗教集会更私人化，因此给予秘密阴谋以机会。我回答道，严肃地说，这不是真的，因为许多公民大会并不向每个人开放。如果一些宗教会议是私人化的，那么（我求求你）谁是应该为此而受到谴责的人，是那些希望它们公开的人，还是禁止它们公开的人？你又会说宗教团体把人彼此的思想和感情过度地结合在一起，因而更危险。但是，如果是这样，为什么治安官不害怕自己的教会，为什么他不将他们的集会作为对他的政府有危害的东西而禁止它？你会说，因为他自己是他们的一部分，甚至是他们的领导。好像他不是英联邦的一部分，不是全体人民的领导！

因此，让我们清楚地论述。治安官害怕其他教会，但不害怕自己的教会，因为他对一个和蔼可亲，而对另一个严厉残忍。他像对待孩子一样对待这些教会，甚至纵容他们放荡。他将那些教会当作奴隶使用，无论他们多么无可指责地贬低自己，他都不给他们任何报酬，除了桨帆船（galley）[2]、监狱、没收和死亡以外。他珍爱和保护这些教会，然而他不断鞭打和压迫那些教会。让他转变立场。或者让那些不信国教者享有与他的其他同胞一样的公民特权，他很快就会发现这些宗教会议不再危险。因为如果人们参与煽动性阴谋，那不是宗教在他们的集会中激励他们这样做，而是他们的痛苦和压迫使他们愿意这样宽慰自己。正义和温和的政府到处都是安静的，到处都是安全的。但是，压迫引起骚动，使人们努力摆脱不安的和暴政的束缚。我知道煽动叛乱经常以宗教为借口，但事实是，就宗教而言，其参与者常常受到不公正的对待，生活很悲惨。相信我，这种鼓动不是来自这个或那个教会或者宗教社会的任何特殊心境，而是来自所有人类的

---

[1] 意指宗教集会的一个过时的英语单词。在洛克的时代，它指的是非法的宗教会议，如不信国教者举行的宗教会议。——编者注

[2] 以人力划桨作为主要动力的船种，常由奴隶或囚犯划桨。——译者注

共同性格，当他们在任何沉重的负担下呻吟时，他们自然地努力摆脱束缚他们脖子的枷锁。想一想，不用说这种宗教事情，人与人之间因为人的肤色、外形和特征的不同而出现的一些其他区别，那些有（例如）黑发或灰色眼睛的人不应该享有与其他公民相同的特权；他们也不应该被允许做买卖，或按照自己的意愿生活；父母不应该管理和教育他们自己的孩子；所有人要么被排除在法律的恩惠之外，要么遇见偏袒的法官。这些人的头发和眼睛的颜色与他人的不同并且他们因为共同的迫害而联合在一起，对治安官而言，这些人与仅仅因为宗教而联系起来的任何他人一样危险，这是可以怀疑的吗？有些人为了买卖和利润而参加聚会，其他人因为生意不好而有了自己的红葡萄酒俱乐部[1]。一些人被邻里关系结合，其他人被宗教结合。但是，只有一个东西能聚集人，造成煽动性骚动，那就是压迫……

教会集会和布道获得了日常经验和公共津贴的支持。允许有说服力的人去做这些事，为什么不让所有人去做？如果有任何煽动性的和违反公共和平的事情在宗教会议上发生，则应以同样的方式予以处罚，就好像它发生在集市或市场一样。这些会议不应成为无耻好斗之徒的庇护所。人们在教堂里相会也不应比在大厅里相会更不合法；一些参与者也不应该因为他们聚在一起而比其他参与者受更多的指责。每个人都要对自己的行为负责，任何人都不应该因为他人的过错而受到怀疑或憎恶。那些煽动叛乱者、杀人犯、小偷、强盗、奸夫、诽谤者，不论是否属于国教会，都应受到惩罚和镇压。但是，其信条是和平的、其行为是纯洁的和无可指责的那些人应该与他们的同胞一样被平等对待。因此，如果任何一种信教者（professor）都被允许庄严地集会、庆祝节日、公开崇拜，那么也应该允许长老会信徒（Presbyterians）、独立教派信徒（Independents）、再洗礼派信徒（Anabaptists）、阿米尼乌斯派信徒（Arminians）、贵格会信徒（Quakers）以及其他人享有同样的自由去做这些事情[2]。不，如果我们可以公开地说出真相，并且一个人可以变成另一个人，那么无论是异教徒、伊斯兰教徒还是犹太人，都不应该因为他的宗教而被排除在英联邦的公民权利之外。福音书没有这样的命令。"不审判教外的人"（《哥林多前书》5:12，5:13）的教会不要这样的命令。英联邦无区别地欣然接受所有诚实、和平、勤劳的人，并不要求这样做……

因此，我们必须寻找宗教被指控的那些罪恶的另一个原因。并且，如果我们思考得对，我们会发现，它完全包含在我正在处理的对象中。不是意见的多样性（这是不能避免的），而是拒绝宽容那些持不同意见的人（这本可能被允许），导致了基督教世界因宗教而发生的所有骚乱和战争……只要宗教的迫害原则像迄今那样被治安官和人民普遍接受，并且只要那些本应是和平与和谐的传道者的人继续用他们所有的技艺

---

[1] 一种品酒俱乐部。红葡萄酒（Claret）是英国人对来自法国波尔多地区的葡萄酒的叫法。——编者注

[2] 这里的信教者指的是信奉（professing）一种宗教信仰的人。洛克提供了一份因自己的信仰而受到迫害的基督教团体的名单。长老会信徒是拒绝英国主教权威的苏格兰基督徒；独立教派信徒不接受英国教会（the Church of England）的实践或教义；再洗礼派信徒教导说洗礼是针对信徒，而不是针对婴儿的；阿米尼乌斯派信徒拒绝原罪教义；贵格会信徒不借助神职人员或圣礼培育内在的生命。这些传统中的每一个都比这个总结复杂得多，不过它显示了洛克时代的英国已经存在的基督教信仰的多样性。——编者注

和力量来激励人们武装起来，吹响战争的号角，它的确不可能是另外一种情况。治安官应当忍受这些纵火者和扰乱公共和平者造成的痛苦这一点也许是值得怀疑的，因为看起来他们没有受到邀请而参加破坏活动，因此可以认为利用他们的贪婪和骄傲作为增加自己权力的手段是合适的。因为谁没看到这一切：这些好人实际上更多的是政府的牧师，而不是福音的牧师；他们通过奉承野心和支持有权势的君王和权威人士的统治，竭尽全力地促进英联邦的暴政，否则他们就不能在教会中确立地位？这是我们看到的教会与国家之间的令人不快的协议。不过，如果它们之中的每一个都将自己控制在自己的范围内——一个关注英联邦的世俗福利，另一个关注灵魂的拯救——那么，它们之间不可能会发生任何不和谐。

供讨论的问题

1. 事实似乎是这样的：甚至在美国这个世俗社会中都存在着一些人坚持的行动，即使它们的本质是宗教的。其中的一些行动是什么？为什么它们对其支持者而言是重要的？
2. 洛克支持宗教宽容的一个证据是，它减少了宗教少数派所造成的威胁。你同意吗？如果同意，为什么同意？如果不同意，为什么不同意？
3. 一些当代观察家断言，主导不久的将来的将是想要纯粹世俗国家的那些国家与坚持以宗教为基础的社会的那些国家之间的斗争。你能举出一些例子吗？你同意这场斗争是不可避免的吗？
4. 自洛克那个时代以来的事件是否证明或反驳了他的主张：一个社会可以是一个稳定的社会，哪怕它接受宗教多样性？
5. 你能提供什么证据来支持世俗国家比宗教国家更强这种观点？在这种语境中，"更强"是什么意思？

第三十六章　个人与国家

约翰·斯图尔特·密尔的论文《论自由》(On Liberty)是政治自由主义的创始文献之一。正如这个词所暗示的，19世纪的自由主义将个人的自由视为至高无上的。当时与现在一样，公民面临的威胁是政府对个人自由的侵犯。无论涉及的自由是政治的、经济的还是宗教的，政府过去历来都是为了更大的利益而限制个人的自由，经常使用严厉的手段来执行政府的法令。在今天，这个词具有讽刺意味的转折，主要适用于支持政府扩大实现更大的社会和经济正义作用的观点。

本部分剩余的阅读材料将通过观察个人与国家的关系这个问题的两方来探讨**自由主义**(liberalism)的概念。这两方分别是个人不受国家限制的自由以及个人对团体和国家的责任。

约翰·斯图尔特·密尔是最大限度的个人自由的伟大代言人。密尔是一位英国哲学家，与被叫作功利主义的社会运动联系在一起。功利主义这种伦理观点起源于杰里米·边沁的著作。密尔与边沁一样拒绝天赋的自然权利概念，并且主张将个人自由的社会效用的功利基础作为政府保护而不是剥夺那些自由的正当理由。

下面的选文来自密尔的经典作品《论自由》，它仍然是西方政治哲学的经典。在这篇论文中，密尔认为，只要个人不伤害他人，就可以自由地做自己想做的事，这对社会是有益的。他还认为，国家甚至不应该以家长式的方式干预，即使是为了防止人们无论是在身体上还是在道德上伤害自己。在这篇论文中，密尔追溯了从限制国王权力的《大宪章》(Magna Carta)到主张政治权力存在于人民自身之中的观点等各种限制统治精英政治权力尝试的历史。他认为，剩下来的对自由的一个威胁是这种可能性：大多数人的统治可能会对不顺从的个人实施暴政。他宣称，这可以通过将多数人的统治限制在个人的行为实际上伤害了他人的情况下而加以避免。

当你阅读密尔的论文时，问问你自己，你是否会像他那样拒绝家长式地保护你的法律。例如，你赞成系安全带法吗？你赞成全面禁止吸烟法吗？你会支持允许在家里使用毒品的法律吗？政府应该保护我们不受自己的伤害吗？你可能也会想，"伤害他人"到底是什么意思。如果一个没有戴头盔的人因为摩托车事故而脑死亡，没有从昏迷中恢复的希望，那该怎么办呢？他的行为给他的父母、兄弟姐妹和自己的孩子造成了心理伤害，更不用说巨大的医疗费用，其中大部分必须由普通纳税人承担。对于吸烟对他人造成的伤害，是否也能提出同样的论证？除了二手烟的危害之外，我们是否还应该考虑吸烟者的医疗保健费用、吸烟导致的生产力损失以及当所爱之人死于与吸烟有关的疾病时对朋友和家庭造成的心理损失？

尽管密尔的论文追溯到19世纪，但是他提出的问题仍然与我们息息相关,有关政府在规范其公民生活时的恰当作用的论争可能会继续下去。

真正的自由主义者经得起推敲吗?

自由主义始于捍卫个人不受不正当的政府干预的自由。它的最基本的原则是,有一些限制规定了政府对个人可以提出的要求。这种争论集中在可以向个人提出何种要求及其反面,应该对多数人的统治施加何种限制。

当促进一个人或一个团体的利益牵涉到剥夺他人的自由时,我们应该做什么?对此,人们的意见存在分歧。没有任何东西比解决这种分歧更具争议性的。想想"仇恨言论",自由言论权是否包括口头辱骂那些与我们不同的人的权利?经济问题呢?人们可能有言论自由,但却无家可归,一贫如洗,那么他们有过体面生活的权利吗?一个人可以被完全赋予宗教信仰权、言论自由权、投票权,但是对于一个流落街头的人来说,这一切意味着什么呢?对他来说,拥有选举权没有任何意义。

对此,有两种不同的哲学回答。有人认为,除了上述权利外,我们还应该有权获得足够的社会和经济利益。他们认为,如果我们采取更加公平地分配社会和经济利益的政策,那么,整个社会将受益,每个人的福利将得到提高。但是,这些观点与更看重拥有并且可以私自处置自己财产权利的那些人相冲突,因为他们相信,只有从拥有更多社会和经济利益的那些人手里夺走一些利益,将它们给予拥有得更少的那些人,才能实现社会和经济利益的更平等分配。

谁是真正的自由主义者?是那些主张最大限度地不受政府干预的个人自由的人(19世纪的自由主义),还是那些主张政府应该为更公平地分配社会的经济和社会利益而奋斗的人(20世纪的自由主义)?因为自由主义者长期被拉向两个方向,所以今天已经出现了两种形式的自由主义:强调财产权的"自由至上主义的自由主义者"(libertarian liberals)以及强调每个个体享有平等尊重和尊严的"平等主义的自由主义者"(egalitarian liberals)。

约翰·斯图尔特·密尔:《论自由》[1]

本文的目的是断言一个非常简单的原则,即有权以强制和控制的方式绝对地管理社会与个人的交往,

---

[1] 节选自约翰·斯图尔特·密尔《论自由》第1、2、5章。

无论所使用的手段是以法律惩罚的形式实施的武力，还是对公众意见的道德控制。那个原则是，保证以个人或集体的形式干涉人类中的任何个体或群体行动自由的唯一目的是自我保护。可以违背一个文明社会任何成员的意志，对其正当行使权力的唯一目的是为了防止伤害他人。他自己的利益，无论是身体上的还是道德上的，都不是充分的保证。不能因为这样做对他更好，因为这样做会使他更快乐，因为在别人看来，这样做是明智的，甚至是正确的，而正当地强迫他去做或者克制。这些是向他提出抗议、跟他讲道理、说服他或者恳求他的好理由，但不是在如果他不这样做时强迫他，或使他祸事缠身的好理由。为了使强迫合理化，人们想要阻止他实施的那个行为必须是蓄意对他人施恶。在任何人的行为中，只有涉及他人的部分才是他必须对社会负责任的。在仅仅涉及他自己的部分，他的权利的独立性是绝对的。对于他自己，对于他自己的身心，个人是至高无上的。

也许，几乎没必要说这一学说只适用于那些能力成熟的人。我们所说的不是儿童，也不是没有达到法定成年男性或女性年龄的年轻人。那些仍处于需要别人照顾状态的人必须保护自己不受他们自己行为的伤害，也不受外来的伤害。

恰当地说，可以从作为一个独立于功用的东西的抽象权利的概念派生出我的论证，但是，我放弃了这样做的好处。我认为功用是所有伦理问题的最终诉求，但它必须是最大意义上的功用，建立在作为一个进步的存在者的人类的永久利益之上。我认为，仅在每个人关乎他人利益的那些行为上，那些永恒利益让个人自发地服从外部控制。如果任何人做了伤害他人的行为，表面上看这是一个通过法律惩罚他或者在法律惩罚不是非常适用的地方，通过普遍谴责来惩罚他的案例。也有许多有益于他人的积极行为，他可以正当地被迫执行这些行为。例如，在法院作证，在共同防卫中承担他应尽的义务，实施带有个人恩惠的某些行为，例如，拯救同伴的生命，或参与保护无防御者不受虐待。无论何时，当人显然有责任去做这些事却不做时，他必须为社会承担责任，这是正当的。一个人不仅可以通过他的行为，还可以通过他的不作为对他人施恶，在任何一种情况下，他都应该对他们的伤害负责。事实上，后一种情况比前一种情况需要谨慎得多的强制措施。要使对他人作恶的任何人承担责任是法则，而要他对没有阻止邪恶行为负责相对而言是例外。不过，有许多案例足够清楚和严肃地证明这一例外是合理的。在与个人的外部关系有关的所有事情上，他在法律上都服从那些利益相关的人，并且如果需要的话，也服从作为他们的保护者的社会。通常有不让他承担责任的好理由。但是这些理由必须来自那个案例的特殊权宜之计，或者因为它是这一类案例：当任由他自己决定时，总的来说，他很可能比在以社会有权控制他的任何方式控制他时表现得更好，或者因为试图控制会导致的恶果比它所能阻止的那些恶果更大。如果像这样的理由妨碍履行责任，那么，行动者本人的良心应该走进空的审判席，保护没有外部保护的他人的那些利益；更严格地审判自己，因为这个案例不容许他对他的同胞的审判负责。

但是，有一个行为的领域，在它之中，与个人不同的社会如果有利益，那么只有间接的利益；它包括一个人的生命和行为中只影响他自己的所有部分，或者如果它也影响其他人，那么，他们必须是自由地、自愿地、在没有被欺骗的前提下同意它并参与其中。当我说只影响他自己时，我的意思是直接地并且首先地，因为影响他自己的任何东西都可能通过他自己影响他人，而且可能基于这种可能性的反对意见将在后文中得到考量。因此，这是人的自由的恰当领域。第一，它包括意识的内在领域：要求极高的（最广义的）良心的自由；思想和感受的自由；对所有主题，无论是实践的、还是思辨的、科学的、道德的或神学的，产生意见和看法的绝对自由。表达和发表意见的自由似乎属于一个不同的原则，因为它属于一个人的关涉他人行为的那个部分。但是，因为它几乎与思想自由本身同等重要，并且在很大程度上基于相同的理由，所以实际上与思想自由是分不开的。第二，这个原则要求趣味和追求的自由，制订我们的适合我们自身性格的生活计划的自由，做我们喜欢做的事，遭受可能发生的后果影响的自由：只要我们做的事不伤害我们的同胞，就不受他们阻碍，哪怕他们认为我们的行为愚蠢、反常或错误。第三，由每个人的这种自由得出在同样的限度内的个人之间联合的自由：为了不牵涉到伤害他人的任何目的而联合起来的自由，只要联合的人是成年人，并且不是被强迫或欺骗。

如果在任何一个社会中，这些自由总体而言不受尊重，那么，无论它的管理形式是什么，该社会都不是自由的。如果在任何一个社会中，这些自由并非绝对地、不受限制地存在，那么，它不是完全自由的。唯一名副其实的自由是以我们自己的方式追求我们自己的利益的自由，只要我们不企图剥夺他人的利益，或妨碍他人为获得利益所做的努力。每个人都是他自己的健康——无论是身体的，还是精神的和灵性的——的恰当监护人。通过使彼此过他们自认为是美好的生活，而不是通过强迫每个人过其他人认为是美好的生活，人类将会是更大的赢家……

除了个别思想家的独特信条之外，世界上还有通过意见的力量，甚至是立法的力量，将社会的权力过度地延伸到个人身上的日益增长的倾向，并且当世界上发生的所有变化的趋势都是强化社会的权力，削减个人的权力时，这种侵犯不是一种会自发地消失的罪恶，而是相反，会越来越强大。人类，无论是作为统治者还是作为同胞，将他们自己的意见和偏好作为行为的准则强加于他人的倾向，都被随附于人性的某种最好的情感和最坏的情感强力支持，以至除了权力欲外，几乎没有任何东西能对它施加约束；并且当这种权力不是在下降而是在增长时，除非可以对这种危害树立一个道德信念的强大屏障，否则，在世界当前的处境下，我们必须预见我们看到它在增长……

人们希望，必须将"出版自由"作为反对腐败或独断专横的政府的保障之一来加以捍卫的那个时代已经一去不复返了。我们可能假定，现在不需要反驳这种做法：允许一个在利益上与人民不同的立法机关或行政机关向他们提出意见，决定他们将被允许听到什么学说或观点。并且，以前的作家们已经如此频繁、如此成功地推进了该问题的这个方面，以至这里无须特别坚持它……

在政治上，几乎也是司空见惯的是，一个有秩序或稳定性的政党与一个进步或改革的政党是健康的政治生活状态的必要元素，直到一个或另一个政党如此扩大了它的思维范围，以至同样成为一个有秩序和进步、知道并且区分适合被保存的东西与应该被清除的东西的政党。这些思想方式中的每一种都从另一种思想方式的缺陷中获得好处。但是，在很大程度上，正是与另一种思想方式的对立使得每一种思想方式保持在理性和理智的限度内。除非可以同样自由地表达，并且用同样的才智和精力去执行和捍卫那些支持民主与贵族、财产与平等、合作与竞争、奢侈与节欲、社会性与个性、自由与纪律以及现实生活中存在的所有其他对抗性的观点，否则，这两种元素都没有机会得到它们应有的结果。一个等级肯定会上升，另一个则下降。在生活的重大现实问题上，真理是一个调和与结合对立面的问题，以至很少有人有足够开阔和公正的头脑去以正确的方式进行调整，这必须通过在敌对的旗帜下作战的战斗人员之间的艰苦斗争的过程才能实现。对于刚才列举的任何一个开放的大问题，如果这两种观点中的某一种比另一种的主张更好，不仅被容忍，而且被鼓励和支持，那么它是在特定时间和地点出现在少数人中的那种观点……

我们现在已经认识到，意见的自由和表达意见的自由之于人类的精神福祉（他们的所有其他福祉都依赖它）的必要性有四个不同理由。我们现在会简述它们。

第一，如果任何意见被压制，那么，我们当然知道那个意见可能是真的。否认这就是假定我们自己的绝对正确性。

第二，虽然被压制的意见是错误的，但是它可能并且通常确实包含一部分真理；而且，既然对任何主题的一般的或盛行的意见很少或根本不是全部真理，所以只有通过对立的意见之间的碰撞，其余的真理才有机会被提供。

第三，即使所接受的意见不仅是真的，而且是全部真理，除非它将被激烈地、认真地争辩，并且实际上如此，否则大多数接受该意见的人都会以偏见的方式持有它，几乎没有理解或感受它的合理的理由。不仅如此，而且，第四，该学说本身的意义也将面临丧失、被削弱和被剥夺其对品格和行为重要影响的危险：信条变成了一个完全形式化的声明，对于善无效果，但却阻碍理由，并且阻止任何真正的、真诚的信念从理性或个人经验中成长起来……

另一个问题是，国家虽然允许它认为违背了行动者最佳利益的行动，但是否应该间接阻止该行动。例如，它是否应该采取措施使酗酒的成本更昂贵，或者通过限制销售的场所的数量增加获取这些手段的难度。在这个问题上，与大多数其他实际问题一样，需要做出许多区别。仅仅为了使它们更难获得而对酒征税是一项与完全禁止它们只是在程度上不同的措施，并且只有在全部禁止是合理的时候才是合理的。对于其收入不及已涨物价的那些人来说，成本的每次增加都是一种禁令；对于其收入足够应付已涨物价的那些人来说，这是因为满足一种特殊口味而施加给他们的惩罚。在履行了对国家和个人的法律和道德的义务后，他们对快乐的选择以及支出他们收入的方式是他们自己的事，必须由他们自己来判断。这些考虑乍一看似乎谴责为了财政收入选择酒作为特殊的征税对象。但是必须记住，出于财政目的的征税是绝对不可避免的；在大多数国家，那种征税的相当一部分必须是间接的；所以，国家不能不将对某些人而言可能是禁令的惩罚施加到使用某些消费品上。因此，国家在征税时有责任考虑哪些商品是消费者最可能省掉不用的，如果国家认为某些商品的使用超过了合适的量是非常有害的，那么它就更有理由优先选择那些商品。因此，对酒征税到产生最大收入的程度（假设国家需要它产生的所有收入）不仅是可接受的，而且是可认可的。

必须依据限制意欲服从的目的，以不同方式回答使这些商品的销售或多或少地具有排他性的特权的问题。所有公共度假场所都需要警察的约束，而这类场所特别需要警察的约束，因为危害社会罪尤其容易产生于此。因此，将销售这些商品（至少在现场消费）的权力限定给名人或因行为得体而获得担保的人，制定公共监督所必需的营业和打烊时间的规定，并且如果由于该房屋的管理者的纵容或无能而多次发生违反治安的事件，或者如果该房屋成为炮制和预备违法罪行的集结地，那就撤销许可证，这一切都是合适的。原则上，我认为任何进一步的限制都是不合理的……

我用最后的篇幅来处理一大类有关政府干预的限度的问题。虽然该类问题与本文的主题密切相关，但是在严格意义上并不属于它。有一些案例，其中，反对干涉的理由并不有赖于自由原则；问题不是关于限制个人的行为，而是关于帮助他们：所问的是，为了他们的利益，政府是否应该做一些事，或者使这些事被做，而不是让他们自己独自或自愿联合起来做这些事。

对政府干预的反对意见，在不涉及侵犯自由的情况下，可以分为三种。

第一种反对意见是，要做的事由个人做可能比由政府做更好。一般而言，没有谁比在任意一项业务上有私人利益的那些人更适合开展该项业务，或决定如何开展或由谁开展。这一原则谴责立法机关或政府官员曾经如此普遍地干预一般的工业过程……

在许多情况下，尽管个人一般做某件事不如政府官员做得那么好，但是应该由他们而不是由政府来做仍然是可取的，因为这是他们自身精神教育的一种手段，是加强他们的主动能力，运用他们的判断，并使他们熟知他们将要处理的问题的一种方式。这是陪审团审判（在非政治案件中），自由的、大众的地方机构和市政机构以及自愿联合的工业企业和慈善企业行为的一个主要的但不是唯一的可取之处。这些不是自由的问题，并且因为关系较远的倾向而与那个主题相连，但是它们是发展的问题……作为国民教育的一部分，实际上，作为公民的特殊训练，自由人民的政治教育的实践部分把他们从个人的和家庭的自私的狭隘圈子中带出来，使他们习惯于理解共同利益、管理共同关切的事情，使他们习惯出于公共的或半公共的动机而行动，习惯用那些使他们彼此联合而不是使他们彼此孤立的目的来引导他们的行为。没有这些习惯和权力，一部自由的宪法既不能发挥作用，也不能得到维护。证明这一点的一个例子是，在政治自由并不依赖于地方自由的充足基础的国家，政治自由在绝大多数情况下具有转瞬即逝的性质。并且，地方管理纯粹地方性的事务，自愿提供金钱手段的工会管理大型工业企业，这被进一步推荐，其原因就是本文已经阐述的归属于发展的个性以及行动模式的多样性的所有优点。政府的运作往往处处相似。相反，个人和自愿的协会的实验各不相同，有无限多样的经验。国家能做的有益的事是，使自己成为许多实验所产生的经验的集中保管者、活跃的分发者和传播者。它的任务是让每一个实验者都能从他人的实验中受益，而不是除了自己的实验之外，不能容忍任何实验。

第三种，也是限制政府干预的最有说服力的原因是，不必要地增加其权力是一场巨大的灾祸。对政府已经行使的那些职能额外补充的每项职能都会使它对希望和恐惧的影响被更加广泛地扩散，并且使公众中的那个积极主动的、雄心勃勃的部分越来越多地转化为政府的附庸，或一个旨在变成政府政党的附庸。如果道路、铁路、银行、保险公司、大型股份公司、大学以及公共慈善机构全都是政府的分支机构，此外，如果市政公司和地方董事会以及现在移交给他们的一切成为中央管理机构的部门，如果所有这些不同的企业的雇工都是由政府任命和支付薪水，并且其生命中的每次提升都指望政府，那么，并非所有的出版自由和立法机关的普通宪法都能使这个国家或任何其他国家成为名副其实的自由之国。而且，越是高效地、科学地构造行政机器，越是熟练地安排去获得从事这种构造工作的最合格的人才，灾祸就越大……

如果每个需要有组织的协调或大而全面的观点的社会事务部分都掌握在政府手中，如果政府办公室普遍由最能干的人来填补，那么，除了纯粹的思辨的智慧之外，该国的所有扩展了的文化和习得的智慧都将集中在众多官僚机构手上，社会中的其他人会向他们寻求一切：群众在他们需要做的一切事情上寻求指导和命令；有能力和有抱负的人寻求个人的升迁。谋求被官僚机构接纳为成员，并且一旦被接纳，谋求在该机构中获得晋升，这将是人的野心的唯一目标。在这种体制下，不仅外面的公众因为缺乏实践经验不能称职地批评或检查官僚机构的运作模式，而且即使专制的事件或公共机构的自然运作偶尔使得一个或多个具有改革倾向的统治者登上权力的顶峰，也不能实行有违官僚机构利益的改革……

政府有再多那类不是妨碍而是促进和激励个人发挥和发展的活动都不为过。当政府不是激起个人和机构的活动和力量，而是用自己的活动代替他们的活动时，当它不是通知、建议和有时谴责他们，而是让他们在束缚中工作，或者让他们站在一边，代替他们做他们的工作时，危害就开始了。从长远来看，一个国家的价值就是组成它的个体的价值。并且，倘若一个国家延迟他们的精神的扩展和提升的利益，相反更专注这样的利益：管理技巧，或在事务细节实践上表现得稍好一些，倘若一个国家使其人民相形见绌，以便他们甚至可以为了有益的目的，成为它手中的更温顺的工具，那么，这个国家将会发现，这些小民不能真正完成任何伟大的事情，而它牺牲一切所换来的国家机器的完善最终因为缺少生命力——为了使国家机器能更顺利地运作，它更喜欢消除这种生命力——而没有任何用处。

供讨论的问题

1. 从今天的报纸中挑选一篇报道团体之间或团体与政府之间争端的新闻。你认为密尔会捍卫这一问题的哪一面？
2. 我们在本书前面的伦理学部分遇到过密尔。你认为他的社会政治哲学与他的伦理观点一致吗？请给出你回答的理由。
3. 讨论"自由主义"一词的演变。你会如何解释这一变化？
4. 密尔的这篇论文写于 19 世纪。如果他写于 21 世纪，他所表述的观点会有不同吗？请给予说明。
5. 一位美国总统宣称："大政府的时代已经结束。"在世界上的许多民主国家，政府的作用正在降低。你如何根据密尔的这篇论文解释这一点？

第三十七章 人权

第二次世界大战结束后（1949年），当纳粹暴行全面曝光时，联合国通过了《世界人权宣言》（Universal Declaration of Human Rights），这实际上创造了一部反对侵犯人权的国际法。自20世纪80年代冷战结束以来，在前南斯拉夫、阿尔巴尼亚冲突、"第一次海湾战争"、西非的卢旺达和塞拉利昂危机以及最近的苏丹达尔富尔地区，越来越多地使用国际力量来执行这项国际法，打击侵犯人权的行为。2002年，斯洛博丹·米洛舍维奇（Slobodan Milosevic）被审判。与萨达姆·侯赛因（Saddam Hussein）一样，他是一个拥有主权的民族国家的首脑，被指控"反人类罪"，包括种族灭绝和种族清洗罪。2008年，位于海牙的国际刑事法院起诉苏丹总统奥马尔·巴希尔（Omar al-Bashir）犯有种族灭绝、反人类罪和达尔富尔战争罪。这些侵犯人权的例子包括种族清洗、种族灭绝和奴隶制。

总的来说，似乎第一次出现了一条统一战线，一项广泛的国际共识，即强力防止某些被普遍谴责的行为，它们被认为是侵犯了某些基本的、普遍的人权。在随后的阅读材料中，吉恩·布洛克尔追溯了这种有关普遍的道德和法律标准的观念从其哲学根源到其作为事实上的国际法的现状的演变。

纳粹官员、米洛舍维奇、萨达姆·侯赛因和查尔斯·泰勒（Charles Taylor）被控"反人类罪"，禁止此类犯罪的法律来自哪里？民族国家，无论是纳粹德国、塞尔维亚、伊拉克、利比里亚、塞拉利昂，还是苏丹都没有，也不曾通过这个法律。事实上，根据侯赛因统治时期的伊拉克法律，伊拉克总统的确不会因任何罪行而受到起诉！侯赛因是否违反了一些国际法？如果是，违反了哪些国际法？这些国际法是否胜过主权国家的法律？在纳粹德国最终失败之后，纽伦堡战争罪法庭举行了一系列由胜利者设立的特别审判。为防止一个拥有主权的民族国家（伊拉克）对其本国的（库尔德）公民实施侵犯人权的行为，被称为"慰藉行动"（Operation Provide Comfort）的那场以设置"禁飞区"以解救库尔德人为目标的联合国军事行动于1991年开始，这是一个新的、不同的例子。

在他的文章中，布洛克尔从历史和批判的角度审视了这项国际法的来源以及国际社会执行该法律的意愿和能力。正如布洛克尔指出的，寻找一个普遍的、跨文化的、国际性的道德和法律标准已经进行了很长时间，延续了数千年，它发端于（前5世纪—前4世纪）对伦理学的普遍标准的哲学追求，后来出现在人权或自然权利的理论中，特别是在欧洲和新兴的美利坚合众共和国。

这里确实有两个问题：一个非常古老，另一个相对较新。第一个是一个古老的问题：是否存在任何普遍的、跨文化的道德和法律标准（或者，是否一切都是与文化相关的）。第二个是一个新得多的问题：是否有任何切实可行的方法来监管这样行为的国际标准。

吉恩·布洛克尔：人权[1]

在本文中，我们将17世纪至18世纪的普遍人权学说的发展追溯到古希腊基于共同人性的普遍道德标准的概念。虽然希腊人没有发展"自然的"或"人的"权利的概念，但他们确实为这个重要的现代概念奠定了基础。当然，这种有关对某物通常拥有权利的观念比现代的"人权"学说古老得多，后者可以被理解为有关权利的普通观念的延伸。

让我们主要从询问"什么是权利？"开始，然后把它的范围缩小到"什么是自然的或人的权利？"。一般来说，权利是一个人拥有的或可以向他人提出的拥有某东西或做某件事的正当要求或资格。任何持有有效的大学停车许可证的人都有权（有资格）在大学停车场停车。如果停车场是满的，因为没有有效的停车许可证的人在那里停车，而你有许可证，那么，你可以向他们申明你的权利，而大学当局必须保护你在那里停车的权利，要求他们离开。这项权利不是普遍的（因为不是每个人都有权在那里停车），也不是永久的（你可以购买新的停车许可证，或者你也可以在离开大学时放弃你的停车许可证）。相比之下，自然的或人的权利是普遍的和永久的。它们是人类从出生到死亡的所有时间都拥有的权利，仅仅因为他是人类就能拥有该权利。因此，它们是普遍的和"不可剥夺"的权利，每个人都拥有它们，并且它们不能被收购或清除。

尽管普遍的人的或自然的权利的理论直到18世纪才普及，成为美国和法国革命的理论依据，但是该理论起源于古代，并从那时起经历了相当大的改变。柏拉图和亚里士多德并没有这样讨论人权问题，并且确实不认为所有人被创造出来就是平等的，或者享有与生来自由的希腊成年男性相同的基本权利和特权，他们认为后者构成了天然的贵族。然而，在罗马时期发展起来的"自然法"这一密切相关的概念为后来的普遍人权或自然权利的学说提供了重要的理论基础。

到了罗马修辞学家和政治家西塞罗（Cicero，前106—前43）的时代，罗马出现了一支新的政治力量，这种力量不久之后将从亚洲到大不列颠的整个西方世界统一为一个在罗马统治下的政治体。政府从相对较小的团体（如柏拉图时代的雅典城邦）扩展到亚历山大统治时期以及后来的罗马帝国时期广阔的大陆地区，这导致了如何为使用一套法律和制度来统治不同的人民和社会辩护的问题。当然，对古老的封建忠诚和传统习俗的仰仗将不再有效。通过扩展希腊早期的柏拉图和亚里士多德的观点，西塞罗提供了一个答案：所有人基本上是相似的，分享一个基于人的理性的共同人性，因而这一套标准适用于每个人。他将这些标准叫作"自然法"。并且，他认为，因为普遍的人性的一个基础是，所有人类分享一个共同的理性或合理性，所以任何人可以通过理性发现这些普遍的道德标准（也就是说，任何人利用他的人类理性就会对什么是公正的法律得出相同的结论），因而它们提供了公正的国家的基础。

在中世纪，托马斯·阿奎那（13世纪）扩展了罗马自然法的概念，并将它与其他法律（特别是民法和神法）区分开来。与西塞罗一样，阿奎那认为，不符合自然法的政策是不公正的，因此自然法成为民法

---

[1] 经作者授权使用。

有效性的一项测验。自然法这一概念后来成为托马斯·霍布斯和约翰·洛克（17世纪）关于人的或自然的权利理论的一部分，后来又成为第二次世界大战结束时纳粹战争罪法庭的法律基础。纳粹党卫军军官虽然没有违反希特勒统治的德国的任何法律，但仍然违反了自然法，犯了反人类罪。后来，海牙国际法院在审判涉及前南斯拉夫、卢旺达、利比里亚和塞拉利昂的领导人的案件时同样引用了自然法的观点。同时，法律的"权利"的概念正在由一些人相对于他人的有限的法律权利逐步扩展到阶级权利（一个阶级的人相对于其他阶级的人的权利）的学说，最后发展到每个人相对于任何其他人的普遍的人的或自然的权利的学说。例如，在封建时期，领主有权要求他的骑士服兵役，从他的农民手里获得一定的农产品，而他的农民则有权要求领主保护他们免受外来的入侵。这是作为正当权利的一般权利的一般意义，一个人有正当理由要求其他人给予某些待遇，反过来，其他人有义务（即有正当理由被要求）服从。正是在这个意义上，1215年，英国男爵们强迫约翰国王（在《大宪章》中）同意他们拥有国王不能推翻的权利。扩展了的这个法律权利的概念为17世纪和18世纪最终发展起来的普遍的人的或自然的权利的学说提供了第二条路径。

封建制度逐步瓦解。在该制度中，个人仅限于他在社会中的确切职能或角色，这取决于他所属的统治者或农民或工匠等世袭家庭。大多数人要么是贵族、神职人员，要么是农民。但是，渐渐地，小批工匠逃到了城市（例如伦敦或巴黎），在那里，他们不必为追求自己的商业利益而对贵族承担封建义务。这些人中的很多人变得非常富有，创造了一个新的"中产阶级"，该阶级最终成为统治阶级，甚至压倒了贵族。这些巨大的变化需要政府和社会组织的形式发生变化，因而使得思考政府和社会组织的新方式成为必要。

许多新的政治思想捍卫新中产阶级的权利和特权，既反对他们的贵族竞争对手，也反对贫苦的工农阶级的主张。新中产阶级的成员声称拥有某些权利（财产权、生活在他们选择的地方的权利、接受教育的权利、从事他们喜欢的任何事业的权利、民主地决定他们自己的政府的权利等），而政府成立的正当理由越来越被认为是为新中产阶级的利益服务。当这发生时，人们开始认为自己不像以前那样是一个小的封建团体的成员，而是一个更广泛的政治团体的完全平等的成员。这是向现代民族主义方向迈出的一步，并且为新兴的民族国家提供了基础。

最后，启蒙主义有关普遍的人的或自然的权利的学说演变成为18世纪末创造民主民族国家（例如，美国、法国）的活动辩护，此时，权力从一个民族国家的贵族（国王、王后、公爵、伯爵、领主等）转移到拥有财产的中产阶级。托马斯·杰斐逊依据约翰·洛克的社会政治哲学的模型所撰写的《独立宣言》谈到了所有人的普遍的、不可剥夺的权利，所有人都被认为是在政治上平等的，不过这在实践中当然并不包括非洲奴隶或美洲原住民（印第安人），或——正如阿比盖尔·亚当斯（Abigail Adams）向其丈夫约翰·亚当斯（John Adams，美国第二任总统）所提醒的——占人口一半的女性。在美利坚共和国的早期，只有拥有大量财产（土地）的自由成年男性才被允许投票或任公职。因此，"我们人民"在修辞上指代所有人，然而实际上只意指自由、富有的中产阶级男性。在整个19世纪，这一群体逐渐扩大到包括所有自由成年男性，接下来包括被解放的非洲奴隶，最后在20世纪包括妇女。

那么，原则上，所有人，并且只有人类，从出生时起就拥有某种不可被剥夺的权利，而这仅仅是因为成为了人类。但是，为什么我们倾向于认为只有人类才有这些自然权利？人类有什么特别或不同之处以至可以给予他们这些绝对的权利？如果我们说，正如许多哲学家所说的，这是因为所有人都是理性的，我们必须怀疑，那是否包括非常年幼的孩子或那些有严重智障的人。类似地，如果我们说，正如一些哲学家所说的，人类在自主性上（即他们在接受和执行长期的生活计划的能力上）是独一无二的，并且在那个意义上可以获利，那么，非常不清楚这是否适用于所有人（例如，那些患有精神疾病的、自闭的、有严重智力障碍的、非常幼小的、处在不可逆转的"脑死亡"昏迷状态的人等）。也不完全清楚为什么人类之外的其他动物（尤其是高级哺乳动物）不能满足这些标准，不能也拥有权利。

假设存在自然权利以及法律权利，所有人并且只有人拥有这些权利，那么，这些权利是什么呢？起初（在17世纪和18世纪），人权清单上的数量非常少，只有三四个，尽管不同的哲学家提出了不同的清单［杰斐逊谨慎地说，"生命、自由和追求幸福的权利就属于这些权利"，而约翰·洛克主要谈到"生命、自由和财产"］。美国的《权利法案》包含更多的权利（言论自由权、集会权等），而联合国1947年的清单上的数量已经增加到30多个！假设我们有权利，它们是什么？我们可以基于什么来决定哪个清单是正确的清单？即使我们能够决定所有人且只有人拥有人权，并且能够决定那些权利包括什么，还有一个令人苦恼的问题：到底什么是权利？它（像霍布斯所认为的那样）是一种支持索取的力量，或者（像其他哲学家所主张的那样）是一种资格？

并非所有18世纪的欧洲哲学家都接受普遍的人的或自然的权利的概念。一般的功利主义者，尤其是杰里米·边沁，都反对自然法以及自然权利或人权的概念，认为后者是"高跷上的胡话"（nonsense on stilts），不仅是胡话，而且是自命不凡的胡说。1800年，佐治亚州一个种植园里的一名非洲奴隶有自由（"生活、自由和追求幸福"的"自由"）的权利吗？在边沁写作时的1800年，妇女有投票权吗？他们当然没有法律上的自由权和投票权。如果他们不拥有这些法律的或民事的权利，他们所谓的自然权利有什么好处？当然，自然权利或人权的捍卫者可以继续使用人权的语言，如果他们喜欢，是的，他们可能说奴隶天生就有自由的自然权利，妇女天生就有不可剥夺的投票权，但不幸的是，这些自然权利当时被侵犯了。即使如此，边沁认为，在他们居住的国家的法律变更之前，在美国（在1865年）废除奴隶制和（到1920年）给予妇女投票权之前，他们将不能享有这些所谓的自然权利。此外，边沁继续说，有什么证据表明人类确实拥有这些权利？毕竟，这并不像断言所有人或大多数人天生就有两只胳膊、两条腿、一双眼睛等。

从经验的角度和科学的角度看，没有证据表明人类拥有（或不拥有）这些自然权利。因此，这是一个无用的形而上学的辩论，绝不会用这种方式或那种方式证明它。此外，如果没有经验的、科学的方法来确定人们是否拥有自然权利以及这些权利是什么，那么，边沁担心，任何人都可以索取和要求他认为他们有权要求的任何东西，并且，如果那些要求没有得到满足，根据洛克和其他人的观点，他们将有权反叛以及尝试推翻他们的政府。假设我认为我拥有作为一个有才华的人得到认可和奖励的自然的、不可剥夺的权利。不能以这种或那种方式证明我是否拥有这项人权，并且因为我认为我的这项权利不受我的政府保护，所以，依据洛克和杰斐逊的观点，我有理由得出结论说政府没有正当的基础，所以我开始走私枪支进行武装革命。[托马斯·潘恩（Thomas Paine）在独立战争后在美国不再受欢迎的一个原因是，他继续谈论公民反抗新成立的美国宪制政府的权利，如果他们觉得自己的权利被侵犯。一些农民听了潘恩的话，参与了威士忌暴乱，华盛顿总统不得不亲自率领一支军队来镇压。革命后，除了潘恩，以前的所有革命家都停止了所有的革命言论！]最近（2004年），波斯尼亚塞族总理德拉甘·米凯雷维奇（Dragan Mikerevic）向欧洲委员会代表团抱怨说，北约解雇那些被发现帮助和藏匿包括拉多万·卡拉季奇（Radovan Karadzic）和拉特科·姆拉迪奇（Ratko Mladic）将军在内的逃避战争罪行的嫌疑人的塞族官员，所以侵犯了他们的人权。（2004年年底，米凯雷维奇辞职以示抗议。）

尽管如此，总体而言，普遍人权的学说已经牢固地确立，并且在19世纪得到了相当大的扩展，包括了18世纪从未考虑过的许多普遍的人权。很多深思熟虑的人关注中产阶级的财富不均和新兴的"工人阶级"（那些人由于工业革命离开农耕，到大城市的新产业工作以获取工资）的令人震惊的贫困，并且开始扩充普遍人权或自然权利的清单，包括了享有适当水平的生活、饮食、住房、医保、教育等更"积极"的权利。这些权利不只是不受政府干涉，任意追求自己利益的"消极"的权利，而且是获得人可能没有的诸如食品、住房和医疗保障之类的某些东西的"积极"的权利，这可能需要政府干预。这些更"积极"的权利通常被认为是最基本的，因为没有它们，就不能享有其他权利。（例如，新闻自由对于快要饿死的人而言毫无意义。）

因此，至19世纪末，出现了两种完全不同的权利类型：18世纪权利法案类型的"消极的"的个人权利以及19世纪"积极的"社会福利的权利。第二次世界大战结束时，人权的这种区分成了西方资本主义民主国家与共产主义联盟国家之间冷战争论的重要组成部分。对资本主义的西方而言，人们说一个人"不受"（free from）政府干涉，而对共产主义联盟而言，一个人"自由地"（free to）享受免费的住房、医疗、教育等。对西方民主国家的那些人而言，每个人"平等"地享有依据他的才华和能力在公开市场上与他人公平竞争的机会；对东方社会主义国家的那些人来说，在理想的情况下，每个人不论其才华和能力都应该享有"平等"的工资、平等的住房等。根据西方人的观点，财富的不平等分配如果是公平竞争的结果，那就是公正的，然而，对于东方人而言，财富的任何不平等的分配都被认为是不公正的。最后，对资本主义的西方而言，个人在他的私人事务上有权不受不适当的干涉，然而，对共产主义的东方来说，个人有权享受平等的教育、住房、工资、医疗等。已故总统富兰克林·罗斯福（Franklin Roosevelt）的夫人埃莉诺·罗斯福（Eleanor Roosevelt）被要求协商与调和人权的这两个不同版本，以便起草一份新的联合国人权声明。因此，联合国1948年的《世界人权宣言》包含了两种权利：18世纪个人自由类型的不受政府干涉的"消极"的权利以及19世纪社会福利类型的充分享有吃、住、医疗等的"积极"的权利。前者被当时发达的西方民主国家珍视，而后者受欠发达的社会主义国家青睐。例如，我们看到，第一种权利的例子有第三条："人人有权享有生命、自由和人身安全"，第十七条："人人得有单独的财产所有权以及同他人合有的所有权。任何人的财产不得任意剥夺"。第二种权利的例子有第二十五条："人人有权享受为维持他本人和家属的健康和福利所需的生活水准,包括食物、衣着、住房、医疗和必要的社会服务;在遭到失业、疾病、残废、守寡、衰老或在其他不能控制的情况下丧失谋生能力时,有权享受保障"。

显然,这两种权利概念必然会发生冲突。为了给每个人提供足够的食物、住房、教育和医疗,我们必须从社会的富裕成员(他们不太可能自愿提供大笔资金)那里获得更多,以满足那些不富裕的人的需要。但是,这意味着社会福利的权利总是以个人的权利为代价。因为积累私人财产的权利是个人的主要权利之一,所以,从 18 世纪的个人权利的观点看,任何以经济再分配为目的的税收制度都将显得不公平和不公正。个人是否有权拥有并且有资格拥有可以通过诚实的手段获得的财富?或者,个人是否有权和有资格获得更平等的生活必需品(如食物、住房、医疗等)份额,从而满足作为人的发展?如果两者的答案都是肯定的,那么我们如何平衡二者?近年来,这已经导致了偏爱"自由"而不是"平等"的那些人的激烈争论,即是个人自由权高于享有同等收入、医疗、住房等的权利,还是相反,积极的"平等"的权利优先于消极的"自由"的权利。假设我属于一个全是白人的乡村俱乐部。这是否侵犯了非裔美国人享有平等机会的权利?政府迫使俱乐部允许黑人成为会员是否侵犯了我个人的自由结社的权利?我享有的自由地与任何我喜欢的人交往,不受政府的压力去与我不喜欢的人交往的权利是否胜过或优先于(高于)居住在我的社区的非裔美国人和其他少数族裔所享有的(在乡村俱乐部的会员身份所导致的所有公认的政治和经济利益上)机会平等的权利?

在 20 世纪后半叶,谁或什么拥有这些权利的问题已大大扩展到动物、后裔甚至植物、山脉和河流的可能性。试图证明所有人并且只有人享有平等权利这一主张的尝试的问题在于确定该主张所依据的标准。大多数人为确立这些权利而提出的标准的问题是,这些权利往往要么过于狭隘,要么过于宽泛,排除了一些人,包括一些非人类。例如,如果理性能力被认为是享有人权的基础,那么,正如我们前面看到的,对于婴儿或智力障碍者,我们怎么说?难道我们的直觉没有告诉我们,正是这些人最需要人权概念作为保护吗?但是另一方面,难道不存在运用推理能力的其他动物吗?为什么认为它们不应该是权利的持有者?起初,谈论人类以外的任何事物的权利似乎没有任何意义,因为只有人类才能明确申明自己的权利并且反抗侵犯它们。但是,我们确实谈到了诸如公司和国家之类的非人类实体的权利,我们也谈到了国家代表诸如婴儿或昏迷患者之类的自身无法明确申明自己权利的存在者索取权利。我们能够(并且我们应该)将拥有权利的非人类存在者的名单扩充到什么程度?

为什么有人想把权利持有者的名单扩充到如此广泛的范围?这给我们带来了权利的"政治学"。认为全面立法保护动物或环境的需要是非常迫切的那些人会争辩说,拒绝实行这类立法不仅会导致不良后果,而且还会侵犯基本权利,而认为明显虐待动物是错的,但却仍然非常看重促进人类的直接需要和利益的那些人会极力主张一种更为渐进的方法。这是因为权利依据定义是资格、必须立即无条件地满足的合法要求。如果你闯入我的房子被抓到了,我并不请求你归还偷窃我的物品,而是强令你归还。你也不能与我协商什么时候归还赃物,比如,恳求在接下来的几天里,你比我更需要我的苹果随身播放器,在那之后,你承诺归还它。我可能非常地仁慈和慷慨,允许这样做,但是你不能这样要求。你侵犯了我的权利,必须立即停止。这就是为什么人们常说"权利意味着义务"的原因。如果我有拥有私人财产的权利,那么你就有责任不侵犯那种权利,并且,国家有责任保护那种权利。因此,如果我有权获得足够的医疗,那么国家有义务提供它,那意味着,如果我没有钱,国家就要拿出这笔钱,要么用于医疗保健,要么用于医疗保险。当然,那笔钱最终必须来自那些比我更有钱的人,并且因为他们不会自愿给我那笔钱,国家将不得不迫使他们支付那笔钱,例如通过税收制度,而那意味着雇用大量公务员以确保实际上收到被征收的税款。这在实践中意味着,如果"反堕胎"的倡导者能使立法者确信堕胎是对胎儿"生命权"的侵犯,那么我们所有人都有责任不参与堕胎,国家有责任立即彻底阻止堕胎。另一方面,如果"反堕胎"的倡导者在这种尝试上没有取得成功,并且只能通过立法来劝阻或推迟堕胎,或使堕胎更困难,那么堕胎将会继续下去,尽管可能会逐年减少。

另一个有趣且重要的当代论争涉及群体权利,即一群人对其他人群的权利问题。对非裔美国人、美洲土著人或妇女的歧视是否侵犯了他们被平等对待的个人权利或者侵犯了他们作为非裔美国人、美洲土著人或妇女的权利? 18 世纪最终发展起来的人权观念意味着所有人平等,因而强调每个人的个人权利,在各个方面都与每个其他个体平等。由此似乎可以得出,由于种族、性别、宗教等群体特征不平等地对待人显然侵犯了人权(通常被叫作"歧视")。但是在今天,一些哲学家声称,因为个人常常仅仅因为他们是一个群体的成员的身份(例如,因为他们是黑人、印第安人或女性)而受到歧视,这些权利是受到侵犯而必须保护的群体权利,而不仅仅是个人权利。色情作品是侵犯了妇女所享有的平等尊严以及不受侵犯的权利,还是个人言论自由的权利?"平权运动"或"优惠待遇"是保护非裔美国人的权利,还是侵犯其他个体的享有平等待遇的权利?将女性排除在男子学校之外侵犯了女性的权利,而将男性排除在女子学校之外却保护了女性的权利,这如何可能?如果,作为一个非裔美国人,我成功地争取将黑人纳入大学男生联谊会和女生联谊会,我现在能否以保护非裔美国人的群体权利的名义将白人排除在黑人男生联谊会和女生联谊会之外呢?

另一个不同然而相关的关注是所谓的团体保留其群体认同的权利。在整个 19 世纪末和 20 世纪初,因为期望美洲原住民的孩子不再认同自己或被他人承认为美洲原住民,这些孩子被鼓励融入美国主流文化,他们不被允许讲他们美洲原住民的语言或在学校里实践他们的部落习俗。这是否侵犯了美洲原住民保留其美洲原住民身份认同以及他们的文化认同的群体权利? 2004 年年底,爱斯基摩人(又称因纽特人)宣布,他们计划寻求美洲人权委员会裁定美国对全球气候变暖所做的贡献正在威胁他们的生存权。正如爱斯基摩人的发言人希拉·瓦特-克劳狄尔(Sheila Watt-Cloutier)所说的,最大的担心不是气候变暖会杀死人,而是它将是对爱斯基摩人文化的最后一击。今天,许多非裔美国人抗议白人家庭收养黑人婴儿,因为他们担心这会使孩子们融入美国白人中,忘记他们的非裔美国人的血统。土耳其和伊拉克的库尔德人除了拥有他们作为个人的权利之外,还拥有他们自己的库尔德民族国家的权利吗?并且,土耳其政府使库尔德人融入土耳其主流社会,这是否侵犯了他们作为库尔德人的群体权利?事实上,大多数苏格兰人不会说他们原来的盖尔语这一事实是否表明他们被英国人剥夺了他们的群体权利,他们作为盖尔人的权利,不管他们是否想说或学盖尔语？

最后，在 21 世纪初的现在，尽管我们一直在苦苦列举（首先是在基于普遍人性的普遍道德标准的理论中，其次是在普遍人权理论中）所有问题，但是成为所有国家元首至少口头承诺的事实上的国际标准的，如果不是对普遍人权的信念，那么，它是有关普遍人权的语言。正如《联合国宪章》所记载的，世界上每一个想加入联合国的国家都必须承诺保护其公民的人权，并且支持其他国家谴责侵犯那些权利的成员国。非西方国家的一些知识分子认为，普遍人权的整个学说是西方的一项发明，不适用于他们，也不应强加给他们。也许在他们自己古老的文化传统中，男女是不平等的，也许他们的宗教信仰禁止除一种宗教以外的所有宗教的实践，因而禁止在宗教上宽容异教徒从事虚假宗教实践的权利。即使在今天，妇女也不能在沙特阿拉伯和其他伊斯兰国家投票或竞选公职。尽管如此，他们还是签署了已成为恰当行为的一套国际标准的联合国 1948 年《世界人权宣言》。无论我们在哲学上如何相信人权的存在或范围，真实情况是，在没有陪审团或使用律师的情况下进行审判，因政治信仰而被监禁，侵犯新闻、宗教、集会或运动的自由，都已经成为国际社会的禁忌。而且，自苏联解体以来，国际社会维护这一事实上的国际标准的意愿和能力正在稳步提高，通过使用军事力量和国际法院的刑事审判。

但是，无论古代、中世纪和早期现代的思想多么幼稚或有缺陷，在某些人看来，后人已经利用这一不断进化的哲学传统去构建一套更适合他们的特殊时期和地域的公认的思想。这在观念史上经常发生。当早期的现代科学家四处寻找概念来表达他们新的经验发现时，他们自然而然地转向希腊原子论者、天文学家和数学家。他们这样做并不是因为他们相信这些脱离实际的希腊哲学家的观点是正确的，而是因为后者为构建新科学提供了极其有用的基础。古代的原子论者将世界的真实实体定义为最小的、不可分（"原子"的字面意思）的物质。他们坚持认为，除了原子和虚空（原子移动的容器），什么都不存在。柏拉图向他的学生提出了一个行星系统的模型。希腊语中的"行星"指那些漫游者，不同于所有其他可见的天体，它们相对于其他星体的固定模式而言以不规则的模式移动。柏拉图的任务是建立一个系统，在该系统中，行星围绕一个固定点以独立的完全同心圆（轨道）运动，人们由此可以预见实际的行星观测。毕达哥拉斯显然认为，数，而不是原子，才是宇宙的真正组成部分，并且发展了复杂的数学理论来追求这个形而上学的梦想。不管是真是假，这些哲学思想无疑证明了早期现代科学家从事研究所使用的有用工具。

同样地，在相当激烈的论争之后，人们决定尽可能利用基督教之前的哲学家的学说（接受《圣经》中未讨论的学说为新信息，并且只拒绝直接与《圣经》的叙述相矛盾的那些学说）。苏格拉底第一个主张人是肉体和非物质性的灵魂的结合体。因为希腊人相信，任何真正真实的事物都必须是永恒的，永远不会生，永远不会死（并且也绝对不会以任何方式改变），苏格拉底所描述的灵魂在生前以及死后都是永恒的。因为灵魂在出生前的永恒性与《圣经》的说法矛盾（《圣经》认为上帝创造了一切），所以苏格拉底的思想必然被早期教会的教父拒绝。但是，早期基督徒乐于利用这种人格观：人格是肉体和非物质性的灵魂，灵魂在肉体毁灭后永恒幸存下来。（同样地，如果古代原子论者认为，因为原子是真正实在的，所以，它们总是存在，并且总是会存在，那么，这一点也必须被修正。上帝创造了原子，之后，原子是永久的，直到上帝决定终结这个世界。）而基督教神学家在寻找定义上帝的方法时，将古希腊的真正实在的观念作为一种方法来将上帝界定为宇宙中唯一必然存在的存在者（他不可能不存在，也决不能停止存在）。

基于共同的（理性的）人性的普遍人权学说也是如此。当新兴的中产阶级寻求方法来表达他们对政治和经济自由的要求时，他们（或他们的发言人）自然地转向古代和中世纪的自然法和自然权利或人权的概念。后来，在第二次世界大战结束后，当纽伦堡战争罪法庭的律师们寻找法律先例（毕竟，希特勒的部下违反了什么法律？）时，他们自然而然地转向中世纪－罗马－希腊的普遍人权的哲学概念，提出了现在著名的"反人类罪"的指控。这一漫长且不断演变的传统的每一阶段都面临许多困难：是否真的有一种共同人性？我们怎么能证实或证伪这样的东西？它真的只适用于人类吗？如果是，为什么？这些自然权利、人权到底是什么？（它们是否包括获得足够的住房和医疗的"积极"权利以及言论自由权和诸如此类的"消极"权利？）尽管存在着这些大问题，但也许是纯粹的偶然和非凡的好运，在结果上产生且在今天存在的实际国际标准是相当好的，因为它确实抓住了每个人的基本意义、价值、尊严和政治平等这些现代观念，以及每个人追求他自己的梦想的权利（仅限于不过度限制其他个体的同样的自由和权利）。

即使我们继续论争这些相当大胆的哲学主张中的大部分或全部主张的哲学的（和科学的）正当理由：有一种共同的人性，它基于理性，并且正是人类的这个基本特征使他们远远高于其他动物，存在着基于此的"自然法"和普遍"人权"，难道我们不同意当前的人权概念提供了一个像我们今天所能提出的那样好的实际国际道德和法律标准，不论我们是怎么获得它的？如果杰里米·边沁今天还活着，他会不会积极反对人权学说，或者他作为一个好的功利主义者会不会觉得允许这个"有用的虚构"比放弃它会带来更多的好处？

供讨论的问题

1. 你认为存在着普遍的人权吗？为什么存在或者为什么不存在？
2. 你认为动物有自然权利吗？为什么有或者为什么没有？
3. 为人道地对待动物所做的最好的辩护是什么？是自然权利理论、功利主义，还是认为人是动物和植物的合法看守者这种圣经的观念？
4. 人权理论是西方的发明吗？如果是，为什么非西方文化应该尊重它？

第三十八章　个人幸福与社会责任

在离开个人的权利和政府的限制这个问题之前，重要的是看看有关人性本身的问题。西方自由思想的一个冲突领域的焦点在于，个人可以在多大程度上被设想为和被认作一个原子式的存在者，独立于他所嵌入的团体。自由主义的有些版本从拥有价值和权利的完整个人出发，然后将这个概念作为构建社会秩序的基础加以使用。其他人则极力主张这是扭曲的思想，因为个人事实上只作为在一个已经存在的团体中拥有价值和权利的人存在。

在此问题上，西方思想有两个古老的传统。古希腊哲学家们认为，人必然是社会的动物，他需要一个在其中充分实现他的人性的社会框架。一个从社会中撤退，只追求个人的善的人被认为是反常的、越轨的。"白痴"（idiot）一词来自于希腊语的"*idios*"（个人自己的），用来描述这样的人。亚里士多德在他的伦理学和政治学著作中都主张个体只有通过培育恰当的人际关系才能充分实现潜能。家人、家族、朋友，最后是市政单位［对希腊人而言是城邦（*polis*），或城邦国家］提供了一个人充分发展潜能的场景。在下文中，当代美国哲学家马克·霍洛查克（Mark Holowchak）认为，我们过分地走向了自由的个人主义，迫切需要回转到古希腊的社群主义（communitarianism）的模式。

霍洛查克表明，我们人类是依据我们的本性构造的，因而真正的幸福不仅需要整合一个人的个性的所有方面，而且需要"整合在社会政治单位中"。正如他指出的，这一观点与当前流行的观点截然相反。他所说的流行的观点是自由主义或自由主义的道德观。依据该观点，人是完全自主的和自足的个体。依据当代自由主义的道德观，对个体的任何社会强迫只有促进个体的更大的自由时才是正当的。只要我们的欲望不与你们的冲突，那么，不应该干涉我们每个人追求我们个人的欲望。

霍洛查克将自由主义道德观的这种极端的个人主义追溯到现代思想家，尤其是经验主义哲学家霍布斯、休谟和密尔。他们强调情感在道德中优先于理性——"X是善的"意味着"我喜欢它"，或者"它给我带来快乐"。依据这种经验主义的自由主义的观点，不存在确定何者是真正对或错的理性的或客观的方法，并且既然不同的人和不同的社会喜欢、需要和渴求不同的东西，那么，不存在客观的对或错。一切都与主观的好恶有关。

但是，霍洛查克宣称，这是对人性的一种极其错误的解读。依据霍洛查克的观点，人是社会性的动物。他主张真正的独立和自治的发展只能在社会环境中发生。为了充分发展你作为个体的潜能，你必须能够在社会秩序中充裕地发挥作用。最后，自由主义的道德观自相矛盾，因而没道理，说不通。幸福只能在与社会政治机构一体化中被发现。

这意味着回归到古希腊人的更平衡的观点。依据该观点，我们不仅要求我们个人的权利，而且也要承担我们对于他人的责任和义务，我们不仅寻求满足我们个人的需求和欲望，而且也寻求一种合理的社会理想，该理想使人们为了共同的利益团结起来，无论那在实际的行动上多么难实现。

马克·霍洛查克："自由"社会的幸福和正义：自主性作为政治一体化[1]

幸福是一体化

"幸福"这个话题过去是并且将继续是伦理学的哲学讨论中的焦点和最诱人的问题。许多人，例如亚里士多德和密尔，将它视作人的所有活动的目的，而几乎全部（如果不是全部）哲学家都承认，它如果不是一个美好生活的必需的组成部分，也是宝贵的组成部分。认为幸福在某种意义上是一种一体化的这种观点并不是什么新东西。这无疑是有关幸福的哲学表述和大多数非哲学表述的主流。例如，在早期希腊文化中，著名的德尔菲阿波罗神殿的墙上包含这些话："认识你自己"（gnothi seauton）和"凡事不要过度"（meden agan）。它们显示，对于希腊人而言，美好的生活是自我一体化以及与自己的环境的事情。在《理想国》中，柏拉图自己借苏格拉底之口在第四卷中用旨在展示正义和幸福是灵魂的和谐这个论证回答了第一卷中色拉叙马库斯（Thrasymachus）的挑战（正义和幸福只是强者的利益而已）。在我们自己的时代，伯特兰·罗素说，幸福部分是合理性，而合理性是一种"内在的和谐"[2]。他详细解释说：

> 最大的幸福来自对自己能力的最全面掌握

正是在精神最活跃、遗忘最少东西的时刻，他经验到最强烈的快乐。这的确是幸福的最佳试金石之一。[3]

幸福牵涉到某种个人的一体化——即认识自身或取得一个人精神结构不协调部分的内在和谐，这是没有争议的。不过，相对有争议的是这个命题：幸福的必要条件是在社会政治单位中一体化。为了展示这一点，我必须首先反对那种我认为是现在公认的道德观：自由主义。因为正是通过自由主义道德的误判，我们才能最清楚为何个人的一体化没有政治团体是不可能发生的。

自由主义

今天公认的幸福观是自由主义。在政治层面上，自由主义声明个体是政治分析的基本单元，因而先于他们的团体和机构。自由主义断言人是自主的和自足的个体，其权利先于个体的任何集合的权利或任何机构的权利。根据该观点，机构的任何强迫只有当它促进个体的自由时才是正当的。

作为道德政策，自由主义的哲学宣称，如果我的

---

[1] 经作者授权使用。
[2] 伯特兰·罗素，《征服幸福》（The Conquest of Happiness，New York：Liveright Publishing Company，1996），第85—87页。
[3] 同上，第87页。

基于我的欲望或需求的价值不与你的冲突，那么，我可以自由地做我想做的事（而你可以自由地做同样的事）。这有时候被叫作"最大化自由原则"（principle of maximum liberty）。我的欲望使我成为一个个体，在有理由或无理由的情况下，自由地依据欲望行动是我的自主性以及我的幸福的最纯粹表现。换句话说，正是以我自己的独特方式公开追随我的欲望使我成为一个个体。

自由主义的源头是经验主义哲学家，例如，培根、霍布斯、洛克和休谟。他们每个人都将道德断言与意愿、欲求、渴望或情感联系在一起。当经验主义者转向道德时，他们大都没有找到被理性支持的任何说明的正当理由[1]。例如，休谟在《道德原则研究》（*An Enquiry Concerning the Principles of Morals*）中宣称，道德的准则并不派生自理性。它们都留给我们的激情。他宣称："并且因为推理并不是论争双方可以派生出其信条的来源，所以期望不谈论情感的任何逻辑会让他接受更健全的原则是徒劳的。"[2] 对休谟而言，道德只是描述心理学的事情。当今自由主义道德的种种表现——描述主义（descriptivism）、自然主义（naturalism）、情绪主义（emotivism）和后现代主义（postmodernism）——在将道德还原为需求或欲求上已经强令道德沦为这种形式或那种形式的享乐主义。

自由主义思想的表达也许没有比密尔的《论自由》更著名的。密尔在那里申明，最大化自由原则是个性化原则。密尔说："如果一个人有足够的常识和经验，那么，他自己的生活方式是最好的，这不是因为它本身是最好的，而是因为它是他自己的方式。"[3] 个性允许人充分表达自身，换句话说，充分发泄他们的欲望。于是，它导致进步和幸福：

> 简言之，在并不涉及他人的事情上，个性应该表现坚定，维护自己的权利，这是可取的。在不是个人自己的品性而是其他人的传统或风俗是行为的准则的地方，那里需要人的幸福的一个基本成分以及个人和社会进步的主要成分。[4]

通过个人的表达，人们找到了幸福，并且社会是最大的施恩者。[5]

不难明白为何自由主义今日无论是在道德上还是在政治上都扎根得如此牢固。（1）我们作为个体优先于我们的团体并且比它更基础，并且（2）我们与其他人不同。这些观点在直觉上似乎是明智的。关于第一点，机构由个体构成，并且在这些机构中，只有个人是有生命的、有呼吸的。一个机构如何可以拥有独立于其特定时期居民的权利或任何财产？至于第二点，还有什么东西比人与人之间的内在差异更明显的呢？自由主义以个人为中心，抓住了这两种直觉。

反对自由主义

尽管自由主义有诱惑力，但它是错的。它是错的，

---

[1] 洛克是个例外。
[2] 休谟，《道德原则研究》（Oxford University Press，1998），第 3 页。
[3] 密尔，《论自由》（New York: Penguin Books，1985），第 132—133 页。
[4] 同上，第 120 页。有趣的是，密尔在这里将幸福与进步联系起来。
[5] 对密尔而言，许多人间接受益，因为只有在一个自由的社会中，才可以让天才兴旺发展，并且当天才兴旺发展时，社会也会繁荣昌盛。这是《论自由》第三章的主要论点。它显示出他的意图绝不是直截了当的平等主义。

首先并且最重要的原因是，个人在政治分析中并不享有特权。人是社会性的动物。我们生活在社会中，不是因为需要，而是因为我们难以抗拒地喜欢生活在社会中。这不是自鸣得意，对人类本质的先天断言，相反是有关人事实上真实的生活方式的谨慎的、正确的观察。甚至自由主义思想最早的表述者约翰·洛克在《政府论》中承认人类天然倾向于群体生活，尽管他将这样的天然状态叫作"前政治的"社会，因为他们缺乏共同的上级来处理争端。[1]

因为对个人自由的应有尊重，自由主义者强调，我们本质上是自主的、有需要的个体，只是偶然是社会性的动物。在最近对自由主义道德观的攻击中，鲍勃·布雷彻（Bob Brecher）对于自由主义者未能将个人嵌入到社会中的失败及其空洞的"自主"观写道：

> 正如我们想要的东西的所谓的不可抗拒性最终被用来削弱道德辩护一样，其所谓的不受主观价值影响的伤害观最终将使干预个人的自主性只有为了"阻止伤害他人"才是正当的这个自由主义的坚决主张模糊不清，甚至自相矛盾。因为不能将个体看作嵌入他所居住的社会和各种亚群体中的，所以它不能充分处理依赖于道德的那些危害，不能从价值中立的立场认识它们。[2]

不过，人们可能明智地反对说，通过任何社会的无数准则和规则选择一种政治存在对我们的自主性和个体化的能力施加了限制。不过，在选择一种政治存在时，我们不牺牲个性，但是我们优化了实现它的场合。在任何特定的社会中，除了最压迫人的社会之外，都存在创造性的、人性的表达的无数机会。人的多样性意味着需要的多样性，而后者意味着独创性和人的幸福的无数不同的机会。这些似乎被我们在其中不能得到我们想要的东西的其他事例抵消，不过，这不是充分的反驳。社会机构，尤其是那些在民主上多样的机构，为我们提供幸福的机会要远多于它们剥夺幸福的机会。

总之，人类的社会或政治的本质——个体的真正自主只发生在非压迫的社会环境中——展示了个体并不优先于团体，而是与它们并存。不是"作为个体的个体"，而是"作为社会存在的个体"或"社会的个体"才是政治分析的基本单元。于是，自由主义者不负责任地躲在"自主性"的流行语后面，然而，他们没有意识到，在一个非社会的语境中，不可能存在有关该词的融贯的观念。因此，自由主义有关幸福是自己表达和自己决定的自由的观点缺乏内容，因而是空洞的。今日，自由主义的最有害和最乏味的形式是后现代主义。

后现代主义在某些流行的哲学派别、社会学文献以及最"民主"的社会中蓬勃发展。这种观点难以用语言表达。有多少拥护者，就有多少种不同的构想，甚至拥护者经常承认这种混乱。[3] 无论它们对个人来说有什么差异，后现代主义者都同意哲学已经进入转折

---

[1] 我们对政治生活的偏好仅仅是基于理性选择对利益安全的重视（第十九章）。
[2] 鲍勃·布雷彻，《得之所欲：自由主义道德批判》（Getting What You Want: A Critique of Liberal Morality, New York: Routledge, 1998），第 155 页。
[3] 贝恩斯（Baynes）等，《后哲学：结束还是转向？》（After Philosophy: End or Transformation?, Cambridge, MA: The MIT Press, 1986），第 3 页。

点，它必须要么停止，要么至少彻底地转变。严格地说，后现代主义者拒绝有关合理性的任何有意义的传统观点，相反提供了一种快乐的反权威主义，该主义将内嵌于社会的千变万化的习俗和结构中的自由和欲望作为它的基础。它抨击任何有意义的哲学观，因为这种观点过去以及现在都没有提供任何实质性的东西。对于后现代主义的混乱，布雷彻这样说道：

> 后现代主义是经验主义和自由主义两座双子峰之间毁灭性的辩证法的产物：它们对于理性的神经质及其有关个体的——因为被铲除了根源的——错误的原子化的观点。[1]

于是，后现代主义的道德观是被带到混乱的极端的自由主义。个体作为非理性的存在追随对抗性的冲动的不同潮流，这些潮流绕着自己的螺旋滑梯及其摇摆不定的社会旋转。对于后现代主义，绝对不存在任何合理的道德观。于是，我们被迫回到那个更大的伦理学观，换句话说，有关过一种美好的生活的观点。在那里，"美好"可以被解释为随心所欲。

如果我在坚持自由主义是今日被接受的观点上是对的，那么，我们已经远离道德的偏狭性及其对行为的对或错的强调，回到了成熟的伦理学。不过，在以自由主义为道德政策的情况下，我们并未由有关人的能动性和罪责的任何更丰富或更完备的观念来这样做。我们这样做只是因为当道德只建立在欲求之上时，有关对或错的行为的观念毫无意义。我们已经回到了利己的享乐主义的自助式道德，不存在理性去调节的更大空间，除了以工具的方式。[2]

对自由主义的最后批评是，它使道德和政治理论基于人类的最野蛮的、最不值得赞美的东西：人的自私性。在批评最近的"平等主义"的政治制度时，甘地（Gandhi）说：

> 西方人的社会主义和共产主义基于与我们根本不同的某些观念。这样的一个观念是他们对人性本质上是自私的信念。我不同意它，因为我知道人与畜生的本质区分是，前者能够回应他内心的呼召，可以超越他与畜生共有的激情，因而超越属于畜生的本质但却不属于人的不朽精神的自私和暴力。[3]

正如甘地完全明白的那样，以作为利己主义的需求实体的个体为基础的政治机构是不能兴旺发达的。

我之前想展示的不是自由主义的道德和政治宣言天生腐败堕落，而是道德－政治的钟摆过度地由极端保守主义转向了极端自由主义。在支持自主性是其至善上，自由主义有些过头了，以至它毫无意义，至少，如果事实正如观察强烈显示的那样，人天生是社会动物。

如果这个论点有说服力，那不可能有一种个人幸福观将个体从其社会背景中分离出来。因此，对于一个适当的幸福观而言，我们必须向内看看人们所生活的不同社会政治机构。正是在这些机构中，我们达到

---

[1] 鲍勃·布雷彻，《得之所欲：自由主义道德批判》（1998），第 4 页。
[2] 即设计策略能够使人克服阻碍以便追求自己的愿望。比较弗洛伊德的自我与本我。
[3] 甘地，《莫罕达斯·甘地：政治文选》（*Mahatma Gandhi*：*Selected Political Writings*，Indianapolis：Hackett，1996），第 133 页。

了我们最充分的自主性以及最多样化的、最令人满意的人类表达方式。正是通过使我们自己与这些结构一体化，我们才找到了幸福。于是，一个人要幸福就必须在政治上一体化，换句话说，不仅以理性的方式回应他自己的欲求和需要，而且同样回应他的团体其他成员的那些欲求和需要以及团体本身的需要。

政治一体化与社会责任

现代时期确实需要摆脱自由主义的道德和政治理论的局限性，转而扩展幸福的含义。在此，我建议，我们可以从古希腊人那里学到一些东西，尝试重新评价今日过一种美好的生活意味着什么。

总体而言，希腊人将幸福（"*eudaimonia*"，字面意思是"受到好神灵的眷顾"）视作某一类有德性的品质的发展。亚里士多德亲自告诉我们，"伦理学"（ethics）来自希腊词"*ethos*"（小写的"e"）和"*èthos*"（长"e"），前者的大致意思是"习惯"，后者的大致意思是"品质"。于是，过一种正当的生活主要包括，通过一种从小开始的合适的习惯模式培养稳定的道德品质，在适当的年龄培育我们的理性能力。[1]

于是，对希腊人而言，过一种美好的生活绝不仅仅是寻求自私自利的快乐或拥有道德的观点。幸福是一种生活方式并且是希腊的生活方式，尤其是在柏拉图和亚里士多德的时代，实际上基本上是政治的［以城邦（*polis*/city-state）为中心］。个人在城邦服务并且认为自己隶属于城邦。[2] 城邦的福祉极其依赖于对它的责任感以及公正的劳动分工以确保所有公民可以尽可能幸福，换句话说，任何公民都不会以牺牲那些可能遭受极大痛苦的人为代价而变得无比幸福。[3]

什么确保了这种责任感以及为"整体利益"合作的意愿？古希腊人接受了社群主义。柏拉图说，对苏格拉底而言，尤其要注意的是，首先，城邦比其居民神圣，其次，城邦给予其公民的要远远多于他们可以希望回报给它的。[4] 在柏拉图看来，它是一种外在的正义感。他说，正义无论是因为自身的缘故，还是因为其有益的后果的缘故都是值得重视的。[5] 对亚里士多德而言，它是"*filia*"，在这里，"*filia*"与其被理解为"友谊"，还不如被理解为城邦的（对效用、快乐或福祉的）真情的共同纽带。[6]

希腊古典的社群主义观念肯定是对他们时代的社会学反思。显然，希腊的政治思想和道德理论有严重的缺陷，其中大部分反映了他们的社会弊病。最显著的缺陷是他们不可救药的精英主义和贵族倾向。顾及团体中的所有个体的权利和自主性与希腊古典思想无关，伊壁鸠鲁主义者可能是个例外。不过，我这里的目的是哲学的，不是社会学的。作为今日民主社会结构一部分的自主性似乎确实有权利像任何其他传统德性一样被视为一种德性。

---

[1] 亚里士多德，《尼各马可伦理学》，第 10 卷，第 9 章，1179b5–19。

[2] 例如，柏拉图《克里同篇》（*Crito*）的基本主题之一。

[3] 柏拉图，《理想国》，第 4 卷，420b—421c。

[4] 柏拉图，《克里同篇》，50c—51。

[5] 柏拉图，《理想国》，第 2 卷，358a。

[6] 尽管 "*filia*" 在《尼各马可伦理学》第 2 卷（1108a27—28）只是被列为诸多政治美德之一，但是它对亚里士多德的团体观是如此关键，以至他在其 10 卷本的《尼各马可伦理学》中用第 8 卷、第 9 卷两卷来考察它。

如果我们用古希腊的道德和政治思想家的作品来判断，古希腊的生活和正义的观点尽管有其缺陷，但是肯定比我们的强。今日自由主义的道德观和政策没有什么正当感或正义感，并且这些东西只保护个人通过满足自己的冲动而实现他们自己目的的权利。主要基于冲动的满足的道德和宪法没有真正的基础，不能持久。今日我们乐于意见分歧，这不是为了充当将来的共识或真理的跳板的缘故，而就是目的本身。我们充满热情地容忍意见的分歧，无论它多么荒谬和没有根据。我们的智慧是一种"困惑"的姿态，在逆境中有一种轻松的优雅。

当然，容忍分歧的意见是一件好事，尤其是在理性的论争未解决的事情上，不过，它不是并且也不应该是目的本身。作为人，我们要回答我们提出的问题。可能这些问题中的一些目前没有回答的可能。其他问题可能绝没有回答的可能。但是，冷静的争辩至少暂时有助于区分明智的与不明智的问题。

希腊伦理学和政治学的重点是培育和保持卓越的品质，并通过实施一个行为的人的善性来评价该行为的正当性。它重视责任和正义，尽管事实上希腊政治思想并不像现代民主国家那样拥有"个人"意识。只有在人们参与他们的团体并且发展了公共关系的情况下，"个人"才获得意义。今天，不管伦理视角如何，我们都不像希腊人所做的那样说实施行为的行动者是正义的或不正义的，而说这些行动是正义的或不正义的。这种视角的变化对罪责（culpability）有重要意义。当我们确实做错了时，如果我们可以责备行动本身，我们不想自责。

今天所接受的道德观完全不让行动者承担责任。毕竟，自由主义的道德是自主的行动者满足个人欲望的事情。理性不是审判欲求的，而是欲求的工具。团体只为个人服务。对他人、对团体以及对自我之外的任何东西的责任被忽略了。因此，由自由主义的政策支撑的宪法是颓废堕落的。

许多人会说，我描绘的图景是非常浮夸的。如果我们可以回到古希腊，我们看到的欲望、贪婪、放纵和自私与我们在现代"民主"社会中所看到的一样多（甚至可能比后者更多）。我根本不会挑战这样的反驳，因为这并不是这里的主要问题。正如我上面提到的，我的目的是哲学的，而不是社会学的。这里的问题是他们的时代与我们的时代的哲学构想。

古希腊的伟人们所拥有的哲学构想比我们今天的政治家和哲学家（无论是男性的还是女性的）所拥有的更广阔宏大。他们的哲学构想是一种为了共同利益把人们团结在一起的理性理想。我们今天的主要理想是那种丝毫不顾及理性的个体化。我们最好记住亚里士多德常说的话：我们天生是政治的动物。[1] 因此，我们的利益主要存在于政治机构中。如果自主性被表述为一种反社会的理想或者甚至如果它被表述为对制度化的漠不关心，那么，它是一个不幸的、短暂的理想。我们需要谨记，因为建立团体是为了服务个体，只有当个体为了他们的团体的利益而一起工作时，他们才能工作得好。

结束语

总之，自由主义，这种被人们接受的道德和政治

---

[1] 亚里士多德，《尼各马可伦理学》，1162a16—19，1169b16—22；亚里士多德，《欧德谟伦理学》（*Eudemian Ethics*），1242a19—28；亚里士多德，《政治学》（*Politics*），1253a7—18，1278b15—30。

观点是令人失望的，这不在于它承认自主性是一种重要的价值，而在于它坚持自主性是我们的唯一或至少是主要的价值。进一步而言，自由主义拒绝承认真正的自主性只有在政治机构，尤其是在那些在民主上多样化的机构中才被发现。最后，自由主义将也许最不值得推广的人的自私性提升为一种稳固的自然秉性，并且完全忽视了有同样好的理由被认为是人的一种倾向的人的精神的无私性（selflessness）。意识到这一点，作为幸福向导的自由主义只能让人失望。总而言之，自由主义的幸福观无论在任何层面上都是分裂（disintegration）的问题，而不是一体化的问题。

不过，如果我将幸福描述为个人的以及政治的一体化是正确的，那么，它解释了为何真正的幸福是如此难以获得。正像掌握任何技能一样，获得幸福需要计划、专注、纪律和坚持。只有那些终生致力于个人发现和成长，并且将自己置于社区中，为他们的团体和他人服务的人才会获得平静并且会取得所有幸福的人所独有的那种稳定的品质。

供讨论的问题

1. 自由主义道德观的正面、积极的价值是什么？孤立地看，它们有时是如何被扭曲的？
2. 再举一些极端自由主义如何在我们的文化中产生不必要的副作用的例子。
3. 将第三十五章有关古典自由主义的讨论与这一章有关自由主义的当代形式的讨论联系起来。
4. 经验主义与自由主义的联系是什么？这与伦理主观主义和相对主义有什么关系？
5. 在一个像美国一样种族、宗教和民族多元化的社会中，是否可能以理性的方式为我们所忠诚的共同利益的社会理想而奋斗？

社会政治哲学的近期发展

这个部分的一个主题是西方政治思想在个体与通常而言是国家的更大团体之间的恰当关系上的持续对立。19世纪的自由主义主张最大化的个体自由以及最小化的国家干预。自由主义的这种个体生活上的最小化的政府干预的理想占据主流，至少在美国是如此，直到20世纪，两次世界大战爆发，世界性经济萧条以及国家货币频繁失稳呼吁创造社会行为的新模式。于是，自由主义便具有将个人从盲目的市场力量中解放出来并且使个人摆脱匮乏和贫困的意义。由此，自由主义者变成了主张政府参与社会以实现更大的社会效益的人。现在的问题是，当那个更大的团体是全球性的团体时，个人与那个团体的恰当关系是什么。

全球问题的出现

今日的社会政治哲学家必须思考发生在欧洲和北美的更大的经济一体化。多国机构向发展中国家和危机国家提供经济援助——一定带有附加条件——并且作为相互防御机构而发展起来的组织扮演世界警察的角色,停止部落战争和种族清洗。主权国家对本国公民的野蛮行为既受到国际舆论的谴责,在某些情况下也受到使用或威胁使用武力的限制。一个19世纪的人观察现今的主要问题,当他看到个人与国家的关系这个相同的问题变成了国家之间的恰当关系的问题时,他可能会大吃一惊。是否应该存在限制各国行动的跨国组织和多国组织?这样的组织是否应该尝试解决世界上富国与穷国之间的不平衡?是否应该限制某些国家的经济活动以便使其他国家获益?国际组织的责任是不是通过提供疫苗以及普遍致力于改善公共卫生来确保世界上最贫穷的人,尤其是儿童的基本健康?为了更大的,然而是国际的利益,各国的权利应该在哪里受到限制?

这不是一个抽象的问题,归根结底是一系列相关问题。这里提到的只是少量的问题。某一个国家的大多数人是否应该违背他们的意愿和他们正式选举出来的政府的意愿,被迫食用转基因植物和动物?一个国家是否应该违背其大多数公民的意愿,被迫允许进口更大、更工业化、更具竞争力的国家的更便宜但味道较差的食品?美国工人是否应该获得工作保护,因为政府需要降低贸易壁垒,从生活水平较低的贫穷国家进口更便宜的鞋子、衣服和家具?贸易协定是否应该迫使贫穷国家遵守富裕国家更严格、更昂贵的清洁空气和污染的标准?国际机构是否有权强迫传统上和常规上实行产业儿童奴隶制形式的贫穷国家服从高度发达国家的童工法?甚至在我们觉得我们的标准是对的地方,作为发达因而更有权势的国家的成员是否有权将我们的标准强加给可能拥有完全不同传统的其他国家?许多发展中国家拥有悠久的传统,在某些情况下,这些传统在宗教上根深蒂固,支持不同种姓和性别的不平等。富有的、发达的国家组成的联盟是否应该强迫他们对妇女和低种姓者实行机会的平等?

最后,可能是最重要的,我们是否希望联合国推翻我们政府的愿望和利益?或者我们自己的利益是否优先于任何国际组织的利益?

一种新的社会契约

社会哲学家传统上关注的许多问题仍然没有得到解决,并且继续引起学者的注意。像刚才提到的那些问题在经济公平和社会公正的事情上有重大影响。关于这些问题的许多讨论都是以哲学家约翰·罗尔斯在《正义论》(*A Theory of Justice*)中提供的机敏分析为框架的。罗尔斯延续了社会契约论哲学家的传统,但有一点不同。他使用了假想契约的理论手段,不是为了重建国家的起源或为它辩护,而是作为一种决定社会正义的最佳系统的方法。

如果我们能设想一群自由、平等、没有偏见的人,他们必须做出一致的抉择来决定他们及其家庭今后将生活在哪种系统中,那么这个系统难道不是最公平的吗?这是罗尔斯发现和捍卫应该被用于经济和社会政策问题的正义原则的策略。这群自由、平等的个体被置于罗尔斯所说的"原初状态"(original position)上来决定正义问题。他们被假设为理性的,具有平均智力。为了确保他们不会以纯粹自利的方式投票,罗尔斯规定他们必须在"无知之幕"(veil of ignorance)下运作,这会阻止他们知道在新建立的社会中他们将会成为谁或变成什么样的人。

这种富有想象力的操练为讨论各种社会政治问题提供了背景。罗尔斯认为,并且许多人也同意,在这种原始的情况下，在"无知之幕"下，理性的人会选择"最坏之中的最好的"（best worst）结果：看看最坏的可能结果，并且从中选择最好的。这意味着鼓励创造和个体的主动性，并且相应地奖励人，但是同时进行安排，使那些不受经济体系青睐的人不至贫困。

换句话说，罗尔斯认为，这群人会坚持正义的两个原则。他将第一个原则称为所有人基本平等自由原则（principle of equal basic liberty for all）。在"无知之幕"下没有人会冒着被奴役或成为受迫害的少数民族成员的风险。于是，处于"原初状态"的那些人会坚持个人自由。这个原则是绝对的，不能交易或讨价还价。

第二个原则是差异原则（difference principle）。作为原初参与者之一，你是否允许财富或权力的任何不平等？罗尔斯说是的，条件是这些不平等对所有人是开放的，并且可以证明这些不平等有利于社会最不富裕的人。罗尔斯对社会契约观的重述为许多争论提供了基础，并且被当作框架，不仅用来讨论单纯的经济政策，而且还用来讨论广泛的社会问题。

随着问题讨论的继续，没有人会说罗尔斯在尝试对始于托马斯·霍布斯和约翰·洛克的社会契约论发展出一种新构想上是完全成功的。不过，平心而论，他的著作影响巨大，并且很可能会继续下去。只要人们在社会中生活在一起，就会有社会政治政策的问题，就需要哲学家所能做的最佳思考。只有持续地、合理地讨论这些令人烦恼的问题，才能提出支持国家与国际正义的政策，实现创造一个更加公正、稳定的社会的目的。

进一步阅读建议

1. 查尔斯·R. 贝茨（Charles R. Beitz），《政治平等》（*Political Equality*，Princeton, NJ：Princeton University Press，1989）。该书讨论了当代民主制度中政治平等诸原则的理论及其应用。

2. 以赛亚·伯林（Isaiah Berlin），《自由四论》（*Four Essays on Liberty*，Oxford：Oxford University Press，1969）。该书是一部分析不同政治自由观的经典之作。

3. 凯·尼尔森（Kai Nielsen），《平等与自由》（*Equality and Liberty*，Totowa, NJ：Rowman and Allenhead，1985）。该书为激进的社会主义的平等主义进行了辩护。

4. 罗伯特·诺齐克（Robert Nozick），《无政府、国家与乌托邦》（*Anarchy, State and Utopia*，New York：Basic Books，1974）。该书清晰地捍卫了激进的自由至上主义。

5. 约翰·罗尔斯（John Rawls），《万民法》（*The Law of Peoples*，Cambridge：Harvard University Press，1999）。罗尔斯在该书中将他的正义即公平的理论应用于民主自由主义问题。

6. 约翰·罗尔斯（John Rawls），《正义论》（*A Theory of Justice*，Cambridge, MA：Harvard University Press，1970）。这是当代哲学家撰写的被阅读和讨论最广泛的哲学著作之一。罗尔斯在该书汇总发展了调和平等主义与自由至上主义的方案。

第九部分

东方的思想

第三十九章　东方哲学与西方哲学

第四十章　儒家的人性理论

第四十一章　印度教有关一元论的论争

第四十二章　佛教的空论

第三十九章　东方哲学与西方哲学

"东方是东方，西方是西方，二者水火不相容。"鲁德亚德·吉卜林（Rudyard Kipling）在为英国的印度殖民地政府服务多年之后这样写道。东方（主要是印度、中国和日本，它们彼此完全不同）文化肯定与西方（主要是欧洲和北美）文化迥异。不过，那并不意味着一种文化不能理解另一种文化的某些特征，也并不意味着不能比较二者。无论东西方文化如何迥异，在比较研究时可以以建构的方式得出一些精确的相似与不同之处。

正如世界年复一年变得"更小"一样，日益重要的是，发展对于地球上与我们自己的文化中心迥异的文化中心的理解。比较文化的一种方法是比较和对比不同的宗教、艺术形式、教育系统、家庭实践、政府机构，如果我们假设所有文化拥有某种形式的宗教、艺术、政府、教育等。但是哲学呢？是否每种文化都有哲学，尽管它可能与其他文化的哲学大相径庭？这完全取决于我们如何理解哲学这个术语的含义。这将我们带回到我们在本书开头所考察的一些相同的问题。正如我们在第一部分"何谓哲学？"中看到的，在日常语言中，存在着"哲学"一词的日常意义。在那种意义上，我们说每个人都有他自己的"哲学"（正像我们说的，他的"生命哲学"）。这同样适用于整个社会或文化。每个社会或文化拥有自己有关他自身的观念，自己有关生命中的重要东西的观念，自己有关世界是怎样的笼统的观念 。就此而言，在一种意义上，我们可以说，每个社会或文化都有自己的"哲学"（或世界观）。当社会学家和人类学家考察不同的社会和文化时，这是他们研究的对象之一。美洲印第安人过去（或现在）的"哲学"是什么，或者他们的"生命哲学"（或世界观）是什么，他们过去（或现在）的哲学如何与譬如说古埃及人的"哲学"或"生命哲学"（或世界观）区分开来？

哲学的多重含义

正如我们在第一部分中看到的，"哲学"一词也在更加技术的意义上被用于揭示一种特殊的方法论——考察和组织观念的一种特殊方法——它是批判的、逻辑的、分析的、系统的等。并且，在那种意义上，并非每个人都是哲学家或拥有一种哲学。在这样的第二种意义上，欧洲哲学在希腊历史上的一个特殊时刻诞生了。泰勒斯之前的希腊人并没有这第二种意义上的哲学。如果泰勒斯之前的希腊没有哲学或哲学家，那么，其他社会和文化也可能没有哲学或哲学家。当然，正如哲学在欧洲文化的一个特殊时刻和地点诞生一样，哲学也可能在其他非欧洲文化的不同时期和地点诞生。在哲学的这第二种意义上，结果可能是，有些文化拥有哲学，有些没有。在我们考察事实之前，我们不能独断地宣称所有文化必须有哲学，或者除了欧洲文化，没有其他文化有哲学。我们必须耐心地凭借经验考察每种文化，看它有还是没有哲学。当然，如果它确实有哲学，那么，我们自然要一起研究它与欧洲哲学，或者通过将所有不同地区的哲学融合到一个更全面的"世界哲学"中来研究它。

假设我们现在将"哲学"一词理解为在第二种意义上被界定的哲学（在那里，哲学被理解为对普遍非常感兴趣的问题的批判的、反思的、理性的和系统的研究），并且将那个定义应用到世界上的不同思想体系。在这些非西方的思想体系中，是否有一些是这种意义上的"哲学"？如果有，哪些是？不过，即使我们认为这第二种意义上的哲学对我们的目的而言是最恰当的，因而接受它，但是并不容易将我们的新标准应用于不同的思想体系，因为我们必须确定我们所说的诸如批判、理性之类的词的意义以及一个思想体系必须怎样是批判的和理性的才能被视为哲学。

因此之故，在是否存在着任何非西方的哲学，如果存在，存在着多少种不同的哲学上，哲学家们存在意见分歧。许多哲学家主张，世界上存在着三个伟大的原创哲学中心——希腊（或西方）、印度和中国。三者一起出现在大致相同的时期（约公元前600年），尽管据我们所知，它们彼此独立。这三种哲学作为对它们自己的文化传统的批判性反思而诞生。那些倾向于只是根据传统的权威来接受他们自己的神话世界的文化不是哲学。"我们相信这，因为它是我们古老的信念，我们的人民总是相信这。"与此相对，哲学恰恰诞生于文化史上的那个时刻，那时，因为不同的原因，传统观点受到质疑。"我们总是被教导以这样的方式观察世界，但是我们如何能够确信这确实是正确的？"在这一点上，个别哲学家自告奋勇地，我们甚至可以说自负地，从起点开始，询问基本的问题，自信他们可以得出正确的答案！我们不再说"这是我们的人民观察世界的方式"，而是说"阿那克西曼德主张这种理论，泰勒斯主张另一种观点，亚里士多德不同意这两人，发展了一种完全不同的立场……"哲学肇始的一般标志不是传统的意见一致，而是大量不同的、相互竞争的观点的涌现。它们的拥护者进行无休止的论争，为他们喜爱的理论辩护，批判所有其他理论。但是，在这些主张完全不同观点的哲学家中，我们为什么应该相信其中的任何人？肯定不是因为任何传统的权威，而只是因为他们举出的理性的证据的力量。在这种意义上，希腊、印度和中国的早期思想家试图证明他们各自的理论，他们仔细界定他们的术语，做出区分，建构论证支持他们的立场，反驳他们对手的立场。

虽然如此，印度和中国早期的思想家并没有像希腊思想家，尤其是自柏拉图和亚里士多德开始的思想家那样发展逻辑和分析。因为强调逻辑和分析的程度，有些哲学家做出推断：中国思想系统不是充分哲学的，不应该被认为是哲学，被称为"宗教"或"神话"更恰当，于是得出世界上唯一的哲学是西方哲学这个结论。不过，其他哲学家——尽管在数量上非常少——极力扩大产生了哲学的文化的名单，将非洲哲学、美洲印第安人的哲学以及其他口述传统包括进来。大多数哲学家可能同意，西方哲学确立了哲学的标准，并且在世界上的所有文化中，除了西方文化，最接近那种哲学标准的文化是印度文化和中国文化。既然印度和中国的思想系统通常被归类为"东方的"，那么，至少存在着初看起来言之有理的"东方哲学"的例子。

哲学与宗教

与非西方哲学问题相关的一个难题是哲学与宗教的关系。许多西方哲学家认为，非西方的思想体系主要是宗教的，而不是哲学的。正如我们早先已经指出的，尽管哲学从更早的宗教和神话世界观中产生，但是它并没有取代宗教，宗教继续与哲学并存，影响它并且被它影响。被我们作为印度或中国哲学而收录的很多东西也被归类为"宗教"——即作为"宗教"著述，尤其是印度教和佛教，道家甚至是儒家也是。

不过，这是在研究所有哲学传统时出现的一个问题。欧洲中世纪时期（500—1500）的大多数西方哲学都是基督教哲学，正如印度和中国的哲学尽管不全是，但是很多是印度教的、佛教的和道教的哲学一样。我们在这里必须承认，学者没有坚定的共识。有些中国学者将佛教著作从中国哲学目录中剔除，而其他人则将有些（但不是全部）佛教文本放在中国哲学中。类似地，印度学者也不能在印度教、佛教和耆那教（Jainism）的一些部分是否可以算作哲学，或所有这样的著作是否应该被视为宗教的问题上达成共识。

我们来看看支持区分印度教、耆那教、佛教、道教和基督教的宗教著作与哲学著作的论证。在这些宗教传统中，我们如何将宗教与哲学分隔开来？这是一个非常大且困难的问题，但是首先，我们说，宗教主要是个人的信仰（被感受的内在体验）与团体性仪式活动的结合，而与宗教相关的哲学则尝试用理智来解释、批判、证明和系统化宗教信念，解决在解释和捍卫宗教文本时出现的问题，将一个单一的、无所不包的、可理解的整体中的许多表面上看似不同甚至冲突的教义系统化。

譬如，宗教文本谈论死后生命，但是并不费心解释这到底牵涉什么。《旧约》有时提到"身体复活"（在世界的终末，死了很久的人的身体将从他们的墓穴中复活），而在《新约》著述前后的希腊化时期（即希腊晚期）的论述更频繁地谈论灵魂的不朽（灵魂与身体分离，在死亡时为了一种非物质性的永生而离开肉体）。此外，散见于宗教文本的一些陈述如果放在一起，似乎会出现矛盾。譬如，"恶的难题"，它要调和上帝是全能的和全善的以及存在着恶这三个宗教信念。如果上帝是全善的和全能的，上帝如何会容忍恶存在于世？这三个信念中的任何两个在逻辑上是一致的，但是三者放在一起看起来是矛盾的。上帝可能是全善和全能的，并且事实上并不存在恶（只存在恶的幻觉），或者上帝是全善的，但不是全能的（或者是全能的但不是全善的），这样就不存在解释恶是如何可能的问题。但是，如果上帝是全善的和全能的，那么，恶如何可能存在呢？

类似地，在佛教中存在着用理智来调和灵魂如何可以在人死后——那时，依据佛教的理论，灵魂不存在——诞生在另一个躯体中的难题。或者，在基督教的宗教教义中，上帝如何可以被说成永恒的、至高的、完善的，然而却仍然担忧和关怀人类？（如果上帝是绝对完善的，一无所缺，不需要任何东西，他难道不会完全漠不关心吗？或者，另一方面，如果上帝担忧我们，这难道不是显示他需要他并不拥有的某个东西，因而不是绝对完善和自足的？）印度的印度教、耆那教和佛教的学派都接受因果业力（karmic causality，你在此生所做的会影响你的来生），但是这引发了有关因果性的准确含义是什么,尤其是,因果性是否产生了新东西或者结果是否在某种意义上存在于原因之中的哲学论争。最后,存在着宗教语言的意义的智力难题。如果上帝与我们完全不同,那么,我们如何可以将诸如"慈爱""关怀""知道""制造"之类的词(这些词在正常情况下被应用到像我们一样的一般受造物上)应用于上帝?但是,如果我们不使用日常语言的词汇,我们如何能够谈论上帝?

不过,这些不是宗教的难题,不是宗教信念的难题。但对于知识分子而言,它们是难题,为宗教信念创造了绊脚石。它们是智力难题,只有解决了它们,这些知识分子才可以继续他们的宗教进程。当然,正是这些与宗教文本和宗教信念相关的智力(哲学)难题会成为任何宗教批判者在攻击一个宗教时关注的焦点。于是,一种特殊宗教的辩护者将不得不准备回应这些攻击。可以说,它们不是来自内部的那些攻击,而是来自外部,寻求削弱这种宗教,并且用另一种宗教取而代之的那些攻击。

基督教、佛教和印度教很早就做出了决定:无论哲学和宗教有多大的差异,无论从它们的立场看宗教要如何比哲学重要,只有哲学才能清除宗教进步在理智上的障碍,向怀疑主义证明信仰的合理性,为宗教辩护,回击攻击,将宗教信念系统化和一体化。在这种意义上,龙树、僧肇(Seng Zhau)、慧能和空海(Kukai)是佛教哲学家;商羯罗(Shankara)、罗摩奴阇(Ramanuja)和摩陀婆(Madhva)是印度教哲学家;奥古斯丁和阿奎那是基督教哲学家。

佛教徒和耆那教徒发展哲学来攻击和驳斥传统印度教(并且证明佛教和耆那教的真理),而印度教徒在回应时被迫发展他们自己的哲学武器来为自己辩护,攻击对手佛教徒和耆那教徒。有时,在为自己辩护、反驳相互竞争的宗教的过程中,一种宗教会吸收敌对宗教的要素。(一般而言,战胜你的对手的最好方法是断言他的立场与你自己的立场并没有区别!)于是,譬如说(正如我们后面将会看到的),佛教徒在**自我**或灵魂(Atman)的永恒存在的问题上与印度教决裂。印度教支持永恒的自我或灵魂依据他在他前生的生活状态[业或**因果报应**(Karma)]而在许多生命中反复重生的观念。佛教徒拒绝这种看法,反对这种认为自我是一个永恒存在者[即"**无我**"(Anatman),该词的字面意思是"no atman","无灵魂"]的观念。但是,这恰恰提出了一个哲学难题:当我们说一个东西存在或是真实的时候,我们的意思是什么?显然,我们都在某种意义或其他意义上拥有自我。如果佛教徒宣称不存在真实的自我(Atman),他们的确切意思是什么?正如我们马上将要看到的,佛教哲学家和印度教哲学家寻求澄清这个形而上学的观念。

在为印度教辩护、反驳佛教时,商羯罗发展了**梵**(Brahman)的观念,将它作为一个包含宇宙万有并且将宇宙万有吸收到它自身之中的非人格性的整体。依据商羯罗对于古代印度教文本的解释,世界上只存在唯一一种真实的东西,那就是神或梵;包括人以及所有植物、动物、高山、河流等在内的一切其他东西并不作为孤立的、个体的存在者存在,实际上只是神或梵的部分。这削弱了佛教对印度教有关世界上独立存在的东西的主流观念的反驳,通过断言佛教的这种观念实际上正是印度教的观念!通过大量吸收佛教思想,商羯罗可以中止佛教的传播,即中止印度教徒改信佛教。不过,罗摩奴阇和摩陀婆等其他印度教哲学家认为,商羯罗向佛教做了过多的让步。相反，他们主张更传统的、更流行的印度教的观念：神和诸多个体自我，像你和我以及物理世界中的所有其他东西一样，都是个体存在，凭借自身的能力独立存在。

无论我们最终如何决定东方思想是不是"哲学"这个问题，该问题本身肯定是相当有趣的，并且可能在与西方哲学相似的问题上进行有用的比较。这样的比较可以是非常有用的，譬如，展示哲学家可能因为只在唯一一个思想体系中运思而没能注意到观察事物的其他方式。每种思想体系建立在一些通常未被审察、却或多或少地被视作理所当然的基本假设之上。为了察觉这些假设，比较它们与另一个思想体系的不同却相似的东西通常是有用的，并且甚至是必需的。

第九部分聚焦三个问题：儒家的人性理论、印度教有关经文的有神论和非有神论的解释的论争以及佛教对于无我的解释。第四十章"儒家的人性理论"处理了人性的问题，中国思想家，尤其是孔子的信徒广泛地处理了该问题。我们将考察早期儒家的三位大师孟子、荀子和董仲舒著作中的这个话题。第四十一章"印度教有关一元论的论争"处理了印度哲学对于被叫作《**奥义书**》（*Upanishads*）的印度教神圣文本的相互竞争的解释。我们将会考察这样的三种解释：商羯罗、罗摩奴阇和摩陀婆的那些解释。第四十二章"佛教的空论"讨论了龙树解释有关自我或灵魂并不存在的佛教教义并为之辩护的佛学尝试。

供讨论的问题

1. 基于你对"哲学"一词含义的认知，你是否认为它应该被用来意指非西方的思想体系？为什么是或者为什么不是。
2. 我们可以采取哪些措施来保证我们对其他文化思想体系的讨论不会成为**种族中心主义的**（ethnocentric）？
3. 亚洲国家正在进行的一个论争是，他们是否可以采用西方的技术，却不必接受与那种技术相伴的西方的态度。你对这个问题如何回应？
4. 为什么学习其他文化的思想体系是重要的？

第四十章　儒家的人性理论

像西方哲学家一样，东方哲学家，尤其是中国哲学家很早就已经对人性产生了兴趣。当然，人们彼此不同——每个人与所有其他人不同，并且世界的一个部分的人与世界其他部分的人通常看起来迥异。但是，这种差异有多少归咎于生活状况、社会化、环境和教育？并且，如果有任何差异，有多少是我们生而有之的？是否存在着所有人出生时基本相似的任何方面？我们存在的方式有多少归咎于"天性"，有多少归咎于"培育"？一个人的生命的成功或失败有多少归咎于遗传、基因的因素，有多少归咎于家庭、教育和社会化的影响？这是人性的核心问题。

人的先天秉性与后天培育

首先，我们可能认为可以凭经验解决这个问题，只要看看不同国家、社会背景和历史时期的人是否在某些方面相似，并且如果是这样，在哪些方面确切相似。稍作反思就会揭示这并不像它起初显现的那般容易。事实上，人是非常不同的，不过，很难说这是否归咎于不存在人性这个事实，或者只是归咎于教育和社会对基本上相似的人性的影响。亚里士多德说，人类天生是理性的。但是，如果我们看看自己，我们会发现，大多数人在大部分时间里表现得不理性。这是否意味着亚里士多德错了？抑或它只是意味着，尽管人类天生有能力理性地思考和行动，但是这种秉性经常被其他因素——他们的情绪、他们的"动物性本能"以及他们理性能力训练和规训的缺失——抵消？

我们如何能够分辨这些假设中哪个为真？我们可能会考察两三岁的小孩子。不过，甚至他们也可能在某些方面被他们的文化影响。有些测试显示，对于同样的处境，非常小的男孩做出的反应与小女孩的完全不同，男孩更好斗，女孩更顺从。但是，这是否证明了男孩天生更好斗，而女孩更顺从呢？许多女性主义者会说不。他们说，所有这一切显示，甚至在两三岁时，男孩已经适应表现得更好斗，女孩适应表现得更被动。类似地，弗洛伊德主义者宣称，人类天生是自私的、好斗的，而艾瑞克·弗洛姆（Erich Fromm）的信徒则说，人天生是关爱的和社会的。此时，这两种理论都存在明确的反证。反对弗洛伊德观点的证据是，存在着许多关爱的和社会的人；反驳弗洛姆立场的证据是，存在着许多自私好斗的个体。

因此，有关人性的断言是规范性的，不完全是经验的。当亚里士多德说人类天生是理性的，他的意思是，当人展示其理性时，他们更像人，当他们表现得不理性时，他们放弃了他们的人性。这种规范性的断言的一个部分是，遵循一个人的天性通常是好的。如果你是金花鼠，你应该遵循你的金花鼠的天性——你作为金花鼠应该尽你所能成为最好的金花鼠。但是，如果你碰巧是人，你应该遵循你的人性——你作为人应该尽你所能成为最好的人，实现你作为人的潜能。不过，只有我们的人性是善的、积极的东西——理性的、关爱的等，不是邪恶的和消极的——好斗的、自私的、贪婪的等，那才是合理的。因此，并非所有人性理论家，而是大多数人性理论家将某种积极的能力归给人性，并且断言人天生是理性的和关爱的。毕竟，断言人性基本上是恶的一种理论有什么用处呢？（正如我们马上将要看到的，有些人性理论断言人天生是自私的、反社会的，并且这样的理论已经被用于支持政府采取侵略性的、压制性的措施来控制我们天生的邪恶倾向。）另外，大多数人性理论家喜欢激励我们所有人顺从我们的基本天性。一般而言，顺从一个人自己的天性是好的，并且如果那种天性据说是积极的东西，像理性的或关爱的一样，那么，激励年轻人去顺从他们的基本人性具有社会建构和教育明智的意义。

"应当"蕴涵"能够"

说人们应当（ought）做某事蕴涵着他们能够（can）做它。在这种意义上，"应当"蕴涵"能够"。于是，有关人性的断言也是有关能力、潜能的断言，并非有关实际行为的纯粹经验的概括。当亚里士多德说人性是理性的时，他再次意指，这是人类能做的事，以其他生命形式不能做的方式理性地思考和行动是人独有的潜能。但是人类有许多能力，有存在和做许多不同事情的潜能。如果人性理论所断言的无非是人们可以做这或做那，那么，这个断言也太弱了，因为人可以做任何事：谋杀、无私、勤劳工作、懒惰、创造、因循守旧。但是，如果那是正在被断言的一切，那么，它相当于否定存在着人性。有关人性的断言所陈述的必须多于纯粹的能力或潜能；它们必须声称，人们有以一种遵循规范性禁令的方式去存在或行动的倾向，因为遵循自己的本性通常是好的，所以人们应该这样做。在所有其他条件相同，并且缺乏决定性条件的情况下，这个断言现在是，人们一般会倾向于是理性的、关爱的等，并且一旦知道这是我们的真正天性，我们应该尽可能顺从我们的天性。

强的断言与弱的断言

有关所有人事实上确实在所有时刻展示了被认为是他们的"人性"的主张是一个过强的断言（因为它太容易被证伪）。另一方面，仅仅断言所有人拥有这种能力或潜能是过弱的断言（因为这太容易被证明，即不可被证伪）。需要证明的是，存在着一种按一种方式而不是其他方式表现的倾向，并且那是人们在缺乏不利条件下实际上将会表现出来的方式。因此，所有人性理论必须拥有一个用来解释反例的"例外条款"。如果人的天性是理性的，为何他们如此频繁地表现得如此不理性？如果人的天性是关爱的，他们为何如此频繁地自私地行动？人性理论正在断言，如果不是因为某些不利条件，这就是人会表现的方式。哪些东西属于这些不利条件呢？可能他们的情绪击败了他们基本的理性天性。或者，我们会说，他们身体的、动物式（攻击性、恐惧、食和暴力）的本能与人的关爱的基本人性相冲突。最后，我们会说，一种攻击的、自私的基本人性被社会化、教育和奖惩体系抵消和抑制。

儒家的三种人性理论

在这章的选文中，我们会来看**儒家**（Confucianism）的三种人性理论。儒家是中国最重要的哲学流派。它可以追溯到公元前6世纪的孔子（Confucius）。实际上，"Confucius"这个名字是"Kong Zi"的拉丁文版本，其中，"Kong"是姓，"Zi"（或"Tzu"）是一个像"大师"一样的头衔，这个头衔附属于中国古代的所有哲学家——墨子、老子、韩非子等。孔子本人并没有提出人性理论，而只是说人之初性相"近"，因为教育，他们变得习相"远"。这显示，孔子认为存在着一种人性，但是他根本没有说它是什么。他说，人之初性相近，但是他根本没有说人之初是如何性相近的，即他们是不是善的、恶的、理性的、关爱的等。

孔子的两个主要追随者孟子（Mencius，这是"Meng Zi"的拉丁文版，意思是"孟大师"）和荀子开始思辨人性是什么，不过得出了相反的结论。孟子主张人性基本上是善的，然而荀子却说人性基本上是恶的。后来，另一位儒学大师董仲舒发展了一种有关每个人中的个体性的人性与本能性的情感之间存在冲突的更复杂的理论，作为对孟子和荀子思想的一种调和。

依据孟子的观点，所有人心中都拥有善"端"，即所有人生来都有仁慈善良的潜能和倾向，不过孟子也说这种潜能要么可以被培育和发展，以至个体变成一个好人，要么被忽略、扭曲和败坏，以至个体变成一个坏人。于是，孟子并没有说孩子生来就是道德存在者。他意识到，他们必须通过实践和经验得到训练、教导和学习。他也同意被忽视或虐待的孩子通常会变得很坏。不过，他的理论坚持认为，无论在哪种情况下都存在着向善的天生倾向或性情。在恰当的环境下，一颗橡子长成一棵橡树，那是它的本性使然。如果橡子被剥夺了水、阳光和适宜的土壤，它的发育就会受阻，并会萎缩。在孟子最著名的例子中，他问道，如果任何人看到一个孩子掉到井里，他的直接、自发的反应是什么？孟子并不要我们想象某人为此思考5分钟或10分钟，

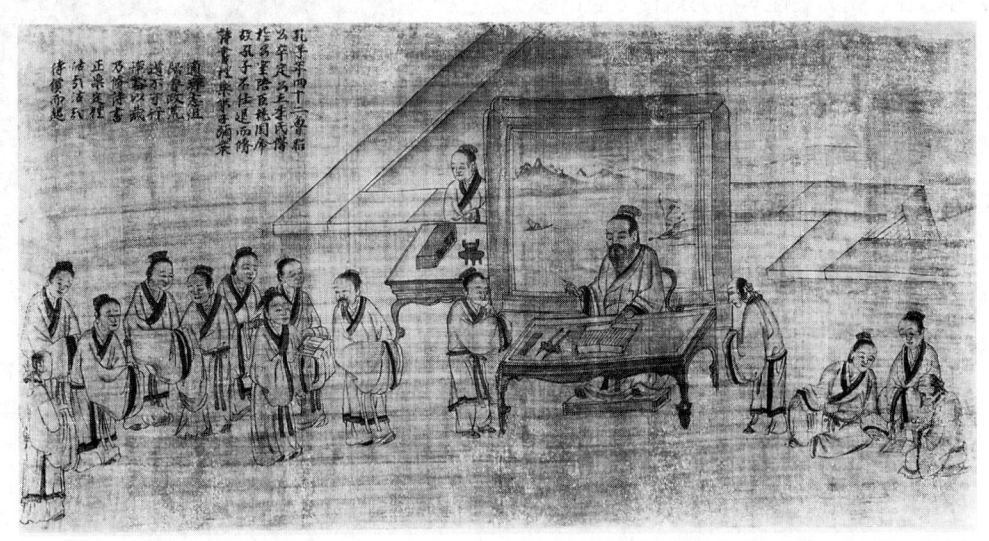

孔子42岁时的生活场景。（图片来源：费城艺术博物馆，博物馆基金会于1929年购入）

而是恰恰在现在，在此刻，你突然看到一个孩子眼看就要掉到井里，你的感受是什么？你会怎么做？孟子说，每个人自然地、自发地想冲过去救那个孩子。这并不意味着每个人在道德上是好人，而只是意味着每个人生来就有儒家的仁（ren）或"人性之心"（human heartedness）这种德性的"开端"。

孟子论人性

在孟子与告子的论争中，告子实际上坚决主张不存在人性，对人而言，为善的倾向与作恶或冷漠的倾向一样都不强。换句话说，告子坚决主张，人类是易受影响和无限可塑的，可以被塑造成任何东西，不存在要成为一个东西而不是其他东西的更强的性情或倾向。告子用水来类比。告子争辩说，可以使水流向东、西、南或北。你必须做的只是在湖边挖一条向东的渠道，使水向东流。但是，如果某人阻止那条渠，挖了另一条向南的渠，那么，水轻易地向南流。告子坚持水本身没有向任何特定方向流动的天生倾向，在这种意义上，依据类比，人没有固有的天性。在"先天秉性与后天培育"的论争中，依据告子的观点，一切都是后天培育的。孟子的回答是，尽管可以使水同样轻易地向北、南、东或西流，但是它确实倾向于向下流，并且，譬如，可以使它向西流的唯一原因正是它自然地向下流。换句话说，为了使水向西流，你在西边挖的渠必须比其他方向的渠深。水总是会向下流。如果最低处是向西的渠，那么，只有在这种情况下，水才会向西流。

当然，我们也可以迫使水向上流，正如当我们泼水时一样，但是只有我们持续地泼水，这才可以发生。一旦我们休息，甚至哪怕是片刻休息，置之不顾，水自然地会再次向下流。孟子通过类比要说的是，尽管我们可以通过教育塑造人的行为这一点确实是真的和重要的，但是只有在我们以与现存的人性的倾向相同的方式这样做时，我们才可以成功地做到这一点。只有通过改变现存的人性，我们才可以改变人的行为。譬如，每个人类社会都有调节人的性欲的规则，但是我们如何能轻易地强迫社会中的每个人终生禁欲？或者想象将性代码植入根本没有性冲动的受造物中。只有已经存在着性冲动，我们才可以希望去调节、修改、塑造、疏通并且因此改变人的行为。正如我们可以向上泼水一样，我们也可以尝试扼杀人性。但是问题是，这容易做到吗？限制青少年的食物摄取，一天一杯汤水，或者一天两餐低脂均衡营养餐，哪个更容易？两者都难，但是如果前者更难，这难道不是显示它

孟子（Mencius, Meng Zi, Men-Tse, 前371—前289），哲学家，圣人，生于中国山东。他效仿孔子，建立了一所学校，在中国游历了20年，寻找统治者来实现儒家的道德和政治理想。虽然没有成功，但是他与统治者、其弟子和其他人的对话被记录在一本书（《孟子》）中。他的伦理体系基于人天性本善的信念。图片为公元前3世纪的白描画。（图片来源：© Iberfoto/the Image Works）

违背了我们固有的本性？［公平地说，告子有时似乎主张，哪怕仁（benevolence）是天生的和"内在的"，公义或正当的行为（义），尤其是我们尊敬和敬重长者及位高者，是习得的和"外在的"，不是天生的。］

孟子：《孟子》[1]

孟子曰："人皆有不忍人之心。"

"所以谓人皆有不忍人之心者：今人乍见孺子将入于井，皆有怵惕恻隐之心，非所以内交于孺子之父母也，非所以要誉于乡党朋友也，非恶其声而然也。

"由是观之，无恻隐之心非人也，无羞恶之心非人也，无辞让之心非人也，无是非之心非人也。恻隐之心，仁之端也；羞恶之心，义之端也；辞让之心，礼之端也；是非之心，智之端也。

"人之有是四端也，犹其有四体也。有是四端而自谓不能者，自贼者也；谓其君不能者，贼其君者也。

"凡有四端于我者，知皆扩而充之矣。若火之始然，泉之始达。苟能充之，足以保四海；苟不充之，不足以事父母。"[2]

孟子曰："人之所以异于禽兽者几希，庶民去之，君子存之。"[3]

"必有事焉而勿正，心勿忘，勿助长也。无若宋人然。宋人有闵其苗之不长而揠之者，芒芒然归，谓其人曰：'今日病矣，予助苗长矣。'其子趋而往视之，苗则槁矣。天下之不助苗长者寡矣。以为无益而舍之者，不耘苗者也；助之长者，揠苗者也。非徒无益，而又害之。"[4]

告子曰："性，犹杞柳也；义，犹桮棬也。以人性为仁义，犹以杞柳为桮棬。"

孟子曰："子能顺杞柳之性而以为桮棬乎？将戕贼杞柳而后以为桮棬也？如将戕贼杞柳而以为桮棬，则亦将戕贼人以为仁义与？率天下之人而祸仁义者，必子之言夫！"

告子曰："性犹湍水也，决诸东方则东流，决诸西方则西流。人性之无分于善不善也，犹水之无分于东西也。"

孟子曰："水信无分于东西。无分于上下乎？人性之善也，犹水之就下也。人无有不善，水无有不下。今夫水，搏而跃之，可使过颡；激而行之，可使在山。是岂水之性哉？其势则然也。人之可使为不善，其性亦犹是也。"

告子曰："生之谓性。"

孟子曰："生之谓性也，犹白之谓白与？"曰："然。"

"白羽之白也，犹白雪之白；白雪之白，犹白玉之白与？"曰："然。"

---

[1] 选自《孟子》(*The Mencius*, Hurd and Houghton, 1870)，詹姆斯·莱格（James Legge）英译。
[2] 以上选文节选自《公孙丑章句上》第 6 节。——译者注
[3] 以上选文节选自《离娄章句下》第 19 节。——译者注
[4] 以上选文节选自《公孙丑章句上》第 2 节。——译者注

"然则犬之性犹牛之性，牛之性犹人之性与？"

告子曰："食色，性也。仁，内也，非外也；义，外也，非内也。"

孟子曰："何以谓仁内义外也？"

曰："彼长而我长之，非有长于我也。犹彼白而我白之，从其白于外也，故谓之外也。"

曰："异于白马之白也，无以异于白人之白也。不识长马之长也，无以异于长人之长与？且谓长者义乎？长之者义乎？"

曰："吾弟则爱之，秦人之弟则不爱也，是以我为悦者也，故谓之内。长楚人之长，亦长吾之长，是以长为悦者也，故谓之外也。"

曰："耆秦人之炙，无以异于耆吾炙，夫物则亦有然者也，然则耆炙亦有外与？"

孟季子问公都子曰："何以谓义内也？"

曰："行吾敬，故谓之内也。"

"乡人长于伯兄一岁，则谁敬？"曰："敬兄。"

"酌则谁先？"曰："先酌乡人。"

"所敬在此，所长在彼，果在外，非由内也。"公都子不能答，以告孟子。

孟子曰："敬叔父乎？敬弟乎？彼将曰：'敬叔父。'曰：'弟为尸，则谁敬？'彼将曰：'敬弟。'子曰：'恶在其敬叔父也？'彼将曰：'在位故也。'子亦曰：'在位故也。庸敬在兄，斯须之敬在乡人。'"季子闻之，曰："敬叔父则敬，敬弟则敬，果在外，非由内也。"公都子曰："冬日则饮汤，夏日则饮水，然则饮食亦在外也？"

公都子曰："告子曰：'性无善无不善也。'或曰：'性可以为善，可以为不善；是故文武兴，则民好善；幽厉兴，则民好暴。'或曰：'有性善，有性不善。是故以尧为君而有象，以瞽瞍为父而有舜；以纣为兄之子且以为君，而有微子启、王子比干。'今曰'性善'，然则彼皆非与？"

孟子曰："乃若其情，则可以为善矣，乃所谓善也。若夫为不善，非才之罪也。恻隐之心，人皆有之；羞恶之心，人皆有之；恭敬之心，人皆有之；是非之心，人皆有之。恻隐之心，仁也；羞恶之心，义也；恭敬之心，礼也；是非之心，智也。仁义礼智，非由外铄我也，我固有之也，弗思耳矣。故曰：'求则得之，舍则失之。'或相倍蓰而无算者，不能尽其才者也。"[1]

孟子曰："牛山之木尝美矣，以其郊于大国也，斧斤伐之，可以为美乎？是其日夜之所息，雨露之所润，非无萌蘖之生焉，牛羊又从而牧之，是以若彼濯濯也。人见其濯濯也，以为未尝有材焉，此岂山之性也哉？

"虽存乎人者，岂无仁义之心哉？其所以放其良心者，亦犹斧斤之于木也，旦旦而伐之，可以为美乎？其日夜之所息，平旦之气，其好恶与人相近也者几希，则其旦昼之所为，有梏亡之矣。梏之反覆，则其夜气不足以存；夜气不足以存，则其违禽兽不远矣。人见其禽兽也，而以为未尝有才焉者，是岂人之情也哉？

"故苟得其养，无物不长；苟失其养，无物不消。"[2]

"富岁，子弟多赖；凶岁，子弟多暴。非天之降才尔殊也，其所以陷溺其心者然也。"[3]

"孔子曰：'操则存，舍则亡。'"[4]

---

[1] 以上选文节选自《告子章句上》第1—6节。——译者注
[2] 以上选文节选自《告子章句上》第8节。——译者注
[3] 以上选文节选自《告子章句上》第7节。——译者注
[4] 以上选文节选自《告子章句上》第8节。——译者注

荀子论人性

与孟子相反，荀子坚决主张人性本质上是恶的。他的意思是，人性是自私的、积极反社会的。荀子认为，只有通过教育、训练、训导和惩罚的威胁，人们才变得在社会中合作起来。这有点像霍布斯的社会契约论，荀子认为，起初人随心所欲地追求自己的私欲，并不害怕指责或惩罚。但是，一旦他们意识到他们经常是侵略性虐待的实施者，同样经常是它的受害者，他们经常从别人那里拿走他们喜欢的东西，但是同样经常被别人偷走他们的东西，他们就愿意接受一个能够维护秩序、惩治违法犯罪的统治者的权威。

像霍布斯一样，荀子由他有关人性基本上是恶的观点证明需要强有力的中央政府权威通过教育和奖惩体系来控制人的行为。荀子问道，如果这个政府权威被移除，设想会发生什么？是否有人会怀疑混乱的结果是，强者欺凌弱者，却没有执法阻止和惩罚他们？

孟子的人性理论和荀子的人性理论的一个主要区别是，孟子像亚里士多德一样将人性界定为人特有的那种特质，而荀子将人性界定为所有人都拥有的，哪怕它也被低级的动物分有。如果我们像荀子所做的那样界定人性（为所有人共有的东西），那么，我们将指向那些倾向：人实际上必然是贪婪的、自私的、攻击性的，但是如果我们像孟子所做的那样界定人性（为人所独有的东西），那么，我们倾向于认为贪婪的行为是不重要的，因为那是被低级动物分有的，相反会强调人具有发展德性行为的能力，以及变成互相爱护、关注他人福祉的道德受造者的能力。孟子像苏格拉底一样宁愿死去，也不愿意不道德地行动的原因是，不道德的行动毁灭了世界上最珍贵的东西——一个人的人性。

荀子：人性本恶[1]

人之性恶，其善者伪也。

今人之性，生而有好利焉，顺是，故争夺生而辞让亡焉；生而有疾恶焉，顺是，故残贼生而忠信亡焉；生而有耳目之欲，有好声色焉，顺是，故淫乱生而礼义文理亡焉。然则从人之性，顺人之情，必出于争夺，合于犯分乱理，而归于暴。故必将有师法之化，礼义之道，然后出于辞让，合于文理，而归于治。用此观之，然则人之性恶明矣，其善者伪也。

故枸木必将待檃栝、烝矫然后直；钝金必将待砻厉然后利；今人之性恶，必将待师法然后正，得礼义然后治。今人无师法，则偏险而不正；无礼义，则悖乱而不治。古者圣王以人之性恶，以为偏险而不正，

---

[1] 节选自：伊沛霞（Patricia Ebrey），《中国文明资料手册》（*Chinese Civilization: A Sourcebook*, 2nd ed., New York: The Free Press, 1993），第24—26页。

悖乱而不治，是以为之起礼义，制法度，以矫饰人之情性而正之，以扰化人之情性而导之也，始皆出于治，合于道者也。今人之化师法，积文学，道礼义者为君子；纵性情，安恣孳，而违礼义者为小人。用此观之，然则人之性恶明矣，其善者伪也。

孟子曰："今之学者，其性善。"

曰：是不然！是不及知人之性，而不察乎人之性伪之分者也。凡性者，天之就也，不可学，不可事。礼义者，圣人之所生也，人之所学而能，所事而成者也。不可学，不可事，而在人者，谓之性；可学而能，可事而成之在人者，谓之伪。

……

今人之性，饥而欲饱，寒而欲暖，劳而欲休，此人之情性也。今人见长而不敢先食者，将有所让也；劳而不敢求息者，将有所代也。夫子之让乎父，弟之让乎兄，子之代乎父，弟之代乎兄，此二行者，皆反于性而悖于情也；然而孝子之道，礼义之文理也。故顺情性则不辞让矣，辞让则悖于情性矣。用此观之，然则人之性恶明矣，其善者伪也。

……

繁弱、钜黍，古之良弓也，然而不得排檠则不能自正。桓公之葱，太公之阙，文王之录，庄君之曶，阖闾之干将、莫邪、钜阙、辟闾，此皆古之良剑也，然而不加砥厉则不能利，不得人力则不能断。骅骝、䯂骥、纤离、绿耳，此皆古之良马也，然而前必有衔辔之制，后有鞭策之威，加之以造父之驭，然后一日而致千里也。夫人虽有性质美而心辩知，必将求贤师而事之，择良友而友之。得贤师而事之，则所闻者尧舜禹汤之道也；得良友而友之，则所见者忠信敬让之行也。身日进于仁义而不自知也者，靡使然也。今与不善人处，则所闻者欺诬诈伪也，所见者污漫、淫邪、贪利之行也，身且加于刑戮而不自知者，靡使然也。传曰："不知其子视其友，不知其君视其左右。"[1]

礼起于何也？曰：人生而有欲，欲而不得，则不能无求；求而无度量分界，则不能不争；争则乱，乱则穷。先王恶其乱也，故制礼义以分之，以养人之欲，给人之求，使欲必不穷于物，物必不屈于欲，两者相持而长，是礼之所起也。

祭者，志意思慕之情也。愅诡唈僾而不能无时至焉。故人之欢欣和合之时，则夫忠臣孝子亦愅诡而有所至矣。彼其所至者，甚大动也；案屈然已，则其于志意之情者惆然不嗛，其于礼节者阙然不具。故先王案为之立文，尊尊亲亲之义至矣。故曰：祭者，志意思慕之情也。忠信爱敬之至矣，礼节文貌之盛矣，苟非圣人，莫之能知也。圣人明知之，士君子安行之，官人以为守，百姓以成俗。其在君子，以为人道也；其在百姓，以为鬼事也。[2]

天行有常，不为尧存，不为桀亡。应之以治则吉，应之以乱则凶。强本而节用，则天不能贫；养备而动时，则天不能病；修道而不贰，则天不能祸。故水旱不能使之饥，寒暑不能使之疾，妖怪不能使之凶。本荒而用侈，则天不能使之富；养略而动罕，则天不能使之全；倍道而妄行，则天不能使之吉。故水旱未至而饥，寒暑未薄而疾，妖怪未至而凶。受时与治世同，而殃祸与治世异，不可以怨天，其道然也。故明于天人之分，则可谓至人矣。

---

[1] 以上选文节选自《荀子·性恶》。——译者注
[2] 以上选文节选自《荀子·礼论》。——译者注

……

治乱，天邪？曰：日月星辰瑞历，是禹桀之所同也，禹以治，桀以乱；治乱非天也。

时邪？曰：繁启蕃长于春夏，畜积收臧于秋冬，是禹桀之所同也，禹以治，桀以乱；治乱非时也。

地邪？曰：得地则生，失地则死，是又禹桀之所同也，禹以治，桀以乱；治乱非地也。

……

雩而雨，何也？曰：无何也，犹不雩而雨也。日月食而救之，天旱而雩，卜筮然后决大事，非以为得求也，以文之也。故君子以为文，而百姓以为神。以为文则吉，以为神则凶也。[1]

董仲舒论人性

董仲舒在孟子和荀子的观点之间找到了中间立场。

与孟子一样，董仲舒认为人性在一种意义上包含善的"种子"，但是与孟子不同的是，他认为这还不够说人在本质上是善的。

善的"种子"实际上不是善，正如番茄的种子不是番茄一样。为了变成善的，"种子"必须被养育、培植，于是他在这一点上赞同荀子的观点，强调政府在教育和训练人成为好公民上所起的必要作用。

董仲舒使用的另外一个类比是眼睛看的能力。眼睛看的能力显然是一种倾向性质。董仲舒提出了一个有趣的问题：一个人当他睡着时是否能看？在一种意义上，我们不得不说不能。睡着的人不能看眼前的东西。但是，在另一种意义上，睡着的人可以看。我们不得不做的全部事情是叫醒他们！你能说瑞典语吗？答案再次是（在一种意义上）能和（在另一种意义上）不能。我们大多数人此时此刻不能用瑞典语进行对话，在这种意义上，我们不能说瑞典语。但是，如果给你们100万美元让你们在接下来的五年里学习瑞典语，你们可能在这种意义上可以（学会）说瑞典语。

董仲舒也发展了一种与柏拉图相似的理论，即认为人性必须与一个人天生贪婪自私的倾向竞争。像柏拉图一样，董仲舒提出了一种人的心理学的模型：对立的力量彼此持续地冲突。我们天生有在社会中合作、奉献和关心的需要，但是我们也有一切都是为了我们自己的需要。

当然，人们可以问，如果这两种倾向都是天生的，那它们难道不是人性的两个部分吗？这里的回答可能与我们早先有关人性是一个"规范性"的概念的说法相关。像孟子一样，董仲舒想说，人性是人类更高的、更好的部分，是只有人类才能拥有的那种在道德上善的部分。我们所有人都拥有并且与低级动物分有的本能的、情绪的、身体的部分确实是天生的，但是它并不拥有人性在道德上善的潜能这种"规范性的"性质。董仲舒说，当孟子断言人是善的，他是在将人与低级动物比较。与动物相比，人至少拥有在道德上成为善的能力。董仲舒继续说道，但是我们不应该比较动物与人，我们应该比较人与我们要求他们成为的道德理想。

与荀子更像的一点是，董仲舒坚决主张我们应该使人达到更高的标准。依据该标准，我们不想说

---

[1] 以上选文节选自《荀子·天论》。——译者注

人是善的，而说他们不是善的。与动物相比，他们是善的；与圣人相比，他们不是善的。

从一方面来说，董仲舒与孟子的区分在于程度。孟子并没说人一生下来就是道德上善的个体。他强调这需要培育和操练。他将这种天赋的善性叫作善"端"。不过，他与董仲舒的区分在于，他比董仲舒看到了人的更多的善。对孟子而言，善"端"是真实的善，尽管规模小，必须进一步激励和发展。对董仲舒而言，善的"种子"本身根本不是善，而只是拥有变成善的潜能。譬如，番茄的种子和成熟的番茄都有变成番茄酱的潜能。但是，当孟子想断言番茄自身之中实际上已经有番茄酱的一些性质时，董仲舒坚持认为番茄的种子根本不像番茄酱。

孟子与董仲舒的主要区别在于他们对政府在促进道德的善上的作用的认识。孟子要政府扮演一个更少侵入性的角色，只是激励，培育已经存在的道德的善端。相反，董仲舒像荀子一样认为，政府必须塑造拥有善的能力然而没有国家干预不能变成善的人类。对孟子而言，政府领导通过为所有人树立效法的好榜样来激励人们变成道德的。对董仲舒而言，政府领导通过确立奖惩体系来迫使人们变成道德的。

在人类学习语言的能力上，一个类似的"先天秉性与后天培育"的论争正在上演。当然，人们能够学习一门语言，但是这其中有多少是天生的，有多少是教授的？是父母教导孩子说，还是孩子不费力气地学会了它？孟子的理论像今天一些人的观点。他们说，孩子并不是被教导着去说一门语言，而只是在良好的环境中不费力气地学会了它。如果我们问美国学生是不费力气地学会了瑞典语，还是只有通过艰苦学习和一丝不苟的训练才学会了瑞典语，那么，董仲舒的观点就出现了。对董仲舒而言，要成为一个在道德上善的人就像一个美国人学习瑞典语，这可以做到，但是只有通过大量的培训、实践和训练。

董仲舒：人性既善又恶[1]

人之诚有贪有仁，仁贪之气，两在于身。身之名取诸天，天两有阴阳（消极的和积极的宇宙力量）之施，身亦两有贪仁之性；天有阴阳禁，身有情欲栣，（人之道）与天道一也。

或（孟子）曰："性有善端，心有善质，尚安非善？"

应之曰："非也。茧有（潜在的）丝，而茧非丝也；卵有（潜在的）雏，而卵非雏也。比类率然，有何疑焉。"

天之所为，有所至而止，止之内谓之天性，止之外谓之人事。……中民之性，如茧如卵……今万民之性，有其质而未能觉，譬如瞑者待觉，教之然后善。

---

[1] 引自：陈荣捷（Wing-Tsit Chan）英译，《中国哲学文献选编》（*A Source Book in Chinese Philosophy*，Princeton University Press，1963）。

非善于禽兽则谓之善也。使动其端善于禽兽则可谓之善，善（端）奚为弗见也？夫善于禽兽之未得为善也，犹知于草木而不得名知。……质于禽兽之性，则万民之性善矣；质于人道（当然）之善，则民性弗及也。[1]

中国的其他人性理论

尽管儒家比中国其他的流派更多地探讨了人性话题，但是也存在着其他相竞争的理论。法家理论（legalist theory）借用了荀子的理论：人类基本上是恶的，需要被规定严格奖惩的法律控制。与此相对，**道家**（Taoist）理论支持这种观点：不应该以任何方式控制或修正人性，甚至不应该像儒家所要求的那样去增强或改善它。在西方人翻译和阅读最多的中文书《道德经》（*Tao de Ching*）中，老子（Lao Tzu）主张，我们应该是自然的（无为的）。"无为"这个术语的字面意思是不行动，不过，该语境明确表示它所意指的是，我们不应该以过于深思熟虑的方式行事，而应该顺其自然，任其自然。做得少，得到的反而多（"不要没事找事"），改善我们的品性和行为的需要恰好显示我们已经失去了我们做正当事情的天然的、自发的倾向。不过，另一个哲学流派墨家[Mohists，墨翟（Mo Ti）或墨子（Mo Zi）的信徒]追随告子，坚决主张不存在天生的人性，人的行为被社会塑造和影响。如果人们过去已经适应去爱他们部落的同胞，并且当与其他部落冲突时憎恨那些部落的人，那么，他们现在可以并且应该适应去同样爱所有人（摒弃"偏狭之爱"，接受"公正之爱"）。

供讨论的问题

1. 你认为孟子、荀子和董仲舒的著作是宗教的还是哲学的？为何如此难以对他们的著作进行归类？
2. 你认为人类可以是完全"自然的"吗？为什么是或者为什么不是？
3. 这些引文给出了哪些论证来支持人性本恶，必须经过训练才能变得有德的观点？你认为这些论证令人信服吗？
4. 你认为在人的发展上先天的秉性比后天的培育重要，还是相反？你可以搜集何种论证来支持你的观点？
5. 当你阅读孟子的观点时，你是否发现他的观点与亚里士多德的道德发展观有任何共同之处？请给予说明。

---

[1] 以上选文节选自董仲舒《春秋繁露·深察名号》。引文中译本见：陈荣捷编著，《中国哲学文献选编》，杨儒宾、吴有能、朱荣贵、万先法译，黄俊杰校阅，南京：江苏教育出版社，2006，第250—255页。本书作者说选文出自陈荣捷先生的编译本，但是核对该文本后，译者发现，选文并没有严格遵循原文，而是进行了很大的调整和删减。这可能是为了以非常简短的篇幅尽可能展现原作者的观点和思路。——译者注

第四十一章　印度教有关一元论的论争

我们经常被告知，东方思想拥有的知识观与我们在西方哲学中所发现的迥异。我们被告知，西方知识论严格区分了认知者与被认知者，即认知的人与人认知的对象以及可以被认知的诸种对象（马、火等），而东方知识论则与此不同，没有这样的区分。据说，在东方思想中，认知者与被认知者是一体的，于是我们知道的实在是内部没有区分的一个整体。一切是一。

尽管印度思想家确实拥护一种有关超出了日常经验的绝对无区分的"实在"的知识，他们也承认一种更寻常的日常生活处境中的知识，一种常识性的知识，在那里，主体寻求认知通过限制类别而被划分的不同对象（书而不是金枪鱼三明治，马而不是牛）。

作为哲学家，我们很难知道如何讨论除了更寻常的那类知识之外的任何东西。为什么会这样？因为那是确立证据和逻辑有效性的客观规则的唯一方法。换句话说，这看似是理性在人类中运作的唯一方法，而哲学，正如我们一直在说的，只是对我们最一般的日常经验的反思。很少有人拥有那种神秘经验，在那里，认知者与被认知者变成一体的，并且对象之间的区别以及被认知的对象的种类之间的区别消失了。不过，每个人都可以欣赏古代印度的观点：因为我们看见浓烟，山上必然是着火了。如果存在着其他种类的知识，那么，它不能被日常感觉经验和理性认知，因而似乎处于哲学之外。而我们在哲学上似乎不能超越理性。我们在哲学上可能像康德一样使用理性识别理性的界限，但是我们可以使用理性来超越理性吗？

于是，如果那的确是可能的，我们如何能够超越理性呢？只有通过在少有的场合极少数个体获得的一种直觉性的宗教经验或神秘经验。但是，不管这多么合理，很难明白这如何构成哲学的部分。思考一下人类研究实在的不同路径——科学、宗教、哲学和艺术。每一种都是不同的。每一种都有其独特的优点和缺点。没有必要选择其一，而抛弃其他的。我们大多数人都想在我们的生活中全部使用它们。

最后，神秘的直觉知识和日常的知识之间的区分并不真的是东西方知识论的区分，因为这两种知识都出现在东西方。也就是说，既存在着东方的也存在着西方的宗教神秘主义者，他们宣称直接洞察到一个统一的实在，在其中，一切是一。既存在着西方的也存在着东方的哲学家，分析有关日常生活的一般知识。于是，所谓的东西方的知识论之间的区分真的只是对基于人的理性的普遍原则的知识的哲学陈述与超越那些界限（因而走出哲学本身的）的宗教知识的可能性之间的区分。

自从现代科学于17世纪在欧洲兴起以来，西方哲学家真的比他们过去更少对神秘主义的知识断言感兴趣,并且对可以导致科学的日常知识越来越感兴趣。但是东方哲学家却不是这样的,他们对这两类知识都很感兴趣。的确,在回应18世纪和19世纪西方势力的殖民统治时,东方思想家倾向于通过夸大他们的文化与西方文化的差异来为他们的文化辩护。东方文化并没有因为他们没发展出科学和技术以及资本主义的市场经济而感到自卑,相反在殖民时代(19世纪晚期20世纪初期)快终结时开始批评西方暴力、挥霍的极端物质主义,赞扬他们自己更灵性的、平衡的、整体主义的文化。

许多西方人同样开始批评西方文化的过度行为,尤其是在过去的一百年左右,所以,西方人倾向于同意东方的批评者!不过,仔细观察东西方文化,人们会发现一幅缺乏如此鲜明对比的更复杂的图画,一幅灰色的图画,在那里,东西方文化在过去两千年里既寻求一般的、科学的、技术的知识,也寻求神秘的宗教知识。

因为科学和技术发展程度上的差异,今天的东西方文化已经变得有些不同——尽管这在快速地改变,正如我们尤其是在日本、韩国、中国香港以及中国台湾的案例中所看到的那样。当然,文化差异仍然存在,正如美国与欧洲、德国与意大利(印度与中国、中国与日本)的文化差异也存在一样。当印度和中国在现代技术的"信息时代"占据一席之地时,东西方文化的对比变得越来越不明显了。

为了说明这一点,让我们来看看印度哲学内部的罗摩奴阇和摩陀婆一方与商羯罗一方围绕我们可以知道什么以及不可以知道什么而进行的非常有趣的论争。这三个人都是虔诚的印度教徒,每一个人都对印度教被叫作《奥义书》的神圣文本提供了不同的解释。

印度教是一个古老的、异常复杂的宗教。对于圈外人来说,很难明白何种共同要素将这些不同的宗教信念和实践集合起来,成为了一个宗教。所有印度教徒赞成的唯一的东西可能是神赐予的神圣文本,诸如《**梨俱吠陀**》(*Rig Veda*)和《**奥义书**》之类的古代吠陀的权威,所有印度教徒认为它们是绝对的、永恒的[像《**薄伽梵歌**》(*Bhagavad Gita*)以及《**往世书**》(*Puranas*)之类的其他宗教文本也被敬畏,但是并不在这种意义上被认为是神圣的]。不过,我们今天所知道的印度教已经进化了。在它的最早阶段,三四千年前,在《梨俱吠陀》和其他古代宗教文本中,它以向与古希腊的诸神宙斯、阿波罗以及万神殿的其他神没有区别的拟人化的诸神[在诸神中,包括战争和雷雨之神因陀罗(Indra),以及火神阿格尼(Agni)]献祭为中心。后来(前800—前300),(在《奥义书》中的)古代吠陀文献被大量深林隐士、圣哲重新解释为通过宁静的冥想而以内在的方式寻求内在自我(Atman,它在后来的一些《奥义书》中被说成是与梵、整个宇宙同一的)。不过,后来(1000—1500),印度教再次转变,这一次转向虔信(bhakti)人格性的救世主,诸神,如钟爱的**克里希那神**(Krishna),就像我们在《往世书》和《薄伽梵歌》中看到的那样。

被叫作《吠陀经》的神圣文本在风格和内容上彼此迥异,这使得人们对它们提出了完全不同的解释。《奥义书》尤其如此。

如果《奥义书》是神赐予的神圣文本,那么,我们期望它们包含统一的、一致的信息。但是从表面上看,无论如何,它们似乎包含完全不同的信息。《奥义书》可以被解读为一种非有神论的一元论:一切东西是被叫作梵的一个非人格性的太一

（One）的部分。它们也可以被解读为一种有神论：一个人格性的神不同于人的个体灵魂和物质世界。

依据对《奥义书》的第一种（非有神论的）解释，所有区分最终只是虚幻的；不存在认知的人与那个人认知的对象的区分，不存在认知对象之间的区分，也就是说，不存在树、山、奶牛与马（或者橡树与枫树、这匹马与那匹马、这棵橡树与那棵橡树）的区分。最终，不存在这个思想的、认知的人与神和世界之间的区分——一切是被叫作梵的一个没有区分的整体。

依据对《奥义书》的第二种（有神论的多元论的）解释，存在着认知者与被认知者、神与世界、世界之中的事物之间以及世界中的不同类型的事物（树、山、奶牛和马）之间的绝对清晰的区分。

商羯罗（9世纪）以被叫作不二论（advaita，意思是非二元性的）的第一种方式解释印度教的文本，而罗摩奴阇（12世纪）和摩陀婆（13世纪）则以第二种有神论的、多元论的方式解释这些相同的文本。让我们首先看看商羯罗的解释[1]：

> 梵，无区分的纯粹意识，是唯一的实在，（我们在日常生活中看到的有关我们的）所有这一切多样性只是被想象出来的……并且是虚假的……这些文本（《奥义书》）显示，梵没有所有这些区分……它的本质基本上与我们在这个世界上通常经验到的东西对立……当个体灵魂与梵的同一性被意识到时，（对日常生活中的事物的多样性的）这种幻觉消失了……（相反）可以说，既然作为所有证明中最好的证明的直接知觉肯定这个世界的多样性，那么，它不能被经文中有关统一性的知识推翻……（但是）经文中有关统一性的知识可以推翻基于直接性知觉的有关多样性的知识，因为永恒的且有神圣来源的经文没有任何缺陷，而直接性知觉是有缺陷的，（并且可以导致错误）……我们已经证明了当直接性知觉或知识的其他手段与经文存在着冲突时，后者拥有更大的力量。但是，实际上，在直接性知觉与经文之间并不存在这样的矛盾，因为正是作为存在（Existence）本身的唯一的、无区分的梵在

商羯罗（788—822），印度教哲学家，以对梵的不二论的解释著称。他认为，梵与灵魂（atman）和物理世界是同一的。（图片来源：The Image Work）

---

[1] 商羯罗以及罗摩奴阇的所有引文源自：《吠檀多经》（*The Vedanta Sutras*），乔治·蒂博（George Thibaut）英译（Oxford: Clarendon Press, 1904），第34、38、48卷。

所有知觉的对象中被直接知觉到……在我们的所有认知中持续存在的意识是真实的,因而与存在是同一的……并且因为它是意识,所以,它是自明的……并且是永恒的,因为它不能拥有一个开端或结尾……因此,意识缺乏所有多样性,并且因此,它不能有在它背后、与它自身不同的任何"认知者"(自我)。[《〈吠檀多(梵)经〉评论》(*Commentaries on the Vedanta [Brahman] Sutra*)]

现在,让我们看看罗摩奴阁对商羯罗的驳斥:

> 梵不能像不二论者(商羯罗)所说的那样是无区分的纯粹意识,因为没有证明可以被引用来确立无区分的对象。知识的所有来源只证明了被区分描述的对象的存在。无区分的对象也不能被一个人的经验确立,因为这样的经验只是对被某些有特征的区分描述的对象的经验,正如像"我看见这"——在这里,"我"和"这"都是被区分的对象——所显示的那样……对象的某些属性确实排斥其他属性,于是帮助我们将它与其他对象区分开来,所以,(诸如梵一样的)一个无区分的事物不能被确立。意识或知识本质上是这样的,它将一个对象启示给一个认知者……因而,意识总是牵涉对(认知者与被认知者之间)区分的认知……经文也不能证明一个无区分的存在者。直接性的知觉也不能指称无区分的事物……在确定的知觉中,我们经验到被像属特征一样的属性描述的对象,譬如,当我们看见一头奶牛时,我们看见这个对象被奶牛的属特征描述……在(所谓的)不确定的知觉中,起规定作用的属性没有被经验到,主体和客体(据称)是彼此融合的。这样的知识据说是超出感官知觉的……(但是这样的所有知觉)被经验否定,并且是不可能的。我们的所有经验是有关类的——"这是诸如此类的",换句话说,被区分描述……推导也只指称被区分描述的对象,因为推导依赖两个事物之间的不变关系(例如,推导中的火和烟,我们知道那边的山着火了,因为我们看到烟从那座山上升起),它们是知觉的对象(山、火和烟),而知觉只处理被区分描述的对象……因而,没有证明——无论是来自经文、直接性的知觉,还是推导——可以被引用来确立一个无区分的对象……并不像不二论者所说的那样,孤立的存在可以通过知觉被经验到,因为,正如已经展示的,知觉的对象只是被……一类事物所共有的……区分描述的事物……如果我们在所有知觉中只经验到存在或实有,那么,像"有一口锅""布料存在"这样的命题将是无意义的。再者,为什么去买一匹马的那个人不带着一头水牛回来呢?如果我们没有经验到区分,当我们看见一匹马时,为什么我们不再次使用"大象"或"奶牛",既然所有词语拥有相同的对象,即存在或实有,因而这些词语是同义的,指称相同的对象?此外,当我们先看到一匹马,紧接着看到一头大象时,(有关大象的)后一种知识只是回忆(再次对马而不是对第二个不同的对象——大象——的知觉)。……最后,如果在所有知觉中被感知到的只是存在或实有,那么,失眠、耳聋等将不是残障,因为

单凭任何一个感官的单一知觉就足够经验一切东西，既然对象之间并不存在着区分……意识不能是存在或实有，因为后者是意识的对象，所以，两者之间的差别是显而易见的。[《〈吠檀多（梵）经〉评论》]

像罗摩奴阇一样，摩陀婆支持后期印度教的大众化的有神论。神，无论是湿婆（Shiva）或毗湿奴（Vishnu），创造并且控制着这个世界，因而不能与它同一。对于罗摩奴阇和摩陀婆而言，正如对于笛卡尔而言一样，世界由神、物理对象和诸多个体自我组成，个体自我渴望与神在一起，但是并不变成神。当印度学者在19世纪末、20世纪初开始重建印度哲学时，他们倾向于将印度哲学与那个时代在欧洲占据主导地位的哲学——黑格尔主义做比较。在黑格尔主义那里，世界中的一切东西是一个包含一切的非人格的精神的部分，黑格尔称之为绝对者（the Absolute）——这看似与商羯罗的梵的观点非常相似。于是，他们倾向于赞同和优待的是商羯罗更哲学化和形而上学化、更少神学味的观点，而不是更大众化的宗教的和传统的有神论者罗摩奴阇和摩陀婆的观点。但是，今天，我们中的那些在哲学上"站在外面往里面看"的人不应该预先判断这个问题，而应该不排除这种可能性：印度支持才华横溢的哲学家拥有诸多不同的观点和信仰。确切地说，商羯罗无疑是一位伟大的哲学家，然而罗摩奴阇和摩陀婆同样也是。

摩陀婆认为，个体自我与物理对象作为独立的存在者永恒地存在，尽管正如笛卡尔也认为的那样，它们在其存在上依赖于神。依据摩陀婆的观点，说个体自我和物理对象与神同一，换句话说，与神正好是相同的东西，是没有什么理由的。

让我们来看看摩陀婆的论证。首先，摩陀婆——有点像第三部分"实在是什么？"中的理查德·泰勒——宣称，如果两个东西是同一的，那么，对于它们，我们必须能够有意义地、真实地说相同的话，不过，对于神和像你或我这样的个体自我，我们不能这样做。如果乔治·华盛顿与美国第一任总统是同一的，那么，无论我们如何有意义地、真实地谈论乔治·华盛顿，我们应该能够有意义地、真实地谈论美国第一任总统，"两人"都与玛莎（Martha）结婚并且指挥大陆军，所以，这"两个"东西实际上只是一个东西。不过，就神和个体自我而言，我们针对一个东西说的，我们不能针对另一个说，神，而不是个体自我是无处不在的、无所不知的、无所不能的；同样，个体自我，而不是神，回应一个且唯一一个具体的躯体的物理状态，感受到它的痛苦，忍受它的疲乏，知晓它的兴奋。因此，二者是不同的。

> 神不是具身化的（embodied）自我，因为完全不可能断言具身化的自我无处不在。换句话说，同一个个体自我同时在所有身体中是不可能的，违背事实和理性……《迦楼罗往世书》（Garuda Purana）也说的是这一点，"在经验中并不存在主与自我的平等，因为主是无所不知、无所不能和绝对的，而自我是限知、限能和绝对依赖的。"[《〈吠檀多（梵）经〉评论》][1]

---

[1] 摩陀婆的所有引文源自：《吠檀多经》（The Vedanta Sutras），S. 苏巴·拉奥（S. Suba Rao）英译（Tirupat Sr. Vyuasa Press, 1936）。

物理世界不能像商羯罗所认为的那样仅是精神的一个想象的观念（因而不是精神的部分，无论是一个个体精神，还是包含一切的梵的精神）。正如欧洲现象学家所断言的那样，我们觉察到对象这个事实显示了观察者与被观察者这二者之间的区分。我们也容易区分梦与现实。最后，存在着对贝克莱的反驳：心灵的观念顷刻来去，正如我们简单地思考一个观念之后转向其他观念，而物理对象继续存在，甚至在每个人已经停止思考它们之后：

> 无知者说这个世界是不真实的，因为他们真的不知道神的无上的力量，神在智慧上是无限的，创造了这样一个真实存在的世界，成为一个真实的世界的作者……不能坚持说外在事物不存在，因为我们已经察觉到它们……不能说，正如梦的创造物不存在一样，所以世界也是不存在的。因为，与世界不同，梦的创造物以与真实的对象不同的方式被感知，正如我们说"这只是梦，这不是一条真实的蛇"……这个世界不是识（vijnana，意识），因为它不是被如此感知。这个世界并不是精神的模式，因为没有人在他的经验中将它感知成这样的……识或意识只持续一刻，而我们感知的物理对象是持久的。因此，精神和外面的世界也不能被说成是同一的。[《〈吠檀多（梵）经〉评论》]

这是哲学知识与宗教知识之间区分的一个精彩例子。就哲学反思并分析我们日常的、常识性的经验而言，很难明白哲学如何能够为我们在商羯罗那里发现的那类完全与我们对日常生活的所有常识性经验矛盾的知识辩护。正如我们一直说的那样，哲学是对我们日常的、常识性的直观的反思，而这些常识性直观的绝对核心是这种直观：认知者不同于认知对象，在世界中存在着许多不同的事物，这些不同事物属于不同范畴，而这些范畴界定这些个体对象是何物以及它们可以做什么，并且存在着包含更小范畴的更大的范畴，等等。这是世界向作为人类的我们显现的方式。这是哲学开始的地方，很难看出哲学如何可以超越这一点。

因此，从哲学的角度看，罗摩奴阇和摩陀婆似乎在许多方面赢得了论战，因为逻辑和我们所有客观推理的形式都源于常识。但是这并不意味着商羯罗是错的。世界在神面前的样子可能与在我们面前的样子大不相同。并且既然神依据定义是无限的，而人类在我们看来是有限的，那么，这意味着在那种情况下神的看法是对的，而我们的看法是错的。但是，只要我们是人类（不是神或诸神），我们就很难明白我们如何能够知道这一点——于是，我们至少现在被人的视角（以及对人的那种视角的哲学阐释）困扰。于是，说罗摩奴阇和摩陀婆赢得了这场论争并不意味着他们是对的，商羯罗是错的（可能商羯罗看到了更接近"神眼所见"的世界）。它只是意味着商羯罗必须寻求在哲学之外证明他的断言。他所需的证明会处在被冥想操练和宗教敬虔（并且可能被启示的神圣文本《吠陀经》）引导的神秘直观中。

供讨论的问题

1. 你发现东方思想的哪些方面有吸引力,哪些方面没有吸引力?
2. 有些东方文本的解释者得出结论:最好使用它们自己的术语来理解它们,不要尝试使用西方的范畴来理解它们。你是否同意?为什么同意或者为什么不同意?
3. 印度教的文本谈到了诸神。不过,梵是一体的、无区分的。我们应该如何理解这一点?

第四十二章　佛教的空论

佛教（Buddhism）的宗教文本或经书（the sutras）断言，逃避痛苦产生自意识到［**开悟**（enlightenment）］一切是"**空**"（empty，sunyata）——没有灵魂，没有神，没有真实的物理对象。对普通人——无论是欧洲人、美洲人或者亚洲人——来说，这听起来都很疯狂。宗教文本本身在解释这种空性（emptiness）的意思上并不是非常有帮助。正如我们之前已经说明的，这正是哲学家介入的地方。在这种情况下，2世纪的佛教哲学家龙树在下面的选文中着手解释了空的意思并且以逻辑的方式证明这是真的。

在《七十空性论》（*Seventy Verses on Emptiness*）中，龙树说，所有现象缺乏自性存在（inherent existence），因而是空的。他提供的唯一理由是，日常生活中的一般对象（我们通常将它们视为真的）依赖其他对象和条件，所以不能是绝对不变的、独立的和永恒的。如果它们是永恒的，那么，它们不会改变或者发展成它们目前的形式。

实在的定义是它完全独立于一切其他东西，而没有任何东西满足这个定义，所以就此而言，世界是"空的"。那并不意味着不存在一般的物理对象（树、房子等），而只是意味着这些东西没有一个是完全独立于其他东西的。树依赖水和阳光，房子依赖建筑材料。龙树要断言的是，我们日常经验的一般对象并不满足"实在"的定义——与其说它是一种有关何物在这个世界上存在或不存在的理论，还不如说它是一种有关语词描述实在的能力的理论——我们的任何语词都不能把握或穷尽实在。事物既不是存在的，也不是不存在的，因为存在和不存在只是人创造的语词，它们在日常生活中是有用的，但是绝不能清晰地界定实在。实在的主要观念（或定义）是，若一个东西是实在的，它必须是没有原因的、没有变化的，因而是完全独立的、永恒的。这个观念（或定义）是显而易见的和不可置疑的。龙树所做的一切是找出有关实在的那个定义对于日常的物理对象的逻辑意义。如果那是你有关实在的定义，那么，他似乎在说，你将不得不承认，日常物理对象不能在这种意义上是实在的，因为它们显然是变化的，并且依赖其他对象。

一个对象可能持续地变化并且依赖其他对象，然而是实在的，这种想法甚至根本没有被考量过。甚至龙树的批判者毗婆沙（Vaibhasika）在他的反驳中实际上恰恰假设了这个定义："如果你断言现象并不自性地存在，那么你是在断言它们根本不存在。"龙树轻松地用这个论证来反对他的对手："当你断言现象自性地存在，你是在说它们的产生并不依赖原因和条件，因而并不存在。因为如果它们并不依赖原因和条件，那么它们会存在并且永远存在。"

这种交流特别有说服力。毗婆沙似乎在说，自

龙树（150—250），大乘佛教中观派（Madhyamika school）创始人。经常被叫作"第二个佛陀"的他坚决主张一切皆空，没有任何东西是"自性地"存在的，即完全独立地存在的。（图片来源：Chris Leachman/Alamy）

性地存在是存在的任何东西的必要的或限定的条件。他似乎在说，如果它并不自性地存在，那么，它根本不存在。毗婆沙显然将这句话当作一种归谬法（*argumentum ad absurdum*），因为龙树断言没有任何东西自性地存在，由此可知，没有任何东西存在，而那显然是荒谬的，至少对常识而言是这样。毗婆沙可能像西方古代哲学的柏拉图和原子主义论一样认为，必须有满足有关实在的这个苛刻定义的东西。如果一般的物理对象在这种意义上是不真实的，那么，某个深层的、更基本的存在者（譬如原子）会满足这个定义。毗婆沙不承认（龙树也不承认）某个东西存在然而却依赖其他东西而存在。

似乎没有任何人，甚至连龙树的对手也没有想到，某个东西可以存在，是实在的，然而是依赖性的、变化的和暂时的。正如巴门尼德所说的，这根本没有道理。无论我们的五官似乎告诉我们什么，理性告诉我们，有关变化的任何谈论都牵涉谈论非存在，而对非存在、不存在的东西的任何谈论纯粹是胡说八道。换句话说，谈论不存在的东西（"你在谈论什么？并不存在这样的东西！"）毫无意义。如果某个东西存在，那么，它绝不会不存在，那意味着它绝不能变化，那意味着它不能影响另一个存在者或者被它影响，变化只是幻象。

于是，有关实在是不变的、独立的东西的这个定义并不是一个龙树提出来并且辩护的主张，而只是被表述为有关实在的一般的、常识性的标准或定义。龙树慎重分析了这个标准或定义对于一般的现象物的灾难性影响。的确，他认为这是在逻辑上可能的唯一立场，并且也是常识经过反思之后可以接受的唯一立场。

难以想象普通人有意识地坚持这种理论或者能够陈述它，更别说为它辩护了。不过，龙树和其他反实在论的哲学家似乎暗示了这是有关实在的普遍被接受的、不受挑战的、标准化的准则，每个人或隐或显地支持它。

不过，实在论的准则是不是普通人的背景假定，或者这只是哲学家的设想？认为这可能的确是我们大多数人通常假设的东西的一个理由是，普通人极容易落入哲学家的圈套。换句话说，当展示了思考的对象变化了并且可能并不像我们所知觉的那样存在时，大多数人会倾向于同意它不是实在的或者不是完全实在的。现在，除非我们将一种极端轻信归给普通人，否则，这似乎真的显示普通人事实上的确主张实在论的准则，尽管可能是无意识的。

甚至在今天，大多数人仍然会倾向于认为，如果他们的精神完全依赖他们的身体（换句话说，精神不能离开他们的身体存在）或者在精神中并不存在任何从生到老保持不变的东西（换句话说，没有单一的记忆、情感或思想），那么，在那种情况下，他们会得出结论：灵魂或精神并不作为一个真实的、独立的存在者存在。（他们会说，在那种情况下，他们不会信仰灵魂，如果精神或灵魂只是作为身体的副产品存在，由此，大多数人准备得出结论：于是，精神或灵魂并不存在，这意味着它并不作为一种独立的、不变的存在者存在。）类似地，我们倾向于认为，如果世界上的一切东西由原子构成并且原子保持不变，而由原子构成的物理对象变化不定，那么，原子比普通的物理对象"更实在"——只是因为它们"更"持久、不变和独立。

龙树：《七十空性论》[1]

持续、起源、毁灭、存在、不存在、劣等、平庸和优越是佛陀依照世俗的用法而不是实在的力量教导的。

不存在与非我、非非我、既是我又是非我这些表达对应的任何东西，因为可以被谈论的所有因素像涅槃一样是自性为空（empty in their intrinsic being）的。

因为所有实体的自性并不存在于它们的因和缘（causes and conditions）中，无论是在一起还是分开，或者无论如何，它们都是空的。

存在的东西不是产生的，因为它是存在的。不存在的东西不是产生的，因为它是不存在的。存在的东西和不存在的东西不是产生的，因为它们是异质的。因为没有产生，所以，没有持续，没有毁灭。

已被生的东西不是将被生的对象。未被生的东西也不是将被生的对象。生时的对象也不是将被生的对象，因为它会被生又不被生。

如果结果是存在的，原因会有结果。如果结果是不存在的，原因等于非原因。如果结果既不是存在的也不是不存在的，那就是矛盾的。原因在（过去、现在和未来）这三个时期也不再是合理的。

无一则无多。无多则无一。因此，相互依存或**缘起**（interdependently originated, dependent origination）的存在者没有形式和属性。

无自性的被确立物如何能产生另一个无自性的被确立物？没有被确立的条件不能导致另一个没有被确立的条件产生。

父亲不是儿子，儿子也不是父亲，他们不相互依赖就不存在，他们也不是相同的。十二缘起支（costituents）也是如此。

依赖于梦中的一个对象，而不是那个对象本身的幸福和痛苦都不存在。同样地，依赖别的东西而产生的那个东西不存在，它所依赖的东西也不存在。

如果实体不是自性地存在，那么劣等、平庸和优越也不存在，各种各样的经验对象也不存在。

如果既不存在生也不存在灭，那么涅槃到底是什么东西的灭呢？什么东西既不生也不灭，这难道不是摆脱吗？

如果涅槃是中断，那就是毁灭。否则，它将是永恒。因此，涅槃既不是存在也不是不存在。它既不

---

[1] 这个版本的《七十空性论》由戴维·奎因（David Quinn）编辑，基于彼得·德拉·桑蒂纳（Peter Della Santina）的英文翻译。

生，也不灭。

特征由特征的底层确立。特征的底层由特征确立，但是它们都不是独立地被确立，也不是互相确立。没有被确立的东西不确立另一个不被确立的东西。

通过这种分析，原因与结果、经验与经验的主体，以及视觉、听觉等的主体和对象——实际上，无论存在的什么东西——都毫无例外地被解释了。

（过去、现在和未来）这三时是不存在的，只是想象。它们是不持久的、相互确立的、无序的、没有被独立确立的，因而像所有实体一样，是不存在的。

因为复合物的产生、持续和毁灭这三个特征是不存在的，复合物和非复合物也是不存在的。

复合物和非复合物既非多，也非一，既非存在也非不存在，也非既存在又不存在。所有可能性被包括在这个范围内。

世尊（佛陀）宣布诸业（actions）的持续的本质。他又宣布诸业及其结果。他宣称感知的存在者是诸业的动因，并且诸业不会失败。

因为已经证明诸业是无自性的，业不会产生，所以它们不能被毁灭。业源于我执（self-clinging）。产生业的那种我执也源于想象。

如果业自性地存在，那么产生自它们的身体将是永恒的。它们不会被赋予痛苦的熟果。因此，业也会是实体性的。

产生自缘的业不存在，无缘而生的业也不存在。复合的对象和事件就像一个幻象、一座仙城和一栋海市蜃楼。

烦恼是业的因。行（volitions）包括业和烦恼。业是身体的因，因而这三者是自性为空的。

没有业，就没有动因。没有这两者，就没有结果。没有结果，就没有经验的主体。因此，它们都是空的。

如果一个人很清楚业是空的，业就不会仅仅因为对实在的这种感知而产生。没有业，产生自业的东西就不会产生。

当世尊如来（佛陀）通过虚幻的散发创造出一个虚幻的被造物时，那个虚幻的被造物创造出另一个虚幻的被造物。

其中，如来的那个虚幻的创造也是空的。那么，有何必要去言说虚幻的创造的虚幻的创造呢？它们都只是在纯粹想象的范围内存在。

同样地，动因就像虚幻的创造，而业就像虚幻的创造的虚幻的创造。它们自性为空，并且只是在纯粹想象的范围内存在。

如果业自性存在，就不会有涅槃，也不会有业的动因。如果它们不存在，就不会有来自业的吸引人的和不吸引人的结果。

存在着有关存在的陈述，也存在着有关非存在的陈述，以及有关存在和非存在的陈述。诸佛的故意宣告不容易看透。

如果意识（awareness）理解形式（form），那么它会被理解为意识的真正自性存在。产生自缘的非存在的意识如何能够理解非存在的形式呢？

产生的瞬间意识不理解产生的瞬间形式，它怎么能理解过去的和未来的形式呢？

虽然颜色与形状从来没有分开存在，但是分开的并不被理解为一个，因为这二者被称为形式。

眼识（eye awareness）并不存在于眼睛中。它不存在于形式中，也不存在于两者之间的空间中。依赖眼睛和形式而被构造的是错误的。

如果眼睛看不见自己，它怎么能看到形式？因此，眼睛和形式都是非实体性的。剩余的感觉领域也类似。

眼睛没有它自己的实体性。它没有另一个东西的实体性。同样地,形式也是空的,剩余的感觉领域也是空的。

意识的产生依赖于一个意识对象,因此它是不存在的。没有认知和意识对象,因此根本就没有意识。

一切都是无常的,但无常或永恒从未存在过。如果一个实体存在,那么,它是无常的或永恒的,但是它如何能首先存在呢?

贪(attachment)、嗔(aversion)和痴(delusion)产生于爱慕、憎恶和迷误这些缘。因此,贪、嗔和痴自性不存在。

想象的对象不存在。没有想象的对象,想象是如何存在的?因此,既然它们产生于缘,想象的对象和想象本身都是空的。

当存在对实在的感知时,没有一种无明(ignorance)源于四种错误的观点。既然那种无明是不存在的,行就不会产生。

依靠那而产生的任何东西都产生于那。没有那,它就不会产生。实体与非实体以及复合的因素与非复合的因素是平和与涅槃。

生于因缘的诸实体被普通人认为是真实的。那是佛陀所宣称的无明。

当将实在、实体感知为空时,无明不会产生。那就是无明的灭。当那种情况发生时,十二缘起支皆灭。

复合的对象和事件像仙城、幻象、海市蜃楼、水泡、泡沫,像梦境和旋火轮。

没有任何实体是自性存在的。生于因缘的实体和非实体都为空。

因为所有实体都自性为空,无与伦比的如来证明实体相互依存或缘起。

最终一切皆空。不过,世尊佛陀依靠世俗的用法,想象所有可能性。

有关世界的教义没有被毁。事实上,没有任何因素被证明。因为不理解如来的宣言,所以普通人害怕无根据和无法想象的真相。

世情(the way of the world),"依赖这才产生"是不会被否定的。

相互依存或缘起的东西无自性,那么它如何存在?这是完全肯定的。

有信仰,努力追求终极者的人,不依赖任何被证明的因素,倾向于使世情服从理性,放弃存在与不存在,以达到平和。

在理解了这种明显的缘或条件性后,清除虚假观点之罗网。因此,放弃贪、痴和嗔,没有了污点,人们就一定能达到涅槃。

龙树:诸现象如何自性为空?[1]

"产生""持续""解体""存在"和"不存在"……都不具有真实的存在。佛陀为了适应世俗的惯例而使用这些术语。

所有现象要么独立存在,要么不独立存在。除二

---

[1] 选自:《龙树的〈七十空性论〉》(*Nagarjuna's Seventy Stanzas: A Buddhist Psychology of Emptiness*),戴维·罗斯·科米托(David Ross Komito),丹增·多吉(Tenzin Dorjee)英译(Ithaca, NY: Snow Lion Publications, 1987)。

者之外，不存在其他现象。作为这篇著作主题的所有现象都像涅槃一样，因为所有现象都缺乏自性。

这种情况的原因是什么？这是因为无法在诸因、诸缘、诸集合体或诸个性中找到所有现象的自性。因此，所有现象缺乏自性，是空的。

一些人［数论派（Samkyas）］断言，一个结果自性地存在于其原因的本性中。但是，如果是这样，那么它不能产生，因为它已经存在。另一些人则断言，一个结果既自性又不自性地存在于其原因中。但是这样一来，他们对于一个对象得出了矛盾的看法，因为一个对象不能同时既存在又不存在。因为现象不是自性地产生，所以它们也不是自性地持续或灭亡。

已经产生的任何东西将不能产生。未产生的任何东西将不会产生。要么一种现象已经产生，要么它将会产生。除了这两种情况，没有其他可能性……

没有一就不能有多，没有多就不可能说明一。因此，一或多互依而生，这些现象没有自性的迹象……

无明不能作为一个原因而产生，除非依赖于业力（karmic）的形成。此外，业力的形成不能产生，除非依赖于它们的原因，即无明。因为无明与业力的形成是相互关联的因果关系，所以一个合理的认知者不认为这二者是自性的……

正如在梦中，幸福和痛苦取决于梦的对象，醒了之后，这些对象不被认为是实际存在的，同样地，依赖另一个依赖性的现象而生的任何现象被认为是不以其显现的那种方式存在。

毗婆沙派（Vaibhasika）：如果你断言现象无自性，那么你就是在断言它们根本不存在……

回应：当你们断言现象有自性时，你们是在断言它们并不依赖因和缘而产生，因此现象实际上不存在。因为如果现象不依赖因和缘，那么它们应该一直拥有独立存在。因此，由因和缘而生的实用性（普通）现象或并非由因和缘而生的非实用性（永恒的、不变的）现象都不能有任何自性存在，并且现象不能有任何第三种存在模式。

反对者：如果现象不自性地存在，如何使用术语来说明它们自身的特征或它们与其他现象或永恒不变的现象相关的特征呢？回应：尽管现象缺乏自性存在，但我们仍然可以使用术语……因为尽管这些现象通过分析无法被找到，但是像梦中的物体一样，它们向日常知觉显现为拥有存在。所以，它们的存在方式与它们的显现方式是不同的，这些常规的存在被叫作扭曲或错误。

小乘教信徒（Hinayanist）：如果现象缺乏自性存在，它们就完全不存在，就像兔子的角一样，因此它们的生或灭都不会发生。不过，既然佛陀讲过生与灭，它们必须存在，那么，事物如何能够缺乏自性存在呢？

回应：如果没有产生和持续……那么就不会有解体或毁灭……如果一种现象自性存在，那它一定是从它自己的本性或某个其他本性中产生，但是它不能从它自己的本性中产生，并且因为一种现象不能与它的原因有不同的本性，所以它不能从自性存在的某个其他本性中产生……

如果一个现象是自性的，它应该是永久的。如果一个现象要完全解体，那么你必须接受断灭论（annihilationist）的观点。如果一个现象有自性，它要么永久存在，要么经历完全解体：它不能以一种不同于这两者的方式发生。因此，我们不应该断言一种现象有自性……

反对者：如果产生和解体不存在，痛苦就不能存在，那么何种毁灭会带来涅槃呢？不过，因为涅槃是可以达到的，那意味着存在着有自性存在的痛苦，因而存在着有自性存在的产生和有自性存在的解体。回应：涅槃是指痛苦不是带着自性存在生，不是带着自性存在灭的状态。难道我们不把那种状态叫作自然地长久涅槃吗？因此，产生和解体无自性存在。

你已经接受了持续痛苦的消亡是涅槃这种主张，在这种情况下，你持有一种断灭论的观点。如果你改变你的立场，并且断言涅槃是一种痛苦有自性存在且没有被消灭的状态，那么你接受永久的痛苦，这种痛苦甚至包括涅槃状态，而这是一种永恒论的观点。因此，涅槃指的是痛苦不是带着自性存在生，不是带着自性存在灭的那种状态……

按照彼此缘起、相依而生的这种解释的逻辑，人们不能用一个结果的原因来证明该结果有自性存在，因为该结果的这个原因依赖该结果而生，因而缺乏自性存在。这同样适用于所有对子，例如感受与感受者、看与看者等。以这些对子为例，人们应该理解所有对子如何因为它们彼此缘起、相依而生而被解释为缺乏自性存在。

时间无自性存在，因为时间的三个时期过去、现在和未来本身没有保持连续性，而是彼此相依的。如果这三个时期以一种彼此相依的方式拥有自性存在，那么我们不能区分它们，但是因为我们可以区别它们，所以时间本身不能被确定为有自性存在，因此这三个时期没有自性存在，并且完全归咎于概念。

按照刚才给出的推理，甚至你也不能通过最终分析理解一个复合现象的产生、持续和消亡这三个特征，所以，一个具有这三个特征的普通物体也是不可理解的，在这种情况下，一个复合现象的功能基础就变得不可理解。因此，当一个复合现象不能自性存在时，依赖一个复合现象的非复合现象如何能有自性存在？

在一个现象完全解体时，是一个已经解体的现象解体，还是在那个时刻，一个尚未解体的现象解体呢？在第一种情况下，解体的过程是完成的，因此这不可被接受。在第二种情况下，它没有解体的功能，因此这不可被接受。这同样适用于持续和产生。如果一个现象在它已经持续的那个时刻持续，那么持续的过程是完成的，我们不能说它在那一刻上是持续的。而一个没有持续的现象不能被接受为在那一刻上是持续的，因为它没有持续的功能。如果在一个现象的产生已经产生的那个时刻那个现象要产生，那么产生的过程已经是完成的，因此这是不可接受的。如果在产生没有产生的那个时刻那个现象要产生，那么那种情况是不可接受的，因为它是不存在的。

如果我们研究复合现象与非复合现象，那么我们不能认为它们是一，因为这样一来我们不能区分这两类现象，我们也不能认为它们是多，因为这样一来，这两类现象会完全不相关。如果我们断言一个复合现象存在，那么它不能产生，因为它已经存在；如果我们断言它不存在，那么它不能产生，因为它不存在。如果我们断言它既存在又不存在，这是不可能的，因为这种状态是矛盾的。每一种不同的现象都被包含在这个非自性存在的标准中。

反对者：（佛陀）教导说在诸业的流动中有连续性。同样地，他也传授了诸业的本质及其结果。他还教导说，一个感知的个体存在必须经验到他所造的业的结果，并且他所造的任何业都一定会结出果。由于这四个原因，业具有自性存在。

回应：佛陀教导说，业无自性存在，所以它们不能自性产生。虽然业不是自性存在，但是它们不会被浪费，但肯定会结出果实。由这些业产生意识、名称和形式，以及所有其他的相互依存或缘起。自我的概念是通过关注那个被认为仅仅由这些依赖性实体促成的人而产生的。同时,它的产生源于人们以先入为主的观念接受不恰当的对象,并且高估它们。

倘若业具有自性存在,那么它们不会是无常的,而会具有恒常的本质,那么由那些业产生的身体也将是恒常的。如果业是恒常的,那么它们不能引起痛苦,而痛苦就是成熟的业。如果业是不变的,它们将具有恒常的本质,然后它们会拥有自性存在。但是倘若是那样,佛陀就不会教导说缺乏自性……

业由痴引起。我们的身体产生自痴和业的本质。因为身体的原因是业,而业产生自痴,所以这三者都缺乏自性存在。

当业没有自性存在时,就没有人来造业。因为它们都不存在,所以结果不存在。当没有结果时,不会有人在身体和精神上经验到那些结果。由于那个原因,那些业不会自性存在,所以所有现象缺乏自性存在。

倘若一个人理解业如何缺乏自性存在,他会看到业的本质。当他看到了业的本质之后,他将消除无明,而没有了无明,那么由无明引起的业不会在他身上产生,因此,他不会经验到诸如意识以及衰老和死亡之类的业的结果。当意识停止存在时,衰老和死亡这些依附性的现象就不可能发生,因此他将获得自由的状态,不受衰老和死亡影响……

如果业具有自性存在的本质,那么它们将是恒常的。但是,如果业是恒常的,那么它们不会依赖一个人,但是如果没有人来造业,那么业不会存在。在那种情况下,涅槃,即痴和业停止的状态,是不能获得的。如果业不是通过纯粹术语和概念而存在,那么它们的成熟的果,如幸福和痛苦,就不能产生。

佛陀说一切都有二谛(the two truths),他隐含的主要思想是什么。从此角度很难理解它,却必须解释它。当佛陀说"存在"时,他隐含的主要思想是世俗的存在。当佛陀说"不存在"时,他隐含的主要思想是非自性存在。当他说"存在和不存在"时,他隐含的主要思想是作为一个纯粹的考察对象的普通存在和非自性存在。

具有元素的本质的自性存在的形式既不产生自元素,也不产生自它自身,甚至也不产生自其他东西。因此,它不存在,是吗?……

供讨论的问题

1. 你认为龙树很好地解释了佛教徒所理解的空的意思吗?他的解释是否使空看起来不那么奇怪、疯狂或可怕?
2. 你是否认为龙树已经阐明了你有关何物使得一个东西是实在的设想?
3. 你认为龙树著作的哪些部分主要是宗教的,哪些部分主要是哲学的?
4. 假设你已经在学习第三部分("实在是什么?")和第六部分("宗教哲学"),你如何比较龙树与西方哲学家,比如巴门尼德、柏拉图、亚里士多德、阿奎那、莱布尼茨和笛卡尔?
5. 如果你必须从第九部分的选文中选择一个核心观点,那么,它会是什么?

东方哲学的近期发展

正如我们在第三十九章"东方哲学与西方哲学"中提到的,哲学最近的一个重要发展已经使除了西方哲学,是否还存在任何其他哲学这个问题悬而未决。任何跨文化的描述必须是比较性的,换句话说,它要求用我们的语言描述另一种文化,进而比较那种文化与我们的文化。当我们谈论印度哲学或中国哲学时,当我们询问这些非西方的思想体系是否被视作哲学时,我们正在使用谁的哲学观或定义呢?如果我们正在用英语或者某个其他欧洲语言进行写作或谈话,那么我们显然想的是欧洲的(我们在第一章"哲学的活动"中所界定的狭隘的、技术性的、分析的意义上的)哲学观,这不是因为在我们现有的有关"哲学"一词的诸多观点或定义中,它是最好的,而只是因为那是我们所拥有的一切,那是这个词的意思。哲学是一个英语词,在欧洲思想中产生,其意义被西方人规定。当我们谈论非西方哲学时,我们正将一个西方的观点应用于非西方的思想体系。

比较哲学的部分问题只是语言翻译的问题。在印度,我们翻译为哲学的那个词是"*darshanas*"(当然是用梵语书写的,不是用罗马字母表中的字母)。这个词的词源意思是看,正如见识或观察那样。作为书写的文本,"*darshanas*"起初(公元前6世纪)是对经书的评论,经书高度精练地记载了熟记的口头传统的要点,事实上,它们被如此删减和压缩以至(没有评论)它们本身几乎是不可理解的(如同你自己的课堂笔记十年之后对你而言是不可理解的一样)。不过,这些评论发展了有关西方人认作哲学的那些话题的非常深刻的辩论。

寻求定义

当英语世界能阅读梵语的学者阅读这些评论时,他们必然自问这些文本都是关于什么的,它们像什么。它是否像我们称之为诗学的东西,或者它更像我们称之为历史、祷词、日记或购物单之类的东西。英语世界研究梵语的学者同意,这些评论最近似于我们在英语中称之为哲学的那个东西,尽管并不完全像它。

翻译的一个类似的问题出现在中国文本研究中。1687年,利玛窦(Matteo Ricci)领导的罗马天主教耶稣会传教士用拉丁语撰写的一本书首次提到了中国的哲学著作。他们正尝试理解中国人,试图使他们皈依基督教。孔子首次被用拉丁语译作"Confucius",他被说成是哲学家(正如该词出现在拉丁语中的那样)。此后不久,被拉丁语译作"Mencius"的孟子类似地被耶稣会士指定为哲学家。但是,这些耶稣会士翻译为哲学家的这个词在汉语中是什么呢?正如已经揭示的,"Confucius"和"Mencius"在汉语中被叫作"Kong Zi"和"Meng Zi"(当然是用汉字而不是罗马字母表中的字母书写的)。其中,汉语词"子"的意思是像大师一样的存在,因此,孔子就是孔大师,孟子就是孟大师。到公元1世纪,中国人也使用"家"这个词(其字面意思是"房子")来描述不同的思想学派。于是,存在着儒家、墨家(墨翟或墨子的追随者)、道家[道教的(the Daoist/Taoist)思想家]和名家(字面意思是"名称"的学派,在英语中通常被叫作逻辑学家)。

英语世界可以阅读中文的学者阅读了墨家和名家的文本之后会说,尽管它们并不完全像西方的任何东西,但是它们最接近西方人所说的哲学。的确,当我们中的那些不阅读中文的人阅读了这些文本的译文之后,我们觉得可以把它们与哲学文本联系起来。

起初,除了这种文化自己发起研究,使用它自己的概念来判断被研究的文化,没有其他选项。因为欧洲在18世纪和19世纪在军事、经济、科学和技术上处于主宰地位,所以欧洲人通过比较中国和印度的文化与欧洲人自己的标准来判断它们。当欧洲人足够了解中国或印度的文化,发现他们自己的思想体系与中国和印度的思想体系的显著相似性,开始将它们放在一起思考时,欧洲的概念可能会被中国和印度的概念影响,并且所有这一切将会经历渐变和互相迁就。

这样的一个例子可以在日本找到。日本人在19世纪末建立了西式大学,他们最初雇用美国和欧洲的教授,不过逐渐培养出他们自己的教授。此时,他们必须首先发现一种将所有西方的科学——物理学、化学、工程学、植物学——的名称翻译成他们自己语言的方法,于是他们需要一个词来翻译哲学。

因为日本人将大约2000个汉字(*kanji*)作为他们书写系统的部分来使用,所以,他们使用成对的汉字来翻译欧洲的科学或学科,并且他们由此选择了一对汉字来意指哲学。尽管发音不同,但中国和日本使用了相同的字,所以中国学者采用了日本学者翻译哲学的规范,于是,在1900年左右,日本学者和中国学者使用相同的书面词汇来翻译哲学,哲学的日语发音为"*tetsugaku*",而汉语发音为"*zhushway*"。

大约在1920年,中国一些学者认为,一些印度文本以及他们自己的一些传统著作(儒学、道学、墨学、名家)也应该被叫作"*zhushway*"(哲学)。由此,到了1923年,中国学者认为存在着三大哲学传统:中国的、印度的和西方的。在某种程度上,中国学者在这一方面受到了第一次世界大战后(即大约1920年)访问中国的两位西方哲学家,英国人伯特兰·罗素和美国人约翰·杜威的影响。罗素和杜威告诉中国学者,哲学并不像他们和日本人所想的那样是科学中的一种,因为它是思辨的,而不是经验的,并且是规范的(即评价性的),而不是事实性的和客观的(即价值中立的)。因此,罗素和杜威说,哲学与中国古代儒家、道家或墨家的思想体系更相似,而不是与物理学和化学那样的西方科学更相似。不过,日本人并不接受这个论断,走向了反面,他们说,"*tetsugaku*"应该只被用来意指哲学,而不是任何非西方的著作,只存在着唯一一个"*tetsugaku*",即西方哲学。不过,自此之后,日本人已放弃了这种狭隘的观点,并且现在认为一种受到西方启发的日本哲学恰恰在第二次世界大战之后,也就是说,大约在1950年开始蓬勃发展,并且持续至今。

对此,印度学者会说什么呢?几乎在同一时间,1920年,在英国受过训练的印度学者,譬如萨瓦帕利·拉达克里希南(Sarvepalli Radhakrishnan)坚决主张,印度学者从英国人那里开始认识到的哲学应该包含印度的"*darshanas*",并且也应该包括中国的"子"或"家",他们同意中国学者(反对日本学者)的观点:存在着印度的、西方的和中国的三大哲学传统。

刚硬的路径与柔软的路径

显著的差异不仅存在于(西方的、中国的和印度的)这些哲学体系之间,而且也存在于它们每一个体系之中,在每种情况下,都包含了柔软的和神秘的视角与刚硬的和逻辑的视角(使用了19世纪晚期、20世纪初期美国哲学家和心理学家威廉·詹姆斯所引入的区分[1])。尽管东方哲学整体上是柔软的而西方哲学是刚硬的这一点可能是真的，但是东方哲学仍然有其刚硬的一面，而西方哲学也有其柔软的一面。有趣的是，东方哲学家倾向于忽略他们自己刚硬的哲学家，正如西方哲学家倾向于忽略他们自己柔软的哲学家一样，这造成了一种假象：所有东方哲学都是柔软的，所有西方哲学都是刚硬的。但是这并不是真的。不过，鉴于这些刻板印象，比较中国或印度的思想与西方哲学会使得欧洲的哲学观从西方哲学更严谨、科学和分析的（即刚硬的）区域转向更神秘、实践和导向智慧（即柔软的）的西方哲学家（普罗提诺、斯宾诺莎、克尔凯郭尔或尼采），后者与大众化印象中的印度和中国的思想家更相似。出于同样的原因，当印度和中国的学者比较他们传统的思想家与西方哲学家时，他们可能会开始更高地评价那些与西方更严谨的分析哲学家相似、在传统上被边缘化的印度和中国的思想家，即印度和中国的唯物主义者、怀疑主义者、利己主义者和逻辑学家。

通过学习彼此的哲学，西方哲学家可能逐渐更像他们中国的同行和印度的同行那样来做哲学。类似地，印度和中国的哲学家学习了西方哲学之后，会逐渐开始更像他们西方的同行那样做他们自己的哲学。

哲学与宗教

但是，西方人的哲学究竟是什么意思呢？在前面，我们说，可以以不同方式来界定哲学：要么以分析的方式，要么以建构的方式，要么在更技术化的、专业的意义上，要么在更通俗的日常意义上。如果我们强调分析的方面，那么我们会倾向于认为并不是那么分析的非西方思想不是哲学，在那种情况下，可能中国和印度的思想的很少的一部分才能被认为是哲学的。其他部分可能更多的是宗教的、诗学的、灵修的，而不是哲学的。说一个思想体系不是哲学的并不是对它做一个否定的判断。是诗学的或灵修的或宗教的可能比是哲学的更好，如果哲学的意思是理智的和以理智为中心的。

例如，我们是不是应该将印度教的深刻的灵修著作《奥义书》视作印度哲学的部分？中国的《易经》、道教或佛教有多少是哲学，有多少是宗教？每个人都同意《奥义书》代表了印度文学传统中最好的东西。萨瓦帕利·拉达克里希南区分了思辨哲学与批判哲学，有点像我们早先做出的关于建构和分析的区分，由此他可以将《奥义书》放在思辨哲学的名单中。它是哲学，但不是分析哲学。

因为哲学从早期的宗教、神话的时代逐渐兴起，所以我们在界定何谓哲学时面临的另一个问题是，尝试区分宗教著作与哲学著作。我们想要收录在印度或中国哲学中的很多著作可能也被归类为宗教著作。不仅印度教和佛教是这样的，道家甚至儒家思想也是如此。

设想我们尝试区分宗教与哲学，我们究竟如何分离它们，无论是在基督教、印度教还是在佛教中？正如我们在第九部分的开头已经指出的，与宗教相关的哲学，即基督教哲学、印度教哲学、佛教哲学就是以理性的方式说明、论证和系统化宗教信念——上帝的本质、灵魂、创造者与创造的区分、因果关系、宗教语言的意义等——的尝试。

---

[1] 参见：《哲学的当前困境》("The Present Dilemma in Philosophy")，出自《实用主义：一些旧思想方法的新名称》(1907)。

> 最后，有关是否将任何非西方的思想叫作哲学的决定变得更加讲究务实，而不是根据事实。跨国贸易和交往日益频繁，理解我们的贸易伙伴的文化和传统的兴趣日益增加。此时，这里概述的这类问题将会更加重要。不过，对东方和西方文化的影响可能不会是单方面的。对其他思想系统的比较研究不仅导致对其他文化的更多理解，而且也会转变我们对自己文化的理解。

进一步阅读建议

1. 陈荣捷（Wing-Tsit Chan），《中国哲学文献选编》（*A Source Book in Chinese Philosophy*，Princeton：Princeton University Press，1963）。这是关于中国哲学主要著作的最佳英译本。

2. 冯友兰（Yu-lan Fung），《中国哲学史》（*A History of Chinese Philosophy*），卜德（Derk Bodde）英译（Princeton：Princeton University Press，1983）。[1] 这是针对西方读者将中国思想解释为"哲学"的第一次且仍然是最有影响的尝试。

3. 冯友兰（Yu-lan Fung），《中国哲学简史》（*A Short History of Chinese Philosophy*，New York：Macmillan，1966）。这是冯友兰两卷本《中国哲学史》的更简短、更易于理解的版本。由冯友兰用英语撰写而成。

4. 查德·汉森（Chad Hanson），《中国思想的道家理论》（*A Daoist Theory of Chinese Thought*，Oxford：Oxford University Press，1992）。这是从道家而不是儒家的视角对中国哲学所做的一次重大的新的诠释。

5. 萨瓦帕利·拉达克里希南（Sarvepalli Radhakrishnan），《印度哲学》（*Indian Philosophy*，Oxford：Oxford University Press，1994）。这是印度最著名的哲学家向西方读者介绍印度思想的颇有影响力的尝试。

6. 萨瓦帕利·拉达克里希南（Sarvepalli Radhakrishnan），查尔斯·A.穆尔（Charles A. Moore）编，《印度哲学资料选》（*A Sourcebook in Indian Philosophy*，Princeton：Princeton University Press，1989）。这是关于印度哲学原始资料的最佳译本。

---

[1] 该书原是中文，后被译成英文。该书分上下册，上册《子学时代》由神州国光社于1931年出版，1934年上册和下册《经学时代》全部由商务印书馆出版。华东师范大学出版社和商务印书馆分别于2000年和2001年再版。——译者注

术 语 表

荒诞主义（absurdism）：这种观点认为，世界在本质上是非理性的、无意义的。它经常表现在小说作品中，尤其兴盛于20世纪50年代。荒诞主义者经常将荒诞界定为思想与现实分离或隔离。

行为功利主义（act utilitarianism）：功利主义的一个版本，认为人应该实施将会导致最大的善或幸福的那个特殊行动。与规则功利主义（rule utilitarianism）不同，行为功利主义坚持不能使净幸福最大化的行动不能是将要实施的在道德上正当的行动。

不可知论（agnosticism）：这种观点认为，不可能取得某些种类的知识。在宗教中，它被用来意指这种观点：我们既不能知道上帝存在，也不能知道上帝不存在。

《论语》（*Analects*）：孔子的语录。

类比语言（analogical language）：一种通过将对象与其他东西比较来谈论对象的方法。一些哲学家申辩说，类比语言是我们可以言说上帝的唯一方式。

分析命题（analytic statement）：一个命题是分析的，如果它的真或假可以仅仅通过分析这个命题中的术语而被确定。通过分析为真的命题可以说是因定义为真的或者在逻辑上为真的。

无我（Anatman）：字面意思是"无灵魂"，佛教否认印度教的永恒的我或灵魂的观念。参见"自我"（Atman）。

应用伦理学（applied ethics）：研究出现在具体领域和实践中的具体道德问题。应用伦理学的一些重要领域是医学伦理学、商业伦理学和军事伦理学。

后天的（*a posteriori*）：指派生自感官的知识。

先天的（*a priori*）：指派生自独立于感官的理性的知识。人们声称，先天的知识的真既是必然的又是普遍的。

论证（argument）：命题组成的一个系列，它们以这样的方式相关：一些被叫作前提的命题可以为另一个被叫作结论的命题提供证据。

无神论（atheism）：断言上帝不存在。

自我（Atman）：印度教的术语，意指终极自我。它被认为是与终极实在梵（Brahman）同一的。

原子论（atomism）：由古希腊哲学家德谟克利特和留基波发明的一种形而上学观念。它主张所有实在最终都由被叫作原子的微小材料构成。原子不能被进一步分割。"原子"一词意指不可分。希腊哲学家伊壁鸠鲁的著作推广了该理论。

自律（autonomy）：这个术语的字面意义是"自我立法"（self-legislated）。对康德而言，自律是道德的一个关键概念，因为一种行为可以拥有道德意义，只有它被一个理性存在自由地意愿，而没有强迫。

公理的（axiomatic）：基本的或基础的东西；在像几何这样的一个系统中，这个思想系统的其他部分派生自作为公理的那些判断。

贝叶斯定理（Bayes's theorem）：一个基于证据和相关背景信息来计算某些假设的可能性的概率计算定理。从形式上看，贝叶斯定理可以被表述为 $P(A/B\&C) = P(A/C) \times P(B/A\&C)/P(B/C)$。在这里，A 是正在被考察的假设，B 是正在被考察的证据，C 是所有其他相关的且被相信是真的断言的集合（背景信息），而 P 是概率。如果 A 是一个人患有麻疹这个假设，B 是此人皮肤显示有红斑点这个证据，C 是在一个给定的时间范围内，整个人口患有麻疹的案例的个数，那么，鉴于一个病人显示出红斑点这个症状，人们可以用贝叶斯定理计算出他患有麻疹的可能性。

《薄伽梵歌》（Bhagavad Gita）：字面意思是"主的歌"，一首信仰的长诗，是《摩诃婆罗多》（Mahabharata）的构成部分，在其中，克里希那神（Krishna）传授了不执着于结果的行动的秘密。

梵（Brahman）：字面意思是"制造伟大者"，吠陀和印度教用来称呼终极实在的术语。

佛陀（Buddha）：一个开悟的存在者；也被用来指历史上的佛陀乔达摩·悉达多（Siddhartha Guatama）。

佛教（Buddhism）：一种强调道德实践、冥想和开悟的思想方式和实践方式。由佛陀乔达摩·悉达多于公元前 6 世纪在印度创立。

资本主义（capitalism）：一种经济体系，在其中，生产工具被私人拥有，政府并不干预"供需"的"自由市场力量"。

定言命令（categorical imperative）：对康德而言是无条件的道德法则，它可以被表述为这个规则：我们应该按照那种我们可以使其成为普遍法则的原则行动。如果我们不能无矛盾地使我们的原则普遍化，那么，那个原则导致的行动是不道德的。

我思故我在（cogito ergo sum）："我思想，所以我存在。"笛卡尔认为这个原则是自明的、不能反驳的。

融贯论（coherence theory）：这种理论认为，真理在于一个思想系统中的信念的融贯或相互依赖，而不是那些信念与外在实在相符。

相容论（compatibilism）：又称弱决定论（soft determinism）。这种理论认为，同一个行动可以既是自由的，又是被因果关系充分决定的。

儒家（Confucianism）：以孔子及其追随者尤其是孟子和荀子的学说为基础的中国传统。

后果主义（consequentialism）：这种规范性伦理学理论主张，一种行为的对与错最终是该行为所导致的后果的一个函数。功利主义是后果主义道德理论的一个例子。

偶然存在（contingent existence）：是指这样一种存在，它不存在在逻辑上是可能的。

哥白尼革命（Copernican revolution）：波兰天文学家尼古拉·哥白尼（Nicolaus Copernicus）的观点，他指出，太阳而非地球才是诸行星围绕其运动的那个静止天体（由此颠覆了有关太阳与地球关系的流行观点）。康德将他自己的观点称作是一次（第二次）哥白尼革命，因为它们颠覆了认识论的流行观点，强调精神在知识产生中的积极作用，与精神在洛克和休谟的经验主义哲学中的消极作用形成了对比。

符合论（correspondence theory）：该理论认为，真理在于一个信念或命题与现实世界相符或匹配。依据这种真理理论，命题"这只猫在垫子上"是真的，当且仅当这只猫的确在垫子上。

宇宙论的（cosmological）：派生自意指"秩序"的希腊词，并且被用来意指作为秩序井然的系统的自然世界。它被应用于一种上帝存在的证明，意指这样一种推理：它由世界的表面秩序和规则而得出上帝是这种秩序的最佳解释。

演绎（deduction）：一种论证，断言其结论由其前提必然推导出来。

道义论的（deontological）：派生自意指"义务"的希腊词，意指这样的伦理体系，它们使一个行为的道德性依赖于人出于义务感而实施该行动。康德的伦理体系是道义论的。

缘起（dependent origination）：这种佛教学说认为，存在的本质是过程，并且是完全相互关联的。

超然（detachment）：在美学中，超然是审美经验的独特特征。依据这种观点，观察艺术作品或自然美的恰当方式是脱离我们通常对这个世界的功利的实践取向，开始只是为了看它们而看它们。

决定论（determinism）：该理论认为，宇宙在任何特定时刻的整个状态和自然法则完全规定了宇宙未来的所有状态。

辩证法（dialectic）：批判地考察一种理论，看它是否包含不可接受的结果的过程。在这种情况下，它被限定和纠正，经受相同的测试，被进一步限定和修正，等等。

两难困境（dilemma）：当一种理论或一个信念导致两种不可接受的结果中的一个时所出现的难题。

无利害关系（disinterestedness）：界定审美经验的诸多紧密相连的标准之一。依据这种描述，一种审美经验不同于其他类型的经验，因为它不被对私利的欲望驱使。

距离（distance）：试图界定审美经验的区分性特征的诸多紧密相连的尝试之一。依据该观点，从我们确立的我们自身与我们正观察的对象之间的心理空间或距离的角度看，审美经验不同于其他种类的经验。

分配的正义（distributive justice）：在所有公民中分配全部公共产品的最公平的方法。

神命论（divine command theory）：这种理论认为，人的道德最终取决于神的命令。

独断论（dogmatism）：伊曼努尔·康德所使用的一个哲学术语，意指那些提供并没有理性基础的先天原则的哲学理论，尤其是形而上学理论。

二元论（dualism）：这种形而上学理论主张，实在最终由两种本质上不同的实体构成。

平等主义（egalitarianism）：这种政治理论认为，没有人有权比其他人获得更大份额的公共产品，个人不配享受那些因出色的或天赋的才干和能力导致的结果。

利己主义（egoism）：这种伦理学理论认为，自己的利益是行为的准则。心理利己主义宣称，人事实上只是出于自己的利益而行动。伦理利己主义则认为，人应该出于自己的利益而行动，不过他们并不必然这样行动。

经验主义（empiricism）：该观点认为，人的所有知识派生自诸感官。

空（emptiness/sunyata）：大乘佛教的此教义认为，一切东西缺乏持久的、独立的实在。

开悟（enlightenment）：在大乘佛教中，是指直接看见摆脱约束的真理。

认识论（epistemology）：考察人的知识的本质、来源和界限的哲学学科；有关知识的理论。

认知整体主义（epistemic holism）：这种理论主张，个体信念并不仅仅在经验的基础上或在术语意义的基础上被证伪或证实。

审美经验（esthetic experience）：依据18世纪以来许多艺术哲学家的观点，审美经验是人的一种基本的经验类型，并且，依据这些美学家的观点，艺术哲学的主要任务是正确地界定有关艺术作品和自然美的对象的经验的本质。

美学（esthetics）：艺术哲学；对艺术和美的本质进行哲学考察。有时拼写为"aesthetics"。

伦理绝对主义（ethical absolutism）：这种观点认为，在伦理学中存在绝对的东西，即独立于个体的个人偏好的道德标准。参见"客观主义"（objectivism）。

伦理相对主义（ethical relativism）：该观点认为，并不存在客观的道德标准，并且行为的原则与个体或社会相关。

伦理学（ethics）：依据人的行动的好坏对错来对主宰人的这些行动的原则进行哲学研究。

种族中心主义（ethnocentrism）：倾向于依据一个人自己社会的标准判断其他社会的行动和原则。

幸福主义（eudaemonism）：这种规范伦理学理论将人的生命的最终目的视为实现个人的自然能力。

存在主义（existentialism）：这种哲学运动将哲学的核心问题视为人的存在的意义的问题。尽管它的根源在索伦·克尔凯郭尔、弗里德里希·尼采等19世纪哲学家的思想中，但是存在主义作为一场独特的哲学运动出现在第二次世界大战之后的欧洲，并且与法国的让－保罗·萨特、加布里埃尔·马塞尔（Gabriel Marcel）和德国的马丁·海德格尔（Martin Heidegger）等思想家有关。

表现主义（expressionism）：这种艺术理论主张，艺术主要是表达人的情绪和感受。因此，表现主义依据艺术与人在创作和欣赏艺术时所拥有的经验的关系来界定艺术。

外在标准（extrinsic criteria）：在宗教哲学中，通过解释宗教是如何与宗教之外的东西相关联的来定义宗教。

可错主义（fallibilism）：该理论试图为在认识上可靠但仍然是不确定的并且很可能是错的信念辩护。

女性主义（feminism）：在哲学讨论中，女性主义指的是如下观点，即传统哲学理论和方法以男性为中心，需要用女性的观点来平衡。

女性主义伦理学（feminist ethics）：该观点认为，传统伦理学理论带有男性对不偏不倚的公正的倾向，需要被女性对关怀具体处境中的独特个体的强调来平衡。

女性主义神学（feminist theology）：一种从女性的视角重新解释宗教的传统、实践和经文的运动。

孝道（filial piety）：自然地存在于家庭中的那种爱。儒家的尊敬和德性的根据之一。

相（Form）：参见"理念"（Idea）。

形式主义(formalism):这种美学理论认为,只有艺术作品中的内在因素才会影响对该作品的观察、解释或批评。这些因素通常包括关系、类型或存在于艺术作品部分之中的形式,例如,线条、颜色和形状。

强决定论(hard determinism):这种理论认为,包括人的所有行动在内的所有事件都必然需要充分的原因,因而不存在自由的行动。参见"决定论"(determinism)、"不相容论"(incompatibilism)。

享乐主义(hedonism):派生自意指"快乐"的希腊词。享乐主义是一种伦理哲学,主张快乐是生命的目的。但是,大部分快乐主义者认为,理智的愉悦优于感性的愉悦。

解释学(hermeneutics):一种有关解释的理论。该词最初被用来意指解释书面文本,尤其是宗教经典所遵循的那些准则。近些年来,该词已经被扩展,也意指理解包括一种文化的艺术和文物在内的人的其他活动所遵循的原则。

假言命令(hypothetical imperative):康德的术语,指有条件的命令。一个采取了"如果,那么"形式的命令是假言命令。

假说-演绎(hypothetico-deductive):一种科学发现的方法,被认为优于枚举归纳法。由此,人们由一种科学理论推演出某个可检测的结果,于是该理论可以用经验来检测,结果是该理论被证伪或佐证。

理念(Idea):派生自意指"相"的希腊词,柏拉图所使用的"理念"这个术语并不意指心理的东西,而是意指脱离我们对它们的认知而存在的那些永恒实在。

观念论(idealism):这种形而上学的观念解释说,实在完全由非物质性的精神及其观念组成。依据观念论者的观点,所有实在依赖于精神。经常被假设为绝对精神,正如在黑格尔的观念论中那样,或者被假设为上帝,正如在贝克莱的观念论中那样。见"存在即是被感知"(esse est percipi)。

模仿(imitation):这种美学观点认为,艺术本质上是尝试对外在世界中的对象要么给出一个理想的副本,要么给出一个复制品。

不相容论(incompatibilism):该理论认为,人的同一个行动不能既是自由的,又是被因果关系充分规定的。强决定论和自由意志论都是不相容论的理论。强决定论坚持所有行动都必然需要充分的原因,因而没有行动是自由的。自由意志论坚持人的某些行动是自由的,于是并不被因果关系充分规定。

归纳(induction):既是一种通过考察经验现实而知晓世界的方法,也是一种证明这样的知识的论证,在这种论证中,前提增强而不是完全证明结论的真。参见"演绎"(deduction)。

归纳推理(inductive inference):使用通过直接观察搜集到的证据来得出有关没有被直接观察到的事态的结论。基于对过去规律的观察而做出的有关未来的断言构成了一种特别重要的归纳推理。

天赋观念(innate idea):依据柏拉图和其他人的观点,这是一个人生而有之的观念,例如,上帝的观念,不同的数学、逻辑和道德观念。

内在存在(intrinsic existence):依据传统,存在被分为必然的(固有的或内在的)和偶然的。一个必然的存在不能不存在。它不能变化,并且完全独立于任何其他存在。一个偶然的存在是可以被设想为不存在的，它可以变化，并且依赖其他存在。

内在标准（intrinsic criteria）：在宗教哲学中，指的是根据宗教本身的某些价值和重要性来解释宗教的功能。

直觉主义（intuitionism）：这种理论认为，人类拥有一种知晓非自然的道德属性的特殊感觉能力或理智能力。

因果报应（Karma）：一种行动，包括行动的结果，这些结果不可避免地累积到行动者身上，导致束缚。

克里希那神（Krishna）：《薄伽梵歌》中教授阿朱那（Arjuna）解脱之道的神。

自由主义（liberalism）：这种政治理论认为，个体应该免受政府的限制，尤其是在并不伤害他人的事情上，有言论、良心、集会和宗教的自由。自由主义不同于自由至上主义（libertarianism），这主要在于自由至上主义强调个体有权凭借天赋的才干和能力积累不平等的财产份额，而自由主义者将这作为对他人的危害而加以反对。

自由意志论（libertarianism, metaphysical）：这种理论认为，人类拥有自由意志，并且这种自由在于有能力做出不是因果决定论的结果的选择。不应该将它与同名的政治理论混淆。

自由至上主义（libertarianism, political）：这种政治理论认为，每个个体应该最大程度地免受政府的限制，尤其是在个体凭借更优的理智或其他才干和能力自由地积累和处置不平等的社会产品份额上。不应将它与同名的形而上学理论混淆。

逻辑实证主义（logical positivism）：这种观点主张，哲学没有与科学的方法独立的方法，并且，哲学的唯一任务是逻辑分析。逻辑实证主义将可证实原则作为区分有意义的与无意义的命题的一种方法并为之辩护。依据该原则，一个命题是有意义的，当且仅当它是分析的，或者可以在经验上被证实。

唯物论（materialism）：认为所有实在都是物质的观点。任何真实的东西都可以依据物质和物质的运动来解释。

元伦理学（metaethics）：不同于处理实际伦理问题的尝试，它对伦理系统使用的术语和原则进行哲学研究。元伦理学分析的一个例子是尝试分析"正当"（right）这个术语如何在谈话中或在伦理学理论中发挥功能。

形而上学（metaphysics）：以哲学的方式考察终极实在的本质。在当代用法中，该术语包括分析基本的哲学原则。

中道（Middle Way）：给佛教取的名，因为它处于纵欲与禁欲、有与无、决定论与非决定论之间。

模态怀疑主义（modal skepticism）：主张人有关可能性、必然性和不可能性的判断是完全不可靠的理论。

肯定前件式（*modus ponens*）：传统名称，来自拉丁语，意思是"肯定式"，代表一种基本的论证形式：

$$P \to Q$$
$$P$$
$$\therefore Q$$

否定后件式（*modus tollens*）：传统名称，来自拉丁语，意思是"否定式"，代表一种基本的论证形式：

$$P \rightarrow Q$$
$$\sim Q$$
$$\therefore \sim P$$

一元论（monism）：一种形而上学理论，依据一种单一的实体或原则来解释实在。唯物论和观念论都是一元论的观点。

道德的恶（moral evil）：自由存在者的刻意行动所造成的恶。（谋杀、背叛、欺诈、偷窃和虐待儿童都是道德的恶的例子。）

道德怀疑主义（moral skepticism）：一种元伦理学理论，认为不存在道德知识。

神秘主义（mysticism）：这种观点认为，终极实在可以被直接经验到，即使它不能以客观的方式被认知。

自然的恶（natural evil）：产生自自然力量的恶。（疾病和自然灾害是自然的恶的例子。）

自然神学（natural theology）：不借助启示，完全可以凭借人的理性的力量而知道的有关神的知识。自然神学断言可以提供上帝存在的证明，要么是完全先天的，因而独立于诸感官的证明，要么是完全后天的，即基于有关自然的某些事实的证明。

自然主义谬误（naturalistic fallacy）：当一个人从只包含描述性命题（有关实然的命题）的前提推导出规范性的结论（有关应然的命题）时所发生的推理错误。至于这种类型的推导是否总是被误解，哲学家仍然有一些争议。

必然存在（necessary existence）：指的是这样一种存在，其不存在在逻辑上是不可能的。它不能变化，并且完全独立于任何其他存在。一个偶然存在是可以设想为不存在的，可以变化并且依赖其他存在。

必要条件（necessary conditions）：一个事物的必要条件是这样一些因素，没有它们，这个事物就不能存在。譬如，呼吸是人生命的一个必要条件。

涅槃（Nirvana）：用巴利文写作"Nibbana"，指的是所有形式和条件的苦难的根除。

无执（nonattachment）：依据《薄伽梵歌》的论述，对行动的结果不执着是履行一个人的义务却不积累业力束缚的关键。

规范性的（normative）：哲学的一种功能，关注确立区分推理、信念、审美判断以及行动方式的对与错的标准。

规范伦理学（normative ethics）：尝试构建用来区分道德上的对的和错的行为的价值和原则系统。

虚无（nothingness）：对无的经验，与存在对立的一个形而上学术语，提出了是否可能思考、讨论或经验到虚无的悖论性问题。

客观主义（objectivism）：这种伦理学观点认为，伦理性的断言可以是真的或假的，并且，存在着独立于个人偏好的客观的伦理学原则。

本体论的（ontological）：派生自希腊词"存在"，该术语与任一事物的存在的问题相关。本体论证明是一种仅仅基于对上帝概念的分析来证明上帝存在的论证。本体论是对一般存在的本质所做的形而上学的研究。

未决问题论证（open question argument）：G.E.摩尔发展的一种论证策略，用来证明没有任何自然属性的集合可以提供有关善的道德属性的充分说明。摩尔宣称，正在被考察的自然属性是不是善的总是一个未决问题，这一事实证明对善的任何自然主义的说明都是不充分的。

泛神论（pantheism）：一种将上帝等同于宇宙的哲学观点。派生自两个希腊词："*theos*"（即"神"）和"*pan*"（即"一切"）。

范式转变（paradigm shift）：托马斯·库恩的理论，认为科学理论不是基于证据的优势而渐进地、系统地、理性地发生改变，而是一场由一个完全不同的概念框架发起的推翻旧理论的突发革命。

现象学（phenomenology）：20世纪的一场运动，坚持将不被以前的理论和假设扭曲的直接经验作为哲学的唯一合适的出发点。现象学家相信，我们可以意识到的任何东西都是哲学研究的合法领地。

多元论（pluralism）：该理论认为，一个可接受的理论可以基于一个以上的终极原则，不同于坚持唯一一个主要原则的一元论理论。参见"一元论"（monism）。

可能世界（possible worlds）：尽管可以追溯到莱布尼茨，却是模态逻辑的一个进展，用来解释有关必然性以及像上帝这样的必然存在的理论。依据该理论，一个东西是必然的，如果它在所有可能世界中出现。

实用主义（pragmatism）：这种认识论理论认为，研究的主要目的和知识的价值不是描述实在的真正本质，而是促进有效的行动。

前提（premise）：一个论证所提供的支持结论的理由。参见"论证"（argument）。

恶的难题（problem of evil）：主张宇宙中的恶使得信仰全能、全善和全知的上帝是非理性的。（该难题的逻辑版本声称，相信这样的上帝与恶在逻辑上是矛盾的。该问题的证据或归纳版本声称，宇宙中的恶使得上帝存在的可能性低于上帝不存在的可能性。）

归纳难题（problem of induction）：该难题由18世纪的大卫·休谟首先提出，它批评说，不可能为归纳推理提供理性的辩护。

理性主义（rationalism）：主张理性而不是诸感官是知识的来源的观点。最极端的理性主义坚持，所有知识都源自理性。

可靠主义（reliabilism）：一种认识论理论，主张一种信念如果是真理的可靠向导，那么它有资格成为知识。

表征（representation）：在美学中，艺术作品中的东西指涉存在于艺术作品之外的对象，这不是通过模仿或复制那个对象，而是通过代表它，作为代表它所代表或象征的东西的符号。

《梨俱吠陀》（*Rig Veda*）：最古老的吠陀，这些宗教经典构成了印度教的基石，编纂于公元前12世纪至公元前10世纪之间。

权利（right）：在社会政治哲学中被当作名词使用，是一个人已经或可以对另一个人提出合理要求的基础，无论那种要求是否基于人与生俱来的一般特征（"不可剥夺的权利"）、道德或社会立法。

规则功利主义（rule utilitarianism）：功利主义的一个版本，坚持一种行动在道德上是正确的，如果它符合将倾向于功利最大化的行动挑选出来的一般的道德准则。与行为功利主义不同，规则功利主义宣称，一种具体的行动可能在道德上是对的，尽管它在特定的场合并不产生出最大的净幸福。

语义整体主义（semantic holism）：认为术语和命题的意义不能独立于表达它们的整个语言的理论。

弱决定论（soft determinism）：参见"相容论"（compatibilism）。

主权（sovereignty）：最高的、独立的治理力量和权威，被国家或团体通常是一个民族国家所拥有和要求。

综合命题（synthetic statement）：一个命题是综合的，如果它的真或假不能仅仅通过分析该命题的术语而被确定。

白板（*tabula rasa*）：拉丁语，意思是"白板"。约翰·洛克用这个短语来称呼尚未接受感官信息的人的心灵。洛克认为心灵就像一块白板，直到感官将有关外在世界的信息传递给它。

道（Tao）：道家和儒家都使用的启蒙方法或路径。

道家（Taoism）：一种基于老子和庄子所教导的遵循自然之法（道）的中国传统。

目的论的（teleological）：与目的或目标相关。该词源自希腊词"*telos*"，意思是"目的"或"意图"。

神权政治（theocracy）：一种由宗教权威管理并且政教不分的政府形式。

神正论（theodicy）：一种声称为真的解释，它调和对上帝存在的信念与某种恶在宇宙中的存在。（神正论不同于这样一种辩护，该辩护也是一种解释，也调和对上帝存在的信念与某种恶在宇宙中的存在，不过，该解释只是被断言为可能的。）

《奥义书》（*Upanishads*）：《吠陀》（*Vedas*）的结论部分，包含有关实在的神圣知识。

功利主义（utilitarianism）：与19世纪的杰里米·边沁、詹姆斯·密尔、约翰·斯图尔特·密尔的著作相关的伦理学理论。功利主义者主张，行动是道德的，如果它们的目的在于整体利益，或者最大多数人的最大幸福。

功利原则（utility principle）：功利主义的原则，它宣称，我们应该做为最大多数人带来最大幸福的事情。有时它也被叫作"最大幸福原则"。

有效性（validity）：论证的一个特征，在一个论证中，若前提与结论之间的关系是有效的，那么，前提为真，结论就不能为假。

证实原则（verification principle）：A. J. 艾耶尔提出的一个原则，凭借它，有可能区分有意义的与无意义的命题。依据证实原则，一个命题是有意义的，当且仅当它是分析的或者在原则上可以被经验证实。

德性认识论（virtue epistemology）：一种可追溯到柏拉图《泰阿泰德篇》的知识理论，它强调信念持有者的资质（他在寻求相关信息时应该是理性的、批判的、勤奋的），而不是信念本身的那些资质（譬如，它是确定的）。

德性伦理学（virtue ethics）：新近的一种伦理学理论，可追溯到亚里士多德和托马斯·阿奎那，它强调行动者的道德完善性，而不是他行动的道德正确性。

禅（Zen）：大乘佛教的一种形式，兴盛于日本，强调直接的冥思洞见。

译后记

在国内外，哲学导论不仅是哲学专业的基础必修课程，也是大学里非常火爆的博雅教育选修课程之一，甚至很多中学也开设了类似主题的课程。国内高校开设此课程的教师很多都是该校的学术大咖或教学名师。与此相应，近年来，国内也出版了很多有关此主题的教材或讲义。这在一定程度上满足了当前教学的需要，无论是对于激发学生的学习兴趣，还是对于培养他们的专业技能都取得了一定的成效。不过，笔者认为，这些教材可能还有许多值得商榷之处。这里，笔者不揣浅陋，说一些自己的想法。倘若此举能起到抛砖引玉的效果，那真是荣幸之至。

国内的很多教材都是由哲学某些领域的领军人物撰写的，其中甚至不乏具有原创思想的哲学家。这些教材视野非常宏大，纵览全局，博古通今，各家学说信手拈来，读起来让人荡气回肠，有如遇春风之感。不过，其中很多都是作者个人的学术心得和精神体悟展示，甚至是自己思想体系的总结、陈述。这样的著作可能非常具有思想价值和原创意义，但是，从严格意义上说，这是供学界同行研读的学术专著，根本不适合充当初学者登堂入室门径的教材。初学者需要的是掌握该学科的基本知识，获得一些基本技能。在他们还没有基本的知识储备和技能训练的前提下就盲目进入到某个哲学家的思想体系中，轻则导致基础不扎实，营养不良，缺乏系统的哲学训练，因而也根本无法真正深入理解哲学家的思想精髓，进而与之展开对话，重则养成偏听偏信、狭隘偏激、自以为是和夸夸其谈的不良学风。

一些教材花费大量篇幅论述关于哲学与其他学科的区分、哲学家的能力和素养之类元哲学问题的宏观思考。虽然作者的初衷是为了让学生更好地理解哲学的独特性，把握哲学的本质和方法。但是，中学、大学的初学者往往对哲学这门学科的本质缺乏比较深刻的本质性认识，而在对它做导引时引出另外一些同样不好把握其本质的学科来进行比较，这无疑是节外生枝，增加讲课者和学习者的任务和难度。

此外，虽然人文学科的教材相比于理工科的教材在很大程度上包含了作者个人的体悟和理解，乃至偏好，深深地打上了作者个人的印记，但是，作为独立自足的成熟学科，它们也应该有特定的研究对象和路径，有自己的经典、学说和传统。而它们的教授者在训练初来乍到的"小白"时，都应该从该学科的研究对象和问题入手，具体展示该学科对它们采取的路径或方法以及由此获得的不同成果，进而对这些成果展开批判性考察，做出利弊得失的评估和研判。通过此一程序的持续操练，学生自然而然地就能掌握哲学的基本知识，培养起哲学素养和哲思能力，由此形成或修正自己对于哲学的感受和认知，根本无须他人赘言。相反，长篇累牍地介绍哲学人才所应具备的哲学修养，描述哲思的玄妙境界，就如同一个教授游泳的教练絮絮叨叨地描述游泳的意义和重要性、游泳高手的素质和境界，却不提供机会让学习者进入水中，循序渐进地展开系统训练，培养自己的能力和素质一样，学生要么因为无法亲身体悟到它们而非常无感，甚至产生无所适从、望而生畏之感，要么浮想联翩，脑洞大开，陷入自以为是的虚假满足感和成就感中。

还有一些教材主要介绍客观性的知识，宏观概览中西方哲学的历史发展进程以及哲学诸多分支领域的基本内容，重视知识的全面性和系统性讲授。这种做法占据国内哲学导论的主流，实践证明也有很多好处。譬如，它像给了学生一幅地图一样，使他们对哲学的历史和学科形成整体印象，修习过此课程的学生知识面会比较宽广，知识结构比较合理。不过，这样做也有一些缺陷和不足。

首先，因为授课时间和学生课后学习时间是有限的，所以，面面俱到，面面不到，重视知识的全面性和系统性的讲授必然会平均用力，忽略哲学的核心分支和基础的教学。鉴于有限的学时，不宜将哲学的整个历史和所有分支都走马观花地讲一讲，否则，学生消化不了，最后只能靠死记硬背地记住诸多哲学家、哲学流派、哲学术语和命题。相反，应该突出重点，抓住哲学的基础部分，即俗称的"四大金刚"：逻辑学、形而上学、认识论和伦理学。而语言哲学、心灵哲学以及价值和实践领域的美学、政治哲学、宗教哲学可以供师生根据学习的时间和精力自主选讲选学。这样就为高年级和研究生阶段开展研讨学习和专题学习打好了基础。

其次，重视二手知识的掌握，忽略哲学经典的导读和分析。这部分归咎于教学课时量的限制，也因为有感于哲学文本本身的艰涩和难度。但是，不能因为这些原因就不开展哲学经典文本的阅读和分析。虽然初学者阅读它们时普遍感到比较困难，并且会产生很多误读，但在教师的指引下，他们会感受到哲学家遣词造句的谨慎、布局谋篇的精巧、思维的层层深入，甚至思辨过程中所产生的困惑和矛盾，学会分析哲学家的运思，从文本中提炼出哲学家的观点，重构他们的论证，发现他们的预设，评估他们论证的有效性和合理性，进而提出商榷或修正意见。这个过程虽然可能非常艰难，进步缓慢，但经过一段时间的坚持，学生解释和分析文本、提炼观点、重构和评估论证的能力会得到极大的提高。这样，真正的哲学素养和哲学能力才可以培养起来。

总之，在笔者看来，一本适合哲学"小白"的哲学导论教材应该具有可实践性和可操作性，基于哲学经典文本，以哲学的核心问题为中心，以训练哲学分析能力和哲学思维方式为目的。

近年来，国内热衷于教学的一些教师和出版界或许是意识到了上述问题，翻译出版了英语世界以问题为中心并且附有原著选读的多部哲学导论教材，譬如，罗伯特·C.所罗门（Robert C. Solomon）的《哲学导论：综合原典阅读教程》（*Introducing Philosophy: A Text with Integrated Readings*）、罗伯特·保罗·沃尔夫（Robert Paul Wolff）的《哲学是什么》（*About Philosophy*）、布鲁斯·N.沃勒（Bruce N. Waller）的《思考哲学基本问题》（*Consider Philosophy*）。本书也属于这种类型。首先，它突出了哲学的基础和问题，主干部分是"四大金刚"，辅以宗教哲学、美学和社会政治哲学。其次，论述简洁而不失深刻、规范严谨而又平实易懂。譬如，与国内花大量篇幅描述哲学的本质，却总是让读者有云里雾里、不得要领之感的教材相比，本书以清晰的语言、生动的例子展示了哲学是一门试图对基本原则进行理性反思，提供规范性标准的学科，可谓精当的典范。再次，虽然篇幅受限，但是所选的文本却经典耐读。并且，在每章都给出了非常得体的导引和分析。最后，虽然本书偏重英美的分析性风格，但是也没有门户之见，犯文人相轻、党同伐异的毛病，相反，非常宽容地对待其他哲学传统和路径，尊重和倾听欧洲大陆哲学以及东方的哲学智慧，清晰透彻地诠释了他们的原创思想，让他们参与到当代哲学对话和论争中来。

本书的翻译分工是这样的：张云涛翻译了前言，第一、二、七、八、九部分以及术语表，胡宗超翻译了第三、四、五、六部分，两人互相校阅了对方的译文，最后由张云涛统稿。不过，因为我们的学力和时间限制，该译著无疑还有翻译不当或错漏之处，敬请方家学友不吝赐教，批评指正（E-mail：yuntao918@126.com），在此先行谢过。

译者

2020 年 6 月